■2025年度中学受験用

中央大学附属中学校

4年間(＋3年間HP掲載)スーパー過去問

●収録内容一覧

入試問題と解説・解答の収録内容

2024年度　１回	算数・社会・理科・国語	実物解答用紙DL
2024年度　２回	算数・社会・理科・国語	実物解答用紙DL
2023年度　１回	算数・社会・理科・国語	実物解答用紙DL
2023年度　２回	算数・社会・理科・国語	実物解答用紙DL
2022年度　１回	算数・社会・理科・国語	実物解答用紙DL
2022年度　２回	算数・社会・理科・国語	実物解答用紙DL
2021年度　１回	算数・社会・理科・国語	
2021年度　２回	算数・社会・理科・国語	

2020～2018年度（HP掲載）

問題・解答用紙・解説解答DL

「カコ過去問」
（ユーザー名）koe
（パスワード）w8ga5a1o

◇著作権の都合により国語と一部の問題を削除しております。
◇一部解答のみ（解説なし）となります。
◇９月下旬までに全校アップロード予定です。
◇掲載期限以降は予告なく削除される場合があります。

～本書ご利用上の注意～　以下の点について，あらかじめご了承ください。

★別冊解答用紙は巻末にございます。実物解答用紙は，弊社サイトの各校商品情報ページより，一部または全部をダウンロードできます。
★編集の都合上，学校実施のすべての試験を掲載していない場合がございます。
★当問題集のバックナンバーは，弊社には在庫がございません（ネット書店などに一部在庫あり）。
★本書の内容を無断転載することを禁じます。また，本書のコピー，スキャン，デジタル化等の無断複製は著作権法上での例外を除き禁じられています。

合格を勝ち取るための

『スーパー過去問』の使い方

本書に掲載されている過去問をご覧になって，「難しそう」と感じたかもしれません。でも，多くの受験生が同じように感じているはずです。なぜなら，中学入試で出題される問題は，小学校で習う内容よりも高度なものが多く，たくさんの知識や解き方のコツを身につけることも必要だからです。ですから，初めて本書に取り組むさいには，点数を気にしすぎないようにしましょう。本番でしっかり点数を取れることが大事なのです。

過去問で重要なのは「まちがえること」です。自分の弱点を知るために，過去問に取り組むのです。当然，まちがえた問題をそのままにしておいては意味がありません。

本書には，長年にわたって中学入試にたずさわっているスタッフによるていねいな解説がついています。まちがえた問題はしっかりと解説を読み，できるようになるまで何度も解き直しをしてください。理解できていないと感じた分野については，参考書や資料集などを活用し，改めて整理しておきましょう。

このページも参考にしてみましょう！

◆どの年度から解こうかな　「入試問題と解説・解答の収録内容一覧」

本書のはじめには収録内容が掲載されていますので，収録年度や収録されている入試回などを確認できます。

※著作権上の都合によって掲載できない問題が収録されている場合は，最新年度の問題の前に，ピンク色の紙を差しこんでご案内しています。

◆学校の情報を知ろう‼「学校紹介ページ」

このページのあとに，各学校の基本情報などを掲載しています。問題を解くのに疲れたら息ぬきに読んで，志望校合格への気持ちを新たにし，再び過去問に挑戦してみるのもよいでしょう。なお，最新の情報につきましては，学校のホームページなどでご確認ください。

◆入試に向けてどんな対策をしよう？「出題傾向＆対策」

「学校紹介ページ」に続いて，「出題傾向＆対策」ページがあります。過去にどのような分野の問題が出題され，どのように対策すればよいかをアドバイスしていますので，参考にしてください。

◇別冊「入試問題解答用紙編」

本書の巻末には，ぬき取って使える別冊の解答用紙が収録してあります。解答用紙が非公表の場合などを除き，（注）が記載されたページの指定倍率にしたがって拡大コピーをとれば，実際の入試問題とほぼ同じ解答欄の大きさで，何度でも過去問に取り組むことができます。このように，入試本番に近い条件で練習できるのも，本書の強みです。また，データが公表されている学校は別冊の１ページ目に過去の「入試結果表」を掲載しています。合格に必要な得点の目安として活用してください。

本書がみなさんの志望校合格の助けとなることを，心より願っています。

株式会社　声の教育社　編集部

中央大学附属中学校

所在地　〒184-8575 東京都小金井市貫井北町3-22-1
電　話　042-381-5413
ホームページ　https://www.hs.chuo-u.ac.jp/junior/
交通案内　JR中央線「武蔵小金井駅」よりバス「中大附属高校」下車
西武新宿線「小平駅」よりバス「中央大学附属中学・高等学校」下車

くわしい情報はホームページへ

トピックス
★2023年度入試より，インターネットで出願/合格発表/入学手続時納入金決済を実施。
★学校説明会等でご来校のさいは，上履きと下足入れをご持参ください。

創立年 平成22年　男女共学　高校募集あり

応募状況

年度	募集数		応募数	受験数	合格数	倍率
2024	① 100名	男	195名	172名	64名	2.7倍
		女	280名	262名	70名	3.7倍
	②　50名	男	225名	172名	48名	3.6倍
		女	384名	320名	39名	8.2倍
2023	① 100名	男	227名	195名	69名	2.8倍
		女	257名	239名	67名	3.6倍
	②　50名	男	268名	206名	49名	4.2倍
		女	415名	336名	42名	8.0倍

2025年度入試情報

・試験日＋募集人員：
第１回　２月１日　男女約100名
第２回　２月４日　男女 約50名
・出願期間：
第１回　１月10日～１月24日14:00
第２回　１月10日～１月24日14:00
＊１月25日～２月３日14:00
※出願はインターネットのみ。ただし，書類は郵送（＊では出願書類を事前に郵送せず，試験当日に持参）。
・合格発表（インターネット）：
第１回　２月２日６:00～２月３日12:00
第２回　２月５日６:00～２月６日12:00

学校説明会等日程（※予定）

学校説明会【要予約】
①９月７日　②11月２日
※詳細は学校HPをご確認ください。
オープンキャンパス【要予約】
６月22日
10:00～15:30／13:00～15:30
※１組２名までご参加いただけます。
※小学５・６年生対象。部活動見学もあります。
白門祭（文化祭）
９月21日・22日

2024年春の主な他大学合格実績

＜国公立大学・大学校＞
北海道大，筑波大，東京学芸大，横浜国立大，大阪大，防衛大，東京都立大
＜私立大学＞
慶應義塾大，早稲田大，上智大，東京理科大，明治大，立教大，昭和大，順天堂大

〔中央大学への進学〕
中央大学へは，卒業生総人数の95％前後の推薦枠があり，毎年85％前後が推薦で進学します。
〔他大学併願受験制度〕
中央大学への推薦資格を保持したまま，国公立大学については制限を設けずに，他の私立大学については中央大学にない学部・学科を受験することができます。

編集部注一本書の内容は2024年5月現在のものであり，変更されている場合があります。正確な情報は，学校のホームページ等で必ずご確認ください。

算数　出題傾向＆対策

◆基本データ（2024年度１回）

試験時間／満点	50分／100点
問題構成	・大問数…４題 計算・応用小問１題（７問）／応用問題３題 ・小問数…16問
解答形式	すべて答えのみを記入する形式になっている。必要な単位などはあらかじめ記入されている。
実際の問題用紙	Ｂ５サイズ，小冊子形式
実際の解答用紙	Ｂ４サイズ

◆過去４年間の出題率トップ５

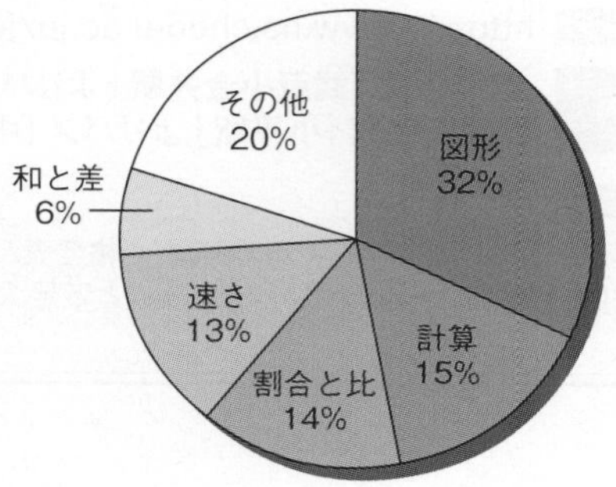

※配点（推定ふくむ）をもとに算出

◆近年の出題内容

【 2024年度１回 】			【 2023年度１回 】		
大問	1	四則計算，逆算，場合の数，濃度，角度，面積，体積	大問	1	四則計算，計算のくふう，整数の性質，比の性質，場合の数，角度
	2	数列		2	分配算
	3	ニュートン算，つるかめ算		3	平面図形—辺の比と面積の比
	4	グラフ—旅人算		4	立体図形—図形の移動，面積，体積
				5	ニュートン算

◆出題傾向と内容

標準レベルを主体にやや難しめの問題がいくつか見られるといったところで，試験時間を上手に活用すれば，ひと通り解答を導けそうです。計算問題と各分野からの応用小問の集合題をすばやくすませ，応用問題にバランスよく時間を配分できるよう，計画的に解き進めていきましょう。

●**計算・応用小問**…計算問題は１～２問ほど出題されており，小数や分数の混じった四則計算のほかに，計算のくふうを利用できるものが出されています。応用小問は，食塩水の濃度，和差算，分配算，割合と比，売買損益，仕事算，流水算，平面図形の折り返し，角度などから，基本的なものが５～６問取り上げられています。

●**応用問題**…内容面では，面積・体積・角度，図形の移動や回転など，図形からの出題が特に多いようです。そのほかでは，水の変化とグラフ，ニュートン算，旅人算など，特殊算からの出題が見られます。特別難しい問題が出されるわけではないものの，ひとくふうすることによって簡単に解答を導き出せるものがあります。

◆対策～合格点を取るには？～

平面図形・立体図形の対策が第一にあげられます。この分野は，苦手な人と得意な人がはっきりわかれがちですが，得意な人がさらに力にみがきをかけるのはもちろんのこと，苦手な人もぜひ積極的に取り組んでください。

図形以外の分野では，**特殊算をひと通り確認しておく必要があります**。基本的な問題集を用意して，約20単元ほどあるものすべてを，**スラスラと解けるようになるまでくり返し練習しましょう**。

特に本校をめざして勉強を進める場合つねに心がけてほしいのは，ただ答えが合っていただけで終わりにしないということです。**もっと簡単に，もっと正確に解く方法はないか**。探究心をとぎすませ，さまざまな視点からひとつの問題について考えぬいてみてください。

算数 出題分野分析表

分野 ＼ 年度		2024 1回	2024 2回	2023 1回	2023 2回	2022 1回	2022 2回	2021 1回	2021 2回
計算	四則計算・逆算	◎	◎	○	○	◎	◎		◎
	計算のくふう			○	○			◎	
	単位の計算								
和と差	和差算・分配算			○				○	
	消去算		○		○		○		
	つるかめ算								
	平均とのべ							○	
	過不足算・差集め算								
	集まり								
	年齢算								
割合と比	割合と比							○	
	正比例と反比例								
	還元算・相当算								
	比の性質			○					
	倍数算							○	
	売買損益					○			○
	濃度	○			○	○		○	
	仕事算		◎				○		
	ニュートン算	○		○				○	
速さ	速さ				○				
	旅人算	○	○		○	○	○	○	
	通過算				○				○
	流水算						○	○	
	時計算								○
	速さと比					○			
図形	角度・面積・長さ	◎	◎	◎	◎	◎	◎	◎	●
	辺の比と面積の比・相似			○			○		
	体積・表面積	○	○	○			○	○	○
	水の深さと体積				○	○			
	展開図								
	構成・分割		○				◎		○
	図形・点の移動			○					○
表とグラフ		○	○		○	○		○	
数の性質	約数と倍数						○	○	
	N進数								
	約束記号・文字式								
	整数・小数・分数の性質		○	○			○		○
規則性	植木算								
	周期算		○						
	数列	○				○	○		○
	方陣算								
	図形と規則								
場合の数		○		○		○		○	
調べ・推理・条件の整理								○	
その他									

※ ○印はその分野の問題が１題，◎印は２題，●印は３題以上出題されたことをしめします。

社会　出題傾向＆対策

◆基本データ(2024年度１回)

試験時間／満点	30分／60点
問　題　構　成	・大問数…２題 ・小問数…26問
解　答　形　式	記号の選択が多くをしめる。適語記入では，漢字指定されているものもある。字数指定のない１行程度で書かせる記述問題も出されている。
実際の問題用紙	Ｂ５サイズ，小冊子形式
実際の解答用紙	Ｂ４サイズ

◆過去４年間の分野別出題率

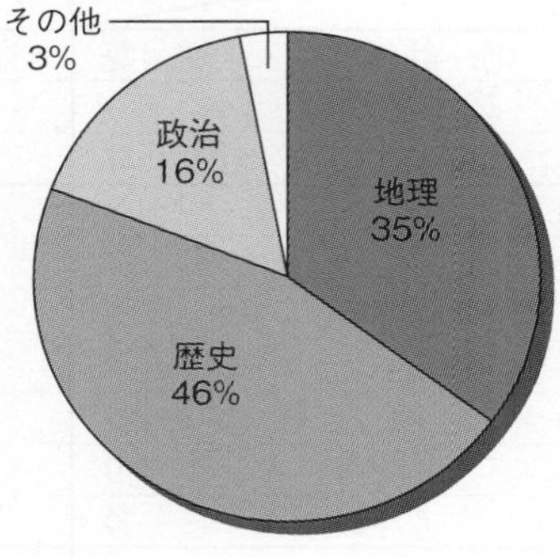

※配点(推定ふくむ)をもとに算出

◆近年の出題内容

【 2024年度１回 】			【 2023年度１回 】		
大問	Ⅰ	〔総合〕戸籍と家系図を題材とした問題	大問	Ⅰ	〔総合〕お雑煮を題材とした問題
	Ⅱ	〔総合〕静岡県を題材とした問題		Ⅱ	〔総合〕ハンセン病を題材とした問題

◆出題傾向と内容

料理や生活を題材にした問題や，文学，美術に関する問題など，総合問題の形式で，はば広い知識を問うものが多く出されるのが特ちょうといえます。

●**地理**…各地方の自然・気候や産業・文化などが問われ，世界地理についての出題も見られました。写真や地図，統計表などの資料が，ふんだんに用いられています。

●**歴史**…古代から近代まで，はば広いことがらを問われており，各時代の法律史，文化史，外交史などが出されています。標準的なレベルのものがほとんどですが，暗記だけでは答えられないような難問も出題されているので，注意が必要です。

●**政治**…中央省庁，国会，選挙制度などを問うものが出題されています。近年の国政選挙や国際会議，世界的なニュースとなったできごとなど，時事的な問題も多く見受けられます。

◆対策～合格点を取るには？～

教科書のほか，説明がやさしくていねいで標準的な参考書を選び，まず，基本事項をしっかりと身につけましょう。また，そうして**覚えたことがらを，社会科以外の知識やふだんの生活とも関連付けておくことが，本校・社会でよく見られる総合問題への対策になります**。

地理分野では，地図とグラフが欠かせません。つねにこれを参照しながら，白地図作業帳を利用して地形と気候をまとめ，そこから産業のようす(もちろん統計表も使います)へと広げていってください。なお，世界地理は，小学校で取り上げられることが少ないため，日本とかかわりの深い国については，自分で参考書などを使ってまとめておきましょう。

歴史分野では，教科書や参考書を読むだけでなく，自分で年表をつくって覚えると学習効果が上がります。それぞれの分野ごとにらんをつくり，ことがらを書きこんでいくのです。できあがった年表は，各時代のまとめ，各分野のまとめに活用できます。また，**資料集などで，史料や歴史地図，芸術作品にも親しんでおくとよい**でしょう。

政治分野では，日本国憲法の基本的な内容，特に政治のしくみが憲法でどう定められているかを中心に勉強してください。また，国際連合のしくみや日本と世界とのつながりについてもふれておくこと。なお，**時事問題をからめたものも見られる**ので，テレビ番組や新聞などでニュースを確認したり，時事問題集に取り組んだりして，学んだ内容をノートにまとめるのも効果的です。

社会　出題分野分析表

分野		年度	2024		2023		2022		2021	
			1回	2回	1回	2回	1回	2回	1回	2回
日本の地理		地図の見方	○			○	○	○	○	○
		国土・自然・気候	○	○	○	○	○		○	○
		資源	○						○	
		農林水産業	○	○	○	○	○	○	○	○
		工業	○						○	
		交通・通信・貿易	○	○	○			○	○	○
		人口・生活・文化	○		○	○	○	○	○	○
		各地方の特色		○	○	○	○	○		
		地理総合								
世界の地理			○	○			○	○	○	
日本の歴史	時代	原始～古代	○	○	○	○	○	○	○	○
		中世～近世	○	○	○	○	○	○	○	○
		近代～現代	○	○	○	○	○	○	○	○
	テーマ	政治・法律史								
		産業・経済史								
		文化・宗教史								
		外交・戦争史								
		歴史総合								
世界の歴史										
政治		憲法	○		○	○		○	○	○
		国会・内閣・裁判所	○		○	○	○	○		○
		地方自治		○			○			
		経済	○							
		生活と福祉								
		国際関係・国際政治	○		○		○	○	○	○
		政治総合							○	
環境問題				○						
時事問題			○		○	○	○	○		
世界遺産			○			○		○		
複数分野総合			★	★	★	★	★	★	★	★

※ 原始～古代…平安時代以前，中世～近世…鎌倉時代～江戸時代，近代～現代…明治時代以降
※ ★印は大問の中心となる分野をしめします。

理科 出題傾向＆対策

◆基本データ（2024年度１回）

試験時間／満点	30分／60点
問　題　構　成	・大問数…３題 ・小問数…16問
解　答　形　式	記号選択や用語の記入，計算して数値を求めるものが大半をしめている。記号選択は，あてはまるものを複数選ぶものもある。短文記述や作図の問題は見られない。
実際の問題用紙	Ｂ５サイズ，小冊子形式
実際の解答用紙	Ｂ４サイズ

◆過去４年間の分野別出題率

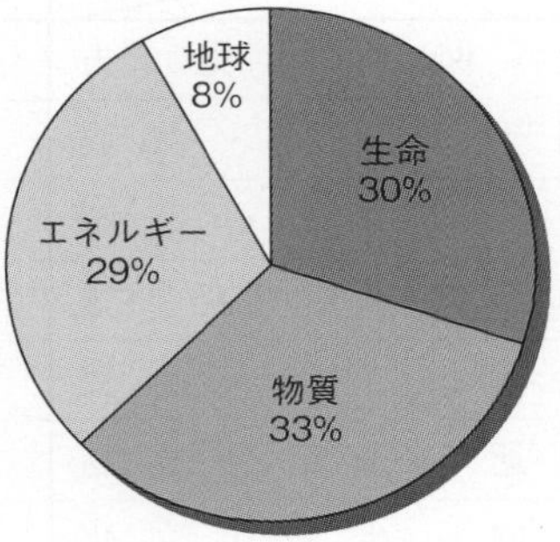

※配点（推定ふくむ）をもとに算出

◆近年の出題内容

	【 2024年度１回 】		【 2023年度１回 】
大問	1 〔生命〕からだが動くしくみ	大問	1 〔エネルギー〕豆電球の回路
	2 〔物質〕金属の性質		2 〔物質〕しょう油から食塩を取り出す実験
	3 〔地球〕月の満ち欠け		3 〔総合〕日本の気候，環境問題

◆出題傾向と内容

多くの問題が実験や観察，観測にもとづいており，問題文やグラフ・表から読み取って考えさせるものが多数出題されています。

●生命…種子の呼吸，身のまわりの生物，消化酵素，遺伝と血液型などを題材に，表やグラフから結果を推定したり考察したりする問題が出されています。

●物質…水溶液の性質，ものの溶け方，気体や金属の燃焼など，物質の変化や反応についての問題が多く見られます。また，放射性物質についての問題も出されています。

●エネルギー…電気回路，歯車の回転，物体の運動，光の速さなどの問題が出されています。問題の内容を読み取り，その内容を想像して活用する力がためされます。

●地球…地層，星や月，風，地球温暖化，大地の変化などが出題されています。また，金星の太陽面通過と金星食など近年起きた天体現象も取り上げられています。

◆対策～合格点を取るには？～

「生命」は，実験や観察にもとづいた問題が多く，関連する基本知識も問われます。まずは，**植物や動物の分類や生態，人体のつくり**について，知識の定着をはかること。それに加えて，さまざまな問題にいどみ，実験から考察する力をきたえていくことも重要になります。

「物質」は，**物質のすがたや，ものの燃え方，中和反応などの化学反応**について，基本的な考え方をマスターし，問題演習をくり返してください。化学変化については，物質のつぶがどのように結びついて変化が起きているのかをイメージできるまで，理解を深めておきましょう。

「エネルギー」では，初めて見る実験や観測の問題が出されるため，問題文の説明をていねいに読み，そのようすを想像する力が求められます。ふだんから，**ふりこの運動，電気回路，光の進み方**などについて，その動きや変化のようすを作図したり頭にえがいたりしておくことが大切です。計算問題にも慣れておきましょう。

「地球」は，**天体の動き**を中心として，**天気，火山や地震**などに力をそそぎましょう。新聞やニュースなどで取り上げられる天体や気象の現象についても，興味を持って自分で調べて，知識や考え方のはばを広げてください。

理科 出題分野分析表

分野		2024		2023		2022		2021	
		1回	2回	1回	2回	1回	2回	1回	2回
生命	植物			○				○	★
	動物			○		○	★	○	
	人体	★	○		★	★			
	生物と環境		○					★	
	季節と生物								
	生命総合								
物質	物質のすがた			○		★		○	○
	気体の性質		★				○		
	水溶液の性質		○				○	○	
	ものの溶け方			○					
	金属の性質	★			○				
	ものの燃え方			○	★			○	
	物質総合			★					★
エネルギー	てこ・滑車・輪軸		★						
	ばねののび方								
	ふりこ・物体の運動						★	★	
	浮力と密度・圧力	○							
	光の進み方				★				
	ものの温まり方								○
	音の伝わり方								
	電気回路			★					
	磁石・電磁石								
	エネルギー総合					★			★
地球	地球・月・太陽系	★							
	星と星座				○			○	
	風・雲と天候			○				○	
	気温・地温・湿度								○
	流水のはたらき・地層と岩石		○						
	火山・地震						★		
	地球総合								
実験器具				○					
観察									
環境問題				○	○				
時事問題			○						
複数分野総合			★	★				★	

※ ★印は大問の中心となる分野をしめします。

国語　出題傾向＆対策

◆基本データ（2024年度１回）

試験時間／満点	50分／100点
問題構成	・大問数…２題 　文章読解題２題 ・小問数…21問
解答形式	すべて記号選択となっており，本文中のことばの書きぬきや記述問題は見られない。また，漢字の書き取りが５問出されている。
実際の問題用紙	Ｂ５サイズ，小冊子形式
実際の解答用紙	Ｂ４サイズ

◆過去４年間の分野別出題率

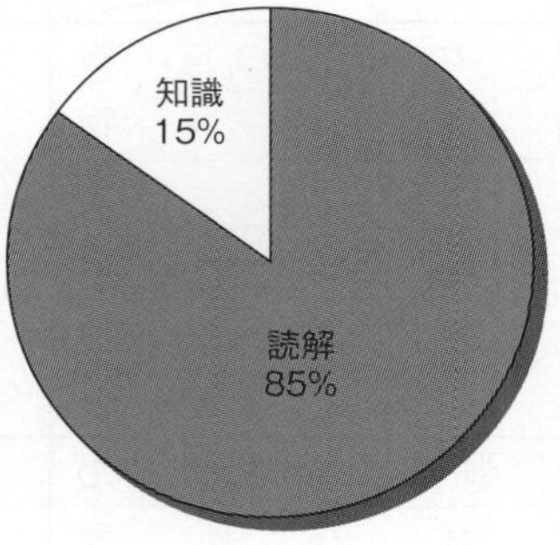

※配点（推定ふくむ）をもとに算出

◆近年の出題内容

【 2024年度１回 】			【 2023年度１回 】		
大問	一	〔**説明文**〕長嶋有『猛スピードで母は』（約7200字）	大問	一	〔**説明文**〕大平健『やさしさの精神病理』（約4800字）
	二	〔**小説**〕河合隼雄『物語とふしぎ』（約4200字）		二	〔**小説**〕津村記久子「水曜日の山」（約9300字）

◆出題傾向と内容

●読解問題…出題は２題。説明文・論説文と小説・物語文がそれぞれ１題ずつ出されることが多くなっています。特ちょうとしては，比較的長い文章が引用されていること，記述問題が少ないこと，知識問題が読解問題中の小設問として出されることなどがあげられます。解答記入が50箇所近くになることもあり，ややいそがしい試験といえるでしょう。

設問は，内容や心情の読み取りをはじめ，接続語や適語・適文の補充，大意を問うものなど，実に多彩だといえます。なかでも読解力に大きなウェートが置かれており，問題文をどこまで正確に読み取って理解しているかが問われます。

●知識問題…漢字の書き取りが５問程度出題されており，ほかにも，語句の意味と用法，慣用句などといったものが見られます。本校では，単に知識をためすというよりは，読解力の基本となることばの知識に重点をおいているようです。

◆対策～合格点を取るには？～

上でのべたように，**非常に引用文が長いので，速読速解が求められます**。ふだんの読書や勉強でも**時間を意識**しておくことが大切です。

読解問題では，理由や心情を問うものが数多く出題されています。文脈理解や内容の読み取りといった読解力がこれらの問題を解く基礎になります。読解力の養成については，多くの本を読むことが第一です。そのさい，単に文字を追って読むのではなく，**要旨や登場人物の心情**などを的確に理解し，読みこなすことが大切です。**大切だと思ったところに線を引くなど，手を動かしながら読むと思考力や定着率のアップにつながります**。そのほかに，設問によく登場する指示語，接続語は見つけるたびに確認し，わからないことばや語句が出てきたら国語辞典で調べ，意味や用例をノートなどにまとめておくのも大切です。

また，ことばの知識や漢字は，学習してすぐに身につくものではありません。難しいものである必要はないので，基礎的な問題集を一冊，完璧に仕上げるようにしましょう。日々の積み重ねが大切です。

国語 出題分野分析表

分野 ＼ 年度			2024		2023		2022		2021	
			1回	2回	1回	2回	1回	2回	1回	2回
読	文章の種類	説明文・論説文	★	★	★	★	★	★	★	★
		小説・物語・伝記	★	★	★	★	★	★	★	★
		随筆・紀行・日記								
		会話・戯曲								
		詩								
		短歌・俳句								
解	内容の分類	主題・要旨	○	○	○	○	○	○	○	○
		内容理解	○	○	○	○	○	○	○	○
		文脈・段落構成	○	○	○				○	
		指示語・接続語		○		○	○	○	○	
		その他	○	○	○	○	○	○	○	○
知	漢字	漢字の読み								
		漢字の書き取り	○	○	○	○	○	○	○	○
		部首・画数・筆順								
	語句	語句の意味		○	○	○		○	○	○
		かなづかい								
		熟語	○		○			○		○
		慣用句・ことわざ		○	○	○				
	文法	文の組み立て								
		品詞・用法								
		敬語								
識	形式・技法									
	文学作品の知識									
	その他									
	知識総合									
表現	作文									
	短文記述									
	その他									
放送問題										

※ ★印は大問の中心となる分野をしめします。

2025年度 中学受験用

中央大学附属中学校　4年間スーパー過去問

をご購入の皆様へ

お詫び

本書、中央大学附属中学校の入試問題につきまして、誠に申し訳ございませんが、以下の問題は著作権上の都合により掲載することができません。設問と解説、解答は掲載してございますので、ご必要とされる方は原典をご参照くださいますよう、お願い申し上げます。

記

2023年度〈第1回試験〉国語　二　の問題文

以上

株式会社　声の教育社　編集部

2024 年度

中央大学附属中学校

【算　数】〈第１回試験〉（50分）〈満点：100点〉

〈注意〉１．定規，コンパス，分度器を使ってはいけません。
　　　　２．円周率は，3.14を用いなさい。

1　次の問いに答えなさい。

(1)　7－6÷(9－2×3)＋5×(8－1÷4)を計算しなさい。

(2)　次の□にあてはまる数を答えなさい。

$$2.1-\left\{8-\left(\frac{1}{5}+\square\times\frac{2}{3}\right)\right\}=\frac{3}{10}$$

(3)　A，Bの２チームで試合を行い，先に３回勝った方を優勝とします。優勝が決まればそのあとの試合は行わず，引き分けもないとき，優勝の決まり方は何通りありますか。

(4)　容器A，B，Cにそれぞれ食塩水が入っています。Aの食塩水100ｇとBの食塩水200ｇをよくかき混ぜると15％の食塩水が，Bの食塩水100ｇとCの食塩水50ｇをよくかき混ぜると12％の食塩水が，Aの食塩水200ｇとCの食塩水250ｇをよくかき混ぜると16％の食塩水ができあがります。容器Aの食塩水の濃《のう》度は何％ですか。

(5)　次の図のように，長方形と正六角形を重ねました。角 x は何度ですか。

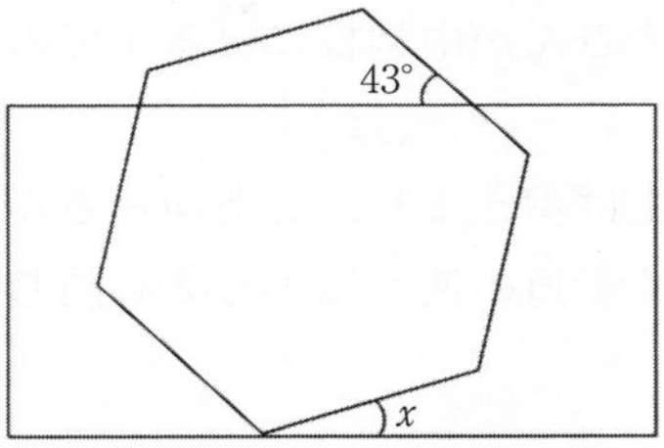

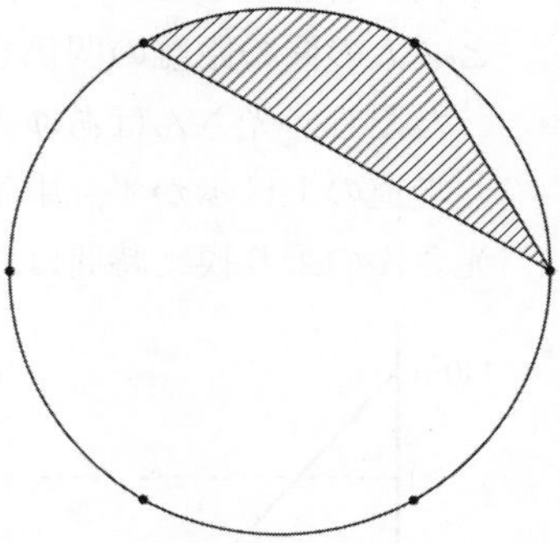

(6)　右の図のように，半径３cmの円の周を６等分しました。斜《しゃ》線部分の面積は何cm^2ですか。ただし，円周率は3.14を用いなさい。

(7)　次の図は，１辺１cmの立方体を60個積み重ねた直方体です。色のついている部分を表面に垂直な方向に反対側までくりぬいてできる立体の体積は何cm^3ですか。

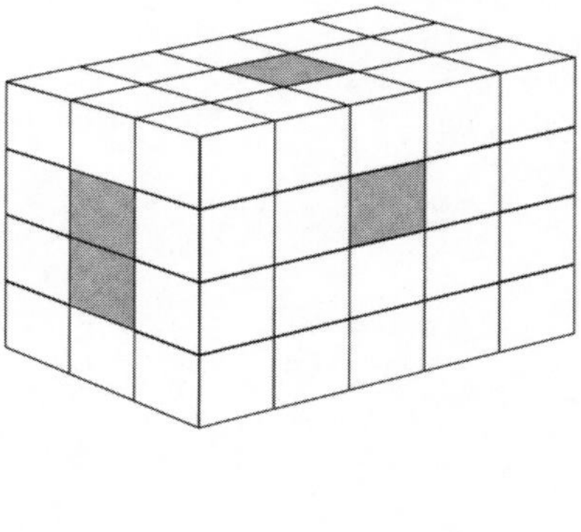

2　整数をある規則にしたがって，次のように並べます。

1，2，3，3，4，5，4，5，6，7，5，6，7，8，9，6，7，……

(1)　はじめから数えて50番目の数はいくつですか。

(2)　51は全部で何個ありますか。

(3)　52個ある数はいくつですか。すべて答えなさい。

3　ある遊園地の前に客が405人並んでいます。毎分一定の割合でこの列に客が並びます。４つの入場ゲートから入場すると45分で行列がなくなり，７つの入場ゲートから入場すると15分で行列がなくなります。

(1)　１つの入場ゲートから毎分何人入場できますか。

(2)　５つの入場ゲートから入場すると，何分で行列がなくなりますか。

(3)　はじめ３つの入場ゲートから入場して，途《と》中から入場ゲートの数を６つに増やしたところ，入場を始めてから39分で行列がなくなりました。入場ゲートの数を６つに増やしたのは，入場を始めてから何分後ですか。

4　Ｃ中学校・高校には，中学校から高校へ向かう動く歩道①と，そのとなりに並行して高校から中学校へ向かう動く歩道②があります。光さんは中学校から動く歩道①に，あゆみさんは高校から動く歩道②に同時に乗りました。光さんはあゆみさんとすれ違《ちが》うと同時に動く歩道①の上を一定の速さで歩き始め，高校へ着くとすぐに動く歩道②に乗り，これまでと同じ速さで歩きながらあゆみさんを追いました。あゆみさんが中学校に着いてからしばらくして光さんも中学校に着きました。下の図は，２人が動く歩道に乗ってから光さんが中学校に戻《もど》るまでの時間と２人の間の距離《きょり》の関係を表したものです。

ただし，光さんはあゆみさんとすれ違うまでは動く歩道の上は歩きません。あゆみさんは動く歩道の上は歩かず，中学校に着いてからは動きません。動く歩道の速さは①も②も同じで，光さんの乗り換《か》え時間は考えないものとします。

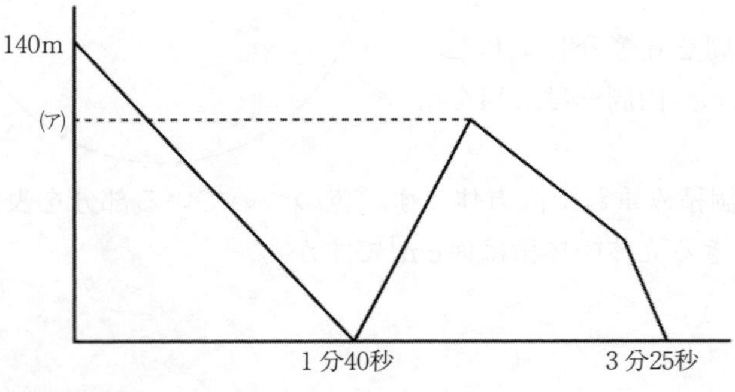

(1)　動く歩道の速さは毎分何ｍですか。

(2)　光さんが動く歩道の上を歩いた速さは毎分何ｍですか。

(3)　図の(ア)は何ｍですか。

【社　会】〈第１回試験〉（30分）〈満点：60点〉

Ⅰ　三鷹さんと武蔵くんは，戸籍《こせき》と家系図について話し合っています。二人の会話を読んで，以下の問いに答えなさい。

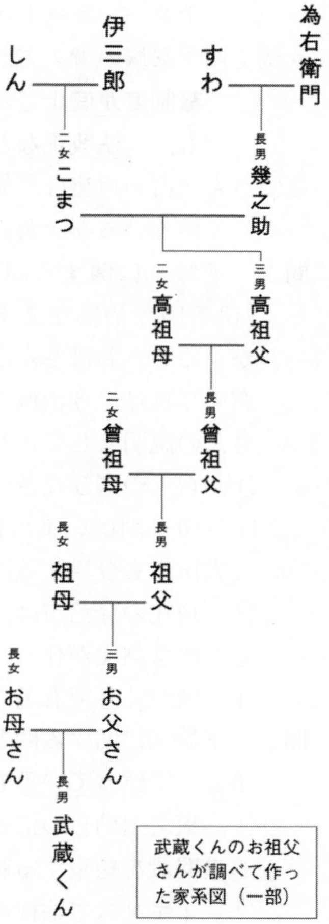

武蔵くんのお祖父さんが調べて作った家系図（一部）

武蔵くん：このあいだ，ぼくのお祖父さんに「お祖父さんのお祖父さんって，どんな人だったの？」って聞いてみたんだ。

三鷹さん：面白そう！　(1)**私の家の先祖の話も，少しだけお母さんから聞いた**ことがあるけれど……。武蔵くんの「お祖父さんのお祖父さん」は，どんな人だったの？

武蔵くん：それが，お祖父さんが生まれたときにはもういなかったから，よく分からないんだって。代わりに，お祖父さんが役所から過去の戸籍を取り寄せて作った，家系図を見せてもらったんだ。ぼくの高祖父《こうそふ》(注：お祖父さんのお祖父さん)は，(2)**明治18年生まれの長男**，東京ではなくて(3)**三重県生まれの滋賀県育ち**，27歳で結婚《けっこん》した人だったそうだよ。

三鷹さん：へぇ，戸籍からは，いろいろな情報が読みとれるのね。そのひとの人生を想像すると，家族の歴史のイメージがどんどん膨《ふく》らんでいく気がするわ。

武蔵くん：(4)**生まれた年から亡くなった年**，家族構成，住んでいた場所まで，かなりのことが分かるんだよ。ほら，この家系図を見て。戸籍に残されたぼくの先祖のうち，いちばん昔の記録は，文化４年(1807年)生まれの(5)**「すわ」さん，なんと江戸時代の人**だよ。

三鷹さん：「お祖父さんの，お祖父さんの，お祖母さん」だから，武蔵くんから数えて，えーっと……６代前？　役所の戸籍から200年以上も歴史をさかのぼることが出来るなんて，すごい！

武蔵くん：お祖父さんはやる気になって，(6)**400年前とか1000年前とかの昔にさかのぼれるんじゃないかって，さらに調査を進めている**よ。もしかして，(7)**平氏とか源氏とかの子孫**だと分かったりして。

三鷹さん：歴史上の人物も，なんだか身近に感じられそうね。

武蔵くん：ただ，ぼくらと歴史上の偉人《いじん》とに「血のつながり」があるかどうかは，別の話になりそうだよ。家系図をよく見てみると，昔は，別の家から「養子」のかたちで家を継《つ》ぐケースも多かったんだ。「家族」がそのまま「血のつながり」をあらわすという考え方には，注意が必要かも。

三鷹さん：(8)**「家」や「家族」の考え方も時代によって変化していく**ってことね。ところで，先祖のことがよく分かる戸籍だけれど，国によって戸籍がきちんと管理されるのはなぜなのかしら？　歴史の授業でも，古代の王朝が「戸籍」を作った，などと習ったけれど。

武蔵くん：古代日本では，(9)**中国から学んで律令国家をつくるうえで，戸籍を整えることが必要だった**と教わったね。いまでも，相続税などの(10)**税金**を課したり，公的なサービスを提

供したりするために，戸籍や住民票を作成するのと同じかな。

三鷹さん：なるほど。武蔵くんの家系図作成のもとになった明治時代の戸籍も，徴税や徴兵の基《き》礎《そ》データに活用されていたのかもしれないわね。最近では，行政とのやりとりで，マイナンバーカードが利用されたりして，(11)**DX化を進めよう**なんて話もよく聞くわ。

武蔵くん：家族の考え方が変化している，という話も出たけれど，お隣《となり》の(12)**韓国では2005年に戸籍制度が廃止《はいし》**されているんだ。技術の変化や社会の変化にあわせて，日本の戸籍の未来も，(13)**法改正などで柔軟《じゅうなん》に変わっていく**のかもしれないね。

三鷹さん：古い戸籍は，先祖のファミリー・ヒストリーを教えてくれる貴重な情報源だけれど，いろいろな改善点をふまえて，より良い戸籍のあり方を考えていけるといいわね。

問１．下線(1)に関する問題です。三鷹さんは先祖に「伊予国《いよのくに》今治藩主であった戦国武将・藤堂高虎《とうどうたかとら》」がいると，お母さんから説明してもらいました。右の写真は，今治城と藤堂高虎の銅像です。お母さんの説明として正しい内容のものを，次の①～④から１つ選びなさい。

① 伊予国はいまの福岡県にあった，『魏志』倭人伝にも登場する国よ。

② 現在の今治市は，しまなみ海道での観光やタオルの生産でも有名ね。

③ 藤堂高虎が仕えた主君・浅井長政は，上杉謙信に滅《ほろ》ぼされたのよ。

④ 城づくりで有名な藤堂高虎は，今治城のほかに熊本城も完成させたわ。

問２．下線(2)に関する問題です。高祖父が生まれた「明治10年代(1877～1886年)」に起きた出来事として**誤っているもの**を，次の①～④から１つ選びなさい。

① 板垣退助らの活動によって自由民権運動が盛り上がったことをうけて，明治天皇は国会の開設を約束する勅諭を出した。

② イギリスで法律を学んだ増島六一郎《ますじまろくいちろう》が，のちに中央大学へと発展する英吉利法律学校を仲間とともに設立した。

③ 佐賀県では大隈重信に率いられて，廃刀令や俸禄《ほうろく》の停止などに不満をもった士族たちが反乱を起こした。

④ ノルマントン号が紀州沖で座礁《ざしょう》する事故が起き，日本が外国に対して領事裁判権を認めていることが大きな問題となった。

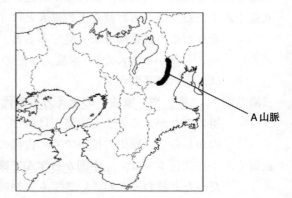

問３．下線(3)に関する問題です。右の地図で，三重県と滋賀県の県境付近を南北に連なる「Ａ山脈」の名前を，**漢字で**記しなさい。

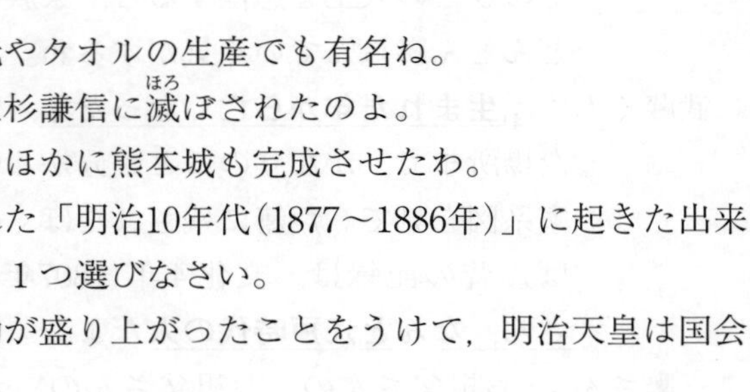

問４．下線⑷に関する問題です。武蔵くんの「曾祖父《そうそふ》の弟」の戸籍には，右のような戦死者情報が書かれていました。「黄海《こうかい》」とは，中国大陸と朝鮮半島にはさまれた海域で，アジア・太平洋戦争のほかにも，日清戦争，日露戦争，第一次世界大戦の舞台《ぶたい》となった場所です。これらの戦争について述べた文として，**誤っているもの**を次の①～④から１つ選びなさい。

昭和十九年七月三日
「時刻不詳黄海方面にて戦
死 中部第二十三部隊長
松本〇〇報」

① 日清戦争に勝利した日本は，朝鮮半島での優越《ゆうえつ》権とともに，中国東北部（満州）の鉄道の一部と南樺太を譲《ゆず》り受けた。

② 桂太郎内閣のもとで始まった日露戦争のさなか，詩人・与謝野晶子は「君死にたまふことなかれ」という詩を発表した。

③ 日英同盟を理由に参戦した第一次世界大戦で，日本はドイツの拠点《きょてん》であった青島を占《せん》領《りょう》した。

④ アジア・太平洋戦争では，日本はドイツ・イタリアと同盟を結んで，アメリカ・イギリス・中国・ソ連などの連合国と戦った。

問５．下線⑸に関する問題です。江戸時代の説明としてふさわしいものを，次の①～④から１つ選びなさい。

① 二代将軍であった徳川秀忠は，守るべき法律として禁中並公家諸法度を定め，これに違《い》反《はん》した大名は厳しく処分された。

② 老中・水野忠邦による享保の改革では，江戸に出《で》稼《かせ》ぎなどに来ていた人々を村に帰すための政策などが計画された。

③ 異国船打払令を命じていた江戸幕府のもと，浦賀沖にあらわれたアメリカ船モリソン号に対して砲撃《ほうげき》が行われた。

④ 杉田玄白が前野良沢とともに『ターヘル・アナトミア』を英語から日本語に翻訳《ほんやく》し，『解体新書』の題名で出版した。

問６．下線⑹に関する問題です。江戸時代以前の先祖を調べるためには，右の写真のように，人びとが所属する寺院について記された「宗門人別改帳（宗門人別帳）」が役に立つことがあります。

これが作成された背景には，戸籍としての役割のほかにも，江戸幕府の特別な意図がありました。それは何ですか，簡単に説明しなさい。

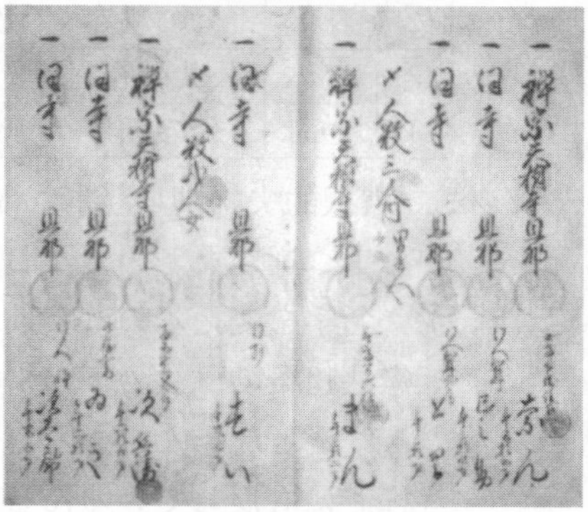

問７．下線⑺に関する問題です。源氏と平氏の各人物と，説明の組み合わせとして**誤っているもの**を，次の①～④から１つ選びなさい。

① 平将門―兵をあげて東国を支配し，新皇を名乗った。

② 源頼義―前九年合戦で，陸奥の安倍氏の反乱をおさえた。

③ 平清盛―平治の乱で源義朝を破ったのち，征夷大将軍となった。

④ 源義経―兄・頼朝の命を受けて，平氏を壇ノ浦の戦いで滅ぼした。

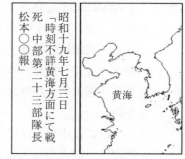

問８．下線(8)に関する問題です。現在，民法や戸籍法では，結婚した夫婦は男性または女性のいずれか一方が，氏《うじ》を改め，同じ氏(姓，名字)を名乗らなければならないと定められています。これを「夫婦同姓制度」といいます。

その一方で，戸籍について担当する(　★　)では，夫婦が希望すれば別の氏を名乗ることのできる「選択的夫婦別氏《べつうじ》(別姓《べっせい》)制度」についても検討しています。次の(イ)(ロ)(ハ)の問いに答えなさい。

(イ)　(★)には中央省庁の名前が入ります。この機関では，ほかにも刑務所や少年院の運営や管理，外国人の出入国の管理などの仕事を行っています。空らんにあてはまる言葉を，**漢字で**記しなさい。

(ロ)　「選択的夫婦別氏(別姓)制度」が認められないことは，憲法違反だとする訴《うった》えが裁判所でしばしば争われています。これに関連する憲法の条文には，次のようなものがあります。空らんにあてはまる語の組み合わせとして正しいものを，下の①～④から１つ選びなさい。

憲法13条
「すべて国民は，個人として尊重される。(　Ａ　)，自由及び幸福追求に対する国民の権利については，(　Ｂ　)に反しない限り，立法その他の国政の上で，最大の尊重を必要とする。」
憲法14条第１項
「すべて国民は，法の下に平等であつて，人種，信条，性別，(　Ｃ　)又は門地により，政治的，経済的又は社会的関係において，差別されない。」
憲法24条第１項
「婚姻は，両性の合意のみに基いて成立し，夫婦が同等の権利を有することを基本として，相互の協力により，維持されなければならない。」

	(A)	(B)	(C)
①	生命	公共の福祉	社会的身分
②	身体	公の秩序	政治的立場
③	身体	公共の福祉	社会的身分
④	生命	公の秩序	政治的立場

(ハ)　「選択的夫婦別氏(別姓)制度への賛成意見」として**ふさわしくないもの**を，次の①～④から１つ選びなさい。なお，(ロ)の条文を参考にしてもかまいません。

①　名字を変えるのは女性が９割以上なのに，男性が１割にも満たない現実を考えると，憲法14条の「法の下の平等」の観点から問題だよ。

②　ずっと親しんできた自分の名前を変えなければならないのは，憲法13条の「幸福追求権」にも反しているんじゃないかな。

③　憲法24条にあるとおり，結婚は「両性の合意」のみに基づくべきなのに，この制度にはばまれて結婚を選べない人もいると思うよ。

④　「個人の尊重」を定めた憲法13条の考え方から，同じ名字で家族の一体感を大切にする国であるべきだという意見も，尊重するべきだね。

問９．下線(9)に関する問題です。古代における戸籍の作成について述べた文(あ)・(い)の内容について，正・誤の組み合わせとしてふさわしいものを，下の①～④から１つ選びなさい。

(あ)『日本書紀』によると，大化の改新で発せられた「改新の詔」において，戸籍・計帳をつくり，班田収授を行うことが定められた。
(い) 都が平安京に移されたあと，藤原不比等らが「大宝律令」を編さんし，戸籍を６年ごとに作成することなどが定められた。

① (あ) 正 (い) 正　② (あ) 正 (い) 誤
③ (あ) 誤 (い) 正　④ (あ) 誤 (い) 誤

問10．下線(10)に関する問題です。次のグラフは，国の税収にしめる，主要な３つの税の金額の変化を大まかに示したものです。図中の(A)～(C)にあてはまる組み合わせとして正しいものを，下の①～④から１つ選びなさい。
【編集部注…問題不成立とみなされ全員正解となった(詳細は解説を参照)。】

国の税収（一般会計）の変化

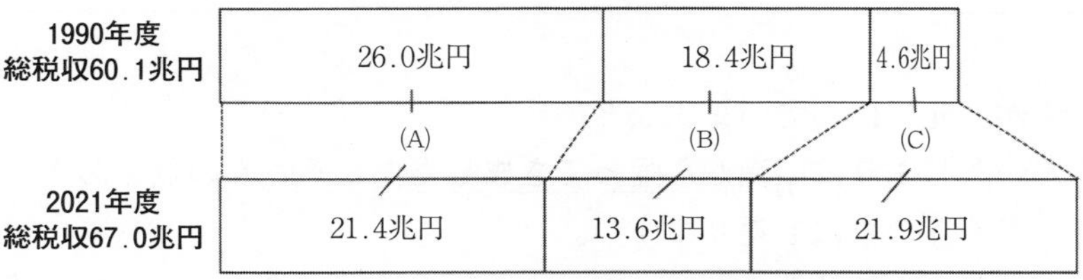

「一般会計税収の推移」財務省HPより作成

	(A)	(B)	(C)
①	消費税	法人税	所得税
②	所得税	法人税	消費税
③	法人税	消費税	所得税
④	消費税	所得税	法人税

問11．下線(11)に関する問題です。「DX 化」とは何のことですか，ふさわしいものを次の①～④から１つ選びなさい。

① デジタル・トランスフォーメーション　② ディープ・エクスピリエンス
③ データ・トランスポーテーション　④ ディバイド・エクスプロージョン

問12．下線(12)に関する問題です。2022年５月に就任した韓国の大統領として正しいものを，次の①～④から１つ選びなさい。

① 習近平《しゅうきんぺい》　② 蔡英文《さいえいぶん》　③ 尹錫悦《ゆんそんにょる》　④ 文在寅《むんじぇいん》

問13．下線⒀に関する問題です。より良い社会の変化をもたらすためには，法律の作成や改正が大切です。国会で法律が作られるプロセスについて述べた文として，正しいものを次の①～④から１つ選びなさい。

① 参議院と衆議院で法律案の議決が異なった場合には，話し合いのために，かならず両院協議会が開かれることになっている。

② 委員会で専門的な審議《しんぎ》を行ったのち，参議院と衆議院の本会議で法律案が可決されると，成立した法律は内閣によって公布される。

③ 参議院と衆議院の議決が異なった場合でも，衆議院は出席議員の３分の２以上の賛成で再可決することで，法律案を通すことができる。

④ 立法権をもつ国会議員のみが国会に法律案を提出でき，行政権をになう内閣や司法権をになう裁判所には，法律案の提出権がない。

Ⅱ

さくらさんのもとに，静岡県に住むおばあちゃんから手紙が届き，お父さんと二人で読んでいます。二人の会話を読んで，以下の問いに答えなさい。

さくらへ

今年の夏も暑いですが，元気にしていますか？

昨日，おじいちゃんが久しぶりに(1)**漁から帰ってきました**。たくさんの魚をお土産に持って帰ってきたので，さくらの家にも送りますね。

最近，おばあちゃんはお寺や神社巡《めぐ》りが好きで，よく出かけています。みんなが健康に過ごせますように，さくらが合格しますようにといつも願っているよ。あとは，(2)**お寺や神社でいただく（　★　）を集める**ことにも夢中になっています。全国を旅行して手帳いっぱいに集めるのが，今のおばあちゃんの夢です。

さいごに，昨年の誕生日に(3)**おばあちゃんの町の自慢《じまん》のピアノ**を贈《おく》りましたが，とても上達したと聞きましたよ。今度，遊びに行ったときに聞かせてくださいね。それでは，お元気で。

おばあちゃんより

さくら　：おばあちゃん，立派なマグロを送ってくれたね。お礼に，早くピアノを聞いて欲しいな。

お父さん：そうだね。さくらが中学生になったら，おばあちゃんに会いに行こうか。地図を見ながら静岡の旅行計画を考えてみよう。

さくら　：そうだなぁ。まずは(4)**伊豆**の温泉は欠かせないよね。

お父さん：お父さんは(5)**サッカー**を観戦したいから，清水のスタジアムにも行こう。

さくら　：静岡市内を観光するなら，(6)**世界遺産に登録された三保松原《みほのまつばら》**にも行ってみたいな。そこから見える富士山は絶景だと聞いたわ。

お父さん：富士山といえば，昔から多くの人々がその景色に魅《み》せられ，そのときの気持ちを歌に込《こ》めてきた。(7)**百人一首にも富士山について詠《よ》まれた歌があるね。**

さくら　：富士山を見たら私も一句思い浮《う》かぶかしら。

お父さん：じゃあ，お父さんも一緒《いっしょ》に挑戦《ちょうせん》してみよう！　あとは行ってみたい場所はある？

さくら　：歴史の授業で習った(8)**弥生時代**の遺跡《いせき》も見てみたいな。

お父さん：お，いいね。教科書に載《の》っている建造物や作品を，実際に見ると感動するぞ。

さくら　：ほかには，そういう場所ないかなぁ。

お父さん：それだったら，駿府城や(9)**浜名湖**はどうだい？

さくら　：駿府城は授業で習ったよ。(10)**徳川家康**が築城したのよね。この(11)**静岡市**葵《あおい》区という地名は徳川家の家紋《かもん》に由来しているのかしら？

お父さん：きっとそうだね。静岡は徳川氏の縁《ゆかり》の地だから，中学の歴史を学んだらさらに行きたい場所が増えるぞ。

さくら　：わぁ，楽しみだな。一回の旅行では，全部周りきれないや。何回もおばあちゃんの家に遊びに行かなきゃ。あとは旅行といえば，ご飯とお土産だよね。道の駅にも寄って行こう。

お父さん：もちろん！　(12)**自然エネルギー**を利用して温められた足湯に浸《つ》かりながら，ご飯が楽しめる道の駅もあるよ。直売所には(13)**静岡のおいしい果物や野菜**がたくさんあるから，それをおばあちゃんの家に持って行ったら，きっと美味しい料理を作ってくれるはず。

さくら　：早くおばあちゃんに会いたいな。それまで勉強を頑張《がんば》るね！

問１．下線(1)に関する問題です。次のグラフは日本の主な漁業種類別生産量の推移を示したものです。Ａ～Ｄの生産量が減少した理由について述べた文のうち，ふさわしいものを下の①～④から１つ選びなさい。

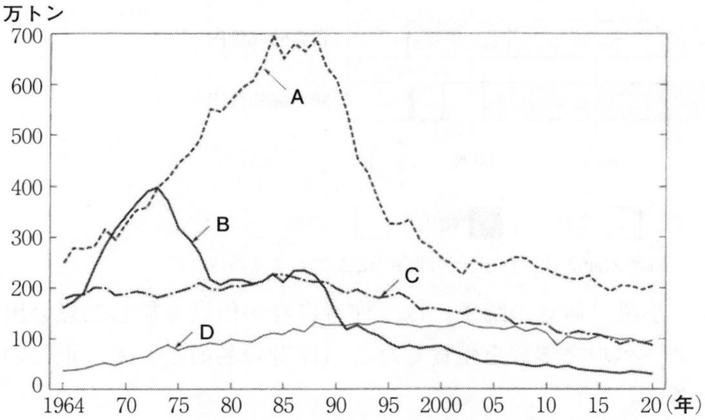

矢野恒太記念会『日本国勢図会 2022/23』より作成

①　Ａは沖合漁業を示し，底引きあみ漁法や魚群探知機の使用に規制が設けられたことなどにより，生産量が減少した。

②　Ｂは遠洋漁業を示し，燃料費の値上がりや各国が排他的経済水域を設定したことなどにより，生産量が減少した。

③　Ｃは海面養殖業を示し，赤潮の発生や海岸の埋《う》め立てなど漁場の環境《かんきょう》変化などにより，生産量が減少した。

④　Ｄは沿岸漁業を示し，東日本大震災の津波の影響《えいきょう》で多くの漁船が流されてしまったことなどにより，生産量が減少した。

問２．下線(2)に関する問題です。文中の(★)には，次の写真のように，お寺や神社で参拝者に向けて押《お》される印《いん》の名前が入ります。この印のことを何といいますか，答えなさい(ひらがなでもかまいません)。

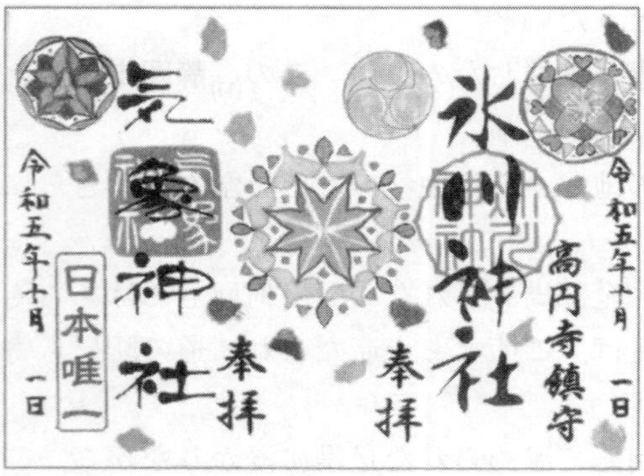

問３．下線(3)に関する問題です。次のグラフは中京工業地帯，瀬戸内工業地域，東海工業地域，京葉工業地域の出荷額と各工業の割合(2019年)を示したものです。東海工業地域にあてはまるものを，下の①～④から１つ選びなさい。

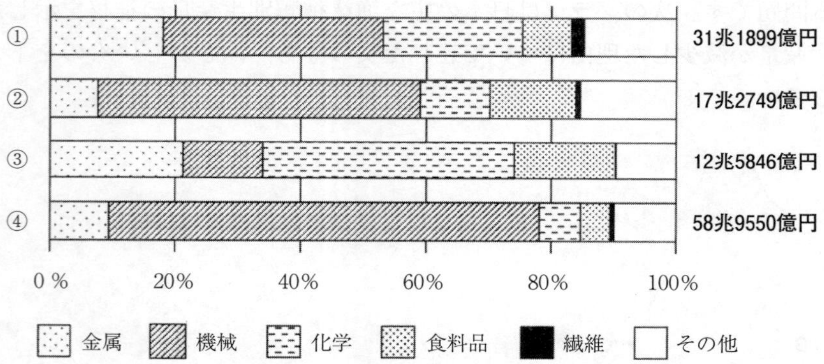

矢野恒太記念会『日本国勢図会 2022/23』より作成

問４．下線(4)に関する問題です。小説『伊豆の踊子』は，作者自身が伊豆を旅した思い出をもとに書かれたと言われます。ノーベル文学賞を受賞したこの作者の名前として，正しいものを次の①～④から１つ選びなさい。

①　三島由紀夫　　②　宮沢賢治

③　大江健三郎　　④　川端康成

問５．下線(5)に関する問題です。2026年のサッカーワールドカップは，アメリカ・メキシコ・カナダによる共同開催です。その３カ国が関税を引き下げ，自由貿易を行うために結んだ協定が，2020年に発効しました。この協定の名前として正しいものを，次の①～④から１つ選びなさい。

①　TPP　　②　ASEAN

③　USMCA　　④　MERCOSUR

問６．下線(6)に関する問題です。次の(イ)(ロ)の問いに答えなさい。

(イ)　次の図は『東海道名所図会《めいしょずえ》』に描《えが》かれた三保松原です。この図はどの方角から見たものだと考えられますか。図にある「三穂神社(御穂《みほ》神社)」と「羽衣松」の位置関係を参考にして，もっとも近いものを，次のページの地図中にある矢印①～④から１つ選びなさい。

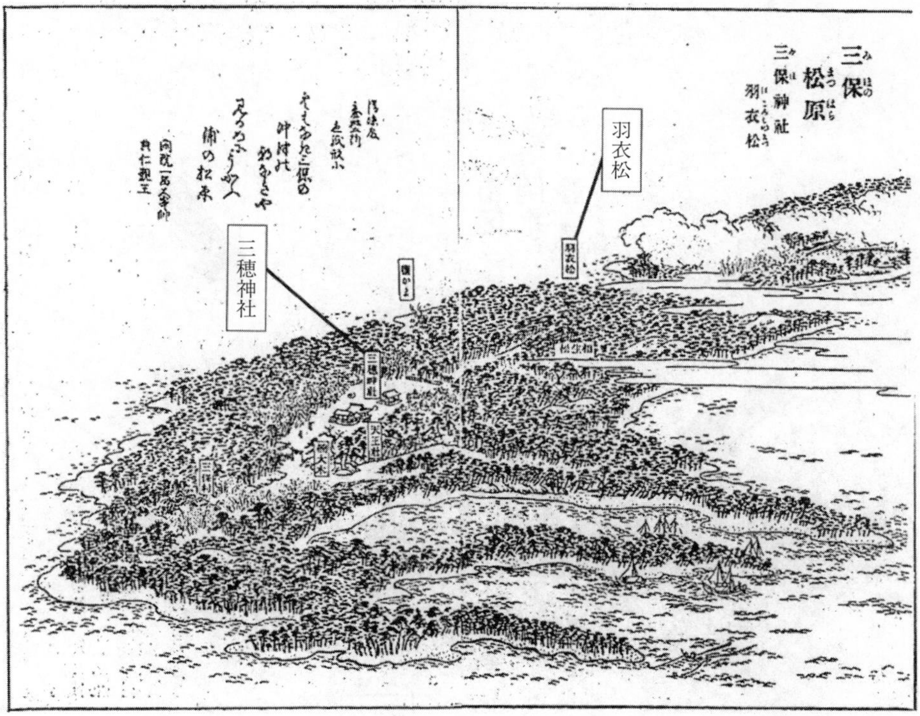

出典：秋里籬島『東海道名所図会』

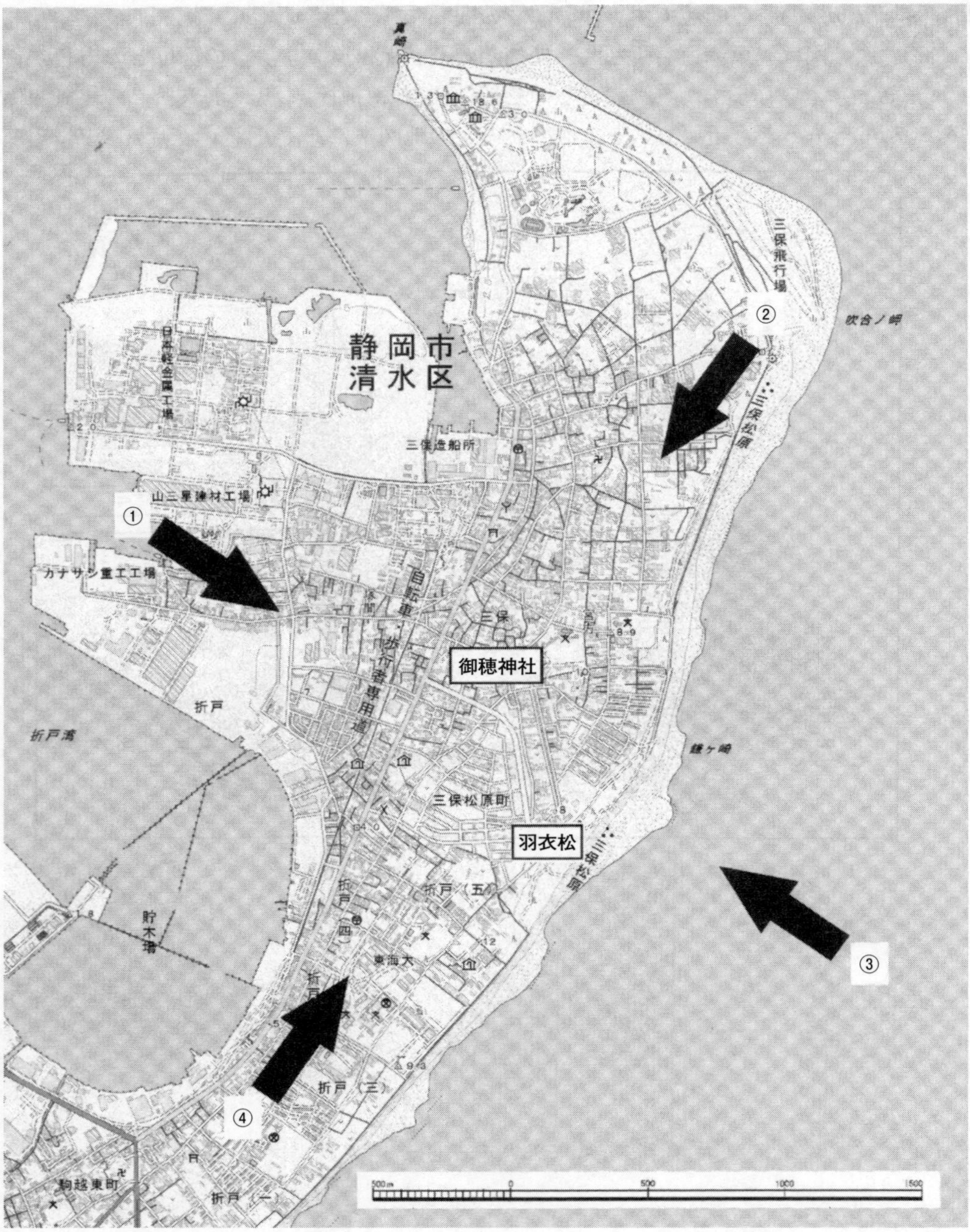

２万５千分の１電子地形図（令和５年10月調製）

(ロ)　三保松原のほかにも，静岡県では，韮山《にらやま》反射炉《ろ》(右の写真)が「明治日本の産業革命遺産」として世界遺産に登録されています。韮山反射炉の説明として，正しいものを①～④から１つ選びなさい。

①　金属を溶《と》かして優良な鉄をつくる施設《しせつ》であった。

②　伊豆沖を行き来する船のための灯台であった。

③　地中深くの石炭を，地上に引き上げる施設であった。

④　火力方式による，日本初の発電施設であった。

問７．下線(7)に関する問題です。次の(イ)(ロ)の問いに答えなさい。

(イ)　右の歌は「小倉百人一首」に選ばれたものです。『新古今和歌集』に収められており，その元になった歌は『万葉集』にみられます。ふたつの歌集について述べた文(あ)・(い)の内容について，正・誤の組み合わせとしてふさわしいものを，下の①～④から１つ選びなさい。

(あ)『万葉集』は日本最古の和歌集であり，天皇や貴族のほか，農民，防人の歌も収められている。 (い)『新古今和歌集』は，平安時代に醍醐天皇の命令で，紀貫之らによってまとめられた。

①　(あ)　正　(い)　正　　②　(あ)　正　(い)　誤

③　(あ)　誤　(い)　正　　④　(あ)　誤　(い)　誤

(ロ)　日本は，富士山の噴火《ふんか》など自然災害の危険性が高い国です。こうした災害に対して，国や地方公共団体が行っている取り組みについて述べた文のうち，**誤っているもの**を次の①～④から１つ選びなさい。

①　防衛省は，震度６弱以上の地震が発生して大きな揺《ゆ》れが起こる前に，緊急地震速報を出している。

②　地方公共団体は，被害状況《じょうきょう》を予測し，災害時の避難《ひなん》場所や経路なども示すハザードマップを公表している。

③　政府は，伊勢湾台風をきっかけに制定された災害対策基本法を通して，計画的な防災を呼びかけている。

④　政府は，東日本大震災後に復興庁を設置し，地方公共団体の支援を行っている。

問８．下線(8)に関する問題です。弥生時代のくらしについて述べた文のうち，**ふさわしくないもの**を次の①～④から１つ選びなさい。

①　土器が，食料を煮炊《にた》きするために使われた。

②　木製《せい》の鋤《すき》や鍬《くわ》が，田を耕すために使われた。

③　石包丁が，稲の穂先《ほさき》をつみとるために使われた。

④　青銅製の棺《ひつぎ》が，くにの有力者のお墓に使われた。

問９．下線(9)に関する問題です。浜名湖は，淡水《たんすい》と海水が混ざり合う汽水湖《きすいこ》です。日本の湖のうち，汽水湖として**あてはまらないもの**を，次の①～④から１つ選びなさい。

①　サロマ湖　　②　十三湖　　③　芦ノ湖　　④　宍道湖

問10．下線(10)に関する問題です。右の写真のお菓子《かし》は，つきたての餅《もち》にきな粉をまぶし，砂糖をかけたものです。その名前は，徳川家康が命名したという説があります。静岡市内を流れる川に由来して付けられた，このお菓子の名前を答えなさい(ひらがなでもかまいません)。

問11．下線(11)に関する問題です。静岡市は政令指定都市のひとつです。現在，政令指定都市は全国に20ありますが，1956年の創設時は「五大都市」と呼ばれる都市のみでした。最初に指定された５市に**あてはまらないもの**を，次の①～④から１つ選びなさい。

①　神戸市　　②　京都市　　③　名古屋市　　④　川崎市

問12．下線(12)に関する問題です。次の表は，アメリカ，ブラジル，フランスの発電量の内訳(2019年，単位：％)を示しています。(あ)～(う)の国名の組み合わせとして正しいものを，下の①～④から１つ選びなさい。

	(あ)	(い)	(う)
水力	63.5	7.1	10.8
火力	23.8	64.2	10.9
原子力	2.6	19.2	69.9
その他	10.1	9.5	8.4

矢野恒太記念会『日本国勢図会 2022/23』より作成

①　(あ)　アメリカ　(い)　ブラジル　(う)　フランス
②　(あ)　ブラジル　(い)　アメリカ　(う)　フランス
③　(あ)　フランス　(い)　アメリカ　(う)　ブラジル
④　(あ)　ブラジル　(い)　フランス　(う)　アメリカ

問13．下線(13)に関する問題です。下の表は，静岡県で多く収穫《しゅうかく》される果物や野菜について，それぞれ全国３位までの都道府県を示したものです。右の写真の作物にあてはまるものを，①～④から１つ選びなさい。

	①	②	③	④
１位	静岡	和歌山	長野	静岡
２位	愛知	愛媛	静岡	鹿児島
３位	茨城	静岡	東京	三重

農林水産省「作況調査・特用林産物生産統計調査(令和４年)」より作成

【理　科】〈第１回試験〉（30分）〈満点：60点〉

1　からだが動く仕組みについて，以下の文章を読んで，あとの問いに答えなさい。

図１は人が腕《うで》を曲げるときの骨と筋肉の様子を示したものです。腕には曲がる部分と曲がらない部分があります。曲がる部分は骨と骨のつなぎ目で，図１では★の部分になります。腕を曲げると，Ａの筋肉は（　a　）状態から（　b　）状態に変化し，Ｂの筋肉は（　c　）状態から（　d　）状態に変化します。

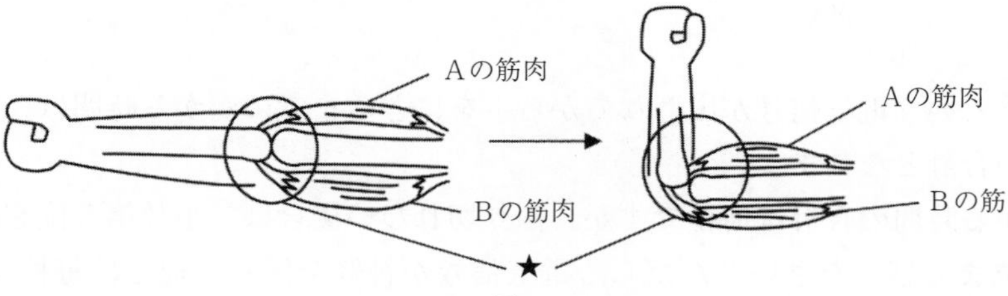

図１

問１　骨のはたらきとしてふさわしいものはどれですか。次の(ア)～(オ)の中から２つ選び，記号で答えなさい。

(ア)　内臓を守るはたらき
(イ)　痛みを感じるはたらき
(ウ)　ウイルスがからだの中に入るのを防ぐはたらき
(エ)　からだを支えるはたらき
(オ)　食べ物を分解するはたらき

問２　からだの各部分にある，図１の★のような骨と骨のつなぎ目で曲がる部分のことを何と言いますか。漢字で答えなさい。

問３　文章中の空らん（ａ）～（ｄ）に当てはまる語句として正しい組み合わせはどれですか。次の(ア)～(エ)の中から１つ選び，記号で答えなさい。

	（ａ）	（ｂ）	（ｃ）	（ｄ）
(ア)	縮んだ	ゆるんだ	ゆるんだ	縮んだ
(イ)	縮んだ	ゆるんだ	縮んだ	ゆるんだ
(ウ)	ゆるんだ	縮んだ	縮んだ	ゆるんだ
(エ)	ゆるんだ	縮んだ	ゆるんだ	縮んだ

人は手をにぎるとき，脳から手の筋肉に「手をにぎる」という電気信号を出します。その電気信号は神経という部分を通って手の筋肉まで伝わり，その後，手の筋肉が動いて手をにぎります。図２は，この様子を示したものです。電気信号は神経を素早く伝わっていき，その速さはおよそ毎秒120mと言われています。

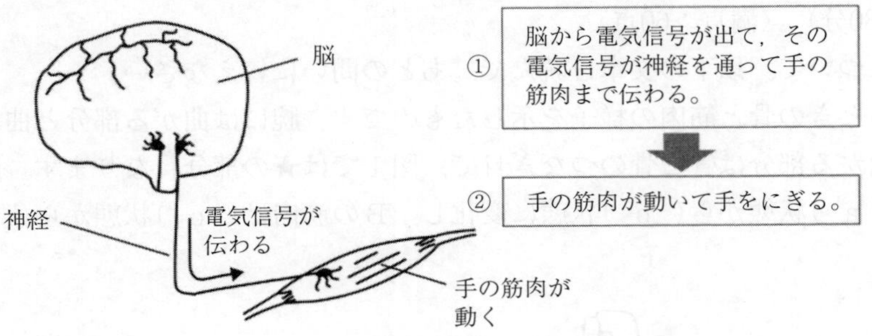

図２

脳から「手をにぎる」という電気信号が出されてから手をにぎるまでにかかる時間は，図２の①と②にかかる時間の合計となります。

問４　図２の①と②にかかる時間の合計は何秒ですか。割り切れない場合は，小数第５位を四捨五入して，小数第４位まで答えなさい。ただし，電気信号が神経を伝わる速さは毎秒120m，脳から手の筋肉までの神経の長さは0.9m，図２の②の時間は0.06秒とします。

次に，ある人が他の人から手首をにぎられたとき，脳が「にぎられた」と感じるまでの様子を考えてみましょう。図３は，図２に手首の皮ふと神経と脳のつながりを加えた図です。手首をにぎられたとき，図３のように，手首の皮ふから神経を通って電気信号が脳に伝わります。このとき，手首をにぎられてから脳が「にぎられた」と感じるまでの時間は，図３の③にかかる時間となります。

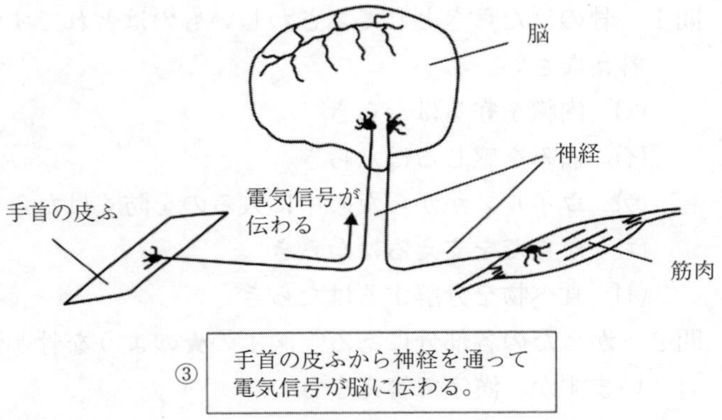

図３

手首をにぎられてから手の筋肉を動かすまでの反応の速さを調べるために，次のような実験を行いました。

＜実験＞

図４のように，10人が目を閉じて円形に並びます。１人目は片手にストップウォッチを持ち，反対の手で２人目の手首を持ちます。２人目以降はとなりの人に持たれていない反対の手で，次の人の手首を持ちます。10人目は１人目のストップウォッチを持っている手の手首を持ちます。１人目はストップウォッチをスタートするのと同時に，２人目の手首を軽くにぎります。２人目は自分の手首がにぎられたと感じたら，次の人の手首をにぎります。これを繰り返していき，10人目の人は自分の手首がにぎられたと感じたら１人目の手首をにぎり，１人目は自分の手首がにぎられたと感じたら，ストップウォッチをストップします。

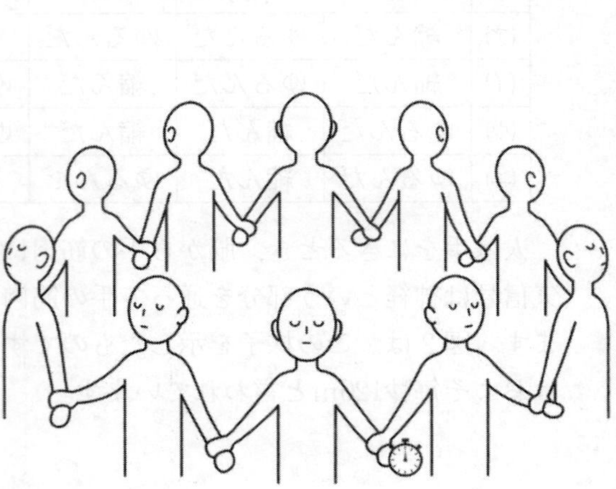

図４

＜結果＞

１人目がストップウォッチをスタートしてからストップするまでの時間は３秒でした。

問５　この実験において，自分の手首がにぎられてから次の人の手首をにぎるまでにかかる平均の時間は何秒ですか。ただし，ストップウォッチをストップする動きと手首をにぎる動きは，同じ時間がかかるとします。

問５で求めた時間を「時間Ａ」とします。また，図２の①と②，図３の③の合計時間を「時間Ｂ」とします。このとき，「時間Ａ」は(e)「脳が考えている時間」の分だけ「時間Ｂ」より長くなります。

問６　上の文の下線部(e)「脳が考えている時間」は何秒になりますか。ただし，図２の①と図３の③は同じ時間であるものとします。また，実験に参加した10人全員において，電気信号が神経を伝わる速さは毎秒120m，脳から手の筋肉までの神経の長さは0.9m，図２の②の時間は0.06秒とします。割り切れない場合は，小数第４位を四捨五入して小数第３位まで答えなさい。

2　金属について，あとの問いに答えなさい。

金属の棒や板を，図１のようにガスバーナーの弱い火で熱しました。

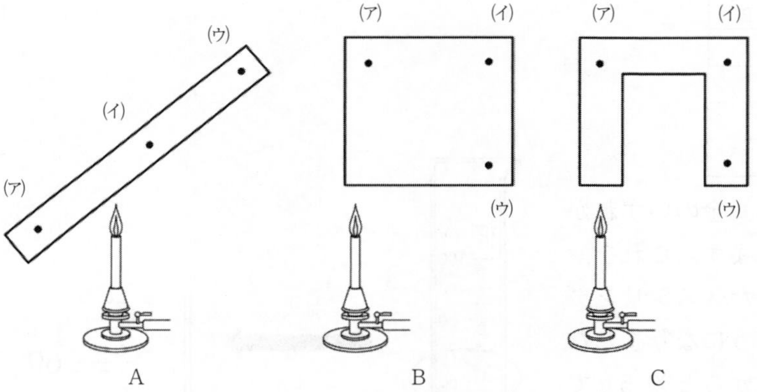

図１

問１　図１のＡ～Ｃについて，それぞれ最後にあたたまる所はどこですか。(ア)～(ウ)の中からそれぞれ１つずつ選び，記号で答えなさい。

金属は，温度によって体積がわずかに変化します。鉄道のレールも金属でできているため，あたためると伸《の》びます。

問２　25mのレールが０℃から30℃にあたたまりました。このとき，０℃のときに比べたら何cm伸びていますか。ただし，レール１mは１℃の温度変化で0.0114mm伸び縮みするものとします。

金属の種類によって，あたためたときに体積がどれだけ変化するかは異なります。図２のように，同じ大きさの鉄とアルミニウムをはり合わせた金属の板を用意します。この板をガスバーナーであたためると，図３のように変形しました。なお，鉄とアルミニウムは常に同じ温度になっているものとします。

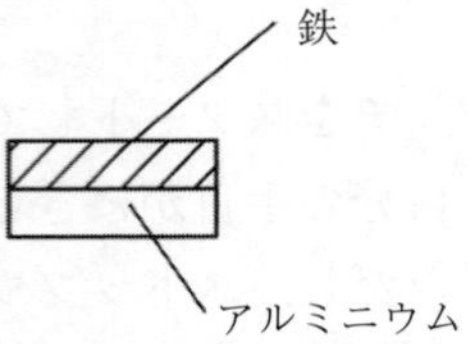

図２

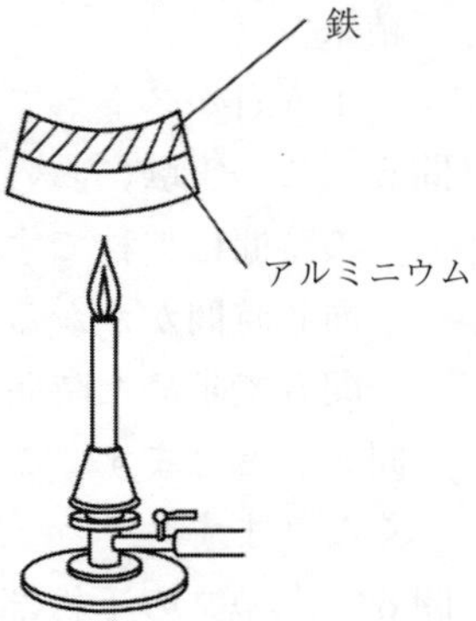

図３

問３　同じ大きさの鉄とアルミニウムをあたためたときの体積変化について，この実験からわかることを次の(ア)～(ウ)から１つ選び，記号で答えなさい。

(ア)　アルミニウムより鉄の方が，体積が大きくなる。

(イ)　鉄よりアルミニウムの方が，体積が大きくなる。

(ウ)　この実験からでは，鉄とアルミニウムのどちらの体積が大きくなるかわからない。

同じ温度で同じ体積でも，金属の種類により重さは異なります。下の表は，20℃における１cm^3の金属の重さを示したものです。

金属の種類	１cm^3の重さ（ｇ）
アルミニウム	2.7
鉄	7.9
銅	9.0
金	19.3

問４　アルミニウム，鉄，銅，金のいずれかの金属でできた球があります。これを，20℃で50cm^3の水が入ったメスシリンダーに入れると，図４のようになりました。また，この球の重さをはかると39.5ｇでした。この球は，どの金属からできていますか。次の(ア)～(エ)から１つ選び，記号で答えなさい。

(ア)　アルミニウム　　(イ)　鉄

(ウ)　銅　　(エ)　金

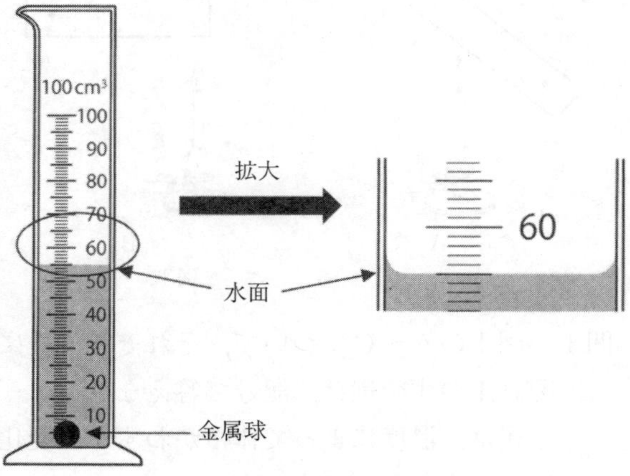

図４

銅板を用いて次の【実験１】～【実験３】を行いました。

【実験１】　銅板をガスバーナーで強く加熱すると，銅板の色が変わった。

【実験２】　【実験１】で加熱して色が変わった銅板の部分が電気を通すか調べた。

【実験３】　新たに小さな銅板を用意し，この銅板を試験管に入れたあと，うすい塩酸を加えた。

問５　この実験に関する(ア)～(エ)の文について，正しければ○を，まちがっていれば×を解答らんに記入しなさい。

(ア)　【実験１】で，加熱するときは素手で銅板を持つ。

(イ)　【実験１】で，ガスバーナーで強く加熱した銅板は黒くなる。

(ウ)　【実験２】では，電気を通さない。

(エ)　【実験３】では，水素が発生する。

3　ある日の夜に，相澤《あいざわ》さんは家の近くの丘《おか》の上で，大きなりんごの木の上に満月がある素敵な景色を写真におさめました。図１は，その写真を表しています。以下の文章を読んで，あとの問いに答えなさい。ただし，相澤さんは日本に住んでいるものとします。

また，この問題では30日かけて月は地球の周りを１周するものとします。

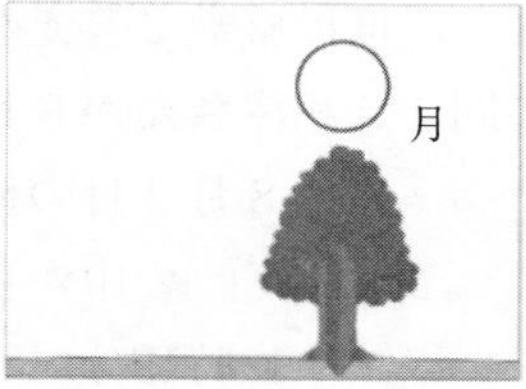

図１

満月，半月，三日月，新月など，月には様々な見え方があります。太陽からの光は，いつも月の半面だけを明るく照らしていますが，月が地球の周りのどの位置にあるかによって月の見え方が異なります。

図２は，地球の周りをまわる月の位置を表しています。この図において，⑤の位置に月があるときは満月に見えます。また，⑦の位置にあるときは半月に見えます。30日かけて月は地球の周りを１周するので，月の満ち欠けも同じ30日で繰り返されます。例えば，ある日の０時に満月が真南に見えると，その日から30日後の０時に再び満月が真南に見えることになります。また，北極側から地球と月を見ると，図２のように地球の自転の向きも月が地球の周りをまわる向きも反時計回りになっています。

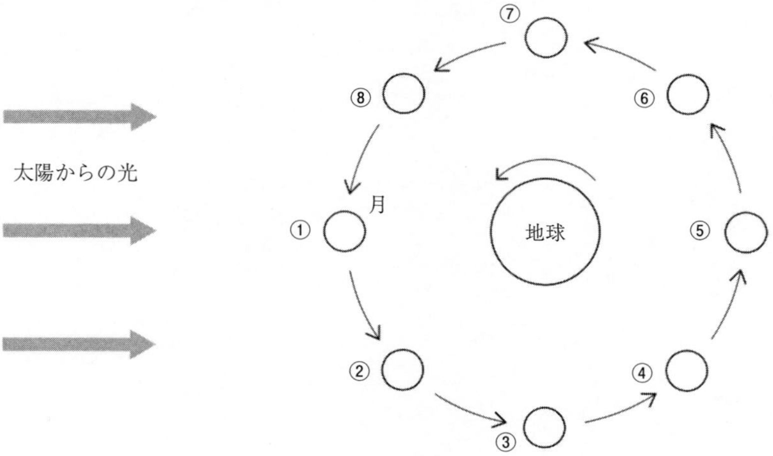

図２

問１　日食が起こることがあるのは，月がどのような見え方のときですか。最も ふさわしいものを次の(ア)～(エ)の中から１つ選び，記号で答えなさい。

(ア)　新月　　(イ)　三日月　　(ウ)　半月　　(エ)　満月

相澤さんが図１の写真を撮《と》ったのは，８月１日の日没《にちぼつ》直後の19時でした。

問２　相澤さんが図１の写真を撮った方角はどちらですか。次の(ア)～(エ)の中から最もふさわしいものを１つ選び，記号で答えなさい。

(ア)　東　　(イ)　西　　(ウ)　南　　(エ)　北

問３　８月１日に比べて，８月２日の同じ時刻の月の位置は，どちらの向きに何度ずれていますか。向きについては，右の図の(ア)〜(エ)の中から最もふさわしいものを１つ選び，記号で答えなさい。角度は整数で答えなさい。

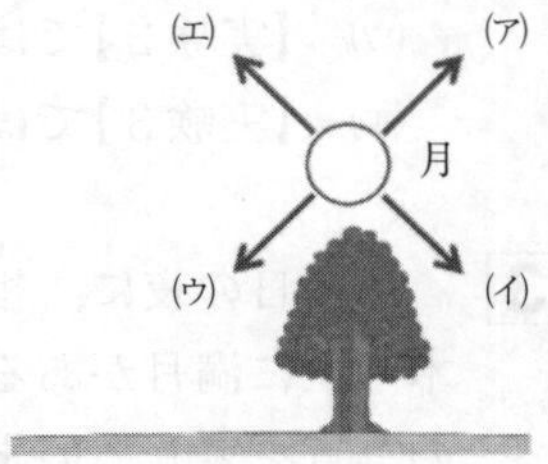

問４　相澤さんが８月１日に見た月とほぼ同じ位置に月を見るためには，８月２日の何時に写真を撮った場所にいればいいですか。次の(ア)〜(カ)の中から最もふさわしいものを１つ選び，記号で答えなさい。

(ア)　18時12分　(イ)　18時24分　(ウ)　18時36分
(エ)　19時24分　(オ)　19時36分　(カ)　19時48分

問５　図２の⑥の位置に月があるとき，月から地球を見るとどのように見えますか。次の(ア)〜(オ)の中から最もふさわしいものを１つ選び，記号で答えなさい。

【編集部注…問題不成立とみなされ全員正解となった(詳細は解説を参照)。】

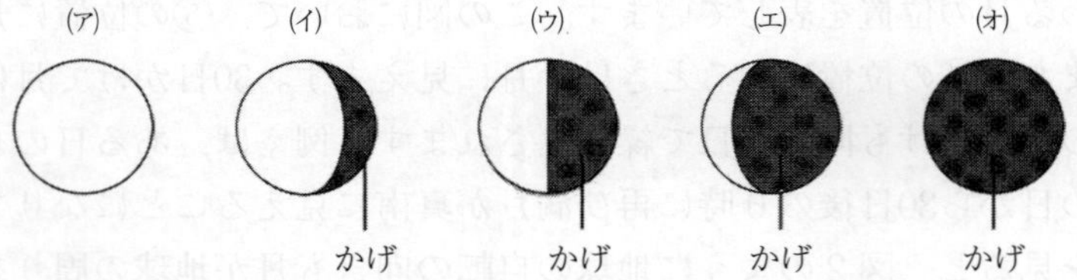

然に三度出会う確率を考え、計算によってその答を求めようとするなら、それは［　b　］によるものと言えます。これは、「ふしぎ」を説明するのに、個人の［　(3)　］事実を一切排除《いっさいはいじょ》しようとする態度です。ニュートンが発見した物理学の法則が、「万有引力《ばんゆう》」と呼ばれるように、その説明は［　c　］を持っています。

近代における［　d　］を目にした人々は、「自然科学」の知に対して絶対的な信頼《しんらい》を寄せてきました。しかし、そのような態度によっては、［　e　］が軽視されることになる、と筆者は指摘《してき》しています。人には、それぞれの［　(4)　］事実に根ざしたものの見方があるのです。「自然科学」によって切り捨てられがちな「物語」に注目し、自分の心のありようの重要性について改めて考えてみても良いのではないでしょうか。

(ア)　普遍的な性格
(イ)　関係性の希薄《きはく》さ
(ウ)　根拠《こんきょ》のない判断
(エ)　追究していく責任
(オ)　テクノロジーの発展
(カ)　安心できる平和な世界
(キ)　「自然科学」的な発想
(ク)　「神話」を解釈すること
(ケ)　世界と自分とのかかわり

【出典】

一　長嶋　有『猛スピードで母は』（文春文庫、二〇〇九年）一四四頁～一六〇頁

二　河合隼雄『物語とふしぎ』（岩波書店、二〇一三年）一頁～一〇頁

わせるうちに、自身とせみとの境界線を失い一体化していくことでファンタジーを生み出している、ということ。

(エ) この子どもは、せみがミンミン鳴く理由について大人に知識を与《あた》えられるのでなく、自分なりの答えを導いていく中で、自ら成長していくきっかけをつかんだ、ということ。

問7 [E] には、次の(ア)～(エ)の文が当てはまります。意味が通るように並《なら》べ替《か》え、その順番を解答欄《かいとうらん》の指示にしたがって(ア)～(エ)の記号で答えなさい。

(ア) 夜の闇《やみ》を破って出現して来る太陽の姿を見たときの彼《かれ》らの体験、その存在のなかに生じる感動、それらを表現するのには、太陽を黄金の馬車に乗った英雄《えいゆう》として物語ることが、はるかにふさわしかったからである。

(イ) しかしそれと同時に、彼らは太陽を四頭立ての金の馬車に乗った英雄として、それを語った。

(ウ) 古代ギリシャの時代に、人々は太陽が熱をもった球体であることを知っていた。

(エ) これはどうしてだろう。

問8 ――⑥「神話をまったく放棄《ほうき》すると、自分の心のなかのことや、自分と世界とのかかわりが無視されたことになる」とありますが、なぜだと考えられますか。最も適当なものを次の中から選び、(ア)～(エ)の記号で答えなさい。

(ア) 「神話」とは、自分たちを取り巻く世界に対して各人や各民族・部族が行う独自の解釈のあらわれであり、ものの見方や考え方の特徴《とくちょう》が色濃《いろこ》く示されたものであるから。

(イ) 「神話」とは、人間にとっての根本的な「ふしぎ」について説明するものであり、時代的な制約にもかかわらず客観的な説明をしようという努力がみられるものだから。

(ウ) 「神話」の方法と「自然科学」で導かれる普遍的《ふへんてき》な説明とは、ともにあってこそ効果的なのであり、一方だけでは自分がかかわる世界を説明することはできないから。

(エ) 「神話」とはちがって、「自然科学」による科学技術の発展は著《いちじる》しく社会を変化させてしまうので、自分の心と向き合うだけの精神的な余裕《よゆう》を人々に与《あた》えないから。

問9 ――⑦「自然科学は外的事実に、妄想《もうそう》は内的事実に極端《きょくたん》に縛《しば》られた『物語』ということになる」とありますが、このことに関する次の説明文を読み、[a]～[e]に当てはまる言葉をそれぞれ選び、(ア)～(ケ)の記号で答えなさい。また、[(1)]～[(4)]には、「内的」・「外的」のいずれかが入ります。「内的」＝(A)、「外的」＝(B)としたとき、当てはまるものをそれぞれ選び、(A)もしくは(B)で答えなさい。

すべてが真っ赤な服装の「おじさん」とまったく別の場所で偶然《ぐうぜん》に三日連続で出会ったとき、人はその奇抜《きばつ》な服装の人物との度重《たびかさ》なる出会いに驚《おどろ》くことでしょう。そして、この「ふしぎ」な出会いの意味を読み解こうとするはずです。こうして導き出されたものが「物語」です。

赤い服装の人物との三度の遭遇《そうぐう》を、「ＣＩＡが自分をつけ回している」と説明するとき、自分がＣＩＡに追われるような何かをした、という[(1)]事実でもない限り、これは「妄想」と言えます。「妄想」とは、[a]に基《もと》づいた個人的な見解です。したがって、「妄想」は、その人の不安や恐《おそ》れという[(2)]事実が極端に強く込《こ》められているのであり、その人なりの「物語」であるとも言えるでしょう。

もし、個人の事情は取《と》り払《はら》って、同じ人物と別の場所で偶

これに関する次の説明文を読み、[a]～[d]に当てはまる語をそれぞれ選び、(ア)～(カ)の記号で答えなさい。ただし、**同じ記号を2度以上用いてはいけません。**

「釈迦牟尼《しゃかむに》」は、「人間が死ぬ」という「ふしぎ」について、持っているものを全て棄《す》てて、[a]の中で努力し考え続けた結果、仏教を創始するに至りました。一方、「この人」も答を求めて努力しますが、書物で見出《みいだ》せないと分かると、周囲の人に答をたずねるようになりました。しかし、ふつうの人は「人間が死ぬ」という「ふしぎ」にとりつかれていては、[b]の生活もままなりません。そもそも、自分で考え続けなければ、自分にとっての「ふしぎ」に、[c]な答が出るはずがありません。自分の本来の仕事もせず、周囲の人を自分の「ふしぎ」に巻《ま》き込《こ》もうとする「この人」は、他の人の[b]をかき乱す迷惑《めいわく》な存在ともなってくるのです。

さらに言えば、「この人」は、「ふしぎ」に心をとらわれるなかで、この謎《なぞ》に興味のない他者に[d]とも思える態度をとるようにもなっていくのです。こうして、「この人」はますます「嫌われ者」となっていきます。「釈迦牟尼」が問題の答を自分で追究し続けたのとは大きく違《ちが》うのです。

(ア) 曖昧《あいまい》　(イ) 充分《じゅうぶん》
(ウ) 丁寧《ていねい》　(エ) 傲慢《ごうまん》
(オ) 孤独《こどく》　(カ) 日常

問5 ――④「おおたにまさひろ君の詩」とありますが、これに関する次の説明文を読み、(1)～(3)について適当なものを選び、それぞれ記号で答えなさい。

六歳《さい》のまさひろ君は、米屋なのにパンを食べるお父さんに「ふしぎ」を感じているようです。大人であれば米屋であってもパンを食べることは「あたりまえ」なことでしょうが、ここに「ふしぎ」を見出しているまさひろ君の感性は、(1)［(ア) 常識的な考えにとらわれがちな大人をハッとさせます　(イ) ユニークで独創的な行為《こうい》を嫌《きら》う大人をがっかりさせます　(ウ) わが子の成長を強く願う子煩悩《こぼんのう》な大人をホッとさせます］。いつもの生活の中で(2)［(エ)「ふしぎ」なことこそが「あたりまえ」だと感じ取れる　(オ)「ふしぎ」だと感じたことを「ふしぎ」だと口にできる　(カ)「あたりまえ」なことが「ふしぎ」の中に存在《そんざい》している］子どもの感覚に寄《よ》り添《そ》うことで、(3)［(キ) かつて自分が体験した懐《なつ》かしい風景が、まざまざと思い出されるのです　(ク) いつか出会うはずの風景の中に、自分の未来の姿が映し出されるのです　(ケ) 大人の目にも、いつもの風景がいつもとは違った形で見えてくるのです］。

問6 ――⑤「『お母さん、お母さんと言って、せみが呼んでいるんだね』と子どもが答える」とありますが、どういうことですか。最も適当なものを次の中から選び、(ア)～(エ)の記号で答えなさい。

(ア) この子どもは、せみがミンミン鳴く声を子どもが母親を呼んでいる声であるとたとえることで、物語における表現技法の一つである擬人法《ぎじんほう》を実践的《じっせんてき》に習得した、ということ。

(イ) この子どもは、せみがミンミン鳴くという出来事に自分の気持ちや経験を重ね合わせることで、せみが鳴く理由についての自分なりの解釈《かいしゃく》を見つけ出している、ということ。

(ウ) この子どもは、せみがミンミン鳴く姿に自分の感情を重ね合

をつくしすぎた。これは外的現象の理解に大いに役立つ。しかし、⑥神話をまったく放棄《ほうき》すると、自分の心のなかのことや、自分と世界とのかかわりが無視されたことになる。

　せみの鳴き声を母を呼んでいるのだと言った坊《ぼう》やは、科学的説明としてはまちがっていたかも知れないが、そのときのその坊やの「世界」とのかかわりを示すものとして、最も適当な物語を見出《みいだ》したと言うことができる。

　ところで、すでに述べた赤づくしの服装の人に二度も出会った人が次に三度目に出会う。そして、「わかった。あれはCIA(注：米国の中央情報局)の人物が僕をつけ回しているのだ」と判断したとする。このような解釈《かいしゃく》は、自分の心の状態を表現するのにはピッタリかも知れないが、外的事実の吟味《ぎんみ》をまったく怠《おこた》っている。あるいは、内的事実と外的事実が取《と》り違《ちが》えられていると言える。このようなときは、妄想《もうそう》と言うことになる。

　このことは逆に考えると、精神病的な妄想と言えども、それを「異常」としてのみ見るのではなく、その人が世界と自分とのかかわりを、何とか自分なりに納得しようとしたり、それを他人に伝えようとしたりする努力のあらわれとして見ることもできる。

　自然科学と妄想との間に「物語」があると考えてみると、その特性がわかる。簡単に言うと、⑦自然科学は外的事実に、妄想は内的事実に極端《きょくたん》に縛《しば》られた「物語」ということになる。

問1　A～Dに当てはまる語を次の中からそれぞれ選び、(ア)～(オ)の記号で答えなさい。ただし、**同じ記号を2度以上用いてはいけません。**

(ア)　なかなか　(イ)　とうとう　(ウ)　だいたい
(エ)　あくまで　(オ)　せっかく

問2　――①「人間というのは『ふしぎ』を『ふしぎ』のままでおいておけない」とありますが、どういうことですか。次の中から最も適当なものを選び、(ア)～(エ)の記号で答えなさい。

(ア)　不安を抱《かか》えている人は、「ふしぎ」なことから目をそむけて、自分の心を閉ざしていってしまう、ということ。

(イ)　人は知識や経験を積み重ねていくにつれて、「ふしぎ」だと思っていたこともそう感じなくなる、ということ。

(ウ)　人は「ふしぎ」なことに出会ったとき、納得《なっとく》できるような自分なりの答を見つけようとする、ということ。

(エ)　「ふしぎ」にとらわれた人は、いつの間にか答を追い求めること自体が目的になってしまう、ということ。

問3　――②「『ふしぎ』と人間が感じるのは実に素晴《すば》らしいことだと思われる」とありますが、なぜですか。次の中から最も適当なものを選び、(ア)～(エ)の記号で答えなさい。

(ア)　今では「あたりまえ」として受け止められていることにも、多くの人が力を合わせて「ふしぎ」なことを「あたりまえ」にしてきた偉大《いだい》な過程があったから。

(イ)　「あたりまえ」を「ふしぎ」から区別して考えていくことによって、人類はそれまでになかった多くの科学的な発見を手に入れ、進歩することができたから。

(ウ)　「ふしぎ」に心をとらわれ、その「ふしぎ」について「あたりまえ」に考え続けていくこと自体に大きな価値があると、これまでの歴史が証明しているから。

(エ)　「あたりまえ」とされていることであっても、それを「ふしぎ」ととらえ、その「ふしぎ」について考え続けていくことが、大きな成果につながりうるから。

問4　――③「この人は『嫌《きら》われ者《もの》』になってくる」とありますが、

納得《なっとく》のいく答

子どもは「ふしぎ」と思う事に対して、大人から教えてもらうことによって知識を吸収していくが、時に自分なりに「ふしぎ」な事に対して自分なりの説明を考えつくときもある。子どもが「なぜ」ときいたとき、すぐに答えず、「なぜでしょうね」と問い返すと、面白い答が子どもの側から出てくることもある。

「お母さん、せみはなぜミンミン鳴いてばかりいるの」と子どもがたずねる。

「なぜ、鳴いてるんでしょうね」と母親が応じると、

⑤「お母さん、お母さんと言って、せみが呼んでいるんだね」と子どもが答える。そして、自分の答に満足して再度質問しない。これは、子どもが自分で「説明」を考えたのだろうか。

それは単なる外的な「説明」だけではなく、何かあると「お母さん」と呼びたくなる自分の気持ちもそこに込《こ》められているのではなかろうか。だからこそ、子どもは自分の答に「納得」したのではなかろうか。そのときに、母親が「なぜって、せみはミンミンと鳴くものですよ」とか、「せみは鳴くのが仕事なのよ」とか、答えたとしても、「納得」はしなかったであろう。たとい、せみの鳴き声はどうして出てくるかについて「正しい」知識を供給しても、同じことだったろう。そのときに、その子にとって納得のいく答というものがある。

「そのときに、その人にとって納得がいく」答は、「物語」になるのではなかろうか。せみの声を聞いて、「せみがお母さん、お母さんと呼んでいる」というのは、すでに物語になっている。外的な現象と、子どもの心のなかに生じることとがひとつになって、物語に結晶《けっしょう》している。

物語ること

人類は言語を用いはじめた最初から物語ることをはじめたのではないだろうか。短い言語でも、それは人間の体験した「ふしぎ」、「おどろき」などを心に収めるために用いられたであろう。

E

かくて、各部族や民族は「いかにしてわれわれはここに存在するのか」という、人間にとって根本的な「ふしぎ」に答えるものとしての物語、すなわち神話をもつようになった。それは単に「ふしぎ」を説明するなどというものではなく、存在全体にかかわるものとして、その存在を深め、豊かにする役割をもつものであった。

ところが、そのような「神話」を現象の「説明」として見るとどうなるだろう。確かに英雄《えいゆう》が夜ごとに怪物《かいぶつ》と戦い、それに勝利して朝になると立ち現われてくるという話は、ある程度、太陽についての「ふしぎ」を納得させてくれるが、そのすべての現象について説明するのには都合が悪いことも明らかになってきた。たとえば、せみの鳴くのを「お母さんと呼んでいる」として、しばらく納得できるにしても、しだいにそれでは都合の悪いことがでてくる。

そこで、現象を「説明」するための話は、なるべく人間の内的世界をかかわらせない方が、正確になることに人間がだんだん気がつきはじめた。そして、その傾向《けいこう》の最たるものとして、「自然科学」が生まれてくる。「ふしぎ」な現象を説明するとき、その現象を人間から切《き》り離《はな》したものとして観察し、そこに話をつくる。

このような「自然科学」の方法は、ニュートンが試みたように、「ふしぎ」の説明として普遍的《ふへんてき》な話(つまり、物理学の法則)を生み出してくる。これがどれほど強力であるかは、周知のとおり、現代のテクノロジーの発展がそれを示している。これがあまりに素晴らしいので、近代人は「神話」を嫌い、自然科学によって世界を見ることに心

この人はそれだけではなく、その「ふしぎ」を追究していって、最後は「万有《ばんゆう》引力の法則」などという大変なことを見つけ出した。リンゴが木から落ちることは、それまで誰《だれ》にとっても「あたりまえ」のことだったのに、ニュートンにとっては、それを「心に収める」のに大変な努力が必要だった。そして、彼《かれ》の努力は人類全体に対する大きい貢《こう》献《けん》として認められた。

「人間は必ず死ぬ」。これもあたりまえのことである。しかし、これをあたりまえと思わず、「人間はなぜ死ぬのか」と考え続けた人がいる。釈迦牟尼《しゃかむに》は、それを心に収めるために、家族を棄《す》て、財産も棄てて考え抜《ぬ》いた。彼の努力の結果、仏教という偉大《いだい》な宗教が生まれてきた。これも人類に対する偉大な貢献となった。

このように考えると、②「ふしぎ」と人間が感じるのは実に素晴《すば》らしいことだと思われる。特に他の人たちが「あたりまえ」と感じていることを「ふしぎ」と受けとめる人は、なかなか偉大である、と言えそうである。

こんな人はどうだろう。この人も「人間が死ぬ」という「ふしぎ」に心をとらわれた。それを解決しようとして、仏教やキリスト教や、あれこれの本を読んだ。しかし、どれにも満足できないので、何かにつけ他人に問いかけるようになったし、この大きい「ふしぎ」に取りつかれているので他の仕事にあまり手がつかなくなった。そして残念ながら、この人は周囲の人たちに敬遠され、ますます孤独《こどく》になって心の状態までおかしくなってきた。こうなると、③この人は「嫌《きら》われ者《もの》」になってくる。

「他の人はごまかして生きているのに、自分だけが考えるべきことを考えている」などというので、こんな人はますます嫌《きら》われる。それは「ふしぎ」を自分の力で心に収めることをしないだけではなく、せっかく平安に生きている人の心を乱すので嫌《いや》がられるのである。「ふしぎ」と思ったからには、自分でそれを追究していく責任がある。

子どもとふしぎ

子どもの世界は「ふしぎ」に満ちている。小さい子どもは「なぜ」を連発して、大人に叱《しか》られたりする。しかし、大人にとってあたりまえのことは、子どもにとってすべて「ふしぎ」と言っていいほどである。「雨はなぜ降るの」、「せみはなぜ鳴くの」、あるいは、少し手がこんできて、飛行機は飛んで行くうちにだんだん小さくなっていくけど、なかに乗っている人間はどうなるの、などというのもある。これらの「はてな」に対して、大人に答を聞いたり、自分なりに考えたりして、子どもは、自分の知識を貯《たくわ》え、人生観を築いていく。

六歳《さい》の子ども、④おおたにまさひろ君の詩につぎのようなものがある。

おとうさんは
こめややのに
あさ　パンをたべる

（灰谷健次郎編『児童詩集　たいようのおなら』サンリード、一九八〇年）

こんなのを見ると、「人間てふしぎなもんだな」と思ったりする。日常の「あたりまえ」の世界に、異なる角度から照らす光源ができて、それによって今まで見過ごしてきたことに注意を向けられたり、関心を寄せたりする。子どもの「ふしぎ」に対して、大人は時に簡単に答えられるけれど、一緒《いっしょ》になって「ふしぎだな」とやっていると、自分の生活がそれまでより豊かになったり、面白くなったりする。

2　ふしぎが物語を生む

るドイツ車を一気に抜き去り、[e]を覚えているようです。慎の変化を目にした母もまた、[f]ができたといえるでしょう。

(ア) 日常的な風景
(イ) 不適切な振《ふ》る舞《ま》い
(ウ) めまぐるしい変化
(エ) 充足感《じゅうそく》や爽快感《そうかい》
(オ) めったにない光景
(カ) 意外にも毅然《きぜん》とした態度
(キ) 安定感や安堵感《あんど》
(ク) 自分らしさを取《と》り戻《もど》すこと
(ケ) 自分の意志を表現すること
(コ) 恋人との仲を取《と》り戻《もど》すこと
(サ) 反抗心《はんこうしん》を芽生えさせること

二

次の文章を読んで、以下の設問に答えなさい。

1　ふしぎの体験

人間は毎日生活している間に、「あれ、ふしぎだな」と思うときがある。それにも大小さまざまがあり、ふしぎだと思いつつすぐ心から消えてしまうのと、[A]そのふしぎさを追究していきたくなるのと、相当に程度の差がある。

非常に簡単な例をあげよう。夜中にふと目を覚ますと、ビーンと変な小さい音が聞こえる。「あれ、ふしぎだな」と思う。それが気になって眠《ねむ》れない。[B]起き出して、音を頼《たよ》りに調べてみると、「なあーんだ、冷蔵庫の音だったのか」とわかって安心する。「ふしぎ」ということは、人間の心を平静にしておかない。「わかった」という解決の体験があって平静に戻《もど》る。

電車に乗っていると、赤い帽子《ぼうし》に赤い靴《くつ》、鞄《かばん》まで真赤《まっか》という服装のおじさんが乗ってくる。「あれ、ふしぎな人」と思うが、おじさんがどこかで降りてしまうと、「変な人だったな」と思い、それで忘れてしまう。この際は、「わかった」というところはないが、「変な人」ということで、自分の人生にかかわりのない事柄《ことがら》として、心の中から排《はい》除《じょ》してしまうことにより、心の平静をとり戻す。

[C]平静をとり戻したのに、翌日まったく違《ちが》うところで電車に乗っていると、また例のおじさんがやってきた。こうなるとそのままではおれない。「偶然《ぐうぜん》だ」、「あんな服装流行しているのかな」、「あのおじさん、僕《ぼく》をつけているのかな、まさか」などと心がはたらきはじめる。つまり、①人間というのは「ふしぎ」を「ふしぎ」のままでおいておけない。何とかして、それを「心に収めたい」と思う。

大人になって毎日同じようなことを繰《く》り返《かえ》していると、あまり「ふしぎ」なことはなくなってくる。何もかもわかったような気になると、今度は面白《おもしろ》くなくなってきて、「ふしぎ」なことを提供してくれるテレビ番組や催《もよお》しものなどを見る。これらは必ず「ふしぎ」なことが最後には心に収まるようになっているので、少しの間心をときめかして、後は安心、ということになる。

あたりまえの事

「ふしぎ」の反対は「あたりまえ」である。大人は[D]「あたりまえ」の世界に生きている。ところが、それを「あたりまえ」と思わない人がいる。

リンゴが木から落ちるのを見て、「ふしぎだな」と思った人がいる。

られないのです」。

問11 ――⑦「慎は上着の裾《すそ》で顔をぬぐうと『これ預かってくれない』といって手塚治虫《てづかおさむ》の本を手提げごと須藤君に渡した」とありますが、この時の慎について説明した次の文章を読み、(1)～(4)について適当なものを選び、それぞれ記号で答えなさい。

手塚治虫は戦後から昭和時代が終わる頃《ころ》まで活躍《かつやく》した有名な漫画家《まんがか》です。当時の子どもたちにとって手塚治虫のサインの本は価値の高いものでした。十一月のある日、慎は「学校で数人から本をもってくるように命令され」ます。この時の慎は、(1)「(ア) 命令に従うことにためらいつつも、友達を喜ばせようとして学校にサイン本をもっていくのです　(イ) 母の恋人からもらったサイン本を早く手放したいと思い、ためらうことなく本を持参するのです　(ウ) 貸した本は返ってこないと予想しつつも、サイン本をもっていくことにはためらいがありません」。つまり、慎は、(2)「(エ) 自分から現状を打破しようとは思っていません　(オ) 母が自分にもっと注目するよう策を練っています　(カ) 自分が我慢《がまん》しても友達を喜ばせたいと思っています」。

しかし、(3)「(キ) 母が須藤君に話しかけたことで、慎は須藤君に心を許せるようになったのです　(ク) 母が自分の願いを聞き入れたことで、慎は母を信じられるようになったのです　(ケ) 母や須藤君との関わりを通して、慎は主体的に生きるきっかけをつかむのです」。その最初の一歩が、(4)「(コ) 「須藤君に手提げを預ける」こと、つまり「命令に従わないこと」　(サ) 「須藤君に話しかける」こと、つまり「新しい友達をつくること」　(シ) 「慎」という母の呼びかけに応えること、つまり「母と会話すること」」に表れています。

問12 ――⑧「母は慎の横顔をみつめた」とありますが、この時の慎と母親について説明した次の文章を読み、[a]～[f]に当てはまる言葉をそれぞれ選び、(ア)～(サ)の記号で答えなさい。ただし、**同じ記号を2度以上用いてはいけません。**

落書きの文字は、中学生によって書かれたものだと知った母は、「馬鹿が多いんだね」といいつつ引《ひ》っ越《こ》しの提案をします。引っ越した先でも慎に対するいじめは起こるかもしれないことを母はそれとなくいいますが、このときの慎は、母にとって[a]をみせたといえるでしょう。家族の死をきっかけにした[b]の中で母が毎日を精一杯《せいいっぱい》生きていたように、慎も日々を生き抜きながら少しずつ強くなっていたようです。慎は、母が危険を顧《かえり》みず、手提げのためにベランダ伝いに家に入ったことや、須藤君が慎に対するいじめを知っていながらも普段《ふだん》どおりに接してくれたことをきっかけに、少しずつ他者に向かって[c]ができるようになります。二人の気遣《きづか》いに触《ふ》れることで、慎は苦しい状況から回復しつつあるのです。

こうした慎をみて、母もまた変わっていきます。月に二度ほどある早朝出勤のため国道を車で走っていた時、慎と母は色とりどりのドイツ車が連なって走るという[d]を目にします。かつて早朝の渋滞《じゅうたい》の中、母は開かずの踏切を前にして苛立ちを爆発《ばくはつ》させ、慎はそれに戸惑《とまど》うばかりでした。しかし、いま母は苛立つこともなく自分の車の前に連な

(イ)　二人が旅行に行った時から僕は捨てられる覚悟《かくご》はできていた。でも、そのことを伝えたら、本当に捨てられるのではないだろうか。

(ウ)　母が僕より恋人を優先したって構わないと思っていた。そのことを母に直接伝える勇気はないが、いつかどこかで気付いてほしい。

(エ)　母は恋人とうまくいかなかったけど、二人の関係にはなにも問題はなかった。僕のような難しい年頃《としごろ》の息子《むすこ》がいることが問題なんだ。

問８　――⑤「母は焦げたパンをみるような目でドアをみた」とありますが、ここでの母の様子について説明したものとして、最も適当なものを次の中から選び、(ア)～(エ)の記号で答えなさい。

(ア)　思うようにいかないことが連続する中、自らもミスをしてしまい、言葉を失っている。

(イ)　現実には起こりえないはずの光景を目の前にして、ひどく驚き、呆然としている。

(ウ)　焦げたトーストに苛立ったかつての朝を思い出し、再度ミスをしたことに取り乱している。

(エ)　恋人とうまくいかなくなった日のことをふと思い出して、うんざりした気持ちになっている。

問９　[H]～[K] に当てはまる会話文を次の中からそれぞれ選び、(ア)～(オ)の記号で答えなさい。

(ア)　須藤君にはいつ手提げを渡《わた》すの？

(イ)　事情を先生にいって、友達に借りなさい

(ウ)　手提げに大事なものでも入っていたのかい？

(エ)　今日はもう仕方ないから、そのまま学校にいきなさい

(オ)　この状況が分からないの。どうしたらいいっていうわけ

問10　――⑥「誰に呼ばれたかも一瞬《いっしゅん》分からなかった」とありますが、ここでの慎の気持ちについて説明した次の文章を読み、(1)～(4)について適当なものを選び、それぞれ記号で答えなさい。

冬の早朝に母親が裸足《はだし》で団地の梯子《はしご》を登るという姿をみて、慎は母に驚きつつも心配しながら、この団地に関する様々な記憶《きおく》を呼び起こします。慎に嫌《いや》がらせをするために梯子に登った中学生、かつてこの団地の四階から落ちて死亡したという女の子。慎はこれらの記憶とともに普段《ふだん》の母の様子を思い出しながら、(1)[(ア)　昔の母は穏やかで優《やさ》しかったことをなつかしく思い出しています　(イ)　無造作に置かれた母のストッキングを見て不安な気持ちになります　(ウ)　母が行《おこな》おうとしていることの意図を今ひとつ理解できないでいます]。母が四階に辿り着いた当初は、慎は周囲を気にしていました。しかし、母が各戸のベランダを移動し始めると、ただぼんやりと立《た》ち尽《つ》くすばかりで、慎は、(2)[(エ)　母の言いつけの真意をようやく理解したのです　(オ)　母の姿が誰かに見つかるとは思わなくなります　(カ)　母の奇怪《きかい》な行動になげやりな気持ちになります]。そのうち、母の姿が濃い霧に包まれて見えなくなっていくとともに、(3)[(キ)　母がふいに消えてしまうという思いにわけもなくとらわれるのです　(ク)　自分自身もこのまま消えてしまうのではないかと不安になるのです　(ケ)　すべてが消えてなくなってしまえばいいと考えるようになるのです]。その後、母は無事に慎のもとに戻り、声をかけます。慎はその声を聞いて、(4)[(コ)　母は自分を愛していたのだと確信するのです　(サ)　自分自身が生きていたことに気付くのです　(シ)　母が生きていたことが信じ

「全然、すごいよ」のように、[ａ]表現を[ｃ]意味で使用される例が、再び増えてきました。慎の母親が使う「全然」は、この意味のものだと言えます。母親は、祖父のような世代の人にとっては「間違い」と思われてもおかしくない形で、「全然」という言葉を[ｄ]のです。このように、言葉は時代によってその使われ方が変化するので、「間違い」と決めつける前に一度立ち止まってみる必要があるのではないでしょうか。

(ア) 仮定する　(イ) 否定する　(ウ) 創造する
(エ) 強調する　(オ) 想像する　(カ) 運用する
(キ) 肯定《こうてい》する　(ク) 命令する

問４　[Ｄ]～[Ｇ]に当てはまる語を次の中からそれぞれ選び、(ア)～(カ)の記号で答えなさい。ただし、**同じ記号を２度以上用いてはいけません。**

(ア) 徐々《じょじょ》に　(イ) 一概《いちがい》に　(ウ) 滅多《めった》に
(エ) 乱暴に　(オ) 偶然《ぐうぜん》に　(カ) 意外に

問５　――②「それから自分がそういわれたみたいにうつむいた」とありますが、この部分の説明として最も適当なものを次の中から選び、(ア)～(エ)の記号で答えなさい。

(ア) 慎は、祖母の死を受けて苛立つ母親をなぐさめたいと思い黒《くろ》焦《こ》げのパンを拾ったが、怒鳴《どな》った直後にすぐ気落ちする母親の感情の起伏《きふく》の激しさに直面して戸惑《とまど》ってしまった。

(イ) 母は、朝の忙《いそが》しい時間にもかかわらずパンを黒焦げにしてしまったことに苛立って怒鳴ったが、慎は、母親の怒りを自分に対する怒りだと勘違《かんちが》いして、自分自身を責めている。

(ウ) 慎は、パンを拾って皿に戻そうと思った途端《とたん》に、母親に怒鳴られたので驚《おどろ》いたが、怒鳴った母親の方は自分の怒鳴り声が祖父に聞こえて叱《しか》られるのではないかと焦《あせ》ってしまった。

(エ) 母は、いろいろなことがうまく運ばない現実に苛立って思わず慎を怒鳴ったが、自分と同じように大変な状況《じょうきょう》にある慎に八つ当たりをしてしまったことで、少し落《お》ち込《こ》んでいる。

問６　――③「踏切《ふみきり》の警笛の鳴《な》り響《ひび》く中を牛が横切るとき慎は本当に救われたような心持ちになった」とありますが、なぜですか。理由として最も適当なものを次の中から選び、(ア)～(エ)の記号で答えなさい。

(ア) 張りつめた空気がただよう中、車両に押《お》し込《こ》まれた牛たちが穏《おだ》やかな表情で踏切を通り過ぎるのを見るたびに、慎も穏やかな気持ちになることができ、とてもありがたかったから。

(イ) 渋滞《じゅうたい》中のドライバーが苛立つ中で、場違《ばちが》いな牛の登場とのんびりとした牛の様子をみて母は満面の笑《え》みになり、その笑みにつられて慎も笑顔《えがお》になれたことをありがたく思ったから。

(ウ) 苛立ってはいるが、牛を積《つ》み込《こ》んだ車両が通り過ぎさえすれば踏切が開くことが分かっており、母は牛をみると自然と表情をゆるめるので、慎は牛の登場をありがたく思ったから。

(エ) いらいらが高まる状況《じょうきょう》の中、その場に似つかわしくない牛を満載《まんさい》した車両がゆっくり通り過ぎることで、慎は母の様子が少し穏やかになったように感じ、とてもありがたく思ったから。

問７　――④「慎は念力をおくるようにそのことばかり考えつづけた」とありますが、ここでの慎の気持ちを言い表したものとして、最も適当なものを次の中から選び、(ア)～(エ)の記号で答えなさい。

(ア) 恋人《こいびと》を作る上では、僕の存在が足かせになっていることに母は気付いていない。二人がよりを戻すには僕を捨てる勇気が必要だ。

道の左手には大きな家具屋の店舗《てんぽ》があってみえなかったが、つづく三台目もワーゲンだった。

「すごい」慎はいった。

「次もだ」母の声もうわずっていた。

どこかで見本市でもあったのか、これからあるのか、どれも真新しい色とりどりのワーゲンが数珠《じゅず》のようにつづいた。二人は声を揃えてワーゲンを数えた。全部で十台が通《とお》り抜《ぬ》け終わると計ったように信号が切《き》り替《か》わった。

二人の乗ったシビックはワーゲンに先導される形で早朝の国道を走った。慎は母が喜ぶと思い自分も嬉《うれ》しくなった。しかし見通しのよい上り坂になって前方をワーゲンばかりが行進するのをみているうちに母は急になにかがこみあげてきたみたいになった。母はまた煙草をくわえ火をつけると、アクセルを思い切り踏《ふ》み込《こ》んだ。

追《お》い越《こ》し車線に入って数台抜いたところでトンネルに入った。母はさらに加速させた。キンコン、キンコンとスピードの出しすぎを警告するチャイムが鳴った。

トンネルを抜けるころには十台のワーゲンをすべて追い抜いて先導する形になった。母は満足そうにバックミラーを覗いた。やっと少し速度をゆるめたが、ワーゲンの列はどんどん遠のいた。

根元まで吸った煙草を捨てようとしたが、灰皿にはもう押し込めそうもない。母は慎に短くなった煙草を手渡した。

「そこから捨てて」という。まだ先端《せんたん》の赤く灯《とも》る煙草を受け取った慎は、あわてて空いている方の手で窓を開けた。左手の海岸に向けて慎はそれを放った。煙草はガードレールの向こうのテトラポッドの合間に消えた。

問１　══ⓐ～ⓔのカタカナを漢字に改めなさい（楷書《かいしょ》で、ていねいに書くこと）。

ⓐ　ヘンセイキ　　ⓑ　ハズす　　ⓒ　シンロウ

ⓓ　カンビョウ　　ⓔ　イコウ

問２　[A]～[C]に当てはまる語を次の中からそれぞれ選び、(ア)～(オ)の記号で答えなさい。

(ア)　どん　　(イ)　ぎくっ　　(ウ)　かつん

(エ)　ぴょん　　(オ)　ひたひた

問３　──①「『全然、大丈夫《だいじょうぶ》』と母はいったが祖父は言葉の間違《まちが》いを訂正《ていせい》することもなく目をつぶった」とありますが、「言葉の間違い」について説明した次の文章を読んで、[a]～[d]に当てはまるものをそれぞれ選び、(ア)～(ク)の記号で答えなさい。ただし、**同じ記号を２度以上用いてはいけません。**

祖父は、日頃《ひごろ》から慎の母のいい加減な言葉遣《ことばづか》いを注意する人物でした。今回も「全然、大丈夫」という母の言葉遣いに目くじらを立てそうなものの、祖母の死後に体も弱り、母の世話にもなっているので、注意するには至らなかったようです。この部分からは、「全然、大丈夫」という母の言葉遣いは「間違い」という前提があることがわかります。

明治時代にさかのぼると、「僕は全然恋《こい》の奴隷《どれい》だった」のように、「全然」の後ろに[a]表現をともなう使い方も、「全然おいしくない」のように、「全然」の後ろに[b]表現をともなう使い方もあったようです。いずれの使い方にせよ、ある状態を[c]表現として使われていました。

一方、ある時期からは、[b]表現との結びつきが強まり、「全然」は「～ない」のような表現とともに用いることが「正しい」とされるようになりました。しかし、近年では

突然《とつぜん》目の前に姿をあらわした母に慎はぶつかりそうになった。お互《たが》い少し驚いて、顔をみあわせた。母はだらんと下げた手に手提げ袋《ぶくろ》とキーホルダーを持っている。

母はほら、といって手提げを手渡《てわた》した。書道の道具の入っていないことは明らかだが、なにもいわない。母がストッキングをはきおえたとき「おはようございます」と声がした。二人振《ふ》り向《む》くと、須藤君が立っていた。

「おはよう。すごい霧だね」母は会釈《えしゃく》をかえした。いつもの母ならはようしかいわないだろう。

久しぶりに慎は須藤君と歩いた。寒いねという須藤君に相槌《あいづち》をうったが、体はまだ少し亢奮《こうふん》で火照《ほて》っている。くらくらとめまいもする。

須藤君はなにもいわなかった。続いている慎へのいじめのことも、アパート脇に揃《そろ》えられていた母のブーツのことも。霧は晴れてきた。それでも街は曇《くも》っていた。

「今日も朝練？」慎はきいてみた。

「うん。もうすこししたら屋内練習になるけど、今が一番寒いよ」須藤君は気弱そうにいったが、それでも久しぶりに改めてじっくりみると須藤君の肉体はがっしりと引《ひ》き締《し》まり、背もずいぶん高くなっている。

「でも、少し前からスパイク履《は》かせてもらえるようになったんだ」というと、袋《ふくろ》から黒いスパイクシューズを取り出した。そして靴底《くつぞこ》を上にしてスパイクをみせてくれた。

「いいでしょう」試合は補欠だけど、とそのことはどうでもいいことのように付け足した。それから不意に立ち止まった。

「最近、あまり夜中に鳴かないよね」と須藤君はいった。水族館のプールの前だ。今は結婚《けっこん》してつがいになったトドを二人で眺《なが》めた。須藤君もトドの声を気にかけていたのを六年間、知らずにいた。

しばらく二人は立っていた。須藤君は慎の横顔を何度かのぞきこんだ。

「なんで泣いているの」須藤君はいつもより困った口調でいった。

⑦慎は上着の裾《すそ》で顔をぬぐうと「これ預かってくれない」といって手塚治虫の本を手提げごと須藤君に渡した。

慎はときどきだが再び須藤君と一緒に登校するようになった。自分からいろいろ話すようになった。母も新しい生活のリズムに慣れてきたようだった。祖父もだんだん回復して、車の運転もして詩吟《しぎん》の集《つど》いにも出かけるようになった。

ある朝S市から国道に入るT字路で赤信号になった。

「そういえばどうでもいいけど」母は停車すると煙草《たばこ》に火をつけてからいった。

「あんた、キャッスルのスペル間違《まちが》ってるよ」C・A・S・T・L・Eだよ。CASSLEじゃないよ。

「僕《ぼく》が書いたんじゃない」中学生がやってきて、僕の名前で勝手に書いたんだ。正直にいってみると、それはなんでもないことだった。

「馬鹿が多いんだね」母は眉間《みけん》に皺《しわ》を寄せて、煙草をふかした。

「おじいちゃんずっと一人暮らしだと寂《さび》しいから、私たちが引《ひ》っ越《こ》しをしなきゃ」

「うん。いいよ」

「今度の学校も馬鹿がいないとは限らないよ」母はすでに吸殻《すいがら》でいっぱいの灰皿に煙草を無理矢理《むりやり》押《お》し込《こ》んだ。

「平気だよ」自分でも意外なほどきっぱりとした言い方になった。

⑧母は慎の横顔をみつめた。

左手の方で信号待ちをしている車がワーゲンだった。

「こんな朝に」母は、呟《つぶや》いた。

国道側が青に変わり最初のワーゲンが行くと次もワーゲンだった。

を思ったか母はストッキングも脱《ぬ》いで裸足《はだし》になった。コートのボタンもはずすと慎が驚《おどろ》いているのも構わずに梯子を登り始めた。

　母はどんどん登っていった。中学生の「こえーよ」という叫《さけ》び声《ごえ》。四階から落ちた女の子。Cの横のくだらない落書き。ジャッキを回す母の手。慎はなにもいうことが出来ずに立っていた。足下にはたった今脱いだブーツとストッキングがある。ブーツは去年の冬に買ったものだ。ストッキングはブーツの上に丸めて置いてある。ずっと昔にも似た光景をみたことを思い出した。ガソリンスタンドから帰ってきた母が風呂《ふろ》に入るときにも、こんなふうに脱いで丸めて床《ゆか》に置いていた。制服はズボンだったからストッキングは冬場の防寒のつもりだったのだろう。今もあのときと同じように、まるで無造作にそれは置かれている。

　霧が母を包み始めた。かすんではいるが、母が登っていくのはみえた。周囲は明るくなってきている。母はやみくもに登り続けたわけではなかった。

「今、四階？」朝露《あさつゆ》を含《ふく》んだ空気が母の声をかすかにこだまさせた。慎はまだ母がなにをしようとしているのか飲み込めていなかった。

「四階だよね」母は慎の返事を待っていなかった。母はちゃんと横をみて確認《かくにん》しながら登っていたのだ。

　母は梯子の左端《ひだりはし》に寄ると、左手を端《はし》の家のベランダの手すりに伸《の》ばしはじめた。届かないと分かると、今度は左足も大きく宙に踏《ふ》みだした。右手右足を梯子に残したまま、体を思い切り伸ばす……と左手が手すりにかかった。

　慎はあわてて周囲を見渡《みわた》した。ウインドブレーカーを着た男が不意に団地の脇から現れた。C棟の脇を巻くようにして、慎には一瞥《いちべつ》もくれずに走り去っていった。慌《あわ》てて慎は上をみた。母も動作をとめ、鋭《するど》い目つきでウインドブレーカーの男をみつめている。

　母は再び手を伸ばした。霧は土手の向こうから広がってきている。さらに濃《こ》くなるだろう。

　慎の体はすくみっぱなしだった。母の左足のつま先が、端《はし》の家のベランダのでっぱりにかかり、左手が鉄柵《てっさく》をつかむと母はためらわずに重心を移動させた。右手と右足をベランダの方に移す。

　本当なら今度はベランダの向こう、室内の人影《ひとかげ》も慎は見張らなくてはならなかった。B棟の窓から覗《のぞ》く人もいるかもしれない。どこかの部屋のカーテンが不意にさっと開くのではないか。しかし慎はなにもしなかった。呆然《ぼうぜん》としていた。この軽業《かるわざ》が途中で見とがめられるなどということは想像できなかった。母は足と手を動かして各戸を移っていった。

　たとえ四号室まで辿《たど》り着《つ》いたとして、窓の鍵《かぎ》は開いていただろうか。霧が慎の視界を奪《うば》った。やがて母の姿はまったくみえなくなってしまった。それでも慎は上をみあげたが、心がざわつきはじめた。濃い霧に包まれると、狭《せま》いような広いような気持ちになると母はいっていた。暗示にかけられたように、慎も同じような気持ちになった。

　母は自分の家に入ろうとしている。だが慎は母がこれからどこかに消え去ってしまうような気がする。

「どこにいるの」と声がしたとき、まだ慎は何もみえない上空をみあげていた。⑥誰に呼ばれたかも一瞬分からなかった。

「慎」母が自分の名前を呼んでいる。近くか遠くか、上からなのか横からなのかも分からない。返事をしようとしたら口の中が乾《かわ》きっていることに気付いた。慎も霧の中にいた。慎の名を呼ぶ声が団地の間をかすかに反響《はんきょう》している。ずいぶん長い間、慎という名前を呼ばれていなかったような気がする。声の方向がだんだん定まってくる。小走りで近づいた。

考えた。
「葬式《そうしき》とかで、忙《いそが》しかったから、いえなくて」ごめんなさいと付け加えたが、母はわかったとだけいって黙《だま》り込《こ》んでしまった。
「そんなこと、子供にいうかね。しっかし」やがて母は滅多《めった》にみせない北海道訛《なま》りを出していった。
（お母さんがうろたえている！）慎は母の横顔をみつめてしまった。すぐに睨《にら》みかえされた。なにかいわれるかと思ったが母は無言のままだ。
　車の中は鉛《なまり》に満たされたようになった。口にしたのは慎一への怒《いか》りだったが、母は目の前の慎に腹を立てているように思えた。実際、慎は自分が軽率《けいそつ》なことをしたという気がした。
　このときまで慎は母が慎一をふったのだとばかり思っていた。これまでがそうだったからだ。しかし、これまでがそうだったというのも思いこみではないのか。慎は急に思いついた。母の恋愛《れんあい》がうまくいかないとしたらその原因は自分の存在にあるのかもしれない。なぜ今まで考え付かなかったのだろう。重苦しい雰囲気《ふんいき》の車内で窓の外ばかりみた。
　母が帰ってこなかった夜を思い出す。母があの夜、慎一と二人でいなくなってしまっても自分は納得《なっとく》していたのだと心の中で考えた。自分が一瞬《いっしゅん》でもそう思ったことを母は知らない。④慎は念力をおくるようにそのことばかり考えつづけた。
　十一月のある日、慎は学校で数人から本をもってくるように命令された。昔、慎一がくれた手塚治虫《てづかおさむ》のサイン本だ。貸せという話だったが多分返してはもらえないだろう。学校から帰宅すると忘れないように手《て》提《さ》げにいれて、明朝団地に戻《もど》ってきたときすぐに手に取れるように玄関《げんかん》に置いた。
　翌朝は月に二度の早出の日だった。二人は夜明け前にS市を出発した。団地についたのは午前六時をまわったところだった。慎は母に起こされた。外はまだ夜の暗さだ。
　二人ともうっかりしていた。母はC棟《とう》の前に停《と》めて、キーをさしたまま車のドアを閉めてしまった。慎も家の鍵《かぎ》のついたキーホルダーを助手席においたままドアを閉めていた。⑤母は焦《こ》げたパンをみるような目でドアをみた。恐《おそ》ろしい沈黙《ちんもく》が続いた。
「手提げがないと学校にいけない」慎はおずおずといってみた。
「　H　」母は慎の方をみない。車の処置のことで頭がいっぱいのようだ。
「でも」
「でもなに」慎の「でも」よりも速い言い方だった。
「　I　」
「書道の道具」慎は嘘《うそ》をついた。
「　J　」
「でも」
「でも、いったいなんなのさ」母の苛立《いらだ》ちはどんどん高まっていた。
「　K　」慎は黙《だま》った。母は自分の家のベランダのあたりを見上げた。
　霧《きり》が出てきた。霧は土手の向こうからきて、団地全体を包み始めている。
「わかった、もう」と母はいった。なにをどうわかったのか、母は慎を押《お》しのけるようにして歩き出した。団地の側面まで行くと梯子に手をかけた。そのまま上を見上げている。夜が明けつつあった。慎が追いつくと
「誰かこないか見張ってて」といって母はブーツを脱《ぬ》いだ。でも、という言葉を飲《の》み込《こ》んだ。さっきから何度「でも」をいっただろう。何

葬式《そうしき》が終わりしばらくすると祖父がⓒシンロウで倒《たお》れてしまった。ⓓカンビョウのため母はS市の実家からM市の勤め先に通うことにした。団地に一人で寝《ね》泊《と》まりさせるわけにはいかないと、慎もS市から車で登校することになった。朝五時に起きる生活がはじまった。

床《とこ》に就《つ》いた祖父はすまないな、とだけいった。

①「全然、大丈夫《だいじょうぶ》」と母はいったが祖父は言葉の間違《まちが》いを訂正《ていせい》することもなく目をつぶった。

母は毎日往復三時間の移動で D 疲労《ひろう》していった。電車賃がかかるので、慎は夕方から夜までを団地で過ごして、晩御飯《ばんごはん》は実家で夜遅《よるおそ》く食べる。しかも月に二度ほど、母は職場に早朝出勤しなければならなかった。その日は午前四時過ぎに家を出て車内でパンを食べる。

まだ真っ暗なうちに団地に着くと、駐車場《ちゅうしゃじょう》に入る途中で須藤《すどう》君の姿をみた。朝練に向かう途中のようだ。今、慎がいじめられていることは体育の合同授業で一緒《いっしょ》になるから、多分知っている。自分一人がかばっても何も変わらないだろうということも分かっているようだ。

須藤君は車内の慎には気付かず、野球道具の入った袋《ふくろ》を背負いながら黙々《もくもく》と歩いて行く。須藤君と野球という組み合わせは今でも E 感じるが「誰《だれ》とでも仲良くしろ」という親の言葉にすこぶる素直《すなお》だったことを思えば、運動に関しても親のⓔイコウがあって、須藤君はそれに従っているだけのことかもしれない。慎は遠ざかる須藤君の背中をそっと見送った。

母は霊柩《れいきゅう》車に乗《の》り込《こ》んだときのやつれた表情がそのまま張りついてしまったようだ。慎は息詰《いきづ》まる思いだった。

祖父の家では F 使わなくなっていた古いトースターから黒《くろ》焦《こ》げになったパンが飛び出してきたとき、母はそれを G 摑《つか》んで台所のシンクに向かって思い切り投げつけた。パンは台所の壁《かべ》に当たって跳《は》ね返《かえ》り、慎の足下《あしもと》に落ちた。焦《こ》げていても構わないからと手を伸《の》ばすと「ばかっ」と怒鳴《どな》った。②それから自分がそういわれたみたいにうつむいた。

朝早くS市を出ても国道の手前の踏切《ふみきり》によく捕《つか》まった。早朝は貨物列車のラッシュだった。左からの列車が行き過ぎてもすぐに右からやってくる。どの列車もひどく速度が遅《おそ》い。母は苛々《いらいら》してハンドルを叩《たた》いたりしたが、時折、牛を満載《まんさい》した車両がゆっくり通り過ぎると我にかえったように慎の方を向いた。少し笑っているようにもみえる。牛は顔の先を貨車からわずかに覗《のぞ》かせて、二人の乗った車をみおろした。慎は母の機嫌《きげん》が少しでもよくなるように毎朝牛の登場を渇望《かつぼう》した。

③踏切の警笛の鳴《な》り響《ひび》く中を牛が横切るとき慎は本当に救われたような心持ちになった。

ある朝珍《めずら》しく母の機嫌がよかった。前日から祖父の状態もよく、踏切にも捕《つか》まらず、早朝のラジオの流した一曲目が母の気に入っているらしいものだった。

「ビートルズの『シーズ　リービング　ホーム』っていう曲」尋《たず》ねないのに教えてくれた。

「私も武道館にいきたかったけど、いけなかったんだ」といった。学校のLL教室で音楽の授業で聴《き》いた陽気なビートルズと趣《おもむき》がずいぶん違《ちが》う。道はすいている。車は時速百キロ以上出している。慎は心が軽くなってしまい、ついいった。

「こないだ病院で、慎一さんにあったよ」

「こないだって、いつ」母は驚《おどろ》いた様子だ。慎は最初から説明しなければいけなくなった。水の流れるトイレでの出会いから、交《か》わした会話まで。すべて明るく喋《しゃべ》ったあとで、母の気配が一変していることに気付いた。

それでも慎は、その話を今までしなかったことで怒《おこ》っているのだと

2024年度

中央大学附属中学校

【国語】〈第一回試験〉（五〇分）〈満点：一〇〇点〉

一　次の文章を読んで、以下の設問に答えなさい。

慎《まこと》はシングルマザーの母と暮らしている。母には慎一《しんいち》という恋人《こいびと》がいたが、先日二人で北海道旅行に行って車が横転する事故にあって以来、家を訪ねてくることもなくなった。ある日、祖母が交通事故にあって救急搬送《はんそう》された。その頃《ころ》、慎は５時間目の体育の授業中で、給食の時間に食べたものを吐《は》いてしまった。教師が急いで早退し病院に向かうよう促《うなが》したため、慎は吐《は》いたものの後始末をできず、結果として慎が予期していたとおりにいじめが始まった。一方、祖母は交通事故後に帰らぬ人となってしまった。

ある放課後、C棟《とう》の脇《わき》の梯子《はしご》に登れと命令された。自分の住まいの側までいじめが迫《せま》ってきたのは生々しい恐怖《きょうふ》だった。慎は数人に取り囲まれた。誰《だれ》かの兄か、中学生も一人二人混じっていた。皆《みな》、なにがおかしいのかにやにやしていた。梯子《はしご》にのぼって、上の方のゴシック体のCの脇に「ａｓｔｌｅ Ｈｏｔｅｌ」を書き足せというのだった。

「おまえの親はそこが好きなんだからちょうどいいだろう」といわれ、慎は怒《いか》りを飲《の》み込《こ》んだ。自分のことなら脅《おび》えるだけだったが母のことを揶揄《やゆ》されるのは悔《くや》しい。

にらみ返すと「なんだよ」「やるのか」と四方から小突《こづ》かれはじめた。仕方なく背伸《せの》びしてやっとのことで梯子の一番下にとりついた。皆《みな》が取り囲み、その背後を彼《かれ》らの乗ってきた自転車が囲んでいた。

慎はぶらさがったままはやされつづけた。梯子の先には、かすかに屋根のでっぱりと、あとはいつもの曇《くも》り空《ぞら》がみえる。しばらくぶらさがって皆が飽《あ》きるのを待つほかない。

実際、慎の様子に飽きてしまうと中学生の一人が慎を引っ張りおろした。そのまま［Ａ］と突《つ》き飛《と》ばすと「貸せよ」といって慎から極太字《ごくぶとじ》のサインペンを奪《うば》い取《と》った。それから［Ｂ］と梯子にとりついた。本当は最初から自分が登りたかったのだ。

皆、揃《そろ》って真上をみあげた。中学生は、ひょーっと奇声《きせい》をあげながらどんどん登っていく。ⓐヘンセイキの途中《とちゅう》みたいで、ときどき叫《さけ》び声《ごえ》がかすれている。梯子の終わり、Cの真下に来ると片手で梯子を摑《つか》み、口でサインペンのキャップをⓑハズした。

「こえーよ」と叫《さけ》んだが、その声には笑いが混じっている。サインペンのキャップが落ちてきたが地上の皆は安心しきっていた。キャップは皆の背後のアスファルトに［Ｃ］とあたって大きくバウンドした。全員振《ふ》り返《かえ》ったが見失ってしまった。皆、上のほうが気になってすぐに視線を戻《もど》した。Cの字の大きさに比べて中学生の書き足した文字は小さすぎた。かすかな黒い染《し》みにしかみえなかった。

もっと大きく書け、と下から声が飛んだが中学生は降り始めた。しかしキャップを落としたときに下をみたせいか、降りる足取りは登るときよりもかなり慎重《しんちょう》になっている。

「足、震《ふる》えてんぞ」下から別の中学生が叫《さけ》んだ。

「おまえの名前も書いておいてやったからな」降りてきた中学生は恐怖をごまかすようにいうと、サインペンを慎に投げた。全員満足したらしく、いっせいに自転車に乗ると元気よく帰っていってしまった。

慎はもう一度上を見上げたが染みが読みとれないことで気持ちを納得《なっとく》させた。

2024年度

中央大学附属中学校　▶解説と解答

算　数　＜第１回試験＞（50分）＜満点：100点＞

解　答

[1] (1) $43\frac{3}{4}$　(2) 9　(3) 20通り　(4) 21％　(5) 17度　(6) 4.71cm^2　(7) 46cm^3　[2] (1) 14　(2) 26個　(3) 103，104　[3] (1) 毎分６人　(2) 27分　(3) 23分後　[4] (1) 毎分42m　(2) 毎分78m　(3) 94.5m

解　説

[1] 四則計算，逆算，場合の数，濃度《のうど》，角度，面積，体積

(1) $7-6\div(9-2\times3)+5\times(8-1\div4)=7-6\div(9-6)+5\times\left(8-\frac{1}{4}\right)=7-6\div3+5\times\left(\frac{32}{4}-\frac{1}{4}\right)=7-2+5\times\frac{31}{4}=5+\frac{155}{4}=5+38\frac{3}{4}=43\frac{3}{4}$

(2) $2.1-\left\{8-\left(\frac{1}{5}+\square\times\frac{2}{3}\right)\right\}=\frac{3}{10}$より，$8-\left(\frac{1}{5}+\square\times\frac{2}{3}\right)=2.1-\frac{3}{10}=2.1-0.3=1.8$，$\frac{1}{5}+\square\times\frac{2}{3}=8-1.8=6.2$，$\square\times\frac{2}{3}=6.2-\frac{1}{5}=6.2-0.2=6$　よって，$\square=6\div\frac{2}{3}=6\times\frac{3}{2}=9$

(3) 試合ごとに勝つチームを左から書いていくと，１試合目にＡが勝つ場合は下の図１のようになる(○は３回勝ったときを表している)。図１より，１試合目にＡが勝つと，優勝の決まり方が10通りあるから，１試合目にＢが勝つ場合も10通りあることがわかる。よって，優勝の決まり方は全部で，10＋10＝20(通り)ある。

図１

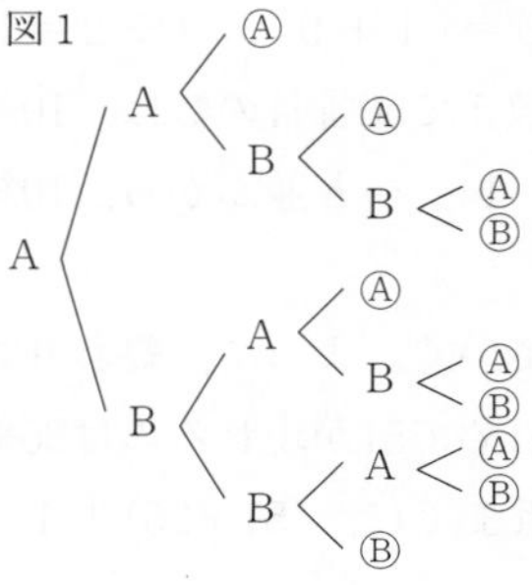

図２

A	B	C	食塩
100 g ＋	200 g		→45 g …㋐
	100 g ＋	50 g	→18 g …㋑
200 g ＋		250 g	→72 g …㋒

図３

A	B	C	食塩
50 g ＋	100 g		→22.5 g …㋓
	100 g ＋	50 g	→ 18 g …㋑
40 g ＋		50 g	→14.4 g …㋔

(4) 混ぜてできたそれぞれの食塩水について，食塩の量を求めると，(100＋200)×0.15＝45(ｇ)，(100＋50)×0.12＝18(ｇ)，(200＋250)×0.16＝72(ｇ)より，上の図２の㋐～㋒のように表せる。ここで，㋐を$\frac{1}{2}$倍，㋒を$\frac{1}{5}$倍すると，それぞれ上の図３の㋓，㋔のようになる。このとき，㋓と㋔を足して㋑を引くと，Ａの食塩水，50＋40＝90(ｇ)にふくまれる食塩の量が，22.5＋14.4－18＝18.9(ｇ)とわかる。よって，Ａの食塩水の濃度は，18.9÷90×100＝21(％)と求められる。

図４

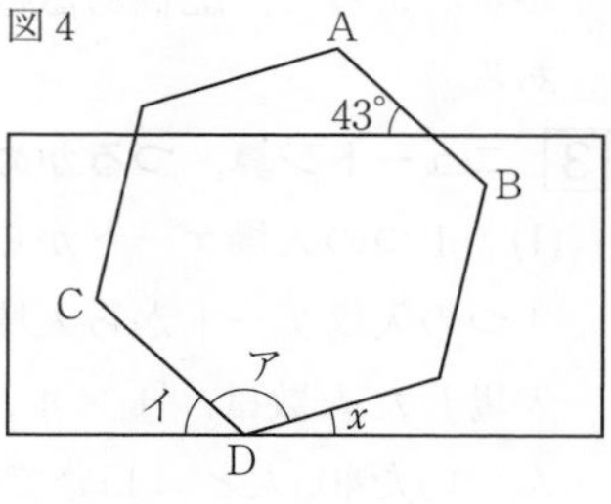

(5) 右の図４で，正六角形の内角の和は，180×(６－２)＝720

(度)で，その１つの内角の大きさは，720÷６＝120(度)だから，角アの大きさは120度とわかる。また，ABとCDは平行なので，角イの大きさは43度である。よって，角xの大きさは，180−120−43＝17(度)と求められる。

(6)　下の図５で，円の中心をOとすると，六角形ABCDEFは，１辺が３cmの正三角形が６個集まってできた正六角形である。よって，OEとAFは平行なので，三角形AEFと三角形AOFの面積は等しくなる。したがって，斜線《しゃせん》部分の面積はおうぎ形OAFの面積と等しくなるので，その面積は，$3 \times 3 \times 3.14 \times \frac{60}{360} = 4.71$($cm^2$)と求められる。

図５

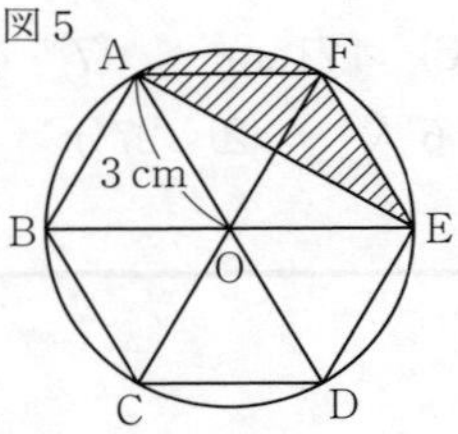

図６

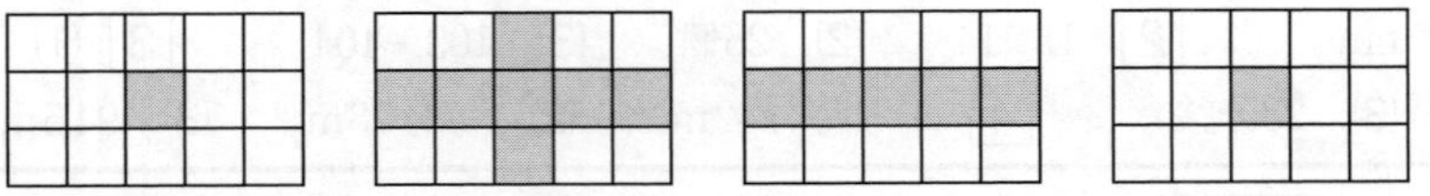

上から１段目　上から２段目　上から３段目　上から４段目

(7)　くりぬく前の直方体の体積は$60cm^3$である。また，それぞれの段で，くりぬかれた部分は上の図６のかげをつけた部分となる。よって，くりぬかれた立方体の個数は全部で，１＋７＋５＋１＝14(個)で，その体積の和は$14cm^3$だから，くりぬいてできた立体の体積は，60−14＝46(cm^3)とわかる。

2　数列

(1)　右の図１のように区切って，前から順に１組，２組，…とすると，どの組も先頭の数は組の番号と同じになっている。また，どの組も先頭から連続する整数が並んでいて，その個数は組の番号と同じになっている。よって，１＋２＋３＋…＋９＝(１＋９)×９÷２＝45より，９組の終わりの数ははじめから数えて45番目なので，はじめから数えて50番目の数は，10組の，50−45＝５(番目)となる。10組では10から始まって，10，11，12，13，14，…と並ぶから，10組の５番目の数，つまり，はじめから数えて50番目の数は14とわかる。

図１

1	2，3	3，4，5	4，5，6，7	5，6，7，8，9	6，7，…
1組	2組	3組	4組	5組	

(2)　各組の終わりの数は，１，３，５，…のように１から２ずつ増えていく。よって，終わりの数が51になる組は，(51−１)÷２＝25より，１＋25＝26(組)だから，はじめて51が現れるのは26組とわかる。また，先頭に51が現れるのは51組だから，51は26組から51組までに，(51−26)＋１＝26(個)ある。

(3)　右の図２より，□個ある数は，(□×２−１)と，(□×２)とわかる。よって，52個ある数は，52×２−１＝103と，52×２＝104である。

図２

数	1	2	3	4	5	6
個数	1	1	2	2	3	3

3　ニュートン算，つるかめ算

(1)　１つの入場ゲートから毎分入場する人数を$\boxed{1}$とする。４つの入場ゲートから入場して45分で行列がなくなるとき，入場した人数は，$\boxed{1}$×４×45＝$\boxed{180}$で，これははじめに並んでいた405人と，45分で新たに並んだ客の人数の和に等

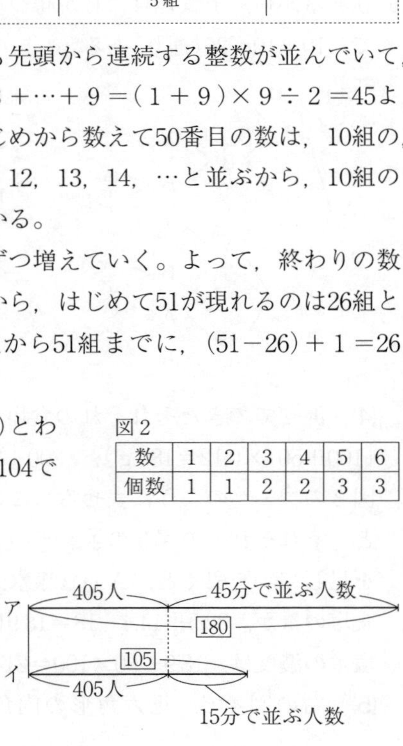

しいので，右上の図のアのように表せる。同様に，７つの入場ゲートから入場して15分で行列がなくなるとき，入場した人数は，$\boxed{1}$×７×15＝$\boxed{105}$だから，図のイのように表せる。よって，ア，イより，45－15＝30(分)で並ぶ客の人数が，$\boxed{180}$－$\boxed{105}$＝$\boxed{75}$にあたるので，１分間に並ぶ客の人数は，$\boxed{75}$÷30＝$\boxed{2.5}$となる。すると，15分で並ぶ客の人数は，$\boxed{2.5}$×15＝$\boxed{37.5}$になるから，イより，$\boxed{105}$－$\boxed{37.5}$＝$\boxed{67.5}$が405人にあたる。したがって，$\boxed{1}$にあたる人数，つまり，１つの入場ゲートから入場する人数は毎分，405÷67.5＝６(人)と求められる。

(2)　(1)より，１分間に並ぶ客の人数は，$\boxed{2.5}$＝６×2.5＝15(人)である。また，５つの入場ゲートからは毎分，６×５＝30(人)入場できるので，行列の人数は１分間に，30－15＝15(人)ずつ減っていく。よって，行列は，405÷15＝27(分)でなくなる。

(3)　行列の人数は，入場ゲートが３つのとき，１分間に，６×３－15＝３(人)ずつ減り，入場ゲートが６つのとき，１分間に，６×６－15＝21(人)ずつ減る。もし，はじめから最後まで入場ゲートが６つだったとすると，減った人数は，21×39＝819(人)となり，実際よりも，819－405＝414(人)多くなる。よって，入場ゲートが３つだった時間は，414÷(21－３)＝23(分)だから，６つに増やしたのは，入場を始めてから23分後となる。

$\boxed{4}$ グラフ—旅人算

(1)　問題文中の図より，はじめの２人の間の距離《きょり》(中学校と高校の間の距離)は140mで，１分40秒後にすれ違《ちが》ったことがわかる。また，動く歩道①と②の速さは同じなので，２人は，140÷２＝70(m)ずつ進んだところですれ違うことになる。よって，動く歩道は，１分40秒＝$1\frac{40}{60}$分＝$1\frac{2}{3}$分で70m進むから，その速さは毎分，70÷$1\frac{2}{3}$＝42(m)と求められる。

(2)　光さんは３分25秒後に中学校に戻《もど》ったので，すれ違った地点をＡ地点とすると，光さんは，Ａ地点→高校→中学校と進むのに，３分25秒－１分40秒＝１分45秒＝$1\frac{45}{60}$分＝$1\frac{3}{4}$分かかったことになる。この間，光さんは動く歩道の上を一定の速さで歩いたから，進んだ速さも一定となる。よって，光さんは，70＋140＝210(m)を$1\frac{3}{4}$分かけて進んだから，このとき進んだ速さは毎分，210÷$1\frac{3}{4}$＝120(m)とわかる。したがって，歩いた速さは毎分，120－42＝78(m)と求められる。

(3)　図の(ア)は，光さんが高校に着いたときの２人の間の距離を表している。光さんは，Ａ地点から高校までの70mを毎分120mで進んだので，光さんが高校に着いたのは，あゆみさんとすれ違ってから，70÷120＝$\frac{7}{12}$(分後)となる。よって，光さんが高校に着いたとき，あゆみさんはＡ地点から中学校の方向へ，42×$\frac{7}{12}$＝24.5(m)進んだところにいるから，このときの２人の間の距離，つまり，(ア)は，70＋24.5＝94.5(m)とわかる。

社　会　＜第１回試験＞(30分)＜満点：60点＞

解　答

$\boxed{\text{I}}$ **問１**　②　**問２**　③　**問３**　鈴鹿　**問４**　①　**問５**　③　**問６**　(例)　キリスト教の信仰を取りしまるため。　**問７**　③　**問８**　(イ)　法務省　(ロ)　①　(ハ)　④　**問９**　②　**問10**　②　**問11**　①　**問12**　③　**問13**　③　$\boxed{\text{II}}$ **問１**　②　**問２**　御朱印

問３ ②	**問４** ④	**問５** ③	**問６** (イ) ①	(ロ) ①	**問７** (イ) ②	(ロ) ①
問８ ④	**問９** ③	**問10** 安倍川	**問11** ④	**問12** ②	**問13** ③	

解　説

Ⅰ 戸籍や家系図を題材とした総合問題

問１　今治《いまばり》市(愛媛県)と尾道市(広島県)の間には，本州四国連絡《れんらく》橋のうちの尾道―今治ルート(瀬戸内しまなみ海道)が通っている。また，今治市では地場産業であるタオルの生産がさかんであり，「今治タオル」のブランド名で海外にも輸出されている(②…○)。なお，伊予国は，ほぼ現在の愛媛県にあたる(①…×)。浅井長政は織田信長によってほろぼされた(③…×)。熊本城を築《きず》いたのは加藤清正である(④…×)。

問２　③は1874年に起きた佐賀の乱について述べた文で，この乱の中心になったのは大隈重信ではなく，江藤新平である。なお，①は1881年，②は1885年，④は1886年の出来事である。

問３　三重県と滋賀県の県境付近にある地図中のＡ山脈は，鈴鹿山脈である。

問４　日本が朝鮮半島での優越《ゆうえつ》権を認めさせ，中国東北部の鉄道の権利や南樺太《からふと》を獲得《かくとく》したのは，日露戦争の講和条約であるポーツマス条約による(①…×)。

問５　1837年，アメリカのモリソン号が日本人漂流《ひょうりゅう》民を送り返す機会を利用して交易をはかろうとしたが，幕府は1825年に出された異国船打払《うちはらい》令に基《もと》づいて砲撃《ほうげき》し，追い返した(モリソン号事件)。このときの幕府の対応を批判したことで，渡辺崋山《かざん》や高野長英らが処罰される蛮社《ばんしゃ》の獄《ごく》が起こった(③…○)。なお，大名統制を目的として1615年に幕府が定めたのは武家諸法度であり，禁中並《ならびに》公家諸法度は，同じく1615年に徳川秀忠の名で発せられた，朝廷や公家の務めなどを定めた法令である(①…×)。水野忠邦が行った人返しの法などは天保の改革における政策で，享保の改革は徳川吉宗による幕政の改革である(②…×)。『ターヘル・アナトミア』はドイツで出版された医学書で，前野良沢《りょうたく》や杉田玄白らは，長崎で手に入れたそのオランダ語訳本を，苦心の末に翻訳し，『解体新書』として出版した(④…×)。

問６　鎖国政策の下，幕府はキリスト教徒(キリシタン)を取りしまるため，人々にいずれかの寺院の檀家《だんか》になることを義務づけ，寺院にはキリスト教徒でないことを証明する証書(寺請《てらうけ》証文)を発行させた。これを寺請制度といい，そのさいにつくられたのが宗門人別改帳である。

問７　1159年の平治の乱に勝利して政治の実権を握った平清盛は，武士として初めて太政大臣となったが，征夷大将軍にはなっていない(③…×)。

問８　(イ)　戸籍や少年院・刑務所の運営管理，出入国の管理などの仕事を担当する中央省庁は，法務省である。　(ロ)　日本国憲法第13条には「すべて国民は，個人として尊重される。生命，自由及《およ》び幸福追求に対する国民の権利については，公共の福祉に反しない限り，立法その他の国政の上で，最大の尊重を必要とする」とあり，第14条１項には「すべて国民は，法の下に平等であって，人種，信条，性別，社会的身分又《また》は門地により，政治的，経済的又は社会的関係において，差別されない」とある。なお，「公共の福祉」とは「社会全体の利益」といったことを表す言葉である。
(ハ)「同じ名字で家族の一体感を大切にする国であるべきだ」というのは，夫婦が希望すれば別の名字(氏，姓)を名乗ることができる選択的夫婦別氏(姓)制度に反対する主張である(④…×)。

問９　『日本書紀』には，646年に出された「改新の詔《みことのり》」によって，戸籍や計帳をつくり，班田

収授を行うことが定められたとある((あ)…正)。大宝律令が発布されたのは，藤原京に都が置かれていた701年のことである((い)…誤)。

問10 【編集部注…以下学校発表文】 グラフの統計値に誤りがあったため，問題不成立とし，全員正解とした。問題文の表は正しい統計値に修正されている。

（ここからは修正後の問題に対し小社で作成した解説です。）

正しい組み合わせは②である。所得税は個人の収入，法人税は企業の収入に，それぞれ課せられる税であり，日本では長い間，この２つが税収の中心であった。1989年に消費税が導入されてからは，その税率が段階的に引き上げられてきたこともあり，税収に占《し》める消費税の割合が次第に高くなってきており，2020年度以降は所得税の割合を上回るようになっている。

問11 DXとはDigital Transformation（デジタル・トランスフォーメーション）の略語である。digitalは「デジタル」，transformationは「変化，変革」を意味する英語である。trans-が「横切って」「交差させる」などを意味する接頭語であることから，trans-で始まる単語は，省略するときに頭文字のＴではなくＸを用いることが多い。そのため，Digital Transformationも略語はDXとなる。DX化は，デジタル技術を利用して生活がより便利になるように変革を進めることを意味しており，近年，多く用いられるようになっている。

問12 2022年５月に韓国の第20代大統領に就任したのは③の尹錫悦《ユンソンニョル》である。元検察官であり，検察総長などを務めた後，2022年３月に行われた韓国大統領選挙に出馬，当選した。なお，①の習近平は2013年から中国の国家主席の地位に就いている人物，②の蔡《さい》英文は2016年５月から2024年５月まで，台湾の総統を務めた人物，④の文在寅は2017年５月から2022年５月まで，韓国の第19代大統領を務めた人物である。

問13 衆議院が可決した法律案を参議院が否決した場合，衆議院が出席議員の３分の２以上の賛成で再可決すれば，法律として成立する。このように参議院に比べて衆議院に強い権限が認められていることを衆議院の優越という(③…○)。なお，予算，条約の承認，内閣総理大臣の指名について衆議院と参議院で議決が異なった場合には，必ず両院協議会が開かれるが，法律案について議決が異なる場合には，必ずしも開く必要はない(①…×)。法律の公布は，天皇が行う。内閣の助言と承認に基づいて行われる天皇の国事行為の１つである(②…×)。法律案は，内閣または国会議員が作成し，衆参どちらかの議院の議長に提出する(④…×)。

Ⅱ 静岡県の地誌を題材とした総合問題

問１ Ｂの遠洋漁業は，1970年代前半には漁業種類別生産量が最も多かったが，燃料の石油が値上がりしたことや，各国が排他的経済水域（漁業専管水域）を設定したことで漁場がせばめられたことなどから，生産量の減少が続いている(②…○)。なお，①の魚群探知機は規制されておらず，広く用いられている。③のＣは沿岸漁業，④のＤは海面養殖《ようしょく》業である。

問２ 寺院や神社において，参拝したことを証明するために押印《おういん》される印章を朱印《しゅいん》といい，一般に御《ご》朱印と呼ばれる。専用の帳面である御朱印帳に押印されることが多い。

問３ 機械工業の割合が70％以上で出荷額が最も多い④が中京工業地帯，機械工業の割合が50％前後である②が東海工業地域，化学工業の割合が最も高い③が京葉工業地域，繊維《せんい》工業の割合が比較的高い①は瀬戸内工業地域である。

問４ 『伊豆の踊子』の作者は川端康成である。1968年，日本人として初めてノーベル文学賞を受

賞した作家で，代表作として『雪国』，『古都』，『山の音』などがある。なお，2024年２月現在，日本人でノーベル文学賞を受賞したのは，川端と大江健三郎の２人だけである。

問５　アメリカ，カナダ，メキシコの３国が結んでいる自由貿易協定は，米国・メキシコ・カナダ協定(USMCA)である。USMCAは，それまでのNAFTA(北米自由貿易協定)を発展させる形で，2018年に調印された(③…○)。なお，①は環太平洋パートナーシップ協定，②は東南アジア諸国連合の略称である。④はブラジルやアルゼンチンなどの南米諸国による自由貿易圏である南米南部共同市場(メルコスール)の略称である。

問６　(イ)　図の左手前に「三穂(御穂)神社」が，その右奥に「羽衣松」が見えていることから，①の方向から描《えが》いたものであるとわかる。　**(ロ)**　反射炉《ろ》とは，燃焼室で発生した熱を壁《かべ》や天井に反射させ，隣接《りんせつ》する炉床《ろしょう》に集中させることで，鉄などの金属の精錬《せいれん》を行う仕組みの炉である(①…○)。韮山《にらやま》反射炉は，江戸時代末期に韮山代官であった江川英龍《ひでたつ》(太郎左衛門)が築かせたもので，2015年に世界文化遺産に登録された「明治日本の産業革命遺産」の構成資産の１つとなっている。

問７　(イ)　現存する日本最古の和歌集である『万葉集』には，天皇や貴族のほかに農民や防人の歌も収められている((あ)…正)。『新古今和歌集』は鎌倉時代初期に後鳥羽上皇の命令により，藤原定家らによって編さんされたもので，平安時代に醍醐《だいご》天皇の命により，紀貫之《つらゆき》らによって編さんされたのは『古今和歌集』である((い)…誤)。　**(ロ)**　緊急地震速報を出すのは，国土交通省の外局である気象庁である(①…×)。

問８　弥生時代に広まった青銅器は，主に祭器として用いられたものであり，棺《ひつぎ》に使われた例は見つかっていない(④…×)。

問９　芦《あし》ノ湖(神奈川県)は，箱根山の火山活動によってできたカルデラ湖で，海水は流れこんでいない(③…×)。

問10　静岡市内を流れる安倍《あべ》川が名前の由来となったとされる写真のお菓子は，安倍川餅《もち》である。江戸時代には，東海道の府中宿(静岡市)の名物として知られるようになった。

問11　1956年に最初に政令指定都市となったのは，横浜市(神奈川県)，名古屋市(愛知県)，京都市，大阪市，神戸市(兵庫県)の５市で，川崎市(神奈川県)が指定されたのは1972年のことである。

問12　水力発電の割合が高い(あ)は多くの支流を持つアマゾン川があるブラジル，火力発電の割合が高い(い)はアメリカ，原子力発電の割合が高い(う)はフランスである。

問13　写真の作物はわさび(水わさび)である。きれいな水が流れる地域で栽培《さいばい》される作物であり，長野と静岡の両県で全国生産量の７割以上を占めている。また，東京都では西部の奥多摩《おくたま》町が産地として知られる(③…○)。なお，①は温室メロン，②はみかん，④は茶(荒茶)を示している。

理　科　＜第１回試験＞（30分）＜満点：60点＞

解　答

[1]　**問１**　(ア)，(エ)　**問２**　関節　**問３**　(ウ)　**問４**　0.0675秒　**問５**　0.3秒　**問６**　0.225秒　[2]　**問１**　**A**　(ウ)　**B**　(イ)　**C**　(ウ)　**問２**　0.855cm　**問３**　(イ)　**問４**　(イ)　**問５**　**(ア)**　×　**(イ)**　○　**(ウ)**　○　**(エ)**　×　[3]　**問１**　(ア)　**問２**　(ア)　**問３**

向き…(ウ)　**角度**…12度　**問４**　(カ)　**問５**　問題不備

解　説

1　からだが動く仕組みについての問題

問１　ろっ骨は肺や心臓などを，頭骨は脳を守っているから，(ア)は正しい。また，背骨や骨ばんなどには，からだを支えるはたらきがあり，(エ)もふさわしいといえる。

問２　骨と骨のつなぎ目で，一定の方向になめらかに動かすことができる部分を関節という。

問３　関節を動かす筋肉は，関節をはさんで２つの骨についている。腕《うで》の内側のＡの筋肉は，ひじを伸《の》ばしているときはゆるんでいて，曲げると縮む。また，外側のＢの筋肉は，ひじを伸ばしているときは縮んでいるが，曲げるときはゆるむ。

問４　脳から出た電気信号が神経を伝わって手の筋肉まで伝わる時間(①の時間)は，0.9÷120＝0.0075(秒)である。手の筋肉が動いて手をにぎるまでの時間(②の時間)は0.06秒なので，①と②の時間の合計は，0.0075＋0.06＝0.0675(秒)とわかる。

問５　自分の手首がにぎられたと感じてから次の人の手首をにぎる(１人目はストップウォッチをストップする)までにかかる時間の10人分の合計が３秒だから，１人あたりの平均の時間は，３÷10＝0.3(秒)である。

問６　時間Ａの長さは，問５より0.3秒となる。図３の③は，図２の①と同じ0.0075秒，図２の②の時間は0.06秒であることから，①，②，③の時間の合計である時間Ｂの長さは，0.0075＋0.06＋0.0075＝0.075(秒)である。よって，脳が考えている時間は，(時間Ａ)－(時間Ｂ)＝0.3－0.075＝0.225(秒)とわかる。

2　金属の性質についての問題

問１　金属を熱すると，熱している所の近くから順に熱が伝わっていく。よって，Ａでは，(イ)→(ア)→(ウ)の順，Ｂでは，(ア)と(ウ)がほぼ同時で，最後に(イ)，Ｃでは，(ア)→(イ)→(ウ)の順にあたたまる。

問２　金属はあたためると伸びることから，25ｍのレールが０℃から30℃に変化すると，0.0114×25×30＝8.55(mm)より，8.55mm＝0.855cm伸びる。

問３　鉄やアルミニウムをあたためると，どちらも伸びて(ぼう張して)体積が大きくなる。図３のように変形しているのは，あたためたことでアルミニウムの長さが，鉄よりも長くなっているためで，鉄よりアルミニウムの方が，体積が大きくなっていると考えられる。

問４　メスシリンダーは，くぼんで平らになっている部分の目盛りを読みとるので，図４は，55cm^3を示している。よって，水に入れた金属球の体積は，55－50＝５(cm^3)なので，金属球１cm^3の重さは，39.5÷５＝7.9(ｇ)とわかる。したがって，表から，この金属球は鉄であるといえる。

問５　**(ア)**　銅などの金属は熱をよく伝えるので，銅板を加熱するときは素手で持ってはいけない。そのため，長いピンセットなどを使って持つか，ピンチにはさんでスタンドなどに固定するとよい。よって，誤り。　**(イ)**　赤色の銅板をガスバーナーで強く熱すると，黒色の酸化銅に変化する。したがって，正しい。　**(ウ)**　銅は電気を通すが，銅を加熱してできた酸化銅は電気を通さないので，正しい。　**(エ)**　銅板にうすい塩酸を加えても反応せず，気体も発生しないため，誤り。

3　月の見え方についての問題

問１　太陽―月―地球がこの順に一直線にならんだとき，日食が起こる。したがって，日食のとき

に月があるのは，図２の①の位置にある，新月のときとわかる。

問２　満月は夕方ごろ東の空からのぼり，真夜中ごろに南中して，明け方ごろに西にしずむ。図１の月が見えたのは，日没《にちぼつ》直後の19時なので，東の方角と考えられる。

問３　月を毎日同じ時刻に観察すると，見える位置が西から東へずれていく。東の空からのぼる月は，地平線から右上へ動いて見えるので，８月２日の月は，同じ時刻の８月１日の月より，左下の位置になる。また，月の満ち欠けの周期は30日で，30日後にほぼ同じ時刻同じ位置に見えるようになることから，月が１日に位置を変える角度は約，360÷30＝12(度)である。

問４　地球は１日(24時間)で１回(360度)自転しているので，空に見える月や星が12度動くには，$24\times60\times\frac{12}{360}=48$(分)かかる。したがって，８月２日の月が12度動いて木の上にくるのは，19時＋48分＝19時48分ごろである。

問５　【編集部注…以下学校発表文】　受験生の誤解を招く余地があることが判明したため，〔問５〕を問題不成立とし，受験生全員を正解とした。

国　語　＜第１回試験＞（50分）＜満点：100点＞

解　答

一　**問１**　下記を参照のこと。　**問２**　A　(ア)　B　(エ)　C　(ウ)　**問３**　a　(キ)　b　(イ)　c　(エ)　d　(カ)　**問４**　D　(ア)　E　(カ)　F　(ウ)　G　(エ)　**問５**　(エ)　**問６**　(エ)　**問７**　(ウ)　**問８**　(ア)　**問９**　H　(エ)　I　(ウ)　J　(イ)　K　(オ)　**問10**　(1)　(ウ)　(2)　(オ)　(3)　(キ)　(4)　(サ)　**問11**　(1)　(ウ)　(2)　(エ)　(3)　(ケ)　(4)　(コ)　**問12**　a　(カ)　b　(ウ)　c　(ケ)　d　(オ)　e　(エ)　f　(ク)　二　**問１**　A　(エ)　B　(イ)　C　(オ)　D　(ウ)　**問２**　(ウ)　**問３**　(エ)　**問４**　a　(オ)　b　(カ)　c　(イ)　d　(エ)　**問５**　(1)　(ア)　(2)　(オ)　(3)　(ケ)　**問６**　(イ)　**問７**　(ウ)→(イ)→(エ)→(ア)　**問８**　(ア)　**問９**　a　(ウ)　b　(キ)　c　(ア)　d　(オ)　e　(ケ)　(1)　(B)　(2)　(A)　(3)　(A)　(4)　(A)

●漢字の書き取り

一　問１　ⓐ　変声期　ⓑ　外(す)　ⓒ　心労　ⓓ　看病　ⓔ　意向

解　説

一　**出典：長嶋有《ながしまゆう》『猛《もう》スピードで母は』**。祖母の死，心労で倒《たお》れた祖父，学校でのいじめ，がんばりが限界に近い母の苛立《いらだ》ちなどが重なり，息詰《いきづ》まる思いでいた慎《まこと》の成長が描《えが》かれている。

問１　ⓐ　子どもの声から大人の声に変わる時期。　ⓑ　音読みは「ガイ」「ゲ」で，「外国」「外科」などの熟語がある。訓読みにはほかに「そと」などがある。　ⓒ　あれこれ心配することによる精神的な疲《つか》れ。　ⓓ　けが人や病人などを世話すること。　ⓔ　どうするかについての考え。

問２　A　中学生の一人が慎を「突《つ》き飛ば」したのだから，音がするほど強くおすようすを表す，(ア)の「どん」が入る。　B　中学生は「梯子《はしご》にとりついた」のだから，軽快に跳《と》ぶようすを表す，(エ)の「ぴょん」がよい。　C　落ちてきたサインペンのキャップがアスファルトにあたる音なの

で，固く小さいものが固いものにぶつかる音を表す，(ウ)の「かつん」が合う。

問３　**a**　「全然～だった」は，「肯定《こうてい》する」表現である。　**b**　「全然～ない」は，「否定する」表現である。　**c**　「恋《こい》の奴隷《どれい》だった」も「おいしくない」も，「全然」をともなうことでその印象が強まるので，(エ)があてはまる。　**d**　「祖父のような世代の人にとっては『間違《まちが》い』と思われてもおかしくない形で」母親は「全然」という言葉を使っていたのだから，“うまく使う”という意味を表す(カ)の「運用する」がよい。

問４　**D**　往復三時間の移動を「毎日」続け，母は「疲労《ひろう》していった」のだから，少しずつ変化するようすをいう，(ア)の「徐々《じょじょ》に」がよい。　**E**　続く部分で慎は，「運動に関しても親の意向があって，須藤《すどう》君はそれに従っているだけ」かもしれないと推測している。つまり「須藤君と野球という組み合わせ」は，慎にとって「意外に」感じるものだったのである。　**F**　続く部分に「使わなくなっていた」とあるので，これと呼応して“ほとんど～ない”という意味を表す，(ウ)の「滅《めっ》多《た》に」があてはまる。なお，(イ)の「一概《いちがい》に」は，後に否定の語をともなって“ひとまとめに～できない”という意味を表すので，ここではふさわしくない。　**G**　母は焦《こ》げたパンを台所のシンクに向かって「思い切り投げつけた」のだから，摑《つか》むときも「乱暴に」していたのだろうと想像できる。

問５　「古いトースターから黒焦げになったパンが飛び出してきた」ことを引き金に，感情が限界を迎《むか》えた母は慎に「怒鳴《どな》っ」てしまったものの「うつむいた」のだから，自分のその行為《こうい》こそ，とがめられるべきものだと気づいたのだと読み取れる。よって，(エ)が合う。なお，慎は「母親をなぐさめ」ようとして黒焦げのパンを拾おうとしたわけではないので，(ア)は誤り。また，「うつむいた」のは母なので，(イ)もふさわしくない。さらに，「自分の怒鳴り声が祖父に聞こえて叱《しか》られるのではないか」と母が思っているようすは描かれていないので，(ウ)も正しくない。

問６　母が不安定な感情のなかにいたことをおさえる。朝の出勤時，踏切《ふみきり》に捕《つか》まり「苛々《いらいら》してハンドルを叩《たた》い」ていた母の表情が，ふいに通った「牛を満載《まんさい》した車両」を見たことで少し和《やわ》らいだように感じられた慎は，「母の機嫌《きげん》」をよくし，自分を息詰まる思いから解放してくれた牛の登場を毎朝渇望《かつぼう》したのである。

問７　「そのこと」とは，以前，母が恋人の慎一《しんいち》と二人でいなくなっても「自分は納得《なっとく》していたのだと」慎が思ったことを指す。つまり，慎は，母の恋がうまくいかない原因となっている自分より慎一を選んでよかったのだと母に「気づいてほし」くて，「念力をおくるように」強く思い続けたのである。

問８　問５でみたように，「古いトースターから黒焦げになったパンが飛び出してきたとき」，母は苛立ち，また，そのような自分自身に落ちこんでいる。パンが焦げたり，踏切に捕まったりと，思うようにいかないことが続いたところに，自分が「うっかりしていた」ことで，「キーをさしたまま車のドアを閉めてしまった」のだから，「言葉を失って」しまうほどの苛立ちや落ち込む気持ちを感じているのだろうと推測できる。

問９　母は「キーをさしたまま車のドアを閉めて」しまい，慎も「家の鍵《かぎ》のついたキーホルダーを助手席においたままドアを閉めていた」，という状況《じょうきょう》にあることをおさえる。　**H**　「車の処置のことで頭がいっぱい」だった母は，「手提《てさ》げがないと学校にいけない」と言う慎にかまっていられなかったのだから，「今日はもう仕方ないから，そのまま学校にいきなさい」とうながしたはず

である。　I　直後で慎が「書道の道具」と言っているので，母は「手提げ」の中身を聞いたのだとわかる。　J　手提げの中身が「書道の道具」と知った母の返答なのだから，「事情を先生にいって，友達に借りなさい」を入れると自然である。　K「でも」と食い下がってくる慎に対し，どうすることもできないだろうと母は苛立ちをぶつけているのだから，「この状況が分からないの。どうしたらいいっていうわけ」と言ったと考えられる。

問10　⑴　梯子を登る母に，「今，四階？」とたずねられたとき，慎は，「母がなにをしようとしているのか飲み込《こ》め」ずにいる。よって，(ウ)が合う。　⑵　母がベランダを移動し始めてから，慎は，「ベランダの向こう，室内の人影《ひとかげ》」を見張らなければならなかったのに，母の「軽業《かるわざ》が途中《と ちゅう》で見とがめられるなどということは想像できなかった」と感じている。　⑶　霧《きり》に包まれた母を見ながら，慎は，「母がこれからどこかに消え去ってしまうような」気がしている。　⑷「どこにいるの」と声をかけてきた母は，慎のところにもどろうとしている。しかし，慎は「霧の中にい」て，「誰《だれ》に呼ばれたか」もわからなくなっている。梯子を登っていった母が「どこかに消え去ってしまう」のではないかと「心がざわつ」いていたことで，「自分自身を見失っていた」のだろうと考えられる。

問11　⑴，⑵「手塚治虫《てづかおさむ》のサイン本」を持ってこいと命令された慎は，「貸せという話だったが多分返してはもらえないだろう」と思っている。しかし，忘れないように「玄関《げんかん》に置いた」のだから，⑴は(ウ)，⑵は(エ)がふさわしい。　⑶，⑷　団地の梯子を登り，手提げを取りに行った母や，「補欠だけど」「スパイク履《は》かせてもらえるようになった」と言った須藤君に共通するのは，自分のすべきことに精いっぱい取り組む強さと，いじめを察しながらも慎に普通《ふつう》に接する優《やさ》しさである。そういう二人のあり方にふれ，慎は困難な状況で萎縮《いしゅく》していた心がほどけたとともに，「主体的に生き」ようと思い，須藤君に本を預けたのだから，⑶は(ケ)，⑷は(コ)が選べる。

問12　a　祖父と暮らすために引っ越《こ》すが「今度の学校も馬鹿《ばか》がいないとは限らない」と母から言われた慎は，「自分でも意外なほどきっぱりとした言い方」で「平気だよ」と答えているので，(カ)の「意外にも毅然《きぜん》とした態度」が合う。「毅然」は，意志が強くしっかりしたようす。　b　母は仕事を続けながら，祖母の死，心労で倒れた祖父の世話など，「めまぐるしい変化」に対処してきたのである。　c　問11でみたとおり，困難な日々のなかで萎縮していた慎は，母や須藤君とのかかわりを通して主体的に生きるきっかけを得ているので，「自分の意志を表現すること」ができるようになったといえる。　d　数珠《じゅず》のように続いて走っている「真新しい色とりどりのワーゲン」を見た慎と母は，「すごい」「こんな朝に」などとおどろいているのだから，それは「めったにない光景」だったのだとわかる。　e　アクセルを思い切り踏《ふ》みこみ「ワーゲンをすべて追い抜《ぬ》いて～母は満足そう」である。このようすには，(エ)の「充足《じゅうそく》感や爽快《そうかい》感」が合う。　f　慎の変化を感じた母は，eで見たようにスピードを楽しみ，そのようすからは潔《いさぎよ》さや爽《さわ》やかさといった母本来の長所がうかがえるので，(ク)の「自分らしさを取り戻《もど》すこと」がよい。

二　出典：河合隼雄《かわいはやお》『物語とふしぎ』。人には「ふしぎ」に感じたことを「物語」として心に収めようとする性質があること，自然科学も外的事実への物語であることなどが説明されている。

問１　A　直後に「ふしぎさを追究していきたくなる」とあるので，徹底《てってい》して行うようすを表す，(エ)の「あくまで」が合う。　B　音が気になって眠《ねむ》れず「起き出し」てしまうのだから，ついにそうなるようすをいう，(イ)の「とうとう」がよい。　C「赤い帽子《ぼうし》に赤い靴《くつ》，鞄《かばん》まで真赤《まっか》とい

う服装のおじさん」に会ったとしても，「変な人」として自分のなかから排除《はいじょ》することでいったんは「心の平静をとり戻す」が，翌日まったく違うところで再会すると，やっととり戻した心の「平静」が，またおびやかされるのだと言っている。よって，わざわざしたことがむだになるのが惜《お》しいという気分を表す，(オ)の「せっかく」が入る。　**D**　“大部分は”という意味の「だいたい」が入る。ニュートンや釈迦牟尼《しゃかむに》は「あたりまえ」のことを「ふしぎ」と思って追究したが，ふつうの大人はほとんど「あたりまえ」の世界で生きているのである。

問２　赤づくしのおじさんに再び出くわしたとき，「『偶然《ぐうぜん》だ』，『あんな服装流行しているのかな』，『あのおじさん，僕《ぼく》をつけているのかな，まさか』など」と思ってしまうように，人は「ふしぎ」をそのままにしておけず説明したがるのだから，(ウ)がよい。

問３　傍線《ぼうせん》②をふくむ一文の最初に「このように」とあるので，前の部分に注目する。「あたりまえ」を「ふしぎ」と感じ，「ふしぎ」を考えぬいたことで重要な法則を発見したり，偉大《いだい》な宗教を生んだりしたニュートンや釈迦牟尼の人類に対する大きな「貢献《こうけん》」を考えれば，「『ふしぎ』と人間が感じるのは実に素晴《すば》らしいことだ」と筆者は考えているのである。

問４　**a**　釈迦牟尼は「人間はなぜ死ぬのか」について考えぬくため「家族を棄《す》て」たのだから，「孤独《こどく》」のなかで努力し続けたといえる。　**b**　「人間が死ぬ」という「ふしぎ」に取りつかれ，「他の仕事にあまり手がつかなくなっ」てしまったのだから，「日常」の生活がままならなくなったということである。　**c**　「この人」は本に答えを求めても「満足」できず，周囲の人々にも問いかけるようになったのだから，自分で考え続けなければ「ふしぎ」に対する「充分」な答えは得られないのだといえる。　**d**　「この人」は，「人間が死ぬ」ことについて「自分だけが考えるべきことを考えている」という態度をとるのだから，おごり高ぶることを表す，(エ)の「傲慢《ごうまん》」が入る。

問５　(1)　「こめや」の「おとうさん」が「パンをたべる」ことは，大人には「あたりまえ」でも六歳《ろくさい》のまさひろ君は「ふしぎ」と感じる。この詩は，大人が「あたりまえ」として「見過ごしてきたこと」に，子どもの感性が注意を向けさせている。　(2)　「雨はなぜ降るの」「せみはなぜ鳴くの」など，子どもの世界は「ふしぎ」に満ちている。まさひろ君の詩も，(オ)のように日常で「ふしぎ」と感じたことをそのまま言葉にしたものである。　(3)　子どもの感覚は「異なる角度から照らす光源」だから，大人が「あたりまえ」と思っていた世界も「豊か」で「面白《おもしろ》」いものになる。つまり，(ケ)のように「いつもの風景が〜違った形で見えてくる」のである。

問６　「お母さん，お母さん」と呼ぶのは，子ども自身である。それをせみの鳴き声に重ね，せみが「ミンミン鳴いてばかりいる」理由として「満足」するのだから，(イ)が合う。

問７　空欄Ｅの直前で，「ふしぎ」や「おどろき」を心に収めるため，物語が用いられたと述べられていることをおさえる。「古代ギリシャの時代」，「太陽が熱をもった球体であることを知っていた」人々は，「同時に」それを「四頭立ての金の馬車に乗った英雄《えいゆう》」に見立てた，とすると自然なので，(ウ)が最初，(イ)が次にくる。このことを受け，太陽の実態を知っていたのに物語に仕立てたのは「どうしてだろう」と新たな問題を提示し，解説するという文脈になるよう(エ)→(ア)と続けると，「ふしぎ」や「おどろき」を心に収めるための物語の例として，「古代ギリシャ」の話が取り上げられる形になり，文意が通る。

問８　「せみがお母さん，お母さんと呼んでいる」などの「物語」は，その物語を考え出した人物と「外的な現象」とのかかわりを示す最も「納得がいく答《こたえ》」である。同じように，神話は，人が

この世界に「存在」するという“根本的な「ふしぎ」の答えで，存在を深め，豊かにする役割”を担《にな》っている。つまり，神話は，人々の「存在」と「世界」とのかかわりを表し，放棄《ほうき》すると心の内側，自分と世界とのかかわりが失われるのだから，(ア)がふさわしい。なお，神話が世界とのかかわりを示すことを，(イ)〜(エ)はおさえていない。

問９　**a**　「妄想《もうそう》」は，「外的事実の吟味《ぎんみ》」を「怠《おこた》っている」と説明されているので，(ウ)の「根拠《こんきょ》のない判断」にあたる。　**b**　「同じ人物と別の場所で偶然に三度出会う確率を考え，計算によってその答えを求めようとする」のは，現象から普遍《ふへん》的な法則を見いだす態度だから，(キ)の「『自然科学』的な発想」が合う。　**c**　「ニュートンが試みた」ことで，「物理学の法則」という「普遍的な性格」が生まれたのである。　**d**　「自然科学」が「どれほど強力であるか」は，現代の「テクノロジーの発展」に示されていると述べられている。　**e**　「自然科学」を過剰《かじょう》に信頼《しんらい》するとは，「神話をまったく放棄する」ことなので「世界と自分とのかかわり」が軽視されることになる。　(1)　aで見たように，妄想に欠けているものは「外的」事実である。　(2)　「不安や恐《おそ》れ」は「内的」事実にあたる。　(3)　自然科学的なアプローチで「ふしぎ」を説明するときに排除されるものだから，「内的」事実が合う。　(4)　自然科学を過剰に信じるとき切り捨てられがちなものは「内的」事実に根ざしたものの見方である。

2024年度 中央大学附属中学校

【算　数】〈第２回試験〉（50分）〈満点：100点〉

〈注意〉 1．定規，コンパス，分度器を使ってはいけません。

2．円周率は，3.14を用いなさい。

1 次の問いに答えなさい。

(1) $23 \div \{19 - 3 \times (17 - 13)\} + \left(12 - 2.8 \times \frac{5}{7}\right) \div 1\frac{3}{4}$ を計算しなさい。

(2) 次の□にあてはまる数を答えなさい。

$1\frac{2}{3} + \square \div 4.5 \times 6 + 7\frac{8}{9} = 10$

(3) $\frac{3}{7}$ を小数で表したとき，小数第32位の数はいくつですか。

(4) ある仕事を６人で休まずやると４時間で終わります。この仕事を１時間やるごとに15分間休みながら４人でやると，何時間何分で終わりますか。ただし１人あたりの仕事量は同じです。

(5) ３種類のおもりＡ，Ｂ，Ｃがあります。Ａを４個，Ｂを３個，Ｃを４個入れた袋《ふくろ》と，Ａを１個，Ｂを４個，Ｃを４個入れた袋と，Ａを４個，Ｂを４個，Ｃを２個入れた袋の重さがすべて等しくなりました。Ａを１個，Ｂを２個，Ｃを３個入れた袋の重さが46ｇのとき，Ａを３個，Ｂを２個，Ｃを１個入れた袋の重さは何ｇですか。ただし，袋自体の重さは考えないものとします。

(6) 次の図の角 x は何度ですか。

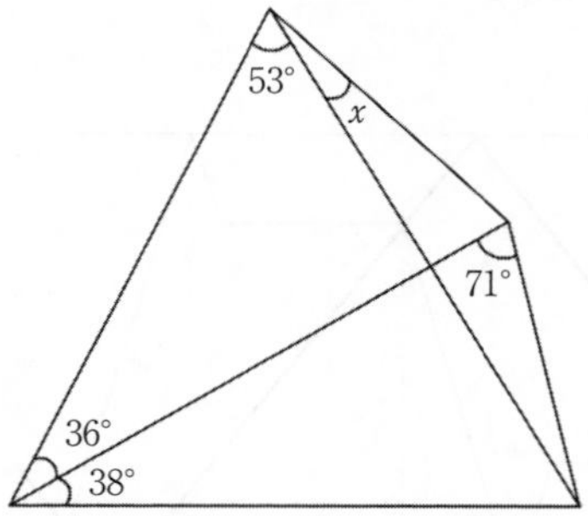

(7) 右の図の斜《しゃ》線部分の面積は合わせて何 cm^2 ですか。ただし，円の半径はすべて２cmとし，円周率は3.14を用いなさい。

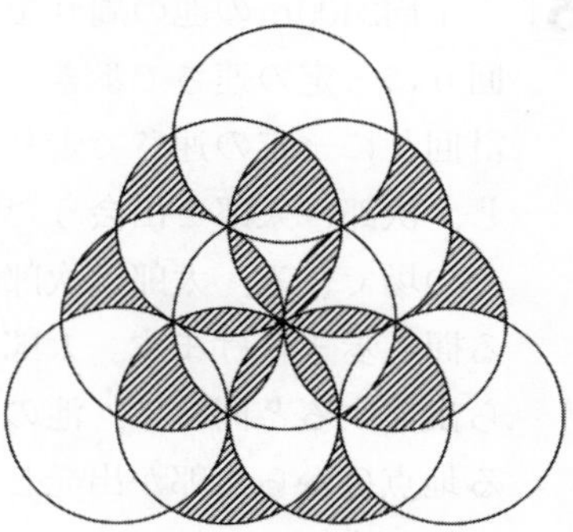

2 次のように，１に２を２回かけて，続けて３を３回かけて，続けて４を４回かけて，以後これを繰《く》り返し，最後に９を９回かけて得られる数を N とします。

$N = 1 \times 2 \times 2 \times 3 \times 3 \times 3 \times 4 \times 4 \times 4 \times 4 \times 5 \times 5 \times 5 \times 5 \times 5 \times 6 \times \cdots \times 9$

(1) N は６で最大何回割り切れますか。

(2) N の約数のうち，奇数は何個ありますか。

3　図のように，AB＝4 cm，AD＝6 cm，AE＝2 cm の直方体 ABCD-EFGH があります。

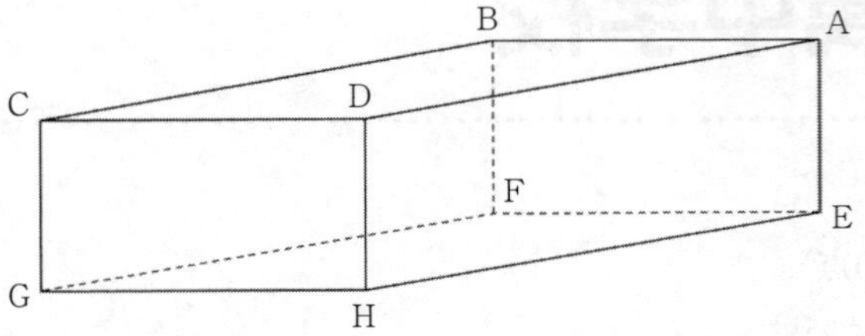

(1)　３点Ｂ，Ｃ，Ｈを通る平面で切ったとき，頂点Ａが含《ふく》まれる立体の体積は何cm^3ですか。

(2)　(1)で体積を求めた立体を，さらに３点Ｂ，Ｄ，Ｈを通る平面で切ったとき，頂点Ａが含まれる立体の体積は何cm^3ですか。

4　ある水族館の水そうには，２つの給水管Ａ，Ｂと４つの同じ排《はい》水管がついています。４つの排水管を閉めて，２つの給水管を開くと，空の水そうは３時間20分で満水になりました。その後，２つの給水管を開いたまま４つの排水管を開きましたが，水そうの水はあふれることなく満水のまま水面の高さが変わりませんでした。

次に，給水管Ｂを閉めました。給水管Ｂを閉めてから２時間５分で水そうの水は満水の$\frac{3}{4}$の量になりました。その後，排水管を１つ閉め，しばらくしてから給水管Ａも閉めると，排水管を１つ閉めてから６時間40分で水そうは空になりました。

(1)　給水管Ａ，Ｂを閉めたまま排水管を１つだけ開くと，満水の水そうは何時間何分で空になりますか。

(2)　４つの排水管を閉めたまま給水管Ａだけを開くと，空の水そうは何時間何分何秒で満水になりますか。

(3)　給水管Ａを閉めてから何時間何分で水そうは空になりましたか。

5　１周2400mの池の周りを太郎は時計回りに一定の速さで歩き，次郎は反時計回りに一定の速さで走ります。ただし，次郎は太郎と出会うたびに６分間その場で休み，太郎は次郎が休んでいる間も歩き続けます。太郎が地点Ｐから出発すると同時に，池の反対側にある地点Ｑから次郎が出発したところ，太郎と次郎が，地点Ｐからどれだけ離れているかを表すと図のようになりました。

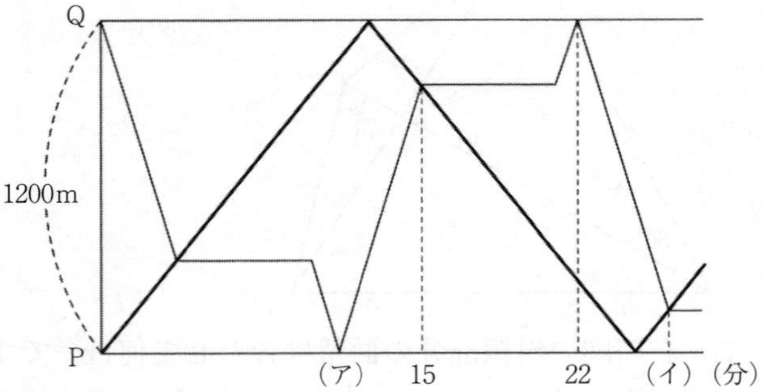

(1)　図の(ア)にあてはまる数はいくつですか。

(2)　太郎の歩く速さは毎分何ｍですか。

(3)　図の(イ)にあてはまる数はいくつですか。

【社　会】〈第２回試験〉（30分）〈満点：60点〉

Ⅰ　次の文章を読み，あとの問いに答えなさい。

ここは中央大学附属中学校・高等学校前の古書店「小金井湧泉堂《ゆうせんどう》」。店主の静《しずか》おじさんは，近くに住む中附中１年生中太君のお母さんの伯父《おじ》さんにあたります。中太君は，お母さんに託《たく》された晩《ばん》ごはんを持って湧泉堂へやって来ました。

中太：こんにちは，静おじさん。今日の夕飯は(1)**長野**で買ってきたおやきだよ。

静　：信州を代表する郷土料理じゃな。具材には野沢菜《のざわな》などの(2)**野菜**が使われていて，外はふっくらしている。おいしそうじゃ。

中太：コロナも落ち着いたから，家族旅行のお土産で買ってきたんだ。(3)**善光寺**にも行ったんだけど，どこも(4)**外国人観光客**が増えていたね。

静　：善光寺にお参りしたのか。およそ1400年の歴史を誇《ほこ》る寺院で，全国的に知られておる。1707年に再建された本堂は，江戸中期を代表する建築として，国宝に指定されているんじゃ。

中太：そうなんだね！　(5)**源頼朝**も善光寺に来たことがあるみたいだよ。近くに石橋があって，彼の乗っていた馬の蹄《ひづめ》がそこにはさまってしまったみたい。

静　：よく調べておるのぅ。さすが，歴史好きの中太じゃ。

中太：夏の宿題の自由研究で調べていてね。もっと長野の歴史を教えてよ。

静　：よろしい。長野は，旧石器時代や縄文時代の遺跡《いせき》が数多くあることでも知られている。(6)**ナウマンゾウ**の化石は見てきたかのぅ？

中太：授業で聞いたけど，見ることはできなかったな。昔は日本列島が大陸と陸続きだったから，今の長野のあたりまで動物が移動してきたんだよね。

静　：そのとおりじゃ。石器の材料となる黒曜石が長野でも採掘《さいくつ》されている。日本で採れた黒曜石は，海を渡って大陸にも運ばれているぞ。

中太：そのときから(7)**外国との交流**もあったんだね。長野は昔，「信濃」と呼ばれていたと聞いたことがあるけど，いつごろからそう呼ばれたの？

静　：およそ８世紀ごろだといわれておる。千曲川流域の屋代《やしろ》遺跡には，「信濃」と書かれた木簡が見つかっておるぞ。

中太：木簡は，(8)**税**として納められた品に付けられたんだよね。何が税として運ばれたのかな。

静　：稲や特産品が都に運ばれたんじゃ。なかでも麻布は特産品で，正倉院には信濃産の布で作られた服が残っておるぞ。11世紀前半には，あの藤原道長が信濃の布を使用していたことも有名じゃ。

中太：知らないことばかりで，びっくり。でも戦国から(9)**江戸時代**ならまかせて。武田信玄と上杉謙信が対戦した川中島の合戦でしょ。関ヶ原の戦いのあとには，中山道などの街道が整備されたみたい。

静　：よく調べておる。(10)**長野は山や谷が多い**が，江戸時代中期以降，馬を利用した交通と運輸が発達して，商品の流通がしだいに盛んになったんじゃ。近代に入ると養蚕や製糸業が発達するぞ。

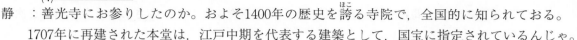

中太：糸を吐《は》き出す蚕の幼虫は，お蚕さまと呼ばれて大切に育てられたんだよね。今でも養蚕が盛んなの？

静　：(11)**高度経済成長期**になると，機械産業を中心とする製造業が盛んになったんじゃ。

中太：そうなんだね。でも，急激に工業化や開発が進むと公害や(12)**環境破壊《はかい》**が問題になりそう。反発はなかったのかな？

静　：工場だけではなく，別荘《べっそう》やゴルフ場がたくさん建設された。それに対して，長野出身の新田次郎は『霧《きり》の子孫たち』という小説で警告を発しておる。(13)**住民**の要望で，今は自然保護条例も制定されておるぞ。

中太：豊かな自然を守ることは，大切だもんね。小説も読んで，長野の歴史と自然に注目して，自由研究を仕上げてみるよ。

静　：良い心がけじゃ。その調子で中附中でいろんなことを学ぶんじゃぞ。わしは，もらった晩ごはんをいただきます。

中太：はーい！　また晩ごはんを持ってくるね。

問１．下線(1)に関する問題です。長野県について述べた文として，**ふさわしくないもの**を次の①～④から１つ選びなさい。

①　都道府県別平均標高が最も高く，この県に水源をもつ信濃川と天竜川は太平洋に注いでいる。

②　信州サーモンや信州大王イワナなどのブランド魚が有名で，サケ・マス類の養殖《ようしょく》が盛んである。

③　隣《とな》り合う県の数が多く，富山県や新潟県，群馬県など８つの県と接している。

④　果樹の栽培《さいばい》が盛んで，りんご・ぶどう・もも・あんずの生産量は日本有数である。

問２．下線(2)に関する問題です。下の表は，おやきの具となる，かぼちゃ・レタス・だいこん・なすの収穫量《しゅうかくりょう》（2020年）について，全国４位までの都道府県を示したものです。「かぼちゃ」にあてはまるものを次の①～④から１つ選びなさい。

	①	②	③	④
１位	高知県	千葉県	長野県	北海道
２位	熊本県	北海道	茨城県	鹿児島県
３位	群馬県	青森県	群馬県	長野県
４位	茨城県	鹿児島県	長崎県	茨城県

矢野恒太記念会『データでみる県勢 2022年版』より作成

問３．下線(3)に関する問題です。次の(イ)(ロ)の問いに答えなさい。

(イ)　善光寺の歴史が記された『善光寺縁起』には，厩戸皇子（聖徳太子）が登場します。厩戸皇子について述べた文として，ふさわしいものを次の①～④から１つ選びなさい。

①　推古天皇の摂政となり，蘇我稲目と協力してヤマト政権を支えた。

②　個人の能力よりも家柄《いえがら》を重んじ，役人を登用する冠位十二階を定めた。

③　小野妹子に国書を持たせ，隋の皇帝であった光武帝のもとに派遣《はけん》した。

④「和を以て貴《たっと》しとなし」から始まる，十七条の憲法を制定した。

(ロ)　善光寺は，天台宗・浄土宗の両宗派によって運営されています。それぞれの宗派の教えを日本で広めた人物として，正しい組み合わせを次の①～④から１つ選びなさい。

①　天台宗―空海　浄土宗―法然

②　天台宗―空海　浄土宗―親鸞

③　天台宗―最澄　浄土宗―法然

④　天台宗―最澄　浄土宗―親鸞

問４．下線(4)に関する問題です。近年，新型コロナウイルス感染症《かんせんしょう》への対策がゆるめられるなどして，日本を訪れる外国人観光客の「(◆)需要《じゅよう》」が拡大しています。(◆)にあてはまる言葉を，**カタカナ６文字**で答えなさい。

問５．下線(5)に関する問題です。源頼朝について述べた文(あ)・(い)の内容について，正・誤の組み合わせとしてふさわしいものを，下の①～④から１つ選びなさい。

(あ)　平治の乱で平清盛によって源義朝が倒《たお》され，息子の源頼朝は伊豆に流されたが，のちに兵を挙げて平氏と戦った。

(い)　源頼朝は弟の義経を捕《と》らえることを口実に，荘園や公領ごとに守護を，国ごとに地頭をおくことを朝廷に認めさせた。

①　(あ)　正　(い)　正　　②　(あ)　正　(い)　誤

③　(あ)　誤　(い)　正　　④　(あ)　誤　(い)　誤

問６．下線(6)に関する問題です。長野県では，ナウマンゾウの牙《きば》とオオツノジカの角の化石が並んで発見されており，その形から「月と星」とも呼ばれています。この化石が発掘《はっくつ》された湖の名前を，**漢字で**答えなさい。

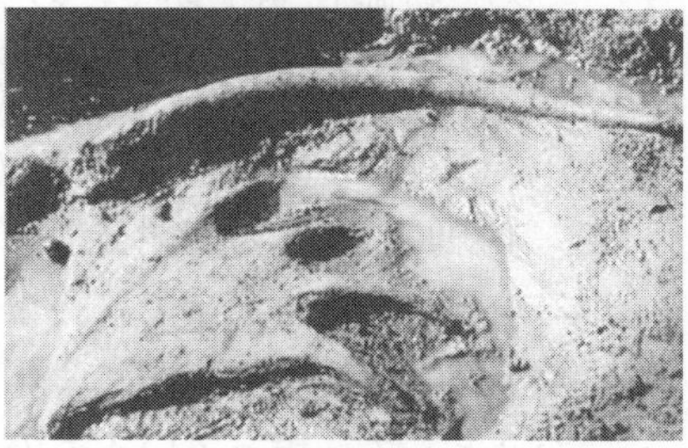

問７．下線(7)に関する問題です。日本と外国の交流の歴史について述べた文として，**ふさわしくないもの**を次の①～④から１つ選びなさい。

①　倭には100余りの国があり，楽浪郡に定期的に使者を送っていたと，『漢書』地理志に記されている。

②　平氏が大輪田泊での貿易を奨励《しょうれい》したため，明から銅銭や陶磁器が輸入され，日本からは金や刀剣などが輸出された。

③　フビライ・ハンは日本に使節を送り，モンゴル帝国にしたがうように要求したが，鎌倉幕府はこれを拒否《きょひ》した。

④　徳川家康は商人や大名などに朱印状を与えて貿易を奨励したため，多くの船が東南アジアに進出した。

問８．下線(8)に関する問題です。税に関する次の(イ)(ロ)の問いに答えなさい。

(イ)　次の文章は，古代の税制度について説明したものです。空らん(あ)～(う)に入る言葉の組み合わせとして，正しいものを下の①～④から１つ選びなさい。

> ６年ごとに戸籍《こせき》を作成し，６歳《さい》以上の男女に口分田を与《あた》える(あ)を実施《じっし》した。その代わり，収穫量の３％を納める租，地方の特産物を納める(い)，10日間の労役または麻布を納める(う)などの税を農民に課した。

① (あ) 墾田永年私財法 (い) 調 (う) 庸
② (あ) 墾田永年私財法 (い) 庸 (う) 調
③ (あ) 班田収授法 (い) 調 (う) 庸
④ (あ) 班田収授法 (い) 庸 (う) 調

(ロ) 現代の税には，国に納める国税と地方公共団体に納める地方税があります。このうち地方税にあたるものを，次の①～④から１つ選びなさい。

① 固定資産税─持っている土地や建物にかかる税
② 法人税─会社が出した利益などにかかる税
③ 所得税─会社からもらう給料などにかかる税
④ 相続税─亡くなった人からもらい受けた財産にかかる税

問９．下線(9)に関する問題です。次の(あ)～(え)の文は，江戸時代の出来事について述べています。それらを年代が古い順に並べたものとして，正しいものを下の①～④から１つ選びなさい。

> (あ) 裁判の基準を設けるために，公事方御定書が定められた。
> (い) 孔子を祀《まつ》った湯島の聖堂が建てられ，そこに林家の私塾《しじゅく》も移された。
> (う) 天候不良や浅間山の噴火《ふんか》により，天明のききんが起こった。
> (え) 物価上昇《じょうしょう》を防ぐため，株仲間の解散が命じられた。

① (い)→(あ)→(う)→(え)　② (い)→(あ)→(え)→(う)
③ (う)→(い)→(あ)→(え)　④ (う)→(い)→(え)→(あ)

問10．下線(10)に関する問題です。本州中央部に位置する日本アルプスのうち，北アルプスにあたる山脈の名前を**漢字で**答えなさい。

問11．下線(11)に関する問題です。1955年から1973年までの高度経済成長期の出来事について述べた文として，**誤っているもの**を次の①～④から１つ選びなさい。

① 東京─新大阪間を結ぶ東海道新幹線，東京─小牧間を結ぶ東名高速道路など，東京を起点とする交通網《こうつうもう》が整えられた。
② 第１次オイルショックが起こり，国内ではトイレットペーパーの買い占《し》めなどの現象がみられた。
③ 「三種の神器」と呼ばれた白黒テレビ・電気洗濯機《せんたくき》・電気冷蔵庫が普及《ふきゅう》して，人々の家庭生活が大きく変わった。
④ 東京や長野でオリンピックが開催《かいさい》され，日本経済の復興と発展が世界に知られるようになった。

問12．下線(12)に関する問題です。2015年に開催された国際会議では，温室効果ガスの排出削減《はいしゅつさくげん》に向けて努力することが約束されました。この会議が開かれた都市はどの国にありますか。次のページの地図上の①～④から１つ選びなさい。

問13. 下線⒀に関する問題です。次の表は，地方自治における住民の直接請求権についてまとめたものです。空らん（あ）～（う）に入る言葉の組み合わせとして，正しいものを下の①～④から１つ選びなさい。

直接請求権の種類	必要な署名数	請求先
条例の制定・改廃を求める	有権者の（ あ ）以上	（ う ）
議員の解職を求める	有権者の（ い ）以上	選挙管理委員会

※ただし有権者数が40万人をこえる場合は，署名数の基準がゆるめられます。

① （あ） ３分の１ （い） 50分の１ （う） 首長
② （あ） ３分の１ （い） 50分の１ （う） 議長
③ （あ） 50分の１ （い） ３分の１ （う） 首長
④ （あ） 50分の１ （い） ３分の１ （う） 議長

Ⅱ　小学６年生の陽菜《ひな》さんは，お父さんと横浜に遊びにきています。２人の会話を読み，あとの問いに答えなさい。

陽菜　　：ここが(1)**山下公園**なの？　海が目の前なんだ。あっ，船もあるわ。
お父さん：あれは氷川丸だよ。(2)**横浜からアメリカのシアトルまで**生糸を運んだんだ。
陽菜　　：カイコの繭《まゆ》から作る糸よね。生糸をあんな大きな船で運んだの？
お父さん：そうだよ。せっかくだから，シルク博物館に行ってみない？
陽菜　　：おもしろそうね。自由研究のテーマが決まっていなかったのよ。
お父さん：じゃあ，歩きながら生糸の話をしよう。養蚕は約5000年前に(3)**中国で始まり，シルクロードで西アジアやヨーロッパに広まった**んだ。
陽菜　　：そんな昔からカイコを育てていたの？
お父さん：そうだよ。日本では，(4)**弥生時代の遺跡から絹織物が見つかったり，『魏志』倭人伝にも記録が残っていたりする**から，そのころに伝わったとされているよ。
陽菜　　：稲作と同じころね。卑弥呼もカイコを見たのかな？
お父さん：卑弥呼は，絹織物を中国の皇帝に送っていたよ。その後，国内の養蚕では必要な量が作れなかったし，質もよくなかったので，生糸や絹織物を中国から輸入していたんだ。
陽菜　　：そういえば，(5)**安土桃山時代や江戸時代の初めに，ポルトガルが中国産の生糸を日本**

に持ちこんでいたと教わったわ。

お父さん：そう。でもポルトガルはその後，江戸幕府に来航を禁止されたので，生糸の輸入が減ったんだ。

陽菜　　：ひょっとして，それで国内で作るようになったの？

お父さん：そうだよ。幸い，江戸時代は大きな戦争がなかったから，技術も進歩し，各地で生産されるようになった。そして江戸時代の終わりに，(6)**日本がアメリカなどと条約を結んで**貿易が始まった。ちょうどそのころ，ヨーロッパではカイコの病気が広がって，生糸が不足していたんだ。

陽菜　　：それで，日本の生糸が輸出されるようになったのね。

お父さん：その通り。日本では生糸が輸出品目のトップになったんだ。

陽菜　　：生糸は輸入品から輸出品になったのね。

お父さん：明治になると，政府は生糸を国の産業の中心にしようと，(7)**群馬県**に富岡製糸場を作った。そこで製糸技術者を育て，生糸の生産技術を広めたんだ。

陽菜　　：富岡製糸場は，生糸を作るだけでなく，技術も広めていたのね。

お父さん：そう。そして(8)**日本から海外に輸出される生糸**のほとんどが，横浜からアメリカに向けて船で運ばれたんだ。

陽菜　　：それで氷川丸もつくられたのね。

お父さん：そうなんだ。でも氷川丸が運航を始めた(9)**1930年には，アメリカで日本の生糸が売れなくなったんだ**。

陽菜　　：日本の生糸農家も大変だったのね。

お父さん：その後，日本は戦争の時代に入った。生糸は輸出されなくなり，氷川丸は海軍の病院船として使われた。戦争が終わると，氷川丸は戦地にいた軍人や，(10)**海外に移住していた日本人**を日本に連れて帰った。

陽菜　　：何か悲しいお話ね。

お父さん：日本の独立後に，氷川丸はシアトルまでの運航を再開した。このころには，日本からの留学生もアメリカに運んだ。留学生の中には，のちに(11)**ノーベル賞を受賞した人**もいたんだ。

陽菜　　：氷川丸は日本を支えた人々も運んだのね。

お父さん：いいことというね。でも，氷川丸はそれから間もない(12)**1960年**に引退した。そのころには，日本の生糸の輸出も減っていったんだ。

陽菜　　：そうなの。じゃあ，日本ではもうカイコは育てられていないの？

お父さん：最近はほんのわずかなんだ。でも新しい研究がされている。たとえば，カイコの成長の速さや栄養価が注目され，宇宙飛行士の食事にも活用される可能性があるんだ。(13)**食《しょく》糧《りょう》**問題解決のために，(14)**「昆虫《こんちゅう》食」**が注目されているしね。

陽菜　　：昆虫食？　虫を食べるの？　え〜。

お父さん：はは。でも(15)**科学技術**の進歩によって，私たちの課題を解決し，生活や未来の可能性を広げるために，こうした研究は大切なんだよ。

陽菜　　：たしかにそうだけど，私には昆虫食はちょっと……。

お父さん：分かるよ。でも，カイコは世界中で食べられていたんだ。少しずつ知識を深めていけ

ば，その意義や可能性も理解できるようになるさ。

陽菜　　：じゃあ，昆虫食も少しは考えてみようかな。

お父さん：いいね。さあ，そろそろ博物館に着くよ。

陽菜　　：歩いたらお腹が空いたわ。カイコよりシュウマイが食べたい！

問１．下線(1)に関する問題です。山下公園は，関東大震災のがれきを利用して作られました。次の(あ)～(う)の文は，日本で起きた地震《じしん》と関係のある出来事について述べています。それらを年代が古い順に並べたものとして，正しいものを下の①～④から１つ選びなさい。

(あ)　文禄年間に起きた地震で倒壊《とうかい》した方広寺を再建する際に，鐘《かね》に刻まれた文字がきっかけとなり，戦いが始まった。
(い)　嘉永年間に起きた地震による津波が下田に押しよせ，来航していたロシア使節の船も被害《ひがい》を受けた。
(う)　宝永年間に起きた地震のあと，紀州藩の財政を立て直した藩主は，のちに幕府の将軍となった。

①　(あ)→(う)→(い)　　②　(あ)→(い)→(う)

③　(う)→(あ)→(い)　　④　(う)→(い)→(あ)

問２．下線(2)に関する問題です。横浜が２月４日午前10時のとき，シアトルは何月何日の何時となりますか。次の地図を参考にして，下の①～④から１つ選びなさい。なお，横浜は**A**，シアトルは**B**の経線を使って計算することとします。地図中の経線は15度おきに引かれています。

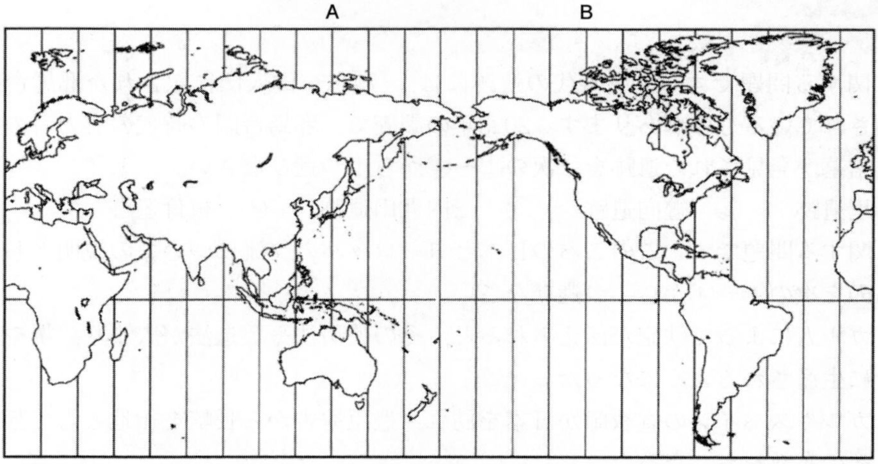

①　２月３日・午前５時　　②　２月３日・午後５時

③　２月４日・午前５時　　④　２月４日・午後５時

問３．下線(3)に関する問題です。次のページの写真はアジア各地で見られる衣装《いしょう》です。このうち，おもに西アジアで見られるものを①～④から１つ選びなさい。

①
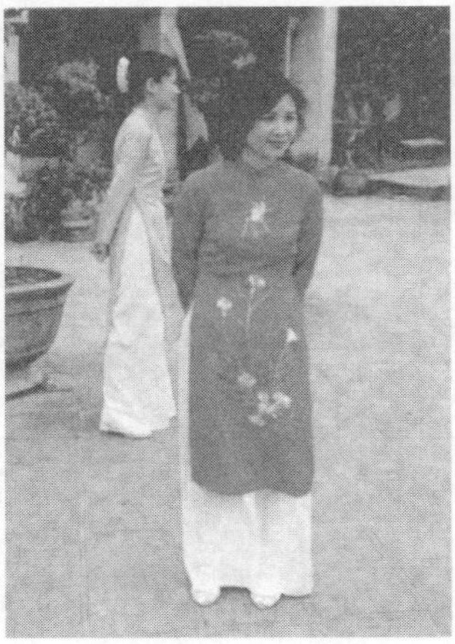
②

③

④

問4．下線(4)に関する問題です。弥生時代の遺跡には，『魏志』倭人伝に記された邪馬台国との関係が議論されているものがあります。2023年の調査で，邪馬台国の時代の有力者のものと思われる石棺《せっかん》墓が発見された遺跡を，次の①～④から1つ選びなさい。

①　吉野ヶ里遺跡　　②　纏向《まきむく》遺跡　　③　三内丸山遺跡　　④　板付遺跡

問5．下線(5)に関する問題です。このころの日本とヨーロッパの交流についての説明として，**誤っているもの**を次の①～④から1つ選びなさい。

①　ポルトガル人によって鉄砲が伝えられると，その使用法や製造法が広まり，堺や国友などで大量に生産されるようになった。

②　ポルトガルやスペインの宣教師が日本を訪れ，豊臣秀吉から長崎を領地として与えられ，キリスト教の布教をおこなった。

③　大友宗麟らのキリシタン大名は，伊東マンショ，千々石ミゲルら4名の少年を使節としてローマに派遣《はけん》した。

④　九州に漂着《ひょうちゃく》したイギリス人のウィリアム・アダムズは，徳川家康の外交の相談役となった。

問6．下線(6)に関する問題です。次の文は，日本とアメリカの間で結ばれた条約の一部です（分かりやすく現代の日本語に直してあります）。この条約の名前を**漢字で**答えなさい。

一、すべての輸出入品について，別に定めた関税を，日本の役所に納めること。
一、日本人に対して法をおかしたアメリカ人は，領事裁判所で取り調べ，アメリカの法律で罰《ばっ》すること。

問７．下線(7)に関する問題です。次の説明は，群馬県にある，生糸と関係の深い市のものです。(★)にあてはまる市を，下の①～④から１つ選びなさい。

県の南東部にあり，『上毛かるた』(右写真，一部を修正)に「(★)は日本の機《はた》どころ」と詠《よ》まれているように，古くから生糸や絹織物が生産されていた。近年では，夏に気温が高いことでも知られるようになった。

①　足利　　②　熊谷　　③　益子　　④　桐生

問８．下線(8)に関する問題です。右下の写真は，生糸商品に付けられたラベルで，浮世絵が描かれた会社のマーク(商標)は古くから使われています。

浮世絵について述べた次の文(あ)・(い)の内容について，正・誤の組み合わせとしてふさわしいものを，下の①～④から１つ選びなさい。

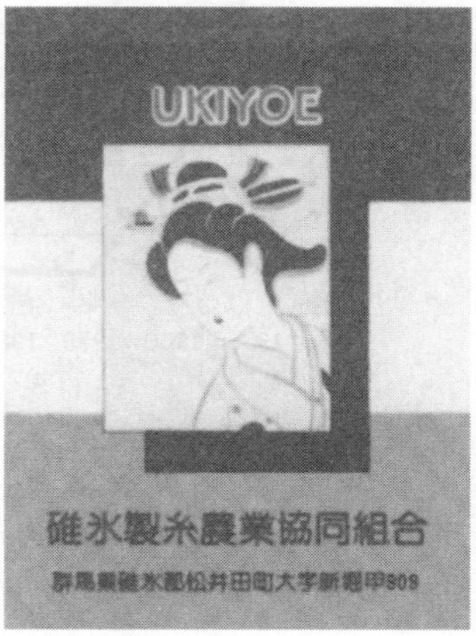

(あ)　喜多川歌麿は，町人の風俗を題材とする浮世絵を制作し，『見返り美人図』などの作品を描いた。
(い)　十返舎一九の『東海道五十三次』には，江戸から京都までの東海道にある宿場町の風景などが描かれている。

①　(あ)　正　(い)　正　　②　(あ)　正　(い)　誤
③　(あ)　誤　(い)　正　　④　(あ)　誤　(い)　誤

問９．下線(9)に関する問題です。1930年に，日本から輸出された生糸がアメリカで売れなくなった原因を述べなさい。

問10．下線(10)に関する問題です。次の文章は，戦前に日本が勢力下においた地域に移住した人が，1945年の出来事について語ったものです。この人が移住した地域として正しいものを，下の①～④から１つ選びなさい。

八月八日の晩の十時から十二時まで不寝番《ふしんばん》やって起きてたんですよ。で，今でも思い出すけど，交代して寝床《ねどこ》に入ってウトウトしかけた時に，俺《おれ》の後の不寝番が「星が降ってくる」って。出てみたら照明弾《しょうめいだん》でもって昼間と同じように明るい。そのうちに機銃《きじゅう》射撃《しゃげき》が始まって，暗がりでやってたんだけども，まだその時はソ連だって分からなかった。

『証言　それぞれの記憶』内田辰男氏の証言より

①　ビルマ　　②　満州　　③　グアム　　④　台湾

問11.　下線⑾に関する問題です。日本のノーベル賞受賞者と，その業績の組み合わせとして**誤っているもの**を，次の①～④から１つ選びなさい。

①　湯川秀樹　―中間子理論の提唱　　②　小柴昌俊　―宇宙ニュートリノの観測

③　大江健三郎― iPS 細胞の作製　　④　大村智　　―イベルメクチンの開発

問12.　下線⑿に関する問題です。戦後日本の外交について述べた文のうち，1960年以前の出来事として正しいものを，次の①～④から１つ選びなさい。

①　田中角栄首相が中華人民共和国を訪問し，国交を正常化した。

②　佐藤栄作首相がニクソン米大統領と会談し，沖縄の返還《へんかん》が実現した。

③　鳩山一郎首相がソビエト連邦を訪問し，国交を回復した。

④　小泉純一郎首相が北朝鮮を訪れ，国交正常化に向けた宣言に署名した。

問13.　下線⒀に関する問題です。次の折れ線グラフは，日本における，ある穀物(X)の自給率の推移を，また，右の表は(X)の輸出量の国別ランキングを示しています。(X)にあてはまる穀物として正しいものを，下の①～④から１つ選びなさい。

日本の(X)の自給率の推移

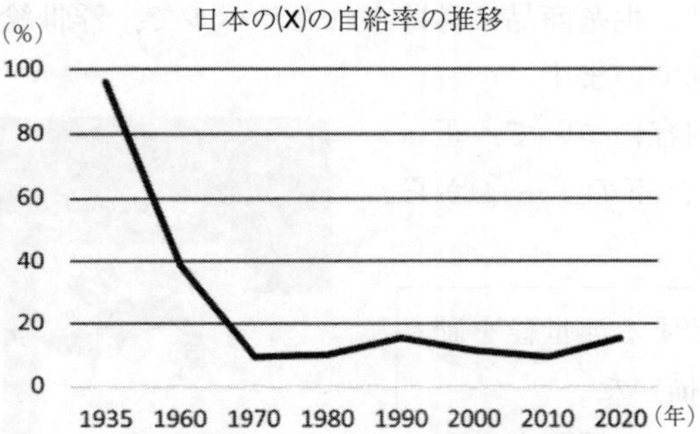

(X)の輸出量（2020年）

順位	国名	万トン
1	ロシア	3,727
2	アメリカ合衆国	2,613
3	カナダ	2,611
4	フランス	1,979
5	ウクライナ	1,806

二宮書店『データブック オブ・ザ・ワールド 2023』より作成

①　米　　②　小麦　　③　大豆　　④　さつまいも

問14.　下線⒁に関する問題です。次の文章は，日本で古くから食べられてきた昆虫についての説明です。この昆虫の名前を**カタカナ**で答えなさい。

> バッタの仲間で，からだは緑色や茶色をしている。イネを食べることから，この名前がつけられた。江戸時代には大量に発生して，ききんの原因にもなった。食べるときには，佃煮《つくだに》にされることが多い。

問15.　下線⒂に関する問題です。日本の科学技術の現状について述べた文として，正しいものを次の①～④から１つ選びなさい。

①　蛍光灯《けいこうとう》や白熱電球に比べて価格の安い LED 照明が発明され，新築のビルやマンションには利用が義務づけられるようになった。

②　原子力を利用した発電所で大きな事故が起きたため，現在はすべての原子力発電所の運転が停止されている。

③　「カーボンニュートラル」を実現するために，化石燃料を使用しない電気自動車が開発され，普及《ふきゅう》率が60％を超《こ》えた。

④　日本初の月面調査を目指す探査機などを搭載《とうさい》した，国産の H2A ロケットの打ち上げに成功した。

【理　科】〈第２回試験〉（30分）〈満点：60点〉

1　私たちの身のまわりには，てこの原理を利用した道具がたくさんあります。それらについてそれぞれの問いに答えなさい。

てこの原理を使うと，小さな力で大きな力を生むことができます。このはたらきを利用した道具には，はさみや爪《つめ》切りがあります。

問１　図１は，はさみの写真です。はさみの支点，力点，作用点は図１のＡ～Ｃのどの部分ですか。正しい組み合わせを次の(ア)～(カ)から１つ選び，記号で答えなさい。

	支点	力点	作用点
(ア)	A	B	C
(イ)	A	C	B
(ウ)	B	A	C
(エ)	B	C	A
(オ)	C	A	B
(カ)	C	B	A

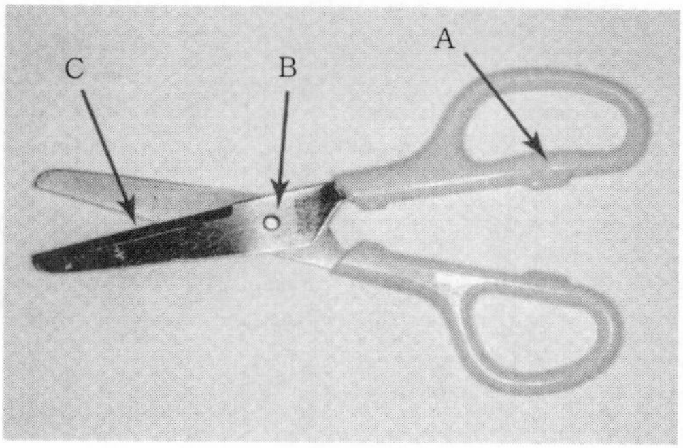

図１

問２　図２は，爪切りの写真です。このようなタイプの爪切りは，２つのてこが組み合わさってできています。１つ目のてこは，Ａを力点，Ｂを作用点，Ｃを支点とするものです。２つ目のてこは，Ｂを力点，Ｄを支点，Ｅを作用点とするものです。この爪切りについて書かれた次の(ア)～(ウ)の文のうち，正しいものを１つ選び，記号で答えなさい。

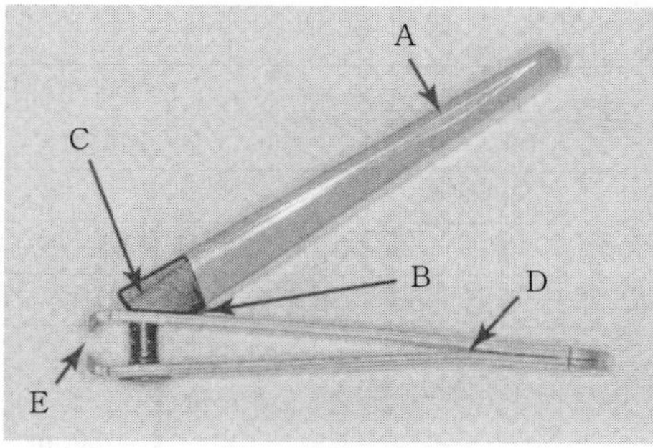

図２

(ア)　Ａに力を加えたとき，Ｅで生じる力はＢで生じる力よりも大きくなる。

(イ)　Ａに力を加えたとき，Ｅで生じる力はＢで生じる力よりも小さくなる。

(ウ)　Ａに力を加えたとき，Ｅで生じる力とＢで生じる力は等しくなる。

てこの原理を応用すると，ものの重さや力の大きさをはかる道具をつくることができます。たとえば，日本では江戸時代から昭和の中頃《なかごろ》まで，「さおばかり」という道具が使われていました。これは，次の図３のようなめもりをつけた棒，下げ紐《ひも》，皿，分銅の４つの部品でできています。使い方は，棒の一端《いったん》に吊《つ》るされた皿に重さをはかりたいものを乗せ，下げ紐を支点として棒が水平につりあうように，反対側にかけた分銅の位置を動かします。棒がつりあったとき，分銅の位置のめもりを読むことでその重さがわかります。

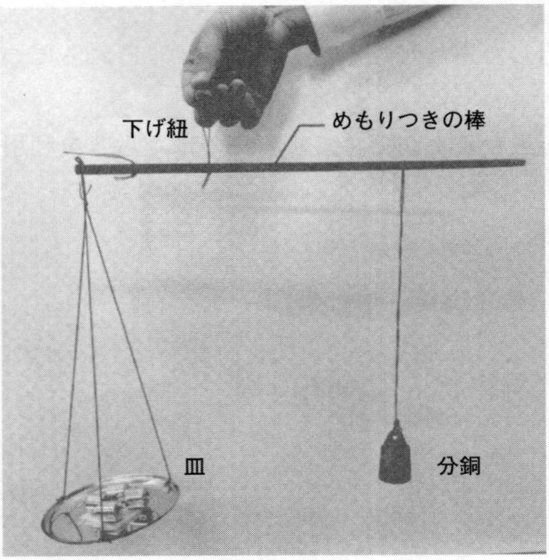

図３

さおばかりの仕組みはとても簡単なため，身近なものを使ってつくることができます。そこで表１の材料を使ってさおばかりをつくりました。

表１

部品	使った材料
めもりつきの棒	さいばし(重さ20ｇ，長さ60cm)
下げ紐	たこ糸
皿	食品トレー(重さ10ｇ)
分銅	水を入れたペットボトル(重さ100ｇ)

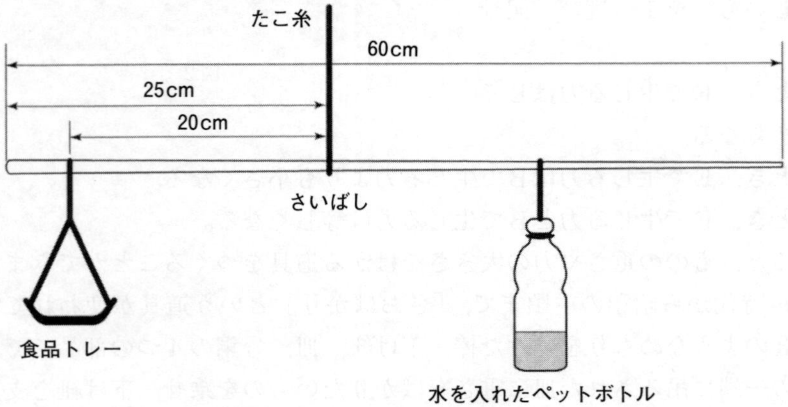

図４

まず，さいばしの太い方の端《はし》から25cmの位置にたこ糸をつけて吊るしました。このとき，さいばしは水平になってつりあいました。次に，図４のようにたこ糸から左に20cmの位置に食品トレーを吊るしました。そして，たこ糸をはさんで反対側には水を入れたペットボトルを吊るし，さいばしが水平になるようにその位置を調整しました。①このとき，水を入れたペットボトルを吊るした位置に０ｇのめもりの線をつけました。さらに，食品トレーに10ｇのおもりを１個ずつ乗せるたびにペットボトルを移動させ，②１めもりが10ｇを表すようにさいばし

にめもりの線をつけていきました。

以下の問いでは，食品トレーを吊るす糸と水を入れたペットボトルを吊るす糸の重さは考えなくてよいこととします。

問３　下線部①について，０ｇの印はたこ糸から何cmの位置になりますか。

問４　下線部②について，100ｇのめもりの線は０ｇの印から何cmの位置になりますか。

問５　下線部②について，めもりの線はどのようにつけられましたか。次の(ア)～(ウ)の文のうち正しいものを１つ選び，記号で答えなさい。

(ア)　食品トレーに乗せるおもりの数が増えるにつれて，めもりの線の間隔《かんかく》は広くなった。

(イ)　食品トレーに乗せるおもりの数が増えるにつれて，めもりの線の間隔は狭《せま》くなった。

(ウ)　食品トレーに乗せるおもりの数が増えても，めもりの線の間隔は一定のまま変化しなかった。

2　2023年の先進国首脳会議は日本の広島で開催《かいさい》され，「Ｇ７広島サミット」とよばれています。このサミットでは，世界全体の課題である気候危機に対処し，遅《おそ》くとも2050年までに「カーボンニュートラル」を達成できるように協力を深めました。カーボンニュートラルとは二酸化炭素の排出《はいしゅつ》量と吸収量の差し引きを０にするということです。

問１　真鍋淑郎《まなべしゅくろう》博士は，二酸化炭素濃度《のうど》が地球温暖化に影響《えいきょう》することをいち早く指摘《してき》し，現代の気象研究の基礎《きそ》を築きました。この功績により真鍋博士は2021年にノーベル賞を受賞しました。真鍋博士が受賞したのは何賞ですか。次の(ア)～(カ)の中から正しいものを１つ選び，記号で答えなさい。

(ア)　ノーベル物理学賞　　(イ)　ノーベル化学賞

(ウ)　ノーベル医学・生理学賞　　(エ)　ノーベル文学賞

(オ)　ノーベル平和賞　　(カ)　ノーベル経済学賞

問２　二酸化炭素は身のまわりのいろいろな場面で発生しますが，次の(ア)～(オ)のうち気体の二酸化炭素が**発生しないもの**はどれですか。もっともふさわしいものを１つ選び，記号で答えなさい。

(ア)　ロウソクを燃やしたとき。

(イ)　ドライアイスに水をかけたとき。

(ウ)　殻《から》つきのニワトリの卵をお酢《す》につけたとき。

(エ)　アルミニウム缶《かん》に酸性の洗剤《せんざい》を入れたとき。

(オ)　重曹《じゅうそう》を加熱したとき。

ヒトの呼気（口から吐《は》く息）の二酸化炭素量と吸気（口から吸う息）の二酸化炭素量を考えてみましょう。ヒトは１回の呼吸で約500mLの空気を吸って，吸った空気と同じ量を吐いています。ヒトが呼吸したときの呼気に含《ふく》まれる二酸化炭素量を調べるために，石灰水を用いて２つの実験をしました。

石灰水に二酸化炭素を通すと白くにごり，しばらくすると白色の炭酸カルシウムが底に沈《しず》みます。このような，液体の底に沈んだものを沈《ちん》でん物といいます。

【実験１】

三角フラスコに十分な量の石灰水を入れ，ストローを使って２回息を吹《ふ》きこみました。三角フラスコの中身をすべてろ過して，ろ紙に残った沈でん物を乾《かわ》かしたあと，重さをはかりました。その結果，沈でん物の重さは，0.20ｇでした。

【実験２】

三角フラスコに十分な量の石灰水を入れ，二酸化炭素ボンベで二酸化炭素を吹きこみ，【実験１】と同様の手順で沈でん物の重さをはかりました。その結果，吹きこんだ二酸化炭素の体積とできた沈でん物の重さの関係は，次の表のようになりました。

吹きこんだ二酸化炭素の体積(mL)	30	42	60
沈でん物の重さ(ｇ)	0.15	0.21	0.30

ヒトが１回呼吸するときの呼気と吸気の量をそれぞれ500mL として，あとの問いに答えなさい。

問３　１回の呼気に含まれる二酸化炭素と十分な量の石灰水からできる沈でん物は何ｇですか。

問４　１回の呼気に含まれる二酸化炭素の体積は何 mL ですか。

問５　呼気に含まれる二酸化炭素量は吸気に含まれる二酸化炭素量の何倍ですか。小数第１位を四捨五入して整数で答えなさい。ただし，吸気に含まれる二酸化炭素の体積の割合は0.03％とします。

3　ヒロさんは夏休みの自由研究として水道博物館《すいどうはくぶつかん》を見学し，そこで気になったことについて実験を行いました。次の文章はヒロさんの作成中のレポートです。これについて，それぞれの問いに答えなさい。

私は８月20日に水道博物館へ行き，そこで次の３点のことを学んだ。

1．水は大気，陸地，海を循環《じゅんかん》している。

2．私たちが利用している水は，山から川を通って，途中《とちゅう》で浄水処理《じょうすいしょり》されてから家庭まで送られている。そのとき，山の森の浄化《じょうか》作用も受けている。

3．私たちが利用した水は，下水処理場できれいな水に戻《もど》してから，再び川に流されている。そのとき，バクテリアという小さな生物が重要なはたらきをしている。

これらについて，くわしく記述する。

1．水の循環

図１は，水の循環の模式図《もしきず》である。

水は液体と気体，ときには固体に変化しながら，大気と陸地と海の間を循環している。ただし，海から陸地に水が直接移動することはほとんどない。図中の［　］内の数値は，１年間に大気から陸地と海に移動する水を足し合わせた量を100として，それぞれの移動する量を相対的に表したものである。

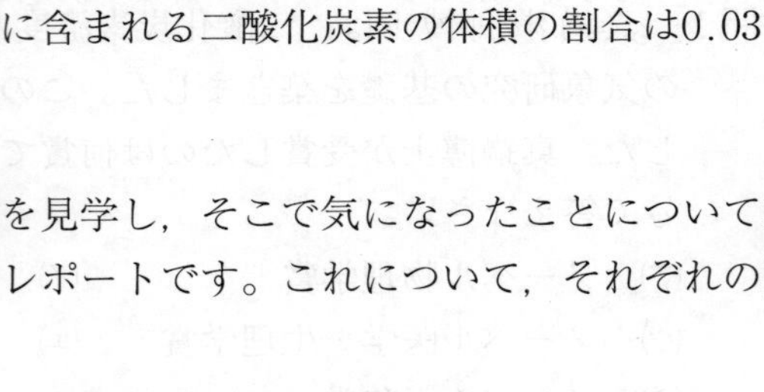

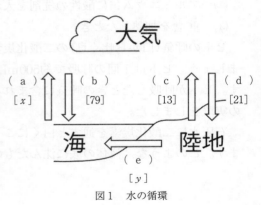

図１　水の循環

ふだん，私たちは，高いところから低いところへ移動する水の姿しか見ることはないが，このように循環しているのである。

２．森の浄化作用と浄水処理

大気から陸地に移動した水は，空気中のちりなどを含《ふく》み，よごれている。陸地の中でも，山の森を通る水は浄化作用を受けてきれいになる。(f)豊かな森林があることで，水道水として「おいしい水」となる。

浄水場の浄水処理では，川から取り込んだ水のごみやよごれを取り除き，(g)薬品によって消毒をし，最後にろ過をして水道管に水を送っている。

３．下水処理場のはたらき

下水処理場では，ろ過や消毒のほかに，バクテリアなどの小さな生物(微生物《びせいぶつ》)も利用している。トイレの排水《はいすい》や残飯が混ざった水には有機物《ゆうきぶつ》という栄養分が多く含まれる。これが川に流れ出すとよごれの原因となるため，微生物に分解してもらっている。この微生物のかたまりを「活性汚泥《かっせいおでい》」という。

身のまわりの土や泥《どろ》にもこのようなはたらきをもつバクテリアが含まれると考え，次の【実験１】，【実験２】を行った。なお，有機物を調べたときに，デンプンが代表例としてでてきたため，実験ではデンプン水(デンプンをとかした水)を使った。事前の実験で，デンプンは温度変化のみでは分解されないことを確かめた。

【実験１】

① 公園の植えこみから落ち葉や土を拾い，ビーカーの中に広げた布に入れた。そこに水を入れてよくかき回し，布でこした。(図２) こした水を50mL入れたビーカーをＡとした。

図２　Ａの準備

② Ａと同じ大きさのビーカーに，50mLの蒸留水を入れた。これをＢとした。

③ ＡとＢのビーカーそれぞれに，デンプン水を10mL加え，ふたをし，20℃に保たれた暗い部屋に置いた。

④ ３日後，ＡとＢの液を試験管にとり，ヨウ素液を加えて，液の色の変化を調べた。(図３)

【結果１】

Ａの液体の色はヨウ素液の元の色で，(h)Ｂの液体の色は変化した。

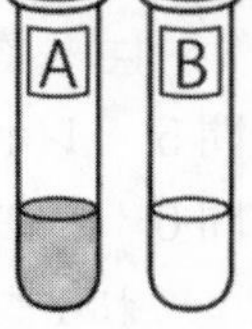

図３　ＡとＢ

【実験２】

【実験１】で，デンプンを分解したのは落ち葉や土に含まれるバクテリアだと考えた。このバクテリアがデンプンをよく分解する条件を考え，次の３つの仮説を立て，(実験２―１)～(実験２―３)を行った。

(仮説１)　このバクテリアは，40℃より高い環境《かんきょう》ではデンプンを分解しなくなる。

(仮説２)　このバクテリアは，10℃より低い環境ではデンプンを分解しなくなる。

(仮説３)　このバクテリアは，１℃に冷やしても，その後20℃に戻したら，デンプンを分解できる。

(実験２―１)　【実験１】と同様の実験を，③の20℃を80℃に変えて行った。

（実験２―２）【実験１】と同様の実験を，③の20℃を５℃に変えて行った。
（実験２―３）【実験１】と同様の実験を，①と②の後に，ＡとＢそれぞれを１℃に冷やしてから，③と④の手順で進めた。

【結果２】
（実験２―１）（　ｉ　）
（実験２―２）（　ｊ　）
（実験２―３）（　ｋ　）

問１　図１「水の循環」について，水の動きを表す（ａ）～（ｅ）には何という言葉が当てはまりますか。次の(ア)～(ケ)の中からもっともふさわしいものをそれぞれ１つずつ選び，記号で答えなさい。ただし，同じ記号を２度以上用いても構いません。

(ア)　運搬《うんぱん》　(イ)　浸食《しんしょく》　(ウ)　流水
(エ)　降水　(オ)　風化　(カ)　沸騰《ふっとう》
(キ)　そ上　(ク)　堆積《たいせき》　(ケ)　蒸発

問２　図１「水の循環」の水の動きの量を表す［x］，［y］に当てはまる数値を答えなさい。

問３　レポート中の下線部(f)に関連して，日本の森で起きている現象としてふさわしいものはどれですか。次の(ア)～(オ)の中から２つ選び，記号で答えなさい。

(ア)　森の落ち葉や動物のフンなどが，ミミズやダンゴムシ，そのほかの小さな生き物のはたらきによって土になる。
(イ)　トナカイが木の葉を食べ，オオカミがトナカイを食べる。
(ウ)　森の葉の光合成により，酸素から二酸化炭素がつくられる。
(エ)　木の根が土にはりめぐらされることで，土砂が流出するのを防いでいる。
(オ)　森林に雷《かみなり》が落ちて，木が倒《たお》れると，生物の多様性が損なわれる。

問４　レポートの下線部(g)に関連して，日常生活で使われる消毒液として，ふさわしいものはどれですか。次の(ア)～(オ)の中から２つ選び，記号で答えなさい。

(ア)　次亜塩素酸《じあえんそさん》水　(イ)　エタノール水　(ウ)　食塩水
(エ)　蒸留水　(オ)　アンモニア水

問５　レポートの下線部(h)において，Ｂの液体は何色に変化したか，答えなさい。

問６　次の(1)，(2)のとき，レポートの（ｉ）～（ｋ）に当てはまるものを下の(ア)～(エ)の中からそれぞれ１つずつ選び，記号で答えなさい。なお，同じ記号を用いても構いません。

(1)　すべての仮説が正しかった場合。
(2)　仮説２が正しく，仮説１と仮説３が誤っていた場合。

(ア)　ＡとＢの液体の色は変化した。
(イ)　ＡとＢの液体の色はヨウ素液の元の色だった。
(ウ)　Ａの液体の色は変化し，Ｂの液体の色はヨウ素液の元の色だった。
(エ)　Ａの液体の色はヨウ素液の元の色で，Ｂの液体の色は変化した。

番の理由ではなく、二番以下の理由だっただけです。大津と彦根《ひこね》。めったに行けないほど離《はな》れてはいませんが、コロナ禍が拡大していく中、感染《かんせん》拡大防止のために、病院では面会やお見舞《みま》いが制限されたり、禁止されたりしていきました。でも、「ぐるりんワイド」という番組を通して、成瀬は毎日のように［ｆ］に顔を出していたのです。それは、成瀬流の「お見舞い」だったのだと言ってもいいでしょう。

(ア) 傷心の日々　(イ) 祖母の容態《ようだい》
(ウ) 大津の未来　(エ) 日々の生活
(オ) 希薄《きはく》な日々　(カ) 祖母の病室
(キ) 西武大津店　(ク) 安心や安全
(ケ) 濃密《のうみつ》な時間　(コ) 最期《さいご》の時間
(サ) 大津の全域　(シ) 社会的立場

【出典】

一　帚木蓬生『ネガティブ・ケイパビリティ』（朝日選書、二〇一七年）一八五～一九三ページ

二　宮島未奈『成瀬は天下を取りにいく』（新潮社、二〇二三年）二一ページ～三六ページ

(ウ)　蟻《あり》のはい出る隙《すき》もない
(エ)　長蛇《ちょうだ》の列ができている

問９　――⑦「不謹慎《ふきんしん》かもしれないと思いながらも、訊《き》かずにはいられなかった」とありますが、この時の「わたし」の思いはどのようなものだったと考えられますか。次の中から**適当でないものを１つ**選び、(ア)〜(エ)の記号で答えなさい。

(ア)　祖母の葬儀《そうぎ》が最優先されるべきであることは、十分に分かってはいる。
(イ)　無茶《むちゃ》な願いだとは思うが、今日も西武大津店の中継現場に行ってほしい。
(ウ)　西武大津店に行くことをあきらめられるのか、成瀬の気持ちを確かめたい。
(エ)　こんなことになるなら、最初から無理な目標は立てるべきではなかったのだ。

問10　――⑧「上の空」、⑨「万が一」、⑩「見納め」の意味として適当なものを次の中から選び、それぞれ(ア)〜(カ)の記号で答えなさい。

(ア)　突然《とつぜん》のトラブルなど、思いがけないことが起きた場合のこと。
(イ)　それを目にするのが、もうこれで最後になるということ。
(ウ)　よくなる見込《みこ》みがないと考え、もう会わないようにすること。
(エ)　ことを成しとげようとする気力や意欲を欠いていること。
(オ)　他のことに気をとられ、目の前のことに注意が向かないこと。
(カ)　結果はどうなろうと、運を天にまかせてやってみること。

問11　 E 〜 H に当てはまる会話文を次の中からそれぞれ選び、(ア)〜(オ)の記号で答えなさい。

(ア)　お通夜《つや》は明日なんだ
(イ)　来ちゃダメだって言ったのに
(ウ)　そりゃ災難だったな。遅《おそ》くなってごめん
(エ)　さっき、知らないおじさんに偽者《にせもの》だって絡《から》まれたの
(オ)　ううん。来てくれてよかった。おばあちゃんの件は大丈《だいじょう》夫《ぶ》?

問12　――⑪「多少は意識してたけど、一番の理由ではない。こんな時期でもできる挑戦《ちょうせん》がしたかったんだ」とありますが、どういうことですか。このことに関する次の説明文を読み、 a 〜 f に当てはまる言葉をそれぞれ選び、(ア)〜(シ)の記号で答えなさい。ただし、**同じ記号を２度以上用いてはいけません**。

コロナ禍《か》が拡大し、様々な活動が制限される中で、自分の夏休みを a としないために、成瀬は一つの目標を立てました。八月になったら、土曜と日曜を除く毎日、西武大津店から「ぐるりんワイド」の生中継《なまちゅうけい》が行われるので、その映像の中に映り込《こ》むというのが、成瀬の立てた目標です。自分なりの目標を設定し、それに挑戦することが、 b を過ごすことにつながるはずだと、きっと成瀬は考えたのでしょう。

「ぐるりんワイド」が中継を行う西武大津店は、この夏、四十四年の歴史に幕を下ろし、八月三十一日で営業を終了《しゅうりょう》することになっています。地域住民の c を支えてきたデパート。成瀬が生まれた時から、成瀬のすぐ近く(自宅から徒歩五分)にあったデパート。毎日、西武大津店に通うという成瀬の行為《こうい》は、身近で親しい人が亡《な》くなろうとする時、その d を一緒《いっしょ》に過ごそうとするのと同じような意味を持つものであったと言えるかもしれません。

そして、「一番の理由ではない」と成瀬は言いますが、成瀬が e を案じていたことは間違《まちが》いないでしょう。一

(ア) 月並みな感想 (イ) 奇天烈《きてれつ》な少女
(ウ) 堅苦《かたくる》しい応対 (エ) 悪趣味《あくしゅみ》な衣装
(オ) 場違《ばちが》いな発言 (カ) 普通《ふつう》の中学生
(キ) 人任せな態度 (ク) 一癖《ひとくせ》ある風体《ふうてい》

問4 [A]～[C]に当てはまる語を次の中からそれぞれ選び、(ア)～(オ)の記号で答えなさい。ただし、**同じ記号を2度以上用いてはいけません。**

(ア) おそらく (イ) しっかり (ウ) あいにく
(エ) どうして (オ) もうすぐ

問5 ――④「自分から下りたはずなのに、成瀬に外されたような気持ちになる」とありますが、この時の「わたし」の気持ちはどのようなものだったと考えられますか。次の中から最も適当なものを選び、(ア)～(エ)の記号で答えなさい。

(ア) 自分から西武大津《せいぶおおつ》店に行くことをやめたのに、その結果、成瀬が「わたし」との間にちょっと距離《きょり》を置いたように感じられて、「わたし」は何だかさびしいような気持ちになっている。

(イ) 「わたし」を責めるのではなく、「これまで付き合ってくれてありがとう」と礼を言う成瀬の態度に、「わたし」はあきれるとともに、何だかはぐらかされたような気分になっている。

(ウ) いつも冷静で、決して熱くなりすぎない成瀬への反発から、「わたし」は西武大津店に行くのをやめたのに、成瀬がまったくそれに気づかないので、「わたし」は少しイライラしている。

(エ) 西武大津店に行かなくなったのは自分の意志によるものだ、と「わたし」は思っていたのに、実は成瀬によって排除《はいじょ》されたのだと分かり、「わたし」はちょっと腹立たしく感じている。

問6 ――⑤「成瀬の目が潤《うる》んでいたのでぎょっとした」とありますが、この時の成瀬の気持ちはどのようなものだったと考えられますか。次の中から最も適当なものを選び、(ア)～(エ)の記号で答えなさい。

(ア) 成瀬のパフォーマンスに感動して、西武大津店までやって来た人がいたことに驚《おどろ》くとともに、自分の知名度が大津市《おおつし》内で急上昇《きゅうじょうしょう》したことを、成瀬は大いに喜んでいる。

(イ) 五歳《さい》の女の子までが西武大津店の閉店を惜《お》しみ、最後の別れをするために、こうして西武大津店までやって来たことを知って、成瀬は感動で胸がいっぱいになっている。

(ウ) 今でもたくさんの人に愛されている西武大津店なのに、あと一週間でその歴史に幕を下ろすことになるのだと思うと、成瀬は悲しくて悲しくて、涙《なみだ》が出そうになっている。

(エ) 勝手にやっていることなのに、それを応援《おうえん》してくれる人たちがいることを実感し、自分を気にかけてくれる人たちからの好意や声援《せいえん》を、成瀬は心からうれしいと感じている。

問7 ――⑥「成瀬が珍《めずら》しく弱気なことを言ったが、わたしは深く気にしていなかった」とありますが、成瀬が「弱気なことを言った」のはなぜだと考えられますか。次の中から最も適当なものを選び、(ア)～(エ)の記号で答えなさい。

(ア) 病気で入院している祖母のことが、気がかりだったから。
(イ) 暑い日が続いていて、自分の体力のことも心配だったから。
(ウ) 新聞に載《の》ったことが、悪く影響《えいきょう》するような気がしたから。
(エ) 西武大津店からの中継が、なくなるといううわさもあったから。

問8 [D]に当てはまる語句として最も適当なものを次の中から選び、(ア)～(エ)の記号で答えなさい。

(ア) 猫《ねこ》の子一匹《ぴき》いない
(イ) 閑古鳥《かんこどり》が鳴いている

「将来、わたしが大津にデパートを建てる」
「がんばれ」
成瀬の発言が実現するといいなと思いながら、わたしは元西武大津店になった建物を見上げた。

問1　――①「わたしはなぜこのことに気付かなかったのか」とありますが、「このこと」とはどういうことですか。次の中から最も適当なものを選び、(ア)～(エ)の記号で答えなさい。

(ア)　人の口に戸は立てられないから、いったん広まったうわさを打ち消すことは難しい、ということ。
(イ)　服装など身なりを気をつけて観察すれば、その人物が考えていることも見えてくる、ということ。
(ウ)　過去の事例を参考にすることで、この先どうなるのかを予測することも可能である、ということ。
(エ)　断片《だんぺん》と断片とをつなぎ合わせることで、おおよその全体像が見えてくることもある、ということ。

問2　――②「胃のあたりから嫉妬《しっと》がせり上がってくるのがわかる」とありますが、どういうことですか。次の中から最も適当なものを選び、(ア)～(エ)の記号で答えなさい。

(ア)　遥香《はるか》と瑞音《みずね》がテレビに映り、インタビューまでされたのは「わたし」のおかげなのに、感謝の言葉も口にしない二人の態度を見たら、「わたし」は何だか腹が立ってきた、ということ。
(イ)　レポーターからマイクを向けられなかった「わたし」は、インタビューされたことで大喜びしている遥香と瑞音の様子を見て、二人のことがうらやましくてならなかった、ということ。
(ウ)　遊び半分で中継《ちゅうけい》現場に来た遥香と瑞音が、成瀬《なるせ》を差し置いてインタビューを受け、しかもそのことに浮《う》かれている様子を見たら、「わたし」は二人が憎《にく》らしくなってきた、ということ。
(エ)　毎日のように中継現場に来ているのに、成瀬と「わたし」は番組のレポーターから歓迎《かんげい》されていないのだと分かり、「わたし」はあきれると同時に激しい憤《いきどお》りを感じた、ということ。

問3　――③「当然インタビューのマイクは向けられない」とありますが、どういうことですか。このことに関する次の説明文を読み、[a]～[d]に当てはまる言葉をそれぞれ選び、(ア)～(ク)の記号で答えなさい。

中継のある日には、必ず現れる女の子。ファッションも、気合いの入れ方も、[a]という感じがしません。ライオンズのユニフォームを着て、両手にミニバットを持って。この子、何者って感じです。

そんな成瀬の[b]を目にして、レポーターはこう思ったのではないでしょうか――「この子にマイクを向けたら、[c]をしそう。この子は、やめといた方がいいかな」と。

そして、成瀬自身も、自分がレポーターの求めるキャラではないことを、よく分かっていたようです。成瀬はこう言っていました――「テレビ局はああいう女の子のコメントが欲《ほ》しかったんだ」。

「ああいう女の子」とは、同級生の遥香と瑞音のこと。テレビ局が求めるのは、いかにも女子中学生らしい感想であり、多くの視聴者《しちょうしゃ》が同感できるような意見なのです。[d]や意見、と言ってもいいでしょう。

他人の目を気にせず、わが道を行く中学二年生――成瀬あかりは、だからレポーターからマイクを向けられることなど期待してはいなかったのです。

横断歩道を渡ってくるのが見えた。帽子もリストバンドも身につけている。

成瀬は「間に合った」と言いながらわたしに駆《か》け寄《よ》った。成瀬のマスクにも「ありがとう」と書かれている。

「何かあったのか？」

わたしは安堵《あんど》で泣きそうだった。絡《から》んできた男性はいつの間にか消えている。タオルをくれた女性もほっとした様子だ。

「あとで説明する」

わたしは青いタオルを成瀬の首にかけた。

中継がはじまり、レポーターがギャラリーにマイクを向ける。いつもは一組だけだが、二組、三組と声をかけた。成瀬にも回ってくるのではないかと期待したが、四組目でインタビューは終わってしまった。撮影クルーはぞろぞろと移動をはじめる。

「Ｅ」

「Ｆ」

成瀬が謝《あやま》るとは思わなかった。

「Ｇ」

「Ｈ。親戚《しんせき》みんな、今日も行ったほうがおばあちゃんが喜ぶって言うから」

成瀬を送り出してくれた親戚一同に感謝した。

撮影クルーは一階の食品売り場、二階の婦人服売り場、四階の紳士《しんし》服《ふく》売り場と、西武大津店を振《ふ》り返《かえ》るかのごとく上がっていく。ついていくのは成瀬とわたしと小学生グループぐらいだ。小学生から「なんで野球のユニフォーム着てるん？」と突っ込まれ、成瀬は「これがわたしの制服なんだ」と答えていた。

番組の最後は六階のテラスからだった。西武大津店を背に店長が立ち、カメラに向かってレポーターと話をしている。わたしたちギャラリーは店長の後ろで密にならないよう間隔《かんかく》をあけて立っていた。

「夏でよかった」

成瀬が言う。

「なんで？」

「暗くて寒かったら、今頃《いまごろ》もっと寂《さび》しいから」

こうして成瀬は中二の夏を西武大津店に捧げたのだった。

九月三日、忌引《きびき》明けの成瀬と、部活が終わってから西武大津店を見に行った。

人のいない西武大津店は急激に老《ふ》け込《こ》んだようだった。三日前と同じ建物とは思えないほど傷《いた》みが目立つ。入口にあったＳＥＩＢＵのロゴは剝《は》がされ、看板はシートで覆《おお》われていた。片付けのために店員が出入りしているようだが、そのうち解体工事がはじまるのだろう。

病気で入院していた成瀬の祖母は、ぐるりんワイドを見るのを楽しみにしていたそうだ。八月二十八日の放送まで「今日もあかりが映っとる」と喜んでいたが、三十日の深夜に容態《ようだい》が急変し、八月三十一日の朝、息を引き取ったらしい。成瀬の定位置だった閉店へのカウントダウンが祖母の寿命《じゅみょう》になってしまった。

「成瀬はおばあちゃんのために西武に通ってたの？」

「⑪多少は意識してたけど、一番の理由ではない。こんな時期でもできる挑戦《ちょうせん》がしたかったんだ」

わたしは成瀬がもっとバズるところを見たかったのだが、そこまで盛り上がらなかった。びわテレとぐるりんワイドの限界を感じた。

それでも何人かは西武大津店の閉店時の思い出として、成瀬を覚えていてくれるだろう。西武グッズをくれた人たち、絵を描いてくれた子ども、ツイートしてくれたアカウント、取材してくれた新聞記者、ぐるりんワイドの視聴者、すべてが成瀬あかり史の貴重な証人だ。

さすが最終日、気合いが入ってるねと返そうとしたら、成瀬はいつになく沈痛《ちんつう》な表情をして「おばあちゃんが死んだんだ」と言った。

「おばあちゃんって、彦根《ひこね》の？」

「そう。今から家族であっちに行く」

「ぐるりんワイドは？」

⑦不謹慎《ふきんしん》かもしれないと思いながらも、訊《き》かずにはいられなかった。成瀬は黙《だま》って首を横に振った。そんなこと訊くなと言っているようにも見えた。

「島崎には一応伝えておきたかったんだ。それじゃ」

成瀬はそう言い残してエレベーター方向に消えていった。

　通常どおり登校したものの、ずっと⑧上の空だった。授業中も成瀬とぐるりんワイドのことばかり考えてしまう。こんな事情では仕方ないという気持ちと、どうにかならなかったのかという気持ちが渦巻《うずま》く。成瀬から⑨万が一を託《たく》された者として、せめてわたしだけでも番組冒《ぼう》頭《とう》から出ようと思い、部活は途中で切り上げて帰宅した。

　自宅で最後の中継に向けて準備をしつつ、Twitterで「西武大津店」を検索すると、閉店を惜《お》しむ人たちの声であふれていた。今日も多くの人で混《こ》み合《あ》っているらしい。

　検索ワードを「ぐるりんワイド」に変えると、今日の書《か》き込《こ》みがぐっと減る。早い時期から成瀬を追ってくれているタクローさんは、金曜日に「ライオンズ女子ももうすぐ⑩見納めかー」とつぶやいていた。成瀬は身内の不幸で行けなくなったと伝えたいところだが、本人でもないのに個人情報を明かしてはいけないと習っている。マスクに「成瀬は欠席です」と書こうかとも思ったが、熱心な視聴者《しちょうしゃ》でもない限りわたしと成瀬の違いはわからないだろう。

　しかしせっかくだからマスクに何か書いておきたくなり、「ありがとう」と大きく書いた。

　番組開始十分前に正面入口前に着いて、失敗したと思った。すでにたくさんのギャラリーが集まっている。最終日だからと出かけてきた人たちが、テレビカメラを見て立ち止まっているのだろう。

　カウントダウン表示は記念写真を撮《と》る人たちに取り囲まれている。人々はスマホで「あと1日」の表示を撮影していた。

　ひとまず態勢を整えるためユニフォームを羽織ると、ギャラリーの視線を感じた。

「一ヶ月お疲《つか》れさまでした」

　四十歳ぐらいの女性がわたしに近付き、西武ライオンズのタオルをくれた。さらには「一緒に写真撮ってもらっていいですか？」と問われ、なぜかツーショット写真を撮る。少しでも喜んでくれるならいいだろうと思っていたら、「そいつは偽者《にせもの》だ」という声がした。見ると、白髪《はくはつ》の男性が厳しい目を向けている。

「いつも映ってる子と顔が違う」

まさかこんなところに熱心な視聴者がいたとは。皆勤《かいきん》の成瀬と比べたらわたしは出席日数が足りない。成瀬の添《そ》え物《もの》に徹《てつ》したのが仇《あだ》となった。

「あれは友達です」

「嘘《うそ》言え！　そうやって誤魔化そうったってダメだからな！　帽子だってかぶってないじゃないか！」

　タオルをくれた女性はどうしたらいいのかわからない様子で立っている。成瀬の友達だと証明できるものはなにもない。成瀬の祖母が死んだ話をしても信じてはもらえないだろう。周りは関《かか》わり合《あ》いになりたくないような顔で見ている。しかももうすぐぐるりんワイドがはじまってしまう。

「島崎！」

声がする方に目をやると、背番号1番のユニフォームを着た本物が

「新聞に載《の》ったんだ」

成瀬はローカル紙「おうみ日報」を見せてくれた。西武大津店の閉店に関する連載《れんさい》で、近隣《きんりん》住民を取り上げている。

成瀬は複数の登場人物のうちの一人だ。写真も掲載《けいさい》されているが、野球帽とマスクで顔が隠れてよく見えない。

〈近くに住む中学二年生の成瀬あかりさん(14)は西武ライオンズのユニフォームで西武大津店に通っている。「今年の夏はコロナでやることがなくなったので、お世話になった西武大津店に通うことを思いついた。最後の日まで続けるのが目標」と話した〉

記事の中の成瀬あかりさん(14)と目の前の成瀬が結びつかなくて笑える。

「あと三回だね」

いくら自宅から徒歩五分とはいえ、同じ時間に暑い中通うのは大変だっただろう。残す平日はあと三日である。

「最後まで出られたらいいのだが」

⑥成瀬が珍《めずら》しく弱気なことを言ったが、わたしは深く気にしていなかった。

八月二十七日は木曜日にもかかわらず館内からの中継で、総合案内所そばのメッセージボードを紹介《しょうかい》していた。約二メートル四方のボードが時計台を囲む形で三枚設置されていて、どれも来館者のメッセージカードで埋《う》まりつつある。

中継にはメッセージを書く成瀬が映り込んでいた。何を書いているか気になるが、あの中から探すのは至難の業《わざ》だろう。

八月二十八日の中継は法則どおり館内で、五階の育《はぐ》ママセンターからだった。子ども向けのすべり台やおままごとセット、絵本が置かれた遊び場があるが、春先からコロナの影響《えいきょう》で使用禁止になっていたという。子ども連れの女性が「ここは子どもが初めて歩いた思い出の場所なんです」とコメントする後ろで、成瀬はおもちゃ売り場に紛《まぎ》れて立っていた。

中継の最後、レポーターが「次回放送は八月三十一日、西武大津店の営業終了日です。最終日ということで、ぐるりんワイドはまるごと西武大津店からお届けします！」と告げた。ぐるりんワイドの終了時刻は十八時四十五分。部活が終わってからでも十八時三十分には到《とう》着《ちゃく》できる。思いがけず巡《めぐ》ってきたラストチャンスに、行きたい気持ちが湧《わ》いてくる。ユニフォームを返さなくてよかった。成瀬には月曜日の登校中に、最後の中継に行くことを伝えようと思った。

八月三十日には母と西武大津店に行った。ファイナルバーゲンの商《しょう》品棚《ひんだな》はすでにスカスカで、レジには［ D ］。こんなに賑《にぎ》わっている西武大津店を見るのははじめてだ。母も「普段《ふだん》からこれだけ人がいたらつぶれなかったのにね」と閉店あるあるみたいなことを言う。

中継ではよくわからなかったが、入口のメッセージボードには琵琶《びわ》湖《こ》の形が描かれていた。琵琶湖部分にはブルーのカード、陸地部分にはオレンジのカードを貼《は》るきまりらしい。ざっと目を通してみたが、成瀬のカードは見つからなかった。「大津に西武があってよかった」「初デートは西武でした」「たくさんの思い出をありがとう」「大好きな場所でした」など、一人ひとりの思いが伝わってきて胸が熱くなる。わたしもメッセージを残したくなって、「小さいときから何度も来ていました。今までありがとう」と書いて貼った。

八月三十一日の朝、いつもの時間に家を出ると、マンションのエントランスに私服姿の成瀬がいた。

「今日、学校休む」

わたしは一瞬、ぐるりんワイドに備えて学校を休むのだと思った。

された以外、特筆すべきことはなかった。

「成瀬はクラスの人から『テレビ出てたね』とか言われなかった？」

「言われなかった。本人に言うのはごく一部だから、気付いてる人はいるだろう」

たしかにわたしもあまり話したことがないクラスメイトがテレビに出ていてもわざわざ言いに行かない。

「今日、わたしも行っていい？」

明日からは部活で帰りが遅《おそ》くなるため、わたしにとっては最後のチャンスになる。許可を取る必要もないかと思いつつ尋ねると、成瀬は「もちろん」と答えた。

代理エゴサーチを忘れていたことに気付き、帰宅してTwitter検索《けんさく》をした。最初にライオンズ女子と呼んでくれたタクローさんはその後も何度かわたしたちに言及《げんきゅう》している。草津《くさつ》に住む主婦の「西武ユニの子、私がぐるりんワイド見ると毎回出てるけど毎日来てるのかなw」というつぶやきもあった。

番組開始十分前に西武大津店正面入口に着くと、成瀬は「あと８日」と書かれたカウントダウン表示を難しい表情で見ていた。

「このままだと最終日が『あと１日』になるが、本来『あと０日』になるべきではないだろうか」

言われてみればそのとおりだ。しかしこんなに堂々と間違えているわけがない。仮に間違いだったとしても、明日いきなり二日減らすわけにはいかないだろうと話し合っていたら、五歳《さい》ぐらいの女の子が近づいてきた。

「野球のおねえさん、今日はふたりいるね！」

女児はわたしに紙を差し出した。見ると、同じ服装の人物がふたり描《えが》かれている。片方は青い帽子《ぼうし》をかぶっていて、片方はかぶっていない。母親らしき人物は「テレビでいつも見てるんです」と言う。わたしが反射的に「ありがとうございます」と応《こた》えると、女児は「ばいばーい」と手を振《ふ》って母親と店内に入っていった。いつも見ていると言いながらこの時間に西武にいるのは変じゃないかと思いつつ隣に視線を移すと、⑤成瀬の目が潤《うる》んでいたのでぎょっとした。

「こんなことあるんだな」

わたしは成瀬にファンアートを渡した。成瀬はそれを大事そうにリュックにしまい、ミニバットを持って正面を向く。今日はファイナルバーゲンに来た母娘《おやこ》と思われる女性二人組にインタビューしていた。

中継が終わってユニフォームを脱《ぬ》いだら、夏が終わった気がした。高校球児もこんな気持ちになるのだろうか。一緒にするなと怒《おこ》られそうだ。

「これ、洗って返すね」

「いや、島崎《しまざき》がしばらく持っていてくれたらいい」

また何か頼《たの》まれるかもしれないと思いながら、ユニフォームをバッグにしまった。

八月二十五日、部活が終わって帰宅してから録画を確認《かくにん》した。成瀬は誰かにプレゼントされたのか、西武ライオンズのマスコットのぬいぐるみを持っている。マスク広告枠《こうこくわく》の計画は頓挫《とんざ》したが、西武ライオンズの広報に一役買っている気がしないでもない。事実、わたしは成瀬がきっかけで栗山を知った。

八月二十六日もいつもの場所で映っていた。母は「もう景色みたいになじんでるね」と感想を述べた。

計画がはじまったころ、成瀬を模倣《もほう》する人が現れると思っていた。そんな暇人《ひまじん》はいないのか、ぐるりんワイドの視聴率《しちょうりつ》に魅力《みりょく》を感じないのか、カウントダウン表示の隣のベストポジションを狙《ねら》う人は現れない。

十九時過ぎに成瀬が訪ねてきた。

「せっかくだからインタビューされたいとか、もっと映りたいとかないの？」

成瀬は「ない」と即答《そくとう》する。なぜわたしがこんなにムキになっているのかわからない様子だ。わたしは成瀬を取り残し、早足で帰った。

八月十八日、一晩寝《ね》たら気持ちが切《き》り替《か》わり、遥香と瑞音とはいつもどおり接することができた。きのうの顛末《てんまつ》について「まさか話しかけられるとは思わなかったね」と話したあと、わたしが極力軽い調子で「また行く？」と尋《たず》ねると、二人は「もういいかな」と笑った。

わたしも「もういいかな」に気持ちが引きずられ、その日は西武に行くのをやめた。なんとなく成瀬に会いたくない気持ちもあった。中継は正面入口前からで、成瀬は14と書かれたカウントダウン表示の隣《となり》にいる。③当然インタビューのマイクは向けられない。

成瀬のように毎日通っているわけでもなく、遥香や瑞音のようにインタビューされるわけでもない。そんなわたしが行く必要はあるのだろうかと考えたら嫌《いや》になってしまった。

八月二十一日、中継帰りの成瀬が訪ねてきた。

「どうだった？」

成瀬に訊《き》かれて、「テレビを見ていてほしい」という当初の依頼《いらい》を思い出した。わたしが行かなくても、成瀬は気に留《と》めていなかったに違いない。

「ちゃんと映ってたよ」

例によってわたしも毎日見ていた。見なくてもいいかと思っても、十七時五十分になると　Ａ　ぐるりんワイドの時間だと気付くのだ。

中継は六階からで、ロフトのファイナルバーゲンの様子を伝えていた。成瀬はほかの客の視線を集めながら　Ｂ　映り込んでいた。

「金曜日は館内から中継するのかもしれない」

その法則でいくと、来週の金曜日も館内からである可能性が高い。

「来週から学校だけど、部活ある日はどうするの？」

「間に合うように抜《ぬ》けさせてもらう。ユニフォームも全部持っていって、学校から直行する」

　Ｃ　成瀬は誰《だれ》からも咎《とが》められずに最終日まで遂行《すいこう》するのだろう。

「大変だね」

すっかり他人事のように感じる。部活は十八時までだから、途中《とちゅう》で抜けてまで中継に行くつもりはなかった。

「わたしもリアタイでは見られなくなるけど」

「構わない。これまで付き合ってくれてありがとう」

成瀬はそう言い残して帰っていった。④自分から下りたはずなのに、成瀬に外されたような気持ちになる。

日曜日の午後、テレビをザッピングしていると、西武対オリックスの試合が放送されていた。なんとなく見る気になって、リモコンを置く。父に「みゆきも野球見るようになったのか」と突《つ》っ込《こ》まれ、「今日だけね」と適当に返答する。

西武の選手たちは成瀬とわたしが着ている白いユニフォームではなく、紺《こん》のユニフォームを着ていた。六回表、打席に立ったのは背番号1番の栗山《くりやま》である。ぐるりんワイドの中継に映り込む成瀬の姿と栗山が重なる。栗山のバットは初球をとらえ、打球は客席へと入っていった。野球のルールに詳《くわ》しくないわたしでも、これがホームランであることはわかる。栗山は精悍《せいかん》な顔立ちで、サッカー部の杉本《すぎもと》くんに似ていた。

八月二十四日は二学期の始業式で、部活は休みだった。隣の席の川《かわ》崎《さき》くんに「おまえ西武のユニフォーム着てテレビに出てたな」と指摘《してき》

　遥香は「大変だね」と笑った。

「わたしも見たよ。金曜日だよね？　西武の写真展のやつ」

　瑞音《みずね》も話に入ってきた。

「え、わたしが見たのは入口の前だったけど。野球のユニフォーム着てたよね？」

　そうだ、①わたしはなぜこのことに気付かなかったのか。日常的に見ていなくても、たまたまぐるりんワイドにチャンネルを合わせることはあるだろう。二人が見たのは一瞬《いっしゅん》ずつでも、パズルのように組み合わせればわたしのしていることがバレてしまう。

「ほぼ毎日行ってるの。成瀬と」

　成瀬に責任を押《お》し付けようとしているが、ユニフォームを着て付き合っているのはわたしの意志である。ドン引きされるかと思いきや、遥香と瑞音は大笑いした。

「毎日中継してるなんて知らなかった！　わたしも行ってみたい」

「わたしも行く」

　仲間が増えてうれしいはずなのに、わたしは気が乗らなかった。成瀬モードと部活モードでは力の入れ方が違《ちが》うのだ。だからといって二人を拒絶《きょぜつ》するわけにもいかず、番組が十七時五十五分からはじまること、中継場所はたいてい正面入口前だが、正確な場所は当日行ってみないとわからないことを伝えた。

　今週は適当にサボるつもりだったが、遥香と瑞音が行くとなればわたしも行かざるを得ない。少し早めに着くと、正面入口前に撮影《さつえい》クルーがいてほっとした。成瀬は宣言どおり、ライオンズの野球帽《やきゅうぼう》をかぶっている。これをくれたご婦人がテレビで見ているといいなと思った。

「さっき、また知らない人からこれを渡《わた》された」

　成瀬は左手首につけた青いリストバンドを見せた。

「めっちゃライオンズ好きな人みたいじゃん」

「西武ファンであることは間違《まちが》いない」

　そう言ってミニバットを構える。

「今日、バド部の子が来るかもしれない。わたしと成瀬が毎日来てること話したら、行ってみたいって」

　成瀬は興味なさそうに「そうか」と言うだけだった。

　遥香と瑞音は中継の直前に店内から出てきた。成瀬はすでにカメラに集中している。

「ここでやってたんだ」

　二人がわたしのそばで足を止めたので、ソーシャルディスタンスを取るよう促《うなが》した。ここで密になってしまっては明日以降の中継が打ち切られてしまう可能性がある。

　遥香と瑞音が少し離《はな》れた場所にポジションをとると、レポーターが二人にマイクを向けた。わたしは驚《おどろ》きを隠《かく》せなかった。全身から西武愛を発信している成瀬ではなく、私服姿の女子中学生二人組に話しかけるとは。遥香と瑞音は笑顔《えがお》で質問に答えている。わたしと二人の間に分厚いアクリル板が出現したかのようだった。

　中継が終わり、帰り支度《じたく》をする。遥香と瑞音は「話しかけられちゃった」と興奮気味に報告してきた。②胃のあたりから嫉妬《しっと》がせり上がってくるのがわかる。「よかったね」と素っ気なく言って、成瀬と一《いっ》緒《しょ》に帰路についた。

「成瀬のほうがインタビューされるべきなのに」

　わたしが本音を漏《も》らすと、成瀬は笑った。

「そんなことない。テレビ局はああいう女の子のコメントが欲《ほ》しかったんだ」

　強がりではなく、純粋《じゅんすい》に受け入れているようだった。その冷静さに腹が立つ。

(ウ)　D―かりに　E―ただし　F―やはり
(エ)　D―たとえ　E―つまり　F―むしろ

問13　――⑪「人生の本質は、そこにあるような気がします」とありますが、これに関する次の説明文を読み、[a]～[f]に当てはまる言葉をそれぞれ選び、(ア)～(シ)の記号で答えなさい。

　これまでの日本の教育は「ポジティブ・ケイパビリティ」を養成することに力を注いできた、と筆者は言います。たしかに、[a]に基《もと》づいた教育活動を行う日本の学校では、丸暗記した知識を素早《すばや》く吐《は》き出すことのできる生徒が優等生と見なされます。しかし、教育は覚えた知識を素早く吐き出すための訓練の場ではないはずです。むしろ、教育の本来の役割は、物事と真摯《しんし》に向き合い、じっくりと考え続けるための[b]にあるのではないでしょうか。

　考えてみれば、人生は他者との関係性や自分の将来のことなど、問いを立てることすらままならず、答えもすぐにはわからないような未知の事柄であふれています。そのような事態に直面したとき、すぐに問いを立てて、答えを得ても何の意味もありません。そこで得られるのは、[c]にすぎないからです。

　芸術というものは、それに触《ふ》れる人々が世界の奥深《おくぶか》さに[d]を秘《ひ》めています。しかし、それを味わうためには、じっくりと時間をかけることが必要です。教育もそれと同じです。役に立つか立たないか、丸暗記した知識をいかに早く吐き出せるか。本当に大切なのはそんなことではありません。先行き不透明《ふとうめい》で、将来の予測が困難な時代を生きる子どもたちには、この本のタイトルである「ネガティブ・ケイパビリティ」、つまり、[e]にたえる力が求められます。それゆえ、筆者は『論語』の芸術論に触れながら、[f]は理屈《りくつ》を超《こ》えたわけの分からないところにあるのかもしれない、と言うのです。

(ア)　安易な解答　　(イ)　抵抗《ていこう》する意志
(ウ)　感動する可能性　　(エ)　欧米《おうべい》諸国との比較《ひかく》
(オ)　批判的意見　　(カ)　人生の醍醐味《だいごみ》
(キ)　自然を愛する心　　(ク)　答えの出ない事態
(ケ)　平和的解決　　(コ)　画一的な計画
(サ)　姿勢を養うこと　　(シ)　知識に対する情熱

二

次の文章を読んで、以下の設問に答えなさい。

「わたしはこの夏を西武《せいぶ》に捧《ささ》げようと思う」――一学期の最終日に、成瀬《なるせ》あかりはそう宣言した。大津《おおつ》市唯一《ゆいいつ》のデパートである西武大津店が、四十四年間の歴史に幕を閉じ、八月三十一日に営業を終了《しゅうりょう》する。そして、びわテレの番組『ぐるりんワイド』は、八月になったら西武大津店からの生中継《なまちゅうけい》を行うことになっていた。成瀬あかりは、中継の初日となる八月三日から毎日、西武大津店に通い、『ぐるりんワイド』の中継映像に自分の姿が映り込《こ》むようにしようと決意したのだった。

　週明けの八月十七日、お盆休《ぼんやす》みだった部活が再開された。朝九時から十一時半までの気楽なものだ。
「みゆき、この前テレビに映ってなかった？」
同じ部活の遥香《はるか》が話しかけてきた。
「うん。成瀬に付き合ってる」

(キ) とてもびっくりさせること。
(ク) 死をいとわずに立ち向かうこと。
(ケ) じっくりとものごとに取り組むこと。
(コ) 程度をいっそうはなはだしくすること。

問9 ――⑦「悪びれもせず、明るく答えたので二度驚《おどろ》いたくらいです」とありますが、二度目に驚いたときの筆者の様子を説明したものとして最も適当なものを選び、(ア)～(エ)の記号で答えなさい。
(ア) 息子の友人が人に知られたくない事柄についても誇《ほこ》らしげに語ったことに驚きつつも、みんなと同じであることを強《し》いる日本の教育制度は間違《まちが》っているということを確信し、危機感を抱《いだ》いている。
(イ) 息子の友人が一年生を繰《く》り返《かえ》しているという事実を堂々と口にしたことに驚きつつも、フランス語が理解できない息子もいずれは同じ状況《じょうきょう》におちいってしまうのではないかと思い、心配している。
(ウ) 息子の友人が現状に対して少しも恥《は》じるようなそぶりを見せないことで、日本社会の常識からはかけ離《はな》れた価値観を子ども自身が身につけているということがわかり、驚きつつも感じ入っている。
(エ) 息子の友人が覚えの悪いことについて開き直った態度を示したことで、ヨーロッパで生活している移民の子どもたちの厳しい生活環境《かんきょう》を目《ま》の当《あ》たりにすることになり、驚きつつもとまどっている。

問10 ――⑧「市民マラソンと同じで、遅《おく》れた走者は車が拾っていきます」とありますが、この表現はどのような状況をたとえていますか。次の中から最も適当なものを選び、(ア)～(エ)の記号で答えなさい。
(ア) 学習内容について理解が及《およ》んでいない生徒に対して補習を行い、必要最低限の学力を保障すること。
(イ) 学齢《がくれい》に応じた到達《とうたつ》目標に達していなかったとしても、強制的に次の学年へと進級させてしまうこと。
(ウ) 勉強が苦手な生徒には早めに見切りをつけさせ、スポーツなど勉強以外の分野に取り組ませること。
(エ) 授業中にわからないことがあったとしても、塾《じゅく》や予備校に通わせて効率的に学力を上げていくこと。

問11 ――⑩「こうした教育の現場に働いているのは、教える側の思《おも》惑《わく》です」とありますが、どういうことですか。次の中から最も適当なものを選び、(ア)～(エ)の記号で答えなさい。
(ア) 目標を達成させたいという思いにかられ、試験にかかわらない内容を無駄《むだ》なものとして省き、効率を重視した教育活動を推《お》し進《すす》めている、ということ。
(イ) 注目を集めたいという一心で、わかりやすくて面白い授業を実施《じっし》することにばかり気をとられ、複雑な問題を単純化して教えている、ということ。
(ウ) 優秀《ゆうしゅう》な先生という評価を得ようと努力した結果、あらかじめ手取り足取り教えすぎてしまって、生徒たちの考える余地をうばっている、ということ。
(エ) 生徒の成績を高めたいという使命感から、かえって数字にあらわれた結果ばかりが気になって、生徒の実態に見合わない指導をしている、ということ。

問12 [D]～[F]に当てはまる語の組み合わせとして適当なものを次の中から選び、(ア)～(エ)の記号で答えなさい。
(ア) D―さらに　E―まるで　F―きっと
(イ) D―やがて　E―だから　F―しかし

問5　——③「こうなると解答は、そもそも机上《きじょう》の空論になります」とありますが、どういうことですか。次の中から最も適当なものを選び、(ア)～(エ)の記号で答えなさい。

(ア)　誰《だれ》でも答えられるような問いを立てようとするあまり、身近な問題ばかり取り上げることになってしまい、考えること自体がほとんど意味のないものとなってしまいがちである、ということ。

(イ)　現実の複雑さから目をそむけて問いを設定した結果、問いそのものが的外れなものとなってしまっているので、当然のことながらその答えも見当違《けんとうちが》いのものとならざるを得ない、ということ。

(ウ)　すばやく答えを出すことにばかり価値が置かれることで、問いについてじっくり考えることが軽視されてしまい、根拠《こんきょ》のない思いつきのような解答ばかり目立ってしまっている、ということ。

(エ)　ありきたりな答えが導かれる問いにばかり接しているため、現実離《ばな》れした事柄《ことがら》にも疑問を覚えることがなくなり、残念ながら同じような発想の人ばかりが世の中にあふれている、ということ。

問6　——④「そもそも土俵としての問題設定がありません」とありますが、どういうことですか。次の中から最も適当なものを選び、(ア)～(エ)の記号で答えなさい。

(ア)　問いの意味を共有する知性が身についておらず、学ぶことの意義についての認識《にんしき》も不十分である、ということ。

(イ)　問われていることの重要性を認識せず、ただひたすら言われたことをやらされているに過ぎない、ということ。

(ウ)　問題を解決しようとする発想はなく、純粋《じゅんすい》に作品のすばらしさを味わいたいという意欲しかない、ということ。

(エ)　早急《さっきゅう》に解決すべき問題は存在せず、何のために学んでいるのかすらわからないような状態にある、ということ。

問7　——⑤「むしろ反対かもしれません」とありますが、どういうことですか。次の中から最も適当なものを選び、(ア)～(エ)の記号で答えなさい。

(ア)　「素養や教養、あるいはたしなみ」とは、選《よ》り好《この》みなどせずに、この世に存在する多種多様な事物をあるがままに受け入れようとする姿勢を示したものである、ということ。

(イ)　「素養や教養、あるいはたしなみ」とは、すぐには答えの出せないような問いに直面したとき、何かしらの教訓を見いだそうとする発想に基《もと》づいたものである、ということ。

(ウ)　「素養や教養、あるいはたしなみ」とは、生きていくうえで必要かどうかわからないような事柄についても深く感じ入り、味わおうとすることそのものである、ということ。

(エ)　「素養や教養、あるいはたしなみ」とは、物質的豊かさの追求をやめて自分らしく生きることで、精神的豊かさを手にしようとする営みを意味するものである、ということ。

問8　——⑥「[B]を抜《ぬ》かれました」、⑨「[C]をかけている」とありますが、[B]、[C]に当てはまる語を(ア)～(オ)の中から選び、それぞれ記号で答えなさい。また、「[B]を抜く」、「[C]をかける」の意味として適当なものを(カ)～(コ)の中から選び、それぞれ記号で答えなさい。

語　(ア)　群《ぐん》　(イ)　輪　(ウ)　命　(エ)　度肝《どぎも》　(オ)　手間

意味　(カ)　ひときわすぐれていること。

を味わい、感動するものです。

孔子《こうし》の言行を集録した『論語』は、およそ三分の一が芸術論になっているそうです。論じられているのは、絵画、詩、演劇、音楽で、真の人間になるためには、芸術を学ばねばならないと強調されていると言います。

おそらくそれは、わけの分からないもの、解決不能なものを尊び、注視し、興味をもって味わっていく態度を養成するためなのかもしれません。崇高《すうこう》なもの、魂《たましい》に触《ふ》れるものというのは、ほとんど論理を超越《ちょうえつ》した宙ぶらりんのところにあります。むしろ⑪人生の本質は、そこにあるような気がします。

問1 ——ⓐ〜ⓔのカタカナを漢字に改めなさい（楷書《かいしょ》で、ていねいに書くこと）。

ⓐ デンジュ　ⓑ フシメ　ⓒ ドクトク
ⓓ ケイアイ　ⓔ ホウシン

問2 ——①「保育士や先生がすべてをお膳立《ぜんだ》てして、幼児はそれに乗っかっていけばいいのです」とありますが、どういうことですか。次の中から最も適当なものを選び、(ア)〜(エ)の記号で答えなさい。

(ア) 園児たちが先生の指示にしたがって言われたとおりのことをこなしてさえいれば、教育の目的は十分に達成されると思われている、ということ。

(イ) 園児一人ひとりの自由な発想に先生の創意工夫《そういくふう》が加わることによって、幼児期における理想の教育が実現すると勘違《かんちが》いされている、ということ。

(ウ) 先生がさまざまな知識を教《おし》え込《こ》もうとするために、園児たちの健《すこ》やかな成長が妨《さまた》げられてしまっているかのように誤解されている、ということ。

(エ) 先生が先回りして準備を整えたプログラムに園児はすなおにしたがうが、それは園児たちが本当に望んでいることだとは限らない、ということ。

問3 [A]には、次の(ア)〜(エ)の文が当てはまります。意味が通るように並《なら》べ替《か》え、その順番を解答欄《かいとうらん》の指示にしたがって(ア)〜(エ)の記号で答えなさい。

(ア) この「早く早く」は学校だけでなく、家庭にも浸透《しんとう》しています。

(イ) しかも、問題解決に時間を費《つい》やしては、賞讃《しょうさん》されません。

(ウ) 平たい言い方をすれば、問題解決のための教育です。

(エ) なるべくなら電光石火の解決が推賞されます。

問4 ——②「ここに迅速《じんそく》さの落とし穴があります」とありますが、「ここ」における「迅速さの落とし穴」とはどういうことですか。次の中から最も適当なものを選び、(ア)〜(エ)の記号で答えなさい。

(ア) いくら思いやりをもって「早く早く」と急《せ》かす声をかけたつもりでも、どうしても死を心待ちにする気持ちが表に出てしまう、ということ。

(イ) たしかに「早く早く」と急かされる高齢者《こうれいしゃ》をよく見かけるが、結局のところその声かけは息子《むすこ》や娘《むすめ》のストレス発散でしかない、ということ。

(ウ) そもそも「早く早く」と急かすと失敗が増えるので、あえて気長に待つことによって結果的に物事を早く進めることができる、ということ。

(エ) もちろん死をせまる意味合いで「早く早く」と急かしているわけではないが、はからずもそういう意味を含《ふく》んでしまっている、ということ。

れる六年間を過ごします。中学校でどうなるかは、もう自明です。これでは、学校が苦業の場となる子供が出ても仕方がありません。

ところてん式の進級と進学に⑨［C］をかけているのが、試験です。この試験突破《とっぱ》こそが、学習の最終目標と化してしまうと、たしなみ、素養としての教育ではなくなります。問題解決のための学習、勉強になってしまうのです。

⑩こうした教育の現場に働いているのは、教える側の思惑《おもわく》です。もっと端的《たんてき》に言えば「欲望」です。教える側が、一定の物差しを用いて教え、生徒を導くのです。物差しが基準ですから、そこから逸《いっ》したさまざまな事柄は、切り捨てられます。何よりも、教える側が、問題を狭《せま》く設定してしまっています。そのほうが「解答」を手早く教えられるからです。

しかしここには、何かが決定的に抜《ぬ》け落《お》ちています。世の中には、そう簡単には解決できない問題が満ち満ちているという事実が、伝達されていないのです。前述したように、むしろ人が生きていくうえでは、解決できる問題よりも解決できない問題のほうが、何倍も多いのです。

そこでは教える側も、教えられる側も視野狭窄《きょうさく》に陥《おちい》ってしまっています。無限の可能性を秘《ひ》めているはずの教育が、ちっぽけなものになっていきます。もう素養とか、たしなみでもなくなってしまいます。

この教育の場では、そもそも解決のできない問題など、眼中から消え去っています。いや、［D］解決できても、即答《そくとう》できないものは、教えの対象にはなりません。

教育者のほうが、教育の先に広がっている無限の可能性を忘れ去っているので、教育される側は、閉塞感《へいそくかん》ばかりを感じとってしまいがちです。学習の面白《おもしろ》さではなく、白々しさばかりを感じて、学びへの興味を失うのです。

学べば学ぶほど、未知の世界が広がっていく。学習すればするほど、その道がどこまでも続いているのが分かる。あれが峠《とうげ》だと思って坂を登りつめても、またその後ろに、もうひとつ高い山が見える。そこで登るのをやめてもいいのですが、見たからにはあの峰《みね》に辿《たど》りついてみたい。それが人の心の常であり、学びの力でしょう。［E］、答えの出ない問題を探し続ける挑戦《ちょうせん》こそが教育の真髄《しんずい》でしょう。

教育の現場が視野狭窄に陥っているため、親はそれ以上に視野が狭くなっています。学校の課題だけを早くこなすように、子供に強制しがちです。早くやりなさい、ぐずぐずしないで宿題を先にしなさい。これが口癖《くちぐせ》になります。

学習と言えば、学校の課題、塾《じゅく》の課題をこなすことだと、早合点《はやがてん》してしまいがちです。世の中には、もっと他に学ぶべきものがあるのに、親はそれを子供に伝えるのさえも忘れてしまいます。

星の美しさ、朝日や夕日の荘厳《そうごん》さ、木々の芽ぶきの季節のすこやかさ、花々の名前や木々を飛《と》び交《か》う鳥の姿と鳴き声も、まず大人の感受性はとらえられなくなっています。子供に伝えられるはずがありません。

美術館で、ひとつの絵や彫刻《ちょうこく》を前にしたときの感動も、大人が関心を持っていなければ、子供が感動を覚えるはずがありません。

まして、音楽や美術には、問題設定もその解決もありません。［F］、解決できない宙ぶらりんの状態で、その芸術家が何とかして自分なりの仮の解答をさし出したのが芸術だからです。芸術には、問題解決という課題が課せられていないので、学習がまだその本質を失っていません。見た者、聞いた者は、何かを感じ、生の喜びを実感します。人生の無限の深さに感動するのかもしれません。

詩もそうでしょう。詩はそもそも、何かを解決するため、結着をつけるために書かれるものではありません。音のつながり、意味の連関

をいだいているのは確かです。子供に音読させながら、自分もその文章の背後にある真実を見極《みきわ》めようとしているのかもしれません。

ここには、④そもそも土俵としての問題設定がありません。ひたすら音読して学ぶだけです。さらに言えば、学びの先にあるものも、判然としません。簡単に言えば、素養でしょうか。たしなみです。現代風な表現では教養です。

素養や教養、あるいはたしなみは、問題に対して早急《さっきゅう》に解答を出すことではありません。⑤むしろ反対かもしれません。解決できない問題があっても、じっくり耐《た》えて、熟慮《じゅくりょ》するのが教養でしょう。

そうなると、今日の学校での教育がどこか教育の本質から逸脱《いつだつ》しているのが分かります。

もう三十年以上も前、私は精神医学を学ぶために南仏のマルセイユに住んでいました。恩師のムーラン先生が、かつての自分の自宅兼診《けんしん》療所《りょうじょ》を無料で貸してくれたので、かなり広い家でした。私たちの住まいは建物の二階全体を占《し》めていて、ベランダから中庭に降りて行く階段があり、その中庭も、私たち一家の占有《せんゆう》物になっていました。このたたずまいは、『ヒトラーの防具』で、主人公が住む家として描《びょう》出《しゅつ》しています。「『ヒトラーの防具』は著者帚木蓬生の著作」

長男は小学一年、次男は幼稚園に通っていたのです。フランス語が分からなくても、どうせ一年生ですから、必要になったら、その場で覚えればいいというくらい、学校のⓔホウシンはゆるやかでした。

そもそも、就学のために近くの小学校に行ったその日から、「はいそれでは、お子さんを預ります」だったのです。この鷹揚《おうよう》さと大胆《だいたん》さには、⑥［　B　］を抜《ぬ》かれました。

あるとき、長男が友人を家に連れて来ました。マルセイユは多人種の集まりで、北アフリカのアラブ系の人やアフリカからの黒人、それに東南アジアの旧フランス領からの移民も多く、人種の坩堝《るつぼ》「多様な民族が混在して暮らしている場所」と言っていい町でした。

そのとき家に来た長男のクラスメートは、大半がアラブ系の子弟でした。驚《おどろ》いたのは、そのうちのひとりが、大人顔負けの背丈《せたけ》をしていたからです。普通なら、小学六年か中学生の体格です。不思議に思って訊《き》くと、覚えが悪いので、一年生を何年かやっているという返答でした。⑦悪びれもせず、明るく答えたので二度驚いたくらいです。

そうかマルセイユの小学校は、落第があるのだと感心しました。日本でなら子供が落第させられたとなれば、親が学校に乗《の》り込《こ》んでいくでしょう。

学習の速度が遅《おそ》い者は、その学年を何度でも繰り返す。考えてみれば、これが当然のやり方です。それぞれ、人によって学習速度に差が出るのは当然です。早く覚えてトントン拍子《びょうし》で進級したあと、頓挫《とんざ》する学生もいれば、スタートは遅くても、いったんのみ込《こ》んでしまえば、あとは学習が円滑《えんかつ》に進んで、追《お》い越《こ》す子もいるでしょう。

本来、教育というのはそれが本当のあり方ではないでしょうか。

ところが、今日の教育は画一的です。横並びで一年一年を足並揃《そろ》えて、上級学年に上がっていく体制になっています。

その結果、採用されたのが到達《とうたつ》目標とその達成度です。その到達目標も、個々人に合った目標ではありません。あくまで一年毎《ごと》の建前としての到達目標です。私は学校教育が到達目標を設定したときから、学校が変質したような気がします。

小学一年はこれこれ、小学三年はこれこれという具合に、目標が決められると、必ず落ちこぼれが出ます。⑧市民マラソンと同じで、遅《おく》れた走者は車が拾っていきます。何時間も道路を封鎖《ふうさ》できないからです。

車に拾われた子供はどうなるのでしょうか。次の年のマラソンでも、やはり車に拾われて、とうとう小学校を卒業するまで、毎年車に拾わ

2024年度 中央大学附属中学校

【国　語】〈第二回試験〉（五〇分）〈満点：一〇〇点〉

一　次の文章は帚木蓬生《ははきぎほうせい》『ネガティブ・ケイパビリティ』の一部です。文章を読んで、以下の設問に答えなさい。

教育は一見すると、分かっている事柄《ことがら》を、一方的に ⓐデンジュすればすむことのように思えます。

保育園や幼稚園《ようちえん》の勉強や遊戯《ゆうぎ》にしてもそうです。①保育士や先生がすべてをお膳立《ぜんだ》てして、幼児はそれに乗っかっていけばいいのです。

小学校はどうでしょうか。学科は増え、漢字や計算を学習し、動植物、星、世の中の仕組みも、教えてもらえます。

中学では、勉強の幅《はば》が広がり、深さも増します。覚えることだらけです。期末テストや実力テストがⓑフシメフシメに実施《じっし》されて、記憶《きおく》したものを素早《すばや》く吐《は》き出《だ》す訓練を受けます。

高校になると、商業高校でも工業高校でも、座学と実学で習い覚えなければならない事柄は、朝から夕方までびっしり詰《つ》まっています。

普通《ふつう》高校では、それこそ受験に向けての知識の詰《つ》め込《こ》みと、頻繁《ひんぱん》に行われる試験での敏速《びんそく》な吐き出しを覚えさせられます。

そうした幼稚園から大学に至るまでの教育に共通しているのは、問題の設定とそれに対する解答に尽《つ》きます。

その教育が目ざしているのは、ポジティブ・ケイパビリティの養成です。［　A　］わが子に対して、「早く早く」を母親がひと言も口にしない日はないのではないでしょうか。

「早く早く」を耳にするたび私は、九十歳《さい》の高齢者《こうれいしゃ》に、息子《むすこ》と娘《むすめ》が「早く早く」と急《せ》かす光景が重なります。足元もおぼつかない高齢者に、「早く早く」と言うのは、「早く死ね」と言うのと同じだからです。

②ここに迅速《じんそく》さの落とし穴があります。

問題解決が余りに強調されると、まず問題設定のときに、問題そのものを平易化してしまう傾向《けいこう》が生まれます。単純な問題なら解決も早いからです。このときの問題は、複雑さをそぎ落としているので、現実の世界から遊離《ゆうり》したものになりがちです。言《い》い換《か》えると、問題を設定した土俵自体、現実を踏《ふ》まえていないケースが出てきます。③こうなると解答は、そもそも机上《きじょう》の空論になります。

教育とは、本来、もっと未知なものへの畏怖《いふ》を伴《ともな》うものであるべきでしょう。この世で知られていることより、知られていないことのほうが多いはずだからです。

江戸《えど》時代、武士の子弟《してい》が小さい頃《ころ》から、返り点をつけただけの漢籍《かんせき》を内容がよく分からないまま素読させられたのは、現在の教育とは正反対の極にあります。

子供は何のために素読をするのか、まず分かりません。ただ声を出すだけで、意味も分からないままです。しかし何十回と繰《く》り返《かえ》していくうちに、漢文ⓒドクトクの抑揚《よくよう》が身についてきます。漢字の並びからぼんやり意味が摑《つか》めるようにもなります。

この教育には、教える側も教えられる側にも、分からないことへのいらだちがありません。分からなくてもいいのです。子供は、言われるがままに何回も音読を繰り返します。つっかえつっかえ読んでいたものが、いつの間にかすらすらと読めるようになります。

一方の教える側も、手取り足取りは教えません。ゆっくり構えています。その漢籍が自分にまだ理解できないような、深い内容を含《ふく》んでいるのかもしれません。教える内容を、教える者自身が充分《じゅうぶん》に分かっていない可能性もあります。それでも教える素材にⓓケイアイの念

2024年度

中央大学附属中学校　▶解説と解答

算　数　＜第２回試験＞（50分）＜満点：100点＞

解　答

[1] (1)　9　(2)　$\frac{1}{3}$　(3)　2　(4)　7時間15分　(5)　42 g　(6)　19度　(7)　18.84 cm^2　[2] (1)　27回　(2)　1344個　[3] (1)　24cm^3　(2)　16cm^3　[4] (1)　13時間20分　(2)　5時間33分20秒　(3)　2時間30分　[5] (1)　11　(2)　毎分96m　(3)　$26\frac{3}{7}$

解　説

[1] 四則計算，逆算，周期算，仕事算，消去算，角度，面積

(1)　$23\div\{19-3\times(17-13)\}+\left(12-2.8\times\frac{5}{7}\right)\div1\frac{3}{4}=23\div(19-3\times4)+\left(12-\frac{14}{5}\times\frac{5}{7}\right)\div\frac{7}{4}=23\div(19-12)+(12-2)\times\frac{4}{7}=23\div7+10\times\frac{4}{7}=\frac{23}{7}+\frac{40}{7}=\frac{63}{7}=9$

(2)　$1\frac{2}{3}+\square\div4.5\times6+7\frac{8}{9}=10$より，$\square\div4.5\times6=10-7\frac{8}{9}-1\frac{2}{3}=10-7\frac{8}{9}-1\frac{6}{9}=\frac{90}{9}-\frac{71}{9}-\frac{15}{9}=\frac{4}{9}$　よって，$\square=\frac{4}{9}\div6\times4.5=\frac{4}{9}\times\frac{1}{6}\times\frac{9}{2}=\frac{1}{3}$

(3)　$\frac{3}{7}$を小数で表すと，$\frac{3}{7}=3\div7=0.428571428\cdots$より，小数第１位から{4，2，8，5，7，1}の６個の数がくり返される。よって，小数第32位の数は，32÷６＝５余り２より，小数第２位と同じになるので，２とわかる。

(4)　この仕事全体の量を１とすると，１人が１時間にできる仕事の量は，$1\div4\div6=\frac{1}{24}$なので，４人ですると，１時間に，$\frac{1}{24}\times4=\frac{1}{6}$の仕事ができる。よって，休まずにすると，$1\div\frac{1}{6}=6$(時間)かかるから，１時間するごとに15分休むとき，休む回数は，６－１＝５(回)となる。したがって，休む時間の合計は，15×５＝75(分)より，１時間15分だから，６時間＋１時間15分＝７時間15分で終わる。

(5)　(Ａ４個，Ｂ３個，Ｃ４個)と(Ａ１個，Ｂ４個，Ｃ４個)の重さが等しいので，両方からＡ１個，Ｂ３個，Ｃ４個をのぞくと，Ａ，４－１＝３(個)と，Ｂ，４－３＝１(個)の重さが等しいとわかる。また，(Ａ１個，Ｂ４個，Ｃ４個)と(Ａ４個，Ｂ４個，Ｃ２個)の重さが等しいので，両方からＡ１個，Ｂ４個，Ｃ２個をのぞくと，Ｃ，４－２＝２(個)と，Ａ，４－１＝３(個)の重さが等しいとわかる。よって，Ａ３個とＢ１個とＣ２個の重さが等しくなるから，Ｂ１個の重さを１とすると，Ａ１個の重さは，$1\div3=\frac{1}{3}$，Ｃ１個の重さは，$1\div2=\frac{1}{2}$となる。すると，(Ａ１個，Ｂ２個，Ｃ３個)の重さは，$\frac{1}{3}\times1+1\times2+\frac{1}{2}\times3=\frac{1}{3}+2+\frac{3}{2}=\frac{23}{6}$となり，これが46ｇだから，比の１にあたる重さ，つまり，Ｂ１個の重さは，$46\div\frac{23}{6}=12$(ｇ)とわかり，Ａ１個の重さは，12÷３＝４(ｇ)，Ｃ１個の重さは，12÷２＝６(ｇ)と求められる。したがって，(Ａ３個，Ｂ２個，Ｃ１個)の重さは，４×３＋12×２＋６×１＝12＋24＋６＝42(ｇ)である。

⑹　右の図１の三角形ABCで，角ACBの大きさは，180－(53＋36＋38)＝180－127＝53(度)で，角BACと等しいから，三角形ABCはAB＝BCの二等辺三角形とわかる。また，三角形BCDで，角BCDの大きさは，180－(71＋38)＝71(度)で，角BDCと等しいから，三角形BCDはBC＝BDの二等辺三角形とわかる。よって，AB＝BDより，三角形ABDも二等辺三角形だから，角BADの大きさは，(180－36)÷２＝72(度)となる。したがって，角xは，72－53＝19(度)と求められる。

図１
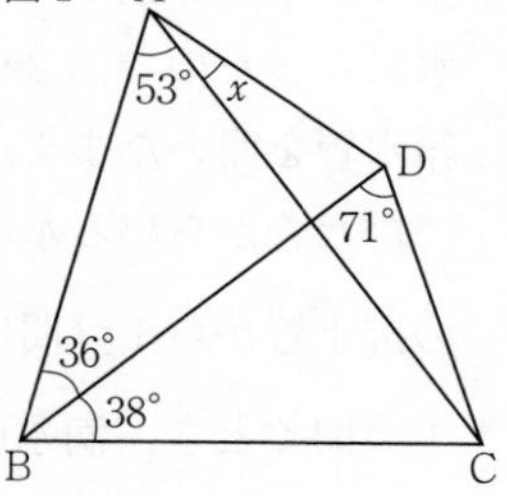

⑺　右の図２のように，㋑の図形を２等分して㋐の図形と合わせると，半径２cmのおうぎ形ができる。このおうぎ形の中心角は，正三角形の１つの角と同じ60度なので，㋐と㋑の図形の面積の和は，半径２cm，中心角60度のおうぎ形の面積と等しくなる。また，図２のように，㋒の図形の一部を移動して変形すると，㋒の図形も半径２cm，中心角60度のおうぎ形になる。斜線《しゃせん》部分の中には，㋐と同じ図形が６個，㋑と同じ図形が６個，㋒と同じ図形が３個あるから，斜線部分の面積は，半径２cm，中心角60度のおうぎ形，６＋３＝９(個分)の面積と等しくなる。よって，$2\times2\times3.14\times\frac{60}{360}\times9=18.84(cm^2)$と求められる。

図２
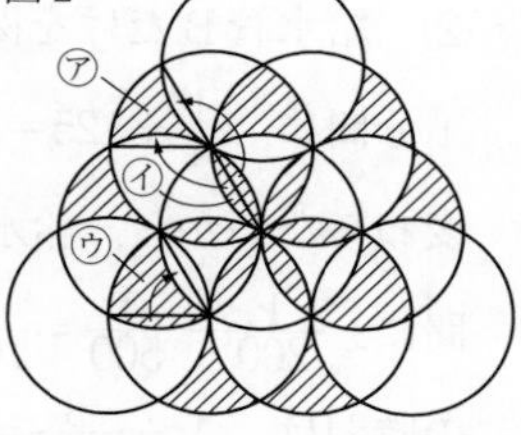

２　整数の性質

⑴　６＝２×３より，２と３で１回ずつ割り切れると，６で１回割り切れる。まず，１～９のうち３の倍数は３，６，９の３個あり，３は３回，６は６回，９は９回かけられている。６＝２×３より，６を６回かけた数は３で６回割り切れ，９＝３×３より，９を９回かけた数は，３で，２×９＝18(回)割り切れるから，Nは３で，３＋６＋18＝27(回)割り切れる。また，Nが２で割り切れる回数は27回よりも多いから，Nが６で割り切れる回数は27回とわかる。

⑵　⑴より，Nを素数の積で表したとき，現れる奇数《きすう》とその個数は右の表のようになる。すると，Nの約数のうち奇数になるものは，３と５と７をいくつかかけ合わせてできる数とわかる。このとき，３は０個～27個の28通り，５は０個～５個の６通り，７は０個～７個の８通りのかけ合わせ方があり，その組み合わせは全部で，28×６×８＝1344(通り)になる。よって，奇数の約数は1344個ある。なお，３と５と７をすべて０個かけたときの約数は１と考えればよい。

奇数	3	5	7
個数	3に3個 6に6個 9に18個	5個	7個
合計	27個	5個	7個

３　立体図形―分割，体積

⑴　右の図で，３点B，C，Hを通る平面は点Eも通るから，切ったときに頂点Aが含《ふく》まれる立体は，三角柱ABE－DCHとなる。この三角柱の体積は，直方体ABCD－EFGHの体積の半分だから，(４×６×２)÷２＝24(cm^3)と求められる。

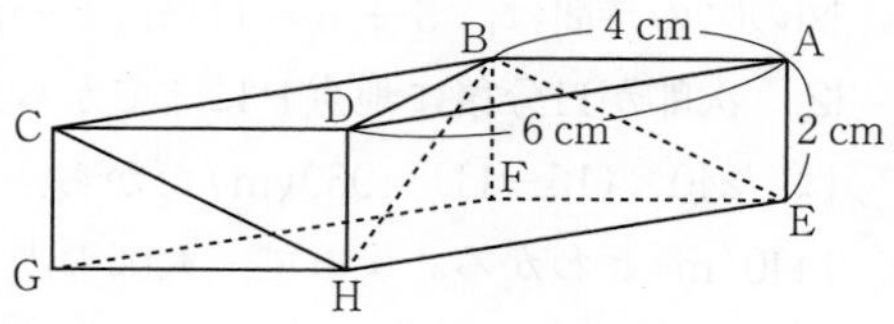

⑵　三角柱ABE－DCHを，さらに３点B，D，Hを通る平面で切ると，頂点Aが含まれる立体は四角すいB－ADHEとなる。四角すいB－ADHEで，底面を長方形ADHEとみると，高さはABだから，体積は，$(6\times2)\times4\times\frac{1}{3}=16(cm^3)$と求められる。

４　仕事算

(1)　水そうの満水の水の量を１とする。給水管Ａ，Ｂだけを開いたとき，３時間20分＝200分で満水になったので，２つの給水管から１分間に合わせて，$1 \div 200 = \frac{1}{200}$の水が入る。また，２つの給水管を開いたまま，４つの排水《はいすい》管を開くと，水はあふれることなく満水のままだったので，４つの排水管から出る水の量は，２つの給水管から入る水の量と同じで，$\frac{1}{200}$とわかる。よって，１つの排水管から１分間に出る水の量は，$\frac{1}{200} \div 4 = \frac{1}{800}$だから，給水管Ａ，Ｂを閉めたまま排水管を１つ開くとき，満水の水そうが空になるまでの時間は，$1 \div \frac{1}{800} = 800$(分)と求められる。これは，$800 \div 60 = 13$余り20より，13時間20分となる。

(2)　給水管Ｂだけを閉めた状態では，２時間５分＝125分で水そうの水は，$1 - \frac{3}{4} = \frac{1}{4}$減るので，１分間に，$\frac{1}{4} \div 125 = \frac{1}{500}$減る。また，(1)より，給水管Ｂも含めてすべての管を開くと，水の量は変わらないから，給水管Ｂからは１分間に$\frac{1}{500}$の水が入るとわかる。よって，給水管Ａからは１分間に，$\frac{1}{200} - \frac{1}{500} = \frac{3}{1000}$の水が入るから，給水管Ａだけを開くとき，空の水そうが満水になるまでの時間は，$1 \div \frac{3}{1000} = \frac{1000}{3} = 333\frac{1}{3}$(分)と求められる。これは，$333 \div 60 = 5$余り33，$60 \times \frac{1}{3} = 20$より，５時間33分20秒となる。

(3)　水そうの水が$\frac{3}{4}$になって排水管を１つ閉めてから水そうが空になるまでの，６時間40分＝400分の間，$4 - 1 = 3$(つ)の排水管をずっと開いていたので，この間に排水管から出た水の量は，$\frac{1}{800} \times 3 \times 400 = \frac{3}{2}$となる。また，400分間で減った水の量は$\frac{3}{4}$だから，この間に給水管Ａから入れた水の量は，$\frac{3}{2} - \frac{3}{4} = \frac{3}{4}$とわかる。よって，排水管を１つ閉めた後，給水管Ａが開いていた時間は，$\frac{3}{4} \div \frac{3}{1000} = 250$(分)だから，給水管Ａを閉めてから水そうが空になるまでの時間は，$400 - 250 = 150$(分)と求められる。これは，$150 \div 60 = 2$余り30より，２時間30分である。

5　グラフ―旅人算

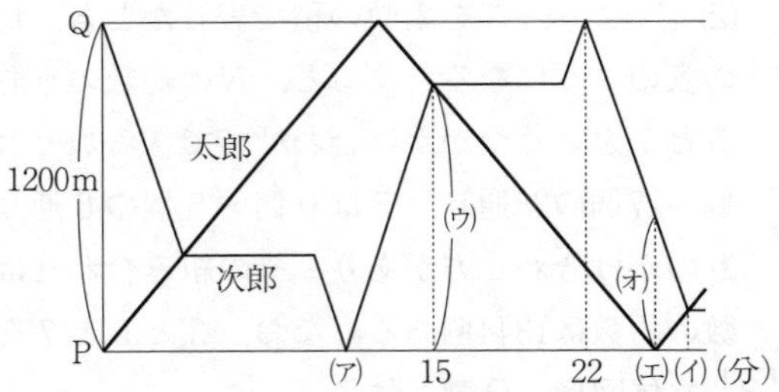

(1)　右の図の(ア)は，次郎がはじめて地点Ｐにきた時間を表している。次郎は，再び地点Ｑに戻《もど》るまでの22分間のうち，６分の休けいを２回しているから，次郎は，$1200 \times 2 = 2400$(m)走るのに，$22 - 6 \times 2 = 10$(分)かかる。よって，次郎の走る速さは毎分，$2400 \div 10 = 240$(m)だから，1200m走るのに，$1200 \div 240 = 5$(分)かかる。したがって，図の(ア)の時間は，$5 + 6 = 11$(分)とわかる。

(2)　次郎が11分後に地点Ｐにきてから15分後に太郎と出会うまでに走った道のり(図の(ウ)の道のり)は，$240 \times (15 - 11) = 960$(m)だから，太郎が15分後までに歩いた道のりは，$1200 + (1200 - 960) = 1440$(m)とわかる。よって，太郎の歩く速さは毎分，$1440 \div 15 = 96$(m)と求められる。

(3)　太郎は，$1200 \times 2 = 2400$(m)歩くのに，$2400 \div 96 = 25$(分)かかるので，図の(エ)の時間は25分である。(エ)のとき，次郎は地点Ｑから，$240 \times (25 - 22) = 720$(m)走っているので，２人の間の道のり((オ)の道のり)は，$1200 - 720 = 480$(m)となる。よって，このときから２人が出会うまでの時間は，$480 \div (240 + 96) = \frac{10}{7} = 1\frac{3}{7}$(分)だから，図の(イ)の時間は，$25 + 1\frac{3}{7} = 26\frac{3}{7}$(分)とわかる。

社　会　＜第２回試験＞（30分）＜満点：60点＞

解　答

Ⅰ 問１　①　問２　④　問３　(イ)　④　(ロ)　③　問４　インバウンド　問５　②
問６　野尻湖　問７　②　問８　(イ)　③　(ロ)　①　問９　①　問10　飛驒　問11
④　問12　③　問13　③　Ⅱ 問１　①　問２　②　問３　③　問４　①　問
５　②　問６　日米修好通商　問７　④　問８　④　問９　（例）　世界恐慌が起こった
から。　問10　②　問11　③　問12　③　問13　②　問14　イナゴ　問15　④

解　説

Ⅰ　長野県の歴史を題材とした総合問題

問１　日本一の長流である信濃《しなの》川は，本流の千曲《ちくま》川が長野市で最大の支流である犀《さい》川と合流して北東に流れ，新潟県に入って信濃川と名を変え，越後《えちご》平野を流れて日本海に注いでいる（①…×）。

問２　高知県が第１位である①はなす，千葉県が第１位である②はだいこん，長野県と茨城県が第１位と第２位を占《し》める③はレタスで，残る④がかぼちゃである。かぼちゃは北海道が全国生産量の５割以上を占めている（2022年）。

問３　(イ)　604年，聖徳太子は十七条の憲法を制定して豪族に官僚としての心構えを示した（④…○）。なお，聖徳太子と協力して朝廷の政治を進めたのは蘇我馬子である。蘇我稲目は馬子の父で，朝廷で蘇我氏が活躍《かつやく》する基礎を築いた人物である（①…×）。冠位十二階は，家柄《いえがら》よりも個人の能力を重視して役人を登用するための制度である（②…×）。小野妹子が隋《ずい》（中国）に渡《わた》ったときの皇帝は煬帝《ようだい》で，光武帝は１世紀に倭の奴国の王に金印を授《さず》けた後漢の皇帝である（③…×）。　(ロ)　天台宗は９世紀初めに唐から帰国した最澄が広めた宗派，浄土宗は12世紀後半に法然が開いた宗派である（③…○）。なお，空海は真言宗，親鸞は浄土真宗の開祖である。

問４　インバウンド（inbound）は「外から中へ入っていく」という意味の英語であるが，日本の旅行業界や観光業界では「外国人による日本への旅行」や「日本を訪れる外国人観光客」のことを指す。日本各地を訪れる外国人観光客が増えることで，経済が活性化するといわれている。

問５　1159年に起こった平治の乱で，平清盛らによって源義朝が倒されると，義朝の子の頼朝は伊豆に流された。その後，頼朝は1180年に挙兵し，1185年には弟の義経らが壇ノ浦の戦いで平氏をほろぼした（(あ)…正）。1185年，頼朝は義経をとらえることを口実に，国ごとに守護，荘園や公領（朝廷の支配がおよぶ土地）ごとに地頭を置くことを朝廷に認めさせた（(い)…誤）。

問６　写真にあるナウマンゾウの牙とオオツノジカの角の化石が見つかったのは長野県の野尻《のじり》湖である。付近では打製石器や骨角器なども発掘されており，野尻湖遺跡と呼ばれている。

問７　平氏が大輪田泊《おおわだのとまり》（兵庫県）を整備して，日本からは金や刀剣などを，中国からは銅銭や陶磁器などを輸出する貿易が行われたときの中国の王朝は宋である（②…×）。

問８　(イ)　律令制度の下で実施された，戸籍に基《もと》づき６歳以上の男女に口分田を支給し，死ぬと国に返させる制度は班田収授法と呼ばれる。口分田を支給された農民には，収穫《しゅうかく》した稲の約３％を納める租が課せられたほか，成年男子には，地方の特産物を納める調や，労役の代わりとして布を納める庸などの税も課せられた（③…○）。　(ロ)　財産として所有している土地や家屋にかかる税

を固定資産税といい，地方公共団体に納める地方税である(①…○)。

問９　(あ)は18世紀前半(第８代将軍徳川吉宗の享保の改革)，(い)は17世紀末(第５代将軍徳川綱吉が湯島に聖堂を建てる)，(う)は18世紀後半(天明の飢饉《ききん》)，19世紀前半(水野忠邦の天保の改革)の出来事であるので，年代の古い順に(い)→(あ)→(う)→(え)となる。

問10　本州中央部にある日本アルプスは，飛騨《ひだ》山脈(北アルプス)・木曽《きそ》山脈(中央アルプス)・赤石山脈(南アルプス)からなる。

問11　長野で第18回オリンピック冬季競技大会が開かれたのは1998年である(④…×)。

問12　地球温暖化問題への対策について話し合うのは気候変動枠組《わくぐみ》条約に基づいた国際会議で，2015年には第21回締約《ていやく》国会議(COP21)がフランスのパリで開かれた。このとき，発展途上国をふくむ全ての参加国に，温室効果ガスの排出《はいしゅつ》量の削減《さくげん》に向けて努力する義務があることを明記した協定(パリ協定)が採択された(③…○)。なお，①はスペイン，②はイギリス，④はドイツである。

問13　地方自治における住民の直接請求権のうち，条例の制定・改廃《かいはい》の請求と監査の請求には有権者の50分の１以上の署名が，議会の解散の請求と首長・議員の解職の請求には有権者の３分の１以上の署名が必要となる(有権者数が40万人を超《こ》える自治体は除く)。また，それぞれの請求の請求先は，条例の制定・改廃の請求は首長，監査の請求は監査委員，議会の解散および首長・議員の解職の請求は選挙管理委員会となっている(③…○)。

Ⅱ　生糸の歴史を題材とした総合問題

問１　(あ)は1614年(大阪冬の陣)，(い)は1854年(安政地震)，(う)は1716年(徳川吉宗の将軍就任)の出来事であるので，年代の古い順に(あ)→(う)→(い)となる。

問２　横浜の経度Ａ(日本の標準時子午線)は東経135度，シアトルの経度Ｂは地図より西経120度である。日付変更線をまたがない日本とシアトルの経度差は，135＋120＝255(度)である。経度15度で１時間の時差が生じるから，255÷15＝17より，日本とシアトルの時差は17時間となる。東に位置する日本の方が時刻が早くなるから，横浜が２月４日午前10時のとき，シアトルはその17時間前である２月３日午後５時となる。

問３　西アジアではイスラム教を信仰する人が多い。国や宗派によって異なるが，イスラム教徒の女性には，黒色の布を頭から被り，全身をおおう③のチャドル(チャードル)と呼ばれる衣装を着用している人がいる。なお，①はベトナムのアオザイ，②はインドのサリー，④は朝鮮半島のチマ・チョゴリである。

問４　吉野ヶ里遺跡は1980年代に佐賀県で発見された弥生時代全期にわたる大規模な環濠《かんごう》集落跡である。これまでの発掘調査で多数の竪穴《たてあな》建物や高床建物の跡，共同墓地などが見つかっているが，2023年の調査では新たに石棺《せっかん》墓《ぼ》が発見され，蓋《ふた》に線が刻まれていたことや内部に赤い顔料が使用されていたことなどから，有力者の墓ではないかと考えられている(①…○)。なお，②は奈良県にある弥生～古墳時代の遺跡，③は青森県にある縄文時代の遺跡，④は福岡県にある縄文～弥生時代の遺跡である。

問５　16世紀後半，長崎をイエズス会に寄進したのはキリシタン大名の大村純忠である。豊臣秀吉は当初は宣教師たちによる布教を黙認《もくにん》していたが，後に宣教師を国外に追放する命令を出すなどしている(②…×)。

問６　資料には「別に定めた関税」や「アメリカの法律で罰《ばっ》すること」が書かれているので，1858

年に江戸幕府がアメリカとの間で結んだ日米修好通商条約の一部だとわかる。この条約は，日本に関税自主権がないことや，領事裁判権を認めたことから，不平等な内容だった。

問７　群馬県桐生《きりゅう》市では，古くから生糸や絹織物の生産が行われ，桐生織の産地として知られてきた(④…○)。なお，①の足利と③の益子《ましこ》は栃木県の都市，②の熊谷は埼玉県の都市である。

問８　『見返り美人図』の作者は菱川師宣《ひしかわもろのぶ》で，喜多川歌麿の代表作には『ポッピンを吹《ふ》く娘』などがある((あ)…誤)。十返舎一九《じっぺんしゃいっく》は滑稽《こっけい》本『東海道中膝栗毛《ひざくりげ》』の作者で，浮世絵版画集『東海道五十三次』を描いたのは歌川広重である((い)…誤)。

問９　1929年，ニューヨークの株式市場で起きた株の大暴落をきっかけにアメリカが深刻な不景気となり，世界恐慌となって世界に広がった。日本の生糸の最大輸出先であったアメリカが不景気となったことから生糸の輸出量が激減し，日本の養蚕業や繊維《せんい》産業も大打撃を受けた。

問10　第二次世界大戦末期の1945年8月8日，ソ連は日ソ中立条約を一方的に破棄《はき》して，翌８月９日から，満州をはじめ南樺太《からふと》，千島列島などに進撃し，それらの地域を占領《せんりょう》した(②…○)。

問11　大江健三郎は，代表作に『ヒロシマ・ノート』や『万延元年のフットボール』などがある小説家で，1994年にノーベル文学賞を受賞した。iPS細胞の作製の功績により2012年にノーベル生理学・医学賞を受賞したのは山中伸弥《しんや》である(③…×)。

問12　①は1972年(日中共同声明)，②は1972年(沖縄日本復帰)，③は1956年(日ソ共同宣言)，④は2002年(日朝平壌宣言)の出来事である。

問13　ロシアとアメリカ合衆国に加えて，カナダやフランス，ウクライナが輸出上位国になっているＸは小麦である。日本は第二次世界大戦前には国内自給できていたが，戦後はアメリカなどからの安価な小麦が大量に輸入されたため国内生産量は減少した。1970年ごろに始まった減反政策で小麦の生産が進められたことなどで生産量は増えているが，戦後の食生活の洋風化の影響《えいきょう》もあり，近年の自給率は10％台を推移している。

問14　資料の文はイナゴについて説明したものである。イナゴは稲などの穀物を食べることから害虫として扱《あつか》われることが多いが，アジアやアフリカなどでは広く食べられており，日本でも長野県や群馬県など，海産物が手に入りにくい地域では，昔から貴重なたんぱく源として食べられてきた。

問15　Ｈ２ＡロケットはJAXA(宇宙航空研究開発機構)などにより開発された国産ロケットであり，2023年９月にはSLIM(小型月着陸実証機)の打ち上げに成功した(④…○)。なお，LED照明は発光ダイオードを用いた新しい照明器具であり，これまでの蛍光灯や白熱電球などに比べて発光の効率がよく，寿命も長いため，急速に普及《ふきゅう》が進んでいる。しかし，新築のビルなどに利用が義務づけられているということはない(①…×)。2011年の福島第一原子力発電所の爆発事故を受け，一時全ての原子力発電所の稼働《かどう》が停止したが，その後原子力規制委員会による審査をクリアし，地元自治体の承認を得たものから再稼働が認められるようになり，現在は川内《せんだい》原発(鹿児島県)や玄海原発(佐賀県)など複数の発電所が再稼働している(②…×)。2023年の電気自動車(普通自動車)の新車販《はん》売《ばい》台数における普及率は，１％台にとどまっている(③…×)。

理　科　＜第２回試験＞（30分）＜満点：60点＞

解　答

1　問１　(ウ)　問２　(イ)　問３　２cm　問４　20cm　問５　(ウ)　2　問１　(ア)
問２　(エ)　問３　0.10ｇ　問４　20mL　問５　133倍　3　問１　a　(ケ)　b　(エ)
c　(ケ)　d　(エ)　e　(ウ)　問２　x　87　y　8　問３　(ア)，(エ)　問４　(ア)，(イ)
問５　青むらさき色　問６　(1)　i　(ア)　j　(ア)　k　(エ)　(2)　i　(エ)　j　(ア)
k　(ア)

解　説

1　てこを利用した道具についての問題

問１　はさみは，小さな力で大きな力を生むことができる道具である。図１のはさみのＡは力を加える力点，Ｂは支点，Ｃは物体に力が加わる作用点である。

問２　爪《つめ》切りは，１つ目のてこで，Ａに加えた力を，Ｂで大きな力にしている。２つ目のてこでは，力点のＢと支点のＤの間の長さより，作用点のＥと支点のＤの間の長さの方が長いため，Ｅで生じる力は，Ｂで生じる力よりも小さくなる。

問３　図４では，さいばしの重さは，たこ糸をつけた点にかかるので，たこ糸の位置をてこの支点とした，食品トレーの重さと水を入れたペットボトルの重さとのつりあいを考えればよい。てこのつりあいは，(吊《つ》るしたものの重さ)×(支点からの距離《きょり》)で求められるモーメントで考えることができ，左回りと右回りのモーメントが等しいときにてこはつりあう。たこ糸から０ｇの印までの距離を□cmとすると，10×20＝100×□が成り立つので，□＝200÷100＝２(cm)となる。

問４　食品トレーに100ｇのおもりを乗せたときにつりあうように，水を入れたペットボトルを吊るした位置に，100ｇのめもりの線をつける。たこ糸から100ｇのめもりの線までの距離を□cmとしたときのてこのつりあいの式は，(10＋100)×20＝100×□となるので，□＝2200÷100＝22(cm)である。よって，100ｇのめもりの線は，０ｇの印から右へ，22－２＝20(cm)の位置とわかる。

問５　食品トレーに10ｇのおもりを乗せたときの，たこ糸からペットボトルまでの距離を□cmとしたときのつりあいの式は，(10＋10)×20＝100×□より，□＝400÷100＝４(cm)となる。10ｇのおもり１個で，水を入れたペットボトルの位置が，４－２＝２(cm)右に移動するから，めもりの線の間隔《かんかく》は２cmで一定になると考えられる。

2　二酸化炭素の発生，呼吸についての問題

問１　真鍋《まなべ》淑郎《しゅくろう》博士は，大気や海洋の流れをコンピュータを使って再現する方法を開発し，気候研究の基礎《きそ》を築き，また，二酸化炭素による気候への影響を示した。これにより，2021年に，気象学の分野では，はじめてノーベル物理学賞を受賞した。

問２　アルミニウム缶《かん》に酸性の洗剤《せんざい》を入れると，アルミニウムがとけて水素が発生する。なお，発生した水素によって缶の中の圧力が高くなり，缶が破裂《はれつ》することがあるので，危険である。

問３　実験１では，呼気に含《ふく》まれる二酸化炭素が石灰水と反応して，水にとけない炭酸カルシウムの沈《ちん》でん物ができる。このとき，２回分の呼気で0.20ｇの沈でん物ができるので，１回の呼気に含まれる二酸化炭素と十分な量の石灰水からできる沈でん物の重さは，0.20÷２＝0.10(ｇ)である。

問４　実験２の表から，吹《ふ》きこんだ二酸化炭素の体積と沈でん物の重さは比例の関係にあるとわかる。問３より，１回の呼気からできる沈でん物の重さが0.10ｇなので，そこに含まれていた二酸化炭素の体積は，$30\times\frac{0.10}{0.15}=20$(mL)である。

問５　吸気に含まれる二酸化炭素の体積の割合が0.03％なので，吸気500mLには，500×0.0003＝0.15(mL)の二酸化炭素が含まれている。問４から，呼気500mLに含まれる二酸化炭素の体積は20mLなので，20÷0.15＝133.3…より，呼気に含まれる二酸化炭素量は吸気に含まれる二酸化炭素量の133倍とわかる。

３　水の循環《じゅんかん》，森の浄化《じょうか》作用と浄水場の浄水処理《しょり》についての問題

問１　図１のように，地球上の水は，太陽の熱のエネルギーによって，気体，液体，固体とすがたを変えながら循環している。このうち，ａは海からの蒸発《じょうはつ》，ｂは海への降水，ｃは陸地からの蒸発，ｄは陸地への降水，ｅは陸地から海への流水を表す。

問２　**ｘ**　海への降水量と陸地への降水量の合計は，79＋21＝100である。全体として，大気への蒸発量と大気からの降水量は等しいので，海からの蒸発量は，100－13＝87とわかる。　**ｙ**　陸地への降水量は，陸地からの蒸発量より，21－13＝８だけ多く，その分だけ海へ流水していると考えられる。

問３　日本の森には，トナカイやオオカミは生息していない。また，森の植物は光合成によって，二酸化炭素を吸収し，酸素を排出《はいしゅつ》している。さらに，森林の木が倒《たお》れると，ほかの生物のすみかやえさになったり，微《び》生物に分解され植物の養分となったりするので，森林内で生物の多様性が損なわれることはない。

問４　次亜塩素酸《じあえんそさん》水には，殺菌《さっきん》・消毒作用があり，食器などを洗ったり，ふきそうじに使われたりする。また，エタノール水は，手指の消毒やそうじなどに使用され，感染症《かんせんしょう》対策にも効果があるとされる。

問５　Ｂは，蒸留水50mLとデンプン水10mLを入れて20℃に保たれた暗い部屋に置いたもので，デンプンは分解されずに残るので，ヨウ素液を加えると青むらさき色に変化する。

問６　**(1)**　実験１では，20℃に保ったＡのビーカーのデンプンは，公園の落ち葉や土に含まれているバクテリアによって分解されてなくなり，ヨウ素液が反応しなかった。また，Ｂのビーカーにはバクテリアが入っていないので，どの温度であってもデンプンは分解されず，ヨウ素液の色が変化したと考える。仮説１が正しかった場合，実験２－１で40℃より高い80℃に保ったＡのデンプンは分解されずに残り，ヨウ素液の色が変化する。仮説２が正しければ，実験２－２で10℃より低い５℃に保ったＡのデンプンは分解されずに残るため，ヨウ素液の色が変化する。さらに，仮説３が正しければ，実験２－３の条件のＡでデンプンは分解されてなくなるので，ヨウ素液の色は変化しない。　**(2)**　(1)と同様に，Ｂのビーカーにはバクテリアが入っていないのでデンプンは分解されず，どの温度であってもヨウ素液の色は変化する。仮説１が誤っていた場合，40℃より高い80℃に保った実験２－１のＡではデンプンが分解され，ヨウ素液の色が変化しなくなる。仮説２が正しければ，実験２－２の10℃より低い５℃に保ったＡでデンプンは分解されずに残るため，ヨウ素液の色が変化する。さらに，仮説３が正しくなければ，実験２－３の条件のＡでデンプンが分解されないため，ヨウ素液の色が変化する。

国　語　＜第２回試験＞（50分）＜満点：100点＞

解　答

一　問１　下記を参照のこと。　問２　(ア)　問３　(ウ)→(イ)→(エ)→(ア)　問４　(エ)　問５　(イ)　問６　(エ)　問７　(ウ)　問８　(語，意味の順で)　B　(エ)，(キ)　C　(イ)，(コ)　問９　(ウ)　問10　(イ)　問11　(ア)　問12　(エ)　問13　a　(コ)　b　(サ)　c　(ア)　d　(ウ)　e　(ク)　f　(カ)　二　問１　(エ)　問２　(ウ)　問３　a　(カ)　b　(ク)　c　(オ)　d　(ア)　問４　A　(オ)　B　(イ)　C　(ア)　問５　(ア)　問６　(エ)　問７　(ア)　問８　(エ)　問９　(エ)　問10　⑧　(オ)　⑨　(ア)　⑩　(イ)　問11　E　(エ)　F　(ウ)　G　(オ)　H　(ア)　問12　a　(オ)　b　(ケ)　c　(エ)　d　(コ)　e　(イ)　f　(カ)

●漢字の書き取り

一　問１　ⓐ　伝授　ⓑ　節目　ⓒ　独特　ⓓ　敬愛　ⓔ　方針

解　説

一　**出典：帚木《ははきぎ》蓬生《ほうせい》『ネガティブ・ケイパビリティ』**。筆者は現在の日本の教育が本質から逸脱《いつだつ》していると指摘《してき》し，本来の教育，学びについて，海外での体験や『論語』などを参考に語っている。

問１　ⓐ　伝え教えること。　ⓑ　区切りとなるところ。　ⓒ　特別にそれだけに備わったようす。　ⓓ　大切で親しく感じること。　ⓔ　何かを行ううえでもととなるやり方。目指す方向。

問２　保育園や幼稚《ようち》園における勉強にしろ遊戯《ゆうぎ》にしろ，すでに「分かっている事柄《ことがら》」を，「保育士や先生」が「一方的に伝授」するのが「教育」になっていると筆者は指摘しているので，(ア)がふさわしい。

問３　空欄《くうらん》Aの前で述べられた「ポジティブ・ケイパビリティ」を「問題解決のための教育」だと言い換《か》えた(ウ)が最初になり，さらにその「問題解決」には「時間を費《つい》やして」はいけないと述べた(イ)が続く。次には，むしろ「電光石火の解決」が望ましいという内容の(エ)がきて，このあり方は「学校だけでなく，家庭にも浸透《しんとう》して」いるという(ア)を続けると，「ポジティブ・ケイパビリティの養成」を目指す傾向《けいこう》が広まった結果，今や家庭においても「母親」が毎日のように「早く早く」を口にするようになったという流れになり，文意が通る。

問４　「ここ」は直前の内容を指す。「早く早く」を聞くと筆者は，高齢《こうれい》者に息子《むすこ》と娘《むすめ》が「早く早く」と言う光景が浮《う》かび，「早く死ね」と急《せ》かしているように思ってしまうのだと言っている。意図せず死をせまる意味合いになってしまっていることを，筆者は「落とし穴」と表現しているのである。なお，「落とし穴」は，ここでは気づかずにおちいってしまう好ましくない状態をいう。

問５　迅速《じんそく》な問題解決の求められる教育の現場では，「問題そのもの」が「平易化してしまう傾向」にあると述べられている。「複雑さをそぎ落とし」た結果，「問題設定」自体が「現実の世界から遊《ゆう》離《り》」し，その「解答」もまた現実にそぐわない「机上《きじょう》の空論」になるのである。なお，「机上の空論」は，実際には役に立たない考え。

問６　直前の「ここ」とは，江戸《えど》時代において武士の子弟《してい》が行っていた漢籍《かんせき》の「素読」を指す。これは，「何のため」にするのかも，漢文の「意味」もわからないままひたすら音読するものであり，

「現在の教育とは正反対」で，「早急《さっきゅう》」に出すべき「解答」など存在しないということになる。

問７　「問題に対して早急に解答を出す」教育と「反対」のものとして，筆者は「素養や教養」，「たしなみ」をあげている。筆者は最後の段落で「わけの分からないもの，解決不能なものを尊び，注視し，興味をもって味わっていく態度を養成する」のが，こうした解答のない学びの目的だと述べているので，(ウ)が正しい。

問８　**B**　「度肝《どぎも》を抜《ぬ》く」は，“ひじょうに驚《おどろ》かせる”という意味。　**C**　「輪をかける」は，“よりいっそう程度が激しくなる”という意味。

問９　南仏のマルセイユに住んでいた筆者は，小学一年の長男が連れてきたクラスメートの「大人顔負けの背丈《せたけ》」と，「覚えが悪いので，一年生を何年かやっている」という発言に「二度驚い」ている。「横並びで一年一年を足並揃《そろ》えて，上級学年に上がっていく」日本の教育体制になじんでいた筆者は，「学習の速度が遅《おそ》い者は，その学年を何度でも繰《く》り返す」というマルセイユの教育を当然のものとして受けいれ，「明るく」振《ふ》る舞《ま》っているクラスメートのありようにびっくりしつつ感心したのである。

問10　問９でみたように，日本の学校では落第がなく「学習の速度が遅い者」も「横並び」で「上級学年に上がっていく体制」になっている。筆者は，このことを「遅《おく》れた走者は車が拾って」いく「市民マラソン」にたとえている。

問11　「こうした教育」とは，「ところてん式の進級と進学」のために「試験突破《とっぱ》」が「学習の最終目標」になっていることを指す。この目標が達成できるよう，「教える側」の人間は必要なもの(「一定の物差し」)から「逸《いっ》したさまざまな事柄」を「切り捨て」，効率的な教育をしようとしているのである。

問12　Ｄは，続く部分に「解決できても」とあるので，これと呼応して“もし～だとしても”という意味を表す，「かりに」「たとえ」が入る。Ｅは，「学べば学ぶほど」先に広がる「未知の世界」へ行きたいと思うのが「学びの力」だと述べた後，「答えの出ない問題を探し続ける挑戦《ちょうせん》こそが教育の真髄《しんずい》」だと言っている。前の内容を後で言いかえているので，“要するに”とまとめて言い換えるときに用いる「つまり」があてはまる。Ｆの前後は，「音楽や美術には，問題設定もその解決も」ないというよりは，「解決できない宙ぶらりんの状態で，その芸術家が何とかして自分なりの仮の解答をさし出したのが芸術」だといったほうがよい，というつながりになっている。よって，Ｆには，前の内容よりも後の内容を選ぶ気持ちを表す「むしろ」が入る。

問13　**a**　日本の「今日の教育は画一的」だと述べられている。　**b**　傍線《ぼうせん》⑪をふくむ段落で筆者は，芸術教育に残っている学びの本質を述べている。それは「わけの分からないもの，解決不能なものを尊び，注視し，興味をもって味わっていく態度を養成する」ものだから，じっくりと考える「姿勢を養うこと」だといえる。　**c**　世の中や人生には「解決できない問題が満ち満ちている」のだから，「すぐに問いを立てて」得られても何の意味もないものは，「安易な解答」である。　**d**　「問題設定もその解決も」ない芸術は，見たり聞いたりすることで，「何かを感じ，生の喜びを実感」し，「人生の無限の深さに感動するのかもしれ」ないと述べられている。よって，(ウ)の「感動する可能性」が合う。　**e**　「将来の予測が困難な時代を生きる子どもたち」に求められるものだから，(ク)の「答えの出ない事態」にたえる力だとわかる。　**f**　本文の最後の段落で，「崇《すう》高《こう》なもの，魂《たましい》に触《ふ》れるもの」というのは「論理を超越《ちょうえつ》した宙ぶらりんのところ」にあり，「人生

の本質」も「そこにあるような気がする」と述べられている。つまり，理屈《りくつ》をこえたわけのわからないところにあるのが，「人生の醍醐味《だいごみ》」なのである。なお，「醍醐味」は，本当のおもしろさ，深い味わい。

二　出典：宮島未奈《みやじまみな》『成瀬《なるせ》は天下を取りにいく』。大津《おおつ》市唯一《ゆいいつ》のデパートの最終営業日まで，ご当地番組「ぐるりんワイド」が生中継《ちゅうけい》を行うことになり，そこに毎回映るという目標を立てた成瀬のようすを，「わたし」（みゆき）の視点から描《えが》いている。

問１　遥香《はるか》と瑞音《みずね》から，別々のシチュエーションで「テレビ」に映っていた自分を見たと聞いた「わたし」は，「なぜこのことに気付かなかったのか」と思っている。西武大津店の営業終了《しゅうりょう》まで「中継映像」に毎回映るという成瀬の目標に「わたし」は付き合っているが，二人がそれぞれの目《もく》撃《げき》談を「パズルのように組み合わせれば」自分の「していることがバレてしまう」のは当然だと思ったのだから，㈣がよい。

問２　レポーターから遥香と瑞音がマイクを向けられているのを見た「わたし」は，二人に「嫉《しっ》妬《と》」している。毎日「ユニフォーム」で来て「西武愛を発信している成瀬」こそ「インタビューされるべき」だと思っているのに，「私服」で初めて来た二人が「話しかけられちゃった」と「興奮」しているのに腹を立てたのである。

問３　レポーターが望んでいるのは「多くの視聴者《しちょうしゃ》が同感できるような意見」，無難な受け答えをしてくれそうなインタビュー相手であることをおさえる。　**a**　ライオンズのユニフォームを着て，毎日，中継映像に映りこむ成瀬は，気合いが入り過ぎていて無難なインタビュー相手ではない。つまり，「普通《ふつう》の中学生」に見えないのである。　**b**　球場でもないのにライオンズのユニフォームを着てミニバットを持つという成瀬のいでたちは，「一癖《ひとくせ》ある風体《ふうてい》」だといえる。　**c**　「一癖ある風体」の成瀬に「マイク」を向けることをためらうのだから，レポーターは成瀬が「場違《ばちが》いな発言」をするのではないかと心配したはずである。　**d**　テレビ局が求めるのは「多くの視聴者が同感できるような意見」だから，㈠の「月並みな感想」が入る。なお，「月並み」は，平凡《へいぼん》なようす，あたりさわりのないさま。

問４　**A**　「十七時五十五分からはじまる」「ぐるりんワイドの時間だ」ということに，「十七時五十分」になると気づくのだから，すぐ先の未来を表す，㈤の「もうすぐ」が入る。　**B**　中継映像に毎回映りこむという目標を果たしているので，確実に行うようすをいう，㈡の「しっかり」があてはまる。　**C**　後に「遂行《すいこう》するのだろう」とあるので，これと呼応して“きっと～だろう”という意味を表す，㈠の「おそらく」がよい。

問５　中継場所に自分が「行く必要はあるのだろうかと考えた」「わたし」は，「嫌《いや》になって」数日前から行かなくなっている。もともと成瀬に「付き合っているのはわたしの意志」でもあったのに，成瀬に「これまで付き合ってくれてありがとう」と言われたのだから，すれちがいや距離《きょり》を感じたのだろうと考えられる。

問６　五歳《さい》くらいの女の子から「ファンアート」を渡《わた》され，母親らしき人から「テレビでいつも見てるんです」と言われた成瀬は「こんなことあるんだな」と，自分たちが描《か》かれた絵を「大事そうにリュック」にしまっている。思いがけず，「いつも」見てくれていた人がいたことや，絵まで描いて渡してくれた女の子の気持ちがうれしく，目を潤《うる》ませているのである。

問７　この後，西武大津店の営業最終日である「八月三十一日の朝」，成瀬は「おばあちゃんが死

んだ」ことを伝えに「わたし」のところへ来ている。おばあちゃんの容態がどうなるかわからなかったため，「ぐるりんワイド」の中継に「最後まで出られたらいいのだが」と言ったのである。

問８　営業最終日の前日，「賑《にぎ》わっている西武大津店」のようすを見た母は「普段からこれだけ人がいたらつぶれなかったのにね」と言っている。つまり，レジには「長蛇《ちょうだ》の列ができてい」たのである。「長蛇の列」は，長く続く人の列を蛇《へび》にたとえた表現。なお，(ア)の「猫《ねこ》の子一匹《いっぴき》いない」は，人がまったくいないようすを表す。(イ)の「閑古鳥《かんこどり》が鳴いている」は，人の訪《おとず》れがなくものさびしいようす，店がはやらないようすのこと。(ウ)の「蟻《あり》のはい出る隙《すき》もない」は，小さな蟻さえ逃《に》げ出せないほど，警戒《けいかい》が厳重であることを意味する。

問９　おばあちゃんが亡《な》くなったと話しているなかで，最終営業日である今日，西武大津店に行かないのかとたずねるのは「不謹慎《ふきんしん》かもしれないと思いながらも」，「わたし」は成瀬にどう考えているのか「訊《き》かずにはいられなかった」のである。成瀬の目標を否定する気は「わたし」にはないので，(エ)が正しくない。

問10　⑧「上の空」は，ほかのことに気を取られて，そこに意識が向かないさま。　⑨「万が一」は，“もしも”“ひょっとして”という意味。　⑩「見納め」は，その時点が，それを見る最後であること。

問11　**E**，**F**　直後に「成瀬が謝《あやま》るとは思わなかった」とあるので，空欄Ｆには(ウ)の「そりゃ災難だったな。遅くなってごめん」が入る。空欄Ｅでは，その「災難」の内容について「わたし」が話したはずなので，(エ)の「さっき，知らないおじさんに偽者《にせもの》だって絡《から》まれたの」が入る。　**G**　「遅くなってごめん」と謝った成瀬に対する「わたし」の返答なので，(オ)の「ううん。来てくれてよかった。おばあちゃんの件は大丈夫《だいじょうぶ》？」が合う。　**H**　「おばあちゃんの件」を聞かれた成瀬の答えとしては，「お通夜《つや》は明日なんだ」がよい。

問12　**a**，**b**　「こんな時期でもできる挑戦《ちょうせん》がしたかった」ことの具体的な内容にあたる。コロナ禍《か》で制限の多い時期，何もしなければ夏休みは「希薄《きはく》な日々」で終わるが，毎回「ぐるりんワイド」に映ることに挑戦すれば「濃密《のうみつ》な時間」が過ごせるだろうと，成瀬は考えたものと想像できる。　**c**　大型小売店のデパートが支えてきたのは，地域住民の「日々の生活」である。　**d**　身近なデパートの「営業終了」まで通うことに重ねられているのは，死期の迫《せま》った人の「最期《さいご》の時間」を一緒《いっしょ》に過ごそうとすることである。　**e**，**f**　毎回テレビの生中継に映ることが「成瀬流の『お見舞い』だった」点に注目する。成瀬は，入院していた「祖母の容態」を案じていたはずである。また，祖母は，成瀬の映る「ぐるりんワイドを見るのを楽しみにしていた」のだから，成瀬は番組を通して「祖母の病室」に顔を出していたといえる。

Dr.福井の入試に勝つ! 脳とからだのウルトラ科学

歩いて勉強した方がいい？

みんなは座って勉強しているよね。だけど，暗記するときには歩きながら覚えるといいんだ。なぜかというと，歩いているときのほうが座っているときに比べて，心臓が速く動いて(脈はくが上がって)脳への血のめぐりがよくなるし，歩いている感覚が背骨の中を通って脳をつつくので，頭が働きやすくなるからだ(ちなみに，運動による記憶力アップについては，京都大学の久保田名誉教授の研究が有名)。

具体的なやり方は，以下のとおり。まず，机の上にテキストを広げ，1ページぐらいをざっと読む。そして，部屋の中をゆっくり歩き回りながら，さっき読んだ内容を思い出す。重要な語句は，声に出して言ってみよう。その後，机にもどってテキストをもう一度読み直し，大切な部分を覚え忘れてないかをチェック。もし忘れている部分があったら，また部屋の中を歩き回りながら覚え直す。こうしてひと通り覚えることができたら，次のページへ進む。あとはそのくり返しだ。

さらに，この“歩き回り勉強法”にひとくふう加えてみよう。それは，なかなか覚えられないことがら(地名・人名・漢字など)をメモ用紙に書いてかべに貼っておくこと。ドンドン貼っていくと，やがて部屋中がメモでいっぱいになるハズ。これらはキミの弱点集というわけだが，これを歩き回りながら覚えていくようにしてみよう！　このくふうは，ふだんのときにも自然と目に入ってくるので，知らず知らずのうちに覚えることができてしまうという利点もある。

歴史の略年表や算数の公式などを大きな紙に書いて貼っておくのも有効だ。

Dr.福井(福井《ふくい》一成《かずしげ》)…医学博士。開成中・高から東大・文Ⅱに入学後，再受験して翌年東大・理Ⅲに合格。同大医学部卒。さまざまな勉強法や脳科学に関する著書多数。

2023年度 中央大学附属中学校

【算　数】 〈第１回試験〉（50分）〈満点：100点〉

〈注意〉 1．コンパスと定規を使ってはいけません。
2．円周率は，3.14を用いなさい。

1 次の問いに答えなさい。

(1) $2\frac{5}{6}-\left(\frac{4}{3}-0.25\div\frac{1}{3}\right)\div\left(6.3-3\frac{1}{2}\right)$を計算しなさい。

(2) $9.42+3.14\times3-0.785\times8-157\times0.04$を計算しなさい。

(3) 1361，1649のどちらを割っても，余りが17になるような整数のうち，最大のものを求めなさい。

(4) ある遊園地の入園料は，大人1500円，中人1200円，小人800円です。ある日の入園者数は，大人と小人の人数比が３：２で，中人は大人より40人多く，この日の入園料の合計は，1212000円でした。中人の入園者数は何人ですか。

(5) 右の図のように，正方形の区画でできた道があります。×の部分が通行止めのとき，ＡからＢまで遠回りせずに行く道順は何通りありますか。

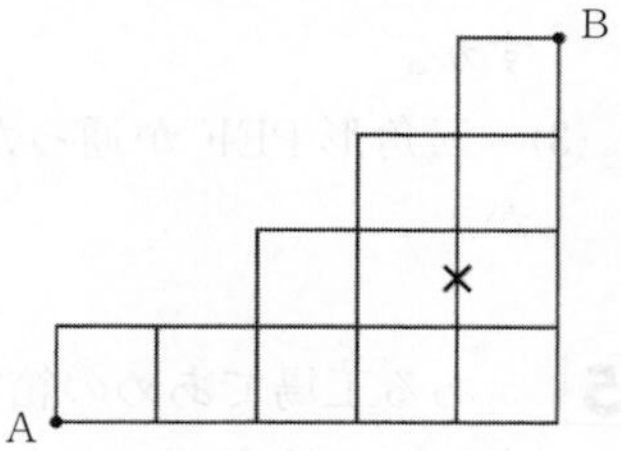

(6) 下の図の平行四辺形 ABCD について，CD＝CE のとき，角 x は何度ですか。

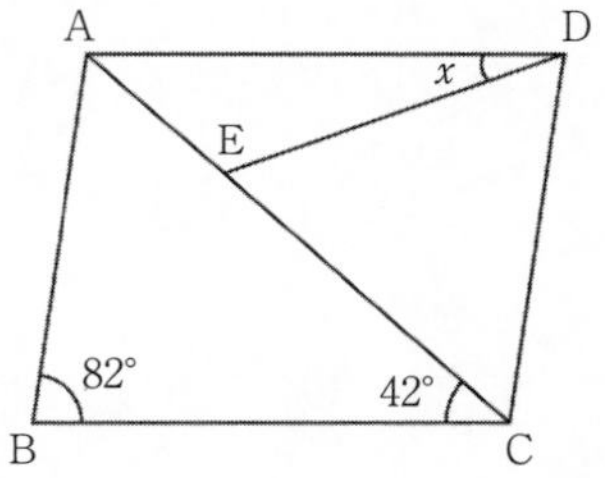

2 Ａ，Ｂ，Ｃの３人が動物園へ行きました。Ａは３人分のバス代の2700円，Ｂは３人分の弁当代，Ｃは３人分の入園料を払《はら》いました。その後，３人の払った金額を等しくするため，ＢはＡに100円，ＣはＡに550円を払いました。

(1) ３人の払った金額の合計はいくらですか。

(2) １人分の弁当代はいくらですか。

(3) １人分の入園料はいくらですか。

3　図のような三角形ABCについて，辺BCの中点をM，AD：DC＝２：５になる点をD，AMとBDの交点をEとする。三角形AEDの面積が16cm^2のとき，次の問いに答えなさい。

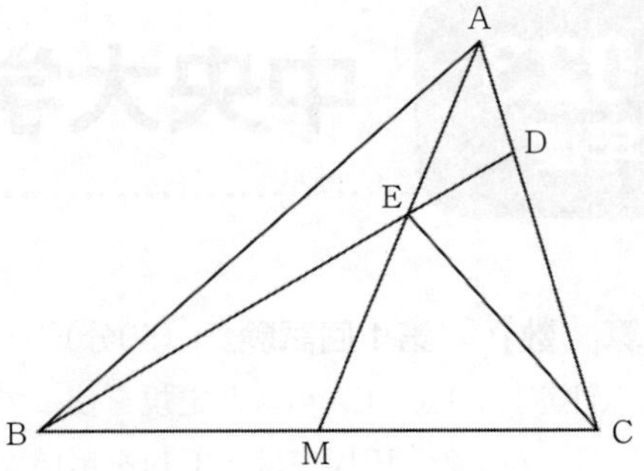

⑴　三角形CDEの面積は何cm^2ですか。

⑵　三角形ABEの面積は何cm^2ですか。

⑶　AEとEMの長さの比を最も簡単な整数の比で表しなさい。

4　図のようなAB＝６cm，AD＝AE＝３cmの直方体があります。CP：PD＝GQ：QH＝１：２とすると，AP＝５cmとなります。この直方体を２点P，Qを通る直線のまわりに１回転させるとき，次の問いに答えなさい。ただし，円周率は3.14を用いなさい。

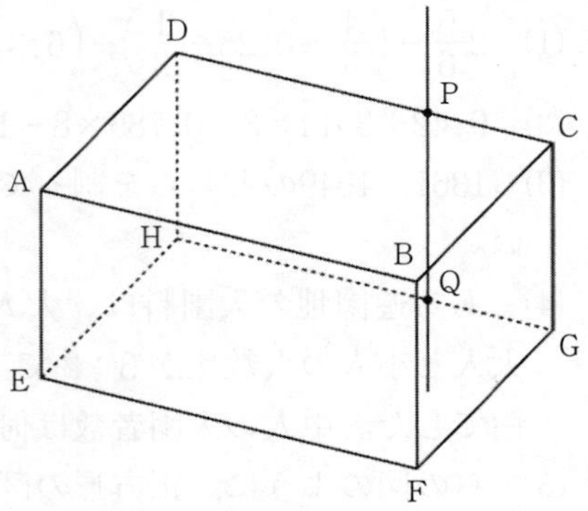

⑴　辺ADが通ったあとの図形の面積は何cm^2ですか。

⑵　正方形AEHDが通ったあとの立体の体積は何cm^3ですか。

⑶　三角形PEFが通ったあとの立体の体積は何cm^3ですか。

5　ある工場であめの箱詰《づ》め作業をします。作業を始める前に空箱が何箱かあり，１時間ごとに空箱が80箱運ばれてきます。４人で作業すると20時間後に空箱はなくなり，６人で作業すると12時間後に空箱はなくなります。

⑴　１時間あたり１人で何箱詰められますか。

⑵　作業を始める前に空箱は何箱ありましたか。

⑶　何人で作業すると５時間後に空箱はなくなりますか。

【社　会】〈第１回試験〉（30分）〈満点：60点〉

Ｉ　中央大学附属中学校１年生のさくらさんとお父さんは，正月にお雑煮《ぞうに》を食べながら話をしています。この会話を読んで，あとの問いに答えなさい。

さ く ら：お腹すいちゃった。あれ，なんだかいいダシの匂《にお》いがする……。

お父さん：じゃーん！　さくらのために２種類のお雑煮を作ってみたよ。

さ く ら：あれ，お餅の形がちがうわ。

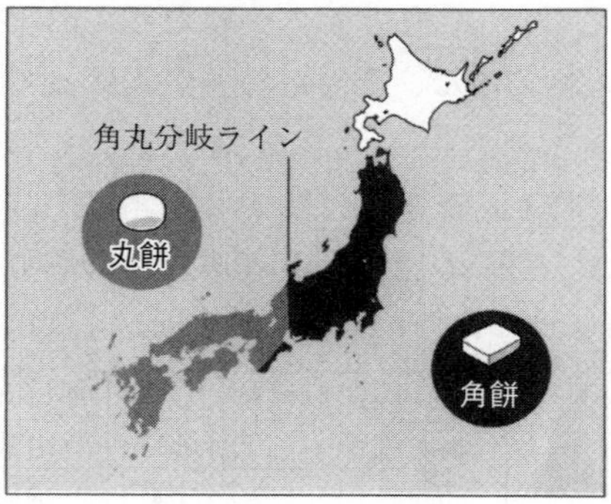

お父さん：角餅は関東風，丸餅は関西風なんだ。

さ く ら：関東と関西でお餅の形がちがうの？

お父さん：そう。地図を見てごらん。そこに書かれている「角丸分岐《ぶんき》ライン」より西では，餅が丸くなるんだ。(1)**うどん**のつゆなども，このあたりで変わるらしいよ。

さ く ら：このラインは(2)**関ヶ原**あたりを通っているのね。

お父さん：せっかくだし，歴史のおさらいをしよう。(3)**縄文時代**の東日本はクリなどの木の実やイノシシなどの食料が豊富だった。一方，西日本はあまり食料が豊かではなかった。だから縄文時代は東日本の人口のほうが多かった。でも，大陸から稲作《いなさく》が伝わって食料が安定して確保できるようになると西日本の人口が増えてきた。

さ く ら：東日本と西日本は，縄文時代から環境《かんきょう》がちがったのね。

お父さん：４世紀ごろに近畿地方にできたヤマト政権は，(4)**大陸の進んだ技術や文化**を取り入れて力をつけてきた。

さ く ら：ヤマト政権は中国をモデルに律令や(5)**都**をつくったって習ったわ。

お父さん：そう。ちょうどそのころに，３つの国に関所がおかれた。そのひとつの不破関《ふわのせき》がつくられたのが，今の関ヶ原のあたりだ。そして関所より東側を，関東とか東国とよぶようになった。

さ く ら：関所があったから関ヶ原，関所の東側だから関東なんだ！

お父さん：やがて(6)**関東平野**のあたりでは，北に住む蝦夷《えみし》とよばれる人たちに備えて，馬を育て，東国の人たちを訓練するようになった。その結果，馬に乗る「武士」が関東に成長してきたと考えられているんだ。

さ く ら：そういえば，関東で反乱を起こした平将門は馬を使っていたね。

お父さん：同じころに反乱を起こした(7)**藤原純友**は，船を用いて戦った。西日本では，船のほうが馬より都合がいいんだ。

さ く ら：東日本は馬，西日本は船。いろいろちがうのね。

お父さん：そのあとの歴史も見てみよう。承久の乱に勝利した鎌倉幕府が京都においた(8)**六波羅探題**は朝廷を監視《かんし》し，(9)**尾張国**と加賀国より西にいる御家人を指揮したんだ。

さ く ら：尾張と加賀って……「角丸分岐ライン」が通る場所じゃない！　やっぱり，このラインが東日本と西日本を分けるひとつの基準なんだ。

お父さん：江戸時代には，江戸と大坂が東日本と西日本の中心になった。でも，(10)**明治政府は中央集権国家をめざした**から，帝都東京を大きくしようとしたんだ。(11)**アジア・太平洋戦**

争のあとも，お父さんが生まれた(12)1975年まで，首都東京の人口は増え続けたよ。

さ く ら：東京に人，物，富が集中しやすい時代が続いたんだね。

お父さん：さくらは東京っぽいことばを使ってるけれど，これが世の中に広がる一方で，日本には(13)消滅《しょうめつ》の危機にあることばや方言もあるんだ。

さ く ら：東と西のちがいだけじゃなくって，いろんな文化やことばがあるって楽しいと思う。うどんのつゆだってお雑煮だって，１種類しかないなんてつまらないもん。

お父さん：そうだね。がんばってお雑煮を作ったかいがあったなぁ！

本文中の地図は，「地域で違う餅の形」（農林水産省ホームページ）を一部改変

問１．下線(1)に関する問題です。次の表は農産物の都道府県別の生産量を示したものです。うどんの原料となる農産物にあてはまるものを，次の①～④から１つ選びなさい。

①

都道府県	収穫量（トン）
北海道	728,400
福岡	78,100
佐賀	56,700
愛知	29,400
三重	22,800

②

都道府県	収穫量（トン）
山梨	30,400
福島	22,800
長野	10,300
山形	8,510
和歌山	6,620

③

都道府県	収穫量（トン）
鹿児島	190,600
茨城	189,200
千葉	87,400
宮崎	71,000
徳島	27,100

④

都道府県	収穫量（トン）
新潟	620,000
北海道	573,700
秋田	501,200
山形	393,800
宮城	353,400

『日本国勢図会 2022/23』（矢野恒太記念会）より作成

問２．下線(2)に関する問題です。関ヶ原は古代から交通の要所でした。江戸時代，日本橋を起点として関ヶ原を通る街道について述べた文として，正しいものを次の①～④から１つ選びなさい。

① 千住を最初の宿場とする街道で，江戸幕府の初代将軍をまつった神社を参拝するために整備された。

② 板橋を最初の宿場とする街道で，内陸を通るために大部分が険しい山道であり，碓氷《うすい》峠など難所が多くあった。

③ 品川を最初の宿場とする街道で，箱根関所では鉄砲の持ち込みと女性の出入りが厳しく取りしまられた。

④ 内藤新宿を最初の宿場とする街道で，富士山に信仰をいだく人々が参拝をする通り道として利用された。

問３．下線(3)に関する問題です。縄文時代に関わりがある写真としてふさわしくないものを，次のページの①～④から１つ選びなさい。

①

銅鏡

②

手足を折り曲げて埋葬《まいそう》された人骨

③

たて穴住居

④

土偶

問４．下線(4)に関する問題です。渡来人が日本に伝えたものとして**誤っているもの**を，次の①～④から１つ選びなさい。

①　漢字　　②　論語　　③　養蚕　　④　麻

問５．下線(5)に関する問題です。右の地図は古代の都がおかれた場所を示しています。Ａ～Ｄについて記した文として，**誤っているもの**を次の①～④から１つ選びなさい。なお，地図中の点線は現在の府県境を示しています。

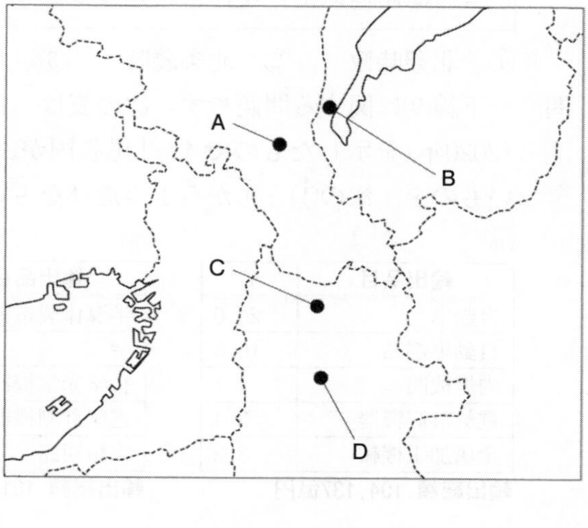

①　Ａの地には桓武天皇のときに都がうつされ，以後，長く日本の都として機能した。

②　Ｂの地には白村江の戦いのあとに都がおかれ，中大兄皇子はこの地で即位して天智天皇となった。

③　Ｃの地には聖武天皇のときに都がうつされ，東大寺や法隆寺などの寺院が建立された。

④　Ｄの地には推古天皇のころからたびたび都がおかれ，蘇我氏が滅《ほろ》ぼされた事件もこの地で起こった。

問6．下線(6)に関する問題です。関東平野について述べた文として，正しいものを次の①～④から1つ選びなさい。

① 北西から東へと関東平野を流れる利根川は，日本でもっとも流域面積が広く，その本流の下流域は千葉県と東京都の県境と重なっている。

② 関東平野の北部は山地に面していて，冬に平野部に向かって「やませ」とよばれる冷たい強風が吹く。

③ 関東平野の沿岸部では，かつては，海に面した暖かい気候を利用した養蚕業がさかんであった。

④ 日本でもっとも面積の広い平野で，東京湾岸に川崎，横浜，千葉などの政令指定都市が位置している。

問7．下線(7)に関する問題です。藤原純友が活動した瀬戸内海は，古くから海上交通が発達していました。瀬戸内海の海上交通について述べた文(あ)・(い)の内容について，正・誤の組み合わせとしてふさわしいものを，下の①～④から1つ選びなさい。

(あ) 平清盛は大輪田泊を修築して宋との貿易をさかんにし，航海の安全を祈《いの》って厳島神社を整備した。

(い) 足利義満が明と国交を結んで始めた貿易では，博多とならんで，瀬戸内海の堺も貿易港として栄えた。

① (あ) 正 (い) 正　② (あ) 正 (い) 誤

③ (あ) 誤 (い) 正　④ (あ) 誤 (い) 誤

問8．下線(8)に関する問題です。初代の六波羅探題となった人物は，次のような内容の手紙を弟に送っています(わかりやすい日本語に直してあります)。この人物の名前として，正しいものを下の①～④から1つ選びなさい。

この法律は武士のみに使われるもので，公家が使っている法律を変えるものではない。

① 北条時政　② 北条義時　③ 北条泰時　④ 北条時宗

問9．下線(9)に関する問題です。次の表は，日本の貿易港(空港をふくむ)の輸出品目とその割合(2020年)を示したものです。「尾張国がふくまれる都道府県」にある貿易港としてふさわしいものを，次の①～④から1つ選びなさい。

①

輸出品目	%
自動車	24.6
自動車部品	16.6
内燃機関	4.1
電気計測機器	3.4
金属加工機械	3.2

輸出総額 104,137億円

②

輸出品目	%
半導体製造装置	8.4
金	7.6
科学光学機器	5.5
電気計測機器	3.8
集積回路	3.8

輸出総額 101,588億円

③

輸出品目	%
自動車	15.9
プラスチック	4.7
内燃機関	4.4
自動車部品	4.3
遠心分離機	2.9

輸出総額 58,200億円

④

輸出品目	%
自動車部品	5.8
半導体製造装置	5.2
コンピュータ部品	5.1
プラスチック	4.7
内燃機関	4.4

輸出総額 52,331億円

『日本国勢図会 2022/23』(矢野恒太記念会)より作成

問10. 下線⑽に関する問題です。明治政府が行った改革について述べた文のうち，**誤っているもの**を次の①～④から１つ選びなさい。

① 身分制度を廃止《はいし》し，すべての人に名字を許し，職業を選択《せんたく》する自由を認めるようになった。

② 収穫《しゅうかく》高に応じて現物で納めさせる税を，地価に応じて現金で納めさせるようにあらためた。

③ 学問を修めて身を立てるため，すべての国民が初等教育を受けるべきだとした。

④ 納税額が少ない男子から徴兵し，ヨーロッパ諸国を手本とする近代的な軍隊をととのえた。

問11. 下線⑾に関する問題です。右の円グラフは，アジア・太平洋戦争が始まる前(1935年)，ある資源について，それがどの国から輸入されていたかを示したものです。この資源の名前を次の①～④から１つ選びなさい。

① 石炭

② 石油

③ ボーキサイト

④ 鉄鉱石

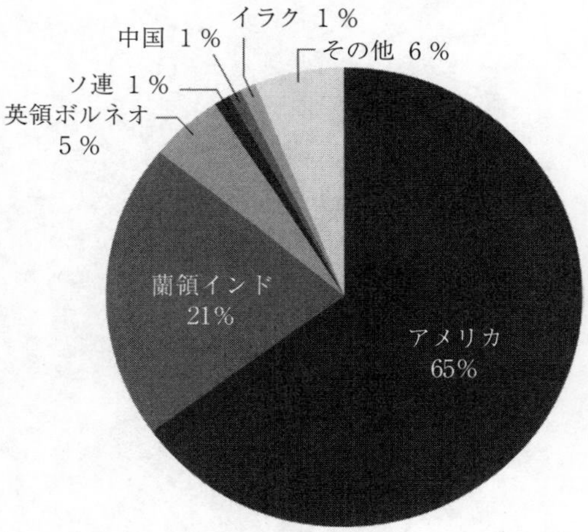

『統計要覧 2022』(二宮書店)より作成

問12. 下線⑿に関する問題です。次のページのグラフは，お父さんが生まれた1975年の日本の人口統計をもとに作成した人口ピラミッドです。このグラフが1975年ごろのものだと判断できる理由を，かんたんに説明しなさい。

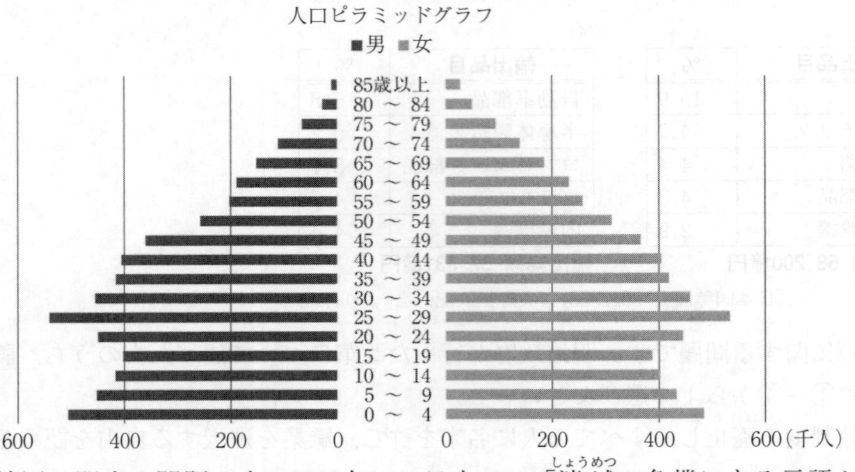

問13. 下線⒀に関する問題です。2009年に，日本での「消滅《しょうめつ》の危機にある言語や方言」を発表した国際機関の名前として，正しいものを次の①～④から１つ選びなさい。

①　UNESCO　　②　UNICEF　　③　IMF　　④　ILO

問14. 次の古地図は本文中の会話で話題とされている都市のものです。「御城《おしろ》」と記された場所について述べた文として，正しいものを下の①～④から１つ選びなさい。

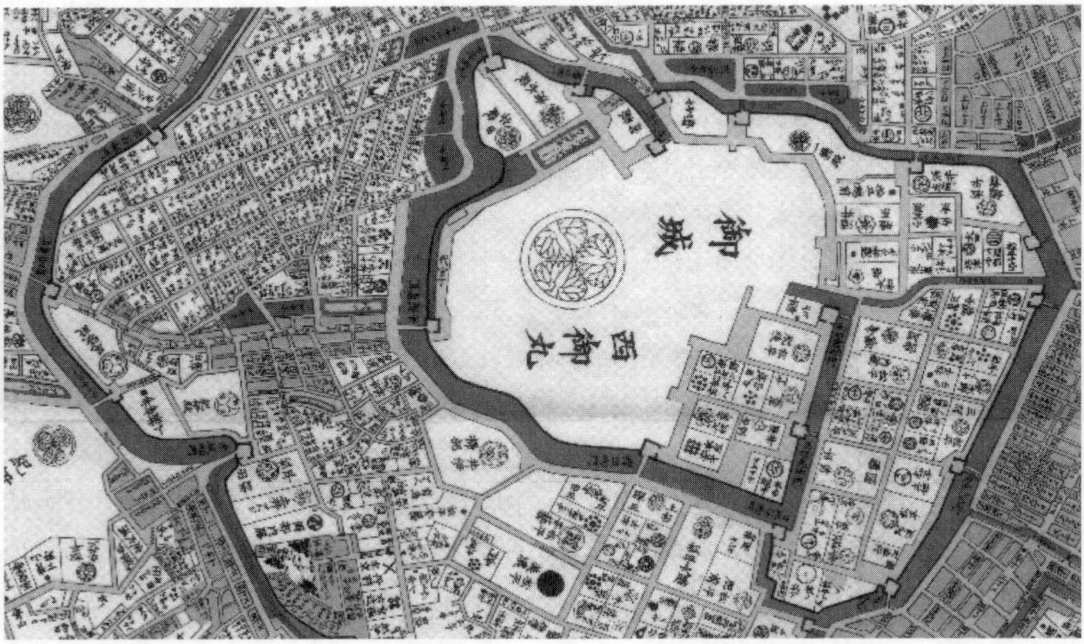

『日本城下町繪圖集』（昭和礼文社）より

①　戊辰戦争で幕府と新政府が戦った城で，榎本武揚らがたてこもった。

②　豊臣秀吉が築いた城で，豊臣氏が滅亡《めつぼう》したときに焼失した。

③　徳川氏の将軍が代々居住した城で，現在はその跡地《あとち》に皇居がある。

④　大政奉還が発表された城で，江戸幕府の将軍がしばしば宿泊《しゅくはく》した。

Ⅱ　日本とハンセン病に関する次の文章を読んで，以下の問いに答えなさい。

「生きろ」——。

宮崎駿《はやお》監督のアニメ映画『もののけ姫』のキャッチコピーです。新型コロナウイルスが私たちの身近にある今日，この言葉は，私たちの胸にずしりと響《ひび》きます。

(1)**中世日本**を舞台《ぶたい》とする『もののけ姫』には，エボシ御前《ごぜん》という人物が登場します。彼女は鉄づくりを通して自然を破壊《はかい》する一方，(2)**女性**たちに活躍《かつやく》の場を用意しました。また，エボシ御前のそばには，病をかかえて全身を包帯で覆《おお》いながら，一所懸命《けんめい》に働く者たちがいます。彼らは，ハンセン病者です。

この病は，らい菌《きん》によって皮ふや神経が冒《おか》される感染病ですが，(3)**20世紀後半**には治療《ちりょう》法が発達し，今では完治します。世界には古代よりハンセン病者がおり，たとえば『日本書紀』にも記録があります。

仏教の教えが定着した鎌倉時代には，ハンセン病は仏による罰《ばつ》だとされました。近世に入ると，1557年，ポルトガル人の(4)**キリスト教**の伝道師が豊後に病院を設け，(5)**患者《かんじゃ》の治療**にあたりました。とはいえ，江戸時代も，ハンセン病者が差別されることは変わりませんでした。

病が治ることを願う彼らは，(6)**四国**にある88カ所のお寺をめぐる「お遍路《へんろ》」に向かうことも多かったといいます。けれど，宿には泊《と》めてもらえず，野宿するか，お寺の本堂の軒先《のきさき》で夜を過ごしたりすることがふつうでした。

明治時代に入って彼らを積極的に助けたのは，ふたたびキリスト教の宗教者でした。フランス出身のテストウィードは(7)**静岡**に療養《りょうよう》所を建てました。(8)**イギリス**出身のハンナ・リデルは(9)**熊本**に病院を建て，政治家の(10)**大隈重信**にも支援《しえん》を求めました。

1879年には，(11)**江戸時代にたびたび日本を襲《おそ》ったコレラ**がふたたび広がりました。そんな中，明治政府は，コレラと同じく感染病であるハンセン病を社会から切り離《はな》すべきだと考えます。20世紀初めに全国に公立の療養所がつくられ，故郷《ふるさと》を追い出されたハンセン病者を収容しました。(12)**1910年から正式な植民地となった朝鮮半島**にも，療養所ができました。

(13)**1930年代**の日本政府は，強くて健康な国民をつくるべきだとの考えを強め，ハンセン病者を強制的に療養所へ入所させました。彼らは人権を侵害《しんがい》され，犯罪者のようにあつかわれることもありました。

アジア・太平洋戦争が終わったあと，国民の人権が日本国憲法ではっきり保障される時代になりました。しかし，ハンセン病者への偏見《へんけん》や差別は根強く残ります。社会では，思いやりや同情よりも偏見や差別が勝ったのです。

1996年，(14)**日本政府**はそれまでの国の過《あやま》ちを認め，ハンセン病の元患者たちに謝罪しました。だからといって，(15)**いったん引かれた社会の境界線**はかんたんには引き直されませんでした。病が治って退所が許されても，療養所にとどまることを選ぶ人が多くいます。

「深海に生きる魚族のように，自らが燃えなければ何処《どこ》にも光はない」

かつて，ハンセン病の歌人はそう記しました。一見すると力強い決意のようですが，これは，自分以外にはだれも自分を助けてくれないのだとも読めます。

社会に生きる私たちは，このような決意を，もうだれにもさせてはいけないのではないでしょうか。

参考資料：『国立ハンセン病資料館 常設展示図録 2020』

『明石海人歌集』（岩波文庫）

問１．下線⑴に関する問題です。室町時代の社会や文化について述べた文として**誤っているもの**を，次の①～④から１つ選びなさい。

① 農村部では，有力な農民たちが寄合《よりあい》を開き，村のおきてを定めるなどの自治を行う惣村が見られた。

② 貴族と武士の文化が混ざりあう京都では，龍安寺《りょうあんじ》などに，石や砂を用いて自然の風景を表す枯山水という様式の庭園が造られた。

③ 運送業者として活躍《かつやく》した問丸は，正長の徳政一揆において農民とともに幕府へ借金の帳消しを求めた。

④ 将軍足利義満に保護された観阿弥・世阿弥の父子は，面を着けながら音楽にあわせて舞う「能」を，芸術として完成させた。

問２．下線⑵に関する問題です。アメリカ航空宇宙局（NASA）を中心として，2024年に女性宇宙飛行士を初めて月面着陸させる計画があります。この計画の名前と，1969年に人類初の月面着陸を成功させた計画の名前の組み合わせとして，正しいものを次の①～④から１つ選びなさい。

	2024年の計画	1969年の計画
①	アルテミス計画	アポロ計画
②	アテネ計画	アルテミス計画
③	アポロ計画	アルテミス計画
④	アルテミス計画	アテネ計画

問３．下線⑶に関する問題です。2022年に死去した右の写真の人物が，20世紀後半にソビエト連邦の指導者として行った内容として，**誤っているもの**を次の①～④から１つ選びなさい。

① 東ドイツと西ドイツが統一することを受け入れた。

② アメリカ大統領とマルタ島で会談して，冷戦の終結を宣言した。

③ 地中海への出口を求めて，黒海に面するクリミア半島に侵攻《しんこう》した。

④ ペレストロイカという標語《ひょうご》のもと，政治や経済を改革した。

問４．下線⑷に関する問題です。1613年に，支倉常長らの慶長遣欧使節をヨーロッパへ送った仙台藩主の名前を，**漢字で**記しなさい。

問５．下線⑸に関する問題です。今日，医師から十分な説明を受け，患者本人が納得・同意した上で，病気の治療は進められるべきだとされています。この考え方の名前として正しいものを，次の①～④から１つ選びなさい。

① インフォームドコンセント　② トリアージ

③ カーボンニュートラル　④ ターミナルケア

問６．下線⑹に関し，次の(イ)(ロ)の問題に答えなさい。

(イ)　左下の絵は，四国のある地域で江戸時代に行われた漁のようすです。右下の写真は，今日まで続くその漁でとった魚を使った料理です。この魚の名前を記しなさい。ひらがなでもかまいません。

〈絵〉

〈写真〉

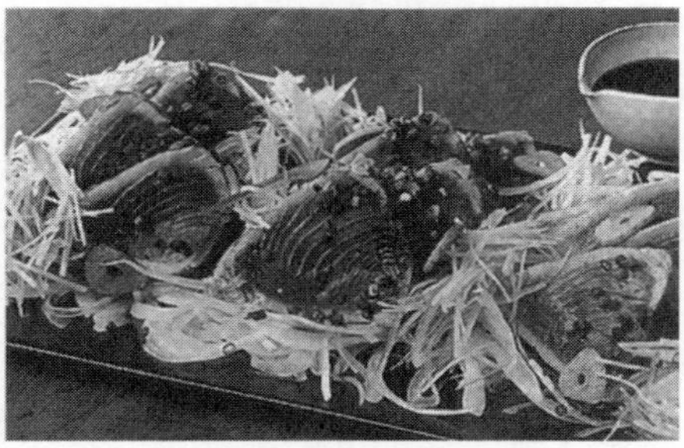

(ロ)　次の表は，四国地方の四県の面積，人口，野菜生産額，果実生産額を示したものです。徳島県にあてはまるものを，次の①～④から１つ選びなさい。

	面積(km^2)	人口(千人)	野菜生産額(億円)	果実生産額(億円)
①	5676	1335	197	532
②	7104	692	711	111
③	1877	950	242	69
④	4147	720	352	95

「2020年生産農業所得統計」(農林水産省)，
『日本国勢図会 2022/23』(矢野恒太記念会)より作成

問７．下線(7)に関する問題です。次の絵は，静岡県にある川のようすです。江戸時代には橋がかけられていなかったため，通行人の代わりに荷物をかついで川を渡る仕事がありました。明治時代に橋がかけられると，失業した人びとは近くの台地を開墾《かいこん》し，茶の栽培をするようになったといわれます。この川と台地の名前の組み合わせとして，正しいものを下の①～④から１つ選びなさい。

葛飾北斎『富嶽三十六景』より

①　シラス台地―天竜川　　②　シラス台地―大井川

③ 牧ノ原台地―天竜川　④ 牧ノ原台地―大井川

問８．下線(8)に関する問題です。イギリスでは2022年，長らく女王であったエリザベス２世が亡くなりました。彼女が女王だった時代に起きた出来事として，正しいものを次の①～④から１つ選びなさい。

① イギリスの植民地支配に反対する運動の指導者ガンジーが，インドで非暴力・不服従運動を展開した。

② イギリスの首相が，世界で初めて孤独《こどく》問題担当大臣を任命し，孤独をかかえる人びとを支えるようになった。

③ イギリス人のナイチンゲールらが，クリミア戦争中に傷を負った兵士を看護し，イギリス人戦死者の数が減った。

④ イギリスと清によるアヘン戦争を受けて結ばれた南京条約によって，香港島がイギリスの植民地となった。

問９．下線(9)に関する問題です。熊本県にかかわりのある歴史や地理について述べた文として，**ふさわしくないもの**を次の①～④から１つ選びなさい。

① 1950年代～60年代の水俣では，化学工場から出された排水《はいすい》による水質汚濁《おだく》が原因で，水俣病が発生した。

② 江戸時代の天草では，重い年貢の取り立てに苦しんだ人びとが，天草四郎という少年のもと一揆を起こした。

③ 阿蘇には，かつて阿蘇山の噴火《ふんか》によって形成された巨大なカルデラがあり，地域一帯が世界ジオパークに指定されている。

④ 江戸時代の対馬では，いわゆる「鎖国」のもとでも朝鮮との交流が続き，朝鮮通信使が立ち寄ることもあった。

問10．下線(10)に関する問題です。大隈重信について述べた文(あ)・(い)の内容について，正・誤の組み合わせとしてふさわしいものを，下の①～④から１つ選びなさい。

(あ) 大隈重信はいち早く国会を開くべきだと主張するなどして伊藤博文と対立し，明治政府から追放された。

(い) 立憲改進党を結成した大隈重信は，明治政府に反対する士族たちを率いて萩の乱を起こした。

① (あ) 正 (い) 正　② (あ) 正 (い) 誤

③ (あ) 誤 (い) 正　④ (あ) 誤 (い) 誤

問11．下線(11)に関する問題です。1858年（安政５年）にコレラが大流行しました。この年，幕府が結んだ条約の相手国として**誤っているもの**を，次の①～④から１つ選びなさい。

① ロシア　② イギリス　③ ドイツ　④ フランス

問12．下線(12)に関する問題です。次のページの表を見て，朝鮮半島で「三・一独立運動」が起きた時期として正しいものを，下の①～④から１つ選びなさい（Ａ～Ｄは時代順にならんでいます）。

A　ポーツマス条約で，ロシアが韓国における日本の優越《ゆうえつ》を認めた。
↓
B　韓国統監を務めた伊藤博文が安重根により暗殺された。
↓
C　多くの朝鮮人が満州国へ移住した。
↓
D　広島・長崎で多くの日本人とともに朝鮮人が被爆《ひばく》した。

①　AとBの間　　②　BとCの間
③　CとDの間　　④　Dのあと

問13.　下線⒀に関する問題です。次の文章を読み，空らん（X）・（Y）・（Z）にあてはまる語の組み合わせとして正しいものを，下の①～④から１つ選びなさい。

世界恐慌のあと，日本では満州が「日本の生命線」とされ，満州事変が起きた。国内では軍部の発言力がいっそう高まり，1932年（ X ），右の写真にうつる（ Y ）首相が海軍軍人らに暗殺された。そして1937年，北京郊外で起きた（ Z ）事件をきっかけに，およそ８年にわたる日中戦争が始まるのである。

①　（X）　５月15日　（Y）　犬養毅　（Z）　盧溝橋
②　（X）　２月26日　（Y）　浜口雄幸　（Z）　柳条湖
③　（X）　５月15日　（Y）　犬養毅　（Z）　柳条湖
④　（X）　２月26日　（Y）　浜口雄幸　（Z）　盧溝橋

問14.　下線⒁に関する問題です。日本政府を構成する内閣は，国会の信任を受けて成立します。憲法には，衆議院で内閣不信任決議が可決されたとき，内閣がしなければいけないことが２つ記されています。そのうちの１つは，内閣の総辞職です。もう１つは何か，かんたんに答えなさい。

問15.　下線⒂に関する問題です。現代の日本社会に観察される「境界線」について述べた文として，**ふさわしくないもの**を次の①～④から１つ選びなさい。

①　日本政府は男女共同参画社会の実現をめざしているが，女性のほうが男性よりも平均賃金が低く，非正規雇用《こよう》者の割合も大きい。
②　日本国憲法は国民が「健康で文化的な最低限度の生活」を送る権利を定めるが，生活保護の受給をためらって申請《しんせい》しない人も少なくない。
③　最高裁判所は同性どうしの結婚《けっこん》を認めておらず，地方自治体が同性カップルに関するパートナーシップ制度を設けることも禁じている。
④　多くの地方自治体は多文化共生社会の実現をめざす一方，在日外国人には地方参政権をふくむ参政権が認められていない。

【理　科】〈第１回試験〉（30分）〈満点：60点〉

1　４つの乾《かん》電池Ａ～Ｄ，豆電球１つ，電流計，電圧計を用いて，電池の性質について調べました。以下の全ての実験において，乾電池ＡとＢについては回路に電流を流そうとする働きの大きさが同じであるものとし，全ての電池について実験中にその働きが弱くなることはないものとします。また，回路に流れる電流は電流計や電圧計をつけても変化しないものとします。次の文章を読み，それぞれの問いに答えなさい。

電池には回路に電流を流す働きがあります。例えば，図１のように乾電池Ａと豆電球をつないで回路を作ると，乾電池の一方から流れ出る電流が豆電球を通り，乾電池の逆側に流れこむことで回路全体に電流が流れます。これによって豆電球を光らせることができます。

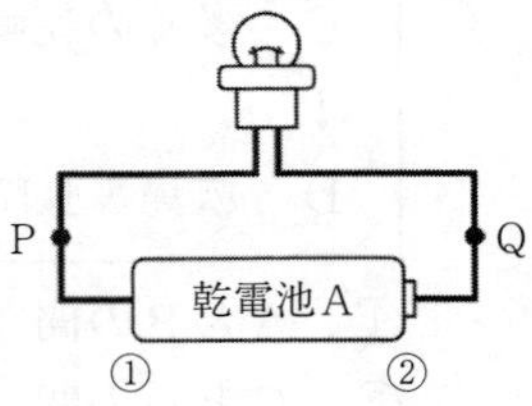

図１

問１　図１において，電流が流れ出るのは乾電池Ａの①と②のどちら側からですか。また回路の点Ｐと点Ｑの電流の大きさの関係はどうなりますか。次の(ア)～(カ)から正しいものを１つ選び，記号で答えなさい。

(ア)　流れ出るのは①で，点Ｐのほうが点Ｑよりも電流は大きい。
(イ)　流れ出るのは①で，点Ｐのほうが点Ｑよりも電流は小さい。
(ウ)　流れ出るのは①で，点Ｐと点Ｑの電流の大きさは等しい。
(エ)　流れ出るのは②で，点Ｐのほうが点Ｑよりも電流は大きい。
(オ)　流れ出るのは②で，点Ｐのほうが点Ｑよりも電流は小さい。
(カ)　流れ出るのは②で，点Ｐと点Ｑの電流の大きさは等しい。

図１の乾電池Ａから流れ出る電流の大きさは，図２のような電流計を用いて測ることができます。この電流計には＋端子《たんし》が１つと－端子が３つあり，－端子にはそれぞれ50mA，500mA，５Ａと書いてあります。この３つの端子をそれぞれＸ，Ｙ，Ｚとします。

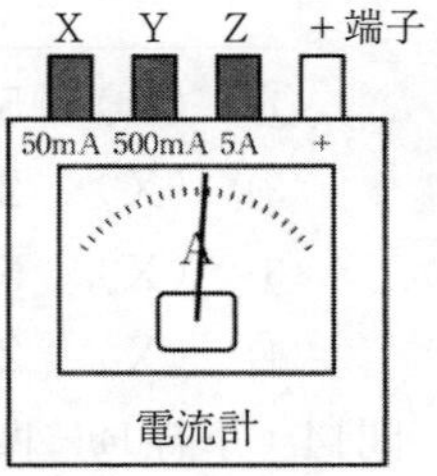

図２

問２　この電流計を回路につなぐ方法はどうなりますか。次の(ア)～(エ)から正しいものを１つ選び，記号で答えなさい。

(ア)　電流計の＋端子に電流が流れこむようにつなぐ。－端子につなぐときは，Ｘ→Ｙ→Ｚの順につなぎ変える。
(イ)　電流計の＋端子に電流が流れこむようにつなぐ。－端子につなぐときは，Ｚ→Ｙ→Ｘの順につなぎ変える。
(ウ)　電流計の＋端子から電流が流れ出るようにつなぐ。－端子につなぐときは，Ｘ→Ｙ→Ｚの順につなぎ変える。
(エ)　電流計の＋端子から電流が流れ出るようにつなぐ。－端子につなぐときは，Ｚ→Ｙ→Ｘの順につなぎ変える。

問３　図１の乾電池Ａから流れ出る電流の大きさを電流計で測ったとき，－端子として図２のＹを使うと電流計の針は図３のようになりました。この電流は何mAですか。

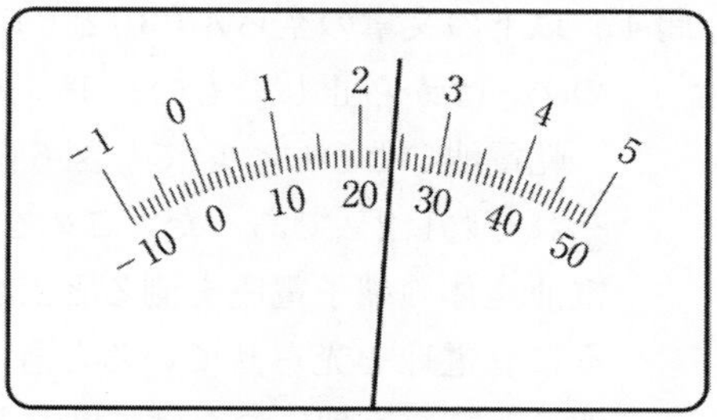

図３

電池が電流を流そうとする働きの大きさを「端子電圧」といいます。同じ豆電球を光らせるときでも，電池の端子電圧が大きいときほど回路に流れる電流が大きくなり，豆電球をより明るく光らせることができます。

乾電池の端子電圧は，図４のように乾電池の＋極と－極につけた電圧計で測ることができます。端子電圧の単位はＶ(読み「ボルト」)で，図４の回路において乾電池Ａの端子電圧を実際に測ると1.4Ｖでした。また，この回路の電池を乾電池Ｂに取りかえても同じ端子電圧であったため，豆電球は同じ明るさで光りました。次に乾電池ＡとＢを直列につないで豆電球を光らせました。このとき，図５のように２つの電池全体の端子電圧を測ると2.6Ｖになりました。よって豆電球は2.6Ｖの端子電圧によって光ることになるので，電池１つのときより明るく光ることになります。

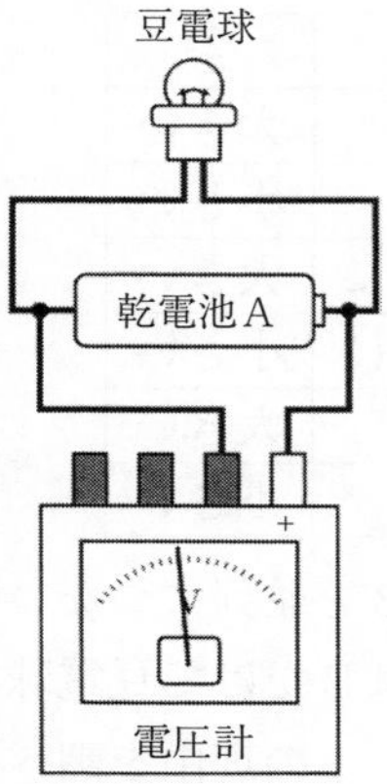

図４

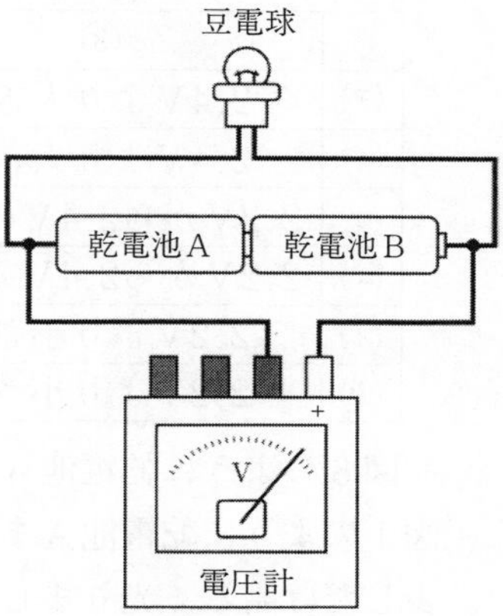

図５

ただし電池の端子電圧には，電池から流れ出る電流が大きいときほど，その電池の端子電圧が小さくなるという性質があります。この性質を調べるために，図６のように豆電球をつながずに乾電池Ａまたは乾電池Ｂだけで端子電圧を測ると，それぞれ1.5Ｖになりました。つまり，電流が流れ出ていないときの電池は，電流が流れ出ているときよりも端子電圧が大きいわけです。

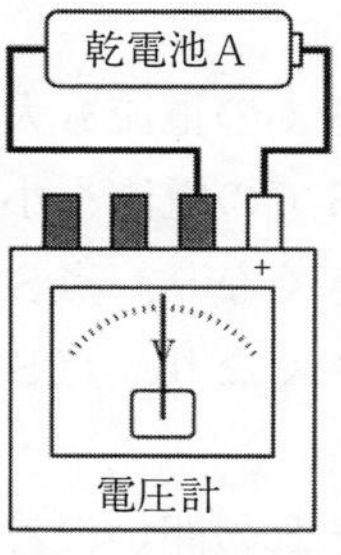

図６

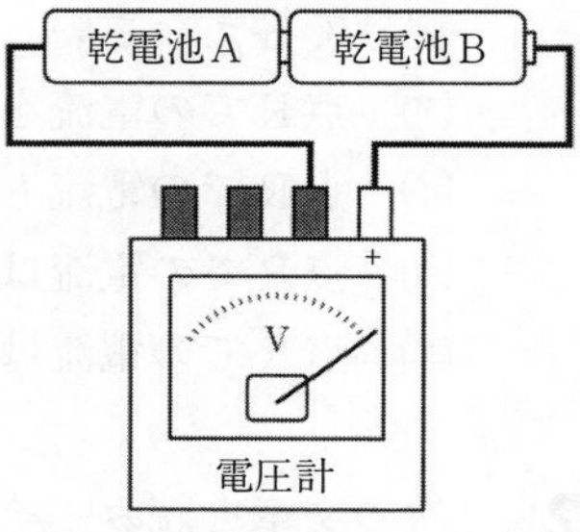

図７

同様に図７のように豆電球をつながずに乾電池ＡとＢを直列につなげると，全体の端子電圧は3.0Ｖになりました。このように，電池から電流が流れ出ていないときは，電池を直列につなぐと，全体の端子電圧は一つ一つの端子電圧の合計になります。ただし，この直列につないだ２つの電池で豆電球を光らせるときは，電池から電流が流れ出るため端子電圧が小さくなります。図４のように乾電池ＡまたはＢだけで豆電球を光らせるときは，それぞれの乾電池の端子電圧が1.4Ｖであるのに対し，図５のように乾電池Ａ，Ｂを直列につないで豆電球を光らせているときは，全体の端子電圧は1.4Ｖの２倍より小さくなります。なぜなら，図４のときより図５のときのほうが，それぞれの電池から流れ出ている電流が大きいからです。

問４　以下の文章の空らん(③)と(④)に当てはまる語句の組み合わせはどうなりますか。下の表の(ア)～(カ)から正しいものを１つ選び，記号で答えなさい。

　乾電池ＣとＤについて，図６のときと同じように回路につながないで端子電圧を測ると，それぞれ1.2Ｖであった。この２つの電池を直列につないで図７のときと同じように２つの電池全体の端子電圧を測ると2.4Ｖになった。また，乾電池ＣまたはＤだけで図４と同じように豆電球を光らせているとき，それぞれの電池の端子電圧は1.1Ｖであった。次に，乾電池ＣとＤを直列につなげて図５と同じように豆電球を光らせると，２つの電池全体の端子電圧は(　　③　　)なる。なぜなら，それぞれの乾電池だけで豆電球を光らせているときより，電池から流れ出る電流が(　④　)からである。

	③	④
(ア)	2.4Ｖより大きく	大きい
(イ)	2.4Ｖより大きく	小さい
(ウ)	2.2Ｖから2.4Ｖの間に	大きい
(エ)	2.2Ｖから2.4Ｖの間に	小さい
(オ)	2.2Ｖより小さく	大きい
(カ)	2.2Ｖより小さく	小さい

　図８のように乾電池Ａ，Ｂを並列につないで豆電球を光らせると，図１のように乾電池ＡまたはＢだけで豆電球を光らせるときに比べて少しだけ明るく光りました。この理由を調べるために，回路の点Ｒと点Ｓの電流を電流計で測りました。

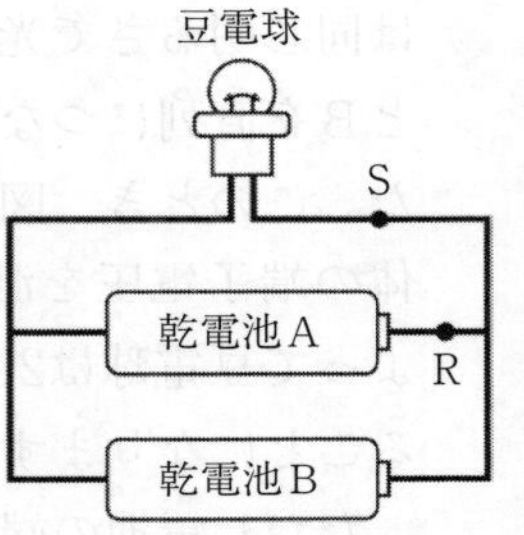

図８

問５　図８における点Ｒと点Ｓでの電流は，図３で示された電流の大きさに比べてどうなりますか。次の(ア)～(エ)から正しいものを１つ選び，記号で答えなさい。

(ア)　点Ｒでの電流も点Ｓでの電流も大きくなる。

(イ)　点Ｒでの電流も点Ｓでの電流も小さくなる。

(ウ)　点Ｒでの電流は大きくなり，点Ｓでの電流は小さくなる。

(エ)　点Ｒでの電流は小さくなり，点Ｓでの電流は大きくなる。

2　次の文章を読み，それぞれの問いに答えなさい。

　しょう油の主な成分は，タンパク質や炭水化物といった有機物と呼ばれるものをのぞくと，食塩と水になります。次のような実験で，しょう油から食塩を取り出しました。

【実験】

１．蒸発皿に，しょう油20ｇを入れた。

２．１の蒸発皿を，Aガスバーナーにより強く加熱した。しばらくすると，黒くこげ，けむりも出てきたが，かまわず加熱し，けむりが出なくなるまで加熱を続けた。

３．蒸発皿が冷えたら水を$20cm^3$加え，ガラス棒でよくかき混ぜた。

４．３の溶液をろ過して，こげた黒い固体をとりのぞいた。

５．４で得たろ液を新たな蒸発皿に入れ，水分がなくなるまで加熱すると，蒸発皿に白い固体(食塩)が３ｇ残った。

この実験では，しょう油を強く加熱することで，水は(　あ　)します。そのため水に溶けていた食塩は固体となって残ります。また有機物は燃えてしまうか，真っ黒な炭になって残ります。こうして得られた炭と食塩の混ざりものに水を加えて食塩をとかし出し，ろ過して炭をとりのぞいたろ液を加熱すると，食塩が取り出せるのです。

この実験とは別に，10cm^3のしょう油を入れたメスシリンダーの重さをはかったところ47ｇでした。なお，このメスシリンダーだけの重さは35ｇでした。

問１　空らん(あ)にあてはまる語句を漢字で答えなさい。

問２　下線部Ａについて，ガスバーナーへの点火の仕方は，次の①→②→③のような順番です。

① ガスバーナーのガス調節ねじ，空気調節ねじが閉まっていることを確認する。その後，ガスの元栓《もとせん》につなぎ，元栓を開ける。

②　マッチをすり，マッチの火をガスバーナーの口に近づける。

③　ガスバーナーのガス調節ねじを開ける。

③の操作を②の後に行わないと危険です。その理由を説明しなさい。

問３　実験の操作５と同じように，蒸発皿に入れて水分がなくなるまで加熱したとき，蒸発皿上に固体が残るものはどれですか。次の(ア)～(エ)の中からすべて選び，記号で答えなさい。

(ア)　アンモニア水　　(イ)　塩酸

(ウ)　石灰水　　(エ)　塩酸と水酸化ナトリウム水溶液を混ぜたもの

問４　この実験結果を用いて，大さじ１杯《ぱい》(15cm^3)のしょう油にふくまれている食塩の重さが何ｇかを求めなさい。

問５　砂糖水にふくまれている砂糖の量を，この実験のやりかたで求めることはできません。その理由を説明しなさい。

3

次の文章を読み，それぞれの問いに答えなさい。

近年，地球規模の環境問題が重要な課題になっており，この問題解決への目標が国連においてかかげられています。ここでは日本の気候や自然，環境問題について考えてみましょう。

日本には四季があり，それぞれの季節の特徴が天気図にあらわれます。例えば，図１の天気図は(　ａ　)の気圧配置になっており，冬によく見られます。また，図２の天気図は(　ｂ　)が本州の南にあり，これが本州の北に移動することで本州が夏になります。

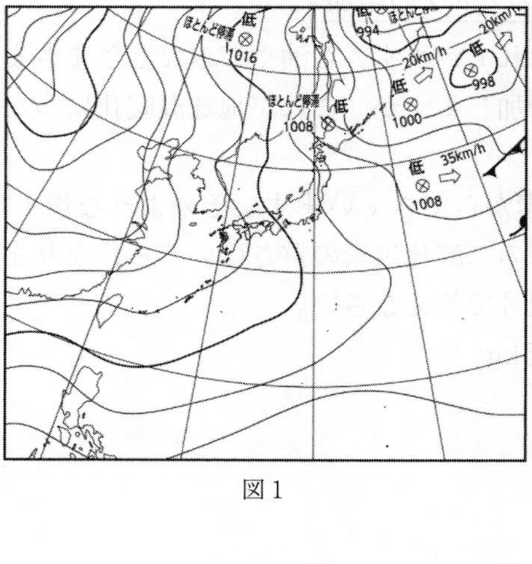

図１

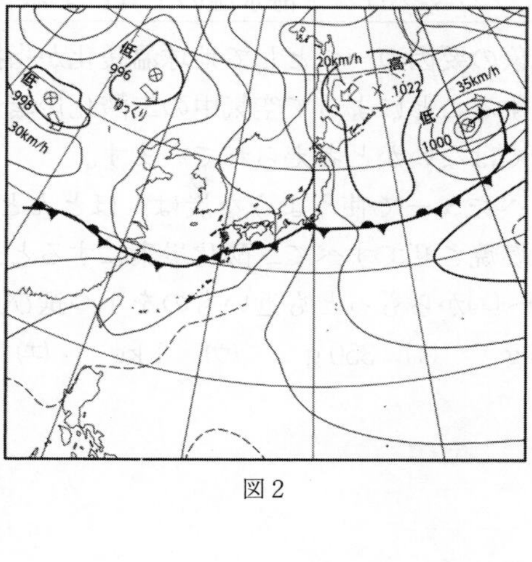

図２

問１　上の文章の空らん（ａ）と（ｂ）にはどのような語句があてはまりますか。次の(ア)～(エ)からふさわしい組み合わせを１つ選び，記号で答えなさい。

	a	b
(ア)	西高東低	梅雨前線
(イ)	西高東低	秋雨前線
(ウ)	南高北低	梅雨前線
(エ)	南高北低	秋雨前線

このような季節の変化により，日本の自然が作られています。そしてその自然の豊かさは，太陽からの光を土台にした生き物の複雑なつながりで生まれています。

問２　植物や植物プランクトンが光を使ってデンプンを作ることを何といいますか。漢字で答えなさい。

生き物の複雑なつながりにはさまざまな種類があります。例えば，褐虫藻《かっちゅうそう》という植物プランクトンはサンゴの体に住処《すみか》をもらい，その代わりにサンゴは褐虫藻から養分をもらっています。このようにお互いが損をしないように共に生活することを共生といいます。

問３　**共生の関係ではない**生き物の組み合わせはどれですか。次の(ア)～(エ)からもっともふさわしいものを１つ選び，記号で答えなさい。

(ア)　アブラムシとアリ　　(イ)　カクレクマノミとイソギンチャク

(ウ)　コバンザメとサメ　　(エ)　カマキリとハリガネムシ

以上のように，豊かな自然のもとに生き物はつながりあって生きています。しかし，近年の異常気象によりこのようなつながりがこわれ，個体数が減っている生き物がいます。例えば，沖縄や九州周辺のサンゴが死んで少なくなっていますが，これは海水温の上昇によって，褐虫藻がサンゴの体からいなくなることが原因と考えられています。

問４　次の生き物はいずれも，近年個体数が減っています。それぞれの生き物と減少の原因の組み合わせとして**正しくないもの**はどれですか。次の(ア)～(エ)から１つ選び，記号で答えなさい。

	生き物	原因
(ア)	アフリカゾウ	干ばつによる水源の減少
(イ)	コアラ	森林火災による森の減少
(ウ)	ホッキョクグマ	気温の上昇による氷の減少
(エ)	クロマグロ	海水温の上昇によるプランクトンの増加

異常気象の要因の一つとして地球温暖化が指摘《してき》されています。石油やごみなどさまざまなものを燃焼することによって空気中の二酸化炭素が増加しますが，これが地球温暖化につながっているのではないかと考えられています。

問５　バーベキューで使うような炭《すみ》は，ほとんど炭素からできています。そのような炭１kgを完全に燃焼させてすべて二酸化炭素にすると，その二酸化炭素の重さはいくらになりますか。次の(ア)～(エ)からもっとも近いものを１つ選び，記号で答えなさい。

(ア)　35ｇ　　(イ)　350ｇ　　(ウ)　１kg　　(エ)　3.5kg

　[d]が感じられるものでした。その上で授業に向かった「私」は、生徒との対話においても、これまで失われていた部分が満たされていく感覚を抱《いだ》いたようです。「私」はここで、[e]をあらためて実感し、仕事に真摯《しんし》に向き合おうとしていると言えるでしょう。
　思い返せば、声をかけた側のもう一人の「私」が、山がそこにあったおかげで自転車の少年との事故をさけることができた、と感じるところから、この物語ははじまっていました。この物語に登場する二人の「私」は共に、いつも変わらずにそこにある山の、[f]に気づいた、と言えるかもしれません。そのことは二人にとって、他者とのかかわり方に対する、[b]ともなっていたのです。

(ア)　賞賛に値《あたい》する技量
(イ)　信頼《しんらい》するに足る配慮《はいりょ》
(ウ)　いつもとは違《ちが》う見え方
(エ)　自分の思いをぶつける対象
(オ)　他人を信用できないこと
(カ)　他者とのかかわりの重要性
(キ)　仕事のあり方を見つめ直すこと
(ク)　気持ちの変化をもたらすきっかけ

【出典】
[一]　大平　健『やさしさの精神病理』（岩波新書、一九九五年）二ページ～九ページ
[二]　津村記久子『水曜日の山』（『25の短編小説』朝日文庫、二〇二〇年）三〇一ページ～三一八ページ

でなく、こちらの都合を無視して自分の思いを一方的に押《お》しつけてくる姪に、いら立ちを募《つの》らせている。

(エ)　スコーンを大量に作ってしまった姪の配慮《はいりょ》のなさにあきれる気持ちもある一方、何とかして残さないように食べきらないともったいない、と義務感にかられている。

問9　――⑨「私は驚《おどろ》いて、驚いた勢いで頭を上げて北を向いた」とありますが、ここでの「私」はなぜこのような反応をしたのですか。次の中から最も適当なものを選び、(ア)～(エ)の記号で答えなさい。

(ア)　窓の外を見ながら職場の状況について考えごとをしていたなか、心のどこかでずっと気になっていた山について突然指摘《とつぜんしてき》され、「私」の気持ちが急速に揺《ゆ》れ動《うご》くことになったため。

(イ)　見知らぬ人が何の前触《まえぶ》れもなく、見慣れた山についてわかりきったことを言ってきたことにより、なぜわざわざそんなことを急に言うのか「私」はかえって混乱してしまったため。

(ウ)　見覚えのない人が親しげに話しかけてきただけでなく、山に関する発言も気心の知れた友人に向けたものであり、「私」は自分の記憶《きおく》を瞬間的《しゅんかんてき》に確かめなければならなくなったため。

(エ)　大声で突然《とつぜん》話しかけられたのみならず、窓から通りを見下ろしてばかりいた「私」にとって、これまで視界に入っていなかった山についての発言は全く想定外のものであったため。

問10　――⑩「でも、ないことをとにかく今は自分に許そうと思った」とありますが、どういうことですか。次の中から最も適当なものを選び、(ア)～(エ)の記号で答えなさい。

(ア)　二人が職場に戻《もど》ってきた際に、これまでの心身両面にわたる苦しみについて堂々《どうどう》と文句を言うためにも、いま目の前にある仕事をやり遂《と》げていこうと決意を固めているということ。

(イ)　現在の苦労の原因を作った二人に対する憤《いきどお》りを含《ふく》め、自分の感情のあり方や考え方に問題はないと一旦《いったん》受け入れて、当面の仕事に必死に向き合っていこうとしているということ。

(ウ)　自分に多くの負担を強《し》いた二人に対する腹立たしさに我を忘れそうになるが、その気持ちに歯止めをかけるため、はやく落ち着かなければと自分に言い聞かせているということ。

(エ)　他の二人分の仕事を背負うことになった状況に変化はないが、どうにかしてその仕事をこなす目途《めど》が立ってきたこともあり、自分の努力を自分で認めようとしているということ。

問11　――⑪「そう言って、私は黒板に巨大《きょだい》な円を描《えが》き、中にもう一つ円を描いた」とありますが、それに関する次の説明文中の[a]～[f]に当てはまる語句を、後からそれぞれ選び、(ア)～(ク)の記号で答えなさい。ただし、**同じ記号を2度以上用いてはいけない**ものとします。

世の中がすっかり変わってしまい、職場の状況《じょうきょう》も大きく変化するなか、「私」は仕事量が増えたこと以上に、[a]に苦しみを抱《だ》き、窓際《まどぎわ》から通りを見下ろしてばかりいました。そんな時、通りの向かい側の建物から突然声をかけられます。山を見上げた「私」は生徒たちの言葉を思い出し、今後登りに行くことも考えています。山に視線を向けたことは、いつも道路のアスファルトばかり見ていた「私」にとって、[b]となったのでしょう。

さらにスコーンをもらうことになった「私」は、他人との直接の会話が久しぶりだったと意識していますが、このことを通して、自分にとっての[c]にもなるのです。

届けられたスコーンは丁寧《ていねい》に包装され、それは

(ウ) 生活を共にしていると、いら立ちが増すだけである、ということ。

(エ) 自分たちの言い分を、むりやり正当化しようとする、ということ。

問4 ――④「姪《めい》は自分の言っていることにだんだん振《ふ》り回《まわ》され始めた」とありますが、この時の姪の様子を示す四字熟語として、次の中から最も適当なものを選び、(ア)～(エ)の記号で答えなさい。

(ア) 自作自演　(イ) 自暴自棄《じぼうじき》

(ウ) 自縄自縛《じじょうじばく》　(エ) 自問自答

問5 ――⑤「私の言葉に姪は、構えていたのがばからしくなるほどあっさりと同意した」とありますが、この時の「私」の様子を示す慣用句として、次の中から最も適当なものを選び、(ア)～(エ)の記号で答えなさい。

(ア) 拍子抜《ひょうしぬ》けする　(イ) 木で鼻をくくる

(ウ) 匙《さじ》をなげる　(エ) 手玉にとる

問6 ――⑥「しかし、私が一緒《いっしょ》に働いている二人に関してはその限りではない」とありますが、それに関する次の説明文中の [a] ～ [d] に当てはまる語句を、後からそれぞれ選び、(ア)～(ク)の記号で答えなさい。

自分にとって面倒《めんどう》なことを [a] のある真野先生と、感染《かんせん》することに対して [b] をしていると広言してきた印南先生。二人が休むことになり、三人分の仕事をすることになってしまった「私」は、仕事量そのものの「きつさ」ももちろんあるが、二人の普段《ふだん》の言動が現在の結果に表れていると思い、「つらさ」を抱《いだ》いている。真野先生と印南先生の二人とも、[c] が大きく欠けていると感じているのだ。二人が戻《もど》ってきた時に、[d] について恐《おそ》れを抱くほど、「私」の思いは強いものとなっている。

(ア) 綿密な対策

(イ) 無頓着《むとんちゃく》な振《ふ》る舞《ま》い

(ウ) 感情を制御《せいぎょ》できなくなること

(エ) 共に働く者への配慮《はいりょ》

(オ) なかったことにする癖《くせ》

(カ) ひどい扱《あつか》いを受けること

(キ) 生徒たちに対する愛情

(ク) 他人に押《お》しつける傾向《けいこう》

問7 ――⑦「それでも道路のアスファルトは濁《にご》った暗い川のように見えた」とありますが、この時の「私」の心情を表す語の組み合わせとして、次の中から最も適当なものを選び、(ア)～(エ)の記号で答えなさい。

(ア) 閉塞《へいそく》感・絶望感　(イ) 焦燥《しょうそう》感・敗北感

(ウ) 喪失《そうしつ》感・恐怖《きょうふ》感　(エ) 劣等《れっとう》感・罪悪感

問8 ――⑧「姪《めい》が『三時のおやつに』とくれた」とありますが、この時の「私」について説明したものとして、次の中から最も適当なものを選び、(ア)～(エ)の記号で答えなさい。

(ア) 姪が作ってくれたスコーンはおいしいものではあったが、朝も昼も食べ続けてきて、さすがにもうこれ以上は食べたくないという思いが自然と高まってきている。

(イ) スコーンを分けてくれた姪の気づかいはありがたく思うものの、その言動には社会人である自分の常識からするとずれる部分があり、少々《しょうしょう》持て余してしまっている。

(ウ) 現在の状況《じょうきょう》を考えずあまりに多くのスコーンを作っただけ

問１　——①「私は間一髪《かんいっぱつ》のところで避《よ》けた」とありますが、「私」についての以下の説明文の a ～ c に当てはまる語を、本文より指定された字数で抜《ぬ》き出《だ》して答えなさい。

この物語には、二人の「私」が登場する。物語の冒頭《ぼうとう》、車を運転しているのが a（5字） に勤務する「私」であり、後に登場するのが町の b（3字） に勤める「私」である。二人の職場は、通りをはさんで向かいに位置する建物の中にあり、 a はその建物の c（2字） にある。

問２　——②「私は慎重《しんちょう》に言葉を選びながら答える」とありますが、ここでの「私」について説明したものとして、次の中から最も適当なものを選び、(ア)～(エ)の記号で答えなさい。

(ア)　姪《めい》の乱暴なもの言いには大きな問題があるが、彼女《かのじょ》の今後のために感情を抑《おさ》える方法を伝えることこそ自分の役割だ、と考えている。

(イ)　姪の乱暴なもの言いに対しては違和感《いわかん》を覚えるが、彼女が本当に意味しようとするところをとらえなければならない、と考えている。

(ウ)　姪の乱暴なもの言いには反発も感じてしまうが、その反発したくなる自分の気持ち自体に問題があるのかもしれない、と考えている。

(エ)　姪の乱暴なもの言いには安易に同意できないが、彼女にはそのような言葉を口にする背景があることに配慮《はいりょ》が必要だ、と考えている。

問３　——③「宗教の違《ちが》う人とは一緒《いっしょ》に住めない」とありますが、「宗教が違う」とは、ここではどのようなことを意味していますか。次の中から最も適当なものを選び、(ア)～(エ)の記号で答えなさい。

(ア)　そのつもりはなくても、互《たが》いに攻撃《こうげき》し合ってしまう、ということ。

(イ)　ものの見方や、とらえ方自体に大きな隔《へだ》たりがある、ということ。

二　次の文章を読んで、以下の設問に答えなさい。

〔編集部注…課題文は著作権上の問題により掲載しておりません。作品の該当箇所につきましては次の書籍を参考にしてください〕

・津村記久子著「水曜日の山」（『25の短編小説』所収　朝日文庫
二〇二〇年九月第一刷発行）
三〇一ページ冒頭～三一八ページ最終行

ょうか。「ウチのおばあちゃん」がそうだから、「このオジイさんも年寄り扱《あつか》いしたら気を悪くするかなあ」という判断。「黙ってんのは、こっちの思いやりなのに」という主張。こうした判断や主張の中に、目の前にいる相手を思いやり、相手の身になって考えようとする [a] を感じ取れるでしょうか。

少女も青年も、むしろ目の前の相手と [d] に係《かか》わることを回避《かいひ》しているように思えてなりません。それにもかかわらず、席をゆずらないことや上司の前で黙っていることを、若い人たちが「やさしさ」だと言うのだとしたら、彼《かれ》らの「やさしさ」は「ねじれている」――本来の意味とズレていることに、筆者は [e] を覚えているのでしょう。

「やさしさ」とは本来、人と人との [f] において必要とされる、相手への配慮《はいりょ》や思いやりのことであるはずです。だとすれば、身近な人に相談もせず、いきなり精神科を訪《おとず》れる「よろず相談の患者《かんじゃ》」たちも、身近な人と [d] に係わらないことを、「やさしさ」だと主張する人たちなのではないでしょうか。

(ア) 違和感《いわかん》　(イ) 関係性
(ウ) 存在感　(エ) 親切心
(オ) 直接的　(カ) 小意気
(キ) 身勝手　(ク) 高飛車
(ケ) 小馬鹿　(コ) 常識的

問12　本文の内容と合致《がっち》するものを、次の中から**2つ選び**、(ア)～(カ)の記号で答えなさい。

(ア)　若者たちは、自分が傷つきたくないあまり、大人との関わりを避ける傾向《けいこう》にあるが、実は真剣《しんけん》に叱《しか》ってもらえないという物足りなさを、どこかに感じているのだろうと、筆者は分析《ぶんせき》している。

(イ)　筆者が若者たちの主張に納得《なっとく》しきれないのは、彼《かれ》らが自分たちの世代に行きわたるやさしさのあり方を、それ程《ほど》よいものだと信じていないことが、彼らの言葉から読み取れてしまうからである。

(ウ)　人々が、人生上の悩《なや》みを相談するために精神科医を訪《おとず》れるようになったのは、家族関係すらも希薄《きはく》になってしまっている、という現代人の置かれた状況《じょうきょう》によるものなのだろうと、筆者は考えた。

(エ)　重い病状であるにもかかわらず、自分のことで人を悩《なや》ませたくないと心配しながら診察《しんさつ》に訪れる患者《かんじゃ》が現れたことは、以前には考えられなかったのであり、筆者は戸惑《とまど》いを覚えずにいられなかった。

(オ)　心を病んでいるわけでもないのに精神科を訪れる人たちを、筆者は当初遊び半分で来ているのではないかと不愉快《ふゆかい》に思っていたが、それぞれ真面目な動機で来ていることがわかり、疑っていたことを恥《は》じた。

(カ)　現在もてはやされているやさしさが、従来のやさしさのあり方と違《ちが》ったものになっているのは、人々の関係の変化に起因しているのだろうと、筆者は患者《かんじゃ》との面談の中で考えるようになった。

答えなさい。

(ア) 自分のはたらいた悪事は棚《たな》に上げて、身勝手な言い訳をしてしまう、ということ。

(イ) どんなことであっても正当化しようとすれば、できないことはない、ということ。

(ウ) 何事もきちんと道理を見極《みきわ》めようとしたら、短い時間では足りない、ということ。

(エ) どんな悪事をはたらく人間も、少しは人の役に立つ行いをしている、ということ。

問8 ――⑧「僕《ぼく》の前に坐《すわ》る女性は素直《すなお》そうで、まるでふてぶてしさとは無縁《むえん》な感じなのです」とありますが、どういうことですか。次の中から最も適当なものを選び、(ア)～(エ)の記号で答えなさい。

(ア) 親の叱《しか》り方によって、自分が悪かったという気持ちが損《そこ》なわれたことを、この女性は言い訳ではなく心から残念に思っているように、筆者には見えたということ。

(イ) 怒《いか》りの矛先《ほこさき》を親に向けているこの女性は、本当のところは、やさしく叱られなければ反省できない自分を許せないと思っているように、筆者には見えたということ。

(ウ) 朝帰りを悪いことだと思っていないこの女性は、自分の考えを疑うことなく、ただ親の叱り方が間違《まちが》っていると主張しているように、筆者には見えたということ。

(エ) この女性は、親や筆者の反応を気にせず平然と構えており、自分が年長者からどのような印象を持たれるのかを考えていないように、筆者には見えたということ。

問9 [A] に入るべき表現として、最も適当なものを次の中から選び、(ア)～(エ)の記号で答えなさい。

(ア) やさしさとは愛ではない

(イ) やさしさに包まれたなら

(ウ) やさしくするには残酷《ざんこく》でいなくては

(エ) 真の勇気とやさしさは共に手を携《たずさ》えていく

問10 [B] には、次の(ア)～(エ)の文が当てはまります。意味が通るように並《なら》べ替《か》え、その順番を解答欄《かいとうらん》の指示に従い(ア)～(エ)の記号で答えなさい。

(ア) その事情ゆえに若者たちは〝やさしさ〟のねじれをねじれとも感じず、ごく自然なことと感じているに違《ちが》いありません。

(イ) 意味がねじれてしまうほど〝やさしさ〟をひたすら求めてしまうのには、彼らの言う理屈《りくつ》以上の事情がなにかありそうです。

(ウ) 僕《ぼく》は、彼《かれ》らの〝やさしさ〟の文法を知りたいと思いました。

(エ) 彼ら自身による説明は、いちおうは理解できますが、とうてい納得《なっとく》できるものではありません。

問11 ――⑨「考えてみると〝やさしさ〟も本来は人と人との気持ちの交流にかかわることです」とありますが、それに関する次の説明文について、[a]～[f] に当てはまるものを選び、それぞれ(ア)～(コ)の記号で答えなさい。ただし、**同じ記号を2度以上用いてはいけない**ものとします。

お年寄りに席をゆずらなかった少女は、自分がお年寄りに対する [a] のない人間だと周りから思われるのが嫌《いや》で、寝《ね》たふりをしたのだと言います。また、上司に謝罪する場面で、上司から発言を求められても、「言うことがないから」と黙《だま》っていた青年は、ある意味で上司を [b] にしているのだと言えるでしょう。

そんな少女と青年に、共通するもの。それは、[c] な判断に基づいた振る舞いや態度、ということではないでし

(イ)　てっきり好意を寄せられていると勘違《かんちが》いしてしまいかねないが、そんなつもりなど女性にはなく、ただの都合のよい男性として軽くあしらわれているにすぎない、ということ。

(ウ)　ふと口をついて出た素直《すなお》な気持ちとしてとらえてしまいがちだが、その理解は必ずしも正しいわけではなく、言葉の裏側に男性をからかう気持ちも含《ふく》まれている、ということ。

(エ)　一見すると遠回しにバカにされているようにもとれるが、そうした意図はまったくなく、文字通り思いやりがあって心づかいのできる男性として認識《にんしき》されている、ということ。

問4　――③「正直言って、この高校生の言葉には虚《きょ》をつかれる思いがしました」とありますが、少女の言葉を聞いて筆者はどのように感じたのだと考えられますか。次の中から最も適当なものを選び、(ア)～(エ)の記号で答えなさい。

(ア)　お年寄りに席をゆずろうかどうしようかと迷った末に、結論が出ないから寝《ね》たふりをするという解決法は、自分に対して寛《かん》大《だい》な若者世代特有の考えに基づいており、筆者を大いに驚かせた、ということ。

(イ)　年寄り扱《あつか》いされることを嫌《きら》うお年寄りがいるのを知ってはいたが、お年寄りに席をゆずらないことを、お年寄りに対する気《き》づかいだと主張するなんて、筆者には思いもよらない発想だった、ということ。

(ウ)　お年寄りに席をゆずろうとして拒絶《きょぜつ》された経験が筆者にもあったので、少女のように席をゆずらず、寝《ね》たふりをしてやり過ごすという対応は、筆者にとっても十分に共感できるものだった、ということ。

(エ)　年寄り扱いすることはお年寄りのためにならない、という意見や考えには一理あるにせよ、そのような意見を一人の少女が堂々《どうどう》と主張するのを聞いて、筆者は大きなショックを受けた、ということ。

問5　――④「柄《がら》にもない」、⑥「頭ごなし」とありますが、それぞれの意味として適当なものを次の中から選び、(ア)～(オ)の記号で答えなさい。

(ア)　権威《けんい》のある人物の一言によって直ちに皆《みな》を従わせること。

(イ)　相手の言い分を聞くことなくはじめから決めつけること。

(ウ)　意外なことを見て何かの間違《まちが》いではないかと感じること。

(エ)　その人の性格や現在の立場から見てふさわしくないこと。

(オ)　一つのことに熱中している者は他のことを顧《かえり》みなくなること。

問6　――⑤「これは〝やさしさ〟云々《うんぬん》の話ではなく、礼儀《れいぎ》の表わし方の問題なのではないか」とありますが、どういうことですか。次の中から最も適当なものを選び、(ア)～(エ)の記号で答えなさい。

(ア)　青年は上司《じょうし》に直接謝《あやま》ってはいるが、謝罪とは相手が受け入れた時にはじめて成立するものであるため、謝罪をしたことにすらなっていないと、筆者が指摘《してき》しているということ。

(イ)　ひたすら頭を下げ、黙《もく》して語らないことを上司への配慮《はいりょ》だと青年は考えていたが、筆者を含《ふく》めた「オヤジ」世代は本音でぶつかることこそ真の礼儀だと思いがちだ、ということ。

(ウ)　青年は、自分が充分《じゅうぶん》な謝罪をしたつもりになっているが、筆者からすればその態度は、些細《ささい》なミスの怖《こわ》さを知る上司の忠告を理解していない振る舞いに他ならない、ということ。

(エ)　自らの非を認めて、上司の許しを請《こ》うという状況《じょうきょう》のなか、青年が結果的にその上司を怒《おこ》らせてしまったことは、敬意に欠ける振る舞いであったと、筆者は考えているということ。

問7　――⑦「泥棒《どろぼう》にも三分の理」とありますが、ここではどういう意味ですか。次の中から最も適当なものを選び、(ア)～(エ)の記号で

さ〟のねじれが彼らに多く認められるということは、彼らが身近な人に相談しないこと、もしくは相談できないことと、あるいは深い繋《つな》がりのあることなのかもしれません。

そういえば、近年、重い病気の患者《かんじゃ》も自ら精神科を受診《じゅしん》するようになってきました。そういう例はまだ多くはないのですが、以前は精神医学の常識として「ありえないこと」だっただけに、目をひくのです。受診したことを「家族には内緒《ないしょ》にしておいて下さい」と申し出た分裂《ぶんれつ》病《びょう》の患者がいました。国際麻薬《まやく》カルテルからつけ狙《ねら》われているので夜もおちおち眠《ねむ》れないと助けを求めて来院したのですが、家族には心配をかけたくないと言うのです。急性期の分裂病患者がこんなことを言うなんて「ありえないこと」です。僕《ぼく》は当初、診断《しんだん》をつけるのをためらったほどでした。しかし、「家族には心配をかけたくない」と言って自発的に受診すること以外は、まったく分裂病としか診断のしようのない患者が、その後もチラホラと現われるようになりました。ひとりの患者など、心配をかけないことが「家族への僕なりのやさしさですよ」と言い切ったものです。

こういう事態になったということは、もしかすると、人々《ひとびと》の人づき合いの仕方が大きく変ってきたということではないか。僕はそのように考えて、病気の患者、病気ではない〈患者〉の面接を重ねました。その結果が本書となりました。

【注】

＊アッシー君、ミツグ君…一九八〇年代後半から九〇年代初期の、いわゆる「バブル景気」の時代の流行語。「アッシー君」とは、いつでもどこでも女性を車で送迎してくれる男性のことをいい、「ミツグ君」とは、女性が欲しがるものを何でも買ってくれる男性のことをいう。

＊『ハムレット』…イングランドの劇作家シェイクスピアの戯曲《ぎきょく》で、四大悲劇の一つ。

＊分裂病…精神疾患《しっかん》の一種で、現在では統合失調症《しっちょうしょう》とよばれる。

問１　――ⓐ〜ⓔのカタカナを漢字に改めなさい（楷書《かいしょ》で、ていねいに書くこと）。

ⓐ　ザッシ　ⓑ　ギノウ　ⓒ　ヨネン　ⓓ　ヒョウバン　ⓔ　ソンチョウ

問２　――①「頭にもやさしさが求められているのです」とありますが、どういうことですか。次の中から最も適当なものを選び、(ア)〜(エ)の記号で答えなさい。

(ア)　人々は、難解な問題の大まかな意味を伝えてくれる解釈《かいしゃく》よりも、細部にまで手の届く充実《じゅうじつ》した解説の方を重視するようになった、ということ。

(イ)　人々は、特定分野の著者による専門書よりも、アマチュアの書き手が趣味《しゅみ》でつくったような説明書を高く評価するようになったということ。

(ウ)　人々は、難解な知識や教養を苦労して身につけることよりも、過度な負担なく手軽にわかった気になることを好むようになった、ということ。

(エ)　人々は、開けばすぐに答えを見出《みいだ》せるものよりも、どうしてそうなるのか思考の過程をていねいにたどれるものを尊ぶようになった、ということ。

問３　――②「皮肉ではありません」とありますが、どういうことですか。次の中から最も適当なものを選び、(ア)〜(エ)の記号で答えなさい。

(ア)　まるで穏《おだ》やかな人柄《ひとがら》がほめられているかのようにも聞こえるが、そういうわけではなく、お互《たが》いに本音を言うことのできない上辺《うわべ》だけの関係性が示されている、ということ。

だって、ああいうふうに⑥頭ごなしって言うんですか、言われたら「悪かったなあ」なんて気持ち、ふっとんじゃいますよ。やっぱり、やさしく叱《しか》ってもらわないと反省する気にならないですよ」

　こういう発言を聞くと、なるほど世の評論家の言うとおり「叱るな。やさしく注意せよ」でないと効果がないのかなあという気になります。娘を一喝《いっかつ》するオトウさんがまだ健在なことに心の中で拍手《はくしゅ》したい気持ちはやまやまですが、当の娘が「反省する気にならない」のでは元も子もありません。

　それにしても、この患者《かんじゃ》の言い分は〈⑦泥棒《どろぼう》にも三分の理〉というやつではないでしょうか。僕《ぼく》は一瞬《いっしゅん》、屁理屈《へりくつ》や居直りもきわまったという気がしたものです。しかし、⑧僕の前に坐《すわ》る女性は素直《すなお》そうで、まるでふてぶてしさとは無縁《むえん》な感じなのです。

意味のねじれた〝やさしさ〟

　僕はつくづくこうした〝やさしさ〟とは何なのかと考えこんでしまいました。電車で老人に席を譲《ゆず》らない〝やさしさ〟、上司の前で黙《だま》りこんで返事をしない〝やさしさ〟、そして〝やさしく〟叱ってほしいと思うこと。いずれも何と〝やさしさ〟の意味がねじれてしまっていることでしょう。「　A　」という＊『ハムレット』中の科白《せりふ》を思い出させるものがありますが、本人たちは皆《みな》、素直にひたすら〝やさしさ〟を求めているだけなのです。決して、シェイクスピアをまねて逆説を愉《たの》しんでいるのではありません。

B

　それというのも、患者《かんじゃ》の面接をしていて、この〝やさしさ〟のねじれが患者の心のありように大きな役割を果していると、多数の例で知ったからです。数が多かっただけではありません。さまざまな種類の患者でそうでした。＊分裂病《ぶんれつびょう》、躁《そう》うつ病、神経症《しんけいしょう》……。僕が〈よろず相談の患者〉と名づけている人々《ひとびと》もここに含《ふく》まれます。

〈患者〉とはいっても〈よろず相談の患者〉に精神科の病気があるわけではありません。人生上の悩《なや》みがあって相談にやってくるのです。もちろん、病院へ来るわけですから、いちおう、症状《しょうじょう》らしいことは言います。「眠《ねむ》れない」「いらいらする」「気持ちが落ち着かない」等々《とうとう》です。しかし、よく話を聞いてみると、本当は「進学のことを考えていたら眠れなくなった」「就職をどうしたらいいか分からなくていらいらする」「結婚《けっこん》に迷っているうちに気持ちが落ち着かなくなった」ということなのです。そうした悩みについて精神科医に相談にのってもらおうとするのです。

　病気でもないのに彼《かれ》らはどうして精神科を受診《じゅしん》するのでしょうか？　進学であれ就職であれ結婚であれ、ほうぼうに相談室があって、カウンセラーがいるではありませんか。対人関係の悩みならば心理士がいますし、社会経済的な問題ならばソーシャル・ワーカーが知恵《ちえ》をかしてくれます。どうしてそういう専門家のいる施設《しせつ》を利用しないのでしょうか？　精神科医の僕が言うのも変な話ですが、精神科よりはよほど敷居《しきい》が低いはずです。

　それは、まあ、好き好きだということにしても、常識的に考えれば、医者だカウンセラーだと言う前に、家族、教師、先輩《せんぱい》、友人、上司などに相談してみるものではないでしょうか。僕ならそうします。

独特の人づき合い

　もし、身近な人に相談せずに、いきなり精神科に来るということであれば〈よろず相談の患者〉は独特な人づき合いの仕方をしているのではないか、と推測することができます。⑨考えてみると〝やさしさ〟も本来は人と人との気持ちの交流にかかわることです。〝やさし

なんかも私たち孫以外の人がオバアさんなんて言ったら、もうプンプンだからァ、このオジイさんも年寄り扱《あつか》いしたら気を悪くするかなあ、なんて考えてたらァ、立つのやめた方がいいか、なんて考えてェ、寝《ね》たふりをしちゃったの」

僕は精神科医ですから、患者《かんじゃ》からどんな話を聞いても驚《おどろ》かないつもりでしたが、③正直言って、この高校生の言葉には虚《きょ》をつかれる思いがしました。実は僕自身、電車で老人に席を譲《ゆず》ろうとして「いや結構！」と冷たく拒絶《きょぜつ》されたことがあったからです。僕は難しい世の中になったものだぐらいにしか考えなかったのですが、この少女によれば、席を譲らないのも〝やさしさ〟だと言うのです。相手を年寄り扱いにしないことになるからです。それでは、席を譲ろうとした僕はやさしくなかったことになるのでしょうか？　少女の返事は「そりゃそうよ。相手が(席を)空けてくれって言ったら(その時に)空けたげればいいんだから」

理屈《りくつ》は分かりましたが、もちろん僕は釈然《しゃくぜん》としません。席を譲らなかった自分を正当化しようとしているだけのような気がするのです。少女が結局は「寝たふりをしちゃった」のがその証拠《しょうこ》ではないでしょうか？

「ちがう、ちがう。寝たふりしたのはねえ、私たちのやさしさ分かんない大人とかが、「この子、席も立たないで」みたいな目つきでジロジロ見るからなのよ」

別の青年は、上司が自分たちの〝やさしさ〟を理解しないと、次のように不平を述べました。

「納品書を書き間違《まちが》えちゃったんですよ。オレ、すぐ気がついてェ、課長に謝《あやま》りにいったんですね。そしたらァ課長、クドクド、クドクド文句言うんですよ。(ま)ったく！　でも、何と言われようとォ、オレのやった失敗ですからァ頭下げてたんですけどォ、そしたら課長「黙《だま》ってないで何か言ってみろ」ですよ。こっちは自分で間違いに気がついて謝りにいってるんじゃないですか。もうこれ以上、何も言うことなんかないですよ。そしたら今度は「何で黙ってんだ」でしょ。だけど口が裂《さ》けてもォ「言うことがないから」なんて言えないじゃないですか。言えばァ課長が馬鹿なの指摘《してき》することになっちゃうでしょ。黙ってんのは、こっちの思いやりなのに、ホント、オヤジたちってオレたちのやさしさが分かんないんだからァ……」

これを聞いた時「オヤジ」世代のひとりとして僕は思わず苦笑《くしょう》してしまいました。上司たる者、部下に「やさしく注意」せねばならぬと心得ているばかりに、道理を話してやろうと④柄《がら》にもない説教を垂れてうまくいかず、つい恭順《きょうじゅん》の意を示さぬ相手に腹を立ててしまう。これはたしかに「オヤジ」の悪い癖《くせ》です。しかし、口先だけでも謝れば一件落着のはずと勝手に考える若者もいけません。もし、〝やさしさ〟ということを言うのなら、謝りにいく時ぐらいは相手を逆上させないように配慮《はいりょ》してもらいたいものです。つまるところ、⑤これは〝やさしさ〟云々《うんぬん》の話ではなく、礼儀《れいぎ》の表わし方の問題なのではないか――そう僕は思いました。しかし、彼《かれ》の意見は「先生。やさしさがオレたちの礼儀なんですよ」でした。

また別の若者は親との葛藤《かっとう》について、次のように話しました。

「父がね、私を怒《おこ》ったりするのはいいんです。親の権利ですから。それに、親としては、朝帰りする娘《むすめ》に文句のひとつでも言うのが当り前だと思うし……親のつとめっていうか、きちんと親をやろうとするのは正しいって思うんです。だけど、先生、叱《しか》り方《かた》ってあると思うんですね。「バカ、アバズレ」なんて年頃《としごろ》の娘に言うことじゃありませんよね。私はたしかにあの人の娘ですけど、もう二十三ですから。子供じゃないんだから「お前にはお前のつき合いがあるだろうが、家族のルールっていうものもあるんだ」ぐらいに言ってほしいですよ。子供

2023年度 中央大学附属中学校

【国語】〈第一回試験〉（五〇分）〈満点：一〇〇点〉

一 次の文章は、一九九五年に出版された『やさしさの精神病理』の一部です。文章を読んで、以下の設問に答えなさい。

やさしさがいっぱい

つい何年か前に、若者の間で風呂《ふろ》上がりにベビー・オイルをつけるのが流行しました。「赤ちゃんにイイものは、私たちにもイイ」「僕《ぼく》たちの肌《はだ》は意外とデリケート」と若者向けのⓐザッシも推奨《すいしょう》していたものです。その後、ふと気がついてみると、胃にやさしい食べ物、お肌にやさしい石鹸《せっけん》、足にやさしい靴《くつ》……とさまざまなやさしいモノが街にあふれています。すべてがベビー用品の転用というわけではありませんが、老人向けのモノは当然のこと、むしろ壮年《そうねん》のためのモノも多いのです。今や体への〝やさしさ〟は「ヘルシー」というキャッチ・フレーズのもと、世代を超《こ》えた常識となっています。

モノばかりではありません。つるかめ算から量子力学まで（「易しく」ではなく）やさしく解説する参考書やマンガが書店にところ狭《せま》しと並べられています。教師は、歴史の流れがスラスラと頭に入るからと学習マンガをすすめますし、職場では「無理なく無駄《むだ》なく」ⓑギノウが身につくようにとマニュアル作りにⓒヨネンがありません。①頭にもやさしさが求められているのです。

ヒトに対するやさしさばかりではありません。衣服にやさしい洗剤《せんざい》や洗濯機《せんたくき》、車にやさしいエンジン・オイル添加剤《てんかざい》……。ここまで来れば、人々《ひとびと》が地球や環境《かんきょう》にやさしい暮らしをと心がけるのもなるほどとうなずけます。

人どうしのつき合いにも、〝やさしさ〟は行きわたりました。つい数年前のことなのに、＊アッシー君、ミツグ君となかば軽蔑《けいべつ》のニュアンスをこめて呼ばれた若者たちがいた時代など、ひと昔も前のことのように思えます。彼《かれ》らの末裔《まつえい》は、今では、「〇〇君ってホントーにやさしいのね」と称《たた》えられています。②皮肉ではありません。

厳しい親、こわい教師、叱《しか》る上司はⓓヒョウバンがよくありません。専門家たちは「叱るな、褒《ほ》めろ。それで駄目《だめ》なら、やさしく注意せよ」と教えています。やさしい親、やさしい教師、やさしい上司に人気があるのです。

今や〝やさしさ〟は僕たちの生活の隅々《すみずみ》にまで行きわたっています。もしかすると〝やさしさ〟は現代の〝時代の気分〟なのかもしれません。

どうして〝やさしさ〟がこれほどまでに拡《ひろ》がりⓔソンチョウされるようになったのでしょうか？　いや、その前に、かくもさまざまな場面で語られる〝やさしさ〟とはいったい、何なのでしょう？

私たちのやさしさ

僕《ぼく》がこうした疑問を持つようになったのは、近年、面接室の中で「行き過ぎたやさしさ」とでも呼びうるようなことを経験することが増えてきたからです。例を挙げてみましょう。

ひとりの少女は「私たちのやさしさってのはねえ」と前置きをして、次のように話しました。

「この間、学校へ行く時、ふだんなら坐《すわ》れないのに、突然《とつぜん》、前の席が空いて坐れちゃったのね。そしたら次の次（の駅）ぐらいの時、オジイさんが私の前に立ってェ、私、立ったげようかなって思ったけど、最近の年寄りって元気な人、多いじゃないですか。ウチのおばあちゃん

2023年度

中央大学附属中学校 ▶解説と解答

算　数　＜第１回試験＞（50分）＜満点：100点＞

解　答

1 ⑴ $2\frac{5}{8}$　⑵ 6.28　⑶ 96　⑷ 400人　⑸ 41通り　⑹ 20度　**2** ⑴ 6150円　⑵ 650円　⑶ 500円　**3** ⑴ 40cm^2　⑵ 56cm^2　⑶ 4 ： 5　**4** ⑴ 28.26cm^2　⑵ 84.78cm^3　⑶ 50.24cm^3　**5** ⑴ 80箱　⑵ 4800箱　⑶ 13人

解　説

1 **四則計算，計算のくふう，整数の性質，比の性質，場合の数，角度**

⑴ $2\frac{5}{6}-\left(\frac{4}{3}-0.25\div\frac{1}{3}\right)\div\left(6.3-3\frac{1}{2}\right)=2\frac{5}{6}-\left(\frac{4}{3}-\frac{1}{4}\times\frac{3}{1}\right)\div(6.3-3.5)=2\frac{5}{6}-\left(\frac{4}{3}-\frac{3}{4}\right)\div2.8=2\frac{5}{6}-\left(\frac{16}{12}-\frac{9}{12}\right)\div2\frac{4}{5}=2\frac{5}{6}-\frac{7}{12}\div\frac{14}{5}=2\frac{5}{6}-\frac{7}{12}\times\frac{5}{14}=2\frac{5}{6}-\frac{5}{24}=2\frac{20}{24}-\frac{5}{24}=2\frac{15}{24}=2\frac{5}{8}$

⑵ $9.42+3.14\times3-0.785\times8-157\times0.04=3.14\times3+3.14\times3-3.14\times\frac{1}{4}\times8-3.14\times50\times0.04=3.14\times3+3.14\times3-3.14\times2-3.14\times2=3.14\times(3+3-2-2)=3.14\times2=6.28$

⑶ 1361，1649のどちらを割っても余りが17になる整数は，1361－17＝1344，1649－17＝1632のどちらを割っても割り切れる整数のうち，17より大きい数である。そのような数のうち，最大のものは，1344と1632の最大公約数だから，右の図１の計算より，２×２×２×２×２×３＝96と求められる。

図１

2	1344	1632
2	672	816
2	336	408
2	168	204
2	84	102
3	42	51
	14	17

⑷ 中人《ちゅうにん》の人数を実際の人数から40人減らすと，大人《だいにん》と中人の人数は同じになり，入園料の合計は，1212000－1200×40＝1212000－48000＝1164000(円)になる。このとき，大人と中人と小人《しょうにん》の人数の比は３：３：２だから，大人３人，中人３人，小人２人を１組とすると，１組の入園料は，1500×３＋1200×３＋800×２＝9700(円)である。したがって，1164000÷9700＝120(組)より，この日の中人の入園者数は，３×120＋40＝400(人)とわかる。

⑸ それぞれの地点まで遠回りせずに行く道順の数を書きこむと，右の図２のようになる(例えば，Ｐ地点までの道順は２通り，Ｑ地点までの道順は１通りなので，Ｒ地点までの道順は，２＋１＝３(通り)と計算できる)。よって，ＡからＢまで遠回りせずに行く道順は，14＋27＝41(通り)ある。

図２

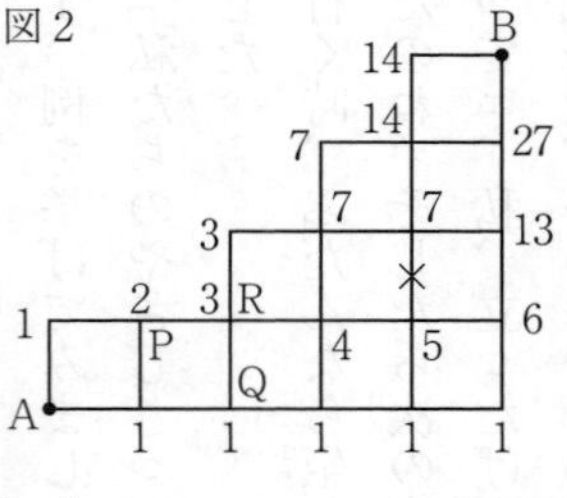

⑹ 右の図３で，角BACの大きさは，180－82－42＝56(度)である。また，ABとDCが平行で錯角《さっかく》が等しいので，角DCEの大きさは角BACと等しく，56度となる。すると，三角形CDEは，CD＝CEの

図３

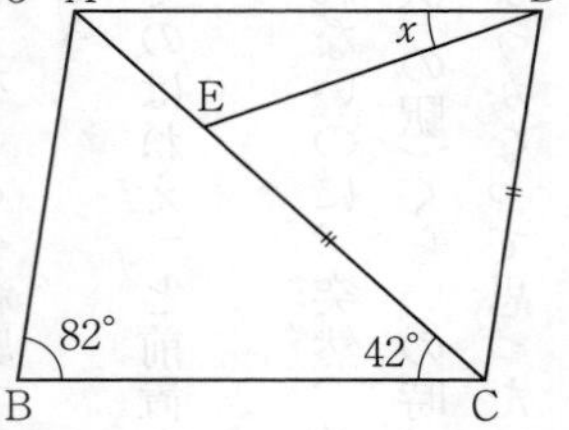

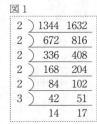

二等辺三角形だから，角CDEの大きさは，(180－56)÷２＝62(度)とわかる。さらに，平行四辺形の向かい合う角の大きさは等しいから，角ADCの大きさは角ABCの大きさと等しく，82度となる。よって，角xの大きさは，82－62＝20(度)と求められる。

2 分配算

(1)　Aははじめに2700円払《はら》い，その後，Bから100円，Cから550円もらったので，Aが払った金額は，2700－100－550＝2050(円)である。このとき，３人の払った金額が等しくなったから，３人の払った金額の合計は，2050×３＝6150(円)となる。

(2)　Bは３人分の弁当代を払った後，Aに100円払うと，払った金額が2050円になったので，３人分の弁当代は，2050－100＝1950(円)とわかる。よって，１人分の弁当代は，1950÷３＝650(円)と求められる。

(3)　Cは３人分の入園料を払った後，Aに550円払うと，払った金額が2050円になったので，３人分の入園料は，2050－550＝1500(円)とわかる。よって，１人分の入園料は，1500÷３＝500(円)と求められる。

3 平面図形─辺の比と面積の比

(1)　右の図で，三角形AEDと三角形CDEは，底辺をそれぞれAD，DCとみたときの高さが等しいので，面積の比はAD：DCと等しく，２：５となる。よって，三角形CDEの面積は，$16\times\frac{5}{2}=40(\mathrm{cm}^2)$と求められる。

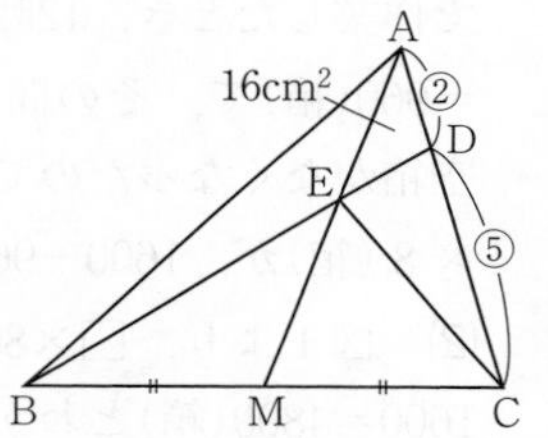

(2)　三角形AECの面積は，$16+40=56(\mathrm{cm}^2)$である。また，Mは辺BCの中点(真ん中の点)なので，三角形ABMと三角形AMCの面積は等しく，三角形EBMと三角形EMCの面積も等しい。したがって，三角形ABEと三角形AECの面積も等しくなるから，三角形ABEの面積は$56\mathrm{cm}^2$とわかる。

(3)　三角形ABDと三角形DBCの面積の比は，AD：DCと等しく２：５で，三角形ABDの面積は，$56+16=72(\mathrm{cm}^2)$だから，三角形DBCの面積は，$72\times\frac{5}{2}=180(\mathrm{cm}^2)$である。よって，三角形EBCの面積は，$180-40=140(\mathrm{cm}^2)$なので，三角形EMCの面積は，$140\div2=70(\mathrm{cm}^2)$となる。したがって，AE：EM＝(三角形AECの面積)：(三角形EMCの面積)＝56：70＝４：５と求められる。

4 立体図形─図形の移動，面積，体積

(1)　右の図１で，CP：PD＝GQ：QH＝１：２より，CPとGQの長さは，$6\times\frac{1}{1+2}=2$(cm)，PDとQHの長さは，６－２＝４(cm)となる。次に，辺ADが通ったあとの図形は，三角形ADPを，点Pを中心に１回転させたときに，辺ADが通ったあとの図形と同じになる。よって，右下の図２のように，半径が，AP＝５cmの円から，半径が，DP＝４cmの円を除《のぞ》いた図形になるので，面積は，５×５×3.14－４×４×3.14＝25×3.14－16×3.14＝９×3.14＝28.26(cm^2)と求められる。

図１

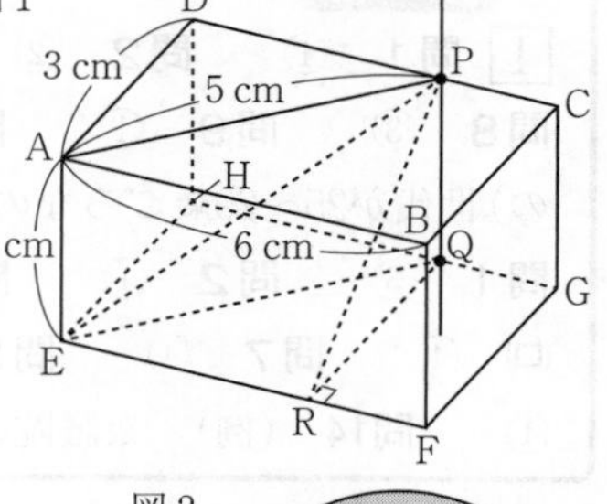

図２

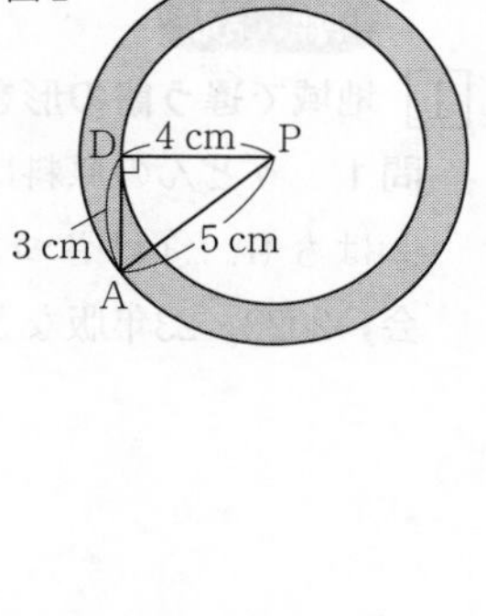

(2)　正方形AEHDが通ったあとの立体は，図２のかげの部分を底面とし，高さが，AE＝３cmの柱体だから，体積は，28.26×３＝84.78(cm^3)と求められる。

(3)　図１のように，点Qから辺EFに垂直な直線QRを引くと，辺EF上

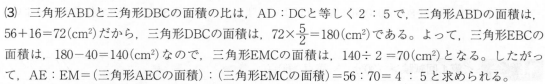

で点Ｐから最も近い点はＲ，最も遠い点はＥだから，三角形PEFが通ったあとの立体は，辺PRと辺PEと辺EFが通ったあとの面の間にはさまれた部分となる。また，辺PRが通ったあとの面は，三角形PQRを直線PQのまわりに１回転させてできる円すい(これを㋐とする)の側面であり，辺PEが通ったあとの面は，三角形PQEを直線PQのまわりに１回転させてできる円すい(これを㋑とする)の側面だから，２つの面の間にはさまれた部分の体積は，円すい㋑の体積から円すい㋐の体積を引いたものになる。円すい㋑は，底面の半径が，QE＝５cmで，高さが，PQ＝３cmなので，体積は，５×５×3.14×３÷３＝25×3.14(cm^3)，円すい㋐は，底面の半径が，QR＝３cmで，高さが，PQ＝３cmなので，体積は，３×３×3.14×３÷３＝９×3.14(cm^3)となる。よって，三角形PEFが通ったあとの立体の体積は，25×3.14－９×3.14＝16×3.14＝50.24(cm^3)と求められる。

5 ニュートン算

(1)　１時間あたり１人で□箱詰《つ》められるとする。４人で作業したとき，20時間で運ばれてくる空箱の数は，80×20＝1600(箱)で，その間に，□×４×20＝□×80(箱)詰めると空箱がなくなったので，右上の図１のように表せる。同様に，６人で作業したとき，12時間で運ばれてくる空箱の数は，80×12＝960(箱)で，その間に，□×６×12＝□×72(箱)詰めると空箱がなくなったので，右上の図２のように表せる。よって，□×80－□×72＝□×(80－72)＝□×８(箱)が，1600－960＝640(箱)にあたるから，□＝640÷８＝80(箱)と求められる。

図１

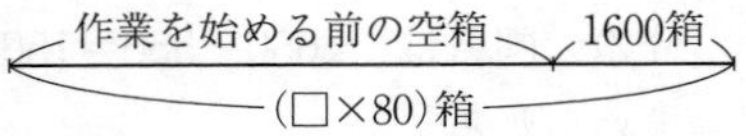

図２

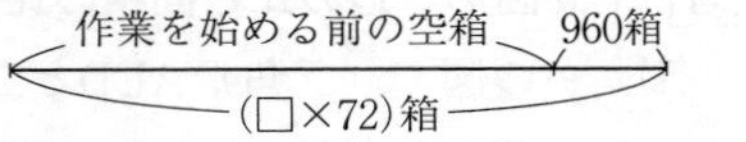

(2)　図１より，□×80＝80×80＝6400(箱)だから，作業を始める前にあった空箱の数は，6400－1600＝4800(箱)とわかる。

(3)　５時間後に空箱をなくすには，１時間あたり空箱を，4800÷５＝960(箱)減らせばよいから，１時間あたり，960＋80＝1040(箱)詰めればよい。よって，1040÷80＝13(人)で作業すればよい。

社　会　＜第１回試験＞（30分）＜満点：60点＞

解　答

Ⅰ **問１** ①　**問２** ②　**問３** ①　**問４** ④　**問５** ③　**問６** ④　**問７** ①　**問８** ③　**問９** ①　**問10** ④　**問11** ②　**問12** (例)　戦後，一番人口の多い(団塊の)世代が25～29歳ごろなので，1975年ごろと推測できる。　**問13** ①　**問14** ③　Ⅱ **問１** ③　**問２** ①　**問３** ③　**問４** 伊達政宗　**問５** ①　**問６** (イ) かつお　(ロ) ④　**問７** ④　**問８** ②　**問９** ④　**問10** ②　**問11** ③　**問12** ②　**問13** ①　**問14** (例)　衆議院の解散　**問15** ③

解　説

Ⅰ 地域で違《ちが》う餅《もち》の形を題材にした問題

問１　うどんの原料は小麦で，北海道がその主産地となっている。よって，①があてはまる。なお，②はもも，③はさつまいも(かんしょ)，④は米の都道府県別の生産量。統計資料は『日本国勢図会』2022／23年版などによる(以下同じ)。

問２　江戸時代，日本橋を起点として「五街道」が整備されたが，現在の岐阜県南西部に位置する関ヶ原を通ったのは中山道である。中山道の最初の宿場は板橋なので，②があてはまる。なお，①は日光街道(宇都宮まで奥州街道と重複)，③は東海道，④は甲州街道。

問３　銅鏡は弥生時代から古墳時代にかけて祭りごと用の道具として使用されたので，①がふさわしくない。なお，②は屈葬《くっそう》とよばれる埋葬《まいそう》方法。③のたて穴住居は，奈良時代まで一般住居として利用された。④の土偶《どぐう》は，多産・安産，えものが豊かであることなどを祈るさいに用いられたと考えられている土製の人形。

問４　渡来人は４～７世紀ごろの古墳時代から飛鳥時代に，百済《くだら》などの朝鮮半島や中国大陸から日本に移り住んだ人々のこと。麻は世界最古の繊維《せんい》作物といわれ，日本でも縄文時代の遺跡から発掘されているから，④が誤っている。

問５　地図中のＣは奈良(平城京)で，元明天皇が710年に遷都《せんと》した。よって，③が誤っている。なお，Ａは京都(平安京)，Ｂは大津(大津宮)，Ｄは飛鳥(飛鳥宮)。

問６　関東平野は日本で最も広い平野で，東京湾岸には首都・東京のほか，千葉市(千葉県)，川崎市・横浜市(神奈川県)の政令指定都市が位置している。よって，④が正しい。なお，①利根川の下流は千葉県と茨城県の県境となっている。②の「やませ」が吹《ふ》くのは，東北地方の太平洋側。③のかつて養蚕《ようさん》業がさかんであったのは，北関東(関東内陸部)である。

問７　平安時代末，平清盛は大輪田泊《おおわだのとまり》(現在の神戸港の一部)を修築して宋《そう》(中国)と貿易を行い，航海の守り神をまつる厳島神社(広島県)を厚く保護した。また，室町時代，第３代将軍足利義満は明(中国)と勘合《かんごう》貿易を始めたが，これにより博多《はかた》(福岡県)や堺《さかい》(大阪府)が貿易港として栄えた。よって，①が正しい。

問８　六波羅探題《ろくはらたんだい》は，承久《じょうきゅう》の乱(1221年)後，鎌倉幕府が朝廷や西国御家人を監視するために京都の六波羅へ設置した機関である。その初代長官は，のちに室町幕府の第３代執権となる北条泰時《やすとき》と，その叔父《おじ》の時房《ときふさ》であった。なお，①の北条時政は初代，②の北条義時(泰時の父，時房の兄)は第２代，④の北条時宗は第８代執権。

問９　「尾張《おわり》国」は現在の愛知県西部の旧国名で(東部は「三河国」)，名古屋港が位置している。中京工業地帯に属する名古屋港は，日本最大の自動車輸出港となっており，輸出額が日本で最も大きい。よって，①がふさわしい。なお，②は成田空港(千葉県)，③は横浜港，④は東京港の輸出品目とその割合。

問10　明治政府が出した徴兵《ちょうへい》令(1873年)では，士族や平民にかかわらず満20歳以上の男子に兵役の義務を課した。納税額は関係ないので，④が誤っている。

問11　1935年において，日本の原油の最大の輸入先はアメリカであった。なお，グラフ中の「蘭《らん》領《りょう》インド」は，現在のインドネシアにあたる。

問12　資料の人口ピラミッドを見ると，最も人口が多い年齢層は「25～29歳」であることがわかる。この年代は，戦後の1947～49年の第一次ベビーブームで生まれた「団塊《だんかい》の世代」に相当する。よって，このグラフは1975年ごろのものと判断できる。

問13　UNESCO(国連教育科学文化機関)は，教育・科学・文化などの分野での国際協力を通じて世界平和を実現することを目的とした国連の専門機関である。UNESCOは2009年に「消滅《しょうめつ》の危機にある言語や方言」として世界で約2500の言語・方言を発表したが，日本ではアイヌ語など８つの

言語・方言が対象となった。なお，②のUNICEFは国連児童基金，③のIMFは国際通貨基金，④のILOは国際労働機関の略称。

問14　資料の古地図には，「御城」とその下に「葵《あおい》の御紋《ごもん》」が見える。これは徳川家の家紋なので，この「御城」は江戸城と判断できる。よって，③が正しい。なお，①は五稜郭《ごりょうかく》(北海道)，②は大坂城(大阪府)，④は二条城(京都府)。

Ⅱ　ハンセン病を題材にした問題

問１　正長の土一揆《どいっき》(1428年)は，近江《おうみ》国(滋賀県)の馬借《ばしゃく》(陸上運送業者)らが農民とともに起こした徳政一揆だから，③が誤っている。なお，問丸《といまる》は水上運送業者・倉庫業者である。

問２　2024年に女性宇宙飛行士の月面着陸を目指すのは「アルテミス計画」で，1969年に人類史上初の月面着陸を成功させたのは「アポロ計画」である。なお，アルテミスはギリシャ神話に登場する「月の女神」，アポロ(アポロン)は「太陽神」で，２人は双子とされる。

問３　写真の人物はソビエト連邦の最高指導者であったゴルバチョフで，東西冷戦の終結に尽力《じんりょく》し，ノーベル平和賞を受賞した。2014年にウクライナ領のクリミア半島に侵攻《しんこう》し，ロシアに併合《へいごう》したのはプーチンなので，③が誤っている。

問４　伊達政宗《だてまさむね》は仙台藩(宮城県)の藩主で，1613年に家臣の支倉常長《はせくらつねなが》をローマ(イタリア)に派遣した(慶長遣欧《けいちょうけんおう》使節)。

問５　病気の治療《ちりょう》について，医師から十分な説明を受け，患者《かんじゃ》が納得・同意したうえで治療を進めることを「インフォームドコンセント」という。なお，②の「トリアージ」は多くの傷病《しょうびょう》者の中から緊急度や重症《じゅうしょう》度に応じて治療や搬送《はんそう》の優先順位を決めること。③の「カーボンニュートラル」は二酸化炭素の排出量と吸収量が等しく，全体として実質的に二酸化炭素の排出量がゼロとなっている状態をいう。④の「ターミナルケア」は病気で余命がわずかになった方に対しての医療および看護のこと。

問６　**(イ)**　〈絵〉は土佐国(高知県)のかつおの一本釣《づ》りのようす，〈写真〉は高知県の郷土料理として知られる「かつおのたたき」である。　**(ロ)**　①は人口が最も多く，果実生産額が多いことからみかんをはじめとするかんきつ類の栽培がさかんな愛媛県，②は野菜生産額が最も多いことから，高知平野で促成《そくせい》栽培がさかんな高知県と判断できる。③は日本で最も小さな県である香川県とわかる。よって，残る④が徳島県にあてはまる。

問７　資料の絵は葛飾北斎《かつしかほくさい》『富嶽《ふがく》三十六景』のうち「東海道金谷ノ不二《かなやのふじ》」で，大井川の川渡りのようすをえがいたもの。大井川は静岡県中部を流れる川で，江戸時代には江戸防衛のため橋が架《か》けられず，旅人は人足や馬を利用して川を渡った。しかし，大雨で川が増水すると川止めになって渡ることができなくなり，「箱根八里は馬でも越《こ》すが，越すに越されぬ大井川」などといわれ，東海道の難所とされた。明治時代になると橋が架けられたため川越え人足たちは職を失ったが，大井川下流部の西側に広がる牧ノ原台地を開拓《かいたく》して茶の栽培を始め，現在では日本有数の茶園地帯となっている。よって，組み合わせは④になる。なお，天竜川は静岡県西部を流れる川，シラス台地は鹿児島県と宮崎県南部に分布する火山灰などが堆積した台地。

問８　イギリスの女王エリザベス２世の在位期間は，1952年から2022年まで。イギリスで孤独《こどく》問題担当大臣が初めて設置されたのは2018年のことなので，②が正しい。なお，①は第一次世界大戦(1914～18年)の後から，③のクリミア戦争は1853～56年，④の南京《なんきん》条約が結ばれたのは1842年のこ

と。

問９　江戸時代，対馬藩の宗《そう》氏は鎖国中でも江戸幕府と朝鮮(李氏《りし》朝鮮)を仲介《ちゅうかい》したことで知られるが，対馬は長崎県に属する島であるから，④がふさわしくない。

問10　大隈重信《おおくましげのぶ》は肥前《ひぜん》藩(佐賀県)出身の政治家で，国会開設について急進的な意見を主張したため，1881年に政府から追放された(明治十四年の政変)。その翌年にはイギリス流の議会政治を唱え，立憲改進党を結成した。萩《はぎ》の乱(1876年)は山口県の不平士族の反乱で，大隈とは関係ないから，②がふさわしい。

問11　1858年の「安政の五か国条約」で江戸幕府が調印した相手国は，アメリカ・イギリス・オランダ・ロシア・フランスの５か国である。よって，③が誤っている。

問12　Ａのポーツマス条約が結ばれたのは1905年，Ｂの伊藤博文の暗殺は1909年，Ｃの朝鮮人の満州(中国東北部)への移住がさかんになったのは満州国が建国された1932年以降，Ｄの広島・長崎への原爆投下は1945年のことである。朝鮮で三・一独立運動が起こったのは1919年のことなので，ＢとＣの間になる。

問13　資料の写真の人物は犬養毅《いぬかいつよし》で，首相在任中の1932年５月15日に発生した五・一五事件において海軍青年将校らに暗殺された。そして1937年には，盧溝橋《ろこうきょう》事件をきっかけに日中戦争が始まった。よって，組み合わせは①が正しい。なお，２月26日は1936年の二・二六事件の発生日，浜口雄幸《おさち》は首相在任中の1930年に襲撃《しゅうげき》されて負傷し翌年死亡した政治家，柳条湖《りゅうじょうこ》事件は1931年に起きた満州事変のきっかけとなったできごと。

問14　衆議院で内閣不信任案が可決(信任案が否決)されたとき，内閣は10日以内に衆議院を解散するか，総辞職しなければならない。

問15　日本では法律上，同性どうしでの結婚はできないことになっているが，近年では多くの地方自治体が「パートナーシップ制度」を導入している。この制度は戸籍《こせき》上同性のカップルに対し，地方自治体が婚姻《こんいん》と同等の関係を承認するものである。よって，③がふさわしくない。

理　科　＜第１回試験＞（30分）＜満点：60点＞

解　答

［1］ **問１**　(カ)　**問２**　(イ)　**問３**　240mA　**問４**　(オ)　**問５**　(エ)　［2］ **問１**　蒸発
問２　(例)　ガスがすでに出ているところに点火すると，大きなほのおが突然出てしまうため。
問３　(ウ)，(エ)　**問４**　2.7ｇ　**問５**　(例)　砂糖は加熱すると，こげて炭になってしまうため。　［3］ **問１**　(ア)　**問２**　光合成　**問３**　(エ)　**問４**　(エ)　**問５**　(エ)

解　説

［1］ 豆電球と乾《かん》電池の回路についての問題

問１　電流は乾電池の＋極(図１の②)から流れ出て豆電球を通り，－極(図１の①)にもどる。また，枝分かれしていない回路に流れる電流の大きさは，どこも同じである。

問２　電流計には，＋端子《たんし》に電流が流れこむように乾電池の＋極をつなぐ。また，電流計の針がふり切れて電流計がこわれるのを防ぐために，電流計の－端子には５Ａ(図２のＺ)→500mA(図２の

Ｙ)→50mA(図２のＸ)の順につなぎ変える。

問３　Ｙは電流計の500mAと書かれた－端子なので，測ることができる最大の値が500mAとなる。よって，図３の針が示しているのは，240mAと読み取れる。

問４　③　問題文より，働きの大きさが同じ乾電池２つを直列につないで豆電球を光らせるときは，全体の端子電圧は乾電池１つの２倍より小さくなるとわかる。したがって，乾電池Ｃと乾電池Ｄを直列につなげて豆電球を光らせると，乾電池Ｃまたは乾電池Ｄだけで豆電球を光らせるときの２倍より小さくなるので，このときの端子電圧は，$1.1\times2=2.2$(Ｖ)よりも小さいといえる。　④　乾電池２つを直列につなげて豆電球を光らせるときは，乾電池１つだけで豆電球を光らせるときより，それぞれの乾電池から流れ出ている電流が大きくなるので，豆電球はより明るく光ることになる。

問５　図８の豆電球は，図１の豆電球よりも少しだけ明るく光ったことから，点Ｓを通って豆電球に流れる電流の大きさは，図３で示された電流の大きさよりも少しだけ大きいとわかる。また，図８の回路の乾電池は並列つなぎで，枝分かれしているので，乾電池Ａ，乾電池Ｂから流れ出る電流は，点Ｓでの電流の半分の大きさとなり，図３で示された電流より小さいと考えられる。

2　しょう油から食塩を取り出す実験についての問題

問１　しょう油を強く加熱すると，しょう油に含《ふく》まれる水は蒸発して空気中へ出ていく。

問２　ガスの元栓《もとせん》を開けてガスバーナーのガス調節ねじを開けると，ガスが出てくる。その後にマッチで点火すると，すでに出ているガスに引火し，大きなほのおが出て危険である。

問３　アンモニア水に溶《と》けているアンモニア，塩酸に溶けている塩化水素は気体なので，加熱すると水蒸気といっしょに空気中に出ていく。石灰水は固体の水酸化カルシウム(消石灰)の水溶液《すいようえき》なので，加熱すると水酸化カルシウムの固体が残る。塩酸と水酸化ナトリウム水溶液を混ぜると中和反応によって食塩ができ，加熱すると食塩や反応せずに残っていた水酸化ナトリウムが固体として出てくる。したがって，(ウ)と(エ)を選ぶ。

問４　しょう油10cm^3の重さは，$47-35=12$(ｇ)なので，しょう油15cm^3の重さは，$12\times\frac{15}{10}=18$(ｇ)である。実験より，しょう油20ｇには３ｇの食塩が含まれているので，しょう油18ｇに含まれている食塩の重さは，$3\times\frac{18}{20}=2.7$(ｇ)となる。

問５　食塩には炭素が含まれていないため加熱してもこげないが，砂糖は有機物なので，加熱するとこげて炭になってしまう。そのため，実験の方法では砂糖は取り出せない。

3　日本の気候や自然，環境《かんきょう》問題についての問題

問１　ａ　図１は，日本の西に高気圧，東に低気圧が見られ，等圧線が日本列島の南北に通っているので，西高東低の冬型の気圧配置とわかる。　ｂ　図２は，本州の南に停滞《ていたい》前線が見られる。これが本州の北に移動すると夏になるとあるので，梅雨《つゆ》のころと判断できる。したがって，図２の停滞前線は梅雨《ばいう》前線である。

問２　植物や植物プランクトンは，二酸化炭素と水をもとに，光のエネルギーを受け取ってデンプンを作っている。このはたらきを光合成という。

問３　(ア)　アブラムシがあまいしるをアリに提供するかわりに，アリはアブラムシの天敵であるテントウムシを追いはらうので，共生(相利共生)の関係である。　(イ)　イソギンチャクのしょく手には毒があるが，クマノミはからだをおおっているねん液のおかげでさされることはない。このた

め，クマノミはイソギンチャクの近くにいることで外敵から守られる。また，イソギンチャクは，そばで泳ぐクマノミによって新鮮《しんせん》な海水を送ってもらっているので，共生(相利共生)の関係といえる。　(ウ)　コバンザメは，頭の上にある吸ばんでサメなどの大型の生物に吸いつき，エサの食べ残りや寄生虫などを食べると同時に外敵から守ってもらっている。一方，サメは得も損もしないので，片利共生といわれる。　(エ)　ハリガネムシは細いミミズのような形の水生動物で，子どもの時期に水生こん虫に食べられ，この水生こん虫が羽化して陸上でカマキリに食べられることで，ハリガネムシはカマキリの体内に入る。その後，カマキリをあやつって水に飛びこませ，カマキリの体内から出て水中にもどり，産卵する。その結果，カマキリは死んでしまうため，不利益しかないので共生とはいえない。なお，このように一方が不利益をあたえられる関係を寄生という。

問４　クロマグロが減少したのは，マグロの消費量が増加して人間がとりすぎたためとされている。クロマグロは肉食で小型から中型の魚を食べるので，プランクトンが増加するとエサとなる魚が増えるため，クロマグロが減少するとは考えにくい。

問５　炭素を燃焼させると，酸素と結びついて二酸化炭素ができる。したがって，発生する二酸化炭素は燃やす前の炭素より重くなるため，(エ)を選ぶ。

国　語　＜第１回試験＞（50分）＜満点：100点＞

解　答

一　**問１**　下記を参照のこと。　**問２**　(ウ)　**問３**　(エ)　**問４**　(イ)　**問５**　④　(エ)　⑥　(イ)　**問６**　(エ)　**問７**　(イ)　**問８**　(ア)　**問９**　(ウ)　**問10**　(エ)→(イ)→(ア)→(ウ)　**問11**　a　(エ)　b　(ケ)　c　(キ)　d　(オ)　e　(ア)　f　(イ)　**問12**　(エ)，(カ)　二　**問１**　a　観光案内所　b　学習塾　c　二階　**問２**　(エ)　**問３**　(イ)　**問４**　(ウ)　**問５**　(ア)　**問６**　a　(ク)　b　(イ)　c　(エ)　d　(ウ)　**問７**　(ア)　**問８**　(イ)　**問９**　(エ)　**問10**　(イ)　**問11**　a　(オ)　b　(ク)　c　(キ)　d　(イ)　e　(カ)　f　(ウ)

●**漢字の書き取り**

一　**問１**　ⓐ　雑誌　ⓑ　技能　ⓒ　余念　ⓓ　評判　ⓔ　尊重

解　説

一　**出典は大平健《おおひらけん》の『やさしさの精神病理』による。**精神科医の筆者が，さまざまな場面で「やさしさ」が求められる現代の問題を指摘《してき》し，若者の言う「やさしさ」の事例をあげて人との関わりについて考察していく。

問１　ⓐ　週刊，月刊，季刊など，定期的に号を追って刊行される出版物。　ⓑ　ものごとを行う腕前《うでまえ》。　ⓒ　「余念がない」は，余計なことを考えないで一事に集中するようす。　ⓓ　世間の評価。　ⓔ　価値のあるものとして大切に扱《あつか》うこと。

問２　「歴史の流れがスラスラと頭に入るから」と教師が「学習マンガ」をすすめたり，「『無理なく無駄《むだ》なく』技能が身につくように」と職場で「マニュアル作り」がさかんに行われたりといった風潮《ふうちょう》は，なるべく頭を使わずに済むことをよしとするものである。よって，人々が「過度な負担なく手軽に分かった気になることを好む」とある(ウ)がよい。

問３　「皮肉」とは，遠回しに意地悪く相手を非難すること。かつて，女性の言いなりになる「アッシー君」（交通手段の“足”という意味）や「ミツグ君」（金品を“貢《みつ》ぐ”という意味）など，軽蔑《けいべつ》のニュアンスをこめて呼ばれた彼《かれ》らのような男性も，今の時代では「ホントーにやさしいのね」と，非難ではなく心から称賛《しょうさん》されるようになったのである。

問４　「虚《きょ》をつかれる」は，“予期しないことにとまどう”という意味。老人に席を譲《ゆず》ろうとしたときに拒絶《きょぜつ》された経験から，確かに年寄り扱いされるのを嫌《きら》う人がいるのを知ってはいたが，それを逆手にとって，電車で席を譲らないことを「相手を年寄り扱いにしない」という点で「やさしさ」になるだろうと主張して，自らの行いを正当化するかのような女子高生の発想に，筆者は驚《おどろ》きを隠《かく》せなかったのである。

問５　④「柄《がら》にもない」は，ふだんのその人の人物像からは考えられないようす。　⑥「頭ごなし」は，相手の言い分を聞かず，一方的に決めてかかること。

問６　自分のミスを課長に謝《あやま》った後，ほかに言うことがないので黙《だま》っていたら怒《おこ》られたと話す青年の言い分を受けて，「これは“やさしさ”云々《うんぬん》の話ではなく，礼儀《れいぎ》の表《あら》わし方の問題」だろうと筆者は述べている。上司に許しを請《こ》う場面なのだから，「口先だけでも謝れば一件落着のはず」などと考えるのではなく，「相手を逆上させない」ための配慮《はいりょ》も青年には必要だったのではないかと指摘している。

問７　朝帰りを親に叱《しか》られた女性が「やさしく叱ってもらわないと反省する気にならない」と言ったことを受けて，「屁理屈《へりくつ》や居直りもきわまった」と感じた筆者は「泥棒《どろぼう》にも三分の理」だと表現している。「泥棒(盗人《ぬすびと》)にも三分の理」は，悪いことをした者にも言い分があること，また，どんなことでも理屈はつけられることをいい，ここでは後者の意味にあたるので，「正当化」とある(イ)がよい。なお，娘の朝帰りに対して，「悪事」という表現は大げさなので，(ア)，(エ)は合わない。また，「時間」の長短の問題でもないので，(ウ)も正しくない。

問８　「ふてぶてしい」は，開き直って図々しく構えるようす。問７でもみたとおり，親が「やさしく」叱ってくれないから「反省する気にならない」という女性の訴《うった》えを，筆者は一瞬《いっしゅん》「屁理屈や居直り」と感じている。しかし，居直りではなく「素直《すなお》」にそう思っているように見えたのである。

問９　『ハムレット』の科白《せりふ》と，若者たちの言う「やさしさ」を対照している。若者たちは「素直」に「やさしさ」を求める一方，シェイクスピアの「やさしさ」は「逆説」的なのだから，(ウ)の「やさしくするには残酷《ざんこく》でいなくては」が合う。なお，「逆説」は，一見真理に反するようで実は真理を表していること。

問10　ひたすら「素直」に「やさしさ」を求めているものの，その意味がねじれてしまっている若者たちの現状に対し一定の理解を示しつつ，その理屈にとうてい納得がいかない筆者は，そのようなねじれた「やさしさ」を彼らが求め続けるのには何らかの「事情」があるはずだ，と探《さぐ》ろうとしたものと考えられる。よって，(エ)→(イ)が最初に来る。この内容を「その事情」で受け，「やさしさ」の意味のねじれに違和感《いわかん》を持たず，自然なことととらえてしまっている若者たちの「文法」を知りたい，とした(ア)→(ウ)を後に続けると，文意が通る。

問11　**a**　年寄りに席を譲らない自分の「やさしさ」が「分かんない大人」が，「この子，席も立たないで」という目で見るから，寝《ね》たふりをするのだと少女は言っている。ここから「親切心」の

ない人間と思われたくないようすがうかがえる。　**b**　謝ったらもう「言うことがない」と考える青年は，発言を求める課長にそれを言えば「課長が馬鹿《ばか》なの」を「指摘することになっちゃう」から，「思いやり」で黙っているのだと話している。つまり，これは，ある意味では上司を「小馬鹿」にした態度といえる。　**c**　筆者は，なぜ「寝たふり」をするのかという少女の説明を，自己の「正当化」と感じている。これは，「黙ってんのは，こっちの思いやりなのに」と主張する青年にも共通する姿勢で，「身勝手」が合う。　**d**　少女も青年も，これまで「目の前の相手」との関わりを可能な限り避《さ》けてきたために「身勝手」な判断を下したり，主張したりするのだろうと考えられる。よって，「直接的」が入る。　**e**　若い人たちの言う「やさしさ」を，筆者は「本来の意味とズレている」と感じるのだから，「違和感」があてはまる。　**f**「やさしさ」は「人と人との気持ちの交流にかかわること」と述べられているので，「関係性」がふさわしい。

問12　最後から二つ目の段落で筆者は，重い病気にもかかわらず「家族には心配をかけたくない」からと，精神科を受診《じゅしん》したことを「内緒《ないしょ》に」するよう求めてくる患者《かんじゃ》が現れたことに驚いたと述べている。よって，(エ)は正しい。また，ぼう線⑨をふくむ段落で筆者は，いきなり精神科に来る患者たちに「“やさしさ”のねじれ」が多く見られた経験から，彼らが「身近な人に相談しないこと，もしくは相談できないこと」と，ねじれた「やさしさ」には深い関係があるのではないかと考えてもいるので，(カ)もふさわしい。

二　**出典は小説トリッパー編集部編の『25の短編小説』所収の「水曜日の山(津村記久子《つむらきくこ》作)」による。**北になだらかな山を臨《のぞ》んだ町で，感染症《かんせんしょう》の蔓延《まんえん》が人間関係のきしみをあらわにするなか，二人の「私」がささやかな交流を持ったようすが描《えが》かれている。

問１　**a**　ぼう線④の二つ後の段落に書かれた「観光案内所」が，一つ目の大段落ではじめて登場する「私」の「職場」にあたる。　**b**　二つ目の大段落ではじめて登場する「私」は，「中学生向けの小さな学習塾」に勤務していると書かれている。　**c**　二つ目の大段落では，学習塾に勤務する「私」が，窓から通りにある「向かいの観光案内所」を見下ろしている。また，三つ目の大段落に，観光案内所は「建物の二階」だと書かれている。

問２　自分たちの車に，ものすごいスピードでやってきた自転車が接触《せっしょく》しかけた直後，姪《めい》は自転車に乗っていた男の子に対する「怒《いか》り」を，「ああいう子嫌い」，「めちゃくちゃ頭悪いんだろうな」と，あらわにしている。それを聞いた「私」は，自宅で誰《だれ》も聞いてくれないから自分を頼《たよ》ってきたのであろう姪の話を「ちゃんと聞いてやらないのも良くない」と考え，彼女《かのじょ》の「怒りを助長するような言葉」は避けようと気づかい，「そうかもしれない」と同調している。姪の荒々《あらあら》しい言葉の背景に，家族との不仲があることを反映しているのは(エ)のみである。

問３　直後の一文に，「姪は新しい規律と恐怖《きょうふ》の狂信者《きょうしんしゃ》で，甥《おい》と私の妹は感染について鷹揚《おうよう》にしていても勝てないことはないギャンブルのようにとらえているふしがある」と書かれていることから，ここでいう「宗教」の違《ちが》いとは，蔓延している感染症に対する姪とその家族のとらえ方の差をいっているものと推測できる。

問４　直前で姪が，「その時は……」と言葉に詰《つ》まっていることに注目する。「私」の家にいさせてほしいがために色々と言葉を並べているが，そのせいで結局は自分の首を絞《し》めているのだから，自らの言動で自分自身を縛《しば》ることを表す(ウ)の「自縄自縛《じじょうじばく》」が合う。

問５　問２でみたように，「私」はできるだけ姪を刺激《しげき》しないようにしていたが，その気づかいが

「ばからしくなるほど」姪は「私」の言葉に「あっさりと同意し」ている。この状況《じょうきょう》には，“急に緊張《きんちょう》がとけて張り合いがなくなる”という意味を表す(ア)の「拍子抜《ひょうしぬ》けする」が合う。

問６　**a**　真野《まの》先生は「面倒《めんどう》な仕事」を「雇《やと》っている講師に押《お》しつけ」る人物だとある。　**b**　「呑《の》んで騒《さわ》いでしゃべってたら辛気《しんき》くさいことは忘れ」るし，「感染したらその時はその時だ」という考えを持つ大雑把《おおざっぱ》な人柄《ひとがら》の印南《いなみ》先生は，案の定「感染」している。このようすには，(イ)の「無頓《とん》着《ちゃく》な振《ふ》る舞《ま》い」があてはまる。　**c**　真野先生と印南先生の両者に共通して欠けていることが入る。真野先生はほかの講師に「面倒」を押しつけ，印南先生は後先を考えない行動で「感染」している。二人に欠けているのは，(エ)の「共に働く者への配慮《はいりょ》」である。　**d**　二人が戻《もど》ってきたとき，「自分が何か暴言を吐《は》いてしまわないだろうか」と「私」は不安になっている。つまり，恐《おそ》れているのは(ウ)の「感情を制御《せいぎょ》できなくなること」である。

問７　問６でみたように，「私」は真野先生と印南先生の仕事を引き受け，「三人分の授業をするために一人で学習塾に出勤している」のである。「深夜まで」の授業準備は「つらかった」し，配慮に欠けた二人への不満もつのり，「こういう生活」がいつまで長引くのかわからないまま，窓から通りを見下ろす日々を過ごしている。よって，見下ろす「道路」が「濁《にご》った暗い川」に感じられるほど気分は沈《しず》んでいると考えられるので，(ア)の「閉塞感《へいそくかん》・絶望感」が合う。

問８　直後に，「三時のおやつは職場では食べない」とある。高校生である姪にとっては三時におやつを食べることは普通《ふつう》なのだろうが，社会人の「私」にはない習慣なので，持て余してしまっているのである。

問９　学習塾の「私」が観光案内所の「私」から，突然《とつぜん》「山が今日もきれいですね！」と声をかけられた場面である。「知らない人」が窓から窓へ声をかけてきたことに「驚いて」，かつ「山」という話題の意外さに，思わず「山」の方角である「北を向いた」のだと推測できる。

問10　真野先生と印南先生が戻ってきたとき，二人に「ひどいことを言わない自信」が「ない」と「私」は感じている。今は，そういう自分の感情を認めてやり，「仕事そのものの量」は「こんな時期もある」と考えて「乗り越《こ》える」つもりだから，(イ)が選べる。

問11　「そう言って」とは，「先生と話してると落ち着く」という生徒の言葉に「私もです」と言ったことを指す。人との会話によって気力を回復した「私」が，授業を始めた場面である。　**a**　「私」が「今もっともつらい」のは「ウイルスの蔓延以上に他人が信用できないこと」である。　**b**　観光案内所の女性から「山が今日もきれいですね！」と声をかけられたことをきっかけに，何が起きたかを読み取る。身投げしかねない気分で道路ばかり見下ろしていた「私」は，視線を上に向けて「山」を見た後，感染症が少し落ち着いたら「登りに行ってもいいかもしれない」と思っている。閉塞感がつのるなか，先のことを思い描いたことで「私」には「気持ちの変化」が訪《おとず》れたのだといえる。　**c**　スコーンを「ください！」と叫《さけ》び，マスクなしで直《じか》に人と話したことに驚いた「私」が，その後で何を考えたかを整理する。三人分の仕事量を「乗り越えるのも挑戦《ちょうせん》の一つ」と前向きにとらえ，真野先生と印南先生に不信感を持つ自分を今は許しておこうと考えている。人との小さな交流をきっかけに，今の状況を冷静に考えられたのだから，(キ)の「仕事のあり方を見つめ直すこと」が合う。　**d**　紙袋《かみぶくろ》の中には「フリーザーバッグ」に入れたスコーンがあり，紙袋の始末の仕方を書いたコピー用紙は触《さわ》る必要がないようになっている。感染防止の工夫《くふう》だから，それは「信頼《しんらい》するに足る配慮」である。　**e**　生徒から「先生と話してると落ち着く」と言われ

た「私」は，自分もだと答えている。観光案内所の女性との小さな交流をきっかけに気力が回復し，生徒と話すと「落ち着く」ことに気づいたのだから，㈮の「他者とのかかわりの重要性」が合う。

f　いつもそこにある「山」が，両方の「私」を救ってくれたことに注目する。観光案内所の「私」は，運転中に「山」が目に入り「ほんの〇《ゼロ》コンマ数秒」ほど速度をゆるめたおかげで，事故を回避《かいひ》できた。学習塾の「私」は，観光案内所の「私」の言葉で「山」に目が向き，閉塞感でうつむいてばかりいた状況からぬけ出している。二人の目には，山が「いつもとは違う見え方」をしたのである。

Dr.福井の 入試に勝つ！脳とからだのウルトラ科学

記憶に残る“ウロ覚え勉強法”とは？

人間の脳には，ミスしたところが記憶に残りやすい性質がある。順調にいっているときの記憶はあまり残らないが，まちがえて「しまった！」と思うと，その部分がよく記憶されるんだ(これは，脳のヘントウタイという部分の働きによる)。その証拠に，おそらくキミたちも「あの問題を解けたから点数がよかった」ことよりも，「あの問題をまちがえたから点数が悪かった」ことのほうをよく覚えているんじゃないかな？

この脳のしくみを利用したのが“ウロ覚え勉強法”だ。もっと細かく紹介すると，テキストの内容を一生懸命覚え，知識を万全にしてから問題に取り組むのではなく，テキストにざっと目を通した程度(つまりウロ覚えの状態)で問題に取りかかる。もちろんかなりまちがえると思うが，それを気にすることはない。まちがえた部分はよく記憶に残るのだから……。言いかえると，まちがえながら知識量を増やしていくのが“ウロ覚え勉強法”なのである。

ここで，ポイントが2つある。1つは，ヘントウタイを働かせて記憶力を上げるために，まちがえたときは「あ〜っ！」とわざとらしく驚くこと。オーバーすぎるかな……と思うぐらいでちょうどよい。

もう1つのポイントは，まちがえたところをそのままにせず，ここできちんと見直すこと(残念ながら，驚くだけでは覚えられない)。問題の解説を読んで理解するのはもちろんだが，必ずテキストから見直すようにする。そうすれば，記憶力が上がったところで足りない知識をしっかり身につけられるし，さらにその部分がどのように出題されるかもわかってくる。頭の中の知識を実戦で役立てられるようにするわけだ。

Dr.福井(福《ふく》井《い》一成《かずしげ》)…医学博士。開成中・高から東大・文Ⅱに入学後，再受験して翌年東大・理Ⅲに合格。同大医学部卒。さまざまな勉強法や脳科学に関する著書多数。

2023年度 中央大学附属中学校

【算　数】〈第２回試験〉（50分）〈満点：100点〉

〈注意〉　1．コンパスと定規を使ってはいけません。

　　　　　2．円周率は，3.14を用いなさい。

1　次の問いに答えなさい。

(1)　$19.76\times81-1976\times0.21+2.34\times22+46.8\times1.4$を計算しなさい。

(2)　$3\div\frac{7}{2}\div(35-18)\times(234.56+102.44)\div\left(5\frac{1}{2}+3\frac{1}{3}+8\frac{1}{6}\right)$を計算しなさい。

(3)　花子さんは父，母，兄，弟の５人家族です。「父の年齢《れい》」と「母の年齢の２倍」の和が142，「母の年齢」と「花子さんの年齢の３倍」の和が88，「父の年齢の２倍」と「兄の年齢と弟の年齢の和の３倍」の和が181のとき，５人の年齢の和はいくつですか。

(4)　155mの列車Aが125mの列車Bとすれ違《ちが》うのに10秒，追い越《こ》すのに70秒かかります。列車Aと列車Bの速さはそれぞれ秒速何mですか。

(5)　右の図１の斜《しゃ》線部分の面積は何cm^2ですか。ただし，円周率は3.14を用いなさい。

図１

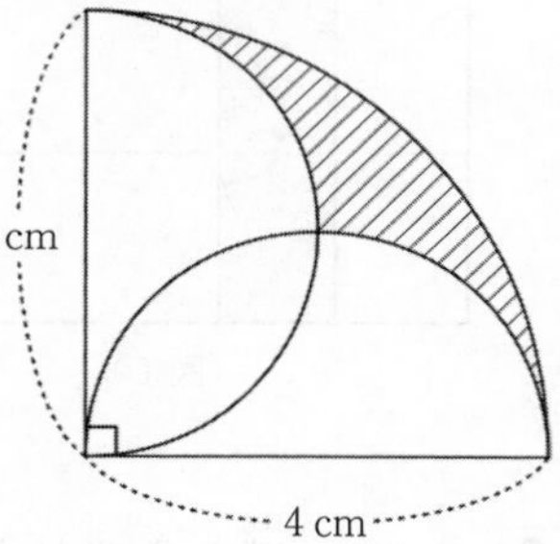

(6)　下の図２において，AB＝DE，AC＝CDのとき，角xの大きさは何度ですか。

図２

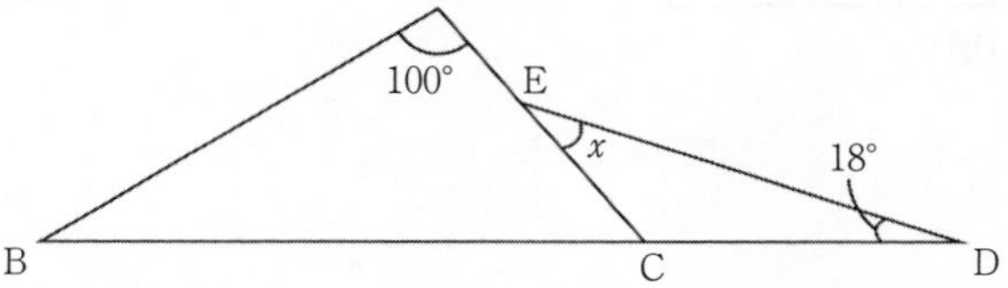

(7)　下の図３の正六角形ABCDEFの面積が$36cm^2$のとき，斜線部分の面積は何cm^2ですか。

図３

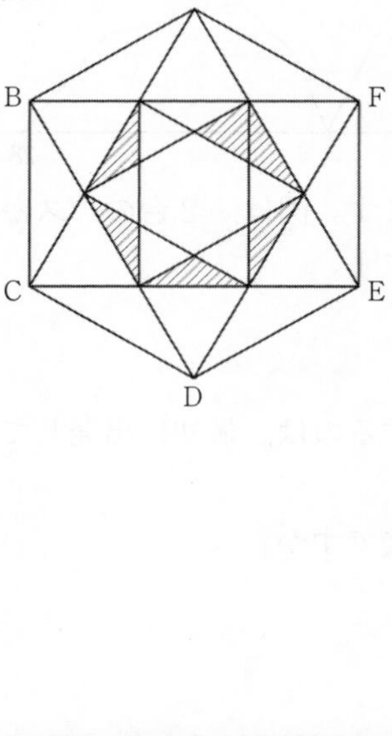

2　容器Ａには濃《こ》さがわからない食塩水が600ｇ，容器Ｂには18％の食塩水が入っています。ＡからＢに200ｇ移してよく混ぜたところ，Ｂの濃《のう》度は16％になりました。さらにＢからＡに200ｇもどし，Ａに水を80ｇ加えて混ぜたところ，Ａの濃度は10％になりました。

⑴　最後に容器Ａの食塩水に含《ふく》まれている食塩は何ｇですか。

⑵　はじめに容器Ａに入っていた食塩水の濃度は何％ですか。

⑶　はじめに容器Ｂの食塩水に含まれていた食塩は何ｇですか。

3　底面積が350cm^{2}の深い水そうに，底面から10cmのところまで水が入っていました。この水そうに底面積が70cm^2，高さが30cmの直方体のおもりを底に着くまでまっすぐに沈《しず》めました（図１）。

⑴　水面の高さは何cmになりましたか。

⑵　さらに，底面積が70cm^2，高さが６cmの直方体のおもりを底に着くまでまっすぐに沈めました（図２）。水面の高さは何cmになりましたか。

⑶　水そうに入っている全ての直方体のおもりを取り除き，高さ30cmの直方体のおもり１つを底に着くまでまっすぐに沈めて，⑵の水面の高さと同じにするには，底面積が何cm^{2}の直方体のおもりを沈めればよいですか。

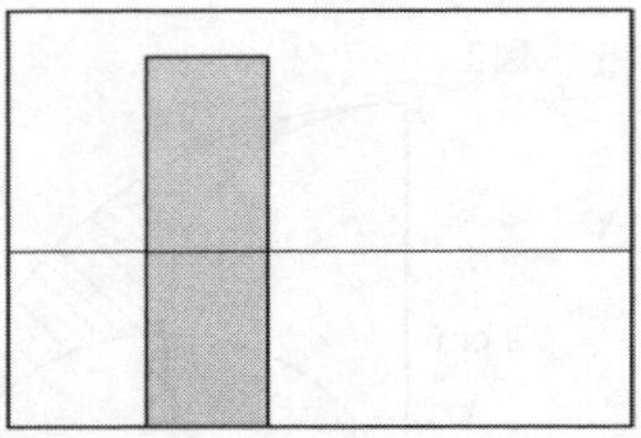
（図１）

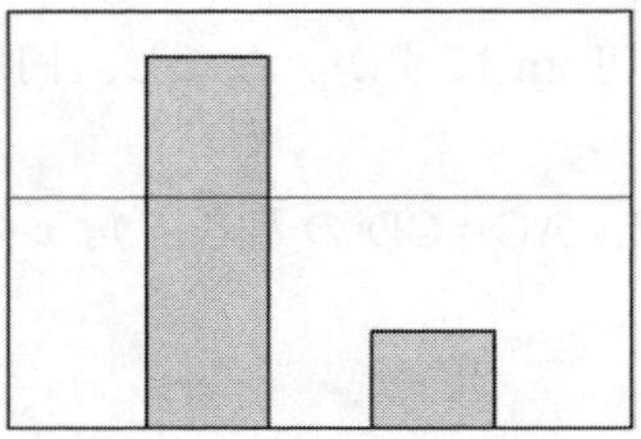
（図２）

4　２km離《はな》れた学校と駅の間を，中型バスは学校から，大型バスは駅から同時に出発し，それぞれ一定の速さで何度も往復します。２台のバスは，学校と駅でそれぞれ停車しますが，中型バスの停車時間は２分間，大型バスの停車時間は５分間です。中型バスは大型バスより速く走ります。図は，２台のバスが出発してからの時間と，２台のバスの間の距離《きょり》の関係を表したものです。

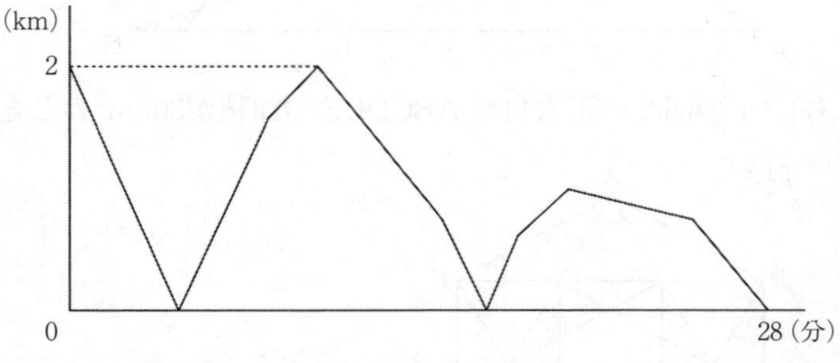

⑴　中型バスの速さは分速何ｍですか。

⑵　大型バスの速さは分速何ｍですか。

⑶　２回目に中型バスが学校から，大型バスが駅から同時に出発するのは，最初に出発してから何分後ですか。

⑷　２回目に２台のバスがすれ違うのは，出発してから何分何秒後ですか。

【社　会】〈**第２回試験**〉（30分）〈満点：60点〉

Ｉ　次の文章を読み，あとの問いに答えなさい。

ここは中央大学附属中学校・高等学校前の古書店「小金井湧泉堂《ゆうせんどう》」。店主の静《しずか》おじさんは，近くに住む中附中１年生中太君のお母さんの伯父《おじ》さんにあたります。中太君は，お母さんに託《たく》された晩御飯《ばんごはん》を持って湧泉堂へやって来ました。

中太：こんにちは，静おじさん。今日の夕飯は(1)**熊本県**産の(2)（ ☆ ）だよ。

静　：馬の肉とは珍《めずら》しいな。おろしニンニクとお醤油《しょうゆ》で食べたら，最高じゃ。

中太：家族旅行のお土産で買ってきたんだ。ニンニクと醤油もあげるね。

静　：ありがとう。ところでなぜ馬肉が食べられるようになったか知っているかい？　熊本藩主の加藤清正が(3)**朝鮮に出兵**した時，食料不足で仕方なく馬を食べた。それ以降，食料とされるようになったと言われているぞ。

中太：馬と人との関わりは昔から深いんだね。友達が，九州には馬の脚だけの姿をした妖怪《ようかい》もいるって教えてくれたよ。妖怪といえば，この写真を知ってる？

静　：これは(4)**弘化《こうか》三年（1846年）に現れたとされるアマビエ**じゃな。肥後の海に現れ，「自分は海中に住むアマビエという者で，当年より６年の間は豊作が続くが，病気が流行するので自分の姿を写して見せるように」と告げて海中に消えたという話が伝えられているぞ。

中太：だから(5)**新型コロナウイルスの感染拡大防止**を呼びかけるために，政府はこの妖怪をポスターに起用したんだね。ニュースでも取り上げられて，有名になったよ。

静　：中太は妖怪に興味があるのかい？

中太：うん。妖怪の歴史について教えてよ！

静　：よろしい。奈良時代に舎人親王らによってまとめられ，持統天皇にいたるまでの歴史・神話が記された(6)（『 ▲ 』）は知っているかな？　そこには，狢《むじな》が人に化けて歌を歌っていたという記述もあるぞ。

中太：狢って何？　初めて聞いたよ。

静　：狐《きつね》や狸《たぬき》と並んで，人を驚《おどろ》かす妖怪として知られておる。この翌年に推古天皇が亡くなったから，古代の日本においては，不可思議な現象や物の出現は，そののちに起こる悪い出来事の予兆として受け入れられたんじゃ。

中太：(7)**平安時代**になると，占《うらな》いで地震《じしん》，病気の兆しがないか判断していたよね。陰陽師《おんみょうじ》と呼ばれる人が活躍《かつやく》していたと聞いたこともあるよ。

静　：そうじゃ。安倍晴明のような有名な陰陽師は，占いで人々の病気の原因と考えられた鬼《おに》や(8)**怨霊《おんりょう》**を見つけたんじゃ。

中太：妖怪は病の原因だと考えられて，陰陽師はそうした鬼をやっつけたんだね。

静　：鬼を退治するような物語がたくさんつくられたのは，(9)**中世の時代**じゃ。多くの戦いをへて，武士は権力を持つようになったじゃろ。こうした武士たちの力を表現するために，妖怪を退治する物語がつくられたんじゃ。

中太：学校の授業で源頼政の鵺《ぬえ》退治の話を聞いたよ。でも僕が好きな妖怪のイメージとは違《ちが》うな。(10)**砂かけ婆《ばばあ》**や河童《かっぱ》，ろくろ首の方が親しみ深いな。

静　：そうした妖怪が増えはじめたのは，江戸時代からじゃ。(11)**木版印刷**が広がると，怪談《かいだん》を集めた本がたくさん出版されるようになって，多くの人々に妖怪のイメージが定着したんじゃな。

中太：書物などのメディアが発達することで，妖怪は(12)**キャラクター**のようにとらえられるようになったんだね。

静　：そうじゃな。現代だと，漫画家《まんがか》の(13)**水木しげる**が，妖怪を大衆文化として人々に浸透《しんとう》させたことでも有名じゃ。

中太：知っているよ。『ゲゲゲの鬼太郎《きたろう》』の作者だ。(14)**第二次世界大戦**の戦場で左腕《うで》を失って，日本に戻《もど》ってきたんだよね。

静　：うむ。よく知っているのう。帰国してからは，紙芝居《かみしばい》作家から漫画家になって，日本の妖怪ブームを引き起こしたんじゃ。1991年には，(15)**天皇**から紫綬褒章《しじゅほうしょう》を授与《じゅよ》されたな。

中太：すごいや。水木さんのおかげで，妖怪が今までよりも人々にとって身近になったんだろうね。自分でも妖怪についてもっと調べてみるよ。

静　：良い心がけじゃ。その調子で中附中でいろんなことを学ぶんじゃぞ。わしは，もらった晩御飯をいただきます。

中太：はーい！　また晩御飯を持ってくるね。

本文中の写真は，『肥後国海中の怪（アマビエの図）』（京都大学附属図書館所蔵）を一部改変

問１．下線(1)に関する問題です。右の表は，ある作物の収穫量《しゅうかくりょう》について，都道府県上位４位までを示したものです。この作物としてふさわしいものを，次の①～④から１つ選びなさい。

順位	都道府県名	収穫量（トン）
1位	**熊本**	**49,300**
2位	千葉	37,500
3位	山形	32,200
4位	新潟	17,800

「作物統計」（2021年，農林水産省）より作成

①　ピーマン　　②　スイカ

③　レタス　　④　ネギ

問２．下線(2)に関する問題です。空らん（☆）には，馬の肉を薄《うす》く切って生で食べる料理の呼び名が入ります。**ひらがな３字で**答えなさい。

問３．下線(3)に関する問題です。朝鮮出兵を命じた豊臣秀吉が行ったこととして，**ふさわしくないもの**を次の①～④から１つ選びなさい。

①　ものさしや枡《ます》の単位を統一し，田畑の面積や土地の状態を調べた。

②　石山本願寺の跡地《あとち》に大坂城を築き，京都には聚楽第《じゅらくだい》を建てた。

③　佐渡や石見などの鉱山を支配し，天正大判などの貨幣《かへい》をつくった。

④　バテレンの追放を命じるとともに，外国の商船の来航を制限した。

問４．下線(4)に関する問題です。アマビエが現れたとされている弘化三年（1846年）の前後に起きた出来事について述べた文として，正しいものを次の①～④から１つ選びなさい。

① 天明の飢《き》きんが起こったのは，弘化三年より前である。

② 寛政の改革が行われたのは，弘化三年より後である。

③ ペリーが浦賀に来航したのは，弘化三年より前である。

④ 公事方御定書がつくられたのは，弘化三年より後である。

問５．下線(5)に関する問題です。右のポスターを使い，感染対策を呼びかけた中央省庁の名前を**<u>漢字で</u>**書きなさい。なお，略称《りゃくしょう》ではなく正式名称で答えること。

問６．下線(6)に関する問題です。空らん（『▲』）に当てはまる歴史書の名前として，正しいものを次の①～④から１つ選びなさい。

① 日本書紀　② 太平記　③ 古事記　④ 風土記

問７．下線(7)に関する問題です。平安時代の出来事について述べた文(あ)・(い)の内容について，正・誤の組み合わせとしてふさわしいものを，下の①～④から１つ選びなさい。

(あ) 藤原道長は息子の藤原頼通とともに，摂関政治のもとで大きな権力を手にし，親子で平等院鳳凰堂をつくった。 (い) 遣唐使の停止を提案した菅原道真は，そののち謀反《むほん》の疑いで大宰府の地に追いやられた。

① (あ) 正 (い) 正　② (あ) 正 (い) 誤

③ (あ) 誤 (い) 正　④ (あ) 誤 (い) 誤

問８．下線(8)に関する問題です。怨霊になったと伝えられている崇徳上皇について述べた文として，ふさわしいものを次の①～④から１つ選びなさい。

① 幼い堀河天皇に位を譲《ゆず》ったあとも実権を握《にぎ》り，院政を開始した。

② 源義朝と協力して兵をあげたが，武力にまさる平清盛に敗れた。

③ 全国の武士や僧兵たちに対して，北条氏追討《ついとう》の命令を出した。

④ 平氏や源氏の武士たちを味方につけ，弟の後白河天皇と対立した。

問９．下線(9)に関する問題です。次の(あ)～(え)の文は，中世の出来事について述べています。それらを**<u>古い順に並べたもの</u>**として，正しいものを下の①～④から１つ選びなさい。

(あ) 後醍醐天皇は年号を建武と改め，新しい政治を始めた。 (い) 政治や裁判のよりどころを示すため，御成敗式目がつくられた。 (う) 近江の馬借が幕府に徳政令を要求する，正長の土一揆が起こった。 (え) 正式な貿易船の証明として勘合を使用し，日本が中国と貿易を始めた。

① (う)→(い)→(え)→(あ)　② (い)→(あ)→(え)→(う)

③ (う)→(い)→(あ)→(え)　④ (い)→(あ)→(う)→(え)

問10．下線(10)に関する問題です。砂かけ婆は，三重県伊賀市の祭りで使用される鬼の仮面と衣装《いしょう》

をもとにした妖怪だと伝えられています。三重県について述べた文として，**誤っているもの**を次の①～④から１つ選びなさい。

① 親潮が流れる熊野灘はリアス式の入り江《え》に恵《めぐ》まれ，水産業が盛んである。

② 半導体や液晶《えきしょう》パネルの工場があり，電子部品の出荷額は全国有数である。

③ 松阪市とその近郊《きんこう》で育てられた松阪牛は，全国的に有名である。

④ 森林の面積が約３分の２を占《し》め，檜《ひのき》や杉《すぎ》などの木材生産が盛んである。

問11. 下線⑾に関する問題です。次の風景画や妖怪画を描《えが》いたことで知られる浮世絵師の名前を，**漢字で**答えなさい。

問12. 下線⑿に関する問題です。右の絵は，あるイベントの公式キャラクターです。このキャラクターが使用される2025年に開催《かいさい》予定のイベントの名前を答えなさい。

問13. 下線⒀に関する問題です。水木しげるが従軍した太平洋戦争は，真珠湾攻撃《こうげき》とともに始まりました。太平洋戦争中の出来事や状況《じょうきょう》について述べた文として，ふさわしいものを次の①～④から１つ選びなさい。

① 中国東北部の領土を確保しながら南進を続けるために，日本はソビエト連邦との間で日ソ中立条約を結んだ。

② 連合国側が中国を支援《しえん》するルートを断ち，東南アジアの資源を獲得《かくとく》するため，日本は仏領インドシナに侵攻《しんこう》した。

③ 日本軍はインドネシア，ニューギニアなどを制圧したが，ミッドウェー海戦に敗北してからは，戦況《せんきょう》は不利になっていった。

④ 軍部の強い要求により，議会の承認がなくても人や物資を戦争に動員できる国家総動員法が制定された。

問14. 下線⒁に関する問題です。第二次世界大戦のナチス・ドイツの侵攻と占領《せんりょう》による損害は，約185兆円に上るとの試算を2022年10月に発表し，ドイツ政府に賠償《ばいしょう》請求をめぐる交渉《こうしょう》を求めた国の名前として，正しいものを次の①～④から１つ選びなさい。

① フランス　② オランダ　③ イタリア　④ ポーランド

問15. 下線⒂に関する問題です。天皇について日本国憲法が定めている内容に関して述べた文として，正しいものを次の①～④から１つ選びなさい。

① 日本国の元首であり，日本国民を統合する主権者である。

② 国会の指名にもとづいて，内閣総理大臣を任命する権限を持つ。

③ 国事行為は国会の助言と承認を必要とし，国会がその責任を負う。

④ 紛争や災害が起こった際には，自衛隊を指揮する最終的な権限を持つ。

Ⅱ　2022年の夏の終わり，のぼる君はお父さんと一緒に旅行に出かけました。機内での二人の会話を読んで，以下の問いに答えなさい。

お父さん：いよいよ離陸《りりく》したね。久しぶりの空の旅だな。

のぼる君：飛行機に乗るのも３年ぶりだよ。あっという間に街が小さくなっていくね。小さく飛行場が見えるけど，僕《ぼく》らが出発した那覇空港とは違《ちが》うかなぁ？

お父さん：あれは，(1)**米軍基地**だよ。本土に復帰してからちょうど50年たつけど，沖縄にはまだまだ米軍基地があちこちにあるんだ。

のぼる君：空から見ると街の様子がまた違って見えるな。

お父さん：違って見えるといえば，目の前の機内モニターに映るフライトマップは飛行ルートをいろいろな角度で見ることができるんだ。

のぼる君：そうだね。(2)**紙の地図**から(3)**デジタル地図**へ，時代はだんだんと変わっていくね。

お父さん：窓の景色もだんだんと変わっているぞ。見てごらん，島が見える。あの形からすると(4)**屋久島**だな。その奥《おく》に長細い(5)**種子島**も見える。

のぼる君：縄文杉や苔《こけ》の森で有名な屋久島だね。

お父さん：自然の豊かな屋久島では，(6)**環境《かんきょう》をテーマに自然を保護しながら，地域の風土や文化を学んだりするツアー**が注目を浴びているようだ。昔と比べると，旅のスタイルも変わってきているな。

のぼる君：昔のことはわからないけど，僕は地域社会の貢献《こうけん》につながるような旅をしたいな。学校で(7)**地産地消**という言葉を習ったから，まずはその土地の食材を使った料理を食べるところから始めようかな。

お父さん：グルメツアーのようにも聞こえるけど，でも，自分なりの旅のスタイルを考えているとは立派なもんだ。ということは，今回の旅での食事は，少し慎重《しんちょう》に選ばなければならないな。

のぼる君：ハハハ，目の前のフライトマップを見てるけど，現在ちょうど松山市の上空を飛行中だよ。このままいくと(8)**岡山県**を通過して，(9)**日本海**に抜《ぬ》け，福井県の(10)**敦賀市**の沖合を飛んでいくようだよ。

お父さん：おお，松山市上空かぁ～，松山市といえば(11)**正岡子規**だな。子規といえば，お前と同じく根っからの野球好きで，ペンネームも“のぼーる（野球）”だ。

のぼる君：のぼーるだなんて親近感がわいてくるな。子規はどのポジションを守っていたんだろう。そういえば夏休みに俳句を作る宿題が出たので，こんな俳句を作ったんだ。「夏草や　関を超《こ》えたる　優勝旗」なんてどう？

お父さん：夏の甲子園だね。確かに今年は感慨《かんがい》深かった。東北勢悲願の初優勝。優勝旗と選手たちを乗せた東北新幹線が，関所のあった福島県の(12)<u>（ ☆ ）</u>付近を通り過ぎていくところをニュース番組で見たぞ。

のぼる君：そうそう，この地域の神社の宮司《ぐうじ》が優勝祈願《きがん》の通行手形を贈《おく》っていたという話もニュースで見たよ。いやいや野球の話をしていたら，お腹がすいてきたよ。そういえば，那覇空港で買ったおにぎりがあったよね。

お父さん：あ～，そうだったな。おにぎりは，そのエコバッグの中にあるぞ。

のぼる君：あれ，このエコバッグの絵柄《えがら》は(13)**<u>世界遺産</u>**じゃないか。この建物の形がいいよね。ところでエコバッグの普及率《ふきゅうりつ》ってどのくらいなんだろう？

お父さん：そうだな。２年前の(14)**<u>法律</u>**の改正により，レジ袋《ぶくろ》が有料になったのがきっかけなのだけど，調査によると約８割の人は持っているようだぞ。

のぼる君：それだけ多くの人たちが持っていれば，無駄《むだ》にレジ袋を買うことはなくなるよね。やっぱり意識が変わることは重要だな。

お父さん：そう，意識が変われば行動も変わるとかいうからな。のぼるは環境問題にも関心をもっているんだな。それよりも早くおにぎりを食べなさい。

のぼる君：ハハハ，忘れてた。いただきま～す。わぁ，このおにぎりの(15)**<u>コメ</u>**は美味しいな。
「雪ほたか」というブランド米なんだね。おにぎりを２つ並べると雪だるまみたいだ……。

お父さん：雪だるまか……お父さんは受験の時に雪だるまを神様にみたてて願掛《がんか》けしたなぁ。

のぼる君：お父さんにもそんなかわいい時代があったんだね。そうだ，雪とかけて，入試問題ととく。

お父さん：お～，大喜利かい。そのこころは……。

のぼる君：とけると「春」に近づきます。

問１．下線(1)に関する問題です。沖縄県の米軍基地について述べた文として，**<u>誤っているもの</u>**を次の①～④から１つ選びなさい。

① 普天間基地は，周囲に住宅や学校が密集していることで知られている。
② 垂直に離着陸《りちゃくりく》できる航空機「オスプレイ」を配備している基地がある。
③ 嘉手納《かでな》基地は，東アジアで最大級の規模をほこる米軍基地である。
④ 日本にある米軍専用施設《しせつ》面積の約半分を，沖縄県が占《し》めている。

問２．下線(2)に関する問題です。江戸時代後期，日本全国を測量して歩き，地図を作成したことで知られる人物の名前を**<u>漢字で</u>**書きなさい。

問３．下線(3)に関する問題です。デジタル地図は，紙の地図にはない特徴《とくちょう》をもっています。その特徴についてわかりやすく説明しなさい。なお，デジタル地図とは，Google Map《グーグル マップ》のようなスマートフォンやタブレットなどで見ることのできる地図を指します。

問４．下線(4)に関する問題です。次のページの**図Ａ**は飛行機から見えた屋久島を立体地図で表したものです。この**図Ａ**は，次のページの**図Ｂ**の**飛行ルート**のどの位置から見えたものですか。もっともふさわしいものを**図Ｂ**上の点①～④から１つ選びなさい。ただし，視線は屋久島頂上部を見ているものとします。

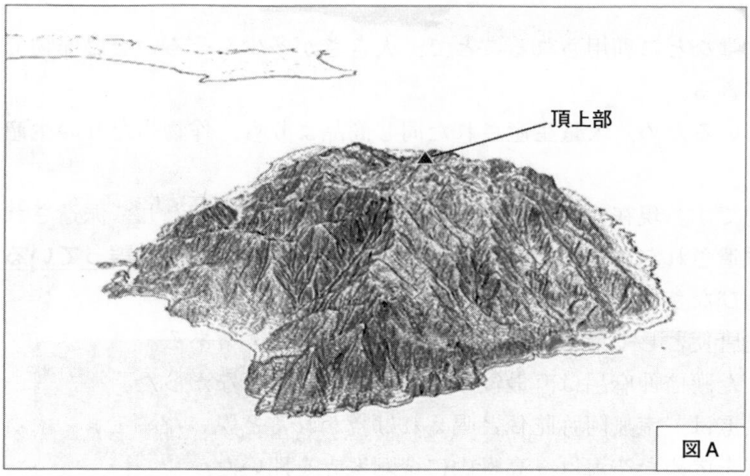

図A

※屋久島の高さは２倍に強調しています。

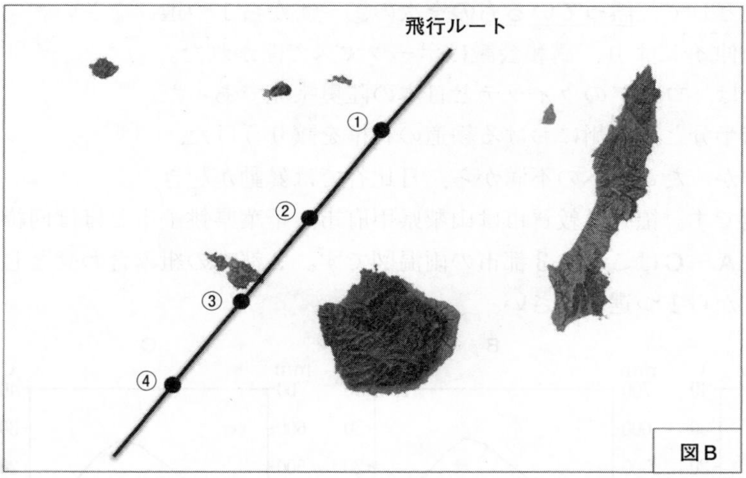

図B

問５．下線(5)に関する問題です。かつて種子島に伝来した鉄砲は，織田信長が積極的に活用したことでも知られます。織田信長の行ったこととして，**ふさわしくないもの**を次の①～④から１つ選びなさい。

①　関白の位についた後，明智光秀の裏切りによって本能寺で自害した。

②　桶狭間で今川義元を破り，姉川では浅井・朝倉の軍勢を破った。

③　近江国に安土城を築き，商業を発展させるために楽市楽座を行った。

④　仏教勢力と敵対し，一向宗の中心である石山本願寺を降伏《こうふく》させた。

問６．下線(6)に関する問題です。このような観光のあり方を何と呼ぶか，**カタカナ７字で**答えなさい。

問７．下線(7)に関する問題です。地産地消の考え方やメリット（長所）について述べた文として，**ふさわしくないもの**を次の①～④から１つ選びなさい。

①　農産物直売所では，農家の人たちがその日に収穫《しゅうかく》した新鮮な野菜などを，そのまま買うことができる。

②　農作物の輸送にかかる費用とともに，燃料から発生する二酸化炭素の排出量《はいしゅつりょう》も抑《おさ》える

ことができる。

③　学校給食や社内食堂などに利用されることで，大きさが多少ふぞろいな農作物であっても出荷することができる。

④　小規模で生産しているため，大量生産された同じ商品よりも，作物当たりの生産コストを小さくできる。

問８．下線(8)に関する問題です。現在の岡山県出身の吉備真備は，遣唐使として派遣された人物です。遣唐使として派遣されたことのある人物について述べた文として，**誤っているもの**を次の①～④から１つ選びなさい。

①　犬上御田鍬は，遣唐使として最初に中国に渡《わた》った人物の一人である。

②　中国で皇帝に仕えた阿倍仲麻呂は，最後まで日本に帰国できなかった。

③　延暦寺を開いた最澄は，南無阿弥陀仏と唱えれば救われると説いた。

④　密教である真言宗を広めた空海は，高野山に金剛峯寺を開いた。

問９．下線(9)に関する問題です。日本海はかつて日露戦争の戦場になりました。日露戦争の講和会議について述べた文として，**誤っているもの**を次の①～④から１つ選びなさい。

①　アメリカ大統領の仲介《ちゅうかい》により，講和会議はポーツマスで開かれた。

②　講和会議の代表者は，ロシアのウィッテと日本の陸奥宗光であった。

③　日本側は樺太の南半分と南満州における鉄道の利権を譲《ゆず》りうけた。

④　賠償金が得られなかったことへの不満から，日比谷では暴動が起きた。

問10．下線(10)に関する問題です。福井県敦賀市は山梨県甲府市，千葉県銚子市とほぼ同緯度に位置します。次のグラフＡ～Ｃはこれら３都市の雨温図です。３都市の組み合わせとして正しいものを，下の①～④から１つ選びなさい。

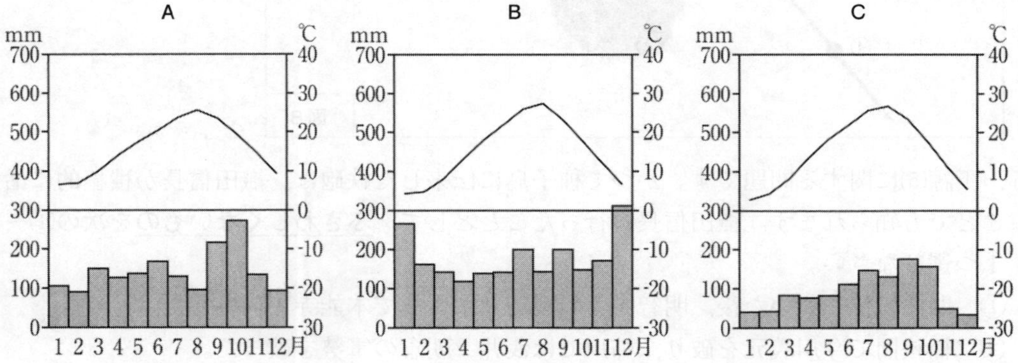

雨温図作成サイト（https://ktgis.net/service/uonzu/）で作成

	①	②	③	④
甲府	A	B	B	C
銚子	C	A	C	A
敦賀	B	C	A	B

問11．下線(11)に関する問題です。正岡子規は明治時代に活躍《かつやく》した文学者です。明治時代の文学者，および明治時代に書かれた文学作品の組み合わせとして，**誤っているもの**を次の①～④から１つ選びなさい。

①　宮沢賢治　―『注文の多い料理店』

②　二葉亭四迷―『浮雲』
③　森鷗外　　―『舞姫』
④　夏目漱石　―『坊っちゃん』

問12．下線⑿に関する問題です。本文中の空らん（☆）に当てはまる地名を**漢字で**答えなさい。

問13．下線⒀に関する問題です。世界遺産に登録されているものとして**誤っているもの**を，次の①～④から１つ選びなさい。

①　軍艦島

②　三内丸山遺跡

③　松本城

④　大浦天主堂

問14．下線⒁に関する問題です。日本の国会で法律が制定される過程について述べた文(あ)・(い)の内容について，正・誤の組み合わせとしてふさわしいものを，下の①～④から１つ選びなさい。

(あ)　法律案は，衆議院・参議院の本会議で審議される前に，あらかじめ委員会で検討される。
(い)　衆議院は参議院に優越《ゆうえつ》しているため，法律案は参議院より先に衆議院で議決されなければならない。

①　(あ)　正　(い)　正　　②　(あ)　正　(い)　誤
③　(あ)　誤　(い)　正　　④　(あ)　誤　(い)　誤

問15．下線⒂に関する問題です。次のページのグラフ**A**～**C**は1920年から2020年までの100年間における日本のコメの収穫量，コメの作付面積，10ａ《アール》当たりの収量を示したものです。３つ

のグラフとタイトルの組み合わせとして，正しいものを下の①～④から１つ選びなさい。なお，グラフはそれぞれ，1920年の統計値を100とした場合の数値を示しています。

A

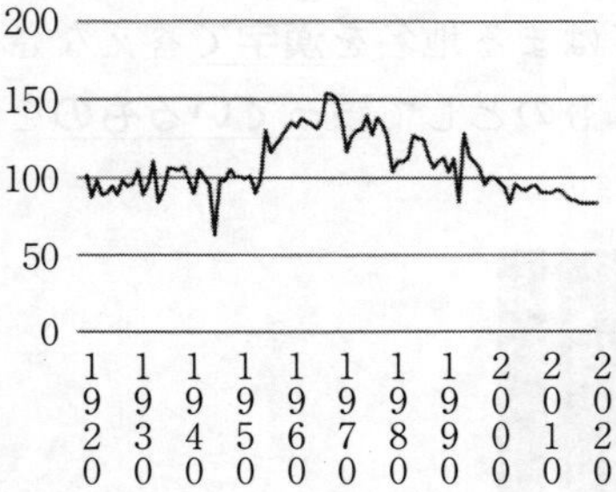

B

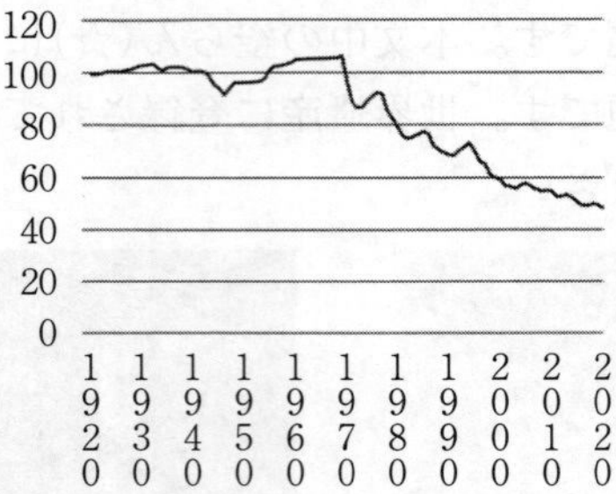

C

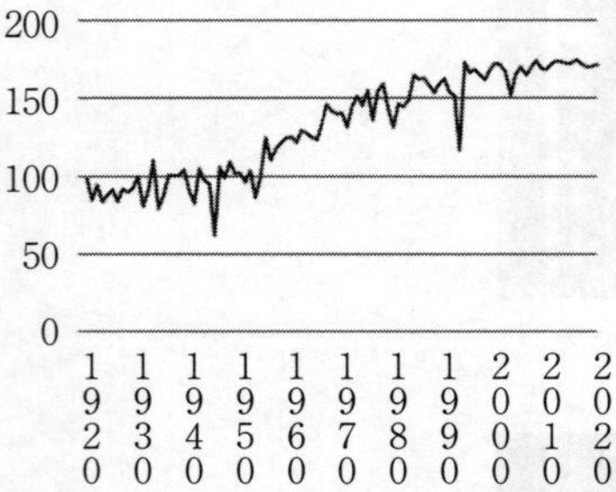

「作物統計調査」(2021年，農林水産省)
より作成

	①	②	③	④
コメの作付面積	A	B	C	C
コメの収穫量	B	A	A	B
10ａ当たり収量	C	C	B	A

【理　科】〈第2回試験〉（30分）〈満点：60点〉

1　次の文章を読み，それぞれの問いに答えなさい。

私達の身の回りではたくさんのカメラが使われています。その種類はさまざまですが，「レンズを通して画像を記録する」という仕組みは，どのカメラもほとんど違いがありません。その仕組みは，図1に描《か》かれているように凸《とつ》レンズ，感光材料，シャッターの3つの部品からできています。それぞれの部品について説明した以下の文章を読みながら，カメラで写真を撮《と》る仕組みを考えましょう。

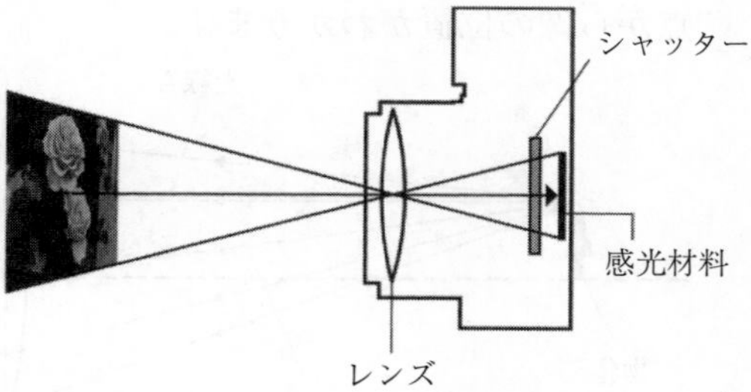

図1

凸レンズは，透《とう》明なガラスやプラスチックで作られた部品で，図2のように中心部が周囲よりも厚くなった断面を持っています。また，レンズの中心を通りレンズの面に垂直な軸《じく》をそのレンズの「光軸《こうじく》」と言います。凸レンズには，レンズを通った光を一点に集める性質がありますが，特に図2のように光軸と平行な光をレンズに入れると，光軸上の一点に光が集まります。この点を「焦《しょう》点」と言い，レンズの中心から焦点までの距離《きょり》を「焦点距離」と言います。また，図3のようにレンズの中心を通る光はそのまま直進します。

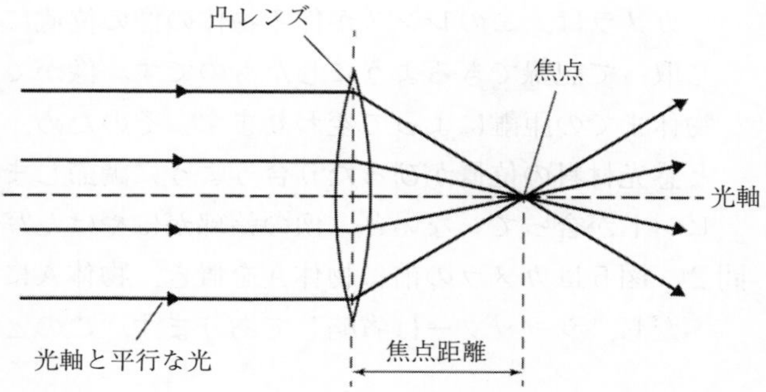

図2

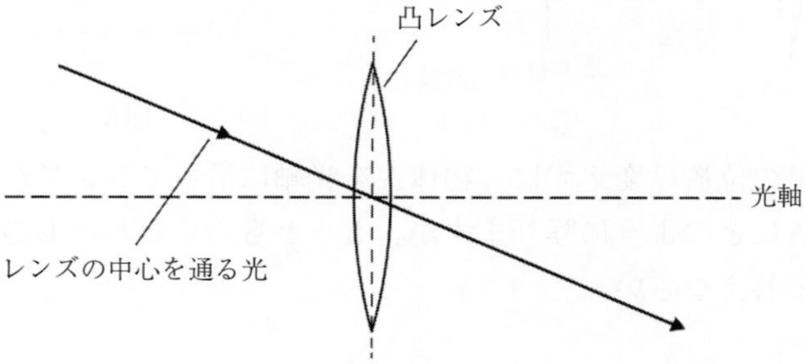

図3

問1　図2において，焦点距離を5cmとします。ここで図2の凸レンズの右側10cmの位置に白い画用紙を光軸と垂直に置くと，画用紙には白い円が映ることになります。この円の直径は，レンズの直径の何倍になりますか。整数または分数で答えなさい。ただし，レンズは円形で，またレンズ以外を通る光はないものと考えます。

以上のようなレンズの性質を利用して物体から出た光を集めると，あたかもそこに物体があるかのように見えることになります。これを「像」と言います。たとえば，次のページの図4のように矢印の形をした物体を考えましょう。この図では矢印の先端から出た光が，レンズを通して一点に集まる様子が表されています。するとその場所にあたかも小さな矢印の物体があるかのように見えます。これがこの矢印の物体の像になります。この像がどこにできるかは

図４の２つの光線A，Bを見るとわかります。光線Aは光軸と平行な光なので，焦点を通る光になります。また，光線Bはレンズの中心を通るので直進します。よってこの２つの光線の交点から像の位置がわかります。

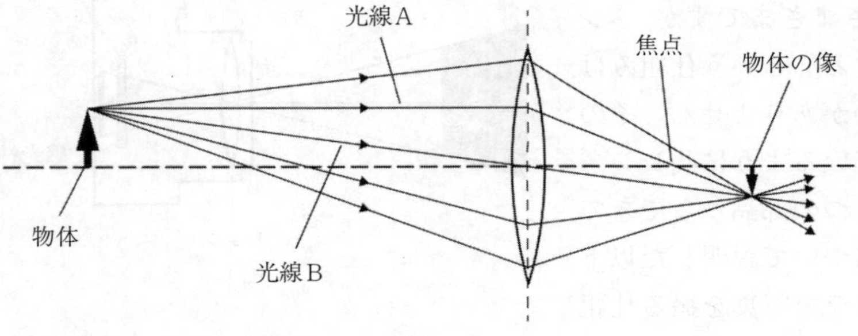

図４

カメラは，このレンズが作る物体の像の位置に感光材料を置くことで，光の明るさや色を感じ取って記録できるようにしたものです。像ができる位置は，レンズの焦点距離やレンズから物体までの距離によって変わります。そのため，写真を撮るときはレンズを前後に動かして像と感光材料の位置がぴったり合うように調節します。この操作を「ピント合わせ」と言います。ピントが合っていないと，像の輪郭《かく》がぼやけた写真になってしまいます。

問２　図５はカメラの前に物体Aを置き，物体Aにピントを合わせた様子を描いたものです。ただし，シャッターは省略してあります。このとき撮れた写真は図６のようになりました。

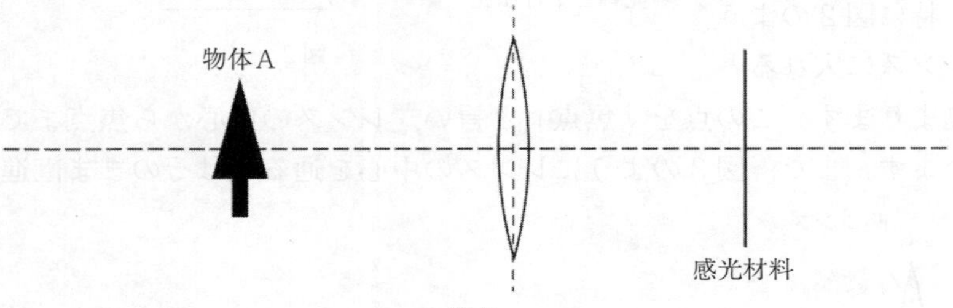

図５

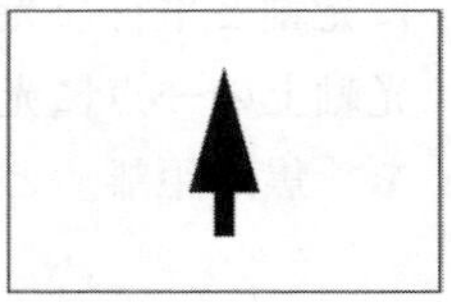

図６

図５の状態からレンズと感光材料の位置は変えずに，物体Aを光軸に沿ってレンズから遠ざけました。このとき物体Aは写真にどのように写りますか。もっともふさわしいものを次の(ア)～(エ)の中から１つ選び，記号で答えなさい。

(ア)

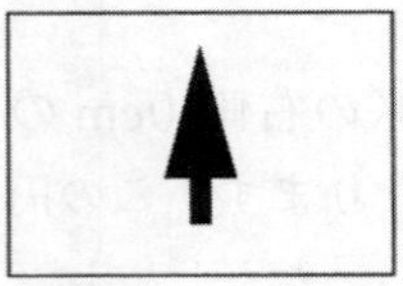

(イ)

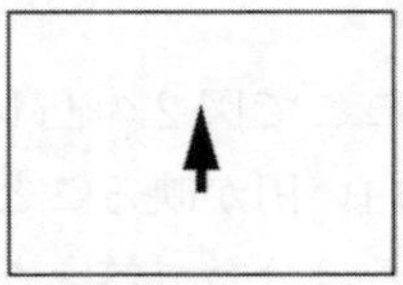

(ウ)

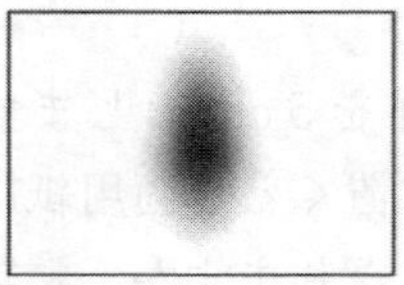

(エ)

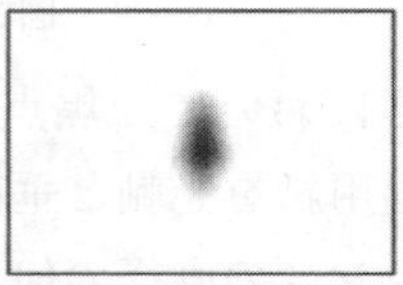

感光材料は光に反応してその明るさや色を記録できます。しかし，光が当たりっぱなしになると，せっかく記録した像に別の像が重なって記録されてしまいます。そのためカメラでは，普段はシャッターを閉じて光を遮《さえぎ》っておき，撮影のときだけシャッターを開閉することで，必要なときだけ感光材料に光を当てられるようになっています。シャッターには感光材料に当たる光の量を調整する役割もあります。光の量が足りないと感光材料が十分に反応せず像を記録できません。逆に光の量が多すぎると感光材料が記録できる限界を超えてしまい，写真全体が

真っ白になってしまいます。したがって，写真を撮るときは，感光材料に「ちょうどよい」量の光が当たるようにシャッターが開く時間を調整する必要があります。このシャッターが開く時間のことを「露出《ろしゅつ》時間」と言います。

シャッターを開いている間に撮りたい物体が動くと，感光材料上の像の位置が変わるため，写真には物体がブレたように写ります。これを「被写体《ひしゃたい》ブレ」と言います。被写体ブレを抑《おさ》えるには，①露出時間をなるべく短くして物体が止まっているように写します。一方で，わざと露出時間を長くして物体が動いた様子を写真に記録するという考え方もあります。たとえば，②カメラを夜空に向けて１～２時間シャッターを開きっぱなしにすると，星の動きを線にして写すことができます。

問３　下線部①について，被写体ブレを抑えるために露出時間を短くすると，感光材料の反応が不足して写真全体が暗くなってしまいます。写真の明るさは変えずに，露出時間を短くするにはどのようにすればよいですか。もっともふさわしいものを次の(ア)～(エ)の中から１つ選び，記号で答えなさい。

(ア)　レンズに白い光を当てながら撮る。
(イ)　直径の大きなレンズを使って撮る。
(ウ)　カメラが動かないようにしっかりと固定して撮る。
(エ)　物体の動きに合わせてカメラを動かしながら撮る。

下線部②の方法を用いて，東京都内で１月25日の午前０時から露出時間を２時間に設定して星の動きを撮りました。図７は，その写真をわかりやすくスケッチしたものです。

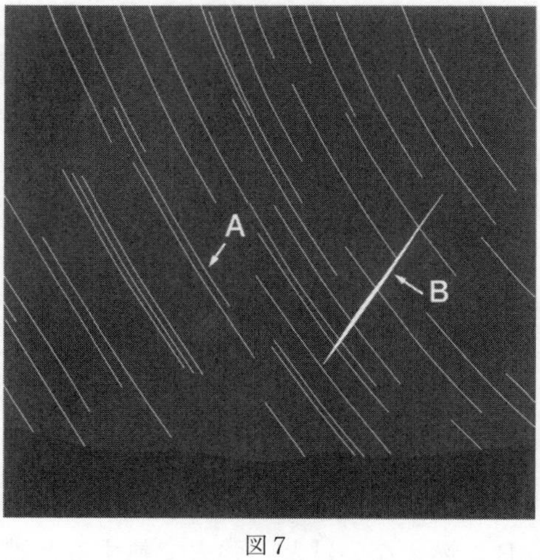

図７

問４　この写真はカメラをどちらの方角に向けて撮影されたものですか。もっともふさわしいものを次の(ア)～(オ)の中から１つ選び，記号で答えなさい。

(ア)　東　　(イ)　南
(ウ)　西　　(エ)　北
(オ)　天頂

問５　図７の線Ａとして写った星の名前を答えなさい。

問６　図７の線Ｂは何が動いた様子と考えられますか。
もっともふさわしいものを次の(ア)～(カ)の中から１つ選び，記号で答えなさい。

(ア)　恒《こう》星　　(イ)　惑《わく》星　　(ウ)　月
(エ)　流星　　(オ)　彗《すい》星　　(カ)　国際宇宙ステーション

2　Ａ君とＢ君が物《もの》の燃焼《ねんしょう》について話し合いながら実験を行いました。次の文章を読み，それぞれの問いに答えなさい。

Ａ：紙に火をつけるとよく燃《も》えるけど，燃えるってどういうことなの？
Ｂ：それは物が空気中の酸素と結びつくときに熱や光を出すことだね。燃焼とも言っているね。
Ａ：スチールウールに火をつけると熱が出て赤くなった部分が広がっていくよ。これも燃焼と考えていいの？

Ｂ：それも燃焼だね。酸素はいろいろな物と結びつくよ。酸素と結びつくことを酸化，酸素と結びついた物を酸化物と言うよ。

Ａ：空気中の酸素の割合は約20％だけど，もし100％にして燃やすとどうなるのかな？

問１　酸素濃度を100％にしてスチールウールを燃やすと，20％の場合に比べてどうなりますか。もっともふさわしいものを(ア)〜(ウ)の中から１つ選び，記号で答えなさい。

(ア)　より激しく燃える。

(イ)　よりおだやかに燃える。

(ウ)　同じように燃える。

Ａ：物の種類を変えて燃やしてみると，燃えた後，物によって重くなったり軽くなったりするけど，どうしてなの？

Ｂ：燃えた後の方が重くなるのは，酸素の重さが加わったからだよ。

Ａ：それなら軽くなる場合はどんなときなの？

Ｂ：燃えるとき物の中の炭素や水素などが酸化されて，その酸化物が気体となって空気中に出ていく場合は軽くなるね。

Ａ：そのときどんな気体が出ていくのかな？

問２　以下の文章の（ア），（ウ）に気体の名前を，（イ）にはBTB溶液の色を入れなさい。

木炭（炭素から成る）が燃えるとき，主に（　ア　）が空気中に出ます。その（　ア　）を無色透明な石灰水に通じると白く濁《にご》ります。また，（　ア　）を緑色のBTB溶液に通じると（　イ　）色に変化します。ろうそく（炭素と水素から成る）が燃えるときは（　ア　）の他に（　ウ　）も空気中に出ます。

問３　下の(ア)〜(エ)を別々にステンレス皿にのせて皿ごと重さをはかりました。次に皿にのせた物を燃やしました。その後，冷えてから再度重さをはかると，重くなるのはどれですか。もっともふさわしいものを(ア)〜(エ)の中から１つ選び，記号で答えなさい。なお，ステンレス皿は熱に強く重さは変化しません。

(ア)　木綿《もめん》（ガーゼ）　　(イ)　固形燃料

(ウ)　アルコール　　(エ)　スチールウール

Ａ：ここに銅粉末があるけど，スチールウールのように燃えるのかな？

Ｂ：燃えないけど，強火で熱すると燃焼と同じように酸素と結びついて黒い酸化銅ができるよ。

Ａ：銅粉末はどのように酸化されるのかな。実際に確かめる方法はないの？

Ｂ：それならステンレス皿に銅の粉末を一定量のせ，図１のようにガスバーナーで加熱して色や重さの変化を観察してみよう。

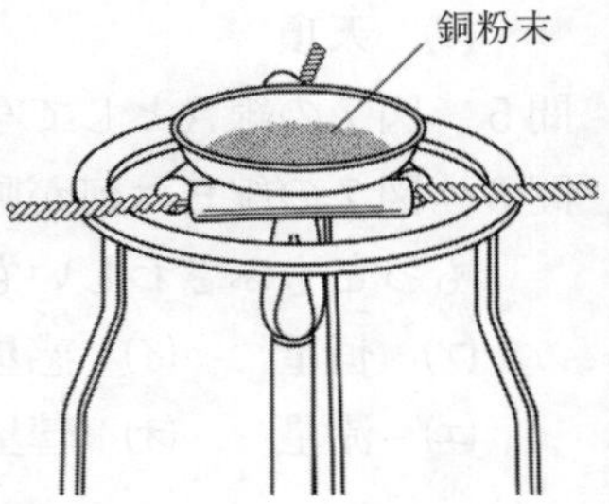

図１

【実験１】

つやのある赤色の銅粉末（銅のみから成る）を1.60ｇはかりとり，ステンレス製の皿に広げて下からガスバーナーで加熱した。途中で加熱するのをやめて重さをはかり，よくかき混ぜて再び加熱してから重さをはかることを繰り返した。すると全体が黒い酸化銅になった。その後，加熱回数を増やしても次のページの表１の結果のように重さは変化しなくなった。ただしステ

ンレス皿は熱に強く，加熱しても重さは変化しないものとします。

表１

加熱回数[回]	0	1	2	3	4	5
加熱後の重さ[ｇ]	1.60	1.88	1.95	1.99	2.00	2.00

Ａ：加熱の回数を増やすごとに重くなるけど，４回目以降は回数を増やしても一定の重さになっているのはどうしてなの？

Ｂ：加熱の回数を増やすことで，まだ酸化されていなかった銅粉末が酸素と結びついて重くなるね。そしてすべての銅粉末が酸化された後は，加熱しても一定の重さになっているよ。この酸化銅の重さは，元の銅粉末の重さと結びついた酸素の重さの合計になっているよ。

Ａ：それなら加熱前の銅粉末の重さを変えて完全に酸化させた場合，酸化させる前と後の重さにはどんな関係があるの？

Ｂ：銅粉末の重さを変えて完全に酸化させたとき，その重さに比例して結びつく酸素の重さも変わるよ。銅粉末の重さを少しずつ変えて，銅粉末の重さと酸化銅の重さの関係を下の表２に示してみたよ。

表２

加熱前の銅粉末の重さ[ｇ]	0.20	0.40	0.60	0.80	1.20	1.60
加熱後の酸化銅の重さ[ｇ]	0.25	0.50	0.75	1.00	1.50	2.00

問４　表２の値を用いて，酸化させる前の銅粉末の重さと結びついた酸素の重さの比をもっとも簡単な整数比で示しなさい。

【実験２】

ステンレス皿の上に【実験１】で作成した酸化銅の一部と，新たな未使用の銅粉末を混ぜ合わせ，合計1.92ｇのせた。その後ガスバーナーで重さが変化しなくなるまで何度も加熱し完全に酸化させたところ，重さ2.20ｇで変化しなくなった。

問５　【実験２】について各問いに答えなさい。

(1)　混ぜ合わせた1.92ｇを完全に酸化させたとき新たに結びついた酸素の重さは何ｇですか。

(2)　混ぜ合わせた1.92ｇのうち，酸化銅の重さは何ｇですか。

3　次の文章を読み，それぞれの問いに答えなさい。

私たちは生きていくために食物を食べていますが，食べた食物は消化管を通ってしだいに分解・吸収され，残ったものはこう門から出されます。

問１　上の文章中の下線部について，消化管はいくつかの消化器でできています。次の(ア)～(キ)の消化器のうち，消化管に含まれるものをすべて選び，食物が通る順に答えなさい。

(ア)　小腸　(イ)　すい臓　(ウ)　大腸　(エ)　胃

(オ)　食道　(カ)　じん臓　(キ)　かん臓

問２　消化管では水の吸収も行っています。問１の(ア)～(キ)の消化器のうち，消化管に含まれ，水の吸収を行っているものをすべて選びなさい。

食物を分解するとき，だ液や胃液などの消化液に含まれる消化酵素《こうそ》がはたらきます。私たちはさまざまな消化酵素を使い消化をしていますが，消化酵素の種類によってはたらく相手が決まっています。たとえば，だ液に含まれるアミラーゼという消化酵素はデンプンを分解し，胃

液に含まれるペプシンという消化酵素はタンパク質を分解します。このような消化酵素の性質を調べるために，次のような実験をしました。

【実験１】

試験管Ａ～Ｄを用意し，それぞれにデンプンのり10mLを入れ，ＡとＢは０℃，ＣとＤは37℃の水にしばらくつけておいた。その後，試験管ＡとＣには水２mL，ＢとＤにはだ液２mLを入れて再度，試験管ＡとＢは０℃，ＣとＤは37℃の水に５分間つけておいた。その後，それぞれの試験管内にヨウ素液を２，３滴《てき》たらし，反応を観察した。

問３　【実験１】の結果，試験管Ｂはうすい青紫色になりました。試験管Ａ・Ｃ・Ｄのうち，ヨウ素液の色が変化しなかった試験管を選びなさい。

【実験２】

試験管ＥとＦを用意し，それぞれにデンプンのり10mLを入れ，90℃の水にしばらくつけておいた。試験管内のデンプンのりが90℃近く温まったのを確認した後，試験管Ｅには水２mL，Ｆにはだ液２mLを入れ，再度90℃の水に５分間つけておいた。その後，それぞれの試験管にヨウ素液を２，３滴たらし，反応を観察した。その結果，どちらの試験管も青紫色に変化した。

問４　【実験１】と【実験２】の結果から，試験管Ａ～Ｆでもっともデンプンの分解が進んだ試験管を１つ選びなさい。また，選んだ試験管について，もっとも分解が進んだ理由を答えなさい。

【実験３】

試験管ＧとＨを用意し，それぞれにデンプンのり10mLを入れ，試験管Ｇは０℃，Ｈは90℃の水にしばらくつけておいた。試験管内が０℃もしくは90℃近くになったことを確認した後，それぞれの試験管にだ液を２mL入れ，再度，試験管Ｇは０℃，Ｈは90℃の水に５分間つけておいた。５分後，さらにそれぞれの試験管を37℃の水に５分間つけた。その後，それぞれの試験管にヨウ素液を２，３滴たらし，反応を観察した。その結果，試験管Ｇは色の変化が見られなかったが，試験管Ｈは青紫色に変化した。

問５　以下の文章は【実験３】の結果から消化酵素の性質について述べたものです。(①)～(⑤)に当てはまる語句として，もっともふさわしい組合せを下の(ア)～(ク)から１つ選び，記号で答えなさい。

ヒトの消化酵素を含む溶液の温度を０℃近くまで下げ，その後37℃まで温度を上げた場合，消化酵素は(①)。また，消化酵素を含む溶液の温度を90℃近くまで上げ，その後37℃まで温度を下げた場合，消化酵素は(②)。これらのことから，消化酵素は一度，温度を極端《きょくたん》に(③)た場合，はたらきを失ってしまうことがわかる。この性質は，消化酵素の主成分がタンパク質であることが関係している。生卵の温度を極端に(④)た後，常温に戻しても性質に大きな変化はないが，温度を極端に(⑤)た後，常温に戻しても性質は元には戻らない。生卵と同じように，タンパク質を主成分とする消化酵素は温度の影響を受け，一度性質が変化してしまった場合，その性質は元に戻ることはない。

	①	②	③	④	⑤
(ア)	はたらく	はたらかない	下げ	上げ	下げ
(イ)	はたらく	はたらかない	下げ	下げ	上げ
(ウ)	はたらく	はたらかない	上げ	上げ	下げ
(エ)	はたらく	はたらかない	上げ	下げ	上げ
(オ)	はたらかない	はたらく	下げ	上げ	下げ
(カ)	はたらかない	はたらく	下げ	下げ	上げ
(キ)	はたらかない	はたらく	上げ	上げ	下げ
(ク)	はたらかない	はたらく	上げ	下げ	上げ

は、経済的に恵《めぐ》まれた家庭に生まれ育った少女たちであり、高等女学校とは、女子エリートのために用意された進学先だったと言うこともできるのです。

(ア) 不快　(イ) 嫉妬《しっと》　(ウ) 反発　(エ) 期待
(オ) 得意　(カ) 愉快《ゆかい》　(キ) 未練　(ク) 同情
(ケ) 後悔《こうかい》　(コ) 失意

【出典】
一 國分功一郎『暇と退屈の倫理学』（新潮文庫、二〇二二年一月）一六七ページ～一七七ページ
二 川端康成『乙女の港』（実業之日本社文庫、二〇一一年）二五〇ページ～二七一ページ

ますが、これに関する次の説明文を読んで、[a]～[f]に当てはまる言葉を後の(ア)～(コ)より選び、それぞれ記号で答えなさい。ただし、**同じ記号を2度以上用いてはいけない**ものとします。

四月――。新しい年度が始まった時、新入生の大河原三千子を見そめた美しい上級生たちがいます。それが五年生の八木洋子であり、そして四年生の克子でした。「エス」――それは少女同士の親密な友愛のこと。洋子から、そして克子からも、三千子は「エス」の関係を結びましょうという誘《さそ》いの手紙をもらったのです。その後、三千子は洋子と「エス」の関係になり、洋子を「お姉さま」と慕《した》うようになったのでした。

運動会の日――。赤十字班に所属する洋子は、買い物競争で怪我《けが》をした克子の介抱《かいほう》をすることになります。そして、克子のことをあれこれと気づかう洋子は、克子と自分との関係において、自分の何が、どういけなかったのかに気づくことになるのです。

三千子という可愛《かわい》らしい「妹」を得たことで、洋子は[a]になっていましたが、それを克子はどう見ていたでしょうか。軽井沢《かるいざわ》で三千子と一緒《いっしょ》になった克子は、三千子に対して積極的なアプローチを試みたようです。三千子を横取りしてやろうとするかのような、克子の強引《ごういん》なふるまい。――その裏側にあったのは、もちろん三千子に対する[b]だったでしょう。でも、それだけではないはずです。

克子の心の中には、洋子が三千子を「妹」にしたことに対する[c]の気持ちもあったに違《ちが》いありません。また、三千子を奪《うば》い取《と》って、洋子を見返してやりたいという気持ちもあったでしょう。そうした思いが、洋子に対する[d]や、いじわるなふるまいとなって現れたのだ――と洋子は理解したのです。そして、克子の気持ちに寄り添《そ》って考えることで、洋子は自分自身のあやまちにも気づきます。

洋子の心の中には、三千子を独占《どくせん》できた喜びだけでなく、克子に勝ったという優越感《ゆうえつかん》がなかったわけではありません。そんな洋子の様子や態度は、克子にとっては[e]なものであったでしょう。洋子に対する[d]や、いじわるなふるまい。克子にそのような態度やふるまいをするようにしむけたのは、自分だったのだと、洋子は気づき、そしてそのことを[f]するのです。

一方、克子も、洋子から甲斐《かい》甲斐《がい》しく介護《かいご》されたことで、自身のわがままを反省し、洋子を見る目が変わっていきます。そして、洋子と克子の側にいて、二人の心が解け合うのを感じる三千子。――このお話は、三人の少女の成長物語でもあるのです。

ところで、このお話は、昭和十年代前半の高等女学校を舞《ぶ》台《たい》としています。この時代、義務教育だったのは尋常《じんじょう》小学校の六年間のみで、尋常小学校を終えた女子の進学先として用意されていたのが、高等女学校でした。ですから、高等女学校の一年生である三千子は、現代の中学一年生と同じ年齢《ねんれい》になるはずです（五年生の洋子は、現代の高校二年生と同じ年齢になるでしょう）。

また、現代の日本では、中学校までが義務教育となっていますから、小学校を卒業した後は、みんなが中学校に進学します。でも、このお話の時代では、尋常小学校を終えて、高等女学校に進学する女子は、およそ２割でした。その２割と

(ア)　運動場から聞こえてくるどよめきが、静まりかえった部屋のわびしげな様子を、よりきわだたせている。

(イ)　飾《かざ》りけのない部屋には、生活感のようなものがまったく感じられなくて、なんだか不気味な感じがする。

(ウ)　古い壁《かべ》にはひび割れがあり、その割れ目からは何かが飛び出てくるように思えて、恐《おそ》ろしくなってくる。

(エ)　外は美しく晴れているけれど、部屋の中は一足先に秋が訪《おとず》れたようで、ひんやりした空気が漂《ただよ》っている。

問６　――⑦「体の具合が悪いと、なんだか気持ちが澄《す》むわね」とありますが、この時の克子の気持ちはどのようなものだと考えられますか。次の中から最も適当なものを選び、(ア)～(エ)の記号で答えなさい。

(ア)　病気になったことで、三千子が自分を心配してくれるようになり、とてもうれしく思っている。

(イ)　病気になったことで、神経が研《と》ぎ澄まされ、他の人の心の中までも見通せるような気がしている。

(ウ)　病気になったことで、自分の中にある良くない心が、薄《うす》まり、消えていくような気がしている。

(エ)　病気になったことで、日頃《ひごろ》から敵対する洋子の世話になってしまい、それを悔《くや》しいと思っている。

問７　２つの[D]には、同じ言葉が入ります。次の中から最も適当なものを選び、(ア)～(エ)の記号で答えなさい。

(ア)　家　(イ)　犬　(ウ)　夢　(エ)　胸

問８　――⑧「病気のために、克子《かつこ》の気が折れたのかとも、三千子は思ったけれど、克子の声には、いつもとちがう、深い響《ひび》きがあった」とありますが、この時の三千子の思いはどのようなものだと考えられますか。次の説明文を読んで、(1)～(4)について適当なものを選び、それぞれ記号で答えなさい。

> ふだんは(1)[(ア)　強気　(イ)　気弱　(ウ)　温和]な克子が、病気のために(2)[(エ)　意固地になっている　(オ)　気が弱くなっている　(カ)　無愛想になっている]のかとも思ったのだが、そうではなく、克子はこれまでの自分が(3)[(キ)　向こう見ずだったこと　(ク)　正直ではなかったこと　(ケ)　手前勝手であったこと]を反省し、今、(4)[(コ)　その気持ちを素《す》直《なお》に打ち明けようとしている　(サ)　三千子への恋慕《れんぼ》の情を断《た》ち切ろうとしている　(シ)　心ならずも自分の敗北を認めようとしている]のだ、と三千子は感じたのである。

問９　[E]・[F]に当てはまる言葉として適当なものを次の中からそれぞれ選び、(ア)～(オ)の記号で答えなさい。

(ア)　悲しい　(イ)　恐《おそ》ろしい　(ウ)　うれしい

(エ)　恥《は》ずかしい　(オ)　ねたましい

問10　[G]～[J]に当てはまる会話文を次の中からそれぞれ選び、(ア)～(エ)の記号で答えなさい。

(ア)　あのう、八木さん、どこに？

(イ)　まあ、とんだことね。……八木さんは、二階のお教室だわ、多分。

(ウ)　あら、三千子さんなの？　克子さん、どうなさって、およろしい？

(エ)　ええ、今朝はずいぶんお元気でしたけれど、しばらく、学校はお休みらしいんですの。

問11　――⑨「運動会の日まで、そむき合った小さい乙女心《おとめごころ》、奪《うば》い合《あ》った一つの花びら、傷つけ合った愛情、そういう鬱陶《うっとう》しい幾月《いくつき》かを越《こ》えて、今日は、綺麗《きれい》に掃除《そうじ》したように、晴れた日」とあり

と、誰《だれ》かが叫《さけ》んでいる。

前掛《まえか》けを外した生徒達《たち》が、楽しそうに校庭へ出て行く。

問１ ――①「手間取る」、②「気がもめる」、③「腹をよじって」とありますが、⑴「手間取る」、⑵「気がもめる」、⑶「腹をよじる」の意味として適当なものを次の中からそれぞれ選び、(ア)〜(キ)の記号で答えなさい。

(ア) おかしくてたまらないさま。

(イ) 笑いたいのをがまんすること。

(ウ) 緊張《きんちょう》して、心にゆとりがないさま。

(エ) 争いが起きて、ごたごたすること。

(オ) もどかしくて、いらいらすること。

(カ) 自分の力では、どうにもならないさま。

(キ) 思ったより時間や労力を必要とすること。

問２ ――④「わが子の姿を目で追いながら、お互《たが》いに、よその子供の、褒《ほ》めっこの競争をしている」とありますが、どういうことですか。次の中から最も適当なものを選び、(ア)〜(エ)の記号で答えなさい。

(ア) 自分の子どものことはそっちのけで、年に数度しか顔を合わせない母親同士、たがいに相手の子どもの活躍《かつやく》に熱い声援《せいえん》を送りながら、おしゃべりに花を咲《さ》かせている、ということ。

(イ) 自分の子どもが競走を終えて、生徒席の方へ引き上げていくのを見送った母親たちは、今度は母親同士で、たがいに相手の子どもを優秀《ゆうしゅう》だとおだて合う競争を始めた、ということ。

(ウ) 自分の子どもから目が離《はな》せない母親たちではあるが、近くにいる者同士、たがいに相手の子どものことを持ち上げ、相手をおだてるという社交辞令も忘れてはいない、ということ。

(エ) 自分の子どもの出番が終わってしまった母親たちは、わが子を応援《おうえん》する代わりに、名前も知らない生徒が一所懸命《けんめい》に競争する姿に、せいいっぱいの声援を送っている、ということ。

問３ ――⑤「そのあざやかな競走振《ぶ》りに、見ている洋子も胸がすくようで、日頃《ひごろ》のことも忘れ、やはり克子《かつこ》に勝たせたい」とありますが、どういうことですか。次の中から最も適当なものを選び、(ア)〜(エ)の記号で答えなさい。

(ア) ふだんは克子とぶつかったり、反目し合ったりする関係だが、今日の自分は赤十字班の一員であるのだから、中立な立場で克子の活躍《かつやく》を応援《おうえん》してあげなければいけない、ということ。

(イ) 克子とは少しギクシャクした関係ではあるが、しなやかに走り、活躍する克子の姿を見ていると、何とも清々《すがすが》しい気持ちになり、おのずと克子を応援したくなってくる、ということ。

(ウ) いつもなら克子のことを悪《あ》しざまに言う洋子ではあるが、同じ色の組になった克子が、買い物競走で先頭を切って駆《か》けていく姿を見ると、思わず克子を応援したくなる、ということ。

(エ) 克子を自分のライバルとして見ている洋子だからこそ、克子にだけは他の生徒に負けてほしくないと思い、軽《かろ》やかに走る克子が一等になるよう、克子を応援したくなる、ということ。

問４ [A]〜[C] に当てはまる語として適当なものを、次の中からそれぞれ選び、(ア)〜(オ)の記号で答えなさい。ただし、**同じ記号を２度以上用いてはいけない**ものとします。

(ア) うろうろ　(イ) ばらばら　(ウ) しぶしぶ

(エ) ぐんぐん　(オ) すれすれ

問５ ――⑥「古い壁《かべ》の隙間《すきま》から、こおろぎでも飛び出しそう――」とありますが、どのような様子を表していると考えられますか。次の中から最も適当なものを選び、(ア)〜(エ)の記号で答えなさい。

「ええ、お喜びになりますわ。克子さんを悪く思ってたら、昨日《きのう》だって、あんなに、お姉さま……。」

三千子は、はっと言葉を切った。克子の前で、洋子を「お姉さま」と呼んで、克子が気を悪くしないか。そう呼びなれているので、つい口に出てしまったけれど……。

「いいじゃないの。三千子さんのお姉さまなんですもの。私だって、お姉さまと呼びたいくらいよ。もし洋子さんが、呼ばせて下さるなら。」

と、克子は眼《め》を綺麗《きれい》に光らせて、

「洋子さんと三千子さんとの間が、私分らないことはなかったのよ。それなのに……。」

「お姉さまを呼んで来ますわ。」

と、三千子はじっとしていられなくて、廊下《ろうか》を小躍《こおど》りするように……。

運動会の後片づけで、三年以上は登校、一二年はお休みだった。

病院の前から電車に乗って、三千子が学校に着いた時には、もう大方整頓《せいとん》されて、昨日の装飾《そうしょく》に使った、小旗や、色とりどりのモールや、造花や、聖堂の鐘《かね》をかたどった鈴《すず》割りなども、近くの孤児院《こじいん》へ、例年通り贈《おく》るために、一纏《ひとまと》めに束ねてある。

その傍《そば》を通って、三千子が洋子を捜《さが》しに行くと、五年のひとが、モップでせっせと階段をこすっていた。

マダムが剪《き》り花を抱《かか》えて、私室へ入ってゆかれる。

三千子は五年のひとに、遠慮《えんりょ》しいしい尋《たず》ねた。

「[G]」

「[H]」

そのひとも、昨日の赤十字班の一人だった。

「[I]」

「[J]」

と言いながら、そのひとは自分が先《さ》きに立って、洋子を呼びに行ってくれた。

前掛《まえか》けをつけた洋子が、訝《いぶか》しそうに出て来た。三千子は黙《だま》って、人影《ひとかげ》のない廊下《ろうか》へ、洋子を誘《さそ》うと、

「お姉さま。——とっても、とっても、いいお話。」

「なによ。」

「あのね、克子さんが、お姉さまにお詫びしたいんですって。」

「まあ！」

と、洋子は濃《こ》い色の眼《め》を、びっくりしたように見開いて、却《かえ》ってぼんやり突《つ》っ立《た》っていたが、もう長い睫毛《まつげ》が、ぱちぱちと顫《ふる》えて来た。

「昨日のことをとても感謝して……。御自分《ごじぶん》がわがままだったって、お姉さまが堪忍《かんにん》して下さるか、心配してらっしゃるの。会いたいって……。それで、お迎《むか》えに来たの。」

「三千子さん、よかったわ。ありがとうよ。」

と、やっと、それだけ言った。そして洋子は、ただ幾度《いくど》も瞬《まばた》きながら、だんだん下を向いた。

三千子も、今はもう、うれしいという以上に、なにか悲しいほど、高まった気持ちだった。

言葉もなく、二人は、大きな塊《かたま》りに溶《と》け合《あ》うような、熱い思いに流されて……。

三千子が洋子から初めて手紙を渡《わた》された、この廊下《ろうか》で、二人はまた手を取り合って……。

⑨運動会の日まで、そむき合った小さい乙女心《おとめごころ》、奪《うば》い合《あ》った一つの花びら、傷つけ合った愛情、そういう鬱陶《うっとう》しい幾月《いくつき》かを越《こ》えて、今日は、綺麗《きれい》に掃除《そうじ》したように、晴れた日。

「もう、済みましたよオ。」

病院へ着いて間もなく、レントゲン室へ運ばれて行こうとして、

「今度は、三千子さんが、あたしの[D]の番をして下さる?」

と、振《ふ》り返って微笑《ほほえ》んだ。

三千子の気を引き立てるために言ったのだろう。しかし、三千子はどきんとした。

――軽井沢《かるいざわ》で熱を出した、三千子の枕元《まくらもと》にいてくれて、三千子の[D]にまで、妬《ねた》みを見せたほどの、克子の激しい愛情……。克子がこんなになったのは、なんだか自分のせいのような気がする。

詳《くわ》しい診察《しんさつ》の結果、右肺強打、急性肋膜炎《ろくまくえん》になるおそれがある。額の傷も、二針縫《ぬ》った。

夕方から、またひどく熱が上がって、白い繃帯《ほうたい》の下の顔は、目立って痩《や》せたよう――。

「三千子さん、いる?」

熱に浮《うか》されながら、時々《ときどき》呼ぶので、三千子は帰ることも出来なかった。

そうかと言って、小さい三千子は、慰《なぐさ》める術《すべ》も知らず、ちょこなんと椅子《いす》に坐《すわ》って、艶《つや》のない克子の寝《ね》顔を見ていると、なんだか自分が泣き出してしまいそう――。

夕飯前に、克子のお母さまが病院へ戻《もど》ってくれた。

翌《あく》る朝、早く三千子が見舞《みまい》に行くと、克子は案外元気な顔色だった。

「お人形とお花。」

「あら、ありがとう。ちょっと見せて。」

と、克子は三千子の手から、小さい花籠《はなかご》を受け取って、

「まあ、可愛《かわい》いわね。ドライフラワー?」

「ええ、克子さんの治るまで、花も凋《しぼ》まないように――。」

「永久花ね。」

と、克子はうなずいて、清らかに微笑んだ。

「あたしね、いろんなこと、ずいぶん反省しちゃった。……御免《ごめん》なさいね。三千子さん。」

三千子はあわてて、真赤《まっか》になった。

「そんなこと、どうして?」

「どうしてって? 三千子さん、よく分ってるでしょう。私、ずいぶん我《わ》が儘《まま》だったんですもの。」

⑧病気のために、克子の気が折れたのかとも、三千子は思ったけれど、克子の声には、いつもとちがう、深い響《ひび》きがあった。

「私ね、私なら――もしも、洋子さんが、私のようにお怪我《けが》なさったら、いい気味だと思ったかも知れないわ。それなのに、洋子さんは、親切に看《み》て下さって、直《す》ぐ三千子さんを呼んでくれたり……。私なら、三千子さんには、わざと報《しら》せないかもしれないのに……。」

「そんな話、だめよ、御病気《ごびょうき》なのに。」

と、三千子は克子の口を抑《おさ》えそうに、手を出した。

あまりほんとうのことを打ち明けられるのは、なんだか怖《こわ》い。

克子の洋子に対《たい》する気持ちが、温《あたたか》く溶《と》けたのは、ぞくぞく[E]けれど、これ以上聞くのは、なんだか[F]。

三千子の方が、きまり悪くて、まごついてしまった。

強い克子は、こんな時にも、凛々《りり》しく立派に、自分の悪いところを、すっかり発《あば》いて見せようとする。

強いというのは、自分を鞭打《むちう》つのも強く、これこそ真実の強さと云《い》えるのだろう。

三千子は、やっぱり克子を、「えらいなあ、えらいなあ。」と、思い返すのだった。

「私ね、洋子さんにお詫《わ》びしたいの。自分でよく知っていながら、洋子さんに、とても悪いことばかりしてたんですもの。許して下さるかしら。」

「ううん。だけど、怪我よりも後で肋膜《ろくまく》を悪くしたりすると困るって――。胸を打ったから、心配らしいわ。」

二人は不安に追い立てられるように、見物席を廻《まわ》って歩いた。

こうして捜《さが》している間にも、克子が急に悪くなって、あの寂《さび》しい部屋で、死ぬんじゃないかしら。そんな恐怖《きょうふ》まで、心の底を通る。

「いらした、いらした、あすこの裁縫《さいほう》室の前のとこ。お母さまよ。お呼びして来るわね。」

と、三千子は人垣《ひとがき》を分けて、急いで行った。

洋子は、あたりの賑《にぎや》かな人声のなかに、ぼんやり立っていた。自分ひとりの胸の言葉を聞くように……。

今まで自分のしていたこと――三千子を自分一人の妹のように、思いきめて、楽しかった、その独占欲《どくせんよく》のひそかな喜び。克子に勝っているという内心の誇《ほこ》り。

それを洋子は、反省してみる。

洋子は克子を敵にする気はなくっても、克子にしてみれば、負けた、口惜《くちお》しい、勝ちたいで、それが克子の心を、どんなに意地悪くしていったことか……。

この春から、なにかと洋子に突《つ》っかかって来た克子――それが洋子に思い出されて、自分も悪かったと、今更悔《いまさらくや》まれる。

「お姉さま。」

と、三千子が、克子の母をつれて、そこへ戻《もど》って来た。

運動会もそろそろ終りの方らしく、赤い風船が幾《いく》つも、高い空を泳ぐように昇《のぼ》ってゆく。

「……三千子さん？　三千子さんも来ていて？」

克子が静かに眼《め》を開いた。

もうしばらく休んで、自動車で病院へ移るときまって、先生方は部屋を出て行った。傍に残ったのは、克子の母と、洋子だけ――。

壺《つぼ》に挿《さ》した菊《きく》の花と、軽い膝掛《ひざか》けを、マダムの使いが持って来た。

「三千子さん、いらっしゃるの？」

と、克子は低い声で、また母に尋《たず》ねた。

三千子は上着やお弁当箱を取りに教室へ行っていた。今度は洋子も電話をかけに立って、そこにいなかった。

「三千子さん、今までいらっしゃったけれど、ちょっと……。直《す》ぐ戻《もど》ってらっしゃるでしょう。それより、もう一人の、五年の上品な方が、そりゃ御心配《ごしんぱい》下さって、お母さまを捜してくれたり、三千子さんをここへ連れて来たり、マダムにね、花までおねだりして下さったんですよ。お母さまは、ちょうどお茶をいただいていて、克子の怪我したのも知らなくて、その方達《たち》に、いろいろお世話になったらしいのよ。」

「そう。」

克子はそのまま瞼《まぶた》を閉じたが、目尻《めじり》にぽっつり涙《なみだ》が浮《うか》んで来て、

「⑦体の具合が悪いと、なんだか気持ちが澄《す》むわね。私、怪我してよかったと思うくらいなの。ねエお母さま……。」

と、しんみり話し出そうとしたところへ、洋子が看護婦と一緒《いっしょ》に迎《むか》えに来た。

「あの、お車が参りましたわ。」

克子は抱《かか》えられるようにして、自動車へ入る時に、腰《こし》を支えてくれる、洋子の白く長い指を、じいっと見ていた。

「御一緒《ごいっしょ》に行ってあげて！」

と、洋子は三千子の耳に囁《ささや》いて、そっと、車の中へ押《お》し入《い》れた。

そうして、玄関《げんかん》と教室とを行ったり来たりして、洋子は克子の荷物などを、すっかり運んでくれた。

「お大事にね。」

車が動き出してからも、気づかわしそうに立っていた。

命じておいて、一先《ひとま》ず天幕へ戻《もど》った。マダムも代る代る見舞《みま》うことにして、洋子一人をそこに残すと、やはり出て行ってしまった。

今は傷ついた克子と、赤十字の洋子と、二人っきりで……。

灰色の、飾《かざ》りのない部屋。運動場の花やかなどよめきが聞えて来るので、尚寂《なおさび》しい。

あんなに外は美しい日なのに、このなかは薄《うす》ら冷たい秋。

⑥古い壁《かべ》の隙間《すきま》から、こおろぎでも飛び出しそう――。

洋子は、たった今の悪夢のような、ほんの一瞬《いっしゅん》の出来事を、思い返してみる。

「どう、まだ痛いの？　少しお寝《やす》みになれないかしら？」

と、やさしい言葉をかけてみても、克子は答えない。

額は繃帯《ほうたい》に巻かれ、胸に氷をあてている。少うし浅黒く輝《かがや》くような顔色が、白っぽく青い。

勝気な輪郭《りんかく》で、いつも派手に匂《にお》う唇《くちびる》も、ぱさぱさと紙のように乾《かわ》いている。

「心配なさらなくても、大丈夫《だいじょうぶ》よ。ねエ、眼《め》をつぶってよ。少しお眠《ねむ》りになると、お元気が出てよ。眼をあいてちゃ、いけないの。」

しかし、克子は虚《うつ》ろな眼を、大きく見開いて、天井《てんじょう》をみつめたっきり……。

「やっぱり、こんなに怪我《けが》してまでも、気の強い克子さんは、あたしを、敵視してらっしゃるのかしら？　あたしに介抱《かいほう》されるのが、くやしいのかしら？」

と、洋子は思って、椅子《いす》にそっと腰《こし》をかけた。

近くの木の葉に、風の音が時雨《しぐれ》のようで、窓を微《かす》かに叩《たた》いて散る葉もある。

「眼をつぶってよ。」

今度は克子も、物憂《ものう》そうに瞼《まぶた》を合せると、うとうとしはじめたようだ。

熱のためかもしれないけれど、柔《やわら》かい血の色が、ほのぼのと頬《ほお》に浮《う》き出《だ》した。いつもの克子とは、別人のよう……。

綺麗《きれい》だが、頼《たよ》りない。

マダムと受け持ちの先生が入って来た。

「どなたか、お宅から来ていられるんでしょうね。八木さん、父兄《ふけい》席へ行って、お宅の方がいらしたら、お連れして下さい。」

洋子は駈《か》け出《だ》すと、一年の控《ひか》え所《じょ》へ行って、三千子を捜《さが》した。

ちょうど、競技の終わったばかりらしい三千子は、ジャケッツを肩《かた》にかけて、足を揉《も》みながら、休んでいるところだったが、

「あらア、お姉さま、くやしいのよ、二着。上手に転んで、お姉さまに看護して貰《もら》おうかしらと思ってるうちに、スタートを、しくじっちゃったの。駈け出すと夢中で、お姉さまのこと忘れちゃって、転びぞこなったし、二着だし、三千子つまんないわ。」

と、明るく甘《あま》えて来たが、

「まあ、お姉さまの冷たい手。どうしたの。なにか御用《ごよう》？」

「ええ。あのね、克子さんが、さっきの買い物競走で、お怪我したの。お家の方がいらしてたら、病舎へお連れしたいから、一緒《いっしょ》に捜《さが》して――。三千子さん、軽井沢《かるいざわ》で、克子さんのお家の方、知ってるわね。」

三千子も、洋子の様子にただならぬものを感じると、黙《だま》ってうなずいた。

「それからね、三千子さんが傍《そば》にいてあげたら、きっと克子さんも、喜ぶと思うの。」

「ええ。」

洋子の温《あたたか》い思いやりが、細かい心づくしが、三千子の胸にしみた。

「お怪我《けが》ひどいの。」

光に当たったことのないお母さん達《たち》が、④わが子の姿を目で追いながら、お互《たが》いに、よその子供の、褒めっこの競争をしている。

今、スタートを切ったのは、B組——克子《かつこ》も入っている、三番目の一組。

決勝点の横の天幕《テント》には、赤十字の旗が翻《ひるがえ》っている。

そのなかには、衛生係のマダムが三人、校医、看護婦、五年の赤十字班五人、洋子《ようこ》も腕《うで》に赤い十字のマークをつけて、グラウンドを見物している。

陽《ひ》に負けて、頭痛を訴《うった》える生徒に手当てして、教室へ連れて行ったり、一等の旗を摑《つか》むと同時に、脳貧血《のうひんけつ》を起こした生徒を、担架《たんか》に載《の》せたり、洋子は凜々《りり》しく働いて、この秋日和《あきびより》に汗《あせ》ばむくらい——。

誰《だれ》かが耳もとで囁《ささや》くように、

「今度の組は、克子さんも入ってるわ。」

「そう？」

洋子はなにげなく答えながら、やはり心にかかって、天幕の外へ出て見た。

さすがに克子は、第一の封筒も、真先《まっさ》きに駈けつけて開いた。その次のメモも、素早《すばや》く買いものを選び取った。後は品物を持つだけだ。

⑤そのあざやかな競走振《ぶ》りに、見ている洋子も胸がすくようで、日《ひ》頃《ごろ》のことも忘れ、やはり克子に勝たせたい。

洋子がそう思わなくとも、当然一等にちがいない克子——百五十米を、先頭切って駈けて行く。

しかし、直《す》ぐその後から、二人、懸命《けんめい》に迫って来る。[A]迫《せま》って来る。あっ、三人が[B]に並《なら》んだ。

と思う間もなく、克子は、パン屋の袋《ふくろ》につまずいて、前にのめった。続いて、一人、また一人、克子の上に折り重なって倒《たお》れた。しいんと、不気味なものが、運動場全体に拡《ひろ》がるような瞬間《しゅんかん》——。

その間にも、後から来た幾人《いくにん》かは、品物を抱えて、決勝点へ駈けて行く。けれど、倒れた克子は動かない。

「行ってみましょう。」

赤十字の洋子達は、はっと顔見合わせて、天幕から、[C]駈け出した。

近づいて見ると、後から転んだ二人は、もう塵《ちり》を払《はら》って、歩き出した。けれど、下敷《したじ》きになった克子は、ひとりでは起き上がれない。

洋子が肩《かた》を抱《だ》いて、

「どうしたの？ さあ、つかまって。」

と、うつ伏《ぶ》した克子の顔を、覗《のぞ》いた時である。

「あら、血が、大変よ。」

看護婦も手伝って、克子は、直ぐ担架《たんか》で運び去られた。

そして一方、もう次の組のスタートが切られた。少し血のついた小麦粉の袋《ふくろ》は、整理員の手で、無造作に並《なら》び替《か》えられた。

この手早い処置のために、見物席の人々《ひとびと》は余り気にしないで、次の競技に笑い興じている。

しかし、赤十字の天幕《テント》のなかは——。

克子の鼻血を拭《ふ》いたり、額の傷を消毒したりしている看護婦に、

「ことによると、肋骨《ろっこつ》をどうかしているかもしれん、ひどく胸を打ったから。」

と、校医が囁《ささや》いて、診察《しんさつ》を続けた。

マダムの顔色が変った。一人が医務室へ飛んで行った。

目立たぬように、天幕の裏口から、克子は担架《たんか》のまま、校舎の内へ移された。マダムや洋子が附《つ》き添《そ》って——。

グラウンドの赤十字の天幕が、急にからっぽになるということは、なにか不吉《ふきつ》な出来事を、人に感じさせる。折角《せっかく》の晴れの日に、来賓《らいひん》まで心配させては悪いので、校医は応急の処置を取り、しばらく安静を

いという。サーリンズによると、狩猟採集民の中には働く時間が増えるために生活に農業を取り入れることを拒否《きょひ》したものもいる。

(カ)　人々は広告を見ることで、自身は「個性的」であらねばならないという強迫《きょうはく》観念を抱《いだ》くようになる。しかし、「個性」の実態が明らかでないために、人々の「個性」が完成することはない。

二　次の文章を読んで、以下の設問に答えなさい。

以下は、昭和12年から13年にかけて、少女雑誌『少女の友』に連載《れんさい》された小説の一部分です。――時代は昭和の初期、舞台は横浜のミッションスクール。新しい年度が始まって間もなく、新入生の大河原三千子《おおがわらみちこ》は、二人の美しい上級生から手紙をもらいました。五年生の八木洋子《やぎようこ》からの手紙、そして四年生の克子《かつこ》からの手紙。それらは、「エス」の関係を結ぼうと、三千子に誘《さそ》いかける手紙だったのです。「エス」とは、姉妹のような親密な間柄のこと。その後、大雨の日に、洋子の家の自動車に乗せてもらったことがきっかけで、三千子は洋子と「エス」の関係となり、洋子を「お姉さま」と慕《した》うようになったのでした。

宝石でも降って来そうな、美しい晴天。

プログラムは予定通り進んで、いよいよ四年生の買い物競走――滑《こっ》稽《けい》な余興みたいなレエスなので、人気がある。

スタアト・ラインから、五十米《メートル》のところに、封筒《ふうとう》が置いてある。その先《さ》き五十米のところに、大きいメモが畳《たた》んである。第一の封筒には、八百屋、魚屋、肉屋、炭屋、パン屋などと、それぞれ買い物の範囲が指定してあるので、それに従って、第二のメモのところで、例えば八百屋の封筒に当たった者は、大根、人参などと書いた、メモを捜《さが》し出す。そこで、なかなか①手間取る。走るのばかり早くても、買い物の仕方が下手なら勝てない。

見物席は、競走者のあわてた捜し振りに、②気がもめるやら、可笑《おか》しいやらで、

「早くウ……。魚屋さんがもう駈《か》け出したわよオ。落ちついてエ。」

③腹をよじって、きゃっきゃっ笑いながら、それでも赤組は赤、白組は白へ、銘々《めいめい》自分の味方の応援《おうえん》は忘れない。

封筒とメモの合った者が、ほっとして駈け出すと、また五十米先きに、今度は品物がある。炭屋は切炭の入った籠《かご》。魚屋は鯛《たい》や鮭《さけ》の絵。そして、パン屋は、小麦粉と書いた、砂のつまった袋《ふくろ》を抱《かか》えて行くのだ。

つまり、全レースは二百米《メートル》だけれど、その途中《とちゅう》に三度、関所みたいなものがあるので、見物は面白《おもしろ》い。

五十米の封筒《ふうとう》まで、一番に駈《か》けつけた者が、百米のところで、八百屋のメモを捜《さが》すうちに、どん尻《じり》になり、百五十米の品物では、三番に食《く》い込み、最後の五十米の走路で、四番に落とされる――という風に、変化があって、おしまいまで興味を持たせる。

「さっきの八百屋さんの恰好《かっこう》、人参《にんじん》や菜っ葉を、なにもあんなに、大事そうに抱《かか》えこまなくたってねエ。おかしかったわ。」

「炭屋さんは、案外スマートだったわね。籠《かご》だけ提《さ》げればいいんですもの。」

生徒たちは、こんな競走の場合にさえ、スタイルのよし悪《あ》しが、かなり気にかかる。いくら一等になっても、変な恰好《かっこう》で駈けたのは、余り褒《ほ》めない。

父兄《ふけい》席では、不断《ふだん》学校へ参観に来たこともないお父さんや、余り日

れ記号で答えなさい。

筆者が、「消費社会を批判するためのスローガン」として「贅沢をさせろ」と主張する理由を考えてみましょう。これまでは、消費社会を批判する際に、(1)「(ア)　人々《ひとびと》が無駄《むだ》遣いをせずに、各人の欲望を抑《おさ》えて簡素な生活を送ること　(イ)　人々が節約を心がけつつも、たまには各自の欲望どおりに生きること　(ウ)　人々が精神力を鍛《きた》え上げて、どんな欲望にも打ち勝つようになること」が求められてきましたが、これは消費社会の批判にはなっていないと筆者は考えています。なぜなら、そうした行動をとっても消費している限り、(2)「(エ)　人々は自身の生きる意味を見出《みいだ》せず、お金を稼《かせ》いでも消費できなくなる　(オ)　人々は満たされることがなく、さらなる満足を求めて消費を加速させる　(カ)　人々は節約を心がけて生活するので、日用品の消費が変わることはない」からです。

ここから、消費社会のサイクルから抜け出すために、「贅沢をさせろ」という筆者の主張について、私たちなりに考えてみましょう。消費社会で人々に消費を促《うなが》すものは、広告などを通じて与えられたイメージや、最近ではSNSに載《の》っている〈映《ば》える〉写真でしょう。〈映える〉写真が撮《と》れる店で食べもしないスイーツを消費する人々は、もはや自身も消費社会の中で、人々に消費を促す側に回っているのです。こうした消費社会から抜け出すには、(3)「(キ)　自身の欲望が、他者によって作り上げられたものであることを自覚すること　(ク)　自ら欲望の存在を否定し、欲のない人間として生きていこうと決意すること　(ケ)　自身を発信する側として、欲望をコントロールしようとする意志を持つこと」が重要です。心ゆくまで「浪費《ろうひ》」し、思う存分「贅沢」をする時に、人々は満足を覚えることになります。すなわち、「贅沢」によって人々は、(4)「(コ)　自分自身のイメージに満足できるようになる　(サ)　自身の欲望のあり方に向き合えるようになる　(シ)　自分と他人の関係について考えるようになる」のです。人々は贅沢をすることで、終わらない消費のサイクルを見つめ直すことにつながります。終わりのない消費社会を乗《の》り越《こ》えるには、質素な生活をして「贅沢を止める」ことではなく、「贅沢をする」必要があるのです。

問11　本文における内容と**合致《がっち》しない**ものを、次の中から**2つ選び**、(ア)～(カ)の記号で答えなさい。

(ア)　消費社会においては、浪費《ろうひ》と満足をつなげる回路が閉じられているため、人々《ひとびと》が浪費することで満足することは難しい。私たちは、気がつけば消費サイクルの中にいるのである。

(イ)　人類は長い歴史の中で、どんな社会においても豊かさを求め、可能ならば浪費してきた。しかし、最近になって人々は、決して満足をもたらすことがない消費を始めたのである。

(ウ)　浪費と消費の区別ははっきりとしており、人々はこの区別に従って浪費をするか消費をするか決定できる。しかし、一度消費してしまうと、浪費するための回路は閉じられてしまう。

(エ)　浪費することが習慣化されたため、人々は浪費のもたらす満足を認識《にんしき》できなくなった。その結果、人々は必要以上のものを消費することで満足を得ようと努力するようになったのである。

(オ)　狩猟《しゅりょう》採集民は一日に三時間から四時間ほどしか働いていな

の新しさはすぐに失われてしまうため、新たな新しさを追い続けなければならなくなってしまうということ。

(エ)　現代社会では、人々は個性的になりたいと思うが、人間である限り誰《だれ》にも同じような人間らしさが備わっているため、どれだけ努力しても個性的にはなれないということ。

問８　――⑥「狩猟《しゅりょう》採集民は何ももたないから貧乏《びんぼう》なのではなくて、むしろそれ故《ゆえ》に自由である」とありますが、どういうことですか。次の中から最も適当なものを選び、(ア)～(エ)の記号で答えなさい。

(ア)　狩猟採集民の生活は、いま目の前にあるもので成り立っており、日々《ひび》の必需品《ひつじゅひん》の欠乏《けつぼう》をおそれる必要がないため、さまざまな不安や心配を抱《かか》えずにすむということ。

(イ)　狩猟採集民の生活では、好きな時に住居を移動できるため、自分が所属する村の人々との人間関係に日々心を悩《なや》ますことなく、思うままに生きていけるということ。

(ウ)　狩猟採集民は、生活をいまよりも進歩させたいという欲望がなく、快適で便利な生活様式にあこがれを持つことがないため、自分たちの生活を守り通せるということ。

(エ)　狩猟採集民は、その日暮らしの生活をしているため、先のことを考えて準備するという習慣がないからこそ、いまこの瞬《しゅん》間《かん》を生きることに成功しているということ。

問９　――⑦「消費社会とは、人々が浪費するのを妨《さまた》げる社会である」とありますが、どういうことですか。次の説明文の［a］～［f］に当てはまるものを後の(ア)～(カ)より選び、それぞれ記号で答えなさい。

　筆者は、消費社会とは、人々が浪費するのを妨げる社会だと言います。これはどういうことでしょうか。まず、消費社会では一見、［a］が大量に供給されているように見えます。しかし、実は［b］が供給されているに過ぎないと筆者は言います。人々が必要とする物を「浪費」することで満足できるなら、［c］になりますが、実際は、人々は消費社会の中で、「消費」しつくすことができない物に囲まれながらも［d］を抱え続ける状態におかれています。

　このような状態になる理由を、有名なレストランを例に考えてみましょう。町のレストランのシェフがコンテストで優勝したり、そこに有名人が訪《おとず》れたりすると、この店に行きたいと思う人々が増えます。なぜなら、人々が求めているのは、［e］だからです。人々を消費に向かわせるのは、企業《きぎょう》による宣伝だけではありません。ＳＮＳが普及《ふきゅう》した現在では、誰《だれ》もが情報を発信することで、人々に消費を促《うなが》しています。この点で、消費者もまた消費社会の作り手になっていると言えるでしょう。このように、消費社会とは、人々が［f］で成り立つ社会なのです。

(ア)　商品に付与《ふよ》された意味や評判
(イ)　消費する側の必要とする商品
(ウ)　さらに何かを手に入れたい欲望
(エ)　豊かな生活を送っていること
(オ)　「満足」を追いかけ続けること
(カ)　生産する側が売りたいと思う商品

問10　――⑧「消費社会を批判するためのスローガンを考えるとすれば、それは『贅沢《ぜいたく》をさせろ』になるだろう」とありますが、これに関する次の説明文の(1)～(4)について適当なものを選び、それぞ

る必要はないということ。

(イ) 必要なものがそろっていれば生きてはいけるが、それだけでは豊かさを感じることはできず、精神的な豊かさの条件を満たす必要があるということ。

(ウ) 必要なものが十分な量そろっていても、質が悪いものに囲まれていては豊かさは感じられないため、質の良いものに囲まれることが大切だということ。

(エ) 必要なものがそろっているだけでは備えとして不十分な状態であり、ものが余るほどたくさんあってこそ、はじめて人は豊かさを感じられるということ。

問5 ――③「しっくりこない」とありますが、ここではどのようなことを意味しますか。次の中から最も適当なものを選び、(ア)～(エ)の記号で答えなさい。

(ア) 言い過ぎだ　(イ) 納得しがたい

(ウ) 都合が良すぎる　(エ) はっきりしない

問6 ――④「消費されるためには、物は記号にならなければならない」とありますが、これに関する次の説明文の(1)～(4)について適当なものを選び、それぞれ記号で答えなさい。

筆者は、「消費」と「浪費《ろうひ》」について次のように説明しています。まず、「浪費」について考えてみましょう。たとえば、非常に高価な食べ物が毎日食卓《しょくたく》に並んでいたとしても、

(1)［(ア) 食べたり飲んだりできる量には限界があります
(イ) おいしさに慣れると満足できなくなりがちです
(ウ) 食べ過ぎが続くと健康を害することがあります］。これが、「浪費」の性質です。

次に、「消費」について、服を例に考えてみましょう。去年流行した服は、今年は着られないと考える人々がいます。

その理由は、(2)［(エ) 去年の服が、ひどく傷《いた》んでしまったからです
(オ) 去年の服には、思い出がつまっているからです
(カ) 去年の服は、もうおしゃれには見えないからです］。これが、服を「記号」として消費するということです。

つまり、人々が消費しているのは、(3)［(キ) その服のデザインではなく、その服の持つ着心地《きごこち》や肌触《はだざわ》りなのです
(ク) その服の素材ではなく、その服に関わってきた人々の記憶《きおく》なのです
(ケ) その服の品質ではなく、その服に対して人々が抱《いだ》くイメージなのです］。そのため、翌年「新たな流行」が生まれれば、また新たな服を購入《こうにゅう》してしまうでしょう。

つまり、(4)［(コ) 物を「記号」として消費する時に、人々が完全に満足することはありえないのです
(サ) 満足できる「記号」を手に入れるため、より質の高い物を消費しようとするのです
(シ) つねに新たな「記号」を追い求めることで、賢《かしこ》い消費者であろうと努力するのです］。

問7 ――⑤「消費は常に『失敗』するように仕向けられている」とありますが、どういうことですか。次の中から最も適当なものを選び、(ア)～(エ)の記号で答えなさい。

(ア) 現代の大量消費社会は巨大《きょだい》企業《きぎょう》の思惑《おもわく》どおりに動いており、人々《ひとびと》は企業の計算どおりに行動してしまうため、人々が自分の意志で決められることはないということ。

(イ) 現代の大量消費社会では、多くの企業が自社の製品を長持ちしないように作っているため、人々は新しいものを次々に購《こう》入《にゅう》しなければならなくなっているということ。

(ウ) 現代社会において人々は新しいものを手に入れたがるが、そ

消費し続けるように仕向ける。消費社会は私たちを浪費《ろうひ》ではなくて消費へと駆《か》り立てる。消費社会としては浪費されては困るのだ。なぜなら浪費は満足をもたらしてしまうからだ。消費社会は、私たちが浪費家ではなくて消費者になって、絶えざる観念の消費のゲームを続けることをもとめるのである。⑦消費社会とは、人々が浪費するのを妨《さまた》げる社会である。

　消費社会において、私たちはある意味で我慢《がまん》させられている。浪費して満足したくても、そのような回路を閉じられている。しかも消費と浪費の区別などなかなか思いつかない。浪費するつもりが、いつのまにか消費のサイクルのなかに閉じ込《こ》められてしまう。

　この観点は極《きわ》めて重要である。なぜならそれは、質素さの提唱とは違《ちが》う仕方での消費社会批判を可能にするからである。

　しばしば、消費社会に対する批判は、つつましい質素な生活の推《すい》奨《しょう》を伴《ともな》う。「消費社会は物を浪費する」「人々は消費社会がもたらす贅沢《ぜいたく》に慣れてしまっている」「人々はガマンして質素に暮らさねばならない」。日本でもかつて「清貧《せいひん》の思想」というのが流行《はや》ったがまさしくこれだ。

　そうした「思想」は根本的な勘違《かんちが》いにもとづいている。消費は贅沢などもたらさない。消費する際に人は物を受け取らないのだから、消費はむしろ贅沢を遠ざけている。消費を徹底《てってい》して推《お》し進めようとする消費社会は、私たちから浪費と贅沢を奪《うば》っている。

　しかも単にそれらを奪っているだけではない。いくら消費を続けても満足はもたらされないが、消費には限界がないから、それは延々と繰《く》り返される。延々と繰り返されるのに、満足がもたらされないから、消費は次第《しだい》に過激に、過剰になっていく。しかも過剰になればなるほど、満足の欠如《けつじょ》が強く感じられるようになる。

　これこそが、二〇世紀に登場した消費社会を特徴づける状態に他ならない。

　⑧消費社会を批判するためのスローガンを考えるとすれば、それは「贅沢をさせろ」になるだろう。

【注】

＊ブルジョワ…資本や財産があり、労働者を使って事業をしている人たち。

＊モデルチェンジ…製品の性能を向上させたりデザインを変えたりすること。一般《いっぱん》には、自動車の型式変更《へんこう》のこと。

問１　＝＝ⓐ〜ⓔのカタカナを漢字に改めなさい（楷書《かいしょ》で、ていねいに書くこと）。

ⓐ　ニチジョウ　ⓑ　イルイ　ⓒ　カド

ⓓ　スて　ⓔ　ヨブン

問２　――①「贅沢とはいったいなんだろうか？」とあるが、一般に、贅沢なお金の使い方を表す次の慣用句について、□に当てはまる言葉を漢字２字で書きなさい。

金を□のように使う。

問３　Ａ〜Ｃに当てはまる語として適当なものを、次の中からそれぞれ選び、(ア)〜(オ)の記号で答えなさい。ただし**同じ記号を２度以上用いてはいけない**ものとします。

(ア)　しかし　(イ)　ところで　(ウ)　たとえば

(エ)　すなわち　(オ)　だからこそ

問４　――②「十分とは十二分ではない」とありますが、どういうことですか。次の中から最も適当なものを選び、(ア)〜(エ)の記号で答えなさい。

(ア)　必要なものがそろっていなくとも、人々《ひとびと》は日々《ひび》のささいな幸せを通して豊かさを感じられるので、あり余るほどの量を蓄《たくわ》え

に到達《とうたつ》することはない。その意味で⑤消費は常に「失敗」するように仕向けられている。失敗するというより、成功しない。あるいは、到達点がないにもかかわらず、どこかに到達することがもとめられる。こうして選択《せんたく》の自由が消費者に強制される。

消費社会を相対的に位置づけるために、それとは正反対の社会を紹介しよう。ボードリヤールも言及《げんきゅう》しているが、人類学者マーシャル・サーリンズは「原初のあふれる社会」という仮説を提示している。これは現代の狩猟《しゅりょう》採集民の研究を通じて、石器時代の経済の「豊かさ」を論証したものである。

狩猟採集民はほとんど物をもたない。道具は貸し借りする。計画的に食料を貯蔵したり生産したりもしない。なくなったら採りにいく。無計画な生活である。

彼《かれ》らはしばしば、物をもたないから困窮《こんきゅう》していると言われる。そして、それは彼らの「未来に対する洞察力《どうさつりょく》のなさ」こそが原因であると思われている。つまり、計画的に貯蔵したり生産したりする知恵《ちえ》がないために十分に物をもっていないとして、「文明人」たちから憐《あわ》れみの目で眺《なが》められている。

しかし、これは実情から著《いちじる》しくかけ離《はな》れている。彼らはすこしも困窮していない。⑥狩猟採集民は何ももたないから貧乏《びんぼう》なのではなくて、むしろそれ故《ゆえ》に自由である。「きわめて限られた物的所有物のおかげで、彼らは日々の必需品《ひつじゅひん》に関する心配からまったく免《まぬが》れており、生活を享受《きょうじゅ》しているのである」。

また、彼らが未来に対する洞察力を欠き、貯蓄《ちょちく》等の計画を知らないのは、知恵《ちえ》がないからではない。彼らのような生活では、単に未来を思い煩《わずら》う必要がないのだ。

狩猟採集生活においては少ない労力で多くの物が手に入る。彼らは何らの経済的計画もせず、貯蔵もせず、すべてを一度に使い切る大変な浪費家である。だが、それは浪費することが許される経済的条件のなかに生きているからだ。

したがって狩猟採集民の社会は、一般《いっぱん》に考えられているのとは反対に、物があふれる豊かな社会である。彼らが食料調達のために働くのは、だいたい一日三時間から四時間だという。サーリンズは、農耕民に囲まれていたけれども農業の採用を拒否《きょひ》してきた、ある狩猟採集民のことを紹介《しょうかい》している。なぜ彼らは農業の採用を拒《こば》んできたのか？「そうなればもっとひどく働かねばならない」からだそうである。

もちろん狩猟採集民をカドに理想化してはならない。狩猟採集民もうまく食料調達ができないことはあろうし、環境《かんきょう》の変化によって容易に困窮に陥《おちい》ることはあろう（しかし、農耕民の方がその可能性が高いとも言えるのだが……）。

重要なのは、彼らの生活の豊かさが浪費と結びついているということである。彼らは贅沢な暮らしを営んでいる。これが重要である。ボードリヤールやサーリンズも言うように、浪費できる社会こそが「豊かな社会」である。将来への気づかいの欠如《けつじょ》と浪費性は「真の豊かさのしるし」、贅沢のしるしに他ならない。

消費社会はしばしば物があふれる社会であると言われる。物が過剰《かじょう》である、と。しかしこれはまったくのまちがいである。サーリンズを援用《えんよう》しつつボードリヤールも言っているように、現代の消費社会を特《とく》徴《ちょう》づけるのは物の過剰《かじょう》ではなくて稀少性《きしょうせい》である。消費社会では、物がありすぎるのではなくて、物がなさすぎるのだ。

なぜかと言えば、商品が消費者の必要によってではなく、生産者の事情で供給されるからである。生産者が売りたいと思う物しか、市場に出回らないのである。消費社会とは物があふれる社会ではなく、物が足りない社会だ。

そして消費社会は、そのわずかな物を記号に仕立て上げ、消費者が

ることには限界があるからである。身体的な限界を超えて食物を食べることはできないし、一度にたくさんの服を着ることもできない。つまり、浪費はどこかで限界に達する。そしてストップする。

　人類はこれまで絶えず浪費してきた。どんな社会も豊かさをもとめたし、贅沢が許されたときにはそれを享受《きょうじゅ》した。あらゆる時代において、人は買い、所有し、楽しみ、使った。「未開人」の祭り、封建《ほうけん》領主の浪費、一九世紀＊ブルジョワの贅沢……他にもさまざまな例があげられるだろう。

　しかし、人類はつい最近になって、まったく新しいことを始めた。それが消費である。

　浪費はどこかでストップするのだった。物の受け取りには限界があるから。しかし消費はそうではない。消費は止まらない。消費には限界がない。消費はけっして満足をもたらさない。

　なぜか？

　消費の対象が物ではないからである。

　人は消費するとき、物を受け取ったり、物を吸収したりするのではない。人は物に付与《ふよ》された観念や意味を消費するのである。ボードリヤールは、消費とは「観念論的な行為《こうい》」であると言っている。④消費されるためには、物は記号にならなければならない。記号にならなければ、物は消費されることができない。

　記号や観念の受け取りには限界がない。だから、記号や観念を対象とした消費という行動は、けっして終わらない。

　たとえばどんなにおいしい食事でも食べられる量は限られている。腹八分目という昔からの戒《いまし》めを破って食べまくったとしても、食事はどこかで終わる。いつもいつも腹八分目で質素な食事というのはさびしい。やはりたまには豪勢《ごうせい》な食事を腹一杯《はらいっぱい》、十二分に食べたいものだ。これが浪費である。浪費は生活に豊かさをもたらす。そして、浪費はどこかでストップする。

　それに対し消費はストップしない。たとえばグルメブームなるものがあった。雑誌やテレビで、この店がおいしい、有名人が利用しているなどと宣伝される。人々はその店に殺到《さっとう》する。なぜ殺到するのかというと、だれかに「あの店に行ったよ」と言うためである。

　当然、宣伝はそれでは終わらない。次はまた別の店が紹介《しょうかい》される。またその店にも行かなければならない。「あの店に行ったよ」と口にしてしまった者は、「えええ？　この店行ったことないの？　知らないの？」と言われるのを嫌《いや》がるだろう。だから、紹介される店を延々《えんえん》と追い続けなければならない。

　これが消費である。消費者が受け取っているのは、食事という物ではない。その店に付与された観念や意味である。この消費行動において、店は完全に記号になっている。だから消費は終わらない。

　浪費《ろうひ》と消費の違《ちが》いは明確である。消費するとき、人は実際に目の前に出てきた物を受け取っているのではない。これは＊モデルチェンジの場合と同じである。なぜモデルチェンジすれば物が売れて、モデルチェンジしないと物が売れないのかと言えば、人がモデルそのものを見ていないからである。「チェンジした」という観念だけを消費しているからである。

　ボードリヤール自身は消費される観念の例として、「個性」に注目している。今日、広告は消費者の「個性」を煽《あお》り、消費者が消費によって「個性的」になることをもとめる。消費者は「個性的」でなければならないという強迫《きょうはく》観念を抱《いだ》く（いまの言葉ではむしろ「オンリーワン」といったところか）。

　問題はそこで追求される「個性」がいったい何なのかがだれにも分からないということである。したがって、「個性」はけっして完成しない。つまり、消費によって「個性」を追いもとめるとき、人が満足

2023年度

中央大学附属中学校

【国　語】〈第二回試験〉（五〇分）〈満点：一〇〇点〉

[一] 次の文章を読んで、以下の設問に答えなさい。

突然《とつぜん》だが、ⓐニチジョウ的にはよく使うけれど立ち止まって考えられることのほとんどない、とある言葉を取り上げるところから始めたいと思う。

その言葉とは「贅沢《ぜいたく》」である。

①贅沢とはいったいなんだろうか？

まずはこのように言えるのではないだろうか？　贅沢は不必要なものと関わっている、と。必要の限界を超《こ》えて支出が行われるとき、人は贅沢であると感じる。[A] 豪華《ごうか》な食事がなくても生命は維持《いじ》できる。その意味で、豪華な食事は贅沢と言われる。装飾《そうしょく》をふんだんに用いたⓑイルイがなくても生命は維持できる。だから、これも贅沢である。

贅沢はしばしば非難される。人が「贅沢な暮らし」と言うとき、ほとんどの場合、そこには、ⓒカドの支出を非難する意味が込《こ》められている。必要の限界を超えた支出が無駄《むだ》だと言われているのである。

だが、よく考えてみよう。たしかに贅沢は不必要と関わっており、[B] それは非難されることもある。ならば、人は必要なものを必要な分だけもって生きていけばよいのだろうか？　必要の限界を超えることは非難されるべきことなのだろうか？

おそらくそうではないだろう。

必要なものが十分にあれば、人はたしかに生きてはいける。

[C]、必要なものが十分あるとは、必要なものが必要な分しかないということでもある。②十分とは十二分ではないからだ。

必要なものが必要な分しかない状態は、リスクが極《きわ》めて大きい状態である。何かのアクシデントで必要な物が損壊《そんかい》してしまえば、すぐに必要のラインを下回ってしまう。だから必要なものが必要な分しかない状態では、あらゆるアクシデントを排《はい》して、必死で現状を維持しなければならない。

これは豊かさからはほど遠い状態である。つまり、必要なものが必要な分しかない状態では、人は豊かさを感じることができない。必要を超えた支出があってはじめて人は豊かさを感じられるのだ。

したがってこうなる。必要の限界を超えて支出が行われるときに、人は贅沢《ぜいたく》を感じる。ならば、人が豊かに生きるためには、贅沢がなければならない。

とはいえ、これだけでは何か③しっくりこないと思う。

お金を使いまくったり、ものをⓓステまくったりするのはとてもいいことだとは思えない。必要を超えたⓔヨブンが生活に必要ということは分かるし、それが豊かさの条件だということも分かる。だが、だからといって贅沢を肯定《こうてい》するのはどうなのか？

このような疑問は当然だ。

この疑問に答えるために、ボードリヤールという社会学者・哲学者《てつがくしゃ》が述べている、浪費《ろうひ》と消費の区別に注目したいと思う。贅沢が非難されるときには、どうもこの二つがきちんと区別されていないのだ。

浪費とは何か？　浪費とは、必要を超えて物を受け取ること、吸収することである。必要のないもの、使い切れないものが浪費の前提である。

浪費は必要を超えた支出であるから、贅沢の条件である。そして贅沢は豊かな生活に欠かせない。

浪費は満足をもたらす。理由は簡単だ。物を受け取ること、吸収す

2023年度

中央大学附属中学校　▶解説と解答

算　数　＜第２回試験＞（50分）＜満点：100点＞

解　答

[1] (1)　1302.6　(2)　$\frac{2022}{2023}$　(3)　137　(4)　**列車Ａ**…秒速16m，**列車Ｂ**…秒速12m　(5)　2.28cm²　(6)　31度　(7)　４cm²　[2] (1)　68ｇ　(2)　９％　(3)　126ｇ　[3] (1)　12.5cm　(2)　14cm　(3)　100cm²　[4] (1)　分速250m　(2)　分速200m　(3)　60分後　(4)　16分40秒後

解　説

[1] 計算のくふう，四則計算，消去算，通過算，面積，角度

(1)　$19.76\times81-1976\times0.21+2.34\times22+46.8\times1.4=19.76\times81-19.76\times100\times0.21+2.34\times22+2.34\times20\times1.4=19.76\times81-19.76\times21+2.34\times22+2.34\times28=19.76\times(81-21)+2.34\times(22+28)=19.76\times60+2.34\times50=1185.6+117=1302.6$

(2)　$3\div\frac{7}{2}\div(35-18)\times(234.56+102.44)\div\left(5\frac{1}{2}+3\frac{1}{3}+8\frac{1}{6}\right)=3\div\frac{7}{2}\div17\times337\div\left(5\frac{3}{6}+3\frac{2}{6}+8\frac{1}{6}\right)=3\times\frac{2}{7}\times\frac{1}{17}\times337\div17=\frac{3}{1}\times\frac{2}{7}\times\frac{1}{17}\times\frac{337}{1}\times\frac{1}{17}=\frac{2022}{2023}$

(3)　年齢《ねんれい》の和について式に表すと，右の図１のア，イ，ウのようになる（「兄の年齢と弟の年齢の和の３倍」は「兄の年齢の３倍と弟の年齢の３倍の和」に等しいので，ウのように表せる）。ア，イ，ウの３つの式をたすと，父，母，花子，兄，弟それぞれの年齢の３倍の和が，142＋88＋181＝411となるので，５人の年齢の和は，411÷３＝137と求められる。

図１

父＋母×２＝142…ア
母＋花子×３＝88…イ
父×２＋兄×３＋弟×３＝181…ウ

(4)　下の図２のように，列車Ａが列車Ｂとすれ違《ちが》い始めるとき，列車Ａの最後尾《さいこうび》と列車Ｂの最後尾は，155＋125＝280(m)離《はな》れており，最後尾どうしが出会うまでに10秒かかるので，列車Ａと列車Ｂが合わせて280m進むのに10秒かかる。よって，列車ＡとＢの速さの和は秒速，280÷10＝28(m)である。また，下の図３のように，列車Ａが列車Ｂを追い越《こ》し始めるとき，列車Ｂの先頭と列車Ａの最後尾は280m離れており，列車Ａの最後尾が列車Ｂの先頭に追いつくまでに70秒かかるので，列車Ａが列車Ｂより280m多く進むのに70秒かかる。よって，列車Ａは列車Ｂよりも秒速，280÷70

図２

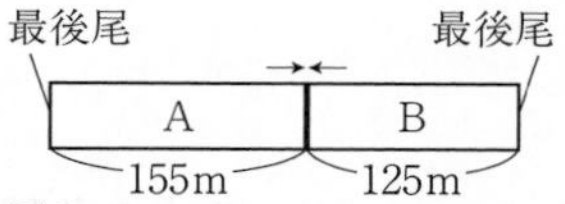

図３

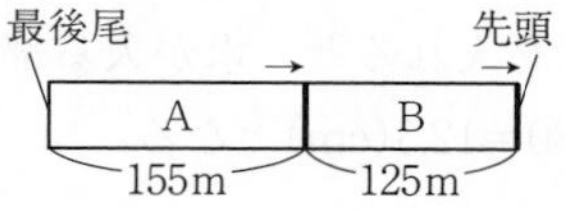

図４

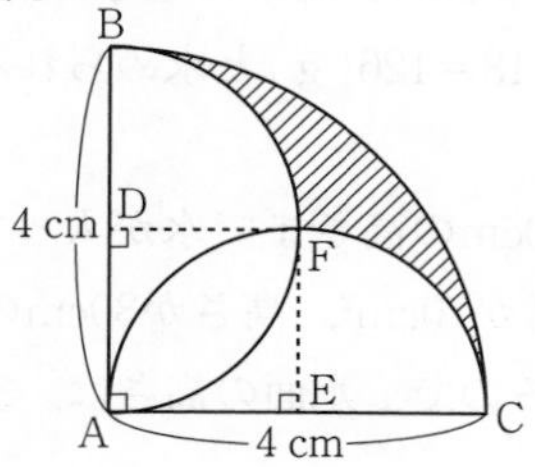

図５

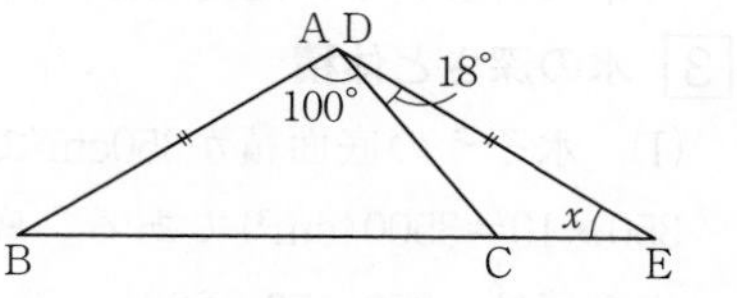

＝４（m）だけ速い。したがって，列車Ａの速さの２倍が秒速，28＋４＝32（m）だから，列車Ａの速さは秒速，32÷２＝16（m），列車Ｂの速さは秒速，16－４＝12（m）と求められる。

(5)　上の図４で，おうぎ形ABCの面積は，４×４×3.14÷４＝４×3.14＝12.56（cm^2）である。また，おうぎ形DBFとおうぎ形EFCは，半径が，４÷２＝２（cm）だから，面積はどちらも，２×２×3.14÷４＝3.14（cm^2）となる。さらに，正方形ADFEの面積は，２×２＝４（cm^2）である。よって，斜線《しゃせん》部分の面積は，12.56－3.14×２－４＝2.28（cm^2）と求められる。

(6)　AC＝CDなので，三角形CDEを裏返し，三角形ABCの辺ACと三角形CDEの辺DCをぴったり重ねると，上の図５のようになる。また，問題文中の図で，点Ｂ，Ｃ，Ｄは一直線上にあるから，角ACBと角DCEの和は180度である。よって，図５の三角形ABEは二等辺三角形だから，角xの大きさは，（180－100－18）÷２＝31（度）と求められる。

(7)　右の図６で，○印をつけた18個の三角形の面積はすべて等しいので，斜線部分の面積は，正六角形PQRSTUの面積の，６÷18＝$\frac{1}{3}$（倍）である。また，太線で囲んだ正六角形の面積も，正六角形PQRSTUの面積の，６÷18＝$\frac{1}{3}$（倍）だから，同じように考えると，正六角形PQRSTUの面積は正六角形ABCDEFの面積の$\frac{1}{3}$倍となる。よって，斜線部分の面積は，正六角形ABCDEFの面積の，$\frac{1}{3}\times\frac{1}{3}=\frac{1}{9}$（倍）だから，36×$\frac{1}{9}$＝４（$cm^2$）とわかる。

図６

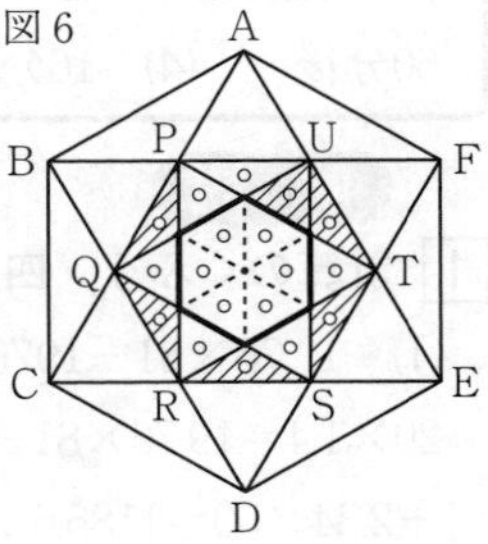

2　濃度《のうど》

(1)　はじめにＡからＢに200ｇ移すと，Ａの食塩水は，600－200＝400（ｇ）になり，その後，ＢからＡに200ｇもどし，Ａに水を80ｇ加えると，Ａの食塩水は，400＋200＋80＝680（ｇ）になる。このときのＡの濃度は10％だから，最後にＡの食塩水に含《ふく》まれている食塩は，680×0.1＝68（ｇ）とわかる。

(2)　ＢからＡにもどした200ｇの食塩水の濃度は16％なので，その中に食塩は，200×0.16＝32（ｇ）含まれる。よって，ＢからＡにもどす前のＡの食塩水400ｇには食塩が，68－32＝36（ｇ）含まれていたから，その濃度は，36÷400＝0.09より，９％とわかる。したがって，はじめにＡに入っていた食塩水の濃度も９％となる。

(3)　はじめのＢの食塩水の濃度は18％で，Ａから９％の食塩水200ｇを移して混ぜると，濃度は16％になったので，右の図のように表せる。図で，かげをつけた部分と太線で囲んだ部分は，どちらも混ぜてできた食塩水に含まれる食塩の重さを表しており，面積が等しいから，アとイの面積も等しくなる。また，イの面積は，200×（0.16－0.09）＝14（ｇ）にあたるので，アの面積も14ｇとなる。よって，アの横の長さ，つまり，はじめのＢの食塩水の重さは，14÷（0.18－0.16）＝700（ｇ）だから，その中に含まれていた食塩は，700×0.18＝126（ｇ）と求められる。

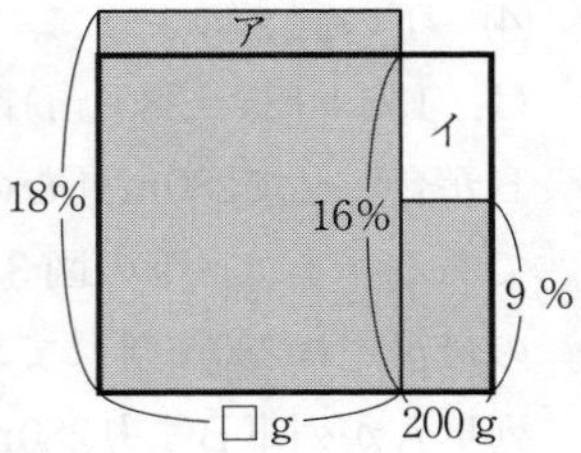

3　水の深さと体積

(1)　水そうの底面積が350cm^2で，10cmの高さまで水が入っていたので，入っている水の体積は，350×10＝3500（cm^3）である。底面積が70cm^2，高さが30cmのおもりを入れると，水が入る部分の底面積は，350－70＝280（cm^2）になるので，水面の高さは，3500÷280＝12.5（cm）となる。

⑵　追加するおもりの体積は，70×６＝420(cm^3)で，おもりの高さは⑴の水面より低いから，おもり全体が水の中に沈《しず》む。よって，水面は，420÷280＝1.5(cm)上がるから，12.5＋1.5＝14(cm)になる。

⑶　水の体積は3500cm^3だから，おもりを全て取り除いた後，高さ30cmの直方体のおもりを入れて，水面の高さを⑵と同じ14cmにするには，水が入る部分の底面積を，3500÷14＝250(cm^2)にすればよい。よって，入れるおもりの底面積は，350－250＝100(cm^2)にすればよい。

4　グラフ―速さ，旅人算

⑴　下の図１で，①のときに２台がすれ違い，②のときに中型バスが駅に着く。その後，③のときに２台の間の距離《きょり》が再び２kmになり，すぐに距離が減り始めるので，下の図２のように，③のときに大型バスが学校に着き，同時に中型バスが駅から出発したとわかる。次に，図１で，④のときに大型バスが学校から出発し，⑤のときに２台がすれ違い，⑥のときに中型バスが学校に着き，⑦のときに中型バスが学校を出発する。さらに，⑧のときに大型バスが駅に着き，28分後，大型バスが駅に停車している間に中型バスが駅に着いたとわかる。以上より，２台の進行を表すグラフは図２のようになる。よって，中型バスは，28－２×２＝24(分)で，学校から駅までの距離の３倍を進むから，学校から駅までの距離を進むのに，24÷３＝８(分)かかる。つまり，中型バスは，２km＝2000m進むのに８分かかるので，速さは分速，2000÷８＝250(m)と求められる。

⑵　図２の③に注目すると，大型バスは駅から学校まで，８＋２＝10(分)で進むから，大型バスの速さは分速，2000÷10＝200(m)とわかる。

⑶　中型バスは最初に学校を出発してから，８＋２＋８＋２＝20(分)ごとに学校を出発し，大型バスは最初に駅を出発してから，10＋５＋10＋５＝30(分)ごとに駅を出発する。よって，２回目に中型バスが学校から，大型バスが駅から同時に出発するのは，20分と30分の最小公倍数である60分後となる。

⑷　２回目に２台がすれ違うのは，図２の⑤のときである。③のときから④のときまでの５分間で，中型バスは，250×５＝1250(m)進むので，④のときの２台の間の距離は，2000－1250＝750(m)となる。その後，２台の間の距離は，１分間に，200＋250＝450(m)の割合で縮まるので，④のときから⑤のときまでの時間は，750÷450＝$1\frac{2}{3}$(分)と求められる。これは，60×$\frac{2}{3}$＝40(秒)より，１分40秒だから，⑤のときは出発してから，10分＋５分＋１分40秒＝16分40秒後とわかる。

図１
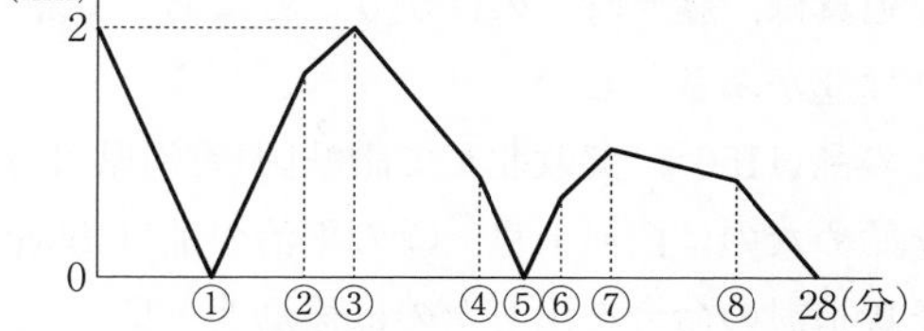

図２
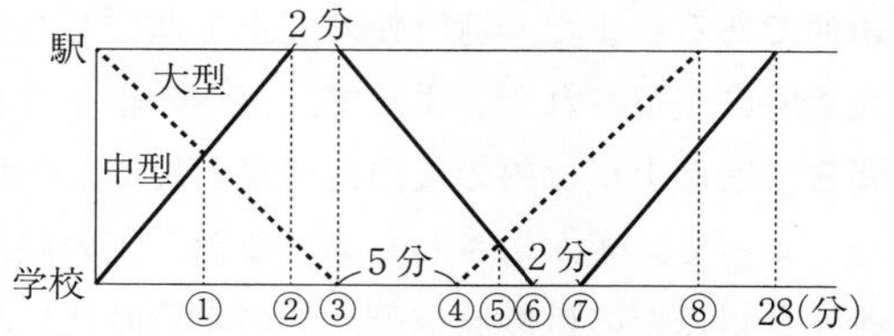

社　会　＜第２回試験＞（30分）＜満点：60点＞

解　答

Ⅰ　問１　②　　問２　ばさし　　問３　④　　問４　①　　問５　厚生労働省　　問６　①　　問７　③　　問８　④　　問９　②　　問10　①　　問11　歌川広重　　問12　大阪万博　　問13　③　　問14　④　　問15　②　　Ⅱ　問１　④　　問２　伊能忠敬　　問３　（例）　縮尺が固定されていないため，自由に地図を拡大・縮小することができる。　　問４　③　　問５　①　　問６　エコツーリズム　　問７　④　　問８　③　　問９　②　　問10　④　　問11　①　　問12　白河　　問13　③　　問14　②　　問15　②

解　説

Ⅰ　妖怪《ようかい》の歴史を題材にした問題

問１　スイカの収穫量は熊本県が全国一で，以下，千葉・山形・新潟・愛知の各県が続く。統計資料は『データでみる県勢』2023年版による。

問２　熊本県の郷土料理として，資料の写真にある馬肉の刺身である「ばさし」が有名である。

問３　豊臣秀吉はキリスト教が国内統一のさまたげになると考え，1587年にバテレン追放令を出して宣教《せんきょう》師の国外退去を命じた。しかし，貿易は制限しなかったので，その実効性はほとんどなかった。よって，④がふさわしくない。

問４　天明の飢《き》きんは1782～87年のことで，弘化三年（1846年）より前になる。よって，①が正しい。なお，②の寛政の改革は1787～93年，③のペリー来航は1853年，④の公事方御定書の制定は1742年のできごと。

問５　厚生労働省は感染症《かんせんしょう》対策のほか，国民の健康増進や社会保障制度の運用，労働者の権利保障や労働環境の整備などの仕事を担当している。

問６『日本書紀』は奈良時代の720年に舎人《とねり》親王らの手によって編さんされた歴史書で，神代から持統天皇にいたるまでの天皇を中心とした国家成立史である。712年に編さんされた③の『古事記』とあわせて「記紀」とよばれる。なお，②の『太平記』は室町時代に成立した軍記物語，④の『風土記』は奈良時代に編さんされた諸国の地理書。

問７　藤原道長・頼通《よりみち》父子は藤原氏の摂関《せっかん》政治の全盛期を築いたが，平等院鳳凰《ほうおう》堂を建立したのは頼通である。また，遣唐使の廃止を進言した菅原道真《みちざね》は，藤原時平のはかりごとにあって北九州の大宰府に左遷《させん》された。よって，正誤の組み合わせは③がふさわしい。

問８　崇徳《すとく》上皇は弟の後白河天皇と対立し，保元の乱（1156年）で敗北して讃岐《さぬき》国（香川県）に流された。よって，④がふさわしい。なお，①の院政を始めたのは白河上皇，②の平治の乱（1159年）で源義朝と組んだのは藤原信頼，③の鎌倉時代に北条氏追討《ついとう》の命令を出したのは後鳥羽上皇。

問９　(あ)の後醍醐《ごだいご》天皇が建武の新政を始めたのは1334年，(い)の御成敗式目の制定は1232年，(う)の正長の土一揆の発生は1428年，(え)の足利義満が勘合《かんごう》貿易を始めたのは1404年のことである。よって，年代の古い順は②が正しい。

問10　三重県の志摩半島沿岸はリアス（式）海岸になっており，その南に広がる熊野灘《くまのなだ》には暖流の日本海流（黒潮）が流れている。よって，①が誤っている。なお，「親潮（千島海流）」は，千島列島か

ら北海道，本州の太平洋側を南下する寒流である。

問11　資料の左の絵は『東海道五十三次』のうち「日本橋」，右の絵は『名所江戸百景』のうち「王子装束ゑ《しょうぞくえ》の木大晦日《おおみそか》の狐火《きつねび》」で，いずれも歌川(安藤)広重の浮世絵である。広重は江戸時代後半の化政文化を代表する浮世絵師。

問12　資料のイラストは，2025年に開催が予定されている大阪万博(大阪・関西万博)の公式キャラクター(ミャクミャク)である。

問13　1941年12月８日，日本の海軍がハワイの真珠湾《しんじゅわん》にあったアメリカ海軍基地を奇襲《きしゅう》攻撃し，陸軍がイギリス領のマレー半島に上陸を開始したことで，日本は太平洋戦争(1941～45年)に突入した。開戦当初，日本は戦線を拡大していったが，1942年のミッドウェー海戦で日本軍が敗北すると形勢が逆転し，不利な戦いを強いられることになった。よって，③がふさわしい。なお，①の日ソ中立条約の調印は1941年４月，②の仏領インドシナ侵攻《しんこう》は1940年，④の国家総動員法の制定は1938年のことで，いずれも開戦前のできごとである。

問14　第二次世界大戦(1939～45年)はナチス・ドイツのポーランド侵攻に始まるが，この大戦でポーランドが被《こうむ》った損害額が約185兆円と試算され，2022年10月にポーランド政府はドイツにその支払いを求めた。この賠償請求《ばいしょうせいきゅう》をめぐり，ドイツ政府はすでに解決済みとして請求に応じない方針を示している。

問15　天皇は国会の指名にもとづいて，内閣総理大臣を任命する。これは，天皇の国事行為の一つである。よって，②が正しい。なお，①について天皇は日本国と日本国民統合の「象徴」とされ，主権(政治を決める最高権力)は国民にある。③について天皇の国事行為は内閣の助言と承認にもとづいて行われ，その責任は内閣が負う。④について自衛隊の最高指揮権は，内閣総理大臣にある。

Ⅱ　日本各地の特色についての問題

問１　日本にある米軍基地の総敷地《しきち》面積のうち，沖縄県にその約70％が集中している。よって，④が誤っている。

問２　伊能忠敬《いのうただたか》は下総《しもうさ》国佐原(千葉県)で酒造業を営んでいたが，50歳で家業をゆずり，江戸に出て測量術や天文学を学んだ。その後，測量の正確さなどが認められ，江戸幕府の命令により1800年から1816年まで全国の沿岸を測量してまわり，正確な日本地図を作製した。この業績は忠敬の死後，弟子たちにより「大日本沿海輿地《よち》全図」として完成した。

問３　「デジタル地図」はスマートフォンやパソコンなどで表示される地図で，見たい場所の地図や目的地までのルートなどが検索《けんさく》できる。紙の地図とは異なり拡大・縮小も自在で，その用途によってさまざまな分野で活用されている。

問４　図Ａを見ると，手前に島のせり出した部分が見られ，また，左側の遠方に種子島の南側を望むことができる。よって，図Ｂの③の位置がふさわしい。

問５　関白は成人した天皇を補佐する役職。織田信長は関白の位についていないから，①がふさわしくない。なお，関白になった武将では豊臣秀吉がよく知られている。

問６　地域の自然環境や歴史・文化の保全のため，旅行者にその素晴らしさに触《ふ》れたり体験したりしてもらう観光のあり方を「エコツーリズム」という。

問７　小規模生産は大量生産に比べ，生産コストが高くなるのがふつうなので，④がふさわしくない。

問８　最澄《さいちょう》は平安時代初期の僧で，比叡山に延暦寺を開き，804年に遣唐使船で唐（中国）へ渡り，翌年に帰国して日本に天台宗を広めたが，「南無阿弥陀仏《なむあみだぶつ》」の念仏を唱えれば救われると説いたのは，鎌倉時代に法然《ほうねん》が開いた浄土宗などである。よって，③が誤っている。

問９　日露戦争（1904～05年）の講和会議はアメリカのセオドア＝ルーズベルト大統領の仲介《ちゅうかい》により，同国のポーツマスで行われたが，日本の全権は外務大臣の小村寿太郎《じゅたろう》であった。よって，②が誤っている。なお，陸奥宗光《むつむねみつ》は日清戦争（1894～95年）の下関条約調印の際に，伊藤博文と全権を務めた外務大臣。

問10　敦賀《つるが》市（福井県）は日本海側の気候で，冬の降水量が多い。銚子《ちょうし》市（千葉県）は太平洋側の気候で，夏の降水量が多い。甲府《こうふ》市（山梨県）は中央高地（内陸性）の気候で，年間降水量が少なく夏と冬の寒暖の差が大きい。よって，雨温図の組み合わせは④になる。

問11　宮沢賢治は，大正時代から昭和時代前半にかけて活躍《かつやく》した童話文学者・詩人である。よって，①が誤っている。

問12　福島県の白河は，江戸時代に整備された「五街道」の一つである奥州街道の終点で，関所が置かれていた。

問13　③の「松本城」（長野県）の天守は国宝に指定されているが，ユネスコ（国連教育科学文化機関）の世界遺産には登録されていない。なお，①の「軍艦島《ぐんかんじま》（端島《はしま》）」は長崎県にあり，「明治日本の産業革命遺産」の構成資産の一つとして2015年に登録。②の「三内丸山遺跡」は青森県にある縄文時代の大規模集落の跡《あと》で，「北海道・北東北の縄文遺跡群」の構成資産の一つとして2021年に登録。④の「大浦天主堂」は長崎県にあるキリスト教会で，「長崎と天草地方の潜伏《せんぷく》キリシタン関連遺産」の構成資産の一つとして2018年に登録。

問14　法律案は衆参両議院とも，まず専門の委員会で審議《しんぎ》され，本会議で可決される。また，予算案は衆議院に先議権があるが，法律案はどちらの議院から審議入りしてもよいことになっている。よって，正誤の組み合わせは②がふさわしい。

問15　「コメの作付面積」は，1970年から始まる減反《げんたん》政策により減少傾向にあり，2020年は1970年に比べて約半分にまで減ったから，グラフのＢがあてはまる。また，「10 a《アール》当たりの収量」は，耕地整理や品種改良・農業技術の進歩などから，おおむね増加傾向にある。よって，グラフのＣと判断できる。残るＡが「コメの収穫量」になるので，組み合わせは②が正しい。

理　科　＜第２回試験＞（30分）＜満点：60点＞

解　答

[1] **問１**　１倍　**問２**　(ウ)　**問３**　(イ)　**問４**　(ウ)　**問５**　ベテルギウス　**問６**　(エ)
[2] **問１**　(ア)　**問２**　**ア**　二酸化炭素　**イ**　黄　**ウ**　水蒸気（水）　**問３**　(エ)　**問４**　４：１　**問５**　(1)　0.28 g　(2)　0.80 g　[3] **問１**　(オ)，(エ)，(ア)，(ウ)　**問２**　(ア)，(ウ)　**問３**　Ｄ　**問４**　試験管…Ｄ　理由…（例）　ヒトの体温に近い温度で温めていて，だ液の消化酵素がよくはたらくと考えられるから。　**問５**　(エ)

解　説

1　カメラの仕組みと星の撮影《さつえい》についての問題

問１　凸《とつ》レンズの右側10cmの位置に白い画用紙を置くと，凸レンズから焦点《しょうてん》までの距離《きょり》と焦点から白い画用紙までの距離が等しくなる。このとき，円形の凸レンズに入る光の直径と画用紙に映る白い円の直径は等しいので，１倍の大きさといえる。

問２　ピントが合っている問題文中の図５では，下の図①のように，物体Ａの先端《せんたん》から出た光のうち，光軸《こうじく》と平行な光とレンズの中心を通る光の交点が感光材料上にできる。この状態から物体Ａを光軸に沿《そ》ってレンズから遠ざけると，下の図②のように，光軸と平行な光は図①と同じ位置を通るが，レンズの中心を通る光はずれて感光材料上で交わらなくなるので，(ウ)のように，大きさは図６の矢印とおおよそ同じで，ぼやけた像となる。

図①

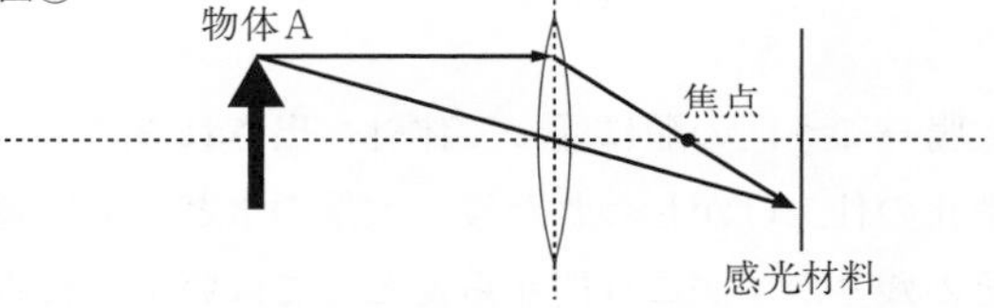

図②

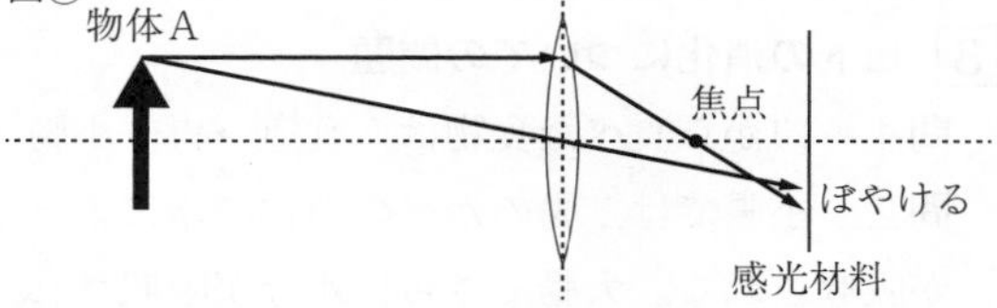

問３　露出《ろしゅつ》時間を短くしても，感光材料に当たる光の量が十分であればよいので，直径の大きなレンズにかえて，より多くの光が集まるようにすればよい。なお，白い光をレンズに当てると，写真全体が真っ白になると考えられる。

問４　星は東からのぼり，南の空高くを通って西にしずむ。図７では，星が左上から右下の地平線へ動くようすがわかるので，西の方角の写真といえる。

問５　線Ａは２時間で約30度動いた恒《こう》星である。この恒星が作る星座を特定するために，線Ａの右下の端《はし》と，線Ａの周辺の線の端を直線で結ぶと，右の図③のようにオリオン座の形となる。よって，線Ａは冬の星座であるオリオン座のベテルギウスとわかる。

図③

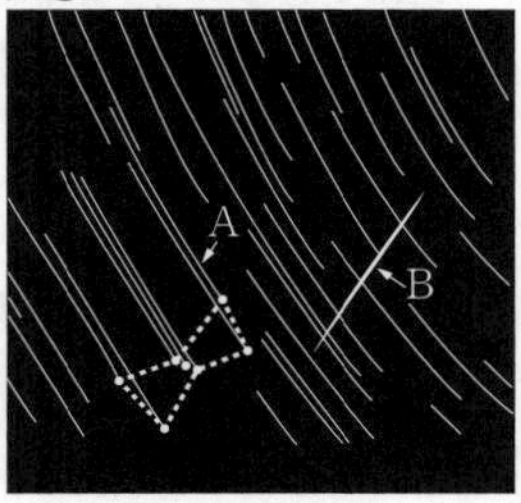

問６　線Ｂは，恒星（他の線）とは明らかに異なる動きをしていて，線の太さ，つまり明るさが変化している。よって，ここでは流星が当てはまる。流星は，宇宙のちりなどが地球の引力によって大気に突《とつ》入し燃えて発光したもので，数秒で見えなくなるが，恒星よりも明るく光るものもある。なお，惑《わく》星は，２時間では恒星と同じように南の空から西へ動く。また，月とは明らかに大きさがちがう。彗《すい》星が明るく見えるのは，明け方の東の空か夕方の西の空で，長い尾《お》のように光る部分が見られる星なので，撮影《さつえい》時間が午前０時から２時間であることから，当てはまらない。国際宇宙ステーションも，日の入り後か日の出前に太陽の光を反射《はんしゃ》して光って見えることが多いので，適当でない。

2　物の燃焼《ねんしょう》についての問題

問１　酸素濃度《のうど》を20％から100％にすると，スチールウールにふれる酸素の量が多くなるので，より激しく燃える。

問２　木炭に含《ふく》まれる炭素が燃えると，空気中の酸素と結びついて二酸化炭素ができる。二酸化炭素が水に溶《と》けた炭酸水は酸性の水溶液《すいようえき》なので，緑色のBTB溶液に通じると黄色に変化する。また，ろうそくが燃えると含まれている水素が空気中の酸素と結びついて水蒸気（水）となる。

問３　鉄(スチールウール)を燃やすと，空気中の酸素と結びついて酸化鉄になる。このとき，鉄の重さは，結びついた酸素の重さの分だけ重くなる。なお，木綿《もめん》や固形燃料，アルコールは，炭素と水素を含んでいるので，これらを燃やすと，二酸化炭素と水ができて空気中に出ていくので軽くなる。

問４　表２より，銅粉末1.60ｇを燃やすと酸化銅2.00ｇが生じるので，銅粉末1.60ｇと結びついた酸素の重さは，2.00－1.60＝0.40(ｇ)である。よって，酸化させる前の銅粉末の重さと結びついた酸素の重さの比は，1.60：0.40＝４：１とわかる。

問５　(1)　酸化銅と銅粉末を混ぜ合わせた1.92ｇを加熱して完全に酸化させたところ，重さが2.20ｇになったので，新たに結びついた酸素の重さは，2.20－1.92＝0.28(ｇ)である。　(2)　0.28ｇの酸素と結びつく銅粉末の重さは，0.28×$\frac{4}{1}$＝1.12(ｇ)なので，混ぜ合わせた1.92ｇに含まれていた酸化銅の重さは，1.92－1.12＝0.80(ｇ)とわかる。

3　ヒトの消化についての問題

問１　口から食べた食物は，食道→胃→小腸→大腸→こう門の順に通って体外へ出される。

問２　小腸では，腸のかべの消化酵素《こうそ》によって消化の仕上げが行われた後，大量の水とともに養分が吸収される。大腸でさらに水分が吸収され，その残りかすがこう門から便としてはい出される。

問３　ヨウ素液はデンプンがあると青紫《むらさき》色に変化する。実験１で，試験管Ａと試験管Ｃはだ液を入れていないので，デンプンはそのまま残り，ヨウ素液は青紫色に変化する。だ液を入れた試験管Ｄは，ヒトの体温に近い37℃に保たれているので，消化酵素がよくはたらいてデンプンをすべて分解したと考えられ，ヨウ素液の色は変化しないと推測される。

問４　実験２で，試験管Ｅと試験管Ｆのどちらもヨウ素液が青紫色になったことから，デンプンは分解されなかったとわかる。したがって，試験管Ａ～Ｆでもっともデンプンの分解が進んだのは，実験１の試験管Ｄである。このことから，デンプンを分解するには，だ液と適当な温度(37℃)が必要であるといえる。

問５　０℃にした後，37℃にした試験管Ｇにヨウ素液を加えると，色の変化が見られなかったことから，だ液の消化酵素は一度０℃にしても，その後37℃まで温度を上げると，はたらくようになることがわかる。また，90℃にした後に37℃にした試験管Ｈにヨウ素液を加えると，青紫色に変化したことから，だ液の消化酵素は一度90℃にすると，その後37℃まで温度を下げてもはたらかないと考えられる。このことは，消化酵素の主成分であるタンパク質が，一度極端《きょくたん》に温度を上げると性質が変化してしまい，温度を下げてももとに戻《もど》らなくなるが，温度を下げた場合は，温度を適温に戻せば性質に大きな変化がないことが関係している。

国　語　＜第２回試験＞（50分）＜満点：100点＞

解　答

一　**問１**　下記を参照のこと。　**問２**　湯水　**問３**　Ａ　(ウ)　Ｂ　(オ)　Ｃ　(ア)　**問４**　(エ)　**問５**　(イ)　**問６**　(1)　(ア)　(2)　(カ)　(3)　(ケ)　(4)　(コ)　**問７**　(ウ)　**問８**　(ア)　**問９**　ａ　(イ)　ｂ　(カ)　ｃ　(エ)　ｄ　(ウ)　ｅ　(ア)　ｆ　(オ)　**問10**　(1)　(ア)　(2)

(オ)　(3)　(キ)　(4)　(サ)　問11　(ウ), (エ)　二　問１　(1)　(キ)　(2)　(オ)　(3)　(ア)　問２　(ウ)　問３　(イ)　問４　A　(エ)　B　(オ)　C　(イ)　問５　(ア)　問６　(ウ)　問７　(ウ)　問８　(1)　(ア)　(2)　(オ)　(3)　(ケ)　(4)　(コ)　問９　E　(ウ)　F　(エ)　問10　G　(ア)　H　(ウ)　I　(エ)　J　(イ)　問11　a　(オ)　b　(キ)　c　(イ)　d　(ウ)　e　(ア)　f　(ケ)

●漢字の書き取り

一　問１　ⓐ　日常　ⓑ　衣類　ⓒ　過度　ⓓ　捨(て)　ⓔ　余分

解　説

一　出典は國分功一郎《こくぶんこういちろう》の『暇《ひま》と退屈《たいくつ》の倫理《りんり》学』による。浪費《ろうひ》と消費の違《ちが》いについて説明しながら，狩《しゅ》猟《りょう》採集民の暮らしとは対照的な，二十世紀に登場した消費社会とはどのようなものであるかを考察している。

問１　ⓐ　ふだん。　ⓑ　着るもの。　ⓒ　通常の程度を超《こ》えているようす。　ⓓ　音読みは「シャ」で，「取捨」などの熟語がある。　ⓔ　必要な数量より多いようす。

問２　「湯水のように使う」は，“惜《お》しげもなく使う”“むだに使う”という意味。

問３　A　「必要の限界を超えて支出が行われる」と，人は「贅沢《ぜいたく》」さを感じると述べた後，「豪華《ごうか》な食事」や「装飾《そうしょく》をふんだんに用いた衣類」が取りあげられているので，具体的な例をあげるときに用いる「たとえば」があてはまる。　B　「贅沢」は「必要の限界を超え」たもの，つまり「不必要」なものとされているがゆえに，「非難されることもある」という文脈である。よって，前のことがらを原因・理由として，後にその結果をつなげるときに用いる「だからこそ」が入る。　C　「必要なものが十分にあれば，人はたしかに生きてはいける」が，それは「必要なものが必要な分しかない」ともいえる，というつながりなので，前のことがらを受けて，それに反する内容を述べるときに用いる「しかし」が合う。

問４　続く部分で筆者は，必要なものが必要な分しかない状態では何らかのアクシデントが起きたときにすぐに「必要のライン」を下回るリスクが極《きわ》めて大きく，人は必死で現状維持《いじ》をはかろうとすることに意識を割《さ》かれるため「豊かさ」を感じることができないと指摘《してき》している。そのために「豊かに生きるためには，贅沢」，つまり余分にものがある状態に自らを置かねばならないと述べているのである。

問５　人々の生活に「余分」が必要なことは理解できるが，「人が豊かに生きるためには，贅沢がなければならない」と，「贅沢を肯定《こうてい》するのはどうなのか？」という疑問が生じるのは当然だ，と筆者は述べている。よって，(イ)の「納得《なっとく》しがたい」が合う。

問６　浪費には「限界」があり，消費にはない点に注目する。　(1)　前の部分で筆者は，「身体的な限界を超えて食物を食べることはできない」ので，「浪費」はどこかでストップすると述べている。　(2)～(4)　人が「物」ではなく「観念や意味を消費する」とき，「物」の「記号」化が起こる。つまり，去年流行した服を今年着られないのは，(カ)の説明のように「去年の服」が「おしゃれ」という観念から外れるせいである。そのとき消費しているのは物ではなく，(ケ)で指摘されている「イメージ」という記号なので，「新たな流行」が生まれれば「また新たな服を購入《こうにゅう》」することになる。際限なく消費してしまうのは，(コ)でまとめられているように，「記号」として「物」を消

費しても，人は完全な「満足」が得られないからである。

問７　問６でみたとおり，「記号」としての「物」の消費は人に「満足」を与《あた》えず，流行を追いかけ続けるなど際限がない。つまり「到達《とうたつ》点がない」のだから，(ウ)が選べる。

問８　狩猟採集民はそもそもほとんど物を持たず，食料がなくなったらとりにいく暮らしをしている。そのおかげで，「日々の必需《ひつじゅ》品に関する心配」にとらわれる必要がない。これが「何ももたない」ゆえの「自由」なのである。

問９「浪費」と「消費」の違いをふまえて考える。　**a，b**　消費社会の「商品」は，「消費者の必要」ではなく「生産者の事情」で供給されるとある。　**c，d**「浪費は満足をもたら」すが，「消費には限界がない」ため満足がもたらされない。だから，浪費は(エ)の「豊かな生活」につながるが，消費社会では(ウ)のように「欲望」を抱《かか》え続けることになる。　**e，f**　消費社会では「物」が「記号」化される。たとえば，ブームのなかで宣伝される店に「行った」と言うため，人々は紹介《しょうかい》される店を「延々《えんえん》と追い続け」る。そのとき人が追い求めているのは「記号」，すなわち「店に付与《ふよ》された観念や意味」である。

問10「スローガン」は，理念や目的などを簡潔に表す言葉のこと。　(1)　消費社会への批判には「質素な生活の推奨《すいしょう》」がしばしばともなわれると本文で説明されている。　(2)　本文では，消費に際限がないのは「観念や意味」を対象としているせいで満足が得られないからだと述べられている。　(3)「絶えざる観念の消費」からぬけ出すための要点があげられている。まず，〈映《ば》える〉写真のために食べもしないスイーツを消費するとき，その人は「人々に消費を促《うなが》す側」にいる。言い換《か》えれば，「人々」によって〈映え〉の「欲望」をかきたてられているのだから，その自覚をうながす内容の(キ)があてはまる。　(4)　(3)でみたように，「消費社会」における「欲望」は，「他者によって作り上げられたもの」なのだから，「消費」とは対照的な「浪費」をすることで，(サ)のように「自身の欲望のあり方に向き合える」と考えられる。

問11　(ウ)は，一度の消費で浪費の回路が閉じるとは本文から読み取れないので，合わない。むしろ，消費からぬけ出すには浪費が必要だと筆者は述べている。(エ)は，浪費の習慣化が消費の原因としているので，本文と合わない。浪費には限度があると筆者は述べている。

二　**出典は川端康成《かわばたやすなり》の『乙女《おとめ》の港』による。**三千子《みちこ》との関係で克子《かつこ》から何かと突《つ》っかかられていた洋《よう》子《こ》だが，克子が運動会で怪我《けが》をしたことをきっかけに，よい関係へ変わっていく。

問１　(1)「手間取る」は，労力や時間が思っていたよりかかること。　(2)「気がもめる」は，心配などで気持ちが落ち着かないようすを表す。　(3)「腹をよじる」は，あまりのおかしさに大きく笑うこと。

問２「わが子の姿」を目で追うところに，競技中のわが子を見たいという保護者の本心が表れている。一方「よその子供の，褒《ほ》めっこの競争」は，保護者どうしうまくつき合うことが目的の表面的なものである。

問３　三千子と「エス」の関係を結んだのをねたんだ克子から，洋子が何かと「突っかかって」こられていたことが，「日頃《ひごろ》のこと」にあたる。そんな背景があっても，「胸がすく」ような克子の競走ぶりを見て，洋子は克子に勝ってほしいと思ったのだから，(イ)がよい。なお，「胸がすく」は，“晴れ晴れする”という意味。

問４　**A**　後に続く走者が，先頭にいる克子に「迫《せま》って来る」のだから，勢いよく進むようすの

「ぐんぐん」が入る。　B　克子は後の走者に追いつかれ，三人「並んだ」のだから，触《ふ》れそうなようすの「すれすれ」が合う。　C　倒《たお》れた克子のほうへ，救護のために洋子たちはそれぞれ「駈《か》け出し」ているので，たくさんの人がまとまりなく動き出すようすの「ばらばら」がよい。

問5　運動場の「どよめき」とは対照的な，灰色《はいいろ》の部屋の「寂《さび》しい」ようすが描《えが》かれている。それを「古い壁《かべ》の隙間《すきま》から，こおろぎでも飛び出しそう」だという表現で強調しているのである。

問6　この後で克子は，見舞《みまい》に来た三千子に「あたしね，いろんなこと，ずいぶん反省しちゃった。……御免《ごめん》なさいね」，「私，ずいぶん我《わ》が儘《まま》だった」と言っている。我が儘がしずまって素直《すなお》になることを「気持ちが澄《す》む」と表しているのだとわかる。

問7　今は怪我をした克子の枕元《まくらもと》に三千子がいて，軽井沢では熱を出した三千子の枕元に克子がいたことに注目する。枕元で番をするのだから(ウ)の「夢」が合う。

問8　(1)，(2)　ふだんの克子と今の克子の違いを読み取る。これまで克子は洋子をねたみ，何かと「突っかかって」いたのだから，(ア)の「強気」がよい。その克子が「私，ずいぶん我が儘だった」と言ったため，病気のせいで「気が折れた」のかと三千子は思っている。「気が折れる」は，心の支えをなくして弱気になることだから，(オ)の「気が弱くなっている」が合う。　(3)，(4)　克子の声に「いつもとちがう，深い響《ひび》き」をもたらした，克子の変化を読み取る。克子は自分が「我が儘だった」と反省しているので，(ケ)が合う。さらに，洋子が怪我をしていたら「いい気味だと思ったかも知れない」と，三千子がまごつくほど「ほんとうのことを打ち明け」ているので，(コ)がふさわしい。

問9　E　洋子への克子のねたみが「溶《と》けた」のだから，三千子は「うれしい」と感じたものと想像できる。　F　「自分の悪いところを，すっかり発《あば》いて見せよう」としている克子に対し，三千子は「きまり悪く」なって止めようとしたのだから，これ以上聞くのは「恥《は》ずかしい」と思ったとするのがよい。

問10　三千子が洋子を捜《さが》しに行った場面である。　G　洋子を捜しているので，「五年のひと」に「八木さん，どこに？」と，居場所を聞いたものと考えられる。　H　三千子がたずねた相手は「昨日の赤十字班の一人だった」のだから，彼女《かのじょ》は「克子さん，どうなさって，およろしい？」と，その容態を聞いてきたものと想像できる。　I　克子の容態を聞かれた三千子は，「ええ，今朝はずいぶんお元気でした」と答えるのが順当である。　J　この後「五年のひと」は洋子を呼びに行ってくれたので，「八木さんは，二階のお教室だわ，多分」と言ったはずである。

問11　a　克子が怪我をした後，洋子が反省する場面に注目する。三千子を独占《どくせん》したことで「克子に勝っている」と誇《ほこ》る気持ちがあったのだから，「得意」が合う。　b　三千子が洋子と親しくなってからも積極的にアプローチしているので，克子は三千子に「未練」があるといえる。　c　洋子が三千子を独占して以来，克子は「洋子に突っかかって来た」のだから，「嫉妬《しっと》」していたことがわかる。　d　三千子への未練や，二人が親しくなったことへの嫉妬をおさえられず，克子は洋子にあたっていたのだから，洋子を否定したいという「反発」が合う。　e　三千子を独占した洋子は，aでみたように，内心「克子に勝っている」と誇っていたのだから，克子にとっては「不快」である。　f　克子のいじわるなふるまいは，勝ち誇っていた自分のせいだと洋子は「反省」しているので，「後悔《こうかい》」が合う。

Memo

2022年度　中央大学附属中学校

〔電　話〕 (042) 381－７６５１
〔所在地〕 〒184-8575　東京都小金井市貫井北町３－22－１
〔交　通〕 JR中央線－「武蔵小金井駅」北口より徒歩18分

【算　数】〈第１回試験〉（50分）〈満点：100点〉

〈注意〉　１．コンパスと定規を使ってはいけません。
　　　　　２．円周率は3.14を用いなさい。

１　次の問いに答えなさい。

(1)　$100\div15\div3-\frac{2}{9}\div\left\{2\div\left(18.9\div1\frac{7}{20}\right)\right\}$を計算しなさい。

(2)　次の□にあてはまる数を答えなさい。

$11\div\left(1\frac{1}{5}\div3.6+\frac{2}{5}\right)-\square=6.5$

(3)　[1]，[1]，[2]，[3]，[4]の５枚のカードから３枚選んで並べてできる３けたの整数のうち，３の倍数は何個ありますか。

(4)　太郎君は10％の食塩水Ａと３％の食塩水Ｂをあわせて500ｇの食塩水を作る予定でしたが，ＡとＢの食塩水の量を逆にしてしまったため，予定より4.2％うすい食塩水ができてしまいました。もともとＡを何ｇ混ぜる予定でしたか。

(5)　下の図の三角形ABCで，ADは角Ａを２等分する直線です。角Ｂと角Ｃの角度の比が５：２のとき，角xは何度ですか。

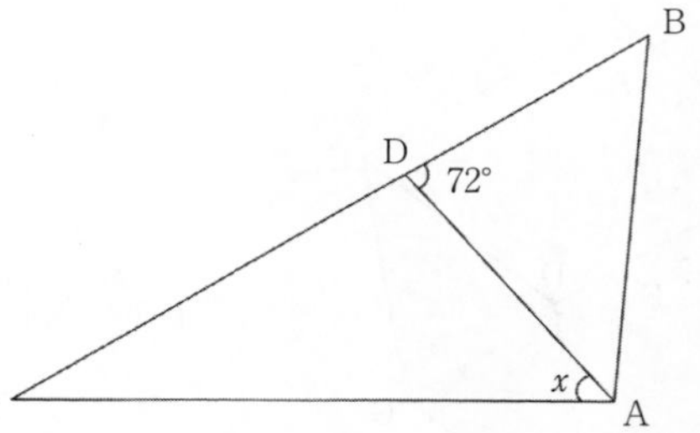

(6)　右の図のように，点Ｏを中心とする半径８cmの円があります。図の斜《しゃ》線部分の面積は何cm^2ですか。ただし，円周率は3.14とします。

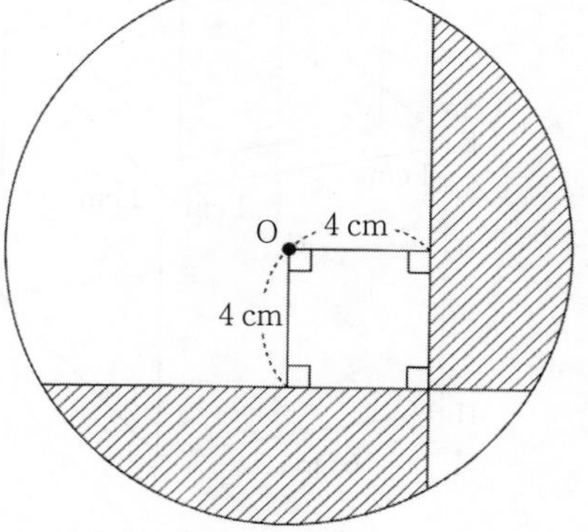

２　中附物産は1220個の同じ商品を仕入れ，仕入れ値の３割の利益を見込《こ》んで定価をつけて販《はん》売しましたが，何個か売れ残りました。そこで，定価の20％引きにして残りの商品をすべて販売したところ，利益は予定の74％にあたる81252円でした。

(1)　この商品の仕入れ値は１個何円ですか。

(2)　値引きして販売した商品は１個何円ですか。

(3)　値引きして販売した商品は何個ですか。

3　和男君はＡ駅からＢ駅に向かって歩き，途《と》中で店に立ち寄ったあと，店の前のバス停からバスに乗りました。図は，Ａ駅とＢ駅の間を時速20kmで運行するバスと，和男君の様子を表したものです。ただし，和男君の歩く速さは一定で，バスは一定の速さで運行し，バス停に停車する時間は考えないものとします。

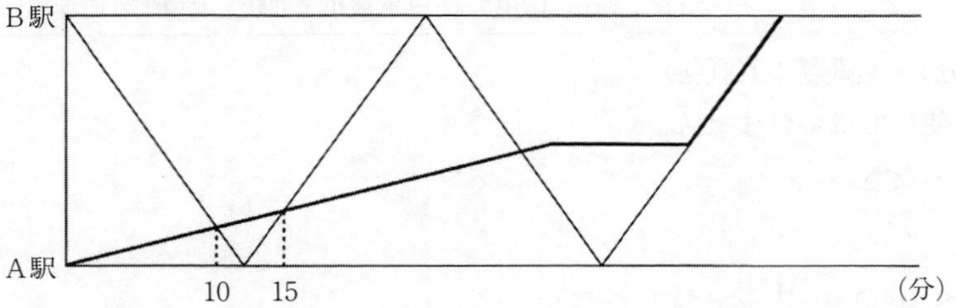

(1)　バスがＢ駅を出発してから初めてＡ駅に着くまでに何分かかりますか。

(2)　Ａ駅とＢ駅の間の距離《きょり》は何kmですか。

(3)　和男君が歩き出してから３回目にバスと出会うのは，和男君が歩き出してから何分後ですか。

(4)　和男君が店に立ち寄らずＢ駅まで歩いた場合何分かかりますか。

4　図のような２つの立方体を組み合わせた容器に水を入れて密閉します。容器を傾《かたむ》けると４点Ａ，Ｂ，Ｃ，Ｄは水面にありました。このとき，次の問いに答えなさい。ただし，容器の厚みは考えないものとします。

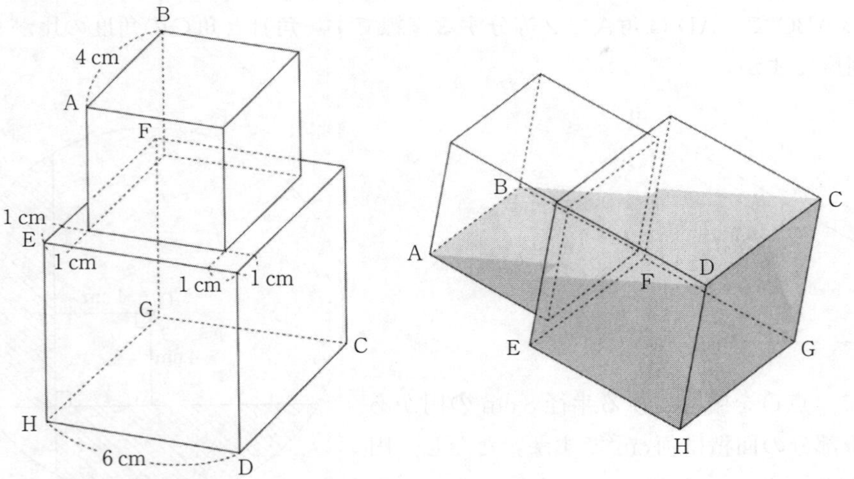

(1)　この容器に入れた水の量は何cm^3ですか。

(2)　面EFGHが地面に接するように容器の向きを変えたとき，水面は地面から何cmの高さになりますか。

5　次のように，１段目に１から100までの数を並べ，２段目から100段目は１つ上の段のとなり合った２数の和を並べます。

１段目	1		2		3		4		5		…		98		99		100				
２段目		3		5		7		9			…			197		199					
３段目			8		12		16				…				396						

・
・
・

また，A段目の左からB番目の数を$(A,\ B)$と表します。例えば，$(3,\ 2)=12$です。

(1)　(6，6)はいくつですか。

(2)　奇数は何個ありますか。

(3)　320は全部で３個あります。$(A,\ B)=320$になる$(A,\ B)$をすべて答えなさい。

【社　会】〈第１回試験〉(30分)〈満点：60点〉

Ⅰ　三鷹さんと武蔵くんは，高層建築の歴史について話し合っています。二人の会話を読んで，以下の問いに答えなさい。

武蔵くん：このあいだ，大阪の「あべのハルカス」にのぼって来たよ。(1)**生駒《いこま》山系から大阪湾《わん》までをぐるりと一望できる景色**は最高だったなぁ。

三鷹さん：あべのハルカスといえば，高さが日本一のビルね。最上階は地上300メートルだから，東京タワーの特別展望台よりも高いのよ。

武蔵くん：すごい高さで，ひざがガクガクしちゃったよ。高いタワーやビルは都市のシンボルだね。(2)**1958年当時，エッフェル塔《とう》を抜《ぬ》いて世界一高い電波塔となった東京タワー**は333m，2012年に完成したスカイツリーは634m。どちらもTOKYOを象徴《しょうちょう》する建物だよ。

三鷹さん：世界一の高さのビルは知っているかしら？　ドバイのブルジュ・ハリファは828mで世界第１位。(3)**ほかにも中東諸国では，クウェートやサウジアラビアで1000mを超《こ》えるビルの建設が計画されている**そうよ。

武蔵くん：１キロメートルを超える摩天楼《まてんろう》だなんて，もはや(4)**「バベルの塔《とう》」の伝説**だね。世界一に向けて，プライドをかけた高さ競争だ。

三鷹さん：日本の歴史をふり返っても，プライドをかけた争いというのは当てはまりそうね。(5)**古墳時代の前方後円墳だって，大きな権力を見せつけるシンボルだった**はずよ。

武蔵くん：なるほど。歴史の授業でならった高層建築といえば，ぼくはやっぱり(6)**法隆寺の五重塔**が思いうかぶなぁ。りっぱな建造物をつくるには，政治的にも軍事的にも大きな力が必要だね。(7)**国中からたくさんの人を集めて働かせたり，全国各地から材料を集めたりしなきゃいけない**もの。

三鷹さん：私が作った(8)**歴史的建築物の年表**を見てくれる？　歴史研究者のなかには，(9)**とくに時代の変わり目に，大きくて高い，豪華《ごうか》な建物が建てられることが多い**と主張している人たちもいるのよ。

《歴史的建築物と時代の変わり目》　　作成：三鷹さん

平安末期～鎌倉時代

　白河天皇が法勝寺を建てる。

鎌倉～室町時代

　足利義満が鹿苑寺金閣を建てる。

戦国～安土桃山時代

　織田信長が安土城を，豊臣秀吉が聚楽第・方広寺を築く。

武蔵くん：ふむ。興味深い年表だね。

三鷹さん：それから「高さ」が意味を持つのは建物だけじゃないのも，注目してみたいポイントよ。右の絵は，⑽**幕末に外国の使節団が幕府の役人と交渉《こうしょう》をしている様子**なんだけど，ちょっと面白いことに気づかない？

武蔵くん：うーん，イスに座っている外国人と，畳《たたみ》の上に正座している日本の役人たちがいるね。もしかして，ちょっと畳が高すぎる……かなぁ？

三鷹さん：ピンポーン！　この絵は，⑾**「椅子《いす》の文化」と「畳の文化」という二つの異文化が衝《しょう》突《とつ》したシーン**なの。その場の雰囲気《ふんいき》がリアルに伝わってこない？ イスに座っている外国人の目線よりも高い位置に目線がくるように，幕府の役人は畳を何枚も重ねて座っているのよ。

武蔵くん：なるほど。⑿**「目上の人」**というくらいだから，高さは何より大事だったんだね。幕府の人たちも頭をひねって工夫したんだろうなぁ。ビルやタワーもそうだけれど，「高さ」は最大のアピールになるんだね。

三鷹さん：年表を作りながら気づいたことがあるの。こういう視点で歴史をふり返ると，たとえば織田信長が比叡山を焼き討ちした有名な事件だって，お寺が焼き払われることに象徴的な意味があったんじゃないかって思えてきたの。武蔵くんはどう考えるかな？

武蔵くん：さすがは三鷹さん，するどい見方だね。⒀**建物の高さにはシンボル性があるから，そのシンボルが失われたときには，まわりにおよぶ衝撃《しょうげき》もいちだんと大きくなる**――とっても納得できる考え方だと思うよ。歴史って，面白いね。

問１．下線⑴に関する問題です。「あべのハルカス」の展望台から見える景色について記した文として，**誤っているもの**を次の①～④から１つ選びなさい。

① 東側には，奈良県と大阪府の境となっている生駒山地が見えました。

② 西側には，兵庫県神戸市と淡路島をむすぶ明石海峡大橋が見えました。

③ 南側には，仁徳天皇の墓とも伝えられる大仙古墳が見えました。

④ 北側には，小豆島と徳島県鳴門市をむすぶ鳴門海峡大橋が見えました。

問２．下線⑵に関する問題です。完成当時，戦後復興のシンボルとなった東京タワーですが，地上150メートルを超える部分の鉄骨の材料には，朝鮮戦争で使われたアメリカ軍の戦車が再利用されたと言われています。

朝鮮戦争について述べた文として，**誤っているもの**を次の①～④から１つ選びなさい。

① 朝鮮戦争の背景には，資本主義国のアメリカ合衆国と社会主義国のソビエト連邦が対立して生じた「冷戦」とよばれる国際情勢があった。

② 朝鮮戦争が起きたことで，物資の輸出が増えた日本経済は，「朝鮮特需」とよばれる好

景気によって回復のきっかけをつかんだ。

③　朝鮮戦争の結果として，北緯38度線付近を境に，南側の大韓民国と北側の朝鮮民主主義人民共和国が分断される状況が固まった。

④　朝鮮戦争が起きたことで，「陸海空軍その他の戦力は，これを保持しない」とする日本国憲法９条が修正され，保安隊が結成された。

問３．下線(3)に関する問題です。次の(イ)(ロ)の問いに答えなさい。

(イ)　超高層《ちょうこうそう》ビルが競うように建設されている中東地域について述べた文として正しいものを，右の地図をふまえて，次の①～④から１つ選びなさい。

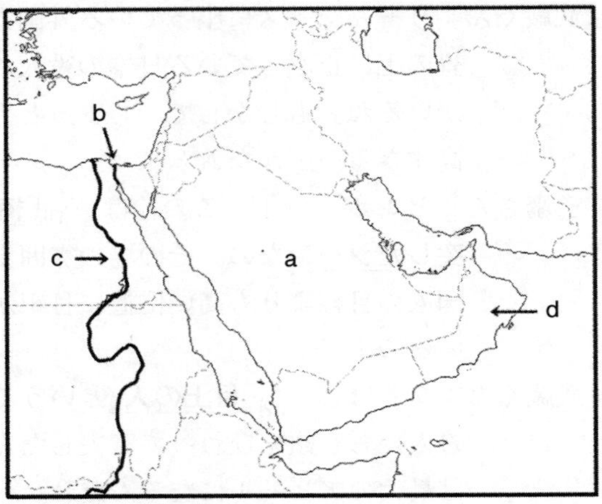

①　**a**の国はサウジアラビアである。地中海とペルシア湾《わん》の両方に面しており，国民の多くは熱心なヒンズー教徒である。

②　**b**はスエズ運河である。地中海と紅海を結んでおり，2021年には巨大なコンテナ船が座礁《ざしょう》し，世界の物流に大きな影響《えいきょう》がおよんだ。

③　**c**はアマゾン川である。エジプトを南北に流れ，流域には古代の王朝によって作られた巨大なピラミッドの遺跡《いせき》がある。

④　**d**の国はアラブ首長国連邦《れんぽう》である。日本のおもな石油輸入相手国のひとつであり，国民の多くはペルシア語を話している。

(ロ)　今年，サッカーのワールドカップが行われるカタールでは，2001年に首都のドーハで，貿易自由化や途上国《とじょうこく》の開発をめぐって，ある国際会議が開かれました。この会議を主催《しゅさい》した国際機関として正しいものを，次の①～④から１つ選びなさい。

①　GATT　②　WHO　③　WTO　④　UNCTAD

問４．下線(4)に関する問題です。「バベルの塔」の伝説とは，天に届くほどの高い塔を建てようとした人々の物語です。この物語が記されている書物とその説明としてふさわしいものを，次の①～④から１つ選びなさい。

①　**『旧約聖書』**：ユダヤ教の聖典であり，「天地創造」「十戒《じっかい》」「ノアの箱舟《はこぶね》」などの物語が収められている。

②　**『イソップ物語』**：古代ローマの物語集であり，「すっぱいブドウ」や「アリとキリギリス」の物語でも知られる。

③　**『ヴェニスの商人』**：約400年前のイギリスの戯曲《ぎきょく》で，『ハムレット』の作者であるシェイクスピアによって書かれた。

④　**『グリム童話』**：約200年前のドイツで成立した物語集で，各地の昔話を収集したグリム兄弟によって編さんされた。

問５．下線(5)に関する問題です。日本列島で巨大な古墳が多く作られた頃の様子を伝える出土品・遺跡について述べた文(あ)・(い)の内容について，正・誤の組み合わせとしてふさわしいも

のを，下の①～④から１つ選びなさい。

(あ)　埼玉県の稲荷山古墳から出土した鉄剣には「ワカタケル」の名が記されている。このことは，大和政権の大王の力が地方の豪族にもおよんでいたことを示す。
(い)　当時，百済という国があった場所には，好太王の石碑《せきひ》が残されている。そこには，倭が高句麗や新羅と争ったと記されている。

①　(あ)　正　(い)　正　　②　(あ)　正　(い)　誤
③　(あ)　誤　(い)　正　　④　(あ)　誤　(い)　誤

問６．下線(6)に関する問題です。法隆寺は日本を代表する仏教建築であり，世界最古の木造建築と言われます。次の(イ)(ロ)の問いに答えなさい。

(イ)　日本への仏教伝来および仏教寺院について記した文として，正しいものを次の①～④から１つ選びなさい。

①　『古事記』と『日本書紀』のどちらの歴史書にも，隋の皇帝であった聖明王から日本に仏教が伝えられたことが記されている。
②　仏教の受け入れにあたっては，賛成派であった物部氏と反対派であった蘇我氏との間ではげしい対立が生じた。
③　日本最古の寺院のひとつである飛鳥寺の本尊《ほんぞん》は，渡来人であった鞍作鳥によって製作された飛鳥大仏である。
④　推古天皇の摂政であった聖徳太子は，みずからが天皇の位につくと，仏教中心の政治を進めるために四天王寺を建立した。

(ロ)　次の円グラフは，2019年の「丸太の生産量」（単位千 m^3）を樹種別の割合で示したものです。このうち（☆）には，法隆寺のおもな建築木材として使用されている針葉樹が入ります。その名前を答えなさい（ひらがなでかまいません）。

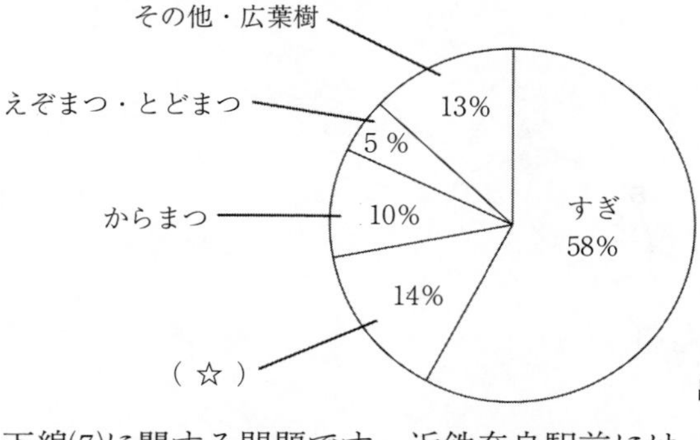

出典：林野庁「木材需給表」(2019)

問７．下線(7)に関する問題です。近鉄奈良駅前には，東大寺の大仏建立に力を尽《つ》くした僧の銅像があります（右の写真）。朝廷は民衆からの広い支持を集めるため，この人物を大僧正《だいそうじょう》に任命し，事業をとりしきらせました。この僧の名前を**漢字で**記しなさい。

問８．下線(8)に関する問題です。次の写真(あ)～(え)は，東大寺南大門，中尊寺金色堂，慈照寺銀閣，平等院鳳凰堂のいずれかです。写真の建物がつくられた年の**古いものから並べた順番**として正しいものを，下の①～④から１つ選びなさい。

(あ)

(い)

(う)

(え)

① (あ)⇒(う)⇒(え)⇒(い)　　② (い)⇒(え)⇒(あ)⇒(う)

③ (う)⇒(あ)⇒(い)⇒(え)　　④ (え)⇒(い)⇒(う)⇒(あ)

問９．下線⑼に関する問題です。このような見方が成り立つのはなぜだと考えられますか。あなた自身の考えをかんたんに説明しなさい。

問10．下線⑽に関する問題です。次の日本列島の地図を見て，外国船の来航，および江戸幕府と外国使節との交渉について記した文として<u>誤っているもの</u>を，下の①～④から１つ選びなさい。

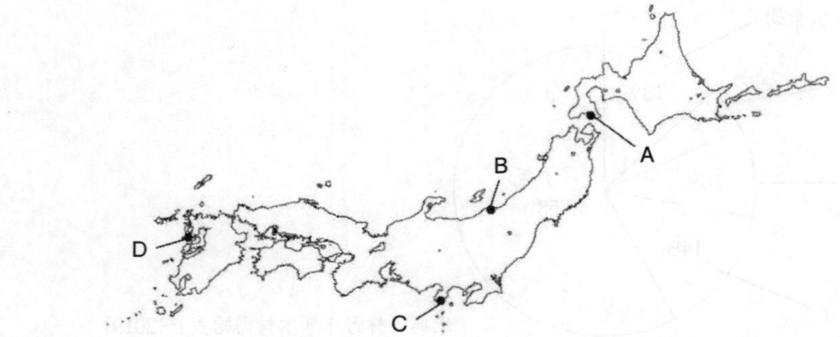

① ロシアの使節ラクスマンが，通商を求めて来航した場所はＡである。

② 日米修好通商条約によって，開港が認められた港のひとつはＢである。

③ 日米和親条約によって，開港が認められた港のひとつはＣである。

④ ロシアの使節プチャーチンが，開国を求めて来航した場所はＤである。

問11. 下線⑾に関する問題です。右の写真は，外務卿であった井上馨が欧化政策のもと，建築家のコンドルに設計させた建物です。

次の年表を見て，この建物が建てられた時期として正しいものを下の①～④から１つ選びなさい。A～Dの出来事は時代順に並んでいます。

《年表》
A：ヨーロッパでつくられた城を参考にして，五稜郭が建設された。
B：鉄の需要が高まるなかで，八幡製鉄所が設立された。
C：韓国併合をきっかけとして，朝鮮総督府が設置された。
D：関東大震災からの復興のために，同潤会アパートが建設された。

①　Aの前　②　AとBの間　③　BとCの間　④　CとDの間

問12. 下線⑿に関する問題です。右の写真は，中央大学附属中学校・高等学校にある和室です。和室において着座するときには，もっとも目上の人が「Aの空間」を背にする席に座るマナーがあります。この「Aの空間」は何とよばれますか(ひらがなでかまいません)。

問13. 下線⒀に関する問題です。次の(イ)(ロ)の問いに答えなさい。

(イ)　次の写真の高層ビルは，約20年前にテロ攻撃《こうげき》を受け，崩《くず》れさった「世界貿易センター」のものです。その日付とこのビルがあった都市について述べた文として正しいものを，地図をふまえて，下の①～④から１つ選びなさい。

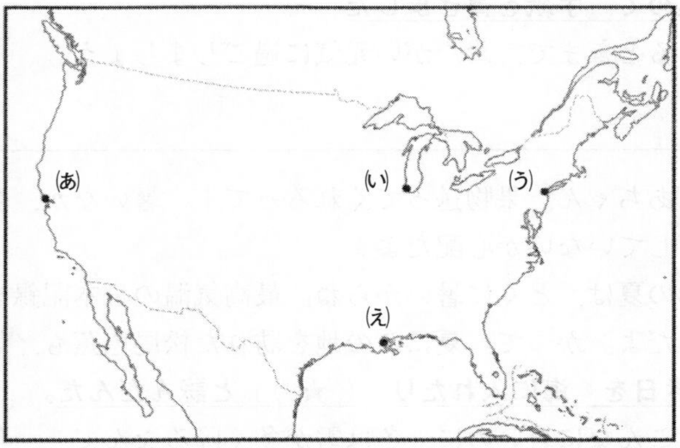

①　この事件は３月11日，地図中(あ)のサンフランシスコで起きた。

② この事件は３月11日，地図中(い)のニューヨークで起きた。

③ この事件は９月11日，地図中(う)のニューヨークで起きた。

④ この事件は９月11日，地図中(え)のサンフランシスコで起きた。

(ロ) 右の写真の建物は，2019年に火災で焼失した首里城の正殿《せいでん》です。この正殿は，沖縄県の本土復帰20周年を記念する事業として復元されたものでした。この正殿が完成した年として，正しいものを次の①～④から１つ選びなさい。

① 1976年　② 1984年

③ 1992年　④ 2005年

Ⅱ さくらさんのもとに，山形県に住むおばあちゃんから手紙が届き，お父さんと二人で読んでいます。二人の会話を読んで，以下の問いに答えなさい。

お父さん：おばあちゃんから手紙が届いているよ。

さくら　：えっ，この前(1)**ビデオ通話**したばかりなのに！　手紙なんて，急にどうしたんだろう。

さくらへ

暑い日が続いているけど，元気にしているかい？

山形は，今年も37℃を超《こ》えるような猛暑《もうしょ》が続いて，農園での作業が大変です。今年も(2)**おいしい果物がたくさん育ちましたよ**。さくらの家にも送るので，楽しみにしていてね。

(3)**毎年，夏は一緒《いっしょ》にお祭りに行ったね**。たくさん食べて，たくさん歩いて……楽しい思い出がいっぱいあります。さくらが迷子になったこともありました。昔さくらのお父さんも，お祭りで迷子になったことがあってね。名前を呼んで探したのだけれど，(4)**お祭りの掛《か》け声**にかき消されてしまって，見つけるのが大変だったんだよ。手紙を書いていたら，そんな昔話を思い出しました。来年は，一緒にお祭りに行けるといいな。

今は一緒にできないことも多いけれど，さくらが大きくなった時に，この手紙を読み返して，今年の夏を思い出して欲しいです。来年の夏こそはみんなで過ごせるようにと，(5)**願いを込《こ》めて，手紙を書きました**。

今度会えるときまで，おたがい元気に過ごしましょう。

おばあちゃんより

さくら　：おばあちゃん，果物送ってくれるって！　暑いなか，農作業したって言うから，体調をくずしていないか心配だよ。

お父さん：山形の夏は，とくに暑いからね。最高気温の日本記録を2006年まで74年間も保持していたんだよ。かつて，夏にこの地を訪れた松尾芭蕉も，気温の高かった一日の終わりに，(6)**「暑き日を　海に入れたり　（ ★ ）」と詠《よ》んだんだ**。

さくら　：夏はこんなに暑いのに，冬は雪が多く降るなんて，一年間にいろんな風景が楽しめるね。

お父さん：今度は冬に山形へ行こう。蔵王《ざおう》のスキー場では，樹氷が見られるぞ。

さくら　：あ，それ，この前写真で見たよ。(7)**スキー場で歩き出す怪獣《かいじゅう》のように見えて**，少し怖《こわ》かったな。

お父さん：さくらは怖がりだなぁ。お父さんにはゴジラに見えて，ワクワクしちゃうけどな。

さくら　：私はお祭りで，おいしいものを食べ歩く方がいいな。おばあちゃんの手紙に貼《は》ってある切手にも，おいしそうな果物が……！

お父さん：これは「ふるさと切手」と言って，(8)**地方自治**法施行《しこう》60周年を記念して，全国で発行されたんだ。各地の特産品や名所などを紹介《しょうかい》しているよ。ほら，こっちはさくらが生まれた年の切手だよ。

さくら　：全国の名所や特産品だけじゃなくて，(9)**その年にあったできごとなども切手に描《えが》かれる**んだね。

お父さん：お父さんにとって，さくらが生まれた年は何よりも特別だから，全部集めたぞ。

さくら　：私が生まれた年に(10)**裁判員制度**が始まったんだ。切手を見れば，地域の特色や，時代が分かるね。

お父さん：切手って面白いんだ。さくらもいっしょに集めたくなったかい？

さくら　：う，うん……。おばあちゃんからの手紙，嬉《うれ》しかったなぁ。会いたくなってきちゃった。

お父さん：さくらも今の気持ちを手紙に書いて，おばあちゃんに送ってみたら？

さくら　：そうだね！　じゃあ，お父さんの持っている(11)**今年発売された切手**を貼って，お返事を出すことにするよ。

問１．下線(1)に関する問題です。近年，ビデオ通話を利用したオンラインサービスなど，デジタル化が急速に進んでいます。政府のなかでも2021年９月，デジタル庁が新しく発足しました。現在の日本の省庁のうち，「庁」について説明した文としてふさわしいものを，次の①～④から１つ選びなさい。

① **気象庁**：国土交通省に属し，天候や地震《じしん》などの自然現象を観察・予測して防災情報を発信している。

② **復興庁**：総務省に属し，東日本大震災の復興政策を担当していたが，震災から10年たった2021年３月に廃止《はいし》された。

③ **スポーツ庁**：厚生労働省に属し，スポーツを通じた健康づくりや，オリンピックなどの国際大会の開催《かいさい》準備を担当している。

④ **こども庁**：文部科学省に属し，子育てや教育などの子どもに関する政策をまとめて担当している。

問２．下線(2)に関する問題です。山形県は，果物の一大生産地となっています。次の(イ)(ロ)の問題に答えなさい。

(イ) 果樹園の地図記号として，正しいものを次の①～④から１つ選びなさい。

①　②　③　④

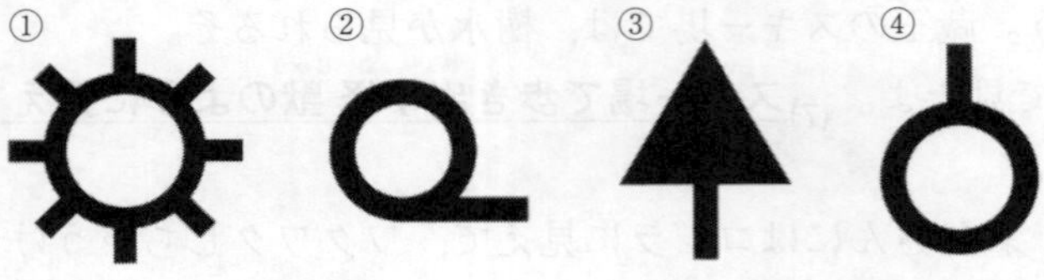

(ロ)　次の表は，もも，ぶどう，りんご，おうとう(さくらんぼ)の収穫量《しゅうかくりょう》について，全国５位までの都道府県を示したものです。「もも」にあてはまるものを，下の①～④から１つ選びなさい。

	①	②	③	④
1位	山梨県	山形県	山梨県	青森県
2位	長野県	北海道	福島県	長野県
3位	山形県	山梨県	長野県	岩手県
4位	岡山県	青森県	山形県	山形県
5位	北海道	秋田県	和歌山県	秋田県

農林水産省「令和２年度作況調査(果樹)」より作成

問３．下線(3)に関する問題です。東北地方には，毎年夏に開催《かいさい》される有名なお祭りがいくつもあります。次の写真のうち，山形県で行われる夏祭りとしてふさわしいものを，①～④から１つ選びなさい。

①

②

③

④

問４．下線(4)に関する問題です。祭りの掛け声のなかには，出陣《しゅつじん》の掛け声に由来するものがあります。東北地方で起きた戦いに関して述べた文(あ)・(い)の内容について，正・誤の組み合わせとしてふさわしいものを，下の①～④から１つ選びなさい。

(あ)　陸奥《むつ》国の豪族であった安倍氏は，東国武士を率いて攻《せ》め込《こ》んだ源義朝に滅《ほろ》ぼされた。

(い)　薩摩藩・長州藩などからなる新政府軍は，奥羽越列藩同盟の中心とみられていた会津藩を降伏《こうふく》させた。

① (あ) 正 (い) 正　② (あ) 正 (い) 誤
③ (あ) 誤 (い) 正　④ (あ) 誤 (い) 誤

問５．下線(5)に関する問題です。次の手紙は，歴史的に有名な人物のあいだでやりとりされたものです。この手紙の説明として，正しいものを下の①～④から１つ選びなさい。

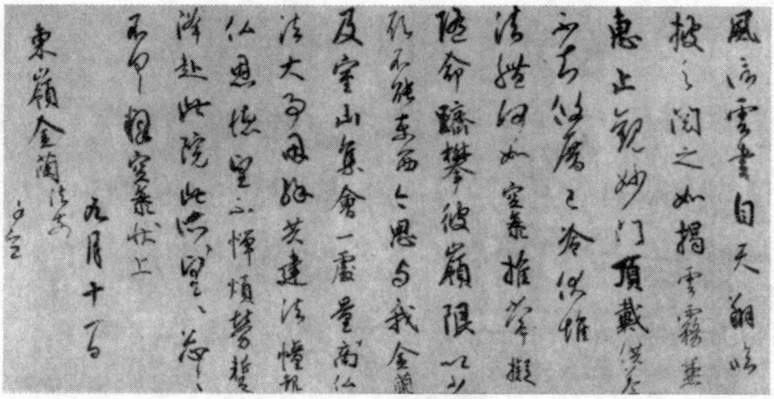

① 空海が最澄に書き送った手紙
② 足利義政が千利休に書き送った手紙
③ 細川ガラシャが天草四郎に書き送った手紙
④ 福沢諭吉が大塩平八郎に書き送った手紙

問６．下線(6)に関する問題です。文中の（★）には，山形県の人々の暮らしと結びつきが深い河川の名前が入ります。この河川について，次の(イ)(ロ)の問題に答えなさい。

(イ) （★）は「母なる川」と呼ばれ，山形盆地や庄内平野を流れています。昔から交通路や農業用水として利用されてきた，この河川の名前を**漢字で**答えなさい。

(ロ)　この河川の河口部には，江戸時代に港町として栄えた酒田市が位置しています。下の文章は，酒田市の地形図について，当時のようすを残している場所を説明したものです。読み取れることとして**誤っているもの**を，文中の①～⑤から１つ選びなさい。

２万５千分の１電子地形図より作成(2021年10月調整)

酒田市は，西廻り航路の拠点《きょてん》として栄えた港町です。商人たちの活気が，まちにあふれていました。「北の国一番の米商人」と呼ばれた旧鐙屋《あぶみや》のたてものが①**市役所**の近くにあります。また，旧鐙屋のたてものは②**史跡《しせき》**として指定されています。寿町周辺に多く建てられた③**寺院**や，いたるところにある神社では，船乗りたちの安全祈願《きがん》が行われていました。その寺院周辺には，当時のようすを伝える④**博物館**があります。日枝《ひえ》神社の近くには，⑤**記念碑《ひ》**が建てられており，この地を訪れた松尾芭蕉の文学碑も建てられました。

問７．下線(7)に関する問題です。次の写真は蔵王のスキー場で見られる光景です。樹氷は，同じ方向から運ばれてくる水滴《すいてき》(雪)が，アオモリトドマツという針葉樹林に凍《こお》りつき，固まることによってできる巨大な氷の塊《かたまり》です。このように樹氷の形には風の向きが関係します。

右下の図のうち，冬の日本海側の気候に影響《えいきょう》を及《およ》ぼす風の向きとして正しいものを，①～④から１つ選びなさい。

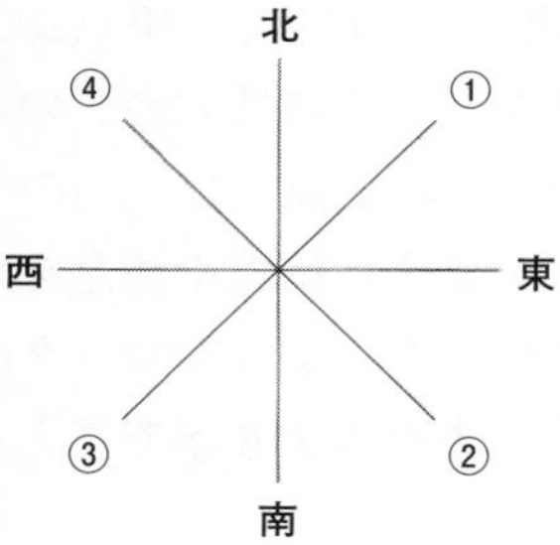

問８．下線(8)に関する問題です。地方自治について，日本国憲法第94条は「地方公共団体は，その財産を管理し，事務を処理し，及《およ》び行政を執行《しっこう》する権能を有し，法律の範囲《はんい》内で(　◆　)を制定することができる」と定めています。(◆)にあてはまる言葉を**漢字で**書きなさい。

問９．下線(9)に関する問題です。次の切手に描かれているできごとを，**古いものから並べた順番**として正しいものを，下の①～④から１つ選びなさい。なお，切手の一部は加工されています。また(い)の切手にある平和条約は，サンフランシスコで結ばれたものです。

(あ)

(い)

(う)

(え)

①　(い)→(え)→(う)→(あ)　　②　(い)→(あ)→(え)→(う)

③　(え)→(う)→(あ)→(い)　　④　(え)→(あ)→(う)→(い)

問10．下線(10)に関する問題です。日本の裁判のしくみについて述べた文として，**誤っているもの**

を次の①～④から１つ選びなさい。

① 被告人《ひこくにん》は，自らの立場を守るために弁護人をつけることができる。

② 地方裁判所での民事裁判では，裁判員制度が適用されることがある。

③ 第一審《しん》の判決に不服があるときには，上級裁判所へ控訴《こうそ》できる。

④ 被疑者《ひぎしゃ》には，自分の不利益になることは答えなくてよい黙秘権《もくひけん》がある。

問11. 下線⑾に関する問題です。昨年，「東京2020オリンピック・パラリンピック競技大会」の切手帳が発売されました。その表紙には，右のようなマークが描かれています。情報や注意をわかりやすく伝えるための，このようなマークのことを何といいますか。**カタカナ６字で**答えなさい。

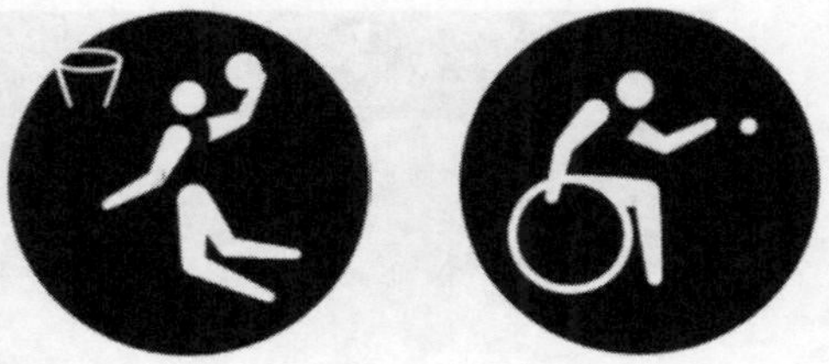

【理　科】〈第１回試験〉（30分）〈満点：60点〉

1　私たちは歩くことによって，進みたい方向に移動することができます。この「歩く」という動きを，「地面」と「足」に着目し，「力」という考え方を使って理解しましょう。

まず，物体に力をかけたときの様子を考えます。図１は，平らな床に置かれた箱を手で押して右に移動させたときの様子を表しています。

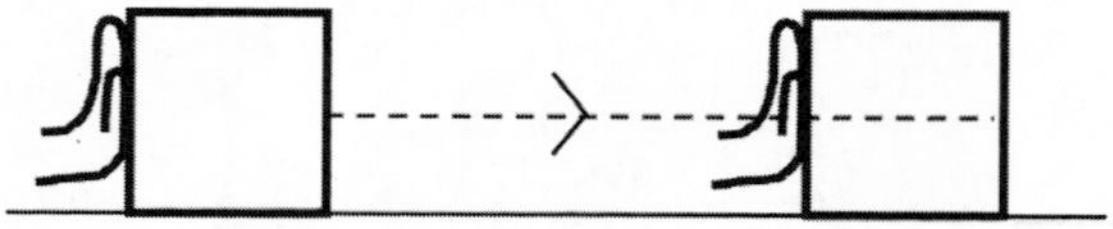

図１

また図２は，このときの箱にかかっている力を矢印で表したものです。この矢印の根元には点が打たれていますが，これは力がかかっている位置を表しています。

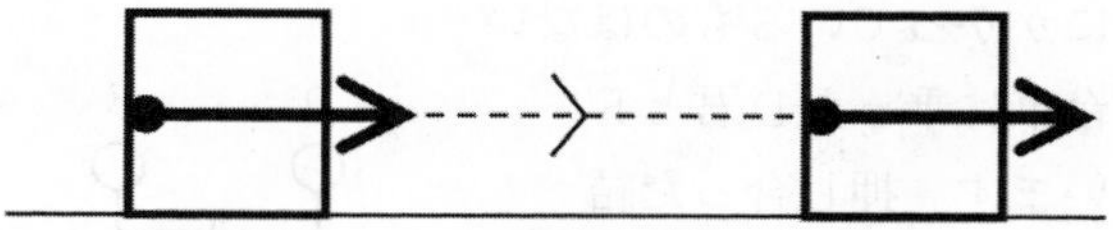

図２

このように，力を図で表すときは，力のかかっている位置に点を打ち，そこを根元にして力のかかっている方向に矢印をかきます。

さて，図２を見ると，床の上で止まっていた箱は，かかった力の方向に動き出しました。このように，止まっている物体が動き出す方向は，必ずかかった力の方向になります。このとき，何がこの物体に力をかけたのかは関係ありません。よって，図１において箱に力をかけているのが手になっていますが，この手を見なくても，箱にかかっている力さえ分かれば，箱がどのように動き出すかは分かるわけです。そのため図２では，手をかかずに，箱にかかっている力だけがかかれています。

問１　図３のように，平らな床に置かれた箱に２つの取っ手Ａ，Ｂがついています。その２つの取っ手のうち，どちらか一つだけに手で力をかけたところ，箱は進み始めました。図３は，このときの力を表す矢印を示しています。このとき，力がかかった取っ手と箱が進む向きの組み合わせは，どのようになりますか。次の(ア)～(エ)の中から正しいものを１つ選び，記号で答えなさい。

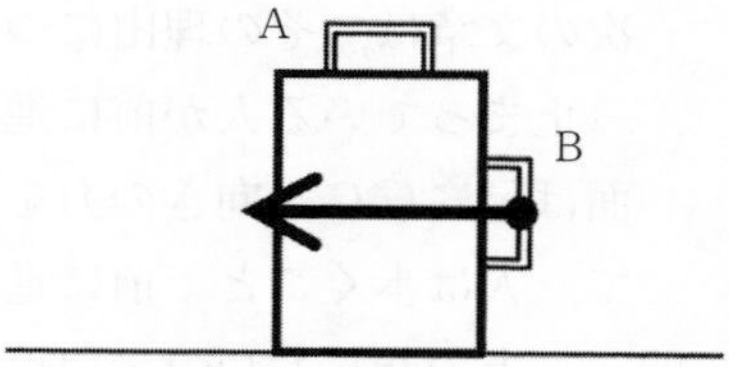

図３

(ア)　力がかかっている取っ手はＡで，箱が進む向きは右向き。

(イ)　力がかかっている取っ手はＡで，箱が進む向きは左向き。

(ウ)　力がかかっている取っ手はＢで，箱が進む向きは右向き。

(エ)　力がかかっている取っ手はＢで，箱が進む向きは左向き。

さて，図１をもう一度見てみると，手が箱を押しています。よって図２にかかれている力は，「手が箱にかけている力」と言えます。このように，力は必ず「何かが何かにかけている力」と表せます。例えば，私たちには重力という力がかかっていますが，これは，「（　Ｃ　）が私たちにかけている力」と言えます。

問２　空らん(Ｃ)にあてはまる語句を漢字で答えなさい。

図１において，手が箱に力をかけており，その力は図２のように，箱にかかっている右向きの力として表されています。実はこのとき，手も箱から逆向きの力を受けていることが知られています。このように，「ある物体Ｘが他の物体Ｙに力をかけているときは，必ず物体Ｙが物体Ｘに逆向きの力をかけ返す」という性質があります。図４は，図１における箱と手について，このときの力の様子を表しています。

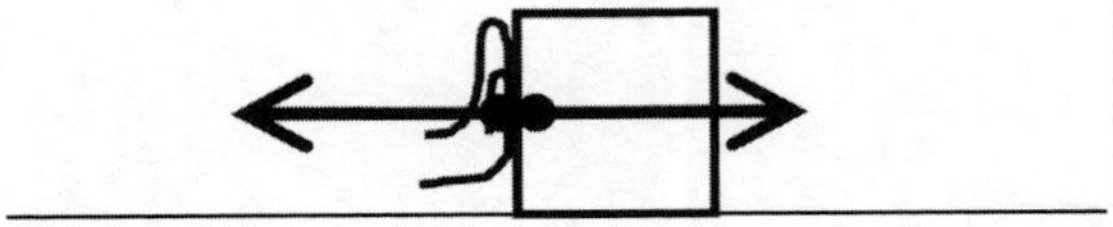

図４

問３　図４において，左向きの力は，何にかかっている力ですか。次の(ア)～(エ)の中から正しいものを１つ選び，記号で答えなさい。

(ア)　床　　(イ)　手　　(ウ)　箱　　(エ)　特にかかっているものはない

問４　図５は，平らな床の上で止まっている台車に乗ったＤ君とＥ君が，お互《たが》いに押し合った様子を表しています。押し合った結果，Ｄ君とＥ君はそれぞれ進み始めました。この図において，Ｅ君が押した力の向きと，Ｅ君が進んだ向きの組み合わせは，どのようになりますか。次の(ア)～(エ)の中から正しいものを１つ選び，記号で答えなさい。

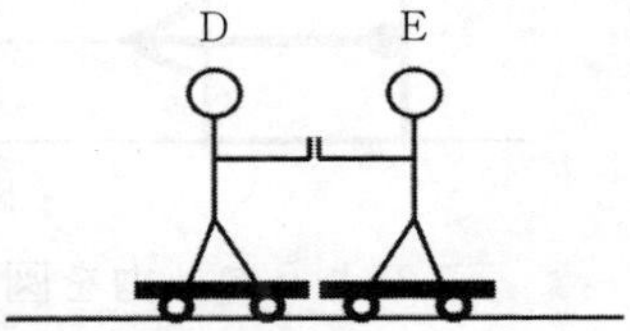

図５

(ア)　Ｅ君が押した力の向きは右向きで，Ｅ君が進んだ向きも右向き。
(イ)　Ｅ君が押した力の向きは右向きで，Ｅ君が進んだ向きは左向き。
(ウ)　Ｅ君が押した力の向きは左向きで，Ｅ君が進んだ向きは右向き。
(エ)　Ｅ君が押した力の向きは左向きで，Ｅ君が進んだ向きも左向き。

以上のことを考え合わせると，歩くことでなぜ前に進むことができるのかが理解できます。次の文章は，その理由について書かれたものです。

止まっている人が前に進もうとするとき，足で地面に（Ｆ）向きの力をかける。すると，地面は足に（Ｇ）向きの力をかけ返す。この（Ｇ）向きの力は，（Ｈ）にかかる力である。よって，人は歩くことで前に進むことができる。

問５　上の空らん(Ｆ)～(Ｈ)にあてはまる語句の組み合わせはどのようになりますか。次の(ア)～(ク)の中から正しいものを１つ選び，記号で答えなさい。

	F	G	H
(ア)	前	前	地面
(イ)	前	後ろ	地面
(ウ)	後ろ	前	地面
(エ)	後ろ	後ろ	地面
(オ)	前	前	人
(カ)	前	後ろ	人
(キ)	後ろ	前	人
(ク)	後ろ	後ろ	人

2　ヒトの体にはいろいろな器官(臓器《ぞうき》)がありますが，それらは血管で結ばれて，血液によって栄養分や酸素あるいは体に不要な物質を運んでいます。右図は，体の中で血液の流れる経路についてかいたものです。

図をよく見て，以下の各問いに答えなさい。

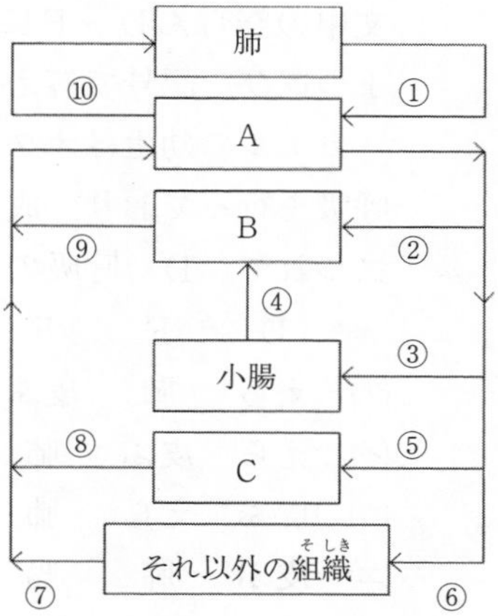

問１　右図A，B，Cにあてはまる臓器の組み合わせはどうなりますか。次の(ア)〜(キ)の中から正しいものを１つ選び，記号で答えなさい。ただし，臓器Cは体の中で不要な物質を取り除くはたらきをしています。

	A	B	C
(ア)	脳	心臓	肝臓《かんぞう》
(イ)	心臓	胃	肝臓
(ウ)	心臓	じん臓	肝臓
(エ)	心臓	肝臓	じん臓
(オ)	肝臓	すい臓	大腸
(カ)	肝臓	胃	じん臓
(キ)	肝臓	心臓	じん臓

問２　次の(ア)と(イ)の文は，体の中でどこの血管を説明したものですか。上図の①〜⑩の中から１つずつ選び，番号で答えなさい。

(ア)　酸素をもっともたくさん含《ふく》んだ血液を運ぶ血管

(イ)　栄養分をもっともたくさん含んだ血液を運ぶ血管

問３　ヒトの心臓は，１回のはく動で60mLの血液を送り出しているとします。ある人のはく動を数えてみたら，15秒間で15回ありました。この人は１日に何Lの血液を送り出していますか。計算して答えなさい。

問４　ヒトの心臓と血液の流れる方向はどのようになっていますか。ヒトの心臓を正面から見て血液の流れる方向が正しいものを，(ア)〜(オ)の中から１つ選び，記号で答えなさい。

(ア)

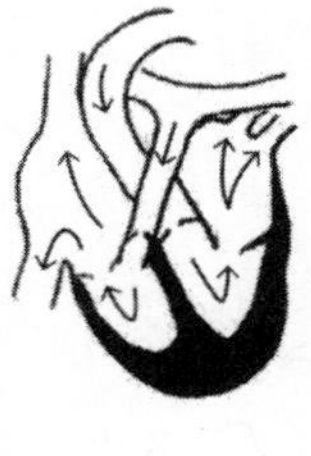

(イ)

(ウ)

(エ)

(オ)

問５　カエルやイモリなどの両生類は，幼生の時は水中生活をし，成体になると水陸の両方で生活できるようになります。カエルの呼吸方法を調べると，次のようなことがわかりました。

文中の空らんD～Fにあてはまる語句を正しく組み合わせたものを，下の(ア)～(オ)の中から1つ選び，記号で答えなさい。

カエルの幼生はオタマジャクシと呼ばれています。オタマジャクシは(D)呼吸と(E)呼吸を行っており，成長にともなって一部(F)呼吸が行われる種類もあります。成長するにつれて(D)呼吸の割合が減っていき，(E)呼吸と(F)呼吸へ変化していきます。

	D	E	F
(ア)	えら	肺	皮ふ
(イ)	えら	皮ふ	肺
(ウ)	皮ふ	えら	肺
(エ)	皮ふ	肺	腸
(オ)	口	えら	皮ふ

3 ろうそくの原料であるロウと水の状態変化について，T君とS君が話し合いをしました。以下の問いに答えなさい。

T君：水の中に氷を入れると氷はなぜ浮《う》くのかな。

S君：同じ体積で重さを比べると，氷の方が水より軽いからだよ。

T君：温めてとかした液体のロウに固体のロウを入れるとどうなるのかな。

S君：実際にやってみたことがあるんだけど，液体のロウの中で固体のロウは完全に沈《しず》んだよ。

T君：そうか。同じ体積なら液体のロウより固体のロウの方が重いということなんだね。それなら水に固体のロウを入れたり，液体のロウに氷を入れたりするとどうなるのかな。

S君：うーん，どうなるんだろう。実験してみようか。

T君とS君が実験すると次の結果のようになりました。

結果：水に固体のロウを入れると固体のロウは浮いたが，液体のロウに氷を入れると氷は完全に沈んだ。

問1　同じ体積で比べたとき，水，氷，液体のロウ，固体のロウの重さの大小関係を＞(不等号)を使って下に示しました。これまでの2人の会話と結果から正しいと判断できるのはどれですか。次の(ア)～(エ)の中から1つ選び，記号で答えなさい。

(ア)　液体のロウ＞水　　(イ)　水＞液体のロウ

(ウ)　固体のロウ＞氷　　(エ)　氷＞固体のロウ

次にT君とS君は水が凍《こお》るときの様子について話をしました。

T君：水が凍って氷になったときの形はどうなるのかな。

S君：ここに－20℃に設定している大型の冷凍庫《れいとうこ》があるから，水を小型のプラスチック容器に入れて，冷凍庫内で丸一日かけて完全に凍らせてみよう。

次の日，T君とS君は冷凍庫の中の凍った氷を見て話し合いました。

T君：凍る前の水面に比べて氷の表面が少し盛り上がっているね。どうしてかな。

S君：①水から氷に変化すると体積は増加するよね。そのためだと思うよ。

T君：じゃあ，液体のロウが固体になるとどんな形になるのかな。

S君：②温めてとかしたロウをビーカーに入れて，室温に放置したときの様子を見てみよう。

問2　下線部①で，水が氷に変化すると体積が1割増加することが分かっています。氷25mLの

重さは何ｇですか。小数第一位を四捨五入して整数で答えなさい。ただし，水１mL の重さは１ｇとします。

問３　下線部②で，ビーカー内のロウが完全に固体になったときの形はどうなりますか。次の(ア)～(エ)の中からもっともふさわしいものを１つ選び，記号で答えなさい。ただし点線は液体のロウを入れたときの液面の高さを，また斜線《しゃせん》はビーカー内の固体のロウを示したものです。

(ア)　(イ)　(ウ)　(エ)

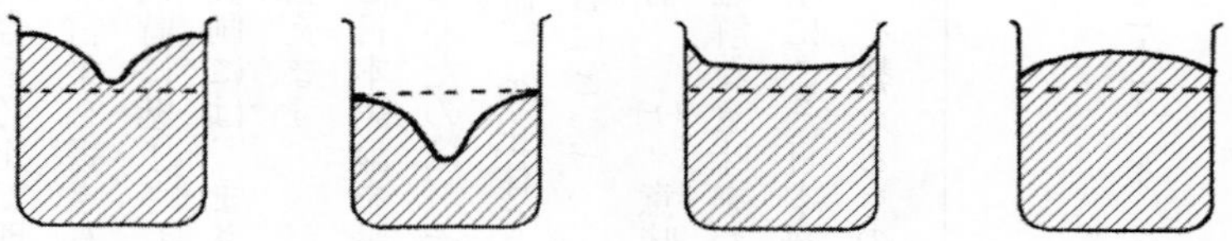

最後にＴ君とＳ君は，日常生活の中で見られる水の状態変化について話し合いました。

Ｔ君：水の状態変化はどんなときに起こっているのかな。

Ｓ君：冬休みに祖父母の家に遊びに行ったとき，外に出てみると大きな『つらら』ができていたんだけど，これは水の状態変化だよね。それと，水を入れたグラスに氷を入れると③グラスのまわりに水てきができるけど，それも状態変化だよね。

問４　『つらら』には成長のしかたがいろいろあります。その成長のしかたにはどのようなものがありますか。次の(ア)～(エ)の中からふさわしいものを２つ選び，記号で答えなさい。

(ア)　風で雪が樹木に吹き付けられ固まって成長

(イ)　滝の近くの水しぶきが枝にかかり凍って成長

(ウ)　地中の水分が細かい氷の柱となり地面に伸びて成長

(エ)　屋根に積もった雪がとけその水がたれるとき凍って成長

問５　下線部③のグラスのまわりに水てきができたのはなぜですか。以下の「……」の部分に句読点を含め36字以内で理由を書きなさい。

グラスのまわりに水てきができた理由は，「……………………」

日本語の視覚情報がゆたかであること」を意味しているとも言えます。だとすれば、本文冒頭《ぼうとう》に描《えが》かれている、(5)「(ス)　現代詩の意味内容を必死で理解しようとした　(セ)　音読しながら現代詩の言葉を書き写していた　(ソ)　視覚的印象という面から現代詩に魅了《みりょう》された」という筆者の中学生時代のエピソードの裏側には、まさに「日本語の特殊性《とくしゅせい》」の問題が潜《ひそ》んでいたと言えます。

　高島氏による日本語論を読んだ筆者が「目を打たれたような気持ち」になったのは、その内容が、筆者が現代詩について感じた「衝動《しょうどう》」の正体を言い表すようなものだったからでしょう。筆者にとって、(6)「(タ)　表記法の違《ちが》いなどものともしない現代詩　(チ)　意味をともなわなくとも成立する現代詩　(ツ)　難解な意味をわかりやすく伝える現代詩」との出会いは、文字にこそ日本語の核心《かくしん》が宿るのだ、という「日本語の特殊性」を教えるものだったのです。

【出典】

㈠　小川洋子「ひよこトラック」『海』（新潮文庫、二〇〇九年）九五～一一五ページ

㈡　渡邊十絲子『今を生きるための現代詩』（講談社現代新書、二〇一三年）八四～九七ページ

つかう」とありますが、どういうことですか。最も適当なものを次の中から選び、(ア)～(エ)の記号で答えなさい。

(ア) 音声を表記するための手段としてのみ文字をとらえる、ということ。

(イ) 文字が音読を支える大事な要素であることに気づかない、ということ。

(ウ) 実際に音読するときに、言葉のリズムや強弱を度外視する、ということ。

(エ) 内容ばかり気になって、読んでいる人の声に注意を向けない、ということ。

問11 [M] に当てはまる表現として最も適当なものを次の中から選び、(ア)～(エ)の記号で答えなさい。

(ア) 詩全体の冷たさが表現されている

(イ) 三つとも水に関連する漢字である

(ウ) 一文字の漢字が横に三つ並んでいる

(エ) 音読みしたときにリズムが生まれる

問12 ――⑥「文字のうらづけがどうしても必要な言語」とありますが、どういうことですか。最も適当なものを次の中から選び、(ア)～(エ)の記号で答えなさい。

(ア) 本来の日本語(和語)は、音声よりも文字のほうに支えられていた、ということ。

(イ) 日本人の生活と思想の中心的な部分は、文字によって占《し》められている、ということ。

(ウ) 現在の日本語において、言葉の意味の広がりをもたらすのは文字である、ということ。

(エ) 日本語においては、同じ音を持つ事物を区別する根拠《こんきょ》を文字が担《にな》っている、ということ。

問13 ――⑦「こうした文章を読むと、目を打たれたような気持ちになる」とありますが、どうしてですか。これに関する次の説明文の(1)～(6)について適当なものをそれぞれ選び、記号で答えなさい。

筆者はここで、「目を打たれたような気持ち」という表現を用いて、高島俊男氏による日本語論を読んだときの印象を述べています。なぜ筆者は、高島氏の議論にそれほど感じ入ったのでしょうか。そのことを考えるために、まず高島氏の議論を確認《かくにん》してみましょう。

高島氏によれば、日本語の特性について考えるにあたって注目すべきは、明治時代、(1)[(ア) 西洋語の発音が日本語の発声法に影響《えいきょう》を与《あた》えた　(イ) 西洋の概念《がいねん》が漢語を用いて日本語に翻訳《ほんやく》された　(ウ) 西洋語の輸入が一切《いっさい》の和語を駆《く》逐《ちく》してしまった]という事実です。

こうしたいきさつを経《へ》たこともあって、ある時期以降の日本語は、耳で聞くだけでは理解しづらくなりました。というのも、現在の日本語においては、(2)[(エ) 古来の日本語には存在しない発音が使われるからです　(オ) 音声だけでは何も理解できない難解さがあるからです　(カ) 音声が語の意味を識別する決め手にならないからです]。このような性質の背後にあるのは、筆者が「貧弱」と表現した日本語の特《とく》徴《ちょう》に他《ほか》なりません。つまり、(3)[(キ) 音韻《おんいん》組織が簡単で音の種類が少ない　(ク) 名詞の単数複数の区別が存在しない　(ケ) 文字は音声のかげであるにすぎない]という日本語の欠点が、こうした事態をもたらしているのです。とはいえ、この欠点は一方で、(4)[(コ) 日本語が何ら特殊《とくしゅ》な言語ではないこと　(サ) 日本語を習得するのが容易であること　(シ)

(ウ) 内容を把握《はあく》することはできないが、だからこそ底知れない魅《み》力《りょく》で迫《せま》ってくる、ということ。

(エ) 最初は理解することができないものの、次第《しだい》に意味が理解できるようになる、ということ。

問3 [A] に当てはまる言葉を次の中から選び、(ア)～(エ)の記号で答えなさい。

(ア) 好きな小説の続編を考えて自分だけの物語をつくる

(イ) 好きな漫画《まんが》のキャラクターをまねしてノートに描《か》く

(ウ) 好きなドラマのセリフを覚えて登場人物になりきる

(エ) 好きなゲームの必殺技《ひっさつわざ》を練習して友人に試《ため》してみる

問4 [B]～[D] に当てはまる語の組み合わせとして最も適当なものを次の中から選び、(ア)～(エ)の記号で答えなさい。

(ア) B 劣等感《れっとうかん》 C こけおどし D さかうらみ

(イ) B さかうらみ C 劣等感 D こけおどし

(ウ) B 劣等感 C さかうらみ D こけおどし

(エ) B さかうらみ C こけおどし D 劣等感

問5 ――③「これは不幸な読み方である」とありますが、なにが「不幸」なのですか。最も適当なものを次の中から選び、(ア)～(エ)の記号で答えなさい。

(ア) 詩人に対して偏見《へんけん》を持っているため、作品の「わからなさ」を詩人のせいにして、自分の読みの間違《まちが》いに気づくことのできないことが「不幸」である。

(イ) わかりやすい作品を求めるがあまり、少しでも「わからなさ」を含《ふく》んだ現代詩を読んだとき、実際以上の難しさを感じてしまうことが「不幸」である。

(ウ) 作品の「わからなさ」に直面しても、自分の読解力を向上させようとしないため、いつまでたっても現代詩の楽しみを得られないことが「不幸」である。

(エ) 作者の意図を探すことが重視される結果、「わからなさ」をそのまま認めることができず、現代詩はつまらないと判断してしまうことが「不幸」である。

問6 [E] に当てはまる語を本文中より見出《だ》し、**漢字2字で**答えなさい。

問7 [F]～[I] には、「のれる」「のれない」のいずれかが入ります。「のれる」が入る場合は「ア」、「のれない」が入る場合は「イ」の記号でそれぞれ答えなさい。

問8 [J]～[L] に当てはまる語の組み合わせとして最も適当なものを次の中から選び、(ア)～(エ)の記号で答えなさい。

(ア) J あながち K とりわけ L しばしば

(イ) J しばしば K あながち L ひときわ

(ウ) J たびたび K ひときわ L それほど

(エ) J とりわけ K それほど L たびたび

問9 ――④「安東次男の『みぞれ』は音読できないのである」とありますが、どうしてですか。最も適当なものを次の中から選び、(ア)～(エ)の記号で答えなさい。

(ア) 「みぞれ」を音読するさいには、同じ表記のことばに対して、発音やイントネーションの区別が求められるから。

(イ) 「みぞれ」という詩は、音読したとしても、「ふらん」と「腐爛」が同じ意味であるということが伝わらないから。

(ウ) 「みぞれ」という詩は、音読して味わうものだという詩の「常識」を拒《こば》むように、難解な漢字を多用しているから。

(エ) 「みぞれ」を音読してしまうと、「腐爛」と「ふらん」は別のことばであるという詩人の考えが反映されないから。

問10 ――⑤「紙に書かれた詩を音読のためのたんなる譜面《ふめん》としてあ

かの音自体）は何ら意味を持たず、いずれかの文字をさししめす符牒にすぎなくなるのである。

しかも日本語は音韻《おんいん》組織がかんたんであるため、漢語のことなる音が日本語ではおなじ音になり、したがって一つの音がさししめす文字が多くなる（たとえば日本語でショーの音を持つ字、小、少、庄、尚、昇、松、将、消、笑、唱、商、勝、焦、焼、証、象、照、詳、章、悄、掌、紹、訟、奨、等々。これらは漢語ではみなことなる音であり、音自体が意味をになっている。これらが日本語ではすべて「ショー」になるので、日本語の「ショー」はもはや特定の意味をつたえ得ない）。〉

ひとつの「ショー」という音でさえこうなのだから、複数の漢字をくみあわせてつくった熟語の場合にはさらに「音の種類がすくない」ことが欠点として露呈《ろてい》する。コーソーは高層、構想、抗争、後送、広壮のどれでもありうるし、ソーコーは壮行、奏効、操行、草稿、装甲のどれとも決められない。それをわれわれ日本人は「文脈を聴《き》きとり頭のなかで文字を参照する」作業によって、かろうじて識別しているのである。

〈日本の言語学者はよく、日本語はなんら特殊《とくしゅ》な言語ではない、ごくありふれた言語である、日本語に似た言語は地球上にいくらもある、と言う。しかしそれは、名詞の単数複数の別をしめさないとか、賓語のあとに動詞が位置するとかいった、語法上のことがらである。かれらは西洋でうまれた言語学の方法で日本語を分析《ぶんせき》するから、当然文字には着目しない。言語学が着目するのは、音韻《おんいん》と語法と意味である。

しかし、音声が無力であるためにことばが文字のうらづけをまたなければ意味を持ち得ない、という点に着目すれば、日本語は、世界でおそらくただ一つの、きわめて特殊な言語である。〉（引用はすべて高島俊男『漢字と日本人』文春新書より）

⑦こうした文章を読むと、目を打たれたような気持ちになる。日本語で書かれた詩を考えるうえで、日本語の特殊性《とくしゅせい》は無視できない。日本語は音声言語としてはきわめて貧弱であり、ということは、視覚情報におおきくよりかかった言語なのである。

問1　――①「日常的な文脈の外側にあり」とありますが、どういうことですか。最も適当なものを次の中から選び、(ア)～(エ)の記号で答えなさい。

(ア)　不謹慎《ふきんしん》な内容が含《ふく》まれており、常識や良識の範囲《はんい》から外れている、ということ。

(イ)　わたしたちの生活の役に立つものではなく、実用性に欠けている、ということ。

(ウ)　豊富な知識がなければ読めないくらい、高い教養が求められている、ということ。

(エ)　語と語のつながりが、慣れ親しんだものとはまったく異なっている、ということ。

問2　――②「とびきり奇妙で謎めいていて、あふれでるエネルギーを感じさせる」とありますが、どういうことですか。最も適当なものを次の中から選び、(ア)～(エ)の記号で答えなさい。

(ア)　奇抜《きばつ》なアイディアに富んでおり、いつまでも飽《あ》きさせないような力がある、ということ。

(イ)　多くの謎に満《み》ち溢《あふ》れており、その謎を解読するためにのめり込《こ》んでしまう、ということ。

ているとしか考えられない。これは、音読ができないように書かれた詩なのである。

「けつして」という表記もまた、読む者の目にちいさなつまづきをあたえる。全体は現代かなづかいなので、「けっして」と書かれていれば目は素通《すどお》りしていくが、促音《そくおん》の「つ」が大きく表記されているとほんのちょっとだけひっかかる。

もっとも、この詩が書かれた時代には、促音の「つ」を小さい「っ」にはせず大きいままで表記する詩はたくさんあった。

（中略）

日本のかな文字は表音文字だと思われがちだが、けっしてそうではない（「こ・う・こ・う・せ・い」と書くのに「コーコーセー」と読むことを思いだせばわかる）。安東次男も、「薄明《はくめい》について」をふくむ詩集『六月のみどりの夜わ』の初版では、「きみらはやるだろう」（きみらはやるだろう）「腕《うで》のなかえ」（腕のなかへ）などの表記をためした（のちに現代かなづかいにあらためた）。

促音の「つ」をどう書くかというような問題も、詩人の悩《なや》むべき問題のひとつだ。

安東次男がなにと格闘《かくとう》したのかをあきらかにするために、日本語の特性を、言語学者とはことなる角度からとらえている人のことばを参照してみよう。

中国語学・中国文学の専門家であると同時に、現代日本の（世間一《いっ》般《ぱん》の）ことばの状況《じょうきょう》についての鋭《するど》い観察者でもある高島俊男《としお》は、西洋の言語学の「言語とは音声のことであり、文字はそのかげにすぎない」という考え方を認め、文字なき言語はけっして不備なものではないという。しかし、現在の日本語だけは例外であって、⑥文字のうらづけがどうしても必要な言語になってしまったことを、つぎのように述べる。

〈漢語伝来以前数千年、あるいはそれ以上にわたって、日本語は、音声のみをもってその機能を十全にはたしていたはずである。文字のうらづけなしに成り立たなくなったのは、千数百年前に漢語とその文字がはいってからのち、特に、明治維新《いしん》以後西洋の事物や観念を和製漢語に訳してとりいれ、これらの語が日本人の生活と思想の中枢《ちゅうすう》部分をしめるようになって以来である。〉

現代の日本にも、耳できけばわかることばはたくさんある。高島俊男のあげた例は「みちをあるく、やまはたかい、めをつぶる、いぬがほえる、あたまがいたい」などだ。これらは、いちいち文字を参照しなくてもすぐに意味がわかる。それは、これらの日常的で具体的な語《ご》彙《い》が、本来の日本語（和語）だからなのである。

ところが、やや高級な概念《がいねん》や明治以後の新事物にもちいられる漢語については、事情がちがう。高島俊男は、〈具体的、動作、形容、本来、高級、概念、以後〉などの例をあげてこういう。

〈これらの語も無論音声を持っている。けれどもその音声は、文字をさししめす符牒《ふちょう》であるにすぎない。語の意味は、さししめされた文字がになっている。たとえば「西洋」を、ひとしくセーヨーの音を持つ「静養」からわかつものは「西洋」の文字である。日本人の話（特にやや知的な内容の話）は、音声を手がかりに頭のなかにある文字をすばやく参照する、というプロセスをくりかえしながら進行する。〉

〈もとの漢語がそういう言語なのではない。漢語においては、個々の音が意味を持っている。それを日本語のなかへとりいれると、もはやそれらの音自体（セーとかケーとか、あるいはコーとかヨーと

だから、一般的《いっぱんてき》には漢字で書くことが多いことばでも、ひらがなにしてあるところがある。「とどく」「あたためる」「ひと」「ちかい」などが、ここではひらがなで書かれている。

なかでも[K]目をひくのが、「ふらん」ということばである。これが「腐爛《ふらん》」であることは前後の感じからもすぐにわかるが、「とどく」や「ひと」が漢字で書いてもひらがなで書いても[L]不自然ではないことばであるのに対して、「ふらん」はいかにもひっかかる。

わたしはこの「ふらん」にこころをうばわれた。「腐爛」ではなく「ふらん」でなければならないのだと思った。つまり、「腐爛」と「ふらん」は明確に別のことばだという、詩人の考えを感じたのである。

詩は音読して味わうものだという「常識」がある。この常識は、一《いっ》般《ぱん》の日本人の詩に対する考えかたをかなり強くしばっているが、ふだんはとくに検証《けんしょう》される機会がない。学校の教室では、無条件に、教材である詩を生徒に音読させるところから授業をはじめる。そうしない授業はほとんどありえない。

しかし、④安東次男の「みぞれ」は音読できないのである。

「腐爛」と「ふらん」とを読みわけようとしてみれば、そのことはすぐにわかる。われわれは「腐爛」と「ふらん」とを異なる発音やイントネーションで区別することができない。声に出《だ》してしまえばおなじものである。

音読することを第一義に考えれば、詩は、すべてひらがなで書かれても、やたらに漢字ばかりで書かれても、あるいはローマ字表記であっても、おなじものだということになる。それは、⑤紙に書かれた詩を音読のためのたんなる譜面《ふめん》としてあつかう考え方だ。

しかし実際のところ、詩人は表記にたいへん気をつかう。「バラ」と書くのと「ばら」と書くのと「薔薇《ばら》」と書くのでは、あたえる印象がぜんぜん違《ちが》ってくるからである。安東次男も、「腐爛」とは明確に異なることばとして「ふらん」と書いたのである。

この問題はすぐれて日本語的な問題といえる。

英語で詩を書くときに「rose」のつづりをどのように書くか悩《なや》むということは絶対にない（イタリック体で書いたとしても、つづりそのものは変化しない）。つづりが違えば別の単語になってしまうか、意味がつうじなくなるかのどちらかだ。ほかのどんな言語でもおそらく同様である。日本語以外の言語において、ひとつの語を書くときに、それを表記する文字を（何種類ものなかから）えらびとるという問題は存在しないのである。

だからこの問題は、日本語で書く者にあたえられた特権的な悩みであり、日本の詩人だけがそこでつまずくことを許された落とし穴でもあるのだ。詩が、どの言語で書くかということと密接な関係をもった（翻訳《ほんやく》の困難な）文芸である以上、日本語の詩はこの問題こそをまずはじめに悩むべきではないのか。安東次男はそのことをここで示しているのではないか。

「ふらん」という単語を、われわれは「腐爛」と区別しては発音できない。ということはこの詩は黙読《もくどく》用の詩なのであって、音読用ではないのだ。

そのことは、詩のさいごの部分に並べられた漢字を読むとき、さらにはっきりする。〈漁／泊／滑〉は、「ギョ／ハク／カツ」と発音すべきだろうか。しかしそれではなにも伝わらない。音だけ聞いても意味不明である。では、たとえば「すなどり／とまり／なめり」とでも読むべきだろうか。それはさらに問題外だろう。「[M]」ということが伝わらないからだ。

これらの漢字は、さんずい（水）という部首をもつ図像として示され

そういう気持ちでこの詩を読むと、「正解に到達《とうたつ》できないのは自分の読解力がないからだ」という［Ｂ］か、その裏返しである「こんなわかりにくい書き方をした詩人がわるい」という［Ｃ］にしか行き着かない。

いったんそうなってしまうと、〈その水からこぼれおちる魚たち／はぼくの神経痛だ〉という独特の改行にしても、水と魚の超現実的《ちょうげんじつ》なふるまいにしても、すべて［Ｄ］か鼻持ちならない気どりに見えてしまうだろう。そこから「こういう詩は誰《だれ》にも伝わらないただの詩人の自慰行為《じいこうい》だ。現代詩はつまらない」という結論までは一直線だ。③これは不幸な読み方である。

わたしがこの不幸な道に入りこまずにすんだのは、あまりにも無知で未熟な中学生だったために、かえってわからないのを当然のこととして受けいれられたからだろう。

一行一行の意味がわからず、一句一句まで分解してもわからない。はじめからおわりまでわからなかったからこそ、この詩を「［Ｅ］」として見るしかなかった、いや「［Ｅ］」として見ることが可能になったのである。

「知らない」「わからない」ということには独特の価値がある。

たとえば、日本画の画家たちは、西洋の透視《とうし》図法(遠近法)を知って以来、「透視図法的に描《えが》けない」という能力をなくした、というのは画家の山口晃《あきら》の重要な指摘《してき》である。

透視図法は写真にとったようなかたちに描けるので、そのかたちこそが「ものの真実のすがた」だと思いこみがちだが、じつは人間の目にうつるものの像は、カメラのとらえる像とはかなり異なる。たとえば人間の目は、視野の全域にピントをあわせておくことができない。だから、いま注目している小さな範囲《はんい》以外は、視野という構図のなかにあっても、ぼんやりとかすんでいるのだ。ピントをべつのところにあわせると、さきほどとは構図そのものがちがってきてしまう。

しかしいったん透視図法が「正しい見えかた」だと信じてしまうと、それ以外のかたちでものの姿をうつしとることができなくなる。山口晃はこのことを「自転車に［Ｆ］ようになると、『自転車に［Ｇ］』ということができなくなる(自転車に［Ｈ］能力をうしなう)」と言っている。

わたしは「自転車に［Ｉ］」(詩句の意味を読みとれる)ようになる前だったからこそ、「みぞれ」という詩の図像的魅力《みりょく》を感じることが容易だったのはたしかだろう。

図像としてのこの詩はかぎりなく魅力的《みりょくてき》だった。

各行の長さが絶妙《ぜつみょう》に計算されている。各行のおわりの文字を線でつなげば、絵画的で感じのよい曲線があらわれる(詩人はあまり言わないけれど、これは詩にとってたいせつなことのひとつである)。文字の部分を線でかこむと、なにかのかたちが現れるのではないかと思ったりもした。

この詩をくりかえしノートにうつしているとき、わたしは［Ｊ］書きまちがえた。それは、漢字で書かれていることばと、ひらがなになっているところとをとりちがえて、無意識に書きかえてしまうのである。あとから見くらべてまちがいに気づき、こうした表記のつかいわけが非常に意識的になされていることを感じるのだった。

この詩にはさまざまな漢字がつかわれているが、それらは調和のとれた一グループを構成していると思える。つかわれた漢字すべてを抜《ぬ》きだしてならべたときに、モダンな雰囲気《ふんいき》をもった一種の調和が実現される。そういうふうにととのえられているのである。画家が、画面の色彩《しきさい》のトーンを注意深く調和させていくのとおなじ気配りである。

分にはまったく解読できない。だったら自分にとっては意味がないのとおなじことである。それよりも、本のページのうえに配置され、余白にとりかこまれてある文字のひとつひとつと、それらの文字のよりあつまった全体の視覚的印象を、わたしは図像として愛したのではなかったか。

意味ではなく、音でもなく、図像。それも②とびきり奇妙《きみょう》で謎《なぞ》めいていて、あふれでるエネルギーを感じさせる、きわめて格好《かっこう》いい図像。

わたしは現代詩を、そういうものとして好きになったのだろう。だからノートに書きうつしたのだ。多くの中学生が、［　Ａ　］ように。

そういう意味では、現在、電柱や歩道橋や店舗《てんぽ》のシャッターなどに闇《やみ》にまぎれて書き散らされているあの呪文《じゅもん》めいた、図案化された、一見して読みとれないような文字群と、書くときのこころはおなじなのかもしれない（あれらはすべて「模写」のようなものであり、それを書く者にとって「このデザインの文字をいままさに自分が書いている」という行為《こうい》が格好いいと思える、という理由だけで書かれるものではないか。あれを動物のマーキングにたとえる人もいるが、書きつけたあとの文字はその後どうなろうともかまわないのだと思う）。

あのころのわたしが憑《つ》かれたようにたびたび筆写したのは、つぎの詩である。

みぞれ　　安東次男

地上にとどくまえに
予感の
折返し点があつて
そこから
ふらんした死んだ時間たちが
はじまる
風がそこにあまがわを張ると
太陽はこの擬卵《ぎらん》をあたためる
空のなかへ逃《に》げてゆく水と
その水からこぼれおちる魚たち
はぼくの神経痛だ
通行どめの柵《さく》をやぶつた魚たちは
収拾《しゅうしゅう》のつかない白骨となつて
世界に散らばる
そのときひとは
漁
泊
滑
泪にちかい字を無数におもいだすが
けつして泪にはならない

一九六〇年　詩集『からんどりえ』

難解な現代詩はきらいだと言う人たちは、きっとこんな詩を思いうかべてそう言うのだろう。作者の視点（比喩的《ひゆてき》な意味ではなく、肉体をもった人間としての目の位置）がどこにあるのだかはっきりしないし、どんな場面をなんのために描写《びょうしゃ》しているのかも、一見したところわからない。

わからないことをうけとめて肯定《こうてい》すればいいのに、「作者の感情なり意見なりがかならず詩のなかにかくされていて、それを発見するのがゴールだ」という考え方にとらわれていると、わからないことがゆるせない。

のを［ e ］へと置きなおす行為《こうい》だった、と言えるでしょう。

(ア) 自然界の摂理《せつり》
(イ) 日の当たる場所
(ウ) 躍動《やくどう》する肉体の力
(エ) 抜け殻それ自体の価値
(オ) 分別のない幼稚《ようち》な存在
(カ) 小さく可愛らしい存在
(キ) 中身のない無意味なもの
(ク) 誰《だれ》にも知られない弔《とむら》いの場
(ケ) 風通しのよい開かれたところ
(コ) 生命の息遣《いきづか》いが込められたもの

問11 ――⑨「それはひよこたちのさえずりにかき消されることなく、いつまでも男の胸の中に響いていた」とありますが、どういうことですか。次の説明文の(1)～(4)について適当なものをそれぞれ選び、記号で答えなさい。また、説明文中の［ a ］・［ b ］に当てはまる言葉を本文中より見出し、**それぞれ3文字で**答えなさい。

「ひよこトラック」が横転したとき、少女は(1)［(ア) うろたえ取り乱したひよこをなだめて安心させようとした (イ) 男が運転手を助ける姿を見ておのずから勇気がわいてきた (ウ) 自分が声をあげて助けを呼ばなくてはならないと自覚した］のでしょう。少女の口からは、言葉があふれ出てきました。すなわち、言葉を失ったと周囲から思われていた少女の中に、(2)［(エ) 言葉にはならない思いが詰まっていたのです (オ) 語るべき言葉がたくさん存在していたのです (カ) 明かすことのない秘密がかくれていたのです］。

このとき少女がひよこたちに向けて発した言葉と、男が運転手にかけた言葉には、同じ「［ a ］」という言葉が含まれています。その少女の言葉は「抜け殻」のような日々を送ってきた男をも救うものとして、彼の耳に届いたことでしょう。だからこそ男は、その声を自分に対する「［ b ］」だ、と実感するのです。

男はこれまでは(3)［(キ) 言葉がなくても少女と世界を共有することができる (ク) いつか少女も過酷《かこく》な現実と向き合う日が来るだろう (ケ) 少女が手に入れた幸せな日々を何としても守りたい］」、と考えていました。その男が、初めて聞く少女の声に、深い感動を覚えます。その声こそが、男にとって(4)［(コ) 古い抜け殻を脱ぎ捨てさせてくれるもの (サ) 自分の内側を満たすかけがえのないもの (シ) 言葉の本来の姿に気づかせてくれるもの］」となったのです。

二

次の文章を読んで、以下の設問に答えなさい。

意味のわからない詩を、中学生だったわたしは夢中でノートに筆写していたのだが、あのとき感じていた衝動《しょうどう》はなんだったのかと、いまになって思う。

あれは、わからない詩をわかろうとして書いていたのだろうか。読むだけでは理解できなかったことばを、書きうつすことで少しはよけいに理解できると思ったのだろうか。どうもそうではないような気がする。

当時のわたしにとって、①日常的な文脈の外側にあり、一字一句のすべてが理解を超《こ》えていた現代詩は、自分になんらかの「意味内容」を伝えてくるものではなかった。意味はもちろんあるのだろうが、自

問8　――⑥「少女が何も喋らない子供でよかったと、その時男は初めて思った」とありますが、どうしてですか。最も適当なものを次の中から選び、(ア)～(エ)の記号で答えなさい。

(ア)「ひよこトラック」を初めてみた時、少女と話ができるかもしれないというあわい期待を抱《いだ》いた。しかし、今はひよこの悲《ひ》惨《さん》な末路を話したところで、少女が受け止めることは難しいだろうと感じたから。

(イ)　男は、会話がないことで、一方的に悩まねばならないことが多かった。しかし、どうあがいても少女の思いは分からないことに気づき、少女の本心を理解することは難しいのだと、あきらめがついたから。

(ウ)　出会ったころは会話ができないことをもどかしく思ったりもした。しかし、この時は言葉を交わす必要がないため、少女の思いを傷つけずにすむし、また嘘をつかなくてもすむことをありがたく思ったから。

(エ)　男はこれまで、少女が再び声を発することができるよう努めてきた。しかし、少女に残酷《ざんこく》な未来を見せつけて少女を傷つけるくらいなら、この先も少女の声が聞こえないままであるほうがよいと思ったから。

問9　――⑦「男は相変わらずホテルの玄関に立ち続けた」とありますが、これに関する次の説明文の(1)～(4)について適当なものをそれぞれ選び、記号で答えなさい。

　四十年近く働き続けている男の仕事は(1)「(ア)　柔軟《じゅうなん》な対応が必要とされる繊細な内容　(イ)　張り合いもなく時間をもてあますもの　(ウ)　かわりばえのない単純作業の繰り返し」であり、そのうえ、共に働く若い同僚たちからは(2)「(エ)　煙たがられている　(オ)　軽《かろ》んじられている　(カ)　一目置かれている」のでした。
　また、男の方も、(3)「(キ)　自分の扱われ方に怒《いか》りを覚えずにいられなかった　(ク)　自分から人とのつながりをつくってはこなかった　(ケ)　自分の不器用な生き方を正そうとしてこなかった」ようです。男は長くこのホテルに勤めていながら、(4)「(コ)　うつろな存在である　(サ)　厄介者《やっかいもの》とされている　(シ)　必要とされていない」と言えるでしょう。
　そんな「抜け殻」のような男の心に、変化をもたらしたのが少女の存在だったのです。

問10　――⑧「少女はそれを救い出し、大事に掌に包み、男の元へ走って届けるのだ」とありますが、これに関する次の説明文を読み、文中の[a]～[e]に当てはまる語句を後の選択肢から選び、それぞれ(ア)～(コ)の記号で答えなさい。

　少女から繰り返し抜け殻を受け取るうちに、男が[a]に気づいていったことは、男自身に変化をもたらします。仕事中、客に関心を払《はら》ってこなかった男が、ホテルに来る子どもたちを、少女と比べて[b]だと思うようになるのです。そんななか、男は、少女が抜け殻にこだわりを持つことも当然だと思うようにもなります。一般的に、抜け殻とは[c]と思われがちです。しかし、少女はその抜け殻を、[d]として見出《みいだ》している、と、男は感じているようです。
　だからこそ男は、少女の掌から届けられた抜け殻を、窓辺に並べます。それはまさに、少女の思いがこもった大切なも

少女からセミの抜け殻を差し出されたとき、男は、(1)［(ア) 少女の行為《こうい》の意味をはかりかねて (イ) 少女の態度に疑いを持ちはじめて (ウ) 少女の生《お》い立《た》ちをおもんぱかって］様々《さまざま》に想像をめぐらしつつ、(2)［(エ) 抜け殻の部位の一つ一つをていねいに観察するのでした (オ) 少女の視点に立って気持ちを読み取ろうとするのでした (カ) 少女の手の様子の細かいところまでを注視するのでした］。

その後、少女の様子を見て、(3)［(キ) 目にすることがなかなかない貴重な抜け殻を発見できて、少女が興奮している (ク) 少女がひたむきに、自分にとっての特別な物を受け取ってほしいと望んでいる (ケ) 少女が、せっかくの贈《おく》り物《もの》を受け取ろうとしない態度に対していら立っている］と思い、男は少女に問いかけます。少女がうなずくのを見た男は、(4)［(コ) 殻《から》に閉じこもろうとする少女をいたわるように接したのです (サ) 美しく作られた抜け殻を壊《こわ》さないように大切に扱《あつか》ったのです (シ) 少女の一途《いちず》な思いを自分なりに受け止めようと考えたのです］。

問６　――④「どうしてもそれを掌に載せてしまうのだった」とありますが、この時の男の様子として最も適当なものを次の中から選び、(ア)～(エ)の記号で答えなさい。

(ア) 贈り物として抜け殻をもらってはみたものの、この抜け殻にそれだけの価値があるとは思えず、目を引く特徴《とくちょう》がないかと探している様子。

(イ) 少女にとって自分はからかいの対象なのではないかと感じ、自分もこの抜け殻のようにもてあそばれているにすぎないと思っている様子。

(ウ) この抜け殻にどういう意味が込められているかは分からないが、他ならぬあの少女がくれたものだからと、心が引き寄せられている様子。

(エ) はじめて贈り物をもらったという喜びを感じるとともに、このことをきっかけとして少女と会話ができるかもしれない、と期待する様子。

問７　――⑤「男は抜け殻と同じように、少女についても次々と発見をした」とありますが、これに関する次の説明文を読み、文中の a ～ d に当てはまる語句を後の選択肢から選び、それぞれ(ア)～(ク)の記号で答えなさい。

男は、抜け殻を a によって、それが b だ、ということに気づくのでした。こうした抜け殻への発見と同時に、男は少女に対しても認識を改めていきます。出会った当初、男にとって少女は c だったわけですが、 a によって、少女も実は b であるということを、改めて発見するのです。その発見は男にとって d に思いを馳《は》せるきっかけともなったのでした。

(ア) ありふれた存在
(イ) 自分を悩《なや》ませる存在
(ウ) 懸命《けんめい》に探し出すこと
(エ) つぶさに眺《なが》めること
(オ) どこか気味の悪い存在
(カ) かつての自分自身の姿
(キ) どうせ使い捨てられるもの
(ク) 繊細《せんさい》に作られた特別な存在

をばたつかせ、またある群れは身体を寄せ合い、打《う》ち震《ふる》えていた。

その風景の中に、少女がいた。

「駄目《だめ》よ。そっちへ行っては。車が来たらはねられてしまう。そう、皆、この木陰《こかげ》に集まって。怖《こわ》がらなくてもいいのよ。大丈夫。すぐに助けが来るわ。何の心配もいらないの」

少女は彼らを誘導《ゆうどう》し、元気づけ、恐怖《きょうふ》に立《た》ち竦《すく》んでいるひよこを、胸に抱《だ》いて温めた。色とりどりの羽が舞《ま》い上《あ》がり、少女を包んでいた。

これが彼女からの本当のプレゼントだと、その時男は分かった。少女が聞かせてくれた声。これこそが、自分だけに与《あた》えられたかけがえのない贈《おく》り物《もの》だ、と。

男は何度も繰《く》り返《かえ》し少女の声を耳によみがえらせた。⑨それはひよこたちのさえずりにかき消されることなく、いつまでも男の胸の中に響《ひび》いていた。

問1 ===ⓐ〜ⓔのカタカナを漢字に改めなさい（楷書《かいしょ》でていねいに書くこと）。

ⓐ ジビョウ　ⓑ シジュウ　ⓒ テハイ

ⓓ ハコニワ　ⓔ ムシン

問2 ——①「その場を立ち去るタイミングを逸してしまったのだった」とありますが、どうしてですか。最も適当なものを次の中から選び、(ア)〜(エ)の記号で答えなさい。

(ア) 男は、少女の過去について考えるうちに、一人ぼっちの少女をその場に残したままにしてしまってよいのか判断がつかないでいたから。

(イ) 男は、少女が口をきかなくなったことを知らされて、その理由をいろいろと想像してみたものの、結局のところは見当がつかなかったから。

(ウ) 男は、予想もしていなかった少女の不幸な境遇《きょうぐう》を突然《とつぜん》知らされ、目の前の少女をどのようになぐさめればよいのか分からなかったから。

(エ) 男は、少女の身の上について知ってしまったがために、そこにいる少女に対して自分がどのような態度をとればよいか決めかねていたから。

問3 ——②「ただ、ひよこ、という名の虹が架かった」とありますが、どういうことですか。最も適当なものを次の中から選び、(ア)〜(エ)の記号で答えなさい。

(ア) ひよこへの向き合い方を見て、少女の中にも色あざやかな世界が広がっていることを男が理解した、ということ。

(イ) ひよこという言葉を少女が理解したことが、後に少女が言葉を話せるようになることにつながった、ということ。

(ウ) ひよこを見たことがきっかけとなって、少女と男の間に小さいながらも特別なつながりが生まれた、ということ。

(エ) ひよこを一緒に見つめていれば少女と心を通わせられると気づき、男は晴れやかな気持ちになれた、ということ。

問4 [A]〜[C]に当てはまる語として、それぞれ適当なものを次の中から選び、(ア)〜(カ)の記号で答えなさい。ただし、**同じ記号を2度以上用いてはいけない**こととします。

(ア) せいぜい　(イ) ますます　(ウ) だんだん

(エ) そもそも　(オ) しばしば　(カ) みすみす

問5 ——③「男は細心の注意を払って抜け殻をつまみ上げた」とありますが、これに関する次の説明文の(1)〜(4)について適当なものをそれぞれ選び、記号で答えなさい。

ハンサムで、制服がよく似合った。食堂やロッカーで一緒になっても、雑談することはなかった。彼らが男に話《はな》し掛《か》けてくるのは、勤務のシフトを交替《こうたい》してほしい時だけだった。

新しい下宿に引《ひ》っ越《こ》してから、一つだけ変わったことがあった。子供連れの客が来ると、つい少女と比べてしまうのだ。この子は少女と同じ歳《とし》くらいだろうか。いや、熊《くま》の縫《ぬ》いぐるみなど抱《だ》いているところを見ると、少女よりは幼稚《ようち》だ。あのロビーで走り回っている子。あれはいけない。いくら子供でも分別がなさすぎる。少女ならきっと、背筋をのばし、何十分でも、もちろん静かに、ソファーに座っていられるはずだ。こっちの子はどうだろう。身長も目方もほぼ同じくらいだが、顔は全く似ていない。少女の方がずっと可愛らしい……。こんな具合だった。

どうして少女が抜け殻を集めるのか、男は不思議に思わなかった。少女には縫いぐるみよりも抜け殻の方がよく似合っている気がした。抜け殻を求め、果樹園や用水路の水辺を探索《たんさく》している彼女の姿を思《おも》い浮《う》かべる時、男は涙《なみだ》ぐみそうになって、自分でも慌《あわ》てることがあった。少女はたった一人で辛抱強《しんぼうづよ》く、草むらをかき分け、枝を揺《ゆ》すり、泥《どろ》を掘《ほ》り返《かえ》す。白いソックスが汚《よご》れ、三つ編みが解けそうになる。ようやく少女は一個の抜け殻を発見する。ついさっきまで生き物だったのに、今では空っぽの器《うつわ》になり、見捨てられてしまった抜け殻。中には沈黙《ちんもく》が詰《つ》まっている。⑧少女はそれを救い出し、大事に掌に包み、男の元へ走って届けるのだ。

三度目の時、少女はもう、ひよこトラックについて相当の知識を蓄《たくわ》えていたので、姿が見えるずっと前にエンジン音をキャッチし、階段を駆《か》け下《お》りていった。男も後を追いかけた。少女は切り株に立ち、いつそれがやって来てもいいように、体勢を整えていた。

少女は間違《まちが》えていなかった。一本道のずっと向こうから、トラックはやって来た。

ほらね。やっぱりね。

少女は得意げな顔をして見せた。

うん、本当だ。

男はうなずいた。

太陽を背に、トラックの荷台は、四隅《よすみ》までわずかの隙間《すきま》もなくひよこたちの鮮《あざ》やかな羽《はね》に埋《う》め尽《つ》くされていた。たとえあと一羽《わ》でも、余分に乗せることは無理だろうと思われた。

男の目には、いつもよりトラックのスピードが遅《おそ》く、ふらついているように映った。荷台が揺《ゆ》れるたび、さえずりは更《さら》にトーンを上げ、波のようにうねりながら空の高いところまで響《ひび》き渡《わた》っていった。少女は切り株の上でジャンプしていた。

私たちにひよこを十分見せてやろうとして、わざとゆっくり走っているのだろうか。そう、男が思った時、トラックは二人の前を通り過ぎ、農道を外れ、草むらに入《はい》り込《こ》み、そのままプラタナスの木にぶつかって横転した。あっ、と声を出す暇《ひま》もない間の出来事だった。

男は慌《あわ》ててトラックに駆《か》け寄《よ》った。運転手は自力で外へ這《は》い出《だ》してきた。額から血が出ていたが意識ははっきりしていた。

「大丈夫《だいじょうぶ》か。しっかりしろよ。大家さん、大家さん。すぐに救急車を呼んで」

男は大声で家の中の未亡人に呼びかけた。それから運転手の首に巻かれていたタオルで傷口を押《お》さえ、もう片方の手で身体をさすった。

ふと、男が視線を上げると、そこはひよこたちで一杯だった。視界の全てをひよこが埋め尽くしていた。突然《とつぜん》荷台から放り出された彼らは、興奮し、混乱し、やけを起こしていた。ある群れは意味もなくその場で渦巻《うずま》きを作り、ある群れは空に逃《に》げようというのか、未熟な羽

彼《かれ》らは窮屈《きゅうくつ》な箱に押《お》し込《こ》められる。乱暴に首をつかまれ、足を引っ張られる。買われた先ではすぐに飽《あ》きられ、羽の色もいつしかあせ、糞《ふん》まみれになって衰弱死《すいじゃくし》する。あるいは猫《ねこ》に食べられる。売れ残ったひよこは、箱の片隅《かたすみ》で、窒息死《ちっそくし》している。

⑥少女が何も喋らない子供でよかったと、その時男は初めて思った。もし少女に、

「ひよこたちはどこへ行くの？」

と尋《たず》ねられたら、自分はきっと答えに詰《つ》まるだろう。本当のことを言うべきか嘘《うそ》をつくべきか分からず、うろたえてしまうだろう。

しかし二人は言葉を発しないのだから、少女の黒い瞳の中では、ひよこはどこへでも行けるのだ。虹《にじ》を渡《わた》った先にある楽園で、可愛《かわい》い色の羽をパタパタさせながら、いつまでも幸福に暮らすのだ。

新しいコレクションとして少女が選んだのは卵だった。彼女が裁縫《さいほう》箱《ばこ》と卵を持って二階へ上がってきた時、どういうつもりなのか意図がつかめなかった。最初は卵を孵《かえ》してひよこにしたいのかと思った。少女は裁縫箱から針を一本取り出し、それで卵をつつく真似《まね》をした。

ははあ、卵に針で穴を開けて、中身を吸い出したいんだな。なるほど。卵の殻《から》も立派な抜け殻だ。

早速《さっそく》男は作業に取《と》り掛《か》かった。これまでのコレクションは全部、少女が一人でどこからか見つけてきたものだった。しかし今回は二人の共同作業だ。自分の働きが大事なポイントとなる。セミやヤゴに負けない立派な抜け殻を完成させなければならない。だから男は張り切っていた。

できるだけ目立たない穴にするため、細心の注意を払《はら》って男は卵のお尻《しり》に針を突《つ》き刺《さ》し、そこに唇をあてがった。少女はベッドの縁に腰掛け、じっと成り行きを見つめていた。正直なところ男は生卵があまり好きではなかったのだが、期待に満ちた少女の瞳を前に、嫌《いや》そうな表情を見せることなどできるわけがなかった。平気、平気。私に任せておきなさい、という態度を保ち続けた。

やがてぬるぬるとした生臭《なまぐさ》い粘液《ねんえき》が喉《のど》に流《なが》れ込《こ》んできた。唇に触《ふ》れる殻はひんやりとし、ざらついていた。男は気分が悪くなりそうなのをこらえ、味わう暇《ひま》を与《あた》えない勢いでそれを飲み込み続けた。すぼめた唇と殻の隙間《すきま》から息が漏《も》れ、奇妙《きみょう》な音がした。

だんだんに男は、縁日で死んだひよこを飲み込んでいるような気持ちになってきた。着色され、ぎゅうぎゅう詰《づ》めにされ、遠くへ運ばれた挙句、一人ぼっちで死んでいったひよこを、自分は今弔《とむら》っているのだ。少女に気づかれないよう、そっと花園に埋葬《まいそう》しているのだ。

男は目を閉じ、最後の一滴《てき》まで、すべてを吸い尽《つ》くした。少女はベッドの上で足を揺《ゆ》らしながら拍手《はくしゅ》をした。二人の間に、白い小さな抜け殻が一個、残された。男はそれを窓辺のコレクションに加えた。卵はすぐに他の抜け殻たちと上手《うま》く馴染《なじ》んだ。少女の拍手が一段と大きくなった。

⑦男は相変わらずホテルの玄関に立ち続けた。自転車を四十分走らせ、ロッカーで制服に着替《きが》え、回転扉の前に立った。タクシーが着くと、お客の手から荷物を受け取り、「本日、ご宿泊《しゅくはく》でございますか？」と尋《たず》ねた。フロントまで案内しているあいだに、もう次の新しい客が到着《とうちゃく》していた。男は一日中、ただ玄関の内と外を出たり入ったりしているだけだった。誰も男の顔など見なかったし、名前も覚えなかった。ごくたまに、「ありがとう」と声を掛《か》けてくれる客もあったが、そのたびに男は、礼を言われるような何かを自分はしたのだろうか、という気分になった。

同僚《どうりょう》のドアマンたちは皆《みな》、男よりずっと若かった。男より力強く、

どう間を持たせたらいいのか戸惑《とまど》ったが、すぐに要領をつかんだ。つまり、抜け殻を眺《なが》めていればいいのだ。それで二人には何の不足もなかった。

どの抜け殻にも、眺めれば眺めるほど、新しい発見があった。男がまず驚いたのは、脱皮《だっぴ》した殻が実に精巧《せいこう》な作りをしていることだった。セミの腹に刻まれた皺《しわ》から、頭部の先端《せんたん》に密集する毛まで。ヤゴの透《とう》明《めい》な眼球から、羽《はね》に浮《う》き出《だ》す網目《あみめ》模様まで。かつて殻の中に生きていた生物の形を、克明《こくめい》に留《とど》めていた。隅々《すみずみ》まで神経が行き届いていた。どうせ脱《ぬ》ぎ捨《す》てられるものだから、といういい加減なところが微塵《みじん》もなかった。

更《さら》には、それほど精巧でありながら、綻《ほころ》びがないのだった。背中に一箇所《かしょ》、ファスナーのような切れ目がある以外、どこも破れたりクシャクシャになったりしていない。シマヘビになると、そっくりそのまま裏返しになっていて、模様が内側に広がっているという手の込みようだった。

人間でもこんなに上手に洋服を脱ぐことは不可能だ、と男は思った。間違《まちが》いなくこれは、プレゼントに値《あたい》する驚異《きょうい》だ、と一人で確信を深めたりもした。

しかし男はこうした思いのあれこれを、少女に向かって言葉にはしなかった。返事がもらえないからではなく、お互《たが》い喋らないでいる方が平等だ、という気がしたからだ。たとえ喋らなくても、少女のそばにいれば、彼女が抜け殻について自分と同じような発見をしていることが、伝わってきた。

彼女はそれらを人差し指でつついたり、光にかざしたり、においをかいだりした。ちょっと考《かんが》え込《こ》んだり、口元に微笑《びしょう》を浮《う》かべたりした。少女が動くたび、肩先《かたさき》で三つ編みの結び目も揺《ゆ》れた。全部眺め終わった後は、順番と向きを間違えないよう、男が並べていた通りに元に戻した。

⑤男は抜け殻と同じように、少女についても次々《つぎつぎ》と発見をした。小ささは手に留《とど》まらず、身体中《からだじゅう》のあらゆる部分に及《およ》んでいた。鼻も耳も背中も、ただ小さいというだけで、神様が特別丹精《たんせい》を込めた感じがした。髪《かみ》の毛《け》は甘《あま》い香《かお》りがした。瞳《ひとみ》の黒色はあまりにも深く、それが何かを見るためのものだということを、忘れそうなほどだった。自分も六つの時は、こんなふうだったのだろうかと思うだけで、訳もなく哀《かな》しくなった。

「どこにいるんだい。さあ、ご飯の支度《したく》、できたよ」

台所で未亡人が、少女を呼んでいた。

ひよこトラックが二度めに農道を通った時、少女はちょうど男の部屋にいた。ガタガタとしたエンジン音の響《ひび》きだけで、二人はすぐに何が近づいてきているのか分かった。男は窓を開けた。

同じように荷台は色とりどりのひよこで埋《う》まっていた。例のさえずりも聞こえてきた。少女は顔を輝《かがや》かせ、精一杯《せいいっぱい》爪先立ちをした。吊《つ》りスカートが持ち上がって、パンツが見えるのではないかと、男は気が気ではなかった。しかし少女はそんなことにはお構いなく、少しでもひよこに近づこうとして窓枠《まどわく》から身を乗り出した。彼女が落ちないよう、男はスカートの紐《ひも》を引っ張った。

ひよこよね。ああ、そうだ、ひよこだ。

二回めともなれば、目配せの確認《かくにん》も簡潔に済んだ。少女は手すりを握《にぎ》り締《し》め、瞬《まばた》きをするのも惜《お》しいといった様子だった。風景の中で、そのトラックの荷台だけが別格だった。光を浴びる羽毛《うもう》は花園であり、湧《わ》き上《あ》がるさえずりは歓喜《かんき》のコーラスだった。

けれど男は知っていた。着色されたひよこたちは、長生きできないということを。縁日の人込《ひとご》みの中、ハロゲンライトに照らされながら、

と、自慢しているのだ。もしかすると、自分を驚《おどろ》かせようとしているのではあるまいか？　急に気味の悪いものを見せて、びっくりさせて、大人をからかおうという魂胆《こんたん》だ。ならばもう手遅《ておく》れではないか。自分はちっともびっくりなどしなかった。

改めてよく見れば、少女の手は本当に小さかった。男が知っている、どんなものよりも小さかった。掌は、セミの抜け殻一個で一杯《ぱい》になるほどの面積しかなく、指はどれも、これで役に立つのかと心配になる大きさで、爪《つめ》にいたっては、老眼の目にとって無いも同然だった。にもかかわらず、ちゃんと大人と同じ形を持ち、関節も動き、指紋《しもん》も手相もあることが、不思議だった。

その手の様子から、セミの抜け殻が単なる挨拶や脅《おど》かしでないことが、男にも［ C ］分かってきた。抜け殻の足先一本でも傷つけないようにしようとする緊張《きんちょう》が、掌にあふれていたし、息でどこかへ飛んでいかないよう、唇《くちびる》はしっかり閉じられていた。それは彼女にとってとても大事な抜け殻なのだった。

少女はそれを、男の胸元《むなもと》に差し出した。

「私に、くれるのかい？」

少女はうなずいた。③男は細心の注意を払《はら》って抜け殻をつまみ上げた。あまりにも軽く、間違えて彼女の指をつまんでしまったのかと、錯覚《さっかく》するほどだった。男が礼を口にするより前に、少女は階段を駆《か》け下《お》りていった。

男はセミの抜け殻を窓辺に飾《かざ》り、しばらくそれを眺《なが》めたあと、ベッドにもぐり込《こ》んで眠《ねむ》った。

男が窓辺で過ごす時間のなかで一番好きなのは、夜明け前だった。闇《やみ》が東の縁《ふち》から順々《じゅんじゅん》に溶《と》け出し、空が光の予感に染まりはじめる。一つずつ星が消え、月が遠ざかる。世界がこんなにも大胆《だいたん》に変化しようとしているのに、物音は一切《いっさい》しない。すべてが静けさに包まれて移り変わってゆく。

少女を真似《まね》て、男はセミの抜け殻を手に載せた。これは、プレゼント、というものなのだろうか？　夜明け前の静けさに向かって、男は問いかけた。かつて自分が誰かから、何かをプレゼントされたことがあったかどうか、思い出してみようとした。目を閉じ、遠い記憶《きおく》を呼び覚まそうとしてみた。けれど、何一つ浮《う》かんではこなかった。

だから男には、このセミの抜け殻が本当にプレゼントなのかどうか、正しく判断できなかった。自分がプレゼントだと思い込んでいるだけで、少女の方にはちっともそのつもりがないとしたら大変なので、できるだけ抜け殻のことは考えないようにしているのだが、窓辺に腰掛けると、④どうしてもそれを掌に載せてしまうのだった。

いつの間にか星は残らず姿を消し、朝焼けが広がろうとしていた。生まれたばかりのか細い光が、一筋、二筋、果樹園に差し込んでいた。しかし静けさはまだ、夜の名残《なごり》に守られ、男の手の中にあった。抜け殻に朝日が当たるまで、もうしばらくかかりそうだった。

セミの次に少女が持ってきたのは、ヤゴの抜け殻だった。次がカタツムリの殻、ミノムシの蓑《みの》、蟹《かに》の甲羅《こうら》、と続いていった。圧巻はシマヘビの抜け殻で、直径二センチ、全長は五十センチもあり、それ一つで窓辺のスペースの半分近くを独占《どくせん》した。日に日に窓辺の抜け殻コレクションは充実《じゅうじつ》していった。

少女はそれらを眺め、満足そうな表情を見せた。二人は時折一緒《いっしょ》に、窓辺の時間を過ごすようになった。少女はコレクションの前にペタンと座り込み、男はその折々《おりおり》で、手持《ても》ち無沙汰《ぶさた》に立っていることもあれば、彼女のためにジュースを注いでやることもあった。

最初のうち男は、こんなにも年の離《はな》れた、しかも喋らない人間と、

ら知らされた今、彼女《かのじょ》を全く無視していいのか、それはやはり礼儀《れいぎ》に反するのか、あれこれ考えているうちに、①その場を立ち去るタイミングを逸《いっ》してしまったのだった。一片《いっぺん》の雲もなく晴れ渡った昼下がりで、スモモの林はまぶしい光に包まれていた。

その時、農道の向こうから一台の軽トラックがやって来た。道の窪《くぼ》みに車輪を取られながら、大儀《たいぎ》そうにガタガタと走っていた。舞い上がる砂埃《すなぼこり》と日の光の中から、荷台に隙間《すきま》なくびっしりと積まれた、色とりどりの、ふわふわと柔《やわ》らかそうな何かが少しずつ近づいてきた。

男と少女は同時に立ち上がった。その荷台は、古ぼけたトラックの様子とは不釣合《ふつりあ》いに、ピンクや黄緑やブルーや朱色《しゅいろ》が混じり合った、愛らしいマーブル模様で彩《いろど》られていた。しかも模様はひとときもじっとしておらず、たえずうごめいていた。やがてエンジン音をかき消すほどの、にぎやかすぎるさえずりが聞こえてきた。トラックは男と少女の間を走り過ぎていった。

ひよこか……と男はつぶやいた。どこかの縁日《えんにち》で売られるのだろう。さえずりはトラックが遠ざかった後も、風に乗って耳に届いてきた。少女は切り株の上で爪先立《つまさきだ》ちをし、じっと農道の先を見つめていた。マーブル模様が小さな一点になり、とうとう見えなくなってもまだ、背伸《せの》びをし、耳を澄《す》ませていた。

あたりに静けさが戻《もど》り、砂埃が晴れ、ようやく少女が切り株から下りた時、不意打ちのように二人の視線が合った。またしても男は訳もなくうろたえ、それを悟《さと》られまいとして機械油の染《し》みたぼろ布を握《にぎ》り締《し》めた。相変わらず彼女は黙《だま》ったまま、視線を動かす気配は見せなかった。

あれは、ひよこよね。ああ、そうだ。ひよこだ。やっぱりそうなのね。ひよこだったんだわ。

その瞬間《しゅんかん》、二人の間に、身振《みぶ》りでもない、もちろん言葉でもない、②ただ、ひよこ、という名の虹《にじ》が架《か》かった。得心した様子で少女は、地面の絵を運動靴《うんどうぐつ》で消し、スカートの埃《ほこり》を払《はら》い、庭を横切っていった。その後ろ姿を見送りながら男は、自分だけに聞こえる小さな音で、自転車のベルを鳴らした。

ある日、夜勤明けの男が帰宅すると、階段の中ほどに少女が座っていた。

おはようと言っても返事が返ってこないのは分かっている。脇をすり抜《ぬ》けて二階へ上がるには、スペースが狭《せま》すぎる。お嬢《じょう》ちゃん、ちょっとすまないがどいてくれるかな、と言って無視されたら、［ A ］事態はややこしくなる。しかし［ B ］、彼女はどうしてこんな所に腰掛《こしか》けているのか？　もしかして自分を待っていたのではないだろうか。いや、待つ必要がどこにある？　こんな自分に、一体、何の用事がある？

男は自問自答を繰《く》り返《かえ》した。少女を前にすると、なぜか余計なことを考えすぎてしまった。なのに少女が何も悩《なや》んでいないように見えるのが、不公平に思えた。天窓から差《さ》し込《こ》む朝日が、ちょうど彼女の上に降り注いでいた。未亡人はもう販売所へ出勤したらしく、家の中はしんとしていた。

唐突《とうとつ》に少女は、男に向けて掌《てのひら》を差し出した。言葉の前置きがないために、男にとって、彼女のすることはすべてが唐突なのだった。掌には、セミの抜《ぬ》け殻《がら》が載《の》っていた。

うん、間違《まちが》いない。セミの抜け殻だ。よく目を凝《こ》らして男は確かめた。ここから何かを読み取る必要があるとすれば、これは難問に違いない。まず、もうセミが鳴く季節になりましたね、という時候の挨拶と考えることができる。子供だって、時候の挨拶くらいはするだろう。あるいは、自慢《じまん》かもしれない。今年初めてのセミを見つけたのは私だ

二〇二二年度　中央大学附属中学校

【国語】〈第一回試験〉（五〇分）〈満点：一〇〇点〉

一　次の文章を読んで、以下の設問に答えなさい。

男の新しい下宿先は、七十の未亡人が孫娘《まごむすめ》と二人で暮らす一軒家《いっけんや》の二階だった。町なかの勤め先から、自転車で四十分以上もかかる不便な場所だったが、それまで住んでいたアパートを大家とのちょっとした諍《いさか》いで追い出された事情から、贅沢《ぜいたく》は言えなかった。

そこは海老茶色《えびちゃいろ》の瓦屋根《かわらやね》に煙突《えんとつ》が目印の、古ぼけた家で、野菜畑と果樹園の間を縫《ぬ》う農道に面していた。他に下宿人はおらず、男には二階の二部屋が与《あた》えられた。南向きの窓からは、用水路の向こう側に、どこまでも続くスモモの林が見えた。

未亡人は愛想《あいそ》のないがさつな女で、すぐ近所にある組合直営の農産物販売所《はんばいじょ》に勤めていた。赤《あか》ん坊《ぼう》のようによく肥え、心臓にⓐジビョウでもあるのか、ⓑシジュウ息を切らしていた。

男は町にたった一つだけあるホテルの、ドアマンだった。十代の終わりから四十年近く、ただひたすらホテルの玄関《げんかん》に立ち続け、定年がもうすぐ間近に迫《せま》っていた。お客を出迎《でむか》え、荷物を運び、車を誘導《ゆうどう》し、玄関マットにクリーナーをかけ、回転扉《とびら》のガラスを磨《みが》き、タクシーのⓒテハイをし、トランクに荷物を積《つ》み込《こ》み、お客を見送る。それが男の仕事だった。

新しい部屋の住み心地《ごこち》はおおむね良好と言えた。以前のアパートより広々《ひろびろ》とし、風通しがよく、何より家賃が安かった。ただ一つ悩《なや》みがあるとすれば、それは未亡人の孫娘だった。

（中略）

孫娘がいつどんな時も、誰《だれ》に対しても、一言も喋《しゃべ》らないというのを知ったのは、引越《ひっこ》しから十日ほどたった頃《ころ》のことだった。

「あの子が挨拶《あいさつ》一つしなくても、私の躾《しつけ》がなってないからだなんて、思わないでおくれよ」

庭先で自転車に油を差していた男に向かい、未亡人は言った。

「昔はちゃんと喋ってたんだ。普通《ふつう》の子と同じように、アーアー、ウーウーからはじまって、マンマ、ママ、パパ、とね。もっともパパは家出しちゃって、行方《ゆくえ》知れずになっちゃっているけど。いや、普通以上だったかもしれない。絵本だってすらすら読んでたし、童謡《どうよう》も上手に歌ってた」

尋《たず》ねもしないのに未亡人は一人で喋った。幾人《いくにん》もの人に同じ話をしてきたらしく、淀《よど》みがなかった。

「ところがちょうど一年前、あの子の母親が死んで、私が引き取ったその日から、ウンともスンとも口をきかなくなった。喉《のど》に何か詰《つ》まったのかと思って耳鼻科《じびか》にも連れて行った。児童心理何とかの先生に診《み》てもらってⓓハコニワも作った。乾布摩擦《かんぷまさつ》、指圧、鍼《はり》、飲尿、断食《だんじき》、全部駄目《だめ》。今年、小学校に入学はしたけど、三日登校しただけだった。もうこうなったら、本人が喋りたくなるまで待つしか、他に方法がないと思わないかい？　あの子がどんな声をしてたか、私はもう忘れてしまったよ」

未亡人はため息をつき、農道脇《わき》の切り株に座《すわ》っている孫娘を見やった。自分のことが話題にのぼっていると気づいているのかいないのか、ⓔムシンに少女は小枝で地面に絵を描《えが》いていた。

「じゃあ、今月分の家賃、そろそろ頼《たの》みますよ」

言いたいことだけ言うと未亡人は、家の中へ入っていった。

その後もしばらく男は、自転車の整備をしていた。本当はさほどの整備を必要とする状態でもなかったのだが、少女の背景をわずかなが

2022年度

中央大学附属中学校　▶解説と解答

算　数　＜第１回試験＞（50分）＜満点：100点＞

解　答

[1] (1) $\frac{2}{3}$　(2) 8.5　(3) 15個　(4) 400 g　(5) 48度　(6) 68.48cm^2　[2] (1) 300円　(2) 312円　(3) 366個　[3] (1) 12分　(2) 4 km　(3) 30分後　(4) 60分　[4] (1) 178cm^3　(2) $3\frac{19}{26}$cm　[5] (1) 272　(2) 149個　(3) （３，79），（５，18），（７，２）

解　説

[1] 四則計算，逆算，場合の数，濃度《のうど》，角度，面積

(1) $100\div15\div3-\frac{2}{9}\div\left\{2\div\left(18.9\div1\frac{7}{20}\right)\right\}=\frac{100}{15\times3}-\frac{2}{9}\div\left\{2\div\left(18\frac{9}{10}\div\frac{27}{20}\right)\right\}=\frac{20}{9}-\frac{2}{9}\div\left\{2\div\left(\frac{189}{10}\times\frac{20}{27}\right)\right\}=\frac{20}{9}-\frac{2}{9}\div(2\div14)=\frac{20}{9}-\frac{2}{9}\div\frac{1}{7}=\frac{20}{9}-\frac{2}{9}\times\frac{7}{1}=\frac{20}{9}-\frac{14}{9}=\frac{6}{9}=\frac{2}{3}$

(2) $11\div\left(1\frac{1}{5}\div3.6+\frac{2}{5}\right)=11\div\left(\frac{6}{5}\div3\frac{3}{5}+\frac{2}{5}\right)=11\div\left(\frac{6}{5}\div\frac{18}{5}+\frac{2}{5}\right)=11\div\left(\frac{6}{5}\times\frac{5}{18}+\frac{2}{5}\right)=11\div\left(\frac{1}{3}+\frac{2}{5}\right)=11\div\left(\frac{5}{15}+\frac{6}{15}\right)=11\div\frac{11}{15}=11\times\frac{15}{11}=15$より，15－□＝6.5　よって，□＝15－6.5＝8.5

(3)　３の倍数は各位の数の和が３の倍数になる。３枚のカードの組み合わせのうち，和が３の倍数になる組み合わせは，和が６のものが（１，１，４），（１，２，３）で，和が９のものが（２，３，４）だから，これらをそれぞれ並べてできる３けたの整数の個数を求めればよい。（１，１，４）を並べてできる３けたの整数は，114，141，411の３個，（１，２，３）を並べてできる３けたの整数は，123，132，213，231，312，321の６個，（２，３，４）を並べてできる３けたの整数は，234，243，324，342，423，432の６個あるから，３けたの３の倍数は全部で，３＋６＋６＝15(個)できる。

(4)　ＡとＢの食塩水の量を逆にしてあわせた食塩水の重さは，予定の食塩水の重さと同じ500ｇで，予定より4.2％うすくなったから，含《ふく》まれる食塩の重さは予定よりも，500×0.042＝21(ｇ)少ないとわかる。また，ＡとＢの食塩水の量を逆にすると，予定よりうすい食塩水ができたので，濃度がこい食塩水Ａを食塩水Ｂより多く混ぜる予定だったことになる。そこで，ＡをＢより□ｇ多く混ぜる予定だったとすると，Ｂ□ｇに含まれる食塩の重さはＡ□ｇに含まれる食塩の重さよりも21ｇ少なかったことがわかる。さらに，Ｂ１ｇに含まれる食塩の重さは，Ａ１ｇに含まれる食塩の重さよりも，１×0.1－１×0.03＝0.1－0.03＝0.07(ｇ)少ないから，□＝21÷0.07＝300(ｇ)と求められる。よって，予定ではＡをＢより300ｇ多く，あわせて500ｇ混ぜる予定だったので，予定の食塩水Ａの重さは，(500＋300)÷２＝400(ｇ)になる。

図１

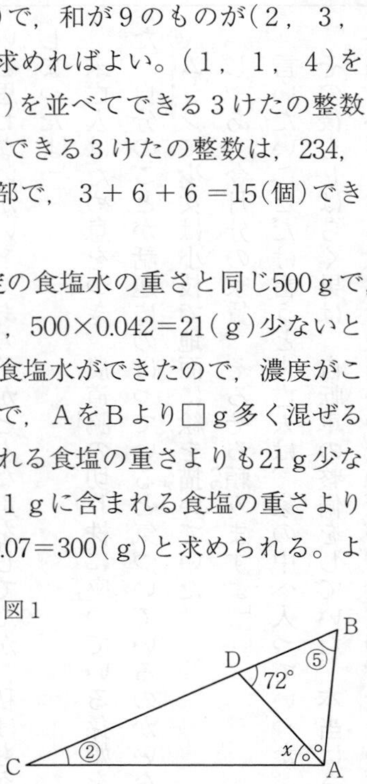

(5)　右の図１で，ADは角BACを２等分する直線なので，角x(角CAD)の大きさを□度とすると，角BADの大きさも□度と

なる。また，角Ｂと角Ｃの角度の比が５：２だから，それぞれの角度を⑤，②とすると，三角形ABDで，□＋⑤＝180－72＝108(度)，三角形ACDの内角と外角の関係より，□＋②＝72(度)となる。よって，(□＋⑤)－(□＋②)＝⑤－②＝③が，108－72＝36(度)にあたるから，①＝36÷３＝12(度)とわかる。したがって，②＝12×２＝24(度)だから，□＋24＝72(度)より，□＝72－24＝48(度)と求められる。

⑹　右の図２で，２つの斜線《しゃせん》部分アとイの面積は等しく，アの面積は，(おうぎ形OABの面積)＋(三角形OBEの面積)－(三角形OACの面積)－(正方形OCDEの面積)となる。ここで，三角形OBEと三角形OACは，どちらも直角三角形で，OBとOA，OEとOCの長さがそれぞれ等しいから，合同であり，面積は等しい。よって，アの面積は，(おうぎ形OABの面積)－(正方形OCDEの面積)で求められる。また，三角形OBEと三角形OACの合同より，角BOEと角AOCの大きさは等しいから，角AOBの大きさは角COEの大きさと等しく，90度になる。すると，おうぎ形OABの面積は，$8 \times 8 \times 3.14 \times \frac{1}{4} = 16 \times 3.14 = 50.24$(cm²)で，正方形OCDEの面積は，４×４＝16(cm²)だから，アの面積は，50.24－16＝34.24(cm²)である。したがって，斜線部分の面積は，34.24×２＝68.48(cm²)と求められる。

図２

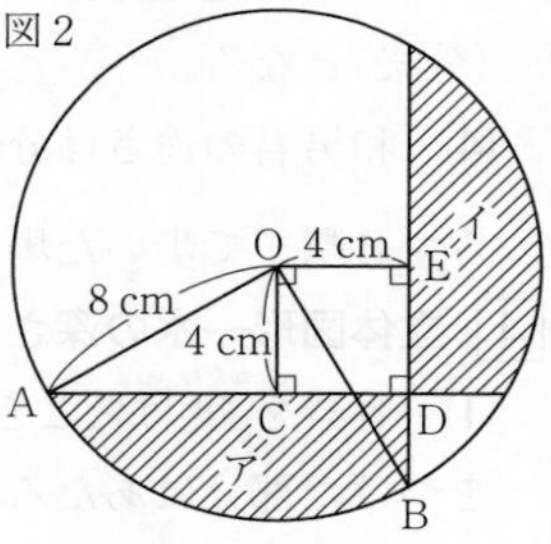

２ 売買損益

⑴　予定の利益の74％が81252円なので，予定の利益は，81252÷0.74＝109800(円)となる。これは，1220個をすべて定価で売ったときの利益だから，定価で売ったときの１個あたりの利益は，109800÷1220＝90(円)とわかる。また，定価は仕入れ値の３割の利益を見込《こ》んでつけたから，仕入れ値の３割が90円となる。よって，１個の仕入れ値は，90÷0.3＝300(円)と求められる。

⑵　定価は，300×(１＋0.3)＝390(円)で，値引きした後の値段は，定価の20％引きだから，390×(１－0.2)＝312(円)となる。

⑶　実際の利益は予定の利益よりも，109800－81252＝28548(円)少なかったので，値引きした金額の合計は28548円とわかる。１個あたりの値引きした金額は，390×0.2＝78(円)だから，値引きして販売《はんばい》した個数は，28548÷78＝366(個)と求められる。

３ グラフ―速さと比，旅人算

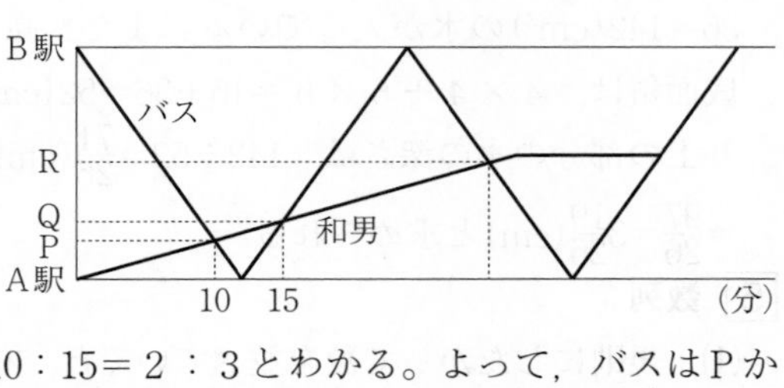

⑴　右の図のように，バスと和男君が初めて出会った地点をＰ，２回目に出会った地点をＱとすると，バスはＰ→Ａ駅→Ｑと進むのに，15－10＝５(分)かかっている。また，和男君はＡ駅からＰまで10分，Ａ駅からＱまで15分かかっているから，ＰからＡ駅までと，Ａ駅からＱまでの距離《きょり》の比は，10：15＝２：３とわかる。よって，バスはＰからＡ駅まで，$5 \times \frac{2}{2+3} = 2$(分)かかるので，Ｂ駅からＡ駅までは，10＋２＝12(分)かかる。

⑵　バスの速さは分速，$20 \times 1000 \div 60 = \frac{1000}{3}$(m)だから，Ａ駅とＢ駅の間の距離は，$\frac{1000}{3} \times 12 =$ 4000(m)，つまり，４kmとなる。

⑶　３回目に出会う地点をＲとすると，３回目に出会うまでに，バスは，4000×２＝8000(m)進ん

だ後，Ｂ駅からＲまで進み，和男君はＡ駅からＲまで進む。また，Ｂ駅からＲまでとＡ駅からＲまでの距離の和は4000mだから，３回目に出会うまでにバスと和男君が進む距離の和は，8000＋4000＝12000(m)とわかる。さらに，ＰからＡ駅までの距離は，$\frac{1000}{3}\times 2=\frac{2000}{3}$(m)で，和男君はこの距離を10分で進むから，和男君の速さは分速，$\frac{2000}{3}\div 10=\frac{200}{3}$(m)である。よって，バスと和男君が１分間に進む距離の和は，$\frac{1000}{3}+\frac{200}{3}=400$(m)だから，３回目に出会うのは，12000÷400＝30(分後)となる。

(4)　和男君の速さは分速$\frac{200}{3}$mで，Ａ駅からＢ駅までの距離は4000mだから，和男君が店に立ち寄らずＢ駅まで歩いた場合，Ａ駅からＢ駅まで，$4000\div\frac{200}{3}=60$(分)かかる。

4　立体図形―水の深さと体積

(1)　容器を傾《かたむ》けたときに水が入っている部分は，右の図１のかげをつけた部分にあたるので，この部分の体積を求めればよい。図１のように，立方体の各頂点をＩ，Ｊ，Ｋ，Ｌ，Ｍ，Ｎとし，水面にあたる平面と立方体の辺が交わる点をＯ，Ｐ，Ｑ，Ｒとすると，かげをつけた部分は三角柱AIP－BJQと四角柱EHDO－FGCRに分けられる。また，辺IKをのばした直線と辺MNの交わる点をＳとし，点Ｓから辺DCに垂直な直線STを引くと，AIとSTの平行より，三角形AIPと三角形TSPは相似になる。これより，IP：PS＝AI：ST＝４：６＝２：３となり，ISの長さは，４＋１＝５(cm)だから，IPの長さは，$5\times\frac{2}{2+3}=2$(cm)となる。よって，三角柱AIP－BJQの体積は，（２×４÷２）×４＝４×４＝16(cm^3)である。さらに，EOの長さは，１＋２＝３(cm)だから，四角柱EHDO－FGCRの体積は，｛(３＋６)×６÷２｝×６＝27×６＝162(cm^3)となる。したがって，かげをつけた部分の体積，つまり，水の量は，16＋162＝178(cm^3)と求められる。

図１
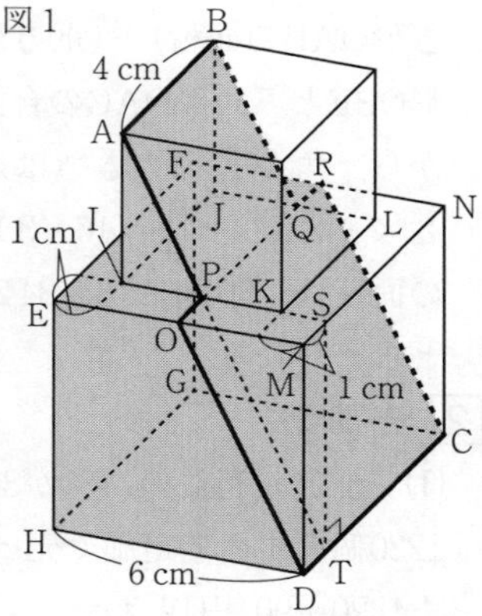

(2)　面EFGHが地面に接するようにしたとき，横から見た図は右の図２のようになる。高さ１cmまでの部分に入っている水の体積は，６×６×１＝36(cm^3)なので，高さ１cmより上の部分には，178－36＝142(cm^3)の水が入っている。また，高さ１cmより上の部分の底面積は，４×４＋６×６＝16＋36＝52(cm^2)だから，高さ１cmより上の部分の水の深さは，$142\div 52=\frac{71}{26}$(cm)となる。よって，地面から水面までの高さは，$1+\frac{71}{26}=\frac{97}{26}=3\frac{19}{26}$(cm)と求められる。

図２
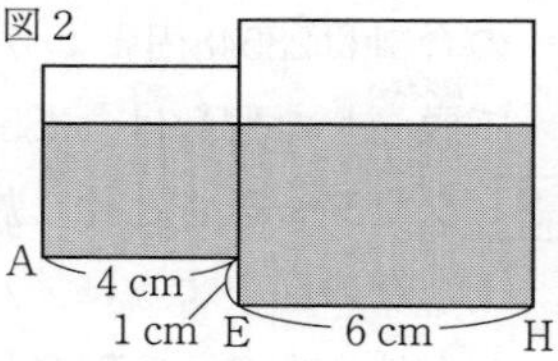

5　数列

(1)　規則にしたがって数を並べていくと，右の図のようになるので，６段目の左から１番目の数は，48＋64＝112とわかる。また，各段のとなりどうしの数の差は，１段目では１，２段目では２，３段目では４，４段目では８，…のように２倍ずつに増えていくので，５段目では，

１段目	1	2	3	4	5	6	…	98	99	100
２段目	3	5	7	9	11	…	197	199		
３段目	8	12	16	20						
４段目	20	28	36							
５段目	48	64								
６段目	112									

８×２＝16，６段目では，16×２＝32となる。よって，（６，６），つまり，６段目の左から６番目の数は，112よりも，32×（６－１）＝160だけ大きい数だから，112＋160＝272と求められる。

⑵　１段目には１から100まで100個の数が並び，そのうち奇数《きすう》はちょうど半分あるから，100÷２＝50(個)ある。２段目には１段目より１個少ない99個の数が並び，これらはすべて奇数だから，２段目に奇数は99個ある。また，３段目から下はすべて偶数《ぐうすう》である。よって，奇数は全部で，50＋99＝149(個)ある。

⑶　１段目，２段目に320はない。３段目では８から始まって４ずつ増えていくから，（320－８）÷４＝78より，320は左から，78＋１＝79(番目)にある。４段目では20から始まって８ずつ増えていくから，（320－20）÷８＝37.5より，４段目に320はない。５段目では，48から始まって16ずつ増えていくから，（320－48）÷16＝17より，320は左から，17＋１＝18(番目)にある。６段目では，112から始まって32ずつ増えていくから，（320－112）÷32＝6.5より，６段目に320はない。また，６段目の左から２番目は，112＋32＝144だから，７段目では，112＋144＝256から始まって，32×２＝64ずつ増えていく。よって，256＋64＝320より，320は左から２番目にある。以上より，（３，79），（５，18），（７，２）が320になる。

社　会　＜第１回試験＞（30分）＜満点：60点＞

解　答

Ⅰ　**問１**　④　**問２**　④　**問３**　(イ)　②　(ロ)　③　**問４**　①　**問５**　②　**問６**　(イ)　③　(ロ)　ひのき　**問７**　行基　**問８**　②　**問９**　（例）　自分の権力の大きさを周囲に示す必要があったから。　**問10**　①　**問11**　②　**問12**　床（床の間）　**問13**　(イ)　③　(ロ)　③　Ⅱ　**問１**　①　**問２**　(イ)　④　(ロ)　③　**問３**　②　**問４**　③　**問５**　①　**問６**　(イ)　最上川　(ロ)　④　**問７**　④　**問８**　条例　**問９**　①　**問10**　②　**問11**　ピクトグラム

解　説

Ⅰ　高層建築の歴史を題材にした問題

問１　小豆《しょうど》島は，オリーブの生産がさかんなことで知られる瀬戸内海の島で，香川県に属している。また，徳島県鳴門《なると》市は大鳴門橋で兵庫県の淡路《あわじ》島と結ばれており，淡路島と兵庫県神戸市を結ぶ明石海峡《あかしかいきょう》大橋とともに，本州四国連絡橋の神戸―鳴門ルートを構成している。なお，これらは「あべのハルカス」の西～南西側にあたる。

問２　日本国憲法は1947年に施行されて以来，2022年２月時点まで改正されたことがない。また，1950年に朝鮮戦争が起こると，GHQ（連合国軍最高司令官総司令部）の指示にもとづき，日本国内の治安維持を目的として警察予備隊が創設された。警察予備隊は1952年に保安隊と名称を変え，1954年には自衛隊へと拡大・強化されて現在に至る。

問３　(イ)　①「地中海」ではなく「紅海」，「ヒンズー教」ではなく「イスラム教」が正しい。　②　スエズ運河について，正しく説明している。　③　ｃは世界最長の河川として知られるナイル川で，アマゾン川は南アメリカ大陸の北部を流れている。　④　ｄはオマーンで，公用語はア

ラビア語である。アラブ首長国連邦は，オマーンの北西に位置している。　(ロ)　WTO(世界貿易機関)は，1995年にGATT(関税および貿易に関する一般協定)を発展させる形で発足した国際機関で，貿易の自由化を進めることやルールをつくることなどを目的として活動している。2001年にはカタールの首都ドーハでWTOの会議が開かれた。なお，WHOは世界保健機関，UNCTADは国連貿易開発会議の略称。

問４　「バベルの塔《とう》」は『旧約聖書』に記された物語で，人間が天まで届く塔を建設しようとしたが，神の領域に入りこもうとする人間の思い上がりをいましめるため，神は人間たちの言葉をそれぞれ別のものにして意思疎通《そつう》ができないようにし，塔の建設をはばんだという物語である。なお，『イソップ物語』は古代ギリシャの寓話《ぐうわ》集。

問５　(あ)　埼玉県の稲荷山《いなりやま》古墳から出土した鉄剣について，正しく説明している。　(い)　好太王は，４世紀末～５世紀初めごろに朝鮮半島北部を支配していた高句麗《こうくり》の王である。当時，高句麗の都があった場所(現在の中国東北部)には，その功績を記した石碑《せきひ》が残されており，倭《わ》(日本)が百済《くだら》と新羅《しらぎ》を従えて高句麗に侵攻《しんこう》したが，好太王が倭軍を破ったとしている。

問６　(イ)　①，②　538年(一説に552年)，百済の聖明王から欽明《きんめい》天皇に教典などが贈《おく》られたことで，日本に正式に仏教が伝来した。こののち，朝廷では，仏教の受け入れに賛成する蘇我《そが》氏と反対する物部《もののべ》氏による争いが起こり，最終的には蘇我氏が物部氏を滅《ほろ》ぼして勝利した。　③　飛鳥大仏について，正しく説明している。　④　聖徳太子は推古天皇の摂政《せっしょう》として政治を行ったが，天皇にはなっていない。　(ロ)　日本では，建築木材としての需要《じゅよう》が多い針葉樹が植林されてきた。なかでも，すぎとひのきが多く，法隆寺などの寺院建築には高級なすぎやひのきが用いられることが多い。

問７　行基は奈良時代に活躍《かつやく》した僧で，民間への仏教の布教をするかたわら，橋やため池をつくるなど社会事業にも力をつくし，人々の信頼を集めた。当初，行基の活動は朝廷によって弾圧されたが，のちに許され，聖武天皇は大仏づくりを始めるにあたって行基の協力を求めた。行基は多くの弟子を率いてこれに応じ，最高僧位の大僧正《だいそうじょう》に任じられて大仏づくりに貢献《こうけん》した。

問８　(あ)は東大寺南大門で鎌倉時代の1199年，(い)は平等院鳳凰《ほうおう》堂で平安時代の1053年，(う)は慈照《じしょう》寺銀閣で室町時代の1489年，(え)は中尊寺金色堂で平安時代の1124年に建てられた。

問９　三鷹《みたか》さんがつくった資料には，院政を始めた白河天皇，室町時代の全盛期を築いた第３代将軍足利義満，天下統一事業に取り組んで大きく勢力をのばした織田信長と，これを成しとげた豊臣秀吉が示されている。こうした人物が豪華な建物を建てたのは，みずからが大きな権力をにぎり，これを周囲に示す目的があったためと考えられる。

問10　ロシアの使節ラクスマンは，1792年に蝦夷《えぞ》地(北海道)東部の根室に来航し，日本に通商を求めた。Aは箱館(函館)の位置である。

問11　写真は外務卿《きょう》井上馨《かおる》の欧化政策の一環として，イギリス人コンドルの設計により東京の日比谷に建てられた鹿鳴館《ろくめいかん》で，1883年に完成した。Aは1864年(五稜郭《ごりょうかく》が完成した年)，Bは1901年(八幡製鉄所が操業を開始した年)，Cは1910年，D(関東大震災が発生した年)は1923年のできごとである。

問12　Aの空間は和室につくられる床《とこ》の間で，ふつうは目上の人が床の間を背にして座る。

問13　(イ)　ニューヨークはアメリカ合衆国東部に位置する同国最大の都市で，かつて，写真にある

世界貿易センタービルが建っていた。2001年９月11日，イスラム教過激派によって起こされた同時多発テロ事件では，テロリストによってハイジャックされた飛行機が世界貿易センタービルに激突《げきとつ》し，ビルは崩壊《ほうかい》した。なお，(あ)はサンフランシスコ，(い)はシカゴ，(え)はニューオーリンズの位置。

(ロ)　沖縄県は，佐藤栄作内閣のときの1972年にアメリカ合衆国から日本に返還され，本土復帰が実現した。したがって，その20年後は1992年になる。

Ⅱ　山形県の特色を中心にした問題

問１　①　気象庁について，正しく説明している。　②　復興庁は内閣府に属し，東日本大震災からの復興をめざして2012年に設置された。10年という期限つきで設置されたが，さらに10年延長された。　③　スポーツ庁は，文部科学省に属している。　④　こども庁(こども家庭庁)は，内閣府に属する機関として2023年４月に設置されることになっている。

問２　(イ)　果樹園の地図記号(ò)は，果物の実が図案化されている。なお，①は工場，②は広葉樹林，③は裁判所の地図記号。　(ロ)　ももの収穫量は山梨県が全国の３割ほどを占《し》めて最も多く，以下，福島・長野・山形の各県が続く。なお，①はぶどう，②はおうとう(さくらんぼ)，④はりんご。統計資料は『日本国勢図会』2021／22年版による。

問３　山形市では毎年８月，かつて特産だった紅花をあしらった笠《かさ》をかぶって踊《おど》る②の花笠まつりが行われる。花笠まつりは，青森市で行われる③のねぶた祭，秋田市で行われる④の秋田竿燈《かんとう》まつり，仙台市(宮城県)で行われる①の仙台七夕祭りとともに，「東北四大祭り」に数えられる。

問４　(あ)　平安時代の前九年の役(1051～62年)では，安倍氏の反乱を源頼義《よりよし》・義家父子が平定した。源義朝は平治の乱(1159年)で平清盛に敗《やぶ》れた源氏の総大将で源頼朝の父である。　(い)　戊辰《ぼしん》戦争(1868～69年)における会津戦争について，正しく説明している。

問５　手紙は，空海が最澄に送った手紙(風信帖《ふうしんじょう》)で，空海・最澄ともに平安時代初期に活躍した。なお，足利義政は15世紀後半，千利休と細川ガラシャは16世紀後半，天草四郎は17世紀前半，大塩平八郎は19世紀前半，福沢諭吉は19世紀後半に活躍した人物で，それぞれ時代・時期が異なる。

問６　(イ)　最上川は山形県南部から流れ出して県内を北上し，米沢盆地・山形盆地を流れる。新庄盆地付近で北西へと流れを変え，下流で庄内平野を形成して酒田市で日本海に注ぐ。　(ロ)　「寿町」の寺院(卍)が集まる地域にあるのは，博物館(🏛)ではなく図書館(🕮)である。

問７　日本では，冬は北西からの季節風が吹《ふ》く。この風が日本海の上を吹き渡ってくるときに多くの水蒸気をふくんで雲をつくり，中央部の山地(奥羽山脈や越後山脈など)にぶつかって雪を降らせるため，日本海側の地域では冬の降水量が多くなる。

問８　地方公共団体は，憲法と法律の範囲《はんい》内で，その地域だけに適用する規則として条例を制定することができる。

問９　(あ)は1970年に大阪府で行われた日本万国博覧会(大阪万博)を，(い)は1951年にアメリカ合衆国のサンフランシスコで結ばれたサンフランシスコ平和条約を，(う)は1964年に東海道新幹線が東京駅―新大阪駅間で開業したことを，(え)は1956年に日本が国際連合に加盟したことを，それぞれ記念して発行された切手なので，古いものから順に(い)→(え)→(う)→(あ)となる。

問10　裁判員制度は，地方裁判所で行われる重大な刑事事件の第一審で適用される。

問11　ピクトグラムは絵記号などともよばれ，その国の文字が読めない・理解できない人にも情報を伝えることを目的として，さまざまな場所で用いられている。1964年の東京オリンピックから普

及するようになり，2021年に行われた東京オリンピック・パラリンピックでも活用された。

理　科　＜第１回試験＞（30分）＜満点：60点＞

解　答

1 **問１**　(エ)　**問２**　地球　**問３**　(イ)　**問４**　(ウ)　**問５**　(キ)　**2** **問１**　(エ)　**問２**　(ア)　①　(イ)　④　**問３**　5184Ｌ　**問４**　(イ)　**問５**　(イ)　**3** **問１**　(イ)　**問２**　23ｇ　**問３**　(イ)　**問４**　(イ)，(エ)　**問５**　(例)　空気中の水蒸気がグラスの表面で冷やされ，液体の水に変化したため。

解　説

1 **「歩く」という動きではたらく力についての問題**

問１　力を図で表すときは，力のかかっている位置に点を打ち，そこを根元にして力のかかっている方向に矢印をかくのだから，問題文中の図３では，取っ手Ｂに左向きの力がかかっていることがわかる。そして，止まっている物体が動き出す方向は，必ずかかった力の方向になるので，箱が進む向きは左向きである。

問２　地球上の物体はすべて地球の中心に向かって引きつけられており，これを重力という。私たちにかかっている重力は，地球が私たちにかけている力と言える。

問３　問題文中の図４では，手が箱に右向きの力をかけているが，同時に箱が手に逆の左向きの力をかけ返している。つまり，左向きの力は手にかかっている。

問４　問題文中の図５のようにＤ君とＥ君がお互《たが》いに押《お》し合っているとき，Ｅ君はＤ君を左向きに押していると同時に，Ｄ君から逆の右向きの力をかけ返される。この力を受けてＥ君は右向きに進む。

問５　人が前に進もうとするとき，足で地面に後ろ向きの力をかけるが，そうすると地面は足に前向きの力をかけ返すので，人には前向きに力がかかる。これにより人は前に進むことができる。

2 **ヒトの血液の流れ，両生類の呼吸についての問題**

問１　Ａは，肺や全身に血液を送り出し，またそれらから血液がもどってくる器官なので，心臓である。Ｂは，小腸から出た血液が進む器官なので，肝臓《かんぞう》である。小腸と肝臓は門脈という血管で結ばれている。Ｃは，不要な物質を取り除くはたらきをしているじん臓である。

問２　(ア)　酸素は肺で血液中に取りこまれるので，肺を出た直後の血液が流れる①の血管（肺静脈）に，酸素をもっともたくさん含《ふく》む血液が流れている。　(イ)　栄養分は小腸で血液中に取りこまれるので，小腸を出た直後の血液が流れる④の血管（門脈）に，栄養分をたくさん含む血液が流れている（ただし，食後時）。

問３　はく動は１分間あたり，$15\times\frac{60}{15}=60$（回）なので，送り出す血液は１分間あたり，$60\times60\div1000=3.6$（Ｌ），１日あたりでは，$3.6\times60\times24=5184$（Ｌ）とわかる。

問４　ヒトの心臓は２心房《しんぼう》２心室であるから，形としては(ア)～(エ)がふさわしく，(オ)は２心房１心室だからふさわしくない。また，心臓の上部に血液が入ってくる心房，下部に血液を送り出す心室があるので，血液の流れも含めると(イ)が正しい。

問５　ふつう，両生類は幼生のときにえら呼吸をし，成体になると肺呼吸をする。また，えらや肺だけでは体内に取り入れられる酸素の量が不足するため，幼生も成体も皮ふ呼吸も行っている。

3 ロウと水の状態変化についての問題

問１　同じ体積で比べたときの重さは，会話文の内容から「水＞氷」，「固体のロウ＞液体のロウ」であることと，実験の結果から「水＞固体のロウ」，「氷＞液体のロウ」であることがわかる。これらのことをまとめると，「水＞氷＞液体のロウ」，「水＞固体のロウ＞液体のロウ」という重さの大小関係は判断できるが，氷と固体のロウの大小関係はわからない。

問２　氷が水になると，体積は減るが，重さは変わらない。氷25mLが水になると，体積は，25÷1.1＝22.72…(mL)となるので，氷25mLの重さは，22.7÷１＝22.7より，約23ｇである。

問３　同じ体積で比べたとき，固体のロウは液体のロウより重いので，ロウは液体から固体になると体積が小さくなる。ビーカーに入れた液体のロウはビーカーのかべや液面から冷えて固まっていくので，固まり始めは液面の高さと同じくらいの高さになるが，固体になる部分が増えるにつれ体積の変化が大きくなるため，全体が固まるころには中央がくぼんだ状態になる。

問４　(ア)では樹氷《じゅひょう》(樹木に雲や霧《きり》をつくる水てきがついて凍《こお》り，さらに着雪することで成長する)，(イ)と(エ)ではつらら，(ウ)では霜《しも》柱がそれぞれできる。

問５　空気中に含むことのできる水蒸気の量は温度によって決まっており，温度が低いほど含むことのできる水蒸気の量は少なくなる。そのため，氷水の入った冷たいグラスのまわりでは空気が冷やされ，水蒸気を含み切れなくなると，液体の水に変化してグラスの表面につく。

国　語　＜第１回試験＞（50分）＜満点：100点＞

解　答

一　**問１**　下記を参照のこと。　**問２**　(エ)　**問３**　(ウ)　**問４**　A　(イ)　B　(エ)　C　(ウ)　**問５**　(1)　(ア)　(2)　(カ)　(3)　(ク)　(4)　(シ)　**問６**　(ウ)　**問７**　a　(エ)　b　(ク)　c　(イ)　d　(カ)　**問８**　(ウ)　**問９**　(1)　(ウ)　(2)　(オ)　(3)　(ク)　(4)　(コ)　**問10**　a　(エ)　b　(オ)　c　(キ)　d　(コ)　e　(イ)　**問11**　(1)　(ア)　(2)　(オ)　(3)　(キ)　(4)　(サ)　a　大丈夫　b　贈り物　二　**問１**　(エ)　**問２**　(ウ)　**問３**　(イ)　**問４**　(ウ)　**問５**　(エ)　**問６**　図像　**問７**　F　ア　G　イ　H　イ　I　ア　**問８**　(ウ)　**問９**　(エ)　**問10**　(ア)　**問11**　(ウ)　**問12**　(エ)　**問13**　(1)　(イ)　(2)　(カ)　(3)　(キ)　(4)　(シ)　(5)　(ソ)　(6)　(チ)

●漢字の書き取り

一　**問１**　ⓐ　持病　ⓑ　始終　ⓒ　手配　ⓓ　箱庭　ⓔ　無心

解　説

一　**出典は小川洋子《おがわようこ》の『海』所収の「ひよこトラック」による。**ホテルのドアマンとして働き定年間近となった男が，新しい下宿先で出会った少女と交流し，彼女《かのじょ》が言葉を発するまでを描《えが》いている。

問１　ⓐ　長期にわたって根治せず，なやまされる病気。　ⓑ　いつも。　ⓒ　あらかじめ役割を決めたり段取りをつけたりすること。　ⓓ　名園や山水などを模したミニチュアの庭園。小

さな箱の中に土や砂を入れ，小さな草木を植え，家，橋，小動物といったパーツを配してつくる。
ⓔ　心にわだかまりがなく無邪気《じゃき》なようす。

問２　父親が家出をし，母親が亡《な》くなるという状況《じょうきょう》下で引き取ったその日から，少女は「口をきかなくなった」と未亡人は話している。農道脇《わき》の切り株に座《すわ》り，地面に絵を描いている「少女の背景」を知った男は，「彼女を全く無視していいのか，それはやはり礼儀《れいぎ》に反するのか，あれこれ考えて」しまい，立ち去るタイミングを逸《いっ》し，さして必要のない自転車の整備をしばらくの間していたのだから，(エ)が合う。

問３「色とりどりの，ふわふわと柔《やわ》らかそうな何か」を荷台に隙間《すきま》なく積んだトラックが男と少女の間を通り過ぎた後，不意に交わされた「視線」のなかで，二人は「ひよこ？　ひよこよね。ああ，そうだ。ひよこだ。やっぱりそうなのね。ひよこだったんだわ」と通じ合っている。つまり，「ひよこ，という名の虹《にじ》が架《か》かった」とは，このとき二人の間に生じた無言のつながりをたとえたものと想像できる。

問４　**Ａ**　夜勤明けで帰宅した男は，階段の途中《とちゅう》に座っていた少女をどかして二階へあがりたいと思ったものの，脇をすり抜《ぬ》けるにしてもスペースは狭《せま》いし，声をかけたとしても無視されてしまったならば「事態はややこしくなる」と困っている。困惑《こんわく》の度合いが増しているので，程度が高まるようすの「ますます」が合う。　**Ｂ**　男は，どうすれば二階にあがれるか以前に，まず少女が「どうしてこんな所に腰掛《こしか》けているのか」と状況の発端《ほったん》に疑問を持っている。よって，あらためて問題を提起するときに用いる「そもそも」がよい。　**Ｃ**　少女から突然《とつぜん》セミの抜け殻《がら》を手渡《てわた》された男は，その意図を考えている。続く部分にあるとおり，息をつめ，抜け殻を傷つけまいとする少女のようすから，男は「大事な」ものを自分にくれているのではないかと少しずつわかってきたのだから，ゆっくりと変化していくさまの「だんだん」が入る。

問５　(1)　抜け殻を少女に差し出された男は，「時候の挨拶《あいさつ》」なのか，「自慢《じまん》」か，はたまた「大人をからかおうという魂胆《こんたん》」があるではないかと考えをめぐらせている。よって，(ア)がよい。　(2)　抜け殻を差し出す「少女の手」を，小さいながら大人と同様に指紋《しもん》も手相もあることがわかるほど男はよく見ている。　(3)　小さな手が抜け殻を傷つけまいとしているのを見て，少女が「大事な」ものを自分に「くれる」つもりでいるのだろうと男は察している。　(4)　自分にとって「とても大事な抜け殻」を少女が差し出していると察した男は，その心を受け止め，「私に，くれるのかい？」とたずねている。よって，(シ)がふさわしい。

問６　自身にとり，「とても大事」なものであろう抜け殻を少女から唐突に渡された男は，本当にこれが「プレゼント」なのだろうかと判断できずにいる。できるだけ考えないようにしているものの，窓辺《まどべ》に腰掛《こしか》ければついセミの抜け殻を「掌《てのひら》に載《の》せてしまう」男は，その先に少女の姿を見ているものと想像できるので，(ウ)がふさわしい。

問７　**ａ**，**ｂ**　少し前で，男は抜け殻を「眺《なが》めれば眺めるほど，新しい発見があった」としたうえで，「隅々《すみずみ》まで神経が行き届い」たその精巧《せいこう》なつくりに驚《おどろ》いている。　**ｃ**　問２でもみたように，出会った当初，男は一言も喋《しゃべ》らない少女に対しどのような態度で接したらよいのかわからずにいたのだから，(イ)が合う。　**ｄ**　抜け殻同様，少女もまた「神様」により「特別丹精《たんせい》を込《こ》め」てつくられた存在だという発見をしつつ，男は幼少時の自分の姿を彼女に重ねている。

問８　少女から「ひよこたちはどこへ行くの？」ときかれたさい，あわれな末路をたどる縁日《えんにち》のひ

よこについて「本当のこと」を話せば悲しむだろうし，かといって「嘘《うそ》」をついてもいいものかわからず，うろたえるだろうと男は思っている。つまり，少女が喋らないおかげで事実を言う必要がなく，彼女のなかでひよこは「幸福」でいられることを「よかった」と思っているのである。

問９　最初の場面と最後から二つ目の大段落で，ドアマンとしての男のようすが描かれている。

⑴「お客を出迎《むか》え，荷物を運び～トランクに荷物を積み込み，お客を見送る」男の仕事は，「ただ玄関《げんかん》の内と外を出たり入ったりしているだけ」である。よって，(ウ)の「単純作業の繰《く》り返し」があてはまる。　⑵　若い同僚《どうりょう》たちは皆《みな》，男よりずっと若く，力強く，ハンサムだし，「シフトを交《こう》替《たい》してほしい」とき以外に話をすることはない。つまり，同僚たちにとって定年間近の男は風采《ふうさい》が上がらず，休みたいときに利用する対象でしかなかったということなので，(オ)が合う。　⑶　男は同僚たちと「食堂やロッカーで一緒《いっしょ》になっても，雑談することはなかった」ので，(ク)がよい。

⑷　自分の仕事について，男は「ただ玄関の内と外を出たり入ったりしているだけ」だと感じ，積極的に人と接してこなかったのだから，(コ)が合う。「うつろな」は，空っぽで充実《じゅうじつ》感がないようす。

問10　a　問７でもみたように，男は抜け殻について「隅々まで神経が行き届い」た「実に精巧」なつくりをしていると気づいたのだから，(エ)がよい。　b　男はホテルに来る子どもたちについて，少女と比べて「幼稚《ようち》」であり「分別がなさすぎる」と思っている。　c　抜け殻は，昆虫《こんちゅう》などの脱皮《だっぴ》した後の中身のないものだから，(キ)が入る。　d　男が，抜け殻を探す少女を思い浮《う》かべている場面に注目する。少女は「辛抱《しんぼう》強く，草むらをかき分け～三つ編みが解けそう」になりながらも，生き物から「今では空っぽの器《うつわ》になり，見捨てられた」抜け殻を「救い出し」，男の元へ「大事」に届けてくれているので，(コ)が選べる。　e　抜け殻のコレクションが飾《かざ》られているのは，「朝日」が当たる「窓辺」である。「日の当たる場所」とは，明るく恵《めぐ》まれた地位のたとえで，見捨てられていた抜け殻が，少女に「救い」出され「大事」なものとなったことを象徴《しょうちょう》的に表している。

問11　横転したトラックから突然放り出され，混乱したひよこたちを守ろうと少女が声を発した場面である。「それ」は，男が初めて聞いた「少女の声」を指す。　⑴　少女は「駄目《だめ》よ。そっちへ行っては～木《こ》陰《かげ》に集まって～何の心配もいらないの」と言っている。　⑵　未亡人に引き取られて以来，少女はずっと喋らなかったが，ひよこを守るために発せられた言葉は豊かなものだったのだから，(オ)が選べる。　⑶　少女が声を発する前，問３でみたように，男は少女と「ひよこ」を通じて無言の言葉を交わし，「虹」のようなつながりを得ていた。つまり，(キ)のように「世界を共有」できると考えていたのである。　⑷　少女がひよこを守るために言葉を発したことを，男は「自分だけに与《あた》えられたかけがえのない贈《おく》り物」だと思っている。少女の声が，抜け殻のように暮らしてきた男の心を「満たす」プレゼントとなったのである。　a　少女がひよこたちにかけた言葉と男が運転手にかけた言葉で，同じものは「大丈夫《だいじょうぶ》」である。　b　少女の声を，男は自分へのかけがえのない「贈り物」と思っている。

二　出典は渡邊《わたなべ》十《と》絲《し》子《こ》の『今を生きるための現代詩』による。中学生のとき，意味不明の「現代詩」を夢中で書き写していたことについて，筆者は日本語の特殊《とくしゅ》性を語る高島俊男《としお》氏の説を基《もと》に説明している。

問１　中学生のころの筆者は，「現代詩」について「日常的な文脈の外側」にあったと述べている。この後で引用された「みぞれ」という詩には，「地上にとどくまえに～ふらんした死んだ時間たち

が／はじまる」と書かれているが，「日常」の感覚では「死んだ時間たちが」と「はじまる」の関係を理解するのは難しい。ここには，語と語の自然なつながりがないのだから，㈣がよい。

問２　筆者は，自分の「理解を超《こ》えていた現代詩」を「夢中」で筆写した中学生のころを回想し，当時は「意味」や「音」ではなく「視覚的印象」を「図像として愛したのではなかったか」と思っている。傍線《ぼうせん》②は，「夢中」になった現代詩という「図像」に筆者が何を感じたのかが表現されているので，㈦が合う。

問３　現代詩という「図像」をノートに筆写していたことのたとえだから，㈠の「好きな漫画《まんが》のキャラクターをまねしてノートに描《か》く」が入る。

問４　「作者の感情なり意見なりがかならず詩のなかにかくされていて，それを発見するのがゴールだ」という考え方にとらわれ，現代詩を「わからないことがゆるせない」と思う人たちについて，具体的に説明されている。　B 「正解に到達《とうたつ》できないのは自分の読解力がないからだ」というのは，自分が人より劣《おと》っているという「劣等《れっとう》感」である。ここで，㈠と㈣が外れる。　C 「こんなわかりにくい書き方をした詩人がわるい」と思うのだから，見当違《ちが》いなことで相手をうらむ「さかうらみ」が合う。ここで㈦に決まる。　D　わからない詩が許せず，おとしめる言葉である。見た目をとりつくろう「気どり」の類義語だから，見せかけだけで中身がない「こけおどし」が合う。

問５　「これ」とは，現代詩を読んで「わからないこと」が許せず，こけおどしの「つまらない」ものと決めつけることを指す。

問６　筆者は中学生のころ，現代詩を魅力的な「図像」と見ていたと書かれている。

問７　二つ前の段落に，透視《とうし》図法を知ると「透視図法的に描けない」能力を失うとある。これを「自転車」に応用する。　**F**，**G**，**H**　透視図法にならえば，自転車に「のれる」ようになると，自転車に「のれない」ことができなくなる。それは，自転車に「のれない」能力を失うことである。

I　現代詩「みぞれ」の図像的魅力を筆者が感じられたのは，「詩句の意味を読みとれる」前だったからである。これを自転車にのれる，のれないでいえば，「のれる」ようになる前である。

問８　J 「書きまちがえた」を修飾《しゅうしょく》できるのは，「しばしば」と「たびたび」である。どちらも，繰り返されるようすを表す。ここで㈠と㈣が外れる。　K 「ふらん」が「とどく」「あたためる」「ひと」「ちかい」のなかで「目をひく」のだから，ほかと比べて特に目立つようすの「ひときわ」が入る。「あながち」は，後に打ち消しの言葉をともなって，断定しきれない気持ちを表す。ここで㈦に決まる。　L 「それほど」は，後に打ち消しの言葉をともなって，特に問題になるほどではないようすを表す。「とどく」「ひと」は，ひらがなで書いてもあまり不自然ではないというのである。

問９　一般《いっぱん》に漢字で「腐爛」と書くところを「ふらん」と書いても，音読では読み分けられない。しかし，安東次男《あんどうつぐお》は「ふらん」を「腐爛」とは「明確に異なることば」として書いたのだから，「みぞれ」は音読に適さないのである。

問10　詩が「音読して味わうもの」なら，ひらがなでも，漢字でも，ローマ字表記でも「おなじ」である。そのようにとらえてしまうと，どのような音を出して演奏するかを示している「譜面《ふめん》」のように，詩も音の出し方を表記しただけのものになってしまうのである。

問11　詩の最後の部分には，「漁／泊／滑」という「さんずい」の漢字が，一行に一字ずつ続いて

並んでいる。これを音読するとき，音で読んでも訓で読んでも「伝わらない」のは，「一文字の漢字が横に三つ並んでいる」という視覚的なようすなので，(ウ)が合う。

問12　現代日本語においては「文字のうらづけ」が必要なことを，この後，高島俊男の文章を引用しつつ筆者は説明している。漢語と文字を導入したことで，たとえば「セーヨー」は「西洋」か「静養」か，日本人は「頭のなかにある文字」をすばやく参照して判断し，話を進めるようになった。あるいは，「ショー」には「小，少，庄～紹，訟，奨，等々」の字があり，「文字のうらづけ」がなくては「意味を持ち得ない」のである。(エ)が，この内容をもっとも正確にまとめている。

問13　⑴　高島氏は現代日本語の特性として，音声だけでは機能せず「文字のうらづけ」が必要なことを指摘《してき》している。それは，「明治維新《いしん》以後西洋の事物や観念を和製漢語に訳《やく》してとりいれ，これらの語が日本人の生活と思想の中枢《ちゅうすう》部分をしめるようになって以来」なので，(イ)が合う。

⑵　「耳で聞くだけ」では理解しづらいのは，たとえば「ショー」に「小，少，庄～紹，訟，奨，等々」の字があり，「文字のうらづけ」がないと「意味を持ち得ない」からである。　⑶　筆者は，日本語の特徴《とくちょう》として，「貧弱《ひんじゃく》」なのは「音韻《おんいん》組織がかんたん」で「音の種類がすくない」ことだと言っている。　⑷　音韻組織，音の種類が貧弱な一方，日本語は「視覚情報におおきくよりかかった言語」だと述べられている。　⑸　筆者が中学生のころ，夢中になって現代詩を書き写したのは，「視覚的印象を～図像として愛した」からである。　⑹　日本語について高島氏は「文字のうらづけ」がなくては「意味を持ち得ない」と述べている。これは，中学生の筆者が現代詩を「図像として愛した」ことに通じるので，(チ)がよい。

2022年度　中央大学附属中学校

〔電　話〕（042）381－７６５１
〔所在地〕〒184-8575　東京都小金井市貫井北町３－22－１
〔交　通〕JR中央線－「武蔵小金井駅」北口より徒歩18分

【算　数】〈第２回試験〉（50分）〈満点：100点〉

〈注意〉　１．コンパスと定規を使ってはいけません。
　　　　２．円周率は3.14を用いなさい。

１　次の問いに答えなさい。

(1)　$1-\frac{8}{45}\times 4.125-\left(0.75\div 1\frac{1}{2}-1.2\times\frac{1}{3}\right)$を計算しなさい。

(2)　次の□にあてはまる数を答えなさい。

$$\left(\frac{1}{17}-\frac{1}{34}\right)\div\left(\frac{1}{51}-\frac{1}{\square}\right)\times 2=6$$

(3)　3.6km離《はな》れたＡ地点とＢ地点の間を，兄は分速140mでＡ地点から，弟は分速100mでＢ地点から同時に出発し，往復します。２人が２回目に出会うのは出発してから何分後ですか。

(4)　アスカさんとマリさんが２人で行うと16分かかる作業があります。この作業を，はじめの10分はアスカさんだけで行い，そのあとマリさんだけで行うと，合わせて30分かかります。最初から最後までマリさんだけで行うと，何分何秒かかりますか。

(5)　図１の角 x は何度ですか。

図１

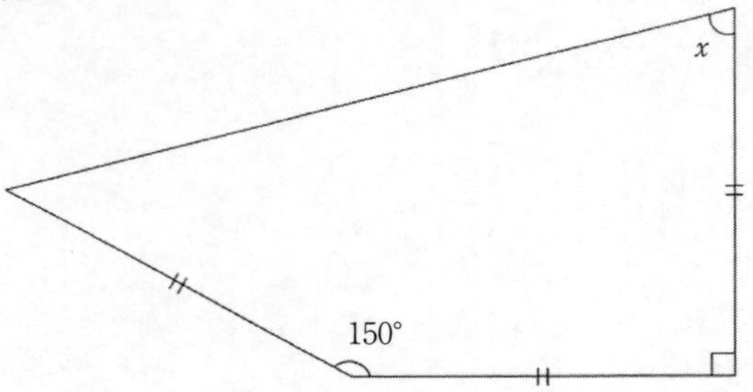

図２

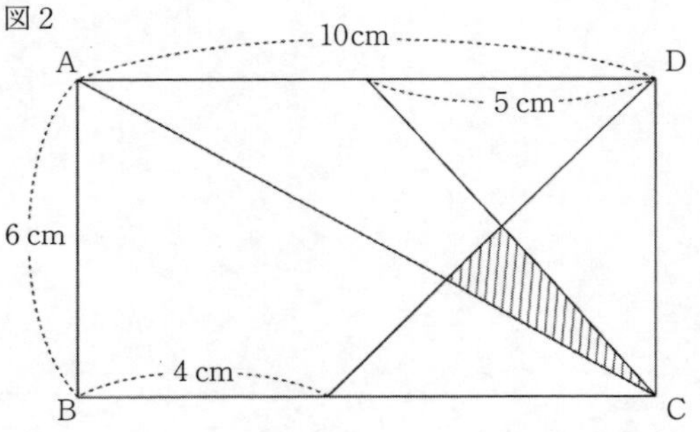

(6)　図２のような長方形ABCDがあります。図の斜《しゃ》線部分の面積は何cm^2ですか。

(7)　図３のような，AB＝6cm，AD＝4cm，AE＝3cmの直方体があります。辺EF上にEP：PF＝2：1となる点Ｐをとり，この直方体を３点Ｄ，Ｇ，Ｐを通る平面で切って２つの立体に分けるとき，点Ｈを含《ふく》む方の立体の体積は何cm^3ですか。

図３

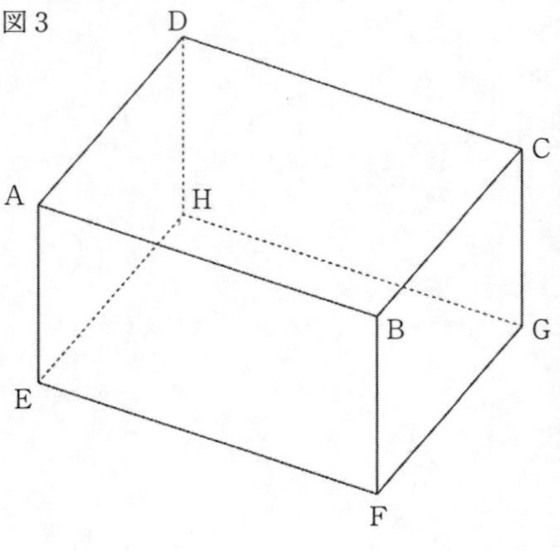

2　下の表のように，ある規則にしたがって２から2022までの偶《ぐう》数を並べました。縦３マス，横３マスの９マスを１つの組として，表の左から順に組をつくっていきます。例えば，表の太線で囲まれているのは５番目の組で，数の和は126です。

2	4	6	8	10	12	14	16	18		2016	2018
4	6	8	10	12	14	16	18	20		2018	2020
6	8	10	12	14	16	18	20	22		2020	2022

(1)　数の和が10728になるのは何番目の組ですか。

(2)　777番目の組の数の和はいくつですか。

(3)　数の和が117の倍数になる組は，全部で何組ありますか。

3　縦270cm，横396cm の長方形の床《ゆか》に正方形のタイルをできるだけ少ない枚数で重ならないようにすき間なく並べます。

(1)　同じ大きさのタイルしか使えないとき，タイルの１辺の長さは何cm ですか。

(2)　同じ大きさのタイルしか使えないとき，タイルは全部で何枚必要ですか。

(3)　色々な大きさのタイルが使えるとき，タイルは全部で何枚必要ですか。

4　とおるくんはボートでＡ地点を出発し，上流のＢ地点へ向かいました。途《と》中，ボートからボールが落ちたことに，落ちてから３分40秒後に気がつき，すぐに引き返し，ボールが落ちた地点から561m下流でボールを拾いました。その後すぐにＢ地点へ向かい，予定より13分遅《おく》れて着きました。このとき，次の問いに答えなさい。ただし，川の流れの速さと静水でのボートの速さはそれぞれ一定とします。

(1)　川の流れの速さは毎分何mですか。

(2)　静水でのボートの速さは毎分何mですか。

【社　会】〈第2回試験〉(30分)〈満点：60点〉

Ⅰ　次の文章を読み，あとの問いに答えなさい。

ここは中央大学附属中学校・高等学校前の古書店「小金井湧泉堂《ゆうせんどう》」。店主の静《しずか》おじさんは近くに住む中附中１年生中太君のお母さんの伯父《おじ》さんにあたります。今日も中太君は，お母さんに託《たく》された晩御飯《ばんごはん》を持って湧泉堂へやってきました。

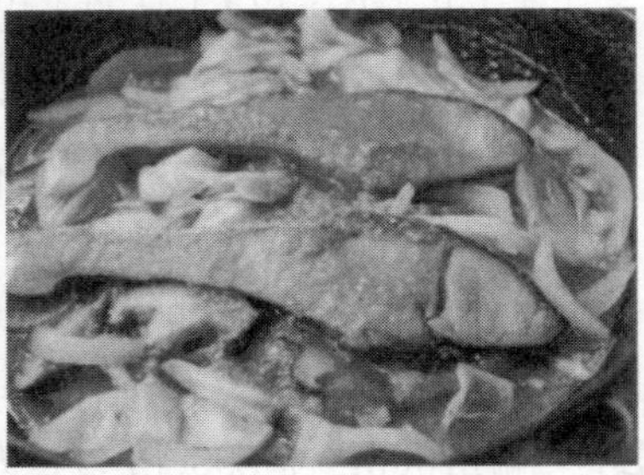

中太：こんにちは，静おじさん。今夜の夕飯は，ちゃんちゃん焼きだよ。

静　：おぉ，今日はごちそうだ。(1)**大きいサケの切り身**が入っとる，野菜もたっぷりじゃの。

中太：お母さんが，(2)**北海道の物産展**でいろいろと買ってきたんだよ。

静　：ほー，どうりで立派なサケじゃな。わしの子どものころは，塩ジャケか干したサケしか口にできなかった。干物《ひもの》のサケの絵を知っとるかな。

中太：干物のサケ？　ああ，教科書に載《の》っていたやつかな？　半身が切り取られて縄でぶら下がっている……。

静　：そうそう，あれは高橋由一《ゆいち》という(3)**西洋の技法をいち早く取り入れた**画家の絵で，サケの絵は彼の代表作じゃ。東京では昔はああいう干物ばかりでなぁ。生のサケの切り身が買えるなんて，ここ50年くらいの話だ。でも，サケは(4)**縄文時代**から食べられておった。サケやマスが豊富なおかげで(5)**東日本では縄文文化が栄えた**という説があるくらいでの。アイヌの人々は「カムイチェプ」，神の魚と呼んでいたそうじゃ。

中太：それ知ってる！『ゴールデンカムイ』で読んだよ。

静　：マンガ『ゴールデンカムイ』は，日露戦争のころの北海道や樺太が舞台《ぶたい》じゃったな。北海道の開拓《かいたく》民とアイヌの人々の暮らしを丁寧《ていねい》に描《えが》いておった。アイヌの着るアットゥシは，樹皮から織《お》られていて水に強く，江戸時代から商品としても人気じゃったそうじゃ。今は(6)**伝統的工芸品に指定**されておる。

中太：開拓はいつごろから始まるの？

静　：江戸時代には(7)**松前藩**が渡島半島に置かれたが，北海道はずっと「蝦夷地《えぞち》」と呼ばれておった。(8)**松前藩はアイヌとの交易で高い利益を上げていた**んじゃ。(9)**ロシア**からの船が出没《しゅつぼつ》するようになって，伊能忠敬や(10)**(　☆　)**が北海道を調査し地図を作り始めておるが，彼らの仕事はアイヌの協力がなければ無理だったろう。本格的に本州から人が渡るのは，明治に開拓使が置かれてからじゃ。

中太：ふーん，北海道はアイヌの土地だったんだね。彼らは昔，東北地方にも住んでいたんでしょ。坂上田村麻呂が蝦夷《えみし》の阿弖流為《あてるい》と戦ったって習ったよ。

静　：東北地方にもアイヌ語と関連する地名が多く残されている。はっきりとは言えんが，古代に蝦夷と呼ばれていた人たちは，アイヌと関連があるんじゃろう。(11)**田村麻呂伝説も東北各地に残っておる**。

中太：田村麻呂は(12)**征夷大将軍**だったんだよね。

静　：朝廷からは征伐《せいばつ》すべき相手とされてしまったが，蝦夷の人々は恵《めぐ》まれた自然の中で，自由

に生活していただけではないのかなぁ。「征夷」というのは一方的な言い方じゃ。

中太：そうか。蝦夷と呼ばれた人々からの見方も必要だね。

静　：明治以後は，近代化の波の中で，ますますアイヌを遅《おく》れた文化と見下すようになってしまった。中太は「学術人類館事件」のことを知っておるかな。明治36年の内国勧業博覧会で，台湾や琉球，アイヌ，朝鮮などの人々を「人類館」に集めて，(13)**展示品あつかいした事件**じゃよ。

中太：えっ！　それって人間を展示したってこと？

静　：当時，日本は西洋列強に認められようと必死じゃったからな。逆に西洋文明の外にいた人々は，遅れた，珍《めずら》しい生き物とされてしまったんじゃ。

中太：ひどいな。いろんな人々の(14)**多様性を認める**ことが必要だなんて，当たり前のことだけど。

静　：今ならありえないことじゃが，当時，これをひどいと指摘《してき》した人は少なかったんじゃ。抗《こう》議《ぎ》もあったが，展示は中止にならなかった。じゃが，気を付けないと，我々も異なる文化で生活している人々を，進んだ，遅れたといった価値観で見てしまうかもしれん。

中太：うーん。今も気をつけなきゃいけないんだね。そんなことにならないよう視野を広げないと。

静　：ほほぅ。これは頼《たの》もしい。しっかり勉強して，立派な大人になるんじゃぞ。

中太：はーい！　また晩御飯を持ってくるね。

問１．下線(1)に関する問題です。サケにかかわる文として**誤っているもの**を，次の①～④から１つ選びなさい。

①　サケ，イワナ，ニジマスは名前が異なるが，同じサケ科の魚である。

②　サケは一生の終わりに，海から川をさかのぼって子孫を残す。

③　サケの卵であるイクラは，「魚の卵」を意味するロシア語からきている。

④　日本で食べられているサケの半分以上は，タイからの輸入である。

問２．下線(2)に関する問題です。次の表は，北海道での収穫量《しゅうかくりょう》（単位トン）が全国１位の野菜について，３つの県の収穫量と比べたものです。（あ）（い）に入る県名として正しい組み合わせを，下の①～④から１つ選びなさい。

	ジャガイモ		ニンジン		ダイコン		カボチャ	
	順位	収穫量	順位	収穫量	順位	収穫量	順位	収穫量
北海道	１位	1,890,000	１位	194,700	１位	161,900	１位	87,800
（あ）	２位	95,000	８位	19,300	４位	93,900	２位	8,090
長崎県	３位	90,900	５位	31,100	８位	51,200	５位	5,520
（い）	５位	29,500	２位	93,600	２位	142,300	８位	3,790

「作物統計」（2019年，農林水産省）より作成

①　（あ）　宮崎県　（い）　埼玉県

②　（あ）　鹿児島県　（い）　千葉県

③　（あ）　熊本県　（い）　群馬県

④　（あ）　福岡県　（い）　栃木県

問３．下線(3)に関する問題です。明治時代には，音楽の世界でも西洋の技法を学び，多くの歌曲が作られました。次の歌詞《かし》で始まる歌曲について述べた文として正しいものを，下の①～④から１つ選びなさい。

春高楼《はるこうろう》の花の宴《えん》
めぐる盃《さかずき》 影《かげ》さして

① 土井晩翠の作詞，瀧廉太郎《たきれんたろう》の作曲である。
② 北原白秋の作詞，團伊玖磨《だんいくま》の作曲である。
③ 竹久夢二の作詞，古関裕而《こせきゆうじ》の作曲である。
④ 中原中也の作詞，中山晋平《なかやましんぺい》の作曲である。

問４．下線⑷に関する問題です。右の図は，今からおよそ6000～5000年前の貝塚遺跡の分布を，黒い点で現在の地図上に示したものです。この分布から読みとれる縄文時代の暮らしについて述べた文としてふさわしいものを，次の①～④から１つ選びなさい。

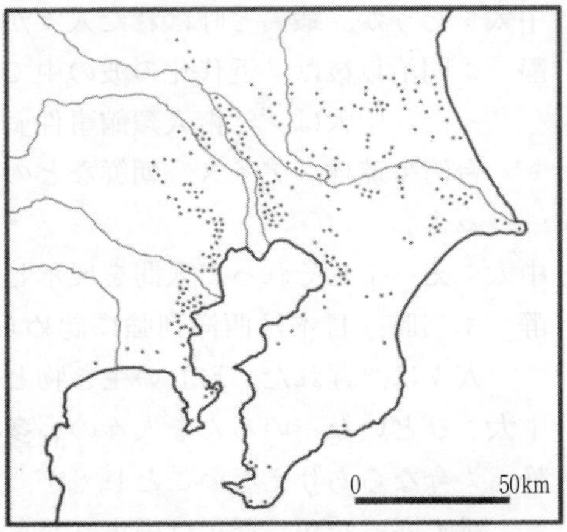

① 大雨による洪水被害《こうずいひがい》の多い低地を避《さ》けて，台地上に住んでいた。
② 集落同士の争いが多かったため，丘《おか》の上に砦《とりで》を築き住んでいた。
③ 森林を焼きはらって，畑を広げることができる丘陵《きゅうりょう》地帯に住んでいた。
④ 海からの食料を得やすい海岸に沿《そ》って住んでいた。

問５．下線⑸に関する問題です。昨年，「北海道・北東北の縄文遺跡群」が世界遺産に登録されました。まだ正式に世界遺産に**登録されていない場所**として正しいものを，次の①～④から１つ選びなさい。

① 紀伊山地の霊場《れいじょう》と参詣《さんけい》道
② 石見銀山遺跡とその文化的景観《けいかん》
③ 飛鳥・藤原の宮都《きゅうと》とその関連資産群
④ 「神宿る島」宗像・沖ノ島と関連遺産群

問６．下線⑹に関する問題です。「伝統的工芸品」とは，経済産業省が地域の産業を振興《しんこう》するために指定したものです。伝統的工芸品に関する次の(イ)(ロ)の問いに答えなさい。

(イ) 経済産業省が指定する伝統的工芸品を示すマークとして正しいものを，次の①～④から１つ選びなさい。なお，マークは白黒で印刷されています。

① ② ③ ④

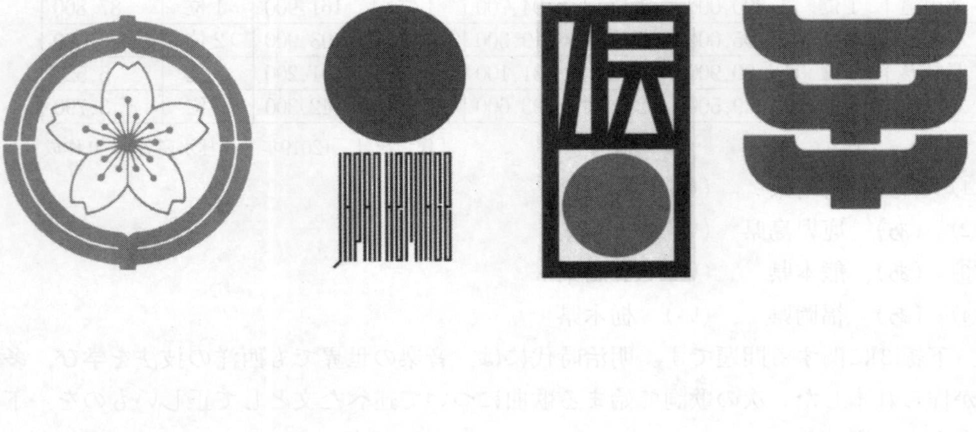

(ロ)　右の写真は，伝統的工芸品のひとつである南部鉄器です。南部鉄器で有名な県について述べた文として正しいものを，次の①～④から１つ選びなさい。

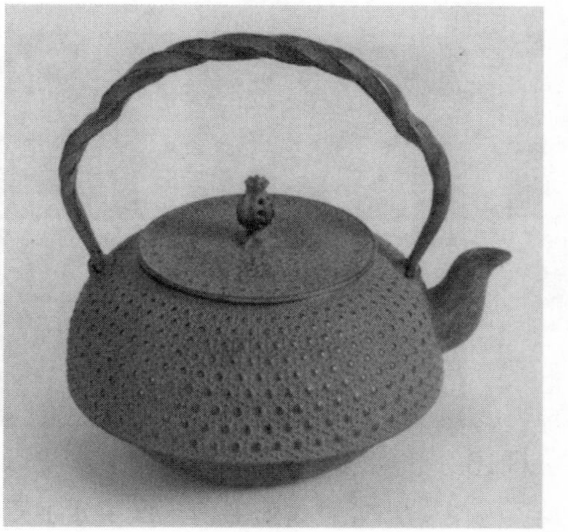

①　北上川が北から南に流れ，太平洋に面してリアス海岸が広がっている。

②　糸魚川静岡構造線が南北を貫《つらぬ》き，県の中央には諏訪湖がある。

③　北部に鈴鹿山脈，南部に紀伊山地があり，東は伊勢湾に面している。

④　島の数では日本最多であり，島原半島には活火山の雲仙普賢岳がある。

問７．下線(7)に関する問題です。松前藩に由来する食べ物に松前漬《づ》けがあります。松前漬けの写真としてふさわしいものを，次の①～④から１つ選びなさい。

①

②

③

④

問８．下線(8)に関する問題です。松前藩はアイヌとの交易で入手した昆布《こんぶ》を北前船の商人に売り，大きな利益を上げていました。江戸時代の商業について述べた文として**誤っているもの**を，次の①～④から１つ選びなさい。

①　「天下の台所」と呼ばれた大坂には，大名の蔵屋敷が立ちならんだ。

②　金・銀・銅(銭)の貨幣《かへい》が発行され，それを交換する両替商が発達した。

③　三井高利は呉服《ごふく》を商い，「現金掛《か》け値《ね》なし」の商法で財をなした。

④　出島のイギリスやオランダの商館には，全国から商人が集まった。

問９．下線(9)に関する問題です。現在のロシアの大統領の写真として正しいものを，次の①～④から１つ選びなさい。

①

②

③

④

問10．下線⑽に関する問題です。空らん（☆）には，千島列島や樺太の調査を行った人物が入ります。当てはまる名前を**漢字４字で**答えなさい。

問11．下線⑾に関する問題です。青森のねぶた祭りではかつて，田村麻呂伝説にちなんで，ねぶたの最優《さいゆう》秀《しゅう》賞《しょう》を「田《た》村麿《むらまろ》賞」と呼んでいました。しかし田村麻呂の評価をめぐって議論が起こった結果，現在では「ねぶた大賞」と名前が変わっています。どのような議論が起こったと思いますか，あなたの考えを述べなさい。

問12．下線⑿に関する問題です。次の写真(A)(B)の建物と，それともっともかかわりの深い征夷大将軍(ア)～(エ)の組み合わせとしてふさわしいものを，下の①～④から１つ選びなさい。

(A)

(B)

(ア)　足利義満　　(イ)　足利義政　　(ウ)　徳川吉宗　　(エ)　徳川慶喜

①　(A)―(ア)　　②　(B)―(イ)

③　(A)―(ウ)　　④　(B)―(エ)

問13．下線⒀に関する問題です。人間を展示することは，現在からみると基本的人権に反する行《こう》為《い》といえます。基本的人権について記した次の日本国憲法の条文を読み，空らん（ア）（イ）に入る言葉の組み合わせとして，正しいものを下の①～④から１つ選びなさい。

> 11条：国民は，すべての基本的人権の享《きょう》有《ゆう》を妨《さまた》げられない。この憲法が国民に保障する基本的人権は，侵《おか》すことのできない（　ア　）権利として，現在及び将来の国民に与へられる。
>
> 12条：この憲法が国民に保障する自由及び権利は，国民の（　イ　）によつて，これを保持しなければならない。又，国民は，これを濫用《らんよう》してはならないのであつて，常に公共の福祉のためにこれを利用する責任を負ふ。

① （ア） 永久の （イ） 不断の努力
② （ア） 神聖な （イ） 自主的奉仕
③ （ア） 神聖な （イ） 不断の努力
④ （ア） 永久の （イ） 自主的奉仕

問14. 下線⒁に関する問題です。近年，企業でも「多様性」を尊重する働き方が少しずつ広がっています。「多様性」を意味する語として正しいものを次の①～④から１つ選びなさい。
① バリアフリー ② ワークシェアリング
③ ダイバーシティ ④ フェアトレード

Ⅱ 女性の歴史と現代の諸問題に関する次の文章を読み，以下の問いに答えなさい。

試験を終えて家に帰って，もし元気があったら，ためしに社会(歴史)の教科書を開いてみてください。

最後のページ近くに，執筆《しっぴつ》者の名前があります。それを見ると，男性のほうが多いことに気づくでしょう。歴史上の人物のうち女性より男性のほうが思い浮かびやすいとすれば，その理由の一つは，教科書の執筆者の多くが男性だからかもしれません。

ここで世界史をふりかえってみましょう。古代エジプトには女王クレオパトラ，(1)**中国(唐)**には楊貴妃，近代のイギリスにはスペイン海軍を破った女王エリザベス１世など，大きな影《えい》響《きょう》力を持つ女性がいました。

20世紀後半のアメリカで，(2)**黒人の地位を改善する運動**を率いたのはキング牧師ですが，運動が広がるきっかけとなる抵抗《ていこう》を一人で行なったのは，ローザ・パークス(右写真)という女性でした。

「日本史の女性のことなら，もっと知ってるよ！」それでこそ将来の中附生。(3)**「縄文のビーナス」**や，邪馬台国を治めた卑弥呼が思い浮かぶでしょう。飛鳥時代には，推古天皇や持統天皇といった女帝がいました。(4)**平安時代の文学**は，女性を抜《ぬ》きに語れません。

鎌倉時代は，(5)**北条政子**が政治的リーダーシップを発揮しました。安土・桃山時代の細川ガラシャの悲劇《ひげき》や，女歌舞伎の流行の基礎《きそ》をつくった(6)**出雲阿国**も忘れられません。「お歯黒」など，近世までつづいた女性の風習も学んだでしょう。

(7)**明治時代**以後は，(8)**女性の地位を向上させる運動や，女性による創作活動**にスポットライトが当たりました。その展開は，とても彩《いろど》りゆたかなものでした。

このように，女性もまた男性と同じく，懸命《けんめい》に生きてきました。けれど，私たちが女性の活《かつ》躍《やく》にふれるチャンスはやはり少ない。この文章中と各問題中に，小・中学校の社会(歴史)で学ぶ女性の名前はほとんど出ています。それだけ，教科書でふれられる女性の数が少ないということです。

では，現代日本と世界の女性はどうでしょう。日本では，女性の(9)**国会議員**の数は圧倒《あっとう》的に少数です。(10)**昨年の東京オリンピック**の前には，関係者による女性差別発言もくりかえされました。日本人だけでなく，世界の多くの人びともそうした事態に失望したのでした。

世界に目を向ければ，(11)**女性の活躍**はまことにめざましい。1990年代に国連難民高等弁務官事務所のリーダーとなった緒方貞子さんは，国際派の先駆者《せんくしゃ》の一人です。生前，彼女は次のよ

うにのべました。日本が積極的な平和主義を求めるなら，人道上の国際問題から目をそむけるべきではない――。

緒方さんもよく自覚していたとおり，日本国内の問題が国際的な問題と密接にかかわる点を忘れるわけにはいきません。たとえば，外国人技能実習生への(12)**人権**侵害《しんがい》は，多数報告されています。コロナ禍《か》で，日本政府から十分サポートを受けられなかったベトナム人技能実習生たちは，(13)**ベトナム**出身の女性僧侶《そうりょ》，ティック・タム・チー（右写真）のいる大恩寺に助けを求めました。

ベトナム人のことは，ベトナム人が助ければいい。彼・彼女らを働き手として招いた日本人がこうした冷たい態度をとれば，国際社会での信用を確実に失います。

(14)**「３．11」**から10年以上経った今，女性たちが震災《しんさい》後の避難《ひなん》所生活で味わった深刻な苦しみが，少しずつ明かされるようになりました。世相《せそう》が荒《あ》れるとき，社会的地位が定まらない人ほど苦しみやすいことははっきりしています。

過去の傷をかかえてこの世を生きる女性たち。技能実習生。コロナ感染を恐れる世間に差別されたエッセンシャルワーカーたち。そして，(15)**政治や社会の混乱がつづく国々**で苦しむ人びと――苦しみの涙《なみだ》の色は，みんないっしょです。国の内と外，あるいは男女間で，ちがいはありません。

弱き者に手が差しのべられない社会だとすれば，それはとてもさびしい。では，「人の道」をまっとうする社会を築くには，どうすればよいのでしょうか。はっきりとした答えは，まだ出ていません。

あなたといっしょに社会をデザインしなおすこと。希望の聖火を引き継《つ》いでゆくこと。教室で，あなたとみんなの未来を織りなせることを，楽しみにしています。

問１．下線(1)に関する問題です。中国へ遣唐使が送られた時代の出来事として**ふさわしくないもの**を，次の①～④から１つ選びなさい。

① 聖武天皇のもと，盧舎那仏《るしゃなぶつ》（大仏）をまつる東大寺が建てられた。

② 墾田永年私財法により，みずから開墾した土地の私有が認められた。

③ 何度も航海に失敗した鑑真が，ついに日本へ渡来した。

④ 仏教や儒教の教えのもと，十七条の憲法が制定された。

問２．下線(2)に関する問題です。今日《こんにち》もなお，アメリカの黒人差別は十分に解消されていません。このため，近年，「黒人の命は大切だ」をスローガンとする社会運動がつづいています。このスローガンを略《りゃく》した言葉を**アルファベット（大文字）３字で**答えなさい。

問３．下線(3)に関する問題です。長野県茅野《ちの》市で出土したこの土偶の写真としてふさわしいものを，次の①～④から１つ選びなさい。

①

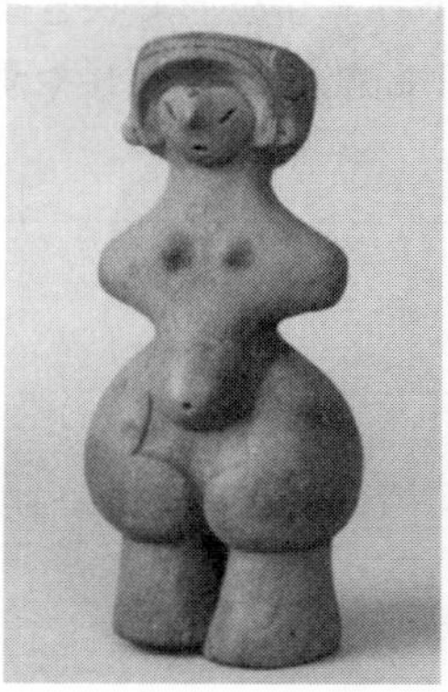

②

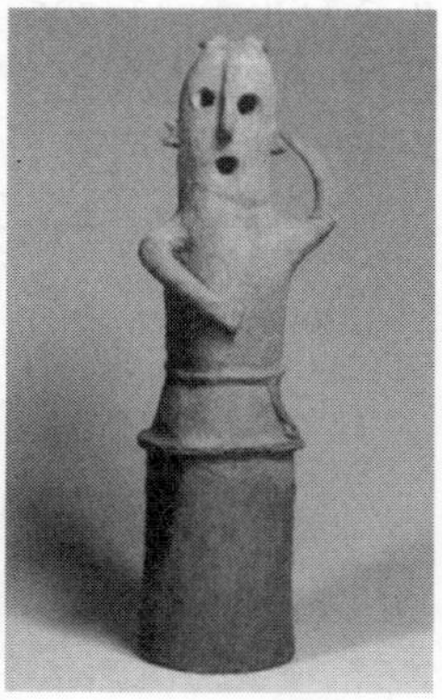

③

④

問４．下線(4)に関する問題です。次の文章は，平安時代の文学について説明したものです。空らん（ア）～（ウ）に入る言葉の組み合わせとして，正しいものを下の①～④から１つ選びなさい。

> 平安時代には，貴族もよく歌を詠《よ》みました。権力の絶頂にあった藤原道長による，「この世をば　わが世とぞ思ふ　（　ア　）の　欠けたることも　なしと思へば」の歌は特に有名です。
>
> また，女性も文学史に名を残しています。たとえば，近代から今日まで多くの言語に翻訳《ほんやく》されてきた紫式部の『源氏物語』は，架空《かくう》の人物である（　イ　）の生き方を描《えが》きました。
>
> さらに，紀貫之の『土佐日記』は独特な作品として知られます。「（　ウ　）もすなる日記といふものを女もしてみむとてするなり」の一節が有名ですね。『時をかける少女』や『君の名は。』といった映画の源流の一つは，平安文学にあると言えるかもしれません。

①　（ア）　望月　　　（イ）　清和源氏　（ウ）　男
②　（ア）　さかずき　（イ）　光源氏　　（ウ）　みかど
③　（ア）　望月　　　（イ）　光源氏　　（ウ）　男
④　（ア）　さかずき　（イ）　清和源氏　（ウ）　みかど

問５．下線(5)に関する問題です。北条政子が活躍した時期には，幕府により六波羅探題が設置されました。設置のきっかけとなった出来事としてふさわしいものを，次の①～④から１つ選びなさい。

①　源頼朝の死んだあと，北条時政が幕府の初代執権となった。
②　執権の北条義時のもとで，幕府軍が後鳥羽上皇の軍に勝利した。
③　執権の北条泰時のもとで，御成敗式目が制定された。
④　執権の北条時宗のもとで，御家人たちが元の襲来《しゅうらい》を迎《むか》えうった。

問６．下線(6)に関する問題です。出雲阿国の出身地といわれる出雲地方は，ある食べ物が名物です。次の文章はその名物の原料となる植物の説明で，グラフはその原料の都道府県別収穫《しゅうかく》量（2020年）です。この食べ物の名前をひらがなで答えなさい。

夏から秋にかけて，白色やピンク色の小さな花が，鈴がつらなるような形で咲《さ》きます。その実は三角すいの形をしていて，乾《かわ》くと黒っぽくなります。山間部でも栽培《さいばい》しやすく，その実を使った食べ物が各地の名物として親しまれてきました。

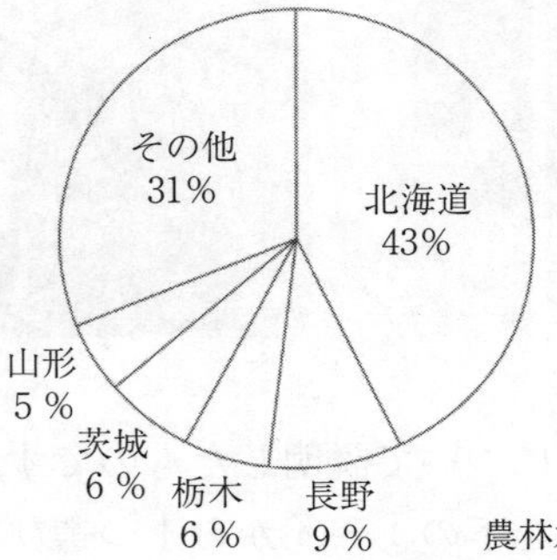

農林水産省 作況調査(令和２年)より作成

問７．下線(7)に関する問題です。次の明治時代の地図は，日本初の鉄道が開業したさい，海上に線路を敷《し》くために築かれた高輪築堤《たかなわちくてい》の跡地《あとち》周辺のものです。明治時代と現在(次のページ)を比べてわかることとして，**誤っているもの**を①～④から１つ選びなさい(両地図は同じ範囲《はんい》を表し，縮尺を調整しています)。

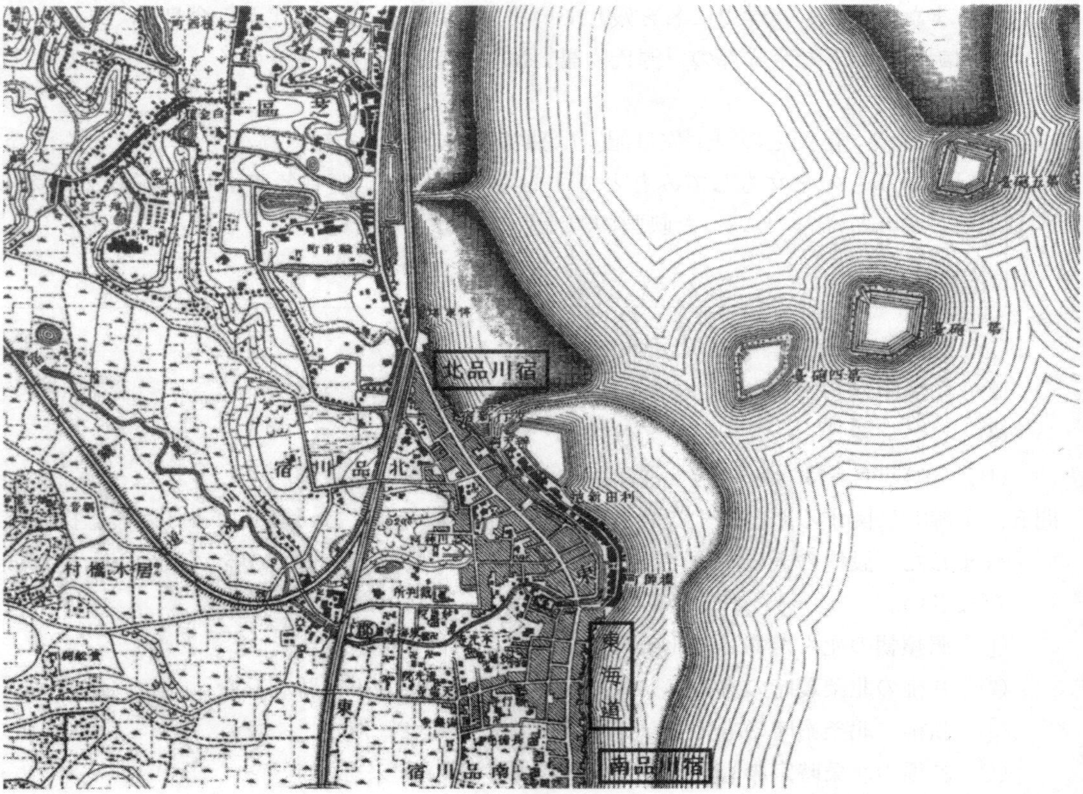

２万分の１迅速図「品川驛」(明治24年発行)

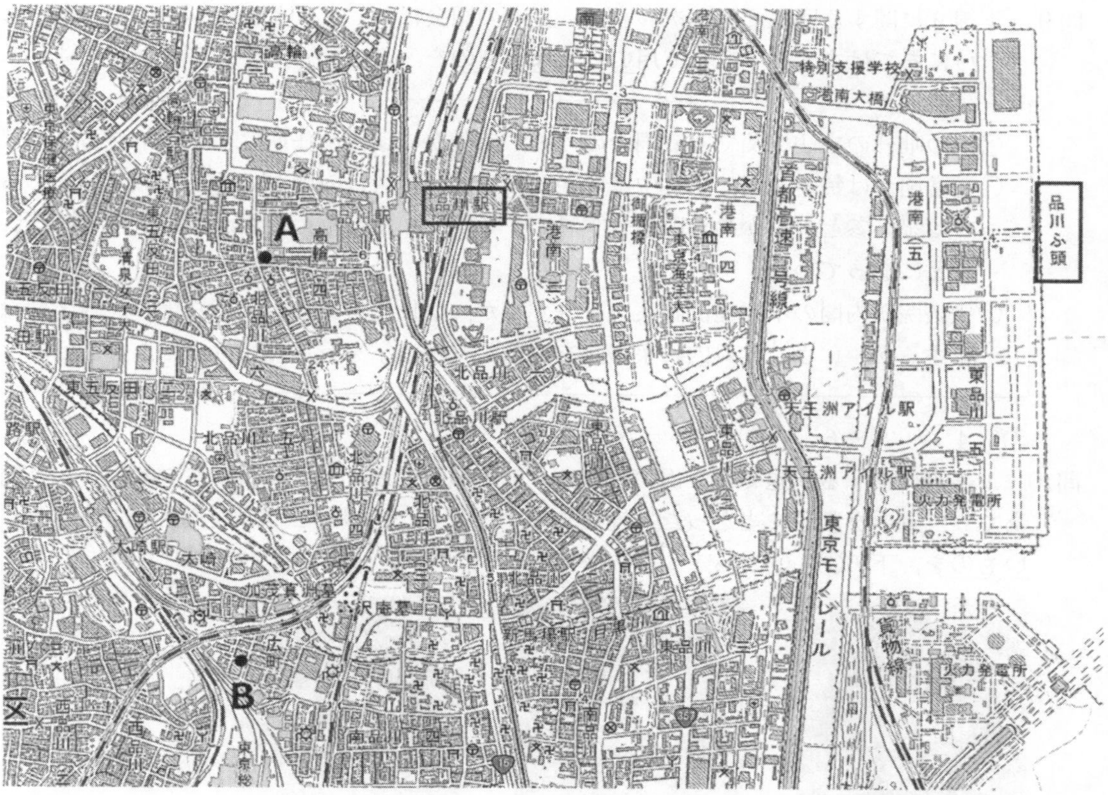

2万5千分の1電子地形図(令和3年10月調製)

① 現在のJR品川駅は，かつての海(干潟《ひがた》)の上に位置している。

② 現在の品川ふ頭《とう》には，かつての台場の跡地を利用した部分がある。

③ 南・北品川宿を貫《つらぬ》く東海道は，現在，国道357号線となっている。

④ 地図中のA地点の標高は，B地点の標高よりも高い。

問8．下線(8)に関する問題です。次の表は，近現代の女性たちの活躍をまとめたものです。与謝野晶子が「君《きみ》死にたまふことなかれ」という詩をつくった時期として正しいものを，下の①～④から1つ選びなさい。

A 津田梅子が，6歳の留学生として岩倉使節団に同行した。
↓
B 樋口一葉が，日清戦争に前後する時期に作家として活動した。
↓
C 平塚らいてうを中心に，雑誌『青鞜』が創刊された。
↓
D 市川房枝が，参議院議員としての活動をはじめた。

① AとBの間　② BとCの間

③ CとDの間　④ Dのあと

問９．下線(9)に関する問題です。次の表は，日本の国会についてまとめたものです。空らん(ア)～(ウ)にあてはまる数字として**用いられないもの**を，下の①～④から１つ選びなさい。

○国の唯一の立法機関である国会のうち，参議院の議員の任期は（ ア ）年である。
○通常国会は毎年１回，１月中に開かれる。臨時国会は内閣が必要と認めたとき，あるいは衆・参どちらかの議院の総議員の（ イ ）分の１以上の要求があったとき開かれることになっている。
○衆議院が内閣の不信任決議案を可決するか，信任決議案を否決した場合，内閣は総辞職するか，（ ウ ）日以内に衆議院を解散して総選挙を行なわなければならない。

①　4　②　6　③　8　④　10

問10．下線(10)に関する問題です。次の写真は，昨年の東京オリンピック・パラリンピック開催《かいさい》にあたり，重要な職務に当たった女性たちです。彼女たちのそこでの役職として**ふさわしくないもの**を，下の①～④から１つ選びなさい。

①　東京オリンピック・パラリンピック競技大会組織委員会会長
②　日本オリンピック委員会(JOC)会長
③　東京オリンピック・パラリンピック競技大会担当大臣
④　東京都知事

問11．下線(11)に関する問題です。右の写真は，ある国の政界を引退した人物です。彼女の業績として正しいものを，次の①～④から１つ選びなさい。

①　ドイツの首相として，EUで中心的役割を果たし，中東からの難民を積極的に国内へ受け入れた。
②　アメリカの政治家として，環境《かんきょう》対策と貧困対策を両立させる「グリーン・ニューディール」を掲《かか》げた。
③　ニュージーランドの首相として，新型コロナ対策を指揮して感染者数を少数に抑《おさ》えた。
④　フランスの政治家として，移民の受け入れに強く反対しつつ，国民の福祉を充実《じゅうじつ》させる政策を掲げた。

問12．下線(12)に関する問題です。日本が批准《ひじゅん》(加入)している人権条約として**誤っているもの**を，次の①～④から１つ選びなさい。

① 人種差別撤廃条約　② 女子差別撤廃条約
③ 子どもの権利条約　④ 死刑廃止条約

問13. 下線⒀に関する問題です。東南アジアの地図と，日本が衣類を輸入する国の割合を示したグラフを見て，ベトナムにあてはまる組み合わせとして正しいものを，下の①～④から１つ選びなさい。

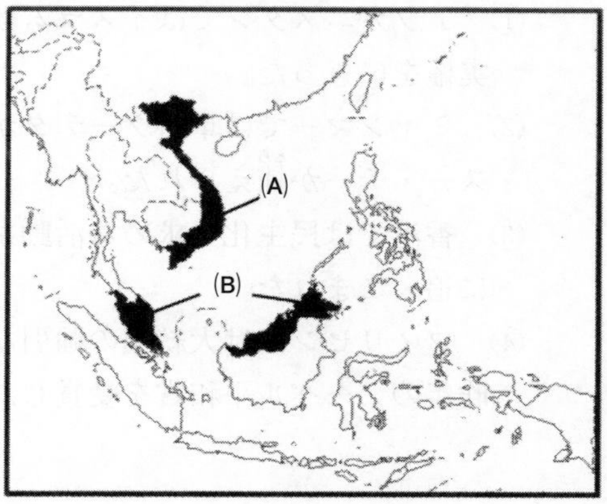

衣類と付属品の輸入先(2018年／総額３兆2058億円)

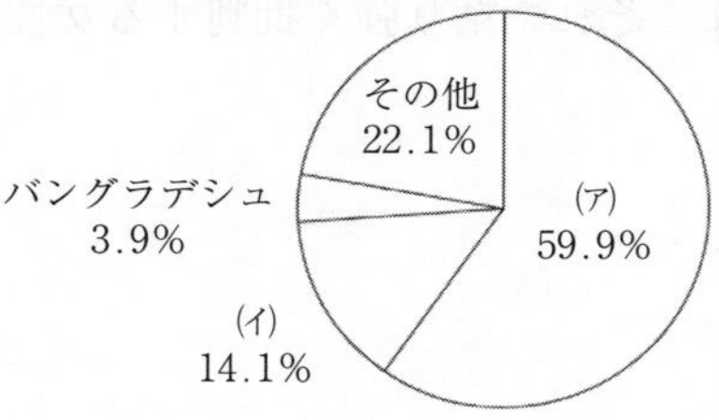

日本繊維輸入組合のホームページをもとに作成

① (A)と(ア)　② (A)と(イ)　③ (B)と(ア)　④ (B)と(イ)

問14. 下線⒁に関する問題です。宮城県女川町《おながわちょう》は，「3.11」で大きな被害《ひがい》を受けた地域のひとつです。次のグラフは，女川港において水揚《あ》げ高が大きい上位２魚種と，その平均単価を表したものです。上位２魚種の組み合わせとしてふさわしいものを，下の①～④から１つ選びなさい。

上位２魚種の水揚げ高と平均単価(2014～2020年)

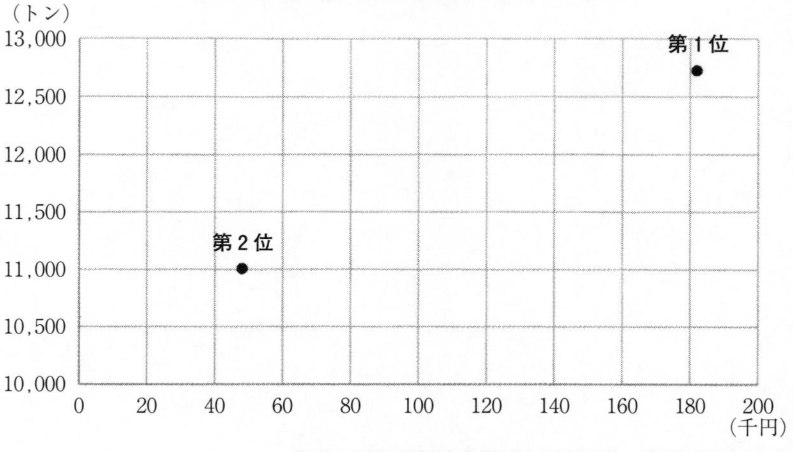

備考：平均単価は水揚げ金額(千円)÷水揚げ高(トン)
宮城県ホームページ「県内産地魚市場水揚概要」より作成

	第１位	第２位
①	まいわし	まだい
②	まいわし	さんま
③	さんま	まいわし
④	さんま	まだい

問15. 下線⒂に関する問題です。近年のアジア情勢の説明として**誤っているもの**を，次の①〜④から１つ選びなさい。

① アフガニスタンではイスラム教の教えをもとに活動する武装組織，アルカイダが政治の実権をにぎった。

② ミャンマーでは軍事クーデタが起き，行政の中心的役割を果たしていたアウン・サン・スー・チーが捕《とら》えられた。

③ 香港では民主化を求める活動家たちが次々に逮捕《たいほ》され，中国政府に批判的な新聞が廃刊《はいかん》に追いこまれた。

④ フィリピンでは大統領の強引な政治が問題とされ，それを粘《ねば》り強く批判《ひはん》する女性記者が昨年のノーベル平和賞を受賞した。

【理　科】〈第２回試験〉（30分）〈満点：60点〉

1　ふりこに関する実験についての次の文章を読んで，以下の問いに答えなさい。

ふりこの性質を調べるために，図１のような装置をつくりました。

まずスタンドにわりばしをはさんで固定し，そのわりばしに，おもりをつけたたこ糸をまきつけ，わりばしを支点としたふりこを作りました。このとき，支点からおもりの中心までの長さを「ふりこの長さ」とよぶことにします。

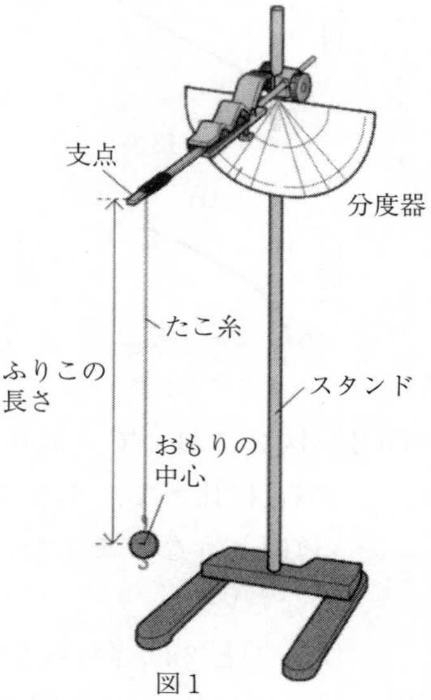

図１

次に，ふりこが支点を中心にどのくらいの角度でふれているのかがわかるように，スタンドには分度器を取り付けました。ここで図２のように，おもりを位置Ａまで引き上げて，糸がたるまないように静かに手をはなすと，おもりは最下点Ｂを中心にＡ→Ｂ→Ｃ→Ｂ→Ａ→Ｂ……と，位置Ａと位置Ｃの間を行ったり来たりする運動をくり返します。このとき支点の位置をＰとすると，角 BPA の大きさと角 BPC の大きさは同じとなります。このような最下点からふりこが到達《とうたつ》する最高点までの角度を「ふれの角度」と呼ぶことにします。実際の「ふれの角度」は，糸，わりばし，空気などによる影響《えいきょう》で少しずつ小さくなりますが，以下の問題では小さくならないものとして考えます。

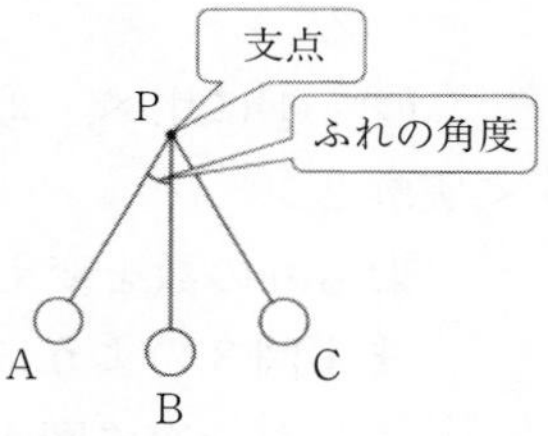

図２

さて，このようなふりこの運動において，Ａ→Ｂ→Ｃ→Ｂ→Ａのように，１往復して元の位置にもどってくるまでの時間を「周期《しゅうき》」と呼ぶことにします。

以上のような，「ふりこの長さ」，「ふれの角度」，「周期」について＜実験１＞，＜実験２＞，＜実験３＞を行いました。

＜実験１＞

ふりこの長さを変えて，ふりこの周期を測定しました。表１は，その結果です。

表１　ふりこの長さと周期の関係

ふりこの長さ(cm)	25	100	225	400
周期(秒)	1.0	2.0	3.0	4.0

表１からわかるように，ふりこにはふりこの長さが４倍になると周期は２倍になり，ふりこの長さが９倍になると周期は３倍になるというような性質があります。

問１　ふりこの長さと周期について，その性質を表すグラフはどれですか。次の(ア)～(オ)の中からもっともふさわしいものを１つ選び，記号で答えなさい。

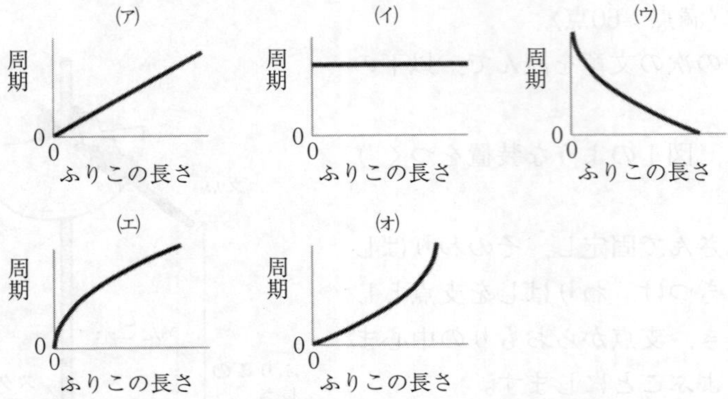

問２　図２において，ふりこのおもりの位置がＡ→Ｂ→Ｃ→Ｂ→Ａと変化する時間(これを①とする)に比べて，ふりこのおもりの位置がＢ→Ｃ→Ｂ→Ａ→Ｂと変化する時間(これを②とする)はどうなりますか。次の(ア)〜(ウ)の中からもっともふさわしいものを１つ選び，記号で答えなさい。

(ア)　①と②はどちらも１往復の時間なので，同じ時間となる。

(イ)　①に比べ，②ではおもりが速く動いている位置Ｂの状態が３回あるので，時間は短くなる。

(ウ)　①に比べ，②ではおもりが位置Ｃと位置Ａでもっともおそくなるため，時間は長くなる。

＜実験２＞

おもりの数を変えると，ふりこの周期がどのようになるのかを調べる実験をおこないました。まず図３のように，100ｇのおもりを25cmの長さのたこ糸の先に取り付けて，周期を測定しました。次に図４のように，もう１個の100ｇのおもりを先ほどのおもりの下に取り付け，あわせて200ｇにして周期を測定しました。すると，周期は長くなりました。

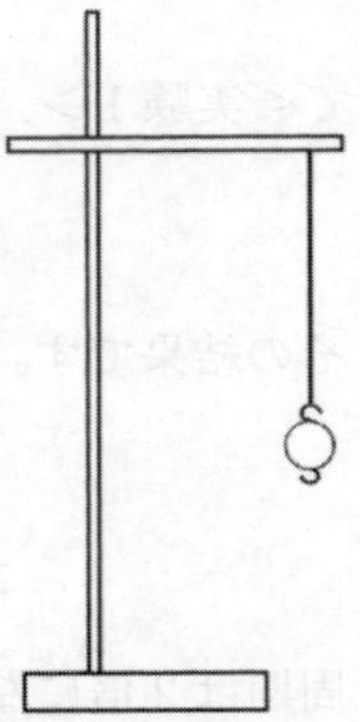

図３　おもりを１個取り付けたようす

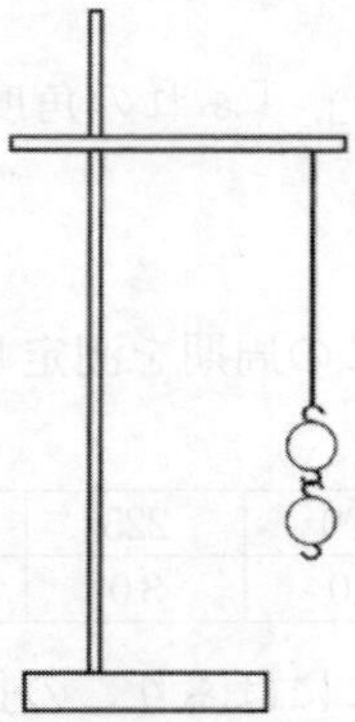

図４　おもりを２個取り付けたようす

問３　＜実験２＞について，ふりこの周期が長くなった理由を説明しなさい。

＜実験３＞

図１の装置のわりばしの下に細くてかたい棒をつき出すように固定し，図５のようにしました。次に図６のようにおもりを位置Ｄまで引き上げて，糸がたるまないように静かに手をはなすと，おもりが最下点Ｅにきたときに，ふりこの糸が棒にひっかかりました。糸が棒にひっかかると，そのあとは棒を支点としたふりことなりました。そして，おもりは位置Ｆで最高点に到達し，再び最下点Ｅを通り，手をはなした位置Ｄに戻りました。

　このようにふりこの糸が途中《とちゅう》で棒にひっかかる場合，棒の位置をＱとすると，手をはなした位置Ｄでのふれの角度（角 EPD）と，糸がひっかかったあとのふりこが到達する最高点の位置Ｆでのふれの角度（角 EQF）は異なりますが，位置Ｄと位置Ｆの高さは同じになります。

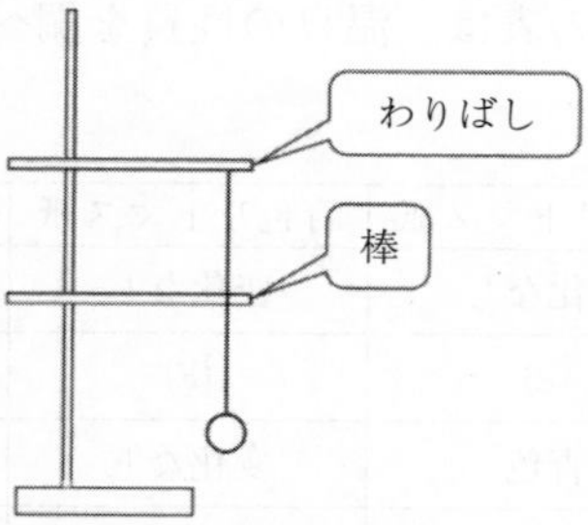

図５　横から見たようす

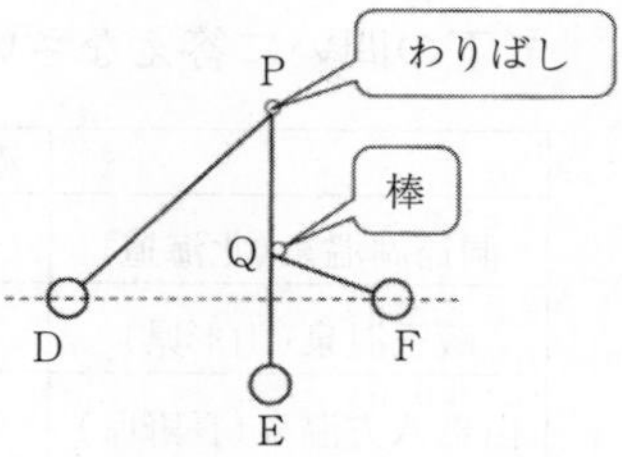

図６　前から見たようす

　ただし，棒にふりこの糸がひっかかったことによって，糸はたるまないものとします。

問４　わりばしからおもりの中心までの長さが100cm で，棒がわりばしから75cm 下の位置にあった場合，このふりこがＤ→Ｅ→Ｆ→Ｅ→Ｄと１往復して戻ってくる時間は何秒になりますか。

問５　わりばしからおもりの中心までの長さが100cm で，棒がわりばしから50cm 下の位置にあった場合，位置Ｄでふれの角度（角 EPD）を60度にしたとき，位置Ｆでのふれの角度（角 EQF）は何度になりますか。

2　日本は火山が多い国です。そのため，日本に住む私たちは，火山による被害《ひがい》とともに火山からのめぐみも受けています。

問１　図１は火山の噴火《ふんか》のようすを表しています。Ａ～Ｃが表すものの組み合わせはどのようになりますか。次の表の(ア)～(カ)の中からもっともふさわしいものを１つ選び，記号で答えなさい。

	A	B	C
(ア)	溶岩	マグマ	火山灰
(イ)	溶岩	火山灰	マグマ
(ウ)	火山灰	マグマ	溶岩
(エ)	火山灰	溶岩	マグマ
(オ)	マグマ	溶岩	火山灰
(カ)	マグマ	火山灰	溶岩

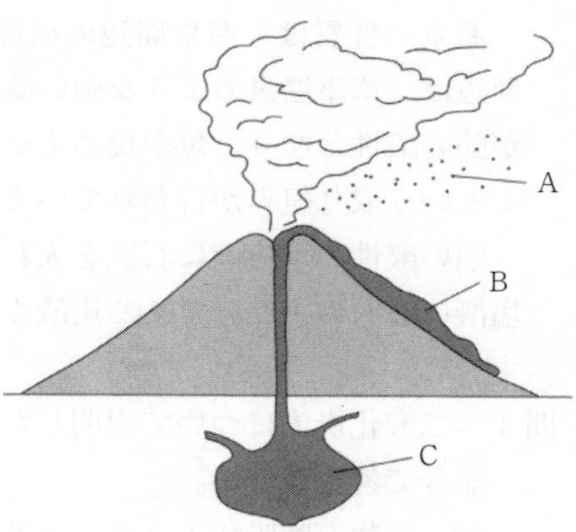

図１　火山の噴火のようす

問２　火山が噴火した時に火山灰から身を守る対策として**ふさわしくないもの**はどれですか。次の(ア)～(エ)の中から１つ選び，記号で答えなさい。

(ア)　火山灰を吸い込まないように，マスクやタオルなどで鼻や口をおおう。
(イ)　火山灰が目に入った時にすぐ洗えるように，コンタクトレンズをつけておく。
(ウ)　火山灰が直接肌《はだ》に触れないように，なるべく肌が出ない服装にする。
(エ)　道路に火山灰が積もると滑《すべ》りやすくなるため，車の運転はひかえる。

　火山から受けるめぐみの一つに温泉があります。日本各地の温泉の性質を赤色リトマス試験紙と青色リトマス試験紙，BTB 溶液を用いて調べてみると，地域によって温泉の性質が異な

ることが分かりました。次の表は，温泉の性質を調べた結果を表したものです。(D)～(I)について下の問いに答えなさい。

	赤色リトマス紙	青色リトマス紙	BTB 溶液
洞爺湖《とうやこ》温泉(北海道)	変化なし	変化なし	(D)
蔵王《ざおう》温泉(山形県)	(E)	(F)	黄色
白馬八方《はくばはっぽう》温泉(長野県)	青色	変化なし	(G)
都幾川《ときがわ》温泉(埼玉県)	(H)	(I)	青色

問３　赤色リトマス試験紙と青色リトマス試験紙，BTB 溶液を用いて調べた(D)～(I)の結果はどのようになりますか。次の(ア)～(カ)の中からもっともふさわしいものを１つ選び，記号で答えなさい。

	(D)	(E)	(F)	(G)	(H)	(I)
(ア)	黄色	変化なし	変化なし	青色	青色	変化なし
(イ)	黄色	変化なし	変化なし	緑色	変化なし	赤色
(ウ)	緑色	青色	変化なし	黄色	変化なし	赤色
(エ)	緑色	変化なし	赤色	青色	青色	変化なし
(オ)	青色	変化なし	赤色	青色	変化なし	変化なし
(カ)	青色	青色	変化なし	黄色	変化なし	変化なし

温泉の性質は，温泉周辺の環境に影響《えいきょう》をおよぼすことがあります。群馬県の草津白根山《しらねさん》の周辺は，草津温泉のような強い酸性の温泉が数多くある地域です。この地域は温泉の影響で川が強い酸性となり，魚が棲《す》めません。そこで，川の上部に石灰を入れて，魚が棲めるようにするという取り組みが行われています。

強い酸性の水溶液に石灰を入れるとどのような変化が起きるのでしょうか。たとえばうすい塩酸に石灰の主成分である炭酸カルシウムを入れると，二酸化炭素が出ることが知られています。

問４　二酸化炭素について説明した文として，ふさわしいものを次の(ア)～(カ)の中からすべて選び，記号で答えなさい。

(ア)　植物が呼吸するときにとり入れる。

(イ)　木や紙を燃やした時にできる。

(ウ)　水にとけやすく，水にとかしたものを石灰水という。

(エ)　固体になったものはドライアイスである。

(オ)　ものを燃やすはたらきがあるため，ロケットエンジンに使用されている。

(カ)　ものを燃やすはたらきがないため，消火器に使用されている。

以下の実験は，うすい塩酸に炭酸カルシウムを加えて，二酸化炭素を発生させたときの各量の関係を調べたものです。

［実験］

５つの三角フラスコ全てにうすい塩酸を10ｇずつ入れた。次にそれぞれの三角フラスコに重さの違《ちが》う炭酸カルシウム0.5ｇ，1.0ｇ，1.5ｇ，2.0ｇ，2.5ｇを加えたところ，下記の表のよ

うな結果になった。なお，炭酸カルシウムを1.5ｇより多く加えると，うすい塩酸が不足し，炭酸カルシウムの一部がとけずに残った。

加えた炭酸カルシウムの重さ(ｇ)	0.5	1.0	1.5	2.0	2.5
発生した二酸化炭素の重さ(ｇ)	0.22	0.44	0.66	0.66	0.66
とけずに残った炭酸カルシウムの有無	無	無	無	有	有

問５　とけた炭酸カルシウムの重さと発生した二酸化炭素の重さを最も簡単な比にするとどうなりますか。整数で答えなさい。

問６　この実験と同じこさのうすい塩酸150ｇに炭酸カルシウムを少しずつ加えていきます。そのとき炭酸カルシウムを何ｇより多く加えると炭酸カルシウムがとけずに残りはじめますか。

3　小金井君とお父さんは夏休みに川沿いを歩きながら自然観察を行いました。すると，①オンブバッタやジョロウグモ，モンシロチョウ，アブラゼミ，オニヤンマなどを見ることができました。成虫以外に，アゲハチョウの②さなぎも見つけることができました。

川の浅瀬《あさせ》では子ども達がスルメを使ってアメリカザリガニを釣《つ》っていました。お父さんに聞くと，アメリカザリガニは外来生物と呼ばれ，食用のカエルのエサとして日本に輸入されたものでしたが，飼育下から逃げ出して全国で繁殖《はんしょく》してしまったと教えてくれました。小金井君は，家に帰ったら③他の外来生物についても調べてみようと思いました。

川沿いを歩いていると，自然調査を行っている人たちが，植物やチョウ，トンボなどの種類と数を計測していました。自然調査を行っている人が，④チョウは植物との関係が深いので，チョウの種類や数を計測すれば，その辺りに生えている植物の種類やその場所の環境の豊かさが分かると教えてくれました。その話を聞き終えたとき，ちょうどオニヤンマが小金井君の頭上を飛んで行きました。それを見た自然調査を行っていた人が，オニヤンマは⑤縄張りをもっていて常に縄張り内をパトロールしていることを教えてくれました。そのため同じ場所で観察していると，何度も同じオニヤンマがその場所を通るそうです。

問１　下線部①について，オンブバッタ１匹《ぴき》とジョロウグモ１匹の足の本数をたすと合計何本になるか答えなさい。

問２　下線部②について，幼虫→さなぎ→成虫と変化する昆《こん》虫として，ふさわしいものはどれですか。次の(ア)〜(カ)の中からすべて選び，記号で答えなさい。

(ア)　ミヤマクワガタ　　(イ)　アブラゼミ　　(ウ)　オニヤンマ

(エ)　オオカマキリ　　(オ)　オンブバッタ　　(カ)　ニホンミツバチ

問３　下線部③について，日本において海外由来の外来生物に指定されている生物はどれですか。次の(ア)〜(カ)の中から３つ選び，記号で答えなさい。

(ア)　オニヤンマ　　(イ)　ウシガエル　　(ウ)　ホンドタヌキ

(エ)　サワガニ　　(オ)　ヒアリ　　(カ)　セアカゴケグモ

問４　以下の文章は下線部④について述べたものです。空らん(ａ)と(ｂ)に当てはまる語句として，もっともふさわしいものはどれですか。下の〔語群〕(ア)〜(オ)の中から１つずつ選び，記号で答えなさい。

チョウの幼虫は特定の植物の葉を食べて育つため，見つけたチョウの種類や数によってその地域にどのような植物がどれだけ生育しているかがわかります。例えば，アゲハチョウは

（ａ）科の植物，モンシロチョウは（ｂ）科の植物に卵を産み，ふ化した幼虫は特定の植物の葉を食べて育ちます。そのため，これらのチョウを見つけた場合，その地域に（ａ）科の植物や（ｂ）科の植物が生育していることがわかります。

〔語群〕

(ア)　アブラナ　　(イ)　サトイモ　　(ウ)　ミカン　　(エ)　ウリ　　(オ)　バラ

問５　下線部⑤について，右の図は縄張りの大きさによって，縄張りから得られる利益や縄張りを守るための労力がどのように変化するかを表したグラフです。たて軸《じく》は縄張りから得られる利益（食物）や縄張りを守るための労力をエネルギーという単位で表しており，横軸の(ア)～(オ)は５つの縄張りの大きさを示しています。以下の文章中の（ｃ）～（ｆ）に当てはまるものとして，もっともふさわしいものはどれですか。図中の(ア)～(オ)の中からそれぞれ選び，記号で答えなさい。

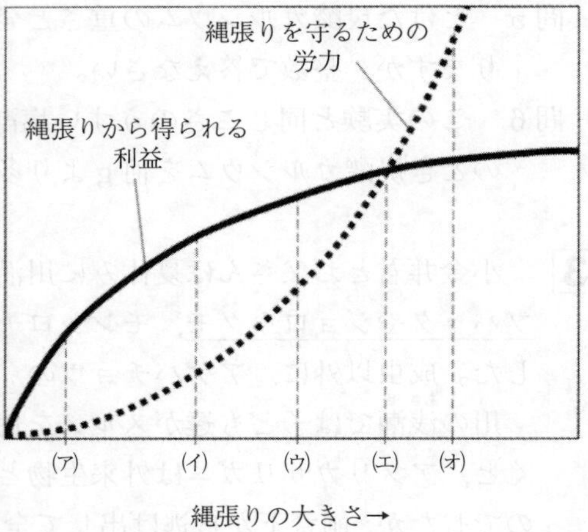

縄張りから得られる利益は食物などがあげられます。縄張りが大きくなるにつれて得られる利益も大きくなるので，５つの縄張りの大きさ(ア)～(オ)のうち最も利益の大きい縄張りは（ｃ）になります。ある程度の縄張りの大きさからは利益があまり増えなくなるのは，大きい利益を十分に利用することが困難になってくるからです。

縄張りが大きいほど，侵入者《しんにゅうしゃ》も多くなり，それらを縄張りから追い払《はら》ったりする労力が急激に増大します。５つの縄張りの大きさのうち最も労力が少ない縄張りは（ｄ）になります。

生物は利益を得るために縄張りを作ります。そのため，得られる利益よりも労力が大きくなると縄張りは成立しません。このことを考えると縄張りが成立する大きさは（ｅ）までになります。また，縄張りから得られる利益と縄張りを守るための労力の差が一番大きくなる縄張りの大きさは（ｆ）になり，この縄張りの大きさが最適な縄張りの大きさになります。

着いているということを意味する。他人の筆と他人の硯《すずり》であっても、自分自身の絵にしてしまうところに、西濱さんの凄味《すごみ》があるのではないか、ということ。

(エ) たった今、この瞬間《しゅんかん》における自分のありようを筆先に乗せて、西濱さんの描く絵は出来上がっている。つまり、生きていることと絵を描くこととが同じ次元で溶《と》け合《あ》い、作品に影響《えいきょう》を与《あた》えているのである。それを何気なくやってみせてしまうところに、西濱さんのたぐいまれな芸術家としての才覚があふれ出ているのではないか、ということ。

問９ ――⑪「なぜ僕《ぼく》がここにいるのか、ほんの少しだけ分かるような気がしてきた」とありますが、これに関する次の説明文の(1)～(4)について適当なものをそれぞれ選び、記号で答えなさい。

「僕」は、西濱さんの作品の制作過程を通じて、世界のありのままを描《えが》くというのは、目で見えているものだけを描くのではないのだと考えるようになりました。

つまり水墨《すいぼく》とは、対象をただ画面に写し取るのではなく、(1)［(ア) 人生で出会ってきた多くの人に対する感謝の気持ち (イ) 積み重なった技術の結晶《けっしょう》を存分に使った究極の形態 (ウ) 自分の中でうごめいている心や気分も含《ふく》めたすべて］を描くことにより、(2)［(エ) 見えない美しさが現実世界の底に隠《かく》れている (オ) 過去と現在とが渾然一体《こんぜんいったい》になって立ち上がる (カ) 世界と自分がひとつながりのものとしてある］ことに気づかせてくれるものなのだと言えます。

つまり、絵の世界と現実の世界とがはっきりとわけられたものとしてあるという前提に立つことなく、(3)［(キ) 鋭く細やかな感受性によってとらえられた世界を、自分もろとも描き切る (ク) 揺《ゆ》さぶられ、たゆたう水面のように、時の流れ自体に身をゆだねてしまう (ケ) 感動しているという実感にもとづき、改めて対象の美しさを発見していく］ことこそ、水墨を描くということなのです。そうであるならば、描く主体についてもとらえ直す必要が出てくるでしょう。

「僕」は、湖山先生に誘《さそ》われて何となく水墨を習いはじめた大学生に過ぎませんでした。しかし、ここに至って、自分が絵を描くということに積極的な意味を見出《みいだ》そうとしています。

西濱さんの描きぶりをふまえて言えば、絵というのは、描き手が対象をとらえ、それを支配的に描き出すことを意味しません。自分が置かれている状況《じょうきょう》を受け入れ、それをあるがままに肯定《こうてい》し、筆のおもむくままに見えて実は、自らが動かされていることにこそ、水墨の本質が隠《かく》されているのです。

ゆえに、(4)［(コ) 線を、僕は描く (サ) 線が、僕を描く (シ) 線で、僕が描く］のだということができるでしょう。

【出典】

一 将基面貴巳『日本国民のための愛国の教科書』（百万年書房、二〇一九年）六～二八ページ（ただし、省略した箇所がある）

二 砥上裕將『線は、僕を描く』（講談社、二〇一九年）一六五～一七六ページ

問６　A ～ E に当てはまる会話文として適当なものを次の中から選び、(ア)～(オ)の記号で答えなさい。

(ア)　悪くない
(イ)　これは何処《どこ》のお茶？
(ウ)　西濱君、ありがとう
(エ)　美味《おい》しいですよね
(オ)　お待たせしました〜〜！

問７　――⑨「それは牡丹《ぼたん》よりも牡丹らしいものに見えた」とありますが、これに関する次の説明文の(1)～(4)について適当なものをそれぞれ選び、記号で答えなさい。

筆が進むにつれ、だんだん「僕《ぼく》」は西濱さんの世界に引《ひ》き込《こ》まれていきます。

確かに西濱さんの絵は(1)「(ア)　お世辞にも上手とは言えないほど構図《こうず》がよじれて　(イ)　形式的なほころびが目立ち筆《ひっ》致《ち》の方が強く表れて　(ウ)　相手をねじふせようとする圧倒《あっとう》的《てき》な力にあふれて」いるように見えます。

一方で、「僕」の目には、西濱さんの絵が、千瑛や斉藤さんの絵とは本質的に異なった点があると映りました。もちろん、千瑛や斉藤さんの描《えが》いた牡丹も、素晴《すば》らしい出来上がりです。それでも二人の絵は(2)「(エ)　手先の技法の完成にとらわれすぎている　(オ)　上手《うま》く描こうと画面を意識しすぎている　(カ)　対象をとらえるのに力が入りすぎている」と「僕」は思わざるをえません。

「僕」が惹《ひ》かれているのは、西濱さんの手によって一枚の絵が出来上がっていく過程の躍動感《やくどうかん》にあり、少しずつ(3)「(キ)　刻み込まれていく芸術家の祈《いの》りのような熱のほとばしり　(ク)　肉づけられて華《はな》やかに浮《う》かび上《あ》がる可変的な造形の数々《かずかず》　(ケ)　白い画面に吹き込まれていく生命の息吹に似た一瞬一瞬」に、同じ場にたたずむ者として共鳴していくのです。大きな体から生まれる力をそのまま筆に込めるような西濱さんの描き方は、(4)「(コ)　水墨《すいぼく》という名の音楽に包まれているような陶酔的《とうすいてき》な感覚　(サ)　魂《たましい》を手に入れた花が飛び出してくるような神秘的な感覚　(シ)　美が美であることを越《こ》えていくかのような不思議な感覚」を「僕」にもたらしたのでした。

問８　――⑩「そこでふいに僕《ぼく》はとんでもないことに気づいた」とありますが、どういうことですか。最も適当なものを次の中から選び、(ア)～(エ)の記号で答えなさい。

(ア)　描《えが》く直前において内側に抱《かか》え込《こ》んだ感情の綾《あや》さえ、西濱さんの絵にはにじみ出ている。描き手の感情表現として絵を描くというのは、画面の上に自分自身を、周囲の世界から切《き》り離《はな》されたものとして表現することにつながっている。芸術家として世界と正対するというのはまさに、西濱さんのような人のことを指すのではないか、ということ。

(イ)　牡丹《ぼたん》という花の命をとらえ、紙の上で再現するためには、徹《てっ》底的《ていてき》な観察とそれを墨《すみ》一色で描き切る力が必要になる。西濱さんは、牡丹の花としての本質を紙の上に投影《とうえい》し、あと戻《もど》りのきかないひと筆書きのようになぞっている。ならば描く前にすでに、自身の想像のうちで、命を吹き込まれた牡丹が完成していたのではないか、ということ。

(ウ)　心というあやふやなものを自身で操《あやつ》り、西濱さんはまるで踊《おど》るように筆を動かしている。それは、絵を描くという姿勢を究極的に突《つ》き詰《つ》めた結果、つねに同じ水準で描ける域までたどり

始めたばかりの「僕」にとってこの分野では先輩《せんぱい》に当たります。本来であれば［ａ］な筆致《ひっち》を持つ彼女《かのじょ》の描き方は、「大輪の花」「大きな葉」とあるような力強さを持つ一方、墨《すみ》の色をみごとに変化させ、濃淡《のうたん》を描き分けられるだけの［ｂ］さを持っていました。今日に限って彼女の表情は硬《かた》く、［ｃ］ように感じられても、結果的には、［ｄ］するような花弁の牡丹がみずみずしく画面に咲いているごとく「僕」には思えたのです。

(ア) 卓逸《たくいつ**》　(イ) 精密《せいみつ》　(ウ) 無駄《むだ》がない　(エ) 感動《かんどう》
(オ) 華麗《かれい》　(カ) 多様《たよう》　(キ) ミスはない　(ク) 爆発《ばくはつ》
(ケ) 超絶《ちょうぜつ》　(コ) 周到《しゅうとう》　(サ) ぎこちない　(シ) 膨張《ぼうちょう》

問４　――⑤「空気が凍《こお》り付《つ》くようなこの緊張感《きんちょうかん》」とありますが、その説明として最も適当なものを次の中から選び、(ア)～(エ)の記号で答えなさい。

(ア)　普段《ふだん》ならば絵の良《よ》し悪《あ》しをまっさきに尋《たず》ねてくるはずの千瑛が、今日に限って湖山先生の出方をうかがっていて、見習い中の「僕」だけでなく、その場にいる誰《だれ》もが、作画の途中《とちゅう》でどのような致命的《ちめいてき》な失敗があったのか判断できずに動けなくなっている。

(イ)　普段は優《やさ》しくて人あたりもよさそうな湖山先生が、全身の力すべてを込《こ》めたような千瑛の描きぶりを見てもまったく動じることなく、かえって興をそがれてしまったように見えるので、その場にいる誰もが湖山先生をどうなだめればいいのか困っている。

(ウ)　普段とは異なる特殊《とくしゅ》な状況《じょうきょう》において描き出した千瑛の絵は、そばで見ていた「僕」から見ても決して出来がわるくはなさそうなのに、いつまでたっても湖山先生が何も言わないので、いったい何が起こるのかと、その場にいる誰もがすくみ上がっている。

(エ)　普段から容姿や服装がだらしなく、年寄りじみている湖山先生が、こと水墨画のことになると急に真剣《しんけん》な態度を見せ、千瑛の絵の出来栄《できば》えをじっと見つめており、いつものことながらその切り替《か》えの速さと鋭《するど》さにその場にいる誰もが驚《おどろ》きおののいている。

問５　――⑦「湖山先生は疲《つか》れたように目頭《めがしら》を押《お》さえて、それからゆっくり首を振《ふ》った」とありますが、どうしてですか。最も適当なものを次の中から選び、(ア)～(エ)の記号で答えなさい。

(ア)　無駄《むだ》な筆致がほとんどなく、墨の調節のしかたも完璧《かんぺき》に近い斉藤さんの絵は、とても写実的で非の打ちどころもないのだが、墨の色のみで対象を本物そっくりに描くというだけでは、作品としてすぐれていることにならないから。

(イ)　完成度が高く、描かれた対象からまるで光が放たれているような斉藤さんの絵は、見る人を立ち止まらせるほどの美しさに満ちてはいるが、見る人の目に魔術《まじゅつ》のような錯覚《さっかく》をもたらしてしまう点において、水墨とは呼べないから。

(ウ)　写真のように美しい斉藤さんの絵は、膨大《ぼうだい》な時間をかけて獲《かく》得《とく》された彼《かれ》一流の技術によって支えられているが、水墨にくわしくない鑑賞者《かんしょうしゃ》にとってはやや難解なところがあり、普遍性《ふへんせい》のある作品になっているとは言いがたいから。

(エ)　まるで下絵があるかのように同じリズムで描かれていく斉藤さんの絵は、コンピューターグラフィックス(CG)を見慣れた現代の人にとってはなじみのあるものだろうが、伝統的な水墨の世界からは逸脱《いつだつ》してしまっているから。

こういう技《わざ》のことをなんとたとえればいいのだろう。そもそもこれは技なのだろうか。

湖山先生は口を開いた。

「水墨《すいぼく》というのはね、森羅万象《しんらばんしょう》を描く絵画だ」

斉藤さんと千瑛は、これ以上ないほど真剣《しんけん》に湖山先生の話を聞いていた。湖山先生もまた二人に語り掛《か》けていた。

「森羅万象というのは、宇宙のことだ。宇宙とは確かに現象のことだ。現象とは、いまあるこの世界のありのままの現実ということだ。だがね……」

湖山先生はそこでため息をつくように息を放った。

「現象とは、外側にしかないものなのか？ 心の内側に宇宙はないのか？」

斉藤さんの眉《まゆ》が八の字に歪《ゆが》んでいた。千瑛は何を言われたのか分からないほど言葉に迷っていた。僕にはようやく湖山先生が何を言おうとして、⑪なぜ僕がここにいるのか、ほんの少しだけ分かるような気がしてきた。

「自分の心の内側を見ろ」

と、湖山先生は言っていたのだ。それを外の世界へと、外の現象へと、外の宇宙へと繋《つな》ぐ術が水墨画なのだ。西濱さんの絵が答えなら、もう、そうとしか考えられなかった。

心の内側を解き放つために、湖山先生は僕をここに呼んだのだ。

問１ ――①「一心不乱」、⑧「一気呵成《いっきかせい》」とありますが、それに関する(1)(2)の設問に答えなさい。

(1) ――①「一心不乱」の意味として最も適当なものを次の中から選び、(ア)～(エ)の記号で答えなさい。

(ア) 相手を恋《こ》いしたう気持ちや待ち望む気持ちが非常に強いさま。

(イ) いっさい休むことなく、勢いにのって最後までしあげるさま。

(ウ) それぞれの心と体がひとつになるほど強く結びついているさま。

(エ) ほかのことに注意をそらさず、そのことだけに集中しているさま。

(2) ――⑧「一気呵成」と対《つい》になる（反対の意味になる）ものを次の中から**２つ選び**、(ア)～(オ)の記号で答えなさい。

(ア) 無我夢中《むがむちゅう》 (イ) 試行錯誤《しこうさくご》 (ウ) 猪突猛進《ちょとつもうしん》

(エ) 初志貫徹《しょしかんてつ》 (オ) 沈思黙考《ちんしもっこう》

問２ ――②「間の抜《ぬ》けた」、③「手持ち無沙汰《ぶさた》」、⑥「意を決した」とありますが、それぞれの意味として適当なものを次の中から選び、(ア)～(カ)の記号で答えなさい。

(ア) こうしようという覚悟《かくご》を決めること。

(イ) いったん決めた選択《せんたく》を変えてしまうこと。

(ウ) 当てがはずれてしまってぼんやりすること。

(エ) 心中に何かたくらみを隠《かく》しもっていること。

(オ) 何もすることがなくて、時間を持てあますこと。

(カ) 他を出《だ》し抜《ぬ》いて自分だけ先に物事をなそうとすること。

問３ ――④「千瑛《ちあき》は牡丹《ぼたん》を描《えが》いていた」とありますが、「僕《ぼく》」は「千瑛」の絵をどのように受け止めたのですか。次の説明文の a ～ d に当てはまるものを選び、それぞれ(ア)～(シ)の記号で答えなさい。ただし、**同じ記号を２度以上用いてはいけない**こととします。

水墨画《すいぼくが》の大家である篠田湖山《しのだこざん》の孫・千瑛は、水墨画を習い

美しさなど思いもしなかった。そうではなく、ただ心が震え、一枚の絵、一輪の花、たった一つの花びらの中に命そのものを見ていた。西濱さんの急激に膨《ふく》らんでいく生命感が、画面の中に叩き付けられていく。筆致《ひっち》のことなどどうでもいい。ただ、その大きな空気が美以外のえたいの知れない感情を僕の中に呼び起こした。温度があり、揺《ゆ》さぶられ、そして何かを感じずにはいられなくなる。自分もこんなふうに何かを成すことができれば、という思いを掻《か》き立てられてしまう。

僕はガラスの壁に貼《は》り付いて、外の世界の西濱さんの水墨を食い入るように見ていた。

僕は感動していた。僕は感動に手が震えていた。

絵はあまりにも速く出来上がった。出来上がった絵は、千瑛や斉藤さんのものよりも乱れ、写真のようではなかったが、⑨それは牡丹《ぼたん》よりも牡丹らしいものに見えた。

何がそう見せているのか。

形も何処《どこ》か破綻《はたん》していて、形よりも筆致のほうが強く表れている面と線の応酬《おうしゅう》にどうして牡丹を感じるのか分からなかったが、その絵には、斉藤さんと千瑛の絵にはない圧倒的《あっとうてき》な存在感があった。

並べてみて、僕の目にはようやくそれが映った。湖山先生が、何が気に入らないのかもそのときに分かった。

「命だ」

西濱さんの絵には命が描《えが》かれていた。

一輪の牡丹と真剣《しんけん》に向き合い、その牡丹に命懸《いのちが》けで向き合っている西濱さんの命が、こちらにまで伝わってきた。手先の技法など無意味に思えてしまうほど、その命の気配が画面の中で濃厚《のうこう》だった。西濱さんのその気配は明らかに西濱さんの技術を超《こ》えている。技術はまるでその生命感に及《およ》ばないが、それは問題ではなかった。ただそこに生きて咲《さ》いている花がある。そのことだけはほかの絵よりも確かに伝わってきた。

それに比べれば、斉藤さんと千瑛の絵は、花を追いかけるのに力が入り過ぎている。確かに美しいが、心惹《ひ》かれる美のさらに向こう側に行けない。千瑛の情熱だけがわずかに千瑛の心の在り方や温度を伝えるくらいで、それが西濱さんのような強烈《きょうれつ》な感動を生むわけではない。だが問題は、この二つの表現はどちらかが劣《おと》っているわけではないということだ。

あまりにも高いレベルの話過ぎて、僕を含《ふく》めた大方の人間にはそれから先の想像も及ばない。ほとんど真上にあるような仰《あお》ぎ見るしかない高みを、その真下にいる人間は判じようがない。星々《ほしぼし》との距離《きょり》を僕らが測れないのと同じように、僕らには正確なところは分からない。

湖山先生には、この三枚の絵はどう見えているのだろうか。

湖山先生は相変わらずお茶を飲んでいた。

西濱さんの絵を見て、湖山先生は、

「そうだね」

とうなずいた。西濱さんは照れたように笑っていた。湖山先生は、なおもじっと見た後、

「まあ、なんだかとても生き生きしているけれど、今日は何かいいことがあったの？」

と湖山先生が笑うと、西濱さんは図星のように後頭を掻《か》いた。これはもう明らかに茜さんのことだと思い至るのに、それほど時間は掛《か》からなかった。だが、⑩そこでふいに僕はとんでもないことに気づいた。

そんなささいな心の変化が筆にすぐに表れるほど、繊細《せんさい》な反応を西濱さんの筆は有しているのだ。西濱さんの心が現実と筆を繋《つな》いでいる。西濱《にしはま》さんは、その躍《おど》るような心の変化を牡丹《ぼたん》という形に変えたのだ。牡丹という花の命の在り方を通して、自分の心や命の在り方を造作もなく表現した。

と湖山先生はうなずき、さっきまでの不機嫌《ふきげん》さは何だったのだろう、というような不思議な和《なご》やかさに包まれて話が進んでいたところで、斉藤《さいとう》さんが声を上げた。声は緊張《きんちょう》で震《ふる》えている。

「せ、先生、わ、私の絵は……」

それは場を締《し》め上げるような苦しげな声だった。

湖山先生は、ハッと気づいたように、元の厳しい顔に戻《もど》って、斉藤さんと千瑛を見た。二枚の絵はテーブルに隣《とな》り合《あ》って並べられている。同じ構図で雰囲気《ふんいき》がよく似ている。斉藤さんのほうは完成度が高く、千瑛のほうが情熱的だ。二枚とも僕《ぼく》にはすばらしい絵に見える。湖山先生は何が気に入らないのだろう。湖山先生は大きくまばたきして、ため息をついてから、

「西濱君」

と、それだけ言った。西濱さんは茶碗《ちゃわん》から口を離《はな》し、ハッとしたように顔を上げた。きっとさっきの一瞬《いっしゅん》は、黙《だま》って茜さんのことを考えていたのだ。茜さんの話が出たから、茜さんのことを考え続けているなんて、なんでそんなに単純なんだ、と思ったけれど、この柔《やわ》らかなところに今は救われていた。

「西濱君」

ともう一度、穏《おだ》やかに湖山先生は言って、西濱さんは、ああはいはい、と立ち上がった。

斉藤さんと千瑛の絵の前に立つと何を言うことも、思うこともなさそうに、そのまま筆を取った。

「千瑛ちゃん、これ借りていいかな?」

声を掛《か》けると、千瑛は、どうぞとうなずいた。西濱さんは当たり前のように微笑《ほほえ》んだ。良いお兄ちゃんという表情だ。描《えが》き始める前に、何かに気づいたようにもう一度筆を置いて、墨《すみ》をすって、それからいつも着ている作業着の上着を脱《ぬ》いだ。たぶんいつでもタバコを胸ポケットに入れているから、上着を着ているのだろう。西濱さんの上着はいつでも汚《よご》れていて、ところどころ泥《どろ》んこだ。だが、それを脱ぐと、隆々《りゅうりゅう》とした引《ひ》き締《し》まった体や長い腕《うで》が長袖《ながそで》のTシャツ越しに現れた。工務店のお兄ちゃんが水墨《すいぼく》画家に変身した瞬間《しゅんかん》だった。

「では、あらためて筆をお借りして」

と描き始めようとしたところで、斉藤さんは気づいたように紙を取《と》り換《か》えて、西濱さんの前に置いた。

「斉《さい》ちゃん、ありがとう」

と穏やかに言った後、西濱さんは⑧一気呵成《いっきかせい》に描き始めた。

速い。

千瑛も速いが、それよりもさらに速い。そして、速いのに余裕《よゆう》があり落ち着いている。千瑛がヴァイオリンのように筆を小刻みに身体を揺《ゆ》らしながら使うのだとすれば、西濱さんはコントラバスか、チェロのような大らかな動きで身体を使っている。筆の先は、速いが、落ち着いている。そして、画面の部分によって速く運筆する場所とゆったりと運筆している場所の差が大きい。大柄《おおがら》な体躯《たいく》から生まれる生命力をそのまま筆に込《こ》めている印象があった。描かれている絵は美しい。それは当然のことだった。

だがそれだけではない。千瑛や斉藤さんの絵とは本質的に異なっている。それは美ではない何かだ。

僕の目は画面に吸い込まれて、それと同時に、僕は自分の心の内側にあるガラス部屋まで意識した。その場所と外の世界が繋《つな》がり、そこから僕《ぼく》は西濱さんの水墨《すいぼく》を眺《なが》めていた。

ガラスの壁《かべ》そのものが、小刻みに震《ふる》えていた。

西濱さんの一筆、一筆が真っ白い画面に刻まれるたびに、壁は震え、目は吸い込《こ》まれた。

これは明らかに、美などではない。

人級のグラデーションが、まるでそれを輝《かがや》きや潤《うるお》いのある花びらそのものに見せてしまう。

斉藤さんの手順は、徹底《てってい》して無駄がなく美しい。迷うことなく同じリズムで進み続ける作画は、斉藤さんがそれを身につけるまでに費《つい》やした膨大《ぼうだい》な時間を思わせた。

出来上がった絵は、この前見たときのように完成度が高く、この前と同じようにCGのようだった。

同じ墨を使っているのに、薄墨《うすずみ》と濃墨《こずみ》の差が千瑛の絵よりも広がっているために、絵そのものが光を帯びているようにも感じた。明らかに目を引く美しさがあった。そして、何よりも千瑛のものよりもさらに写実的で、形に狂いがなかった。傍目《はため》で見ていても、絵ではなく写真のように描かれる画面は技術というよりも魔術《まじゅつ》に近い。何か騙《だま》されたような気さえしてしまう。

これならばと思い、湖山先生の顔をのぞいてみるけれど、湖山先生の表情は相変わらず冷めている。斉藤さんが、筆を置いて、湖山先生を見ると、⑦湖山先生は疲《つか》れたように目頭《めがしら》を押《お》さえて、それからゆっくり首を振《ふ》った。

斉藤さんのこれ以上、青くなりようもない顔がさらに青ざめているのを見ると、心から不吉《ふきつ》な感じがした。千瑛はその背後で、もうすぐ泣きそうだ。このときだけは、千瑛は弱々《よわよわ》しい小さな女の子のように見えた。

湖山先生の静かなため息が聞こえて、一同が言葉を失くしているところに、

「　A　」

という、いつもの軽いノリで西濱さんがお茶を運んできた。手際《てぎわ》よく、皆《みな》にお茶を配ると、斉藤さんと千瑛と僕《ぼく》を席に着かせた。ナイスタイミングだとも言えるし、ちょっと間が悪すぎるともいえる微妙《びみょう》な瞬間《しゅんかん》に西濱さんはやってきて、何もかもを小休止させてしまった。

湖山先生は、西濱さんを見るとやっと微笑《ほほえ》んで、

「　B　」

と、いつもの好々爺《こうこうや》にわずかに戻《もど》り、千瑛はお茶を飲みながら熱くなった瞳《ひとみ》を冷ましていた。斉藤さんだけが元のまま青く、お茶にも口をつけない。僕は緊張《きんちょう》でカラカラになった喉《のど》を潤《うるお》していた。当の西濱さんは、頭からタオルを取って、僕の横に座ってズズズとお茶を啜《すす》っていた。この沈黙《ちんもく》に響《ひび》く、なかなかいい音だった。

「　C　」

と湖山先生は言ったが、それは明らかにお茶のことだろう。

「　D　」

と西濱さんが、声を上げて、湖山先生が、

「　E　」

と子供のように訊《たず》ねると、ほとんど機嫌《きげん》はなおっていた。西濱さんは、

「今日の帰りに、翠山《すいざん》先生のところの茜《あかね》さんが持たせてくれたんですよ。お裾分《すそわ》けだそうです。翠山先生のところの息子《むすこ》さんがほら……」

「ああ、翠山先生のところのお婿《むこ》さんかあ。そういえば、お茶屋さんの工場に勤めておられるんだよね」

「そうそう。茜《あかね》さんのお父さんです。湖山先生にって新茶を持ってきてくれていたみたいですよ」

「なるほどね。翠山先生の家にはいつもお世話になるねえ……。西濱君、翠山先生のところにはよくよくお礼を言っておいてね。審査《しんさ》でもいつも助けられてるし」

「もちろんですよ、先生。翠山先生にも茜さんにもまたお礼を伝えておきます」

「うんうん」

にはあまり反応しない。

④千瑛は牡丹《ぼたん》を描いていた。

大輪の花、みごとなまでの花弁の調墨《ちょうぼく》の変化、大きな葉を描く線の鋭《するど》さ、それらを描き分ける墨色《すみいろ》の精密な変化……、この前、大学で描いたときよりも技法は数段、磨《みが》かれていた。

千瑛は今日も素早《すばや》く動いている。だが、表情は硬《かた》く、動きはどこかぎこちない。あの華麗《かれい》な筆致《ひっち》ではなく、恐《おそ》れを振《ふ》り払《はら》うように筆を振り回しているようにも見えた。描かれる絵は、いまのところミスはない。少なくとも僕にはそう見えた。すべてが完璧《かんぺき》な配置で描かれている。いつの間にか、半切の細長い画面に五輪の牡丹が描かれ、鋭い茎《くき》で結ばれて絵は完成していた。

墨一色で描かれているのに、何処からどう見ても牡丹に見える。爆発するような華《はな》やかな大輪が、画面のなかでみずみずしく咲《さ》いていた。

千瑛は、疲れ果《は》てたように筆を置いて、しばらく絵を見ていた。それから、小筆に持ちかえて、何かを描こうとして、紙の上をクルクルと回ったが、やめて筆を置いた。それで作画は終わった。

千瑛は緊張《きんちょう》した面持《おもも》ちで、湖山先生を見、斉藤さんもふだんには見ない険しい目で湖山先生を見たが、当の湖山先生は千瑛の絵を見たまま、なんてこともない白けた目をしている。

⑤空気が凍《こお》り付《つ》くようなこの緊張感は何なのだろう？　あの好々爺《こうこうや》そのものとも思えるような湖山先生が冷たい目をすると、こんなにも怖《こわ》いものなのだろうか。

湖山先生は何も言わないまま首を振った。そのとき、千瑛の顔にはうつむきながら暗い影《かげ》が広がった。斉藤さんの表情も渋《しぶ》くなった。湖山先生はなおも何も言わない。斉藤さんは心からこわごわと湖山先生に訊《たず》ねた。

「先生、いかがでしょうか？　良い絵だったと思いますが……」

斉藤さんがそう言った後、しばらく湖山先生は答えなかった。その間が、あまりにも怖い。

「斉藤君は、今のが、いい絵だったと思うのかね？」

その声も問い方もあまりにも厳しくて怖かった。千瑛はいつものような跳《は》ねっ返《かえ》りを口にすることもなく、斉藤さんでさえ押《お》しつぶされそうだ。湖山先生は、これぞ篠田《しのだ》湖山！　というような誰もが安直に思い描いてしまう大家の、あの表情で話をしている。文句をいうわけでも、不機嫌《ふきげん》そうなわけでもないが、何かどうやっても曲げられないような強い意志が、言葉にも雰囲気《ふんいき》にも表れている。湖山先生を支えてきた巨大《きょだい》な精神力の前に、僕ですら息苦しくなってしまった。

斉藤さんは何も答えられない。湖山先生は、

「斉藤君、描《えが》いてみなさい」

と、言い放った。斉藤さんの動きは固まったが、その後、⑥意を決したようにうなずいて、別室に道具を取りに行って戻《もど》ってきた。

「では……」

と、千瑛といっしょに紙を用意し、千瑛の使っていた道具や筆を退けて自分の道具を並べ始めた。筆洗の水はすぐに千瑛が換《か》えてきた。

ポチャンと、いつもの音がすると、斉藤さんは絵を描き始めた。

千瑛のように揺《ゆ》れはしない。だが、無駄《むだ》な筆致《ひっち》も少なく、墨《すみ》の濃度《のうど》の調整もいつものように狂《くる》いがない。調墨《ちょうぼく》だけでいえば、確かに千瑛の数段上を行っている。千瑛の絵もそれを眺《なが》めたときはみごとだと思ったけれど、斉藤さんを前にするとやはり未熟さが目立ってしまう。まるで狂いのない筆致に僕《ぼく》は驚《おどろ》いていた。斉藤さんの手は機械のように精密に動いていった。

大筆で画面に叩《たた》き付《つ》けるように調墨をした筆の全体を使って花びらを描いていき、叩き付けた衝撃《しょうげき》で花弁の繊維《せんい》を描く。その繊維は、当然、筆の毛が画面に乗った際の繊維だが、筆の中に含《ふく》まれた墨の達

ったのです。

(ア) 共通　(イ) 習慣　(ウ) 学校
(エ) 国民　(オ) 武士道　(カ) 独自
(キ) 方言　(ク) 戦争　(ケ) 仲間
(コ) 愛国心

問12　本文の筆者の意見や考えと合致《がっち》するものを次の中から**２つ選び**、(ア)〜(カ)の記号で答えなさい。

(ア)　畠山勇子が自決した直後、ラフカディオ・ハーンや女子教育家の巌本善治は、勇子の行動を「武士道」という文脈で捉《とら》え、評価することができた。それは、彼《かれ》らが「キリスト教」的な思考を有していたからである。

(イ)　江戸《えど》時代の日本人にとっては、自分の所属する藩が「国」であり、それ以外の藩が「よその国」であった。だから、江戸時代の日本人は、日本という大きな単位を愛するなどという意識を持ち得なかったのである。

(ウ)　人と人とは、たとえ見知らぬ者同士であっても、同じ人間として同胞《どうほう》意識を抱《いだ》くことができる。この自然に生まれてくる連帯感を、ベネディクト・アンダーソンは「想像の共同体」という言葉で表現したのである。

(エ)　ヨーロッパの国々は、フランス革命以降、急速に「国民《こくみん》」を単位とした国家に変貌《へんぼう》することができた。それは、それぞれの国が共通語というものを持ち、その言語を話す民族に共通の歴史を持っていたからである。

(オ)　声をそろえて歌うことで、歌う人々の間に連帯感が生まれる。日本の景観の美しさや軍隊の勇ましさを、生徒全員が声をそろえて歌う「唱歌」は、生徒に「日本人」という意識を植え付ける役割を担《にな》ったのである。

(カ)　日本と韓国《かんこく》と台湾《たいわん》が連合国を作ったり、北海道や沖縄が日本から独立したりする、などということが、この「現実世界」で起きるはずはない。そのような事態は、「フィクション」の中にしか存在しないのである。

二

次の文章を読んで、以下の設問に答えなさい。

珍《めずら》しく湖山《こざん》先生は、皆《みな》が集《つど》う教室の中にいて、全員が顔を合わせた。全員というのは、僕《ぼく》と西濱《にしはま》さんと、斉藤《さいとう》さんと千瑛《ちあき》ということだが、よくよく考えれば皆が同じ場所にいるところを見たことなど一度もない。皆、それぞれいつも勝手に動いている。

二十人くらいを囲んで宴会《えんかい》のできそうな長いテーブルにいすが備え付けられていて、正面にはホワイトボードが置いてある。湖山先生はそのホワイトボードの前に陣取《じんど》って、手の届く距離《きょり》で絵を描《えが》いている千瑛を眺《なが》めている。

千瑛は①一心不乱に絵を描いているが、湖山先生の目はあまり温かくない。千瑛の左隣《ひだりどなり》で突《つ》っ立《た》ったまま千瑛の描く姿を見ているのは斉藤さんで、斉藤さんの目はいつものことだが、表情がいまいち分からない。青白く、美青年で、あまり笑わない。

西濱さんは、周りを見渡《みわた》して、

「ただいま帰りました〜！」

と、何処《どこ》か②間の抜《ぬ》けた、ただいま、を言った後、誰《だれ》にも何も言わないうちから、

「皆さん、お揃《そろ》いで……、あっ、お茶ですね〜〜」

と、ごくごく当たり前のように台所に消えてしまったし、取り残された僕は③手持ち無沙汰《ぶさた》のまま、吸《す》い込《こ》まれるように湖山先生のほうへ近づいていった。湖山先生は千瑛の描くところを見ていて、こちら

(エ) 明治後期の日本人が身につけた愛国心とは、国家という大きな単位と結び付くものではないことを見て取った福沢諭吉は、日本には本当の愛国心が育たないのだと見切りをつけたから。

問10 ――⑨「教育勅語《ちょくご》の奉読《ほうどく》と拝礼は、儀式《ぎしき》を通じて愛国的な姿勢を日本人の身体に教《おし》え込《こ》みました」とありますが、どういうことですか。次の説明文の［a］～［c］に当てはまる言葉を選び、それぞれ(ア)～(キ)の記号で答えなさい。

> 教育勅語とは、明治天皇の名のもとに発せられた教育に関する基本理念です。戦前・戦中の学校では、校長が壇上《だんじょう》で教育勅語を奉読する時、全ての生徒は［a］の姿勢で、頭を下げ、校長が読む天皇の言葉を聴《き》くように求められました。現代でも式典の時などに求められる［a］の姿勢は、多くの国の［b］において、基本的な姿勢の一つとなっています。日本は西欧《せいおう》列強からその姿勢を学び、それを学校という空間にも取り入れました。児童や生徒たちは教育勅語の奉読という儀式を通して、［a］の姿勢を取ることが、地位・階級・年齢《ねんれい》などが上の人間に対して［c］を示す身体言語となることを学んだのです。

(ア) 都市　(イ) 親愛の情　(ウ) 体育座《すわ》り
(エ) 一意専心　(オ) 直立不動　(カ) 軍隊
(キ) 尊敬の念

問11 ――⑩「奇妙《きみょう》に聞こえるかもしれませんが、『国語』は明治になってから作られたものです」とありますが、どういうことですか。明治期の日本の言語状況《じょうきょう》について説明した次の文章を読んで、［a］～［d］に当てはまる言葉を選び、それぞれ(ア)～(コ)の記号で答えなさい。

> 江戸《えど》時代、日本の中は二百数十の藩《はん》に分かれ、さらには二六〇余年もの間、藩をまたぐ人々の移動を制限してきたために、それぞれの地域ごとに独自に発展した［a］が成立することになりました。ですから、江戸時代が終わって、明治という新しい時代が始まった時には、例えば東北の人と九州の人とでは言葉がうまく通じない、意思の疎通《そつう》がうまくいかない、という状況が存在していたのだといいます。
>
> 明治政府にとっての重要な課題は、日本全体を一つにまとめ上げ、「自分は日本という国の国民だ」という意識を持った国民から成る国家を作り上げることでした。けれども、そのような国民意識は、自然に芽ばえてくるもの、ほうっておいて自然にできあがるものではありません。
>
> 街中で小学校のクラスメイトを見かけたら、「あっ、同じクラスの○○ちゃんだ」といった［b］意識を持つことができます。でも、顔も名前も知らない他人に対しては、そうはいきません。では、見知らぬ者同士が「自分たちは同じ日本という国の人間だ」という意識を持つために、なくてはならないもの・必要なこととは何でしょうか。――それは、両者が［c］の言語を持っていることです。
>
> そのためにも、地域ごとに［a］があって、意思の疎通がうまくいかないような状況を何とかしなければなりません。そこで、東京の山《やま》の手《て》で使われていた言葉をモデルとして、標準語＝国語が整備されていくことになるのですが、その国語を日本中の人が読み、話し、理解できるような状況を作り上げていく必要があります。この時、国語の普及《ふきゅう》に大きな役割を果たしたものが、［d］であり、メディアであ

を、愛国心・武士道という文脈で解釈《かいしゃく》するようになったのだと言えます。同じものごとでも、時代によって受け取られ方や評価が変わってくるということの、一つの実例だと言えるでしょう。

(ア) 目ざわりなもの　　(イ) 一介《いっかい》の年若な女性
(ウ) 奇人《きじん》変人のたぐい　　(エ) 夢から覚めること
(オ) 時代遅《おく》れなもの　　(カ) 手本とすべき女性
(キ) ペテン師のたぐい　　(ク) 脚光《きゃっこう》を浴びること

問7　――⑥「もし仮にそうだとすれば」とありますが、「そうだ」の指し示している内容として最も適当なものを次の中から選び、(ア)～(エ)の記号で答えなさい。

(ア) 愛国心を持つことは自然で当たり前のことである
(イ) 愛国心を持つことは自然なことでも当たり前なことでもなかった
(ウ) 自然で当たり前のことではない、という疑問が生じてきた
(エ) いつかの未来には国を愛することは自然でも当然でもないことになる

問8　――⑦「日本人の多くが愛国的ではないどころか、そもそも愛国的であるとはどういうことかもわからない状態にあった」とありますが、どういうことですか。最も適当なものを次の中から選び、(ア)～(エ)の記号で答えなさい。

(ア) 日本の近代化とは、西欧《せいおう》化であり、西洋のものは全て良いものだと考えられていた。それゆえ、明治前半の日本人の多くは、西欧諸国に強いあこがれを抱き、日本という国を軽《かろ》んじる傾向《けいこう》を持っていた、ということ。
(イ) 日本精神と武士道とは、深く関わるものであった。ところが、明治維新《いしん》によって武士という身分が消滅《しょうめつ》してしまったことで、明治前半の日本人の多くは、日本を愛する精神を失うことになってしまった、ということ。
(ウ) 江戸《えど》時代は鎖国《さこく》体制下にあって、日本人には西欧諸国と競《きそ》い合うという意識がなかった。その延長で、明治前半の日本人の多くは、西欧諸国に負けない日本を作り上げようという目標を持ち得なかった、ということ。
(エ) 江戸期の日本人には、自分が日本という国に属する人間だという意識がなかった。明治前半の日本人の多くも、それと同じような状態で、自分の国として日本を愛するという感覚を持ってはいなかった、ということ。

問9　――⑧「明治初期に日本人が愛国的になることを待望していた福沢は、明治後期には日本人の多くが愛国的すぎることを警戒《けいかい》し、愛国心自体に懐疑《かいぎ》のまなざしを向けるようになったのです」とありますが、それはなぜですか。最も適当なものを次の中から選び、(ア)～(エ)の記号で答えなさい。

(ア) 多くの日本人が熱狂的《ねっきょうてき》な愛国者となった時、福沢諭吉は、そこに日本人の行き過ぎた自国びいきと外国人に対する一方的な敵意とを見出《みいだ》し、それを不適切なものと考えるようになったから。
(イ) 十年前には愛国心の意味さえ知らなかった日本人が、急激に愛国、愛国と叫《さけ》ぶようになった時、福沢諭吉には、それが一過性のブームに過ぎないのではないか、と疑わしく感じられたから。
(ウ) 日清戦争に勝利した日本で愛国ブームがわき起こるのを見た時、福沢諭吉は地球上の支配権争いが愛国心を高揚《こうよう》させるのだと気づき、愛国心をきな臭《くさ》いものだと感じるようになったから。

(イ) 一つのことをして、二つの利益を得ること。
(ウ) 名誉《めいよ》や世間体《せけんてい》をひどく損《そこ》なってしまうさま。
(エ) 方策がうまくいって、結果に結びつくこと。
(オ) 何かをしただけの効き目や効果がなかったさま。
(カ) 思わぬ障害により、事の進行が妨《さまた》げられること。

問3 [A]～[C]に当てはまる語を次の中から選び、(ア)～(オ)の記号で答えなさい。ただし、**同じ記号を2度以上用いてはいけない**こととします。

(ア) あたかも　(イ) おそらく　(ウ) さながら
(エ) そもそも　(オ) ようやく

問4 [D]～[G]に当てはまる語の組み合わせとして適当なものを次の中から選び、(ア)～(エ)の記号で答えなさい。

(ア) D＝さて　E＝つまり　F＝なぜなら　G＝とりわけ
(イ) D＝しかし　E＝さらに　F＝ところが　G＝そこで
(ウ) D＝さて　E＝さらに　F＝なぜなら　G＝そこで
(エ) D＝しかし　E＝つまり　F＝ところが　G＝とりわけ

問5 ――④「勇子の自決に関するリアルタイムの反応は、眉《まゆ》をひそめるものと同情的なものとに二分されていました」とありますが、どういうことですか。次の説明文の[a]～[d]に当てはまる言葉を選び、それぞれ(ア)～(ケ)の記号で答えなさい。

畠山勇子が京都府庁舎の前で自決した時、有力新聞は畠山勇子という一女性の壮絶《そうぜつ》な死にざまを報ずるに際《さい》して、勇子の[a]を疑うとともに、その行為《こうい》をむしろ[b]なものとして扱《あつか》ったのでした。
それに対して、巌本善治が関与《かんよ》していた『女学雑誌』や、ギリシャ出身の小泉八雲らは、畠山勇子という一女性が[c]のために自らの命を投げ出したことを、[d]にのっとった行いとしてとらえ、勇子という女性を称賛《しょうさん》し、彼女《かのじょ》に敬意を捧《ささ》げたのです。

(ア) 国家　(イ) 友愛　(ウ) 女気
(エ) 気楽　(オ) 不快　(カ) 宗教
(キ) 人道　(ク) 正気　(ケ) 本気

問6 ――⑤「勇子の自決はその先駆《さきが》けといってよいものだったのです」とありますが、どういうことですか。次の説明文の[a]～[d]に当てはまる語句を選び、それぞれ(ア)～(ク)の記号で答えなさい。

「維新《いしん》」とは、すべてが改まり、新しくなることです。明治維新によって武家社会が崩壊《ほうかい》したことで、武士道も、いったんは[a]となりました。ところが、明治23年頃《ごろ》になると、その武士道や武士道精神といったものが、ふたたび[b]になるのです。
畠山勇子が自決したのは、まだ武士道が見直され始めたばかりの頃《ころ》であり、彼女《かのじょ》の行為は、多くの日本人にとっては理解しがたいものでした。だから、新聞などは、彼女を[c]として扱《あつか》ったわけです。ところが、畠山勇子の死後、武士道という倫理観《りんりかん》・道徳観は日本全体に広がっていきます。それにともなって、勇子の行為に対する評価も変化していったのです。
たとえば、大正時代になると、命を賭《と》して日露《にちろ》の政府に訴《うった》えようとした畠山勇子は、[d]として評価されたりします。また、昭和時代になると、勇子は武士道を実践《じっせん》した女性として絶賛されたりもするのです。勇子の壮絶《そうぜつ》な最期《さいご》

しかも、各「地方」の文化や社会慣習は、現代とは比較《ひかく》にならないほど独自性が強く、各「地方」で話される言語すら異なっていました。つまり標準語というものがそもそも存在しなかったのです。

そのように自律性・独自性の強かった「地方」を国家として統合するようになっていくのが、18～19世紀のヨーロッパの歴史です。

こうしてブルゴーニュ地方やノルマンディー地方といった、様々《さまざま》な地方の人々《ひとびと》がフランス国民として統合されるようになりました。学校教育や社会的プロパガンダを通じて〈国民《ネイション》〉意識が一般《いっぱん》の人々に刷《す》り込《こ》まれました。

そのために「フランス語」という国語（標準語）が作り上げられました。また、文化や社会慣習を異にする各「地方」をフランス国民というひとつの枠《わく》に収めるためには、ひとつの歴史を共有していることが必要とされました。そこで、様々な国民的英雄《えいゆう》の物語としての「国民の歴史」が人々に教え込まれたのです。

これを真似《まね》したやり方を、明治新政府もまた日本の人たちに対して行ったのです。いろいろな藩《はん》の連合体でしかなかった日本という国を、中央の政府が統一的に支配する国に改造するために、ヨーロッパで行われた〈国民《ネイション》〉形成の方法をモデルにしたのです。

まず「国語」が学校教育で教えられるようになりました。⑩奇妙《きみょう》に聞こえるかもしれませんが、「国語」は明治になってから作られたものです。

また「国史」、つまり日本の歴史が学校で教えられるようになりました。

〈日本人〉という想像の共同体を育むためには、ありとあらゆる手段が用いられましたが、中でも興味深いのは唱歌の誕生と奨励《しょうれい》です。

学校で生徒全員が声を揃《そろ》えて歌う行為《こうい》は、歌うすべての人々の間に連帯感を生み出します。日本の景観の美しさや軍隊の勇ましさを歌にし、声を揃えて歌わせることで、〈日本人〉としての意識を次第《しだい》に植え付けていったのです。このように日本列島に住む人々に「自分は日本という国の〈国民《ネイション》〉である」という意識を芽生えさせる教育を施《ほどこ》し、その結果、〈日本人〉が生まれたというわけです。

ですから、日本人なら日本に対して愛国心を持つのは自然で当然だ、というのは事実として間違《まちが》っています。私たちが〈日本人〉であることを強く意識するようになったのは、明治以降の教育の結果なのです。

そして、過去において愛国心を持つことが自然でも当然でもなかったのですから、未来においても永遠不変なわけがありません。

歴史の展開次第では、日本と朝鮮《ちょうせん》半島と台湾《たいわん》がひとつになって東アジア連合のようなものが出来上がるかもしれません。逆に、日本から沖縄や北海道が分離《ぶんり》して日本という国が縮小することがあるかもしれません。

これはただの思考実験で、もちろん未来は神のみぞ知るですが、現在の日本を永遠不変なものと考えるのではなく、いろいろな可能性を考えることは「日本という国に暮らす自分」「〈日本人〉である自分」への理解をさらに深めることになるでしょう。

問１　══ⓐ～ⓔのカタカナを漢字に改めなさい（楷書《かいしょ》で、ていねいに書くこと）。

ⓐ　シサツ　ⓑ　コウジツ　ⓒ　ドウテン

ⓓ　ユライ　ⓔ　ツトめる

問２　――①「甲斐《かい》もなく」、②「功を奏した」、③「面目《めんぼく》も丸つぶれ」とありますが、①「甲斐もない」、②「功を奏する」、③「面目丸つぶれ」の意味として適当なものを次の中から選び、それぞれ(ア)～(カ)の記号で答えなさい。

(ア)　あまりにひどくて、言葉も出ないさま。

君」への忠誠心だったので、「藩という共同体に帰属する感覚」とは異なったものだったと言えます。

ところが、1890年代(明治23～32年)には多くの日本人が急に「愛国」を叫《さけ》ぶようになりました。

理由はいろいろあります。

ひとつには1890年(明治23年)に教育勅語《ちょくご》が公布されたこと。⑨教育勅語の奉読《ほうどく》と拝礼は、儀式《ぎしき》を通じて愛国的な姿勢を日本人の身体に教《おし》え込《こ》みました。

さらに1894～95年(明治27～28年)の日清戦争で、日本が勝利を収めたこと。清国《しんこく》に勝ったことは、世界の中の強国としての「日本」を日本人に強く意識させたでしょう。

その他にもいろいろな要因が絡《から》んで、多くの日本人が急激に愛国的になったと考えられますが、結局のところ日本人の多くが愛国的になった理由は、広い意味での「教育」の結果であると言ってよいでしょう。

政府や言論界が「日本人が愛国心を持つこと」の重要性を強調し、そのような教育を施《ほどこ》した結果、愛国的な日本人が生まれたのです。

先に述べた教育勅語は、その際《さい》に大きな役割を果たしました。教育勅語を校長先生が読み上げ、生徒がこれをありがたく聞く儀式は、国と天皇に対する畏敬《いけい》の念を、若い日本人たちに植えつけました。

さらに武士道ブーム以降、武士道という倫理観《りんりかん》が日本人全員に要求されるようになりました。一般庶民《いっぱんしょみん》まで、日本人なら武士を模範《もはん》とするべしとなりました。

武士は主君(藩主《はんしゅ》)に仕える存在です。明治日本の「武士」であるべきすべての日本人は、主君＝天皇に仕える存在として読《よ》み替《か》えられました。こうして天皇を中心とする「日本」という国家への忠誠心が、教育によって刷《す》り込《こ》まれていったというわけです。

(5) 〈国民〉は想像の共同体

しかし、よくよく考えてみると「日本人である」という同胞《どうほう》意識や「日本という国を愛する」という感情は不思議なものです。なぜなら、同じ日本人と言っても、親類、友人、知人を除けばほとんどの人々《ひとびと》が会ったこともない赤の他人です。そんな赤の他人に、なぜ特別な意識や感情を持つようになったのでしょうか?

ベネディクト・アンダーソンという学者は、この赤の他人との連帯感を「想像の共同体」という言葉で表現しました。つまり、見知らぬ人と「想像」の中で私たちは結びついている、というわけです。

ですが、なぜそのように赤の他人でしかないはずの「日本人」たちと「想像」の中で結びつくことが必要だと考えられたのでしょうか。

それは、日本人を日本という国の〈国民《ネイション》〉にするためでした。

明治維新《いしん》までの人々は、「藩」に属する存在として自分たちを理解していました。しかし明治になって、「日本」に忠誠心を持ってもらわなければ一丸となって外国に対抗《たいこう》できない。そのためには日本国民であるという意識を一人ひとりに植え付ける教育をしなければいけない。これは、ヨーロッパの国々《くにぐに》を真似《まね》して明治新政府が行った、国家的プロジェクトでした。

ヨーロッパの国々は、フランス革命(1789～99年・寛政《かんせい》元年～11年)以降、〈国民《ネイション》〉を単位とする国民国家へと急速に変貌《へんぼう》しました。

それ以前のもともとのヨーロッパ諸国は、「地方」が江戸《えど》時代の「藩」のように力を持っていました。地方の貴族や聖職者が及《およ》ぼす支配力は、中央政府の支配力に十分対抗できるだけのものがありました。つまり、中央政府の政策はトップダウン式に地方へ伝えることができたのではなく、地方の有力者の協力なしには実現不可能でした。

わずか7年の間に、外国人が驚《おどろ》くほど多くの日本人が熱狂的《ねっきょうてき》愛国者になったのです。

このような極端《きょくたん》な変化は、福沢諭吉《ふくざわゆきち》の言論活動を追ってもわかります。

福沢は初期の著作の中で、日本人が愛国的になることの重要性を力説していました。代表作『学問のすゝめ』（明治5～9年）にしても『文明論之概略《ぶんめいろんのがいりゃく》』（明治8年）にしても、一面において「すべての日本人に愛国心の重要性を説いた作品だ」と言えます。

「自国の権義を伸《の》ばし、自国の民《たみ》を富まし、自国の智徳《ちとく》を修め、自国の名誉《めいよ》を輝《かがや》かさんとして勉強する者」こそが福沢にとっての愛国者でした。

もともと日本人はこうした努力を、自分が属する藩《はん》、とりわけ主君のために行ってきました。福沢はこうした態度を、より大きな「日本」という単位に向けることを目指したのです。

「自国の権義を伸ばし、自国の民を富まし、自国の智徳を修め、自国の名誉を輝かさん」とする努力を国民一人ひとりが怠《おこた》らないとき、日本が西欧《せいおう》諸国に後《おく》れをとらない存在になるのだと説いて、日本人は愛国心を抱《いだ》くべきだと主張したわけです。

もちろん、福沢が愛国心の必要性を説いたのは、⑦日本人の多くが愛国的ではないどころか、そもそも愛国的であるとはどういうことかもわからない状態にあったことが背景にあります。

ところが、後に福沢は、日本人の一部が愛国的になりすぎたことに戸惑《とまど》いを覚えるようになります。1892年（明治25年）に「極端の愛国者」という論説を発表し、一部の愛国者は外国人に対して強硬《きょうこう》な態度をとり、外国人との間で紛争《ふんそう》が持ち上がればよく調べもしないで外国人の方が悪いと決めつける、と観察しています。その上で、愛国的であるからといって外国人を敵視する必要はない、と警告しています。

さらに1897年（明治30年）には、福沢は『福翁百余話《ふくおうひゃくよわ》』の中で「所謂《いわゆる》愛国心の迷」について論じ、諸国民が自国の利益ばかりを追求する世界は非情なものであることを嘆《なげ》き、自国の利益を主張し「愛国に熱する」のは「主義の高尚《こうしょう》なるもの」ではない、と断じています。

⑧明治初期に日本人が愛国的になることを待望していた福沢は、明治後期には日本人の多くが愛国的すぎることを警戒《けいかい》し、愛国心自体に懐疑《かいぎ》のまなざしを向けるようになったのです。

つまり、たった10年前までは、ほとんどの日本人が「愛国って何だ？」と言っていたにもかかわらず、1890年代（明治23～32年）になると、多くの日本人が急激に愛国を叫ぶようになったわけです。ものすごい変化だと思いませんか？

(4)　愛国心の教育

なぜ明治初期の日本人が愛国心を持たなかったのかと言えば、そもそも大多数の日本人にとって「日本」という単位が大した意味を持っていなかったからです。

ほとんどの日本人は、明治維新《いしん》より以前は「藩」よりも大きな単位を意識せずに生活していました。つまり藩が「国」だったのです。

ある藩に生活している人にとっての「外国」は、よその藩。その向こうの、現在の私たちが言うところの「外国」は、意識の外だったということです。

ですから「日本」なんていう大きな単位を愛するなんて、当時の日本人には想像もつかなかったわけです。

なので、当時の日本人にあったとすれば「愛藩心《あいはんしん》」のようなものだったと言えるでしょう。ただし、藩への忠誠心は、突《つ》き詰《つ》めれば「主

います。武士道を男子だけのものだと思うのは間違《まちが》いだ、と著者は畠山勇子を絶賛しているのです。

１９４２年（昭和17年）に勇子の自決が「武士道・日本精神の精華《せいか》」だと理解されたのは、当時、武士道が日本人全員にとって模範的《もはんてき》な行動ルールとなっていたからでした。しかし、それより半世紀前の１８８０年代（明治13～22年）には、武士道は「武士階級特有の倫理《りんり》観《かん》」と理解されていました。つまり、勇子のような一介《いっかい》の女中とは無関係なものだったのです。しかも、武士という階級は明治に入って滅《ほろ》んでいたので、武士道も過去の遺物として扱われていました。それが１８９０年（明治23年）以降、すべての日本人が武士道を手本にするべきだという機運が徐々《じょじょ》に高まり始めました。

　こうして武士道ブームが社会現象となるのですが、⑤勇子の自決はその先駆《さきが》けといってよいものだったのです。

まだまだ武士道が見直され始めて間もない頃《ころ》に、一介《いっかい》の女中にすぎない勇子が自決を果たしたこと。これがどれだけ奇怪《きかい》な事件だったか、おおよそ想像がつくのではないでしょうか。

(3)　明治の日本人と愛国心

　このように、時代が進むにつれて、畠山勇子の自決に対する評価は、変人の奇行《きこう》から、国を思う武士道・日本精神の精華へと変化しました。しかも、今日では畠山勇子の名はほとんど忘れ去られています。

　同じ事件でも、時代によって受け取られ方は大きく異なるのです。堅《かた》い言い方になりますが、これが「歴史的偶然性《ぐうぜんせい》」というものです。

　つまり、歴史の中ではあらゆるものが変化し、今の私たちにとって自然だと思われている事柄《ことがら》も、過去にはそうではなかった事例がたくさんあります。だから、何かを永遠不変の真理であるかのように思《おも》い込《こ》むことには、たいてい罠《わな》があります。

　あなたは現在、日本に生まれた私たちが日本という国を愛すること、つまり愛国心を持つことが自然であり当然のことだと思っていますか？

　しかし、ここに「歴史的偶然性」という視点を持《も》ち込《こ》むと、どうなるでしょう。現在、愛国心を持つことは自然で当たり前のことですが、過去には必ずしもそうではなかったのではないか？という疑問が生じてきませんか。そして、⑥もし仮にそうだとすれば、いつかの未来には国を愛することは自然でも当然でもないことになる、という可能性も出てくることになります。

　実際、過去の日本ではどうだったのでしょうか。

　明治（１８６８～１９１２年）に発行されていたいろいろな雑誌を読むとわかりますが、１８９０年頃《ごろ》までは、多くの言論人たちが「なぜ日本人には愛国心がないのか」「どのようにすれば日本人は愛国心を持つようになるのか」という問題を論じています。

「だいたい愛国心って何のことだ？」というのが人口の７、８割を占《し》める一般庶民《いっぱんしょみん》の受け止め方だ、と思想家・西村茂樹《にしむらしげき》も１８９１年（明治24年）の講演で述べています。

　つまり、明治前半の多くの日本人にとって、愛国心を持つことは自然でも当然でもなかったのです。

　ところが、です。そのたった7年後の１８９８年（明治31年）に、フランス出身の宣教師リギョールは、こう述べています。

「世界に国を成すもの沢山《たくさん》あり、然《しか》れども日本人程《ほど》愛国愛国と叫《さけ》ぶ者は未《いま》だ嘗《かつ》て見たることなし」

——『日本主義と世界主義』文海堂

　つまり、世界にはたくさんの国々があるが、日本人ほど愛国、愛国と絶叫《ぜっきょう》する国民《こくみん》は見たことがない、というのです。

した。［F］、明治天皇がわざわざ京都まで出かけて見舞ったのですから、皇太子がそのまま帰国してしまえば、天皇はもちろん日本国民全体の③面目《めんぼく》も丸つぶれだと考えたからです。［G］、自分の命と引《ひ》き換《か》えに嘆願《たんがん》すれば、ロシア皇太子に考えを改めてもらえるはずだと思い、彼女《かのじょ》は直ちに京都に向かいました。
こうして5月20日、この世の名残《なごり》に京都市内観光をし、日没《にちぼつ》まもない時刻に京都府庁舎へ赴《おもむ》き、その後の彼女の自刃《じじん》劇は冒頭《ぼうとう》に記したとおりです。

(2) 武士道の変遷《へんせん》

自決当時の有力新聞の反応は、センセーショナルに扱《あつか》ったとはいえ、彼女の行動と動機そのものについては冷淡《れいたん》でした。
彼女は当初、雄虎《ゆうこ》という名の男性だと勘違《かんちが》いされていたようですが、女性だと判明し、いよいよ変人の奇行《きこう》だということにされてしまいました。
1891年(明治24年)5月23日付の「東京朝日新聞」は、ロシア皇太子の帰国を思《おも》い留《とど》まらせるために「死を決して」東京から京都へ向かったようだが、それにしても「奇《き》女子」という他はない、と書いています。
同日の「国民新聞」は、勇子の自害を「一命を賭《と》して」日露《にちろ》両国の平和を望んだ「発狂心《はっきょうしん》」にⓓユライすると記しています。
しかし、一部メディアには同情的な声も見られました。キリスト教思想家・巌本善治《いわもとよしはる》が編集人をⓔツトめる日本初の本格的女性雑誌「女《じょ》学雑誌《がくざっし》」は、2号連続の巻頭記事で畠山勇子を取り上げ、自決に至る経緯《けいい》をドラマティックな語り口で描写《びょうしゃ》しています。勇子は無宗教だったが、一命を投げ出す決心をして「人間天真の本面目」に還《かえ》り、「道心」が復活し、日本国民をひたすら思《おも》い煩《わずら》う「女流の改革者」となったと称賛《しょうさん》しています。
さらに興味深いことに、外国人たちが勇子の死に心を動かされました。
たとえば小泉八雲《こいずみやくも》、つまりラフカディオ・ハーンは勇子自決の報に接し「勇子——ひとつの追憶《ついおく》」という小文《しょうぶん》をしたため、さらに2年後には、畠山勇子のお墓参りをしたことを「京都紀行」という短いエッセイで記しています。
八雲は、新聞記者たちをありふれた動機を見つけようとする皮肉屋にすぎないと批判し、その一方で一介《いっかい》の庶民《しょみん》にすぎなかった勇子を「サムラヒの女《むすめ》」と讃《たた》えるのです。
さらに八雲は、勇子の墓に実際《じっさい》に詣《もう》で「無私なる霊《れい》に対して誠実な敬意」を捧《ささ》げたと記し、「国民の愛と忠誠の証《あかし》を立てる」という「純潔な理想」を勇子の死に見出《みいだ》しています。しかも、勇子が上流階級の麗人《れいじん》であったなら、その犠牲《ぎせい》の意味はこれほどの切実さをもって迫《せま》ってはこなかっただろうと述べ、気高い行いをする人は「平凡《へいぼん》な人であって非凡《ひぼん》な人ではない」と結んでいます。
このように、④勇子の自決に関するリアルタイムの反応は、眉《まゆ》をひそめるものと同情的なものとに二分されていました。ところが時が経《た》つにつれ、勇子は徐々《じょじょ》に偉人《いじん》として扱《あつか》われるようになっていきます。
彼女《かのじょ》の自決から24年後の1915年(大正4年)、畠山勇子は京都市立高等女学校が編纂《へんさん》した書籍《しょせき》『婦人のかがみ』に登場します。その中で、彼女の自決は「やや常軌《じょうき》を逸《いっ》し」ているが、その国家を思う心は人を動かすもので「世に稀《まれ》なる烈婦《れっぷ》」だと称賛《しょうさん》されています。
それからさらに27年後の1942年(昭和17年)刊行の書籍『武士道散華《さんげ》』(萩原新生《はぎわらしんせい》・著)では、畠山勇子は「卑賤《ひせん》」な身分にもかかわらず「切腹武士道」の「日本精神」を実践《じっせん》した女性として紹介《しょうかい》されて

二〇二二年度 中央大学附属中学校

【国　語】〈第二回試験〉（五〇分）〈満点：一〇〇点〉

一　次の文章を読んで、以下の設問に答えなさい。

⑴　**烈女・畠山勇子《はたけやまゆうこ》**

１８９１年（明治24年）、５月20日夕刻。

京都府庁舎の前で、ひとりの若い女性が自決しました。

彼女《かのじょ》の名前は、畠山勇子。享年《きょうねん》27。

彼女は地面に座《すわ》り、自らの手で両膝《りょうひざ》を合わせ固く縛《しば》り上《あ》げ、持ってきた剃刀《カミソリ》で腹を切り裂《さ》き、喉《のど》を突《つ》いたのです。

傍《かたわ》らには、日本政府とロシア政府に宛《あ》てた書簡と、母親、叔父《おじ》、兄弟に宛てた手紙がありました。発見当時まだ息はありましたが、医師が駆《か》けつけた①甲《か》斐《い》もなく、ほどなく出血多量で死亡。

なぜ、畠山勇子はこのような行動に出たのでしょうか？

自決の動機は、いわゆる「大津《おおつ》事件」でした。

１８９１年（明治24年）５月11日。来日中だった帝政《ていせい》ロシアの皇太子ニコライ・アレクサンドロビッチ（後のニコライ二世）が、滋賀《しが》県大津を通過中に、警護にあたっていた巡査《じゅんさ》からサーベルで斬《き》りつけられるという暗殺未遂《みすい》事件が起きたのです。

皇太子の車夫と、同行していた従兄弟《いとこ》のギリシャ王子ゲオルギオスが応戦し、さらにゲオルギオスの車夫も駆けつけ、巡査は取《と》り押《お》さえられました。

巡査の名は、津田三蔵《つださんぞう》。38歳。津田は取り調べに対し、〝ロシア皇太子が天皇陛下に挨拶《あいさつ》もせず日本国内を訪ね歩いているのは、無礼である。［A］日本を攻《せ》めるためのⓐシサツが目的だろう〟と述べています。

津田がこのように考えたのは、根拠《こんきょ》がなかったわけではありません。当時のロシアはシベリア鉄道建設を計画し、朝鮮《ちょうせん》半島への勢力拡大を目指していました。同じく朝鮮半島に関心を抱《いだ》いていた日本にとって、ロシアが脅威《きょうい》であったことは間違《まちが》いありません。

ですが、実際《じっさい》に日本とロシアが敵対関係に入るのはまだ先の話。当時の日本政府はロシア皇太子を国賓《こくひん》として迎《むか》えており、国を挙げての歓迎《かんげい》ムードに国民《こくみん》全体が沸《わ》きかえっていました。

しかも、ロシア皇太子は天皇に挨拶《あいさつ》をするために、九州から東京へと向かっている途上《とじょう》だったのです。

また、日本は１８８９年（明治22年）に大日本帝国《ていこく》憲法を発布し、近代国家として［B］第一歩を踏《ふ》み出《だ》したばかりでした。［C］大国ロシアを敵に回せるほどの国力はなかったのです。

そんなところへ発生したロシア皇太子暗殺未遂《みすい》事件。ロシアに、日本を攻撃《こうげき》する絶好のⓑコウジツを与《あた》えたようなものですから、日本政府が真っ青になったことは容易に想像がつきます。

しかし、明治天皇が自ら京都を訪《おとず》れ、ロシア皇太子を見舞《みま》い、日本側が誠意を示したことが②功を奏したのでしょうか。幸いなことに、皇太子一行が予定よりも早く離日《りにち》することになっただけで、賠償金《ばいしょうきん》を請求《せいきゅう》されることはなく、もちろん開戦に向かうわけでもなく、事態は収束に向かいました。

［D］、この大津事件の報に接し、東京で女中として働いていた畠山勇子は〝日本存亡の危機だ〟と気がⓒドウテンしました。

［E］、皇太子一行が予定を切り上げ帰国すると知り、〝どうしても一行には日本訪問を継続《けいぞく》してもらわなければならない〟と考えま

2022年度

中央大学附属中学校 ▶解説と解答

算　数　＜第２回試験＞（50分）＜満点：100点＞

解　答

[1] (1) $\frac{1}{6}$　(2) 102　(3) 45分後　(4) 26分40秒　(5) 75度　(6) $3\frac{3}{44}$cm^2　(7) $25\frac{1}{3}$cm^3　[2] (1) 594番目　(2) 14022　(3) 77組　[3] (1) 18cm　(2) 330枚　(3) 10枚　[4] (1) 毎分76.5m　(2) 毎分175.5m

解　説

[1] 四則計算，逆算，旅人算，仕事算，角度，辺の比と面積の比，相似，図形の分割，体積

(1) $1-\frac{8}{45}\times4.125-\left(0.75\div1\frac{1}{2}-1.2\times\frac{1}{3}\right)=1-\frac{8}{45}\times4\frac{1}{8}-\left(\frac{3}{4}\div\frac{3}{2}-1\frac{1}{5}\times\frac{1}{3}\right)=1-\frac{8}{45}\times\frac{33}{8}-\left(\frac{3}{4}\times\frac{2}{3}-\frac{6}{5}\times\frac{1}{3}\right)=1-\frac{11}{15}-\left(\frac{1}{2}-\frac{2}{5}\right)=\frac{4}{15}-\left(\frac{5}{10}-\frac{4}{10}\right)=\frac{4}{15}-\frac{1}{10}=\frac{8}{30}-\frac{3}{30}=\frac{5}{30}=\frac{1}{6}$

(2) $\left(\frac{1}{17}-\frac{1}{34}\right)\div\left(\frac{1}{51}-\frac{1}{\square}\right)\times2=6$ より，$\left(\frac{1}{17}-\frac{1}{34}\right)\div\left(\frac{1}{51}-\frac{1}{\square}\right)=6\div2=3$，$\frac{1}{51}-\frac{1}{\square}=\left(\frac{1}{17}-\frac{1}{34}\right)\div3=\left(\frac{2}{34}-\frac{1}{34}\right)\div3=\frac{1}{34}\times\frac{1}{3}=\frac{1}{102}$，$\frac{1}{\square}=\frac{1}{51}-\frac{1}{102}=\frac{2}{102}-\frac{1}{102}=\frac{1}{102}$　よって，$\square=102$

(3) 兄と弟が２回目に出会うまでに進むようすは右の図１のように表せるので，２回目に出会うまでに，２人合わせて，AB間の距離《きょり》の３倍を進むことがわかる。AB間の距離は，3.6km＝3600mだから，２人は２回目に出会うまでに合わせて，3600×３＝10800(m)進み，２人が１分間に進む距離の和は，140＋100＝240(m)だから，２回目に出会うのは出発してから，10800÷240＝45(分後)とわかる。

図１

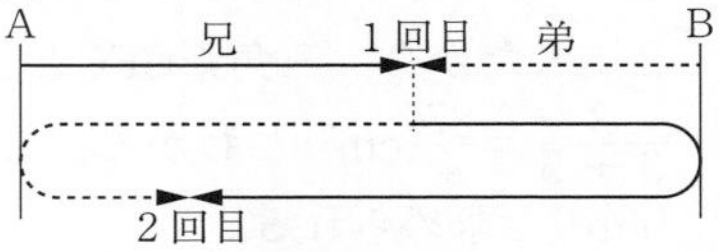

(4) アスカさんとマリさんがそれぞれ１分間にできる作業の量をそれぞれ▽ア，△マとし，作業全体の量を[1]とする。まず，２人で行うと16分で[1]の作業ができるから，２人で１分間に，[1]÷16＝$\boxed{\frac{1}{16}}$の作業ができる。よって，右の図２の①のような式に表せる。また，アスカさんだけで10分，マリさんだけで，30－10＝20(分)行うと[1]の作業ができるから，アスカさんだけで，10÷10＝１(分)，マリさんだけで，20÷10＝２(分)行うと合わせて，[1]÷10＝$\boxed{\frac{1}{10}}$の作業ができる。よって，図２の②のような式に表せる。①と②の差から，マリさんは１分間に，$\boxed{\frac{1}{10}}-\boxed{\frac{1}{16}}=\boxed{\frac{3}{80}}$の作業ができることがわかる。したがって，最初から最後までマリさんだけで行うと，$1\div\frac{3}{80}=\frac{80}{3}=26\frac{2}{3}$(分)かかり，$\frac{2}{3}$分は，$60\times\frac{2}{3}=40$(秒)だから，26分40秒かかる。

図２

▽ア＋△マ　＝$\boxed{\frac{1}{16}}$…①

▽ア＋△マ×２＝$\boxed{\frac{1}{10}}$…②

(5) 下の図３のように，各頂点をＡ～Ｄとし，辺BCを点Ｂの方へのばした直線に，点Ａから垂直な直線AHを引くと，角ABHの大きさは，180－150＝30(度)で，角BAHの大きさは，180－(30＋90)＝60(度)だから，三角形ABHは正三角形を２等分した直角三角形とわかる。これより，AH：AB＝１：２である。また，点Ａから辺CDに垂直な直線AIを引くと，四角形AHCIは長方形だから，

辺CIと辺AHの長さは等しく，辺CDと辺ABの長さも等しいから，CI：CD＝AH：AB＝１：２となる。よって，辺CIと辺DIの長さは等しいから，三角形ACIと三角形ADIは合同となり，角ACIと角ADIの大きさは等しいことがわかる。さらに，三角形ABCはBA＝BCの二等辺三角形なので，角ACBの大きさは，(180－150)÷２＝15(度)である。したがって，角ACIの大きさは，90－15＝75(度)だから，角x(角ADI)の大きさは75度である。

図３

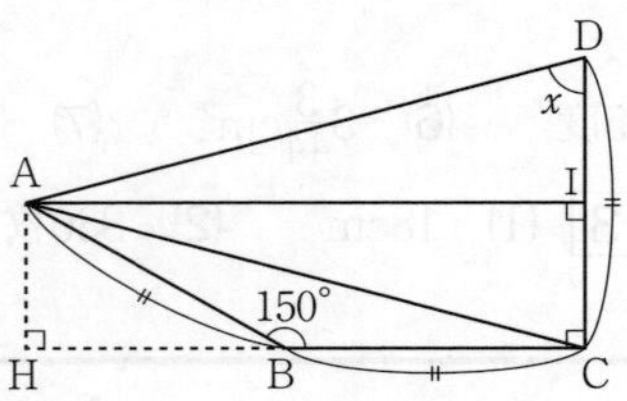

図４

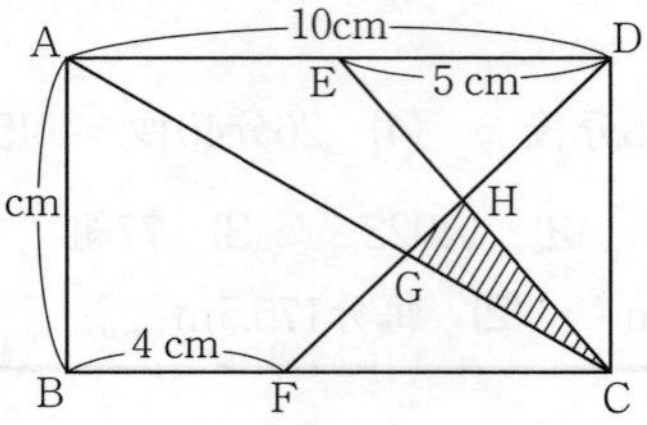

図５

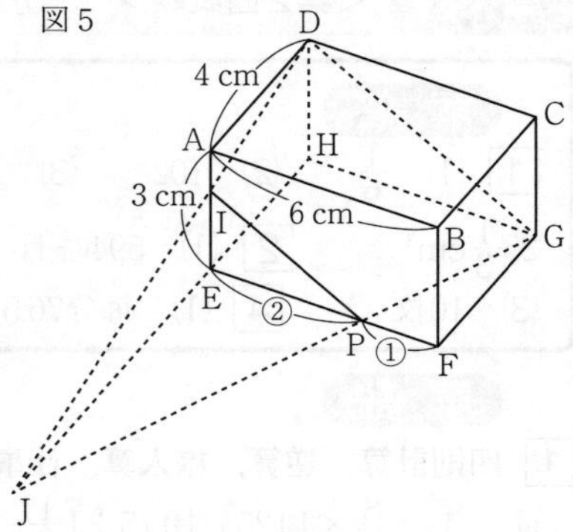

(6)　上の図４で，辺FCの長さは，10－４＝６(cm)なので，三角形CDFの面積は，６×６÷２＝18(cm^2)である。また，三角形CFHと三角形EDHは相似なので，FH：HD＝FC：ED＝６：５となる。さらに，三角形CFHと三角形CHDは，底辺をそれぞれFH，HDとすると，高さが等しいから，面積の比はFH：HDと等しく，６：５となる。よって，三角形CFHの面積は，$18\times\frac{6}{6+5}=\frac{108}{11}$(cm^2)とわかる。同様に，三角形CFGと三角形ADGは相似なので，FG：GD＝FC：AD＝６：10＝３：５だから，三角形CFGと三角形CGDの面積の比も３：５となり，三角形CFGの面積は，$18\times\frac{3}{3+5}=\frac{27}{4}$(cm^2)とわかる。したがって，斜線《しゃせん》部分の面積は，$\frac{108}{11}-\frac{27}{4}=\frac{432}{44}-\frac{297}{44}=\frac{135}{44}=3\frac{3}{44}$(cm^2)と求められる。

(7)　上の図５のように，３点D，G，Pを通る平面が辺AEと交わる点をＩとすると，DGとIPは平行になる。このとき，三角形IEPと三角形DHGは相似となり，辺EPの長さは，$6\times\frac{2}{2+1}=4$(cm)だから，IE：DH＝EP：HG＝４：６＝２：３より，辺IEの長さは，$3\times\frac{2}{3}=2$(cm)となる。ここで，直線DI，HE，GPをそれぞれのばした直線が交わる点をＪとすると，切ってできた２つの立体のうち，点Hを含《ふく》む方の立体は，三角すいJ－DHGから三角すいJ－IEPを切り取った立体とみることができる。また，三角形JEPと三角形JHGは相似で，JE：JH＝EP：HG＝４：６＝２：３だから，JE：EH＝２：(３－２)＝２：１となり，辺JEの長さは，４×２＝８(cm)とわかる。よって，三角すいJ－DHGの体積は，(６×３÷２)×(４＋８)÷３＝９×12÷３＝36(cm^3)，三角すいJ－IEPの体積は，$(4\times2\div2)\times8\div3=4\times8\div3=\frac{32}{3}$(cm^3)なので，点Hを含む方の立体の体積は，$36-\frac{32}{3}=\frac{76}{3}=25\frac{1}{3}$(cm^3)と求められる。

2　数列，整数の性質

(1)　右の表で，１番目の組の和は，(２＋４＋６)＋(４＋６＋８)＋(６＋８＋10)＝12＋18＋24＝54である。また，２番目の組では，１番目の組の(２，４，６)が(８，10，12)におきかわり，それ以外は変わらないから，２番目の組の和は，１番

2	4	6	8	10	12	14	16	18	…	2016	2018
4	6	8	10	12	14	16	18	20	…	2018	2020
6	8	10	12	14	16	18	20	22	…	2020	2022

目の組の和よりも，（８－２）＋(10－４)＋(12－６)＝６＋６＋６＝18増える。同じように考えていくと，組が１つ進むごとに組の数の和は18ずつ増えることがわかる。よって，数の和が10728になるのは，１番目の組から，(10728－54)÷18＝10674÷18＝593(組)後の組なので，１＋593＝594(番目)の組となる。

⑵　777番目の組の数の和は，１番目の組の数の和よりも，18×(777－１)＝13968大きくなるから，54＋13968＝14022となる。

⑶　117＝９×13より，117の倍数は９と13の公倍数である。また，１番目の組の和は54(＝９×６)で，その後，組の和は18(＝９×２)ずつ増えていくから，どの組の和も９の倍数になる。よって，組の和は13の倍数になれば，必ず117の倍数になる。ここで，１番目の組の和は，54＝18×３，２番目の組の和は，54＋18＝72＝18×４，３番目の組の和は，72＋18＝90＝18×５，…のように，□番目の組の和は，18×(□＋２)になる。さらに，各組の最も小さい数は，１番目の組から順に２，４，６，８，…のようになり，最後の組では2014(表の2016の左どなり)だから，最後の組は，2014÷２＝1007(番目)の組とわかる。すると，各組の和は，１番目の組から順に，18×３，18×４，18×５，…，18×(1007＋２)＝18×1009となり，３から1009までの整数のうち，13の倍数は，1009÷13＝77余り８より，77個ある。したがって，和が117の倍数になる組は77組ある。

3　約数と倍数

⑴　同じ大きさの正方形のタイルを，できるだけ少ない枚数で重ならないようにすき間なく長方形の床《ゆか》に並べるので，正方形のタイルの１辺の長さは縦270cm，横396cmの最大公約数になる。右の図１の計算より，270と396の最大公約数は，２×３×３＝18だから，タイルの１辺の長さは18cmとなる。

図１

2	270	396
3	135	198
3	45	66
	15	22

⑵　⑴のとき，縦に並べる枚数は，270÷18＝15(枚)，横に並べる枚数は，396÷18＝22(枚)だから，タイルは全部で，15×22＝330(枚)必要となる。

⑶　枚数をできるだけ少なくするために，できるだけ大きい正方形のタイルを並べていく。まず，右の図２のように，長方形の短い方の辺の長さと等しい，１辺の長さが270cmの正方形のタイルを１枚並べると，縦が270cm，横が，396－270＝126(cm)の長方形が残る。次に，１辺が126cmの正方形のタイルを並べると，270÷126＝２余り18より，２枚並んで，縦が18cm，横が126cmの長方形が残る。さらに，１辺が18cmの正方形のタイルを並べると，126÷18＝７より，ちょうど７枚並ぶ。よって，タイルは全部で，１＋２＋７＝10(枚)必要となる。

図２
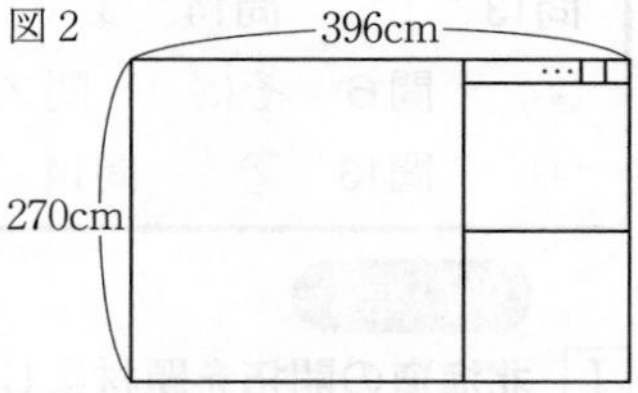

4　流水算

⑴　右の図のように，ボールが落ちた地点をＰ，落ちたことに気がついて引き返した地点をＱ，そのときにボールがあった地点をＲ，ボールを拾った地点をＳとする。また，川の流れの速さを毎分□m，静水でのボートの速さを毎分●mとすると，ボートの上りの速さは毎分(●－□)m，下りの速さは毎分(●＋□)mとなる。まず，ボールを落としてから引き返すまでの間，ボールはＰからＲまで毎分□mで，ボートはＰ

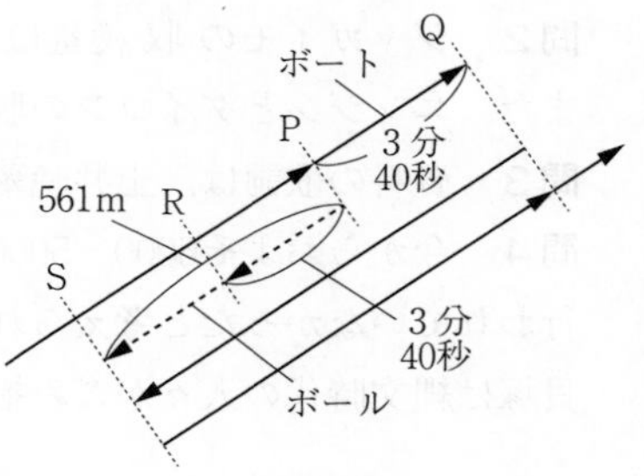

からＱまで毎分(●－□)ｍで，それぞれ，３分40秒＝$3\frac{40}{60}$分＝$3\frac{2}{3}$分＝$\frac{11}{3}$分進むから，ＱからＲまでの距離，つまり，引き返したときのボールとボートの距離は，$\{□+(●-□)\}\times\frac{11}{3}=●\times\frac{11}{3}$(ｍ)となる。その後，引き返してからボールを拾うまでの間，ボートはボールよりも１分間に，(●＋□)－□＝●(ｍ)多く進むので，引き返してからボールを拾うまでの時間は，$\left(●\times\frac{11}{3}\right)\div●=\frac{11}{3}$(分)になる。よって，ボールはＰからＳまで，$\frac{11}{3}+\frac{11}{3}=\frac{22}{3}$(分)で561ｍ進んだから，ボールの速さ，つまり，川の流れの速さは毎分，$561\div\frac{22}{3}=76.5$(ｍ)と求められる。

(2)　予定より13分遅《おく》れて着いたので，ボートがＱからＳまで下った時間と，ＳからＱまで上った時間の和が13分となる。また，(1)より，ＱからＳまで下った時間は$\frac{11}{3}$分だから，ＳからＱまで上った時間は，$13-\frac{11}{3}=\frac{28}{3}$(分)である。これより，下りの速さと上りの速さの比は，$\left(1\div\frac{11}{3}\right):\left(1\div\frac{28}{3}\right)=\frac{3}{11}:\frac{3}{28}=28:11$とわかる。さらに，下りの速さと上りの速さの差は，川の流れの速さの２倍になるので，毎分，76.5×２＝153(ｍ)となる。よって，28：11の比の，28－11＝17にあたる速さが毎分153ｍだから，上りの速さ(比の11にあたる速さ)は毎分，153÷17×11＝９×11＝99(ｍ)とわかる。したがって，静水でのボートの速さは毎分，99＋76.5＝175.5(ｍ)と求められる。

社　会　＜第２回試験＞（30分）＜満点：60点＞

解　答

Ⅰ　問１　④　問２　②　問３　①　問４　④　問５　③　問６　(イ)　③　(ロ)　①　問７　②　問８　④　問９　②　問10　間宮林蔵　問11　(例)　地域の人々にとっては，侵略者としての側面を持つ人物の名前は，ふさわしくないと考えられたから。　問12　②　問13　①　問14　③　Ⅱ　問１　④　問２　BLM　問３　①　問４　③　問５　②　問６　そば　問７　③　問８　②　問９　③　問10　②　問11　①　問12　④　問13　②　問14　③　問15　①

解　説

Ⅰ　北海道の開拓を題材にした問題

問１　サケは冷たい水を好む魚で，日本はサケ・マス類を，おもに南アメリカのチリや北ヨーロッパのノルウェー，ロシアから輸入している。なお，タイは東南アジアの国で，日本は魚介類ではエビなどを輸入している。統計資料は『日本国勢図会』2021／22年版および『データでみる県勢』2022年版による(以下同じ)。

問２　ジャガイモの収穫《しゅうかく》量は北海道が全国のおよそ８割を占《し》め，以下，鹿児島県・長崎県が続く。また，ニンジンとダイコンの収穫量は，北海道についで千葉県が全国第２位となっている。

問３　資料の歌詞は，土井晩翠《ばんすい》の作詞，瀧廉太郎《たきれんたろう》の作曲による「荒城《こうじょう》の月」の最初の部分である。

問４　今からおよそ6000～5000年前は，縄文時代にあたる。このころの日本列島では，まだ農耕は行われていなかったと考えられており，人々は狩《か》りや漁，木の実の採集によって食料を得ていた。貝塚は縄文時代の人々がごみ捨て場としていた場所で，貝類や石器・土器などが見つかり，当時の

人々の暮らしのようすを知る手がかりとなる。また，海岸線に沿って分布しているため，貝塚の場所から当時の海岸線の位置を推測することもできる。なお，集落同士の争いは，農耕が広まった弥生時代以降に起こるようになった。

問5　①は2004年，②は2007年，④は2017年にユネスコ(国連教育科学文化機関)の世界文化遺産に登録されたが，③は2021年末時点では世界遺産に登録されていない。

問6　(イ)　③は「伝統証紙」とよばれるもので，上部には「伝」の文字が図案化されている。一定の条件を満たし，経済産業省が指定した伝統的工芸品には，この伝統証紙をはることが認められる。

(ロ)　南部鉄器は，岩手県の盛岡市と奥州市でつくられる伝統的工芸品で，①が岩手県の説明にあたる。　なお，②は長野県，③は三重県，④は長崎県について述べた文。

問7　松前漬《づ》けは数の子・スルメ・昆布《こんぶ》を醤油《しょうゆ》で漬けこんだ北海道の郷土料理で，②が松前漬けを写したものである。

問8　江戸時代の鎖国中，キリスト教の布教を行わない清(中国)とオランダだけが幕府との貿易を認められ，オランダとの貿易は長崎の出島に置かれたオランダ商館で行われた。このころ，イギリスとの貿易は行われていなかった。

問9　2022年2月時点で，ロシアの大統領は②のウラジーミル・プーチン大統領である。なお，①はイギリスのボリス・ジョンソン首相，③はフランスのエマニュエル・マクロン大統領，④はベラルーシのアレクサンドル・ルカシェンコ大統領(いずれも2022年2月時点)。

問10　間宮林蔵は江戸時代の北方探検家で，1808～09年に幕府の命令で樺太《からふと》(サハリン)を探検し，シベリアとの間に海峡があることを確認して樺太が島であることを発見した。後にこの海峡は「間宮海峡」と名づけられた。

問11　古代，東北地方には，朝廷の支配に従わない蝦夷《えみし》とよばれる人々が暮らしていた。平安時代初め，桓武天皇の命令で征夷《せいい》大将軍として東北地方に派遣された坂上田村麻呂《さかのうえのたむらまろ》は，蝦夷を征討《せいとう》して朝廷の勢力範囲《はんい》を広げ，蝦夷の族長アテルイを降伏《こうふく》させるなどした。こうした行為は，蝦夷にとっては侵略《しんりゃく》であるため，田村麻呂のイメージも決してよいものではない。そのため，最優秀賞のよび名を改めようという議論が起こったのだと考えられる。

問12　(A)は鎌倉市(神奈川県)の鶴岡八幡宮《つるがおかはちまんぐう》，(B)は京都市の銀閣(慈照《じしょう》寺)の写真である。銀閣は，室町幕府の第8代将軍足利義政が東山山荘内につくったもので，義政の死後は山荘全体が慈照寺となった。なお，足利義満は室町幕府の第3代将軍，徳川吉宗は江戸幕府の第8代将軍，徳川慶喜は江戸幕府の第15代将軍。

問13　日本国憲法の第11条は，国民の基本的人権を「侵《おか》すことのできない永久の権利」として保障している。また，第12条では，国民が基本的人権を「不断の努力」によって保持しなければならないと定めている。

問14　ダイバーシティは「多様性」を意味する言葉で，企業による多様な人材の採用と活用をさすものだったが，近年は働き方など，さらに広い意味での多様性をさすようになっている。なお，バリアフリーは，生活の障壁《しょうへき》(バリア)を取り除いて誰《だれ》でも暮らしやすい社会をつくろうという考え方や取り組みのこと。ワークシェアリングは，仕事をほかの人と分け合うことで，個人の仕事量を減らして雇用《こよう》を生み出す効果が期待される。フェアトレードは，発展途上国の生産物を適正な価格で取引し，公平・公正な貿易をすることを意味する。

Ⅱ 女性の歴史と現代の社会についての問題

問１ 十七条の憲法は，聖徳太子が役人(豪族)の心がまえを示すため604年に出したもので，このときにはまだ唐(中国)は成立していない。聖徳太子は，607年に小野妹子を遣隋使として隋(中国)に派遣している。

問２ 「Black《ブラック》 Lives《ライヴズ》 Matter《マター》」はアメリカにおける黒人差別反対のスローガン(標語)になっている言葉で，日本語に訳すと「黒人の命は(も)大切だ」といった意味である。英単語の頭文字をとって「BLM」と略される。

問３ 土偶《どぐう》は縄文時代の人々が，子孫繁栄《はんえい》や食料にめぐまれることなどを祈《いの》るまじないのさいに用いたと考えられている土人形で，長野県茅野《ちの》市の尖石《とがりいし》遺跡から出土した①の土偶は「縄文のビーナス」とよばれる。なお，③は青森県つがる市の亀ヶ岡《かめがおか》遺跡から出土した土偶で，「遮光器《しゃこうき》土偶」とよばれる。②と④は古墳時代につくられた埴輪。

問４ ア 藤原道長は，三女の威子《いし》が後一条天皇のきさきとなった祝いの席で，その得意な気持ちを欠けるところのない望月《もちづき》(満月)にたとえ，「この世をば わが世とぞ思ふ望月の 欠けたることも なしと思へば」とよんだ。 イ 『源氏物語』は紫式部の書いた長編小説で，主人公の光源氏の恋愛を中心として，当時の貴族社会のようすが生き生きと描かれている。 ウ 紀貫之《きのつらゆき》は『土佐日記』の初めの部分で，みずからを女性に見立て，かな文字で「男もすなる日記といふものを女もしてみむとてするなり」とつづった。

問５ 鎌倉幕府は，1221年に後鳥羽《ごとば》上皇が起こした承久の乱をしずめると，朝廷や西国の武士を監視するため，京都に六波羅《ろくはら》探題を設置した。

問６ そばは実が黒い三角すいであることが特徴《とくちょう》で，北海道や長野県でさかんに栽培されている。島根県北東部の出雲《いずも》地方でつくられる出雲そばは，地元の名物として親しまれている。

問７ 明治24年発行の地形図で北品川宿と南品川宿を貫いて通っている東海道は，令和３年の地形図では国道15号線と国道357号の間を通っている。

問８ 与謝野晶子《よさのあきこ》は1904年に日露戦争が始まると，戦場にいる弟の身を案じて雑誌「明星」に「君死にたまふことなかれ」という詩を発表し，反戦の意思を示した。Ａは1871年，Ｂは1894年(日清戦争開戦の年)前後，Ｃは1911年，Ｄは1953年のできごとである。

問９ アには６，イには４，ウには10があてはまるので，８が用いられないものになる。

問10 2021年に行われた東京オリンピック・パラリンピックでは，写真左の丸川珠代《たまよ》が③，中央の橋本聖子が①，右の小池百合子《ゆりこ》が④の職務を務めた。

問11 写真はドイツのアンゲラ・メルケル前首相で，2005年から2021年まで，16年にわたって政権を担当した。②はアメリカのバラク・オバマ元大統領，③はニュージーランドのジャシンダ・アーダーン首相，④はフランスのエマニュエル・マクロン大統領の業績にあたる。

問12 人種差別撤廃《てっぱい》条約は1965年，女子差別撤廃条約は1979年，子どもの権利条約と死刑廃止条約は1989年に，いずれも国際連合総会で採択《さいたく》された。このうち，日本は死刑廃止条約を批准《ひじゅん》(国家として承認すること)しておらず，死刑制度は存続されている。

問13 (A)のベトナムは，インドシナ半島東部に位置する東南アジアの国で，日本の衣類と付属品の輸入先として(イ)の第２位となっている。なお，(ア)には中国があてはまる。(B)はマレーシア。

問14 宮城県の女川港ではさんまが最も多く水揚《みずあ》げされ，全国有数のさんまの水揚げ港となってい

る。まいわしは全国各地で漁獲《ぎょかく》され，単価はまだいほど高くない。よって，③が選べる。

問15　アフガニスタンは中央アジアに位置する国で，2001年のアフガニスタン戦争によって，イスラム教武装組織のタリバンによる政権が崩壊《ほうかい》した。2020年に治安維持を担《にな》ってきたアメリカ軍が撤退を発表すると，タリバンは再び勢いを強め，2021年には首都カブールを制圧して政権を取り戻《もど》した。アルカイダは，2001年にアメリカ同時多発テロ事件を起こしたイスラム教過激組織である。

理　科　＜第２回試験＞（30分）＜満点：60点＞

解　答

1　**問１**　(エ)　**問２**　(ア)　**問３**　(例)　ふりこの長さが長くなったため。　**問４**　1.5秒　**問５**　90度　**2**　**問１**　(エ)　**問２**　(イ)　**問３**　(エ)　**問４**　(イ)，(エ)，(カ)　**問５**　25：11　**問６**　22.5ｇ　**3**　**問１**　14本　**問２**　(ア)，(カ)　**問３**　(イ)，(オ)，(カ)　**問４**　a　(ウ)　b　(ア)　**問５**　c　(オ)　d　(ア)　e　(エ)　f　(イ)

解　説

1　ふりこの運動についての問題

問１　ふりこの長さが４倍，９倍，…になると，周期は２倍，３倍，…になるので，(エ)のグラフが適切である。

問２　ふりこの１往復する時間は，どの位置から測定しても変わらない。よって，①も②も１往復する時間であり，同じ時間になる。

問３　ふりこの長さは，支点からおもりの中心(重心)までの長さのことである。問題文中の図４のように，おもりを２個つなげると，おもりの中心(重心)の位置が下がり，ふりこの長さが長くなるため，ふりこの周期も長くなる。なお，おもりの重さが重くなることは，ふりこの周期には関係しない。

問４　問題文中の図６のDE間では長さが100cmのふりことしてふれ，EF間では長さが，100−75＝25(cm)のふりことしてふれる。DE間のふれは１往復の半分であり，問題文中の表１より，長さが100cmのふりこの周期は2.0秒なので，DE間をふれるときにかかる時間(Ｄ→ＥとＥ→Ｄの合計)は，2.0÷２＝1.0(秒)である。同様に，EF間をふれるときにかかる時間(Ｅ→ＦとＦ→Ｅの合計)は，1.0÷２＝0.5(秒)となる。したがって，１往復にかかる時間は，1.0＋0.5＝1.5(秒)と求められる。

問５　図６のDE間では長さが100cmのふりことしてふれ，EF間では長さが，100−50＝50(cm)のふりことしてふれる。角EPDを60度にすると，三角形PDEは１辺の長さが100cmの正三角形になる。PQの長さが50cm，QEの長さも，100−50＝50(cm)なので，ＤからＱに直線を引くと，三角形PQDと三角形EQDは同じ直角三角形となる。このことから，ＤとＱは同じ高さにあることがわかるので，これらとＦも同じ高さにある。したがって，角EQFは90度になる。

2　火山の噴火《ふんか》，温泉の性質についての問題

問１　火山の地下には，岩石などがとけてドロドロの液体状となったものがあり，これをマグマという(Ｃ)。このマグマが地表まで上がってきて噴火すると，マグマが流れ出たり，さまざまな大きさのつぶ(岩石や砂状のものなど)をふき上げたりする。マグマが流れ出たもの(および，流れ出た

マグマが冷え固まったもの)を溶岩《ようがん》といい(B)，ふき上がった細かいつぶを火山灰《ばい》という(A)。

問２　火山灰のつぶはとても小さくて固く，角張っているので，目に入ると目の表面が傷つきやすい。コンタクトレンズをしていると，レンズと目の間に火山灰が入り込《こ》んでさらに傷つきやすくなるので，火山灰が降っているときはコンタクトレンズをはずした方がよい。

問３　洞爺湖《とうやこ》温泉は，赤色リトマス紙も青色リトマス紙も色が変わらなかったので，中性である。よって，BTB溶液は緑色を示す。蔵王《ざおう》温泉は，BTB溶液が黄色を示したから酸性とわかり，赤色リトマス紙の色は変化しないが，青色リトマス紙は赤色に変わる。白馬八方《はくばはっぽう》温泉は，赤色リトマス紙が青色に変わり，青色リトマス紙の色は変わらなかったから，アルカリ性になる。したがって，BTB溶液は青色を示す。都幾川《ときがわ》温泉は，BTB溶液が青色を示したことからアルカリ性なので，リトマス紙の結果は白馬八方温泉と同様になる。

問４　(ア)　植物は，光合成をするときに二酸化炭素をとり入れ，呼吸をするときには二酸化炭素を排出《はいしゅつ》する。　(イ)　木や紙のような炭素を含《ふく》むものは，燃えると二酸化炭素を発生する。　(ウ)　二酸化炭素は水に少しとけ，その水溶液を炭酸水という。石灰《せっかい》水は水酸化カルシウムの水溶液である。　(エ)　二酸化炭素を冷やして固体にしたものをドライアイスという。　(オ)　二酸化炭素にものを燃やすはたらきはない。なお，ロケットエンジンには燃料と，それを燃やすのに必要な酸素(または酸素のかわりとなるもの)が積まれている。　(カ)　消火器にはさまざまな種類があり，設置する場所の様子に適したものを選んで置く。身近にある消火器の多くは消火剤《ざい》の粉や泡《あわ》が出るタイプであるが，二酸化炭素を放出するタイプの消火器も存在する。

問５　問題文中の表で，加えた炭酸カルシウムの重さが1.5ｇまでは，発生した二酸化炭素の重さと比例し，それ以上では発生した二酸化炭素の重さが0.66ｇで一定となっている。よって，とけた炭酸カルシウムの重さと発生した二酸化炭素の重さの比は，0.5：0.22＝25：11となる。なお，0.66 $\times\frac{25}{11}=1.5$(ｇ)より，うすい塩酸10ｇは炭酸カルシウム1.5ｇとちょうど反応して，このとき0.66ｇの二酸化炭素を発生することがわかる。

問６　うすい塩酸150ｇとちょうど反応する炭酸カルシウムの重さは，$1.5\times\frac{150}{10}=22.5$(ｇ)である。よって，炭酸カルシウムを22.5ｇより多く加えると，とけずに残りはじめる。

３　身近な生物についての問題

問１　オンブバッタは昆虫《こんちゅう》で，胸部に６本の足をもち，ジョロウグモはクモのなかまで，頭胸部に８本の足をもつ。よって，合計，６＋８＝14(本)である。

問２　カブトムシやクワガタ，ハチ，チョウなどは，たまご→幼虫→さなぎ→成虫の順に姿を変える完全変態をする。一方，セミやトンボ，カマキリ，バッタなどは，たまご→幼虫→成虫の順に姿を変える不完全変態をする。

問３　ウシガエルは，食用として日本に持ち込まれ，やがて逃《に》げ出したものなどが野生化した外来生物である。ヒアリは，南アメリカ大陸原産の赤茶色っぽい色をしたアリで，日本では2017年に初めて発見された。毒をもっているため，さされると激しい痛みや腫《は》れなどの症状《しょうじょう》にみまわれるおそれがある。セアカゴケグモは，オーストラリア原産で，からだ全体は黒いが，背などに赤い模様がある。日本では1995年に初めて発見され，現在ではほぼ全国に広がっている。メスが毒をもち，かまれると腫れて，全身に痛みが広がる場合もある。

問４　アゲハチョウの幼虫はミカン科の植物の葉，モンシロチョウの幼虫はアブラナ科の植物の葉

を食べるので，それらの成虫のメスは幼虫が食べるそれぞれの葉に卵を産む。

問５　**c**　５つの縄《なわ》張りのうち最も利益の大きい縄張りは，実線のグラフで最大の値となっている(オ)である。　**d**　５つの縄張りのうち最も労力が少ない縄張りは，点線のグラフで最小の値となっている(ア)である。　**e**　得られる利益よりも労力が大きくなると縄張りは成立しないので，縄張りが成立する大きさは，実線のグラフと点線のグラフの交点にある(エ)までとなる。　**f**　利益と労力の差が一番大きくなるのは，実線のグラフと点線のグラフが最もはなれている(イ)になる。

国　語　＜第２回試験＞（50分）＜満点：100点＞

解　答

□一 **問１**　下記を参照のこと。　**問２**　①　(オ)　②　(エ)　③　(ウ)　**問３**　**A**　(イ)　**B**　(オ)　**C**　(エ)　**問４**　(ウ)　**問５**　**a**　(ク)　**b**　(オ)　**c**　(ア)　**d**　(キ)　**問６**　**a**　(オ)　**b**　(ク)　**c**　(ウ)　**d**　(カ)　**問７**　(イ)　**問８**　(エ)　**問９**　(ア)　**問10**　**a**　(オ)　**b**　(カ)　**c**　(キ)　**問11**　**a**　(キ)　**b**　(ケ)　**c**　(ア)　**d**　(ウ)　**問12**　(イ)，(オ)　□二 **問１**　(1)　(エ)　(2)　(イ)，(オ)　**問２**　②　(ウ)　③　(オ)　⑥　(ア)　**問３**　**a**　(オ)　**b**　(イ)　**c**　(サ)　**d**　(ク)　**問４**　(ウ)　**問５**　(ア)　**問６**　**A**　(オ)　**B**　(ウ)　**C**　(ア)　**D**　(エ)　**E**　(イ)　**問７**　(1)　(イ)　(2)　(カ)　(3)　(ケ)　(4)　(シ)　**問８**　(エ)　**問９**　(1)　(ウ)　(2)　(カ)　(3)　(キ)　(4)　(サ)

●漢字の書き取り

□一 **問１**　ⓐ　視察　ⓑ　口実　ⓒ　動転　ⓓ　由来　ⓔ　務(める)

解　説

□一 **出典は将基面貴巳《しょうぎめんたかし》の『日本国民のための愛国の教科書』による。**日本国の面目《めんぼく》のために畠山勇《はたけやまゆう》子《こ》が自決したという事件を導入に，筆者は国民意識や愛国心について歴史的な観点から説明している。

問１　ⓐ　実際に現場へ行き状況《じょうきょう》を見ること。　ⓑ　言いのがれや言いがかりの材料。　ⓒ　非常におどろいて平静さを失うこと。　ⓓ　ものごとの起こり。　ⓔ　音読みは「ム」で，「義務」などの熟語がある。

問２　①　行為《こうい》の結果として，成果が得られなかったこと。　②　“ある取り組みの成果があらわれる”という意味。　③　ひどく名誉《めいよ》がそこなわれること。

問３　**A**　続く部分に「目的だろう」とあるので，これと呼応して推《お》し量るようすを表す「おそらく」が入る。　**B**　大日本帝国憲法を発布したことで，日本は近代国家としての「第一歩」をやっと「踏《ふ》み出した」のだから，待ち望んでいたことがついに実現するようすの「ようやく」があてはまる。　**C**　当時，日本に「大国ロシアを敵に回せるほどの国力」がなかったことは明らかなので，“最初から”という意味の「そもそも」が合う。

問４　D　大津《おおつ》事件の決着まで説明した後，あらためて畠山勇子の話題を提示しているので，それまで述べてきたことをいったん打ち切り，話題を変えるときに用いる「さて」がよい。ここで(イ)，(エ)が外れる。　E　大津事件を知った畠山勇子は“日本存亡の危機だ”と気が動転したうえ，

「皇太子一行が予定を切り上げ帰国すると知り」，何としても「日本訪問を継続《けいぞく》」させなければならないと考えたのだから，前のことがらに別のことをつけ加えるときに用いる「さらに」がふさわしい。ここで(ウ)に決まる。　F　続く部分に，「考えたからです」とあるので，これと呼応して理由を導く「なぜなら」が合う。　G　皇太子一行が予定を切り上げ帰国してしまえば，「天皇はもちろん日本国民全体の面目も丸つぶれ」になると考えた畠山勇子は，「自分の命と引き換《か》えに嘆《たん》願《がん》」しようと思い立ったのだから，前のことがらを受けて，そこから導かれることがらに移るときに用いる「そこで」が入る。

問5　a，b　畠山勇子の自決当時，有力新聞の反応は「冷淡《れいたん》」だったとしたうえで，「東京朝日新聞」では「奇《き》女子」，「国民新聞」では彼女《かのじょ》の行動が「発狂心《はっきょう》」からきている，などと批判的な報じられ方をしたと筆者は述べている。よって，空らんaには(ク)，空らんbには(オ)が入る。　c，d　「女学雑誌」は畠山勇子の「道心」を称賛《しょうさん》し，小泉八雲《こいずみやくも》は「国民の愛と忠誠の証《あかし》」と讃《たた》えている。「国家」のために命を投げ出し，「人道」にしたがった行いをした女性として評価されたといえる。

問6　傍線《ぼうせん》⑤は，畠山勇子の自決が「武士道ブーム」の先駆《さきが》けだったと言っていることをおさえる。　a　明治に入って武士階級は滅《ほろ》び，「武士道も過去の遺物として扱《あつか》われて」いたのだから，(オ)が合う。なお，「過去の遺物」は，古くさいものごとを表すたとえ。　b　時代遅《おく》れの武士階級の倫《りん》理《り》観とみなされていた武士道が，「明治23年」以降にブームとなったのだから，(ク)が選べる。なお，「脚光《きゃっこう》を浴びる」は，“注目の的になる”という意味。　c　畠山勇子の自決は武士道が見直されたばかりのころに起きたものだったので，有力新聞は彼女を「奇女子」などと取りあげたのである。　d　大正時代以降，畠山勇子は「世に稀《まれ》なる烈婦《れっぷ》」，「『切腹武士道』の『日本精神』を実《じっ》践《せん》した女性」，「武士道・日本精神の精華《せいか》」だと評価されたのだから，(カ)がふさわしい。なお，「烈婦」は，信念をつらぬき通す激しい気性《きしょう》の女性のこと。「精華」は，真髄《しんずい》。

問7　前の部分で述べられている，現在と異なり，過去には「愛国心を持つこと」が必ずしも「自然で当たり前」のものではなかったという内容を指している。

問8　「⑷愛国心の教育」の大段落で説明されている。江戸時代から明治初期に生きた人々は，自分たちが「日本」ではなく「藩《はん》」に属していると意識していた。日本に属している意識がなかったので，日本を愛する感覚がわからなかったのである。

問9　直前の二つの段落で，過度の愛国心に対する福沢諭吉《ふくざわゆきち》の意見が紹介《しょうかい》されている。福沢は，一部の愛国者が「外国人に対して強硬《きょうこう》な態度をとり，外国人との間で紛争《ふんそう》が持ち上がればよく調べもしないで外国人の方が悪いと決めつける」ことに警告を発し，「自国の利益を主張」するばかりの愛国心は「非情」で，「高尚《こうしょう》」ではないと断じたのだから，(ア)がよい。

問10　a　本文では，「教育勅語《ちょくご》を校長先生が読み上げ，生徒がこれをありがたく聞く儀式《ぎしき》」があったと紹介されている。「ありがたく聞く」ときの姿勢なのだから，(オ)が合う。なお，「直立不動」は，かかとをそろえてまっすぐ立ち，身動きしないこと。　b　直立不動を基本的な姿勢の一つとしている集団の代表は，「軍隊」だと考えられる。　c　「直立不動」とは，目上の人物への敬意や集団の規律を表す世界共通のボディーランゲージであるといえる。

問11　a　地域ごとに独自に発展した言葉は「方言」である。　b　クラスメイトに持つ意識だから「仲間」意識が合う。　c　見知らぬ者同士が「同じ」日本人という意識を持つのに必要な

ものは，「共通」の言語である。　**d**　本文に，「国語」が「学校」で教えられるようになったと書かれている。つまり，国語の普及《ふきゅう》に役立ったのは「学校」だといえる。

問12　(ア)「キリスト教」との関連は述べられていない。　(イ)「(4)愛国心の教育」の大段落で，明治維新より以前の日本人にとっては「藩」が「国」，「外国」とは「よその藩」にあたるものだったと述べられているので，合う。　(ウ)ベネディクト・アンダーソンの言う「想像の共同体」は，「同じ人間として」ではなく「国民」としての連帯感による。　(エ)急速に国民国家に変貌《へんぼう》したのは，「共通の歴史を持っていたから」ではなく，「国民の歴史」を「刷り込《こ》まれ」たからである。
(オ)傍線⑩に続く部分で，筆者は「〈日本人〉という想像の共同体を育むため」の手段として興味深いのが「唱歌の誕生」と学校教育における「奨励《しょうれい》」だとしたうえで，「日本の景観の美しさや軍隊の勇ましさを歌にし，声を揃《そろ》えて歌わせ」たことは，生徒に「〈日本人〉としての意識」を植えつける役割を果たしていたと述べているので，正しい。　(カ)最後から二つ目の段落に「歴史の展開次第《しだい》では，日本と朝鮮《ちょうせん》半島と台湾《たいわん》がひとつになって東アジア連合のようなものが出来上がるかもしれません」とあり，合わない。

二　**出典は砥上裕將《とがみひろまさ》の『線は，僕《ぼく》を描《えが》く』による。**水墨《すいぼく》画の教室で，千瑛《ちあき》，斉藤《さいとう》さん，西濱《にしはま》さんの描いた牡丹《ぼたん》の絵に対する湖山《こざん》先生の反応を見ていた「僕」が，水墨画の本質を考える場面である。

問１　(1)一つのことに熱中し，ほかのことに注意を奪《うば》われずにいるさま。　(2)「一気呵成《かせい》」は，ひと息になしとげること。反対の意味になるのは，試みと失敗をくりかえしながら見通しをつけていく(イ)の「試行錯誤《さくご》」，ものごとを黙《だま》ってじっくり考えることを表す(オ)の「沈思黙考《ちんしもっこう》」。なお，(ア)の「無我夢中」は，何かに熱中して我を忘れること。(ウ)の「猪突猛進《ちょとつもうしん》」は，向こうみずに突《つ》き進むことのたとえ。(エ)の「初志貫徹《かんてつ》」は，最初の志を最後までつらぬき通すこと。

問２　②「間が抜《ぬ》ける」は，“拍子《ひょうし》抜けする，調子がはずれる”という意味。　③「手持ち無《ぶ》沙汰《さた》」は，することがなく，間が持たないさま。　⑥「意を決する」は，思い切って決心するという意味。

問３　続く部分で，牡丹の絵を描く千瑛のようすが描かれている。　**a**，**b**　普段の「華麗《かれい》な筆《ひっ》致《ち》」と異なり，筆を振《ふ》り回しているように「僕」の目には映ったが，「大輪の花」から「花弁」，「大きな葉」に至るまで，「精密」な墨《すみ》の描き分けがなされていたとある。　**c**，**d**　今日の千瑛は表情が硬《かた》く動きも「ぎこちない」が，「僕」には「爆発《ばくはつ》」するような華《はな》やかな牡丹に見えている。

問４　千瑛の描いた水墨画について，「僕」は「華やか」だと思ったし，斉藤さんも「良い絵」だと感じているが，湖山先生は「白けた目」で「何も言わないまま」首を振っている。普段は好々爺《こうこうや》そのものの先生が「冷たい目」で沈黙していることが「怖《こわ》い」と「僕」は思い，うつむいた千瑛の顔には「暗い影《かげ》」が広がり，斉藤さんも「険しい目」で先生を見ている。つまり，沈黙の先生を囲み，みんな極度に緊張《きんちょう》しているので，(ウ)が合う。

問５　牡丹を描く斉藤さんの水墨画の手順には「徹底《てってい》して無駄《むだ》」がなく，写実的で，「明らかに目を引く美しさ」をそなえていたが，それを見た湖山先生は疲《つか》れたように目頭を押《お》さえ，ゆっくりと首を振っている。「CGのよう」な斉藤さんの絵を，湖山先生は否定しているのだと読み取れる。

問６　斉藤さんの絵を見た湖山先生の静かなため息を聞き，皆《みな》言葉もなく緊張している場面であることをおさえる。　**A**　直後に，「いつもの軽いノリで」とあることから，西濱さんは「お待たせしました〜〜！」と言いながらお茶を運んできたものと考えられる。　**B**　西濱さんを見た湖

山先生は「やっと微笑《ほほえ》」み，「いつもの好々爺」に戻《もど》ったとあるので，お茶を運んできた西濱さんに「ありがとう」と言ったのだろうと想像できる。　**C**，**D**　お茶を啜《すす》った後，湖山先生と西濱さんが交《か》わした言葉なので，「悪くない」，「美味《おい》しいですよね」と賞味し合うのが自然である。

E　この後，西濱さんと湖山先生は，誰《だれ》が新茶を持ってきてくれたかといった話題で盛り上がっている。その会話の糸口になった言葉なので，「何処《どこ》のお茶？」と聞くのが合う。

問７　西濱さんの絵について，前後に「僕」の感動と感想が書かれている。　⑴　西濱さんの絵について，「僕」は「形」が「何処か破綻《はたん》」し，「筆致」が「強く表れている」と感じている。

⑵　千瑛と斉藤さんの絵は，西濱さんの「命が描かれ」た絵と比べ「花を追いかけるのに力が入り過ぎている」という印象だった。　⑶　西濱さんによって「一筆，一筆が真っ白い画面に刻まれるたび」，「僕」の「心の内側」にある部屋の「壁《かべ》」は，絵に描かれた花の「命そのもの」に揺《ゆ》さぶられたと「僕」は感じている。　⑷　西濱さんの絵を見た「僕」は，「美」ではない「生命感」という「大きな空気」，「命の気配」が「技術を超《こ》えて」伝わってくると感じている。

問８　絵を見た湖山先生から「とても生き生きしている～何かいいことがあったの？」と言われた西濱さんは，「図星のように」頭を掻《か》いている。これがきっかけで「僕」は，西濱さんが「その躍《おど》るような心の変化を牡丹という形に変え～自分の心や命の在《あ》り方を造作もなく表現した」ことに気づいたのである。㈱が，これをもっとも正確にまとめている。

問９　⑴「僕」は湖山先生の言葉と西濱さんの反応から，西濱さんの「躍るような心」が牡丹の花の形で表されたことに気づいているので，㈦が合う。　⑵，⑶「水墨」とは「森羅万象《しんらばんしょう》を描く絵画」だとしたうえで，湖山先生は，「外側」と「心の内側」の両方に現象や宇宙が存在すると言っている。その話を聞いた「僕」は，「心の内側」を「外の世界」へ「繋《つな》ぐ術《すべ》が水墨画」なのだろうと理解したのだから，⑵は㈮，⑶は㈶がよい。　⑷「筆のおもむくままに見えて実は，自らが動かされている」のだから，㈵の「線が，僕を描く」が合う。

2021年度　中央大学附属中学校

〔電　話〕(042) 381－７６５１
〔所在地〕〒184-8575　東京都小金井市貫井北町３－22－１
〔交　通〕JR中央線－「武蔵小金井駅」北口より徒歩18分

【算　数】〈**第１回試験**〉（50分）〈満点：100点〉

〈注意〉　１．コンパスと定規を使ってはいけません。
　　　　　２．円周率は，3.14を用いなさい。

1　次の問いに答えなさい。

(1)　$\left(\frac{6}{5}\times97.21-34.84\div\frac{10}{3}\right)\times1\frac{2}{3}$を計算しなさい。

(2)　$(37037\times84-30030\times81-7007\times81)\times9$を計算しなさい。

(3)　大小２つのサイコロをふって出た目の数の最大公約数が１となるのは何通りありますか。

(4)　図１の斜《しゃ》線部分の面積は何 cm^2 ですか。

(5)　図２の平行四辺形 ABCD において，AB＝AE のとき，角 x の大きさは何度ですか。

図１

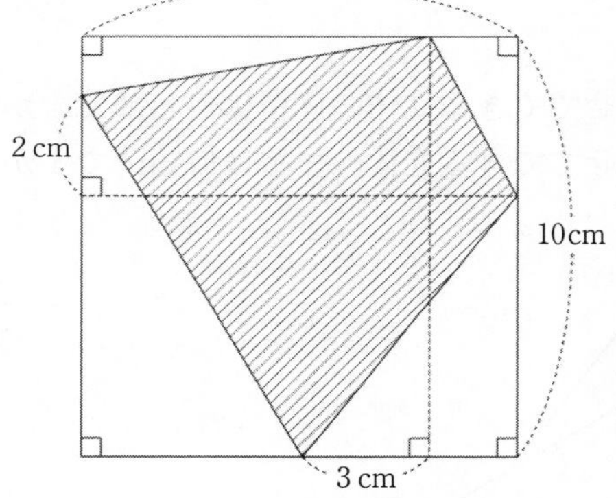

図２

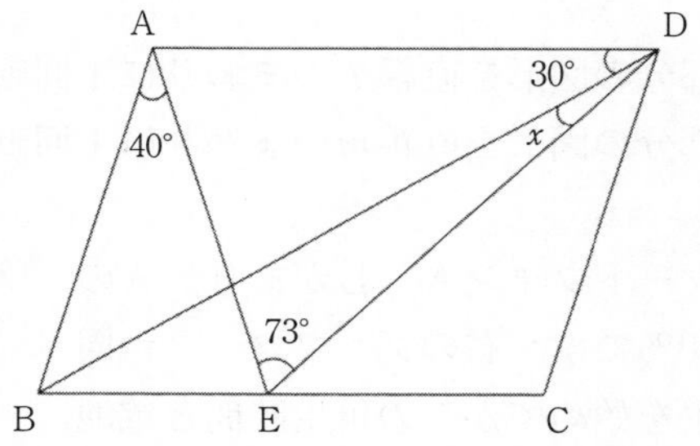

(6)　容器Ａには２％の食塩水が500ｇ，容器Ｂには10％の食塩水が200ｇ入っています。それぞれの容器から同じ量の食塩水を取り出し，それぞれもう一方の容器に入れると，容器Ｂの食塩水の濃《のう》度は６％になりました。このとき，容器Ａの食塩水の濃度は何％になりましたか。

(7)　静水上で時速18km の速さで進む船Ｐと，時速24km の速さで進む船Ｑがあります。流れの速さが時速６km の川の上流にＡ町があり，Ａ町から35km 下流にＢ町があります。船ＰはＡ町からＢ町に向け，船ＱはＢ町からＡ町に向け同時に出発しました。船Ｐと船Ｑが出会うのは何分後ですか。

2　Ａ，Ｂ，Ｃ，Ｄの４人が100点満点の試験を受けたところ，ＡとＣの平均点は80点，ＢとＤの平均点は82点でした。２つの２人組をつくり変えたら，一方の組の合計点は172点，もう一方の組の点数差は26点でした。

(1)　４人の合計点は何点ですか。

(2)　最高点は何点ですか。

(3)　最低点は何点ですか。

3　一定量の水が湧《わ》き出ている泉があります。この水を全部くみ出すのに，毎分６m^3で排《はい》出するポンプ６台では70分，９台では40分かかります。

(1)　泉から毎分何m^3の水が湧き出ていますか。

(2)　はじめに，泉にたまっていた水の量は何m^3ですか。

(3)　ポンプを16台使うと，水を全部くみ出すのに何分かかりますか。

4　次の問いに答えなさい。ただし，円周率は3.14とします。

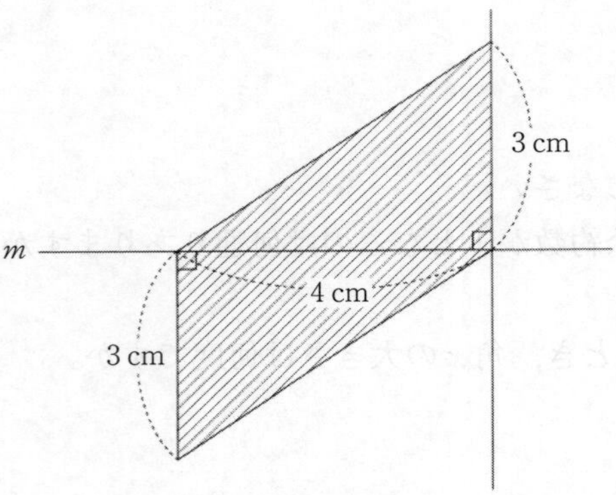

(1)　図の斜《しゃ》線部分の図形を直線 l のまわりに１回転させてできる立体の体積は何cm^3ですか。

(2)　図の斜線部分の図形を直線 m のまわりに１回転させてできる立体の体積は何cm^3ですか。

5　２台のスマートフォンＡ，Ｂがあり，Ａの電池残量は90％です。右のグラフは，２台同時に動画再生を始めてからの再生時間と電池残量の関係を表したものです。

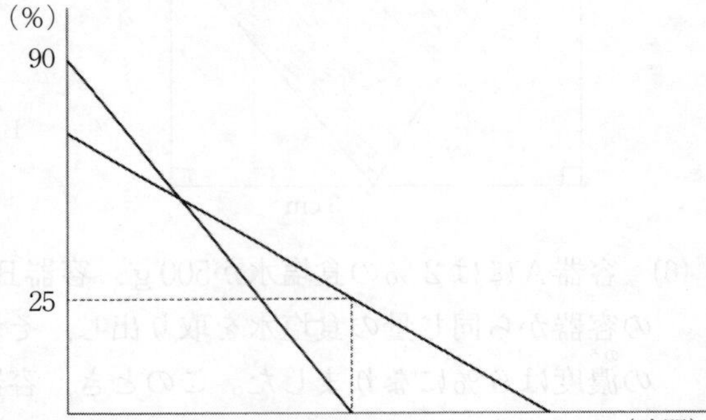

(1)　はじめのＢの電池残量は何％でしたか。

(2)　動画再生中に２台の電池残量が等しくなるのは，動画再生を始めてから何時間後ですか。

(3)　動画再生中にＡの電池残量がＢの電池残量の半分になるのは，動画再生を始めてから何時間何分後ですか。

【社　会】〈第１回試験〉（30分）〈満点：60点〉

I　九月九日は五節句のひとつ，重陽《ちょうよう》の節句《せっく》にあたります。三鷹さんと武蔵くんはこの日，日本茶を飲みながら和菓子《わがし》を楽しんでいます。二人の会話を読んで，以下の問いに答えなさい。

武蔵くん：わーい，きれいで美味しそうな和菓子。このお饅頭《まんじゅう》は「着綿《きせわた》」と言うんだって。

三鷹さん：「着綿」というのは，もともと重陽の節句の行事のことよ。(1)**秋の花である菊《きく》**の上に白い真綿をのせて，その綿で身体をぬぐえば邪気《じゃき》をはらえるという習わしがあるのよ。

武蔵くん：ふーん，それでこのお饅頭は，菊の花に綿をのせたかたちなんだね。でも，こうやって季節の行事ごとに，(2)**美味しい日本茶**といっしょに和菓子をいただくのは，やっぱり風流だね。

三鷹さん：あらら，甘《あま》いものにはめっぽう目がない，花より団子《だんご》の武蔵くんも，風流が分かるようになったのかしら。

武蔵くん：そりゃあ，(3)**端午《たんご》の節句でも，柏餅《かしわもち》がいちばんの楽しみ**だけど……。

三鷹さん：季節ごとのお祝いの和菓子に込《こ》められた意味をよく知れば，風流人への道も近いわよ。たとえば，(4)**端午の節句の柏餅には，家が繁栄《はんえい》して長く続きますように，という願いが込められているの**。柏の葉は，みずみずしい新芽《しんめ》が出てくるまでは古い葉っぱが落ちないので，家が続くことを願うお武家《ぶけ》さんにとって縁起《えんぎ》が良かったのよ。

武蔵くん：さすがは三鷹さん，何でもくわしいなぁ。ぼくも和菓子の歴史について調べてきたから，聞いてくれるかな。そもそも“菓子”という言葉は，果物や木の実を意味していたんだって。

三鷹さん：歴史の授業でも，(5)**縄文時代の遺跡《いせき》から，クルミやクリ，ドングリなどのデンプンの粉を固めて焼いた“縄文クッキー”が出土する**って聞いたことがあるわね。甘いお菓子のイメージとは，少し違《ちが》いそうだけど。

武蔵くん：いまの和菓子の原型となると，やっぱりお餅《もち》やお団子かなぁ。(6)**日本列島で米作りが広がる**ようになると，お餅やお団子は，米や麦などの穀物《こくもつ》や豆を加工して作られるようになるよ。(7)**東大寺の正倉院に伝わる古文書**にも，各地から朝廷にお餅やせんべいが納められた記録があるんだ。

三鷹さん：私もお団子は大好き。(8)**甘い餡子《あんこ》がいっぱいの大福**なんて最高！

武蔵くん：和菓子がいまの姿になるまでには，外国から受けた影響《えいきょう》も大きいんだ。調べたことを表にまとめてみたよ。(9)**飛鳥～平安時代**に伝わった唐菓子《とうがし》は，米や小麦などの粉を油で揚《あ》げて，ツタの樹液から作られる甘葛煎《あづらせん》で甘味をつけたと言われているよ。

飛鳥～平安時代
　遣唐使などによって「**唐菓子**」が伝えられた。
鎌倉～室町時代
　中国に留学した禅僧《ぜんそう》などが「**点心《てんじん》**」(**羊羹《ようかん》や饅頭**)をもたらした。
戦国～安土・桃山時代
　ポルトガルやスペインの宣教師・貿易商人が「**南蛮菓子**」を伝えた。

三鷹さん：甘くて揚げたお菓子といえば，かりんとう，みたいなイメージかしら。羊羹やお饅頭といえば，和菓子の代表選手だけれど，これは(10)**鎌倉時代に禅僧たちが中国から日本に伝えた**のね。

武蔵くん：羊羹に「羊」の字が使われているのは，中国ではじっさいに動物の肉を使った食べ物だったからなんだ。日本では肉食が禁じられていたから，肉に見立てた精進《しょうじん》料理として，いまの姿に発展したんだって。

三鷹さん：へぇー，面白いわね。学校の歴史の授業では，南蛮人とよばれた人たちが，いろんな文物《ぶんぶつ》を日本に伝えたことも教わったわね。

武蔵くん：南蛮菓子といえば，カステラや金平糖《こんぺいとう》だよ。(11)**宣教師ルイス・フロイスは，フラスコに入れた金平糖を織田信長に献上《けんじょう》した**とも伝えられているんだ。当時，砂糖はとても貴重なものだったから，砂糖をたっぷり使った甘いお菓子に，信長もびっくりしたんじゃないかな。

三鷹さん：安土・桃山時代には茶の湯も発展したから，お茶と和菓子の組み合わせも，この頃《ころ》から生まれたのかしら。こうやって，(12)**すてきな器《うつわ》でお茶やお菓子を楽しめる**のは，すばらしい文化ね。

武蔵くん：江戸時代になって白砂糖の輸入が増えると，(13)**和菓子はいまの姿へと完成していくよ**。俳句の文化が流行して，和菓子に季節感が込められるのも，江戸時代からなんだ。大名の参勤交代などで街道が整えられると，各地の名物のお菓子も生まれていったんだって。

三鷹さん：ふーん，こうして見ると，ひとつの和菓子にも(14)**日本と世界とのグローバルな交流**の歴史がつまっていることが分かるわね。和菓子のことが，ますます好きになっちゃった。

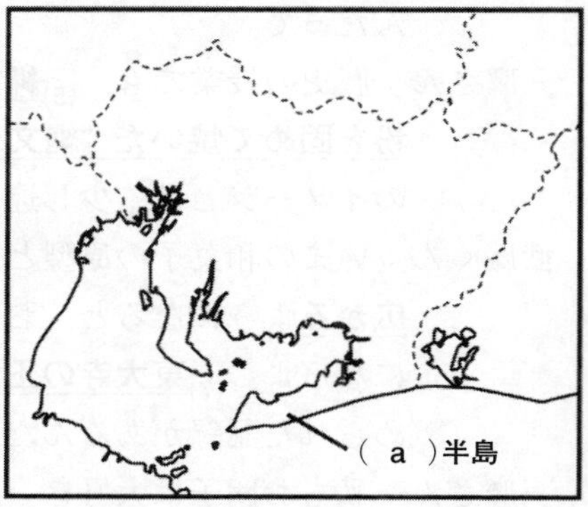

問１．下線(1)に関する問題です。右の(a)半島は，全国の都道府県のうち菊の生産量がもっとも多い県にあり，この半島も菊の有数の産地として知られています。この半島の名前を**漢字で**答えなさい。

問２．下線(2)に関する問題です。次の表は，都道府県別の茶の生産量をあらわしたものです。空らん(あ)・(い)にあてはまる都道府県名として，ふさわしい組み合わせを下の①～④から１つ選びなさい。

順位	都道府県	生産量(トン)
1位	(あ)	33400
2位	(い)	28100
3位	三重県	6240
4位	宮崎県	3800

出典：矢野恒太記念会『日本のすがた2020』

① (あ) 静岡県 (い) 鹿児島県
② (あ) 京都府 (い) 福岡県
③ (あ) 福岡県 (い) 静岡県
④ (あ) 鹿児島県 (い) 京都府

問３．下線(3)に関する問題です。中国から日本に伝わった節句では，季節の節目に，健康や豊作，

子孫の繁栄などを願って，邪気をはらう行事がおこなわれます。日本で見られる節句の風習の説明として，**ふさわしくないもの**を次の①～④から１つ選びなさい。

① 一月七日―セリ，ナズナなどを入れた七草がゆを作って食べました。

② 三月三日―雛人形《ひなにんぎょう》を飾《かざ》って，あられや菱餅《ひしもち》をお供《そな》えしました。

③ 五月五日―兜《かぶと》を飾って鯉《こい》のぼりを立て，夜は菖蒲湯《しょうぶゆ》に浸《つ》かりました。

④ 七月七日―短冊に願いごとを書いて，夜は柚子湯《ゆずゆ》に浸かりました。

問４．下線(4)に関する問題です。家(家族)は，人間にとって大切な共同体のひとつです。その一方で，日本国憲法が制定された頃には，戦前，家の力があまりにも強くなりすぎたことへの反省も語られました。次の憲法の条文は，この点をふまえたものと考えることもできます。

空らん(X)・(Y)・(Z)にあてはまる語の組み合わせとして正しいものを，下の①～④から１つ選びなさい。

> **憲法13条**　すべて国民は，（ X ）として尊重される。生命，自由及び幸福追求に対する国民の権利については，（ Y ）の福祉に反しない限り，立法その他の国政の上で，最大の尊重を必要とする。
>
> **憲法24条**　婚姻《こんいん》は，両性の（ Z ）のみに基いて成立し，夫婦が同等の権利を有することを基本として，相互《そうご》の協力により，維持《いじ》されなければならない。

① (X) 個人　(Y) 公共　(Z) 信頼

② (X) 権利者　(Y) 全体　(Z) 合意

③ (X) 個人　(Y) 公共　(Z) 合意

④ (X) 権利者　(Y) 全体　(Z) 信頼

問５．下線(5)に関する問題です。縄文時代に大規模な集落が広がっていた遺跡として知られる三内丸山遺跡では，クリが食料とされていたことが分かっています。次の(イ)(ロ)の問題に答えなさい。

(イ) 三内丸山遺跡がある県として正しいものを，次の①～④から１つ選びなさい。

① 福岡県　② 青森県　③ 岡山県　④ 宮城県

(ロ) 下の写真は，三内丸山遺跡から出土したクリのDNA(遺伝情報を保持している物質)をならべたもの(左側)と，自然の野山で採取されたクリのDNAをならべたもの(右側)です。左の写真を見ると遺伝情報にばらつきが少なく，右の写真ではばらつきが大きいことが分かります。

このことから，三内丸山遺跡での当時の暮らしぶりには，どのような特色があったことが想像できますか。あなたの考えを述べなさい。

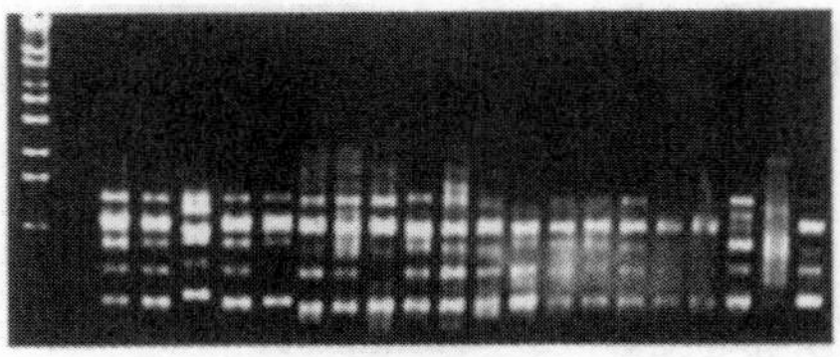

三内丸山遺跡のクリのDNA

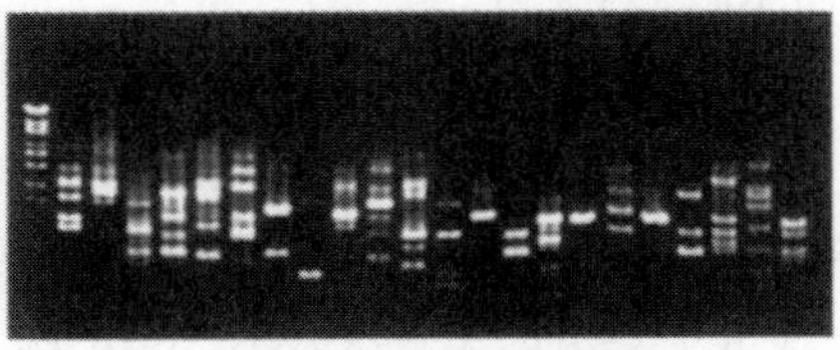

自然の野山のクリのDNA

出典：佐藤洋一郎「DNAで古代の作物を追う」(『生命誌』21号)

問６．下線⑹に関する問題です。日本列島に稲作が伝わった頃の様子を現代に伝える遺跡や歴史書について述べた文(あ)・(い)の内容について，正・誤の組み合わせとしてふさわしいものを，下の①～④から１つ選びなさい。

(あ)　佐賀県にある登呂遺跡からは，あぜ道や水路で区切られた水田のあとや，村を守るための物見やぐらのあとが見つかっている。

(い)　中国の歴史書『漢書』には，100あまりの小さな国を卑弥呼という女王が治めていたことが記されている。

①　(あ)　正　(い)　正　②　(あ)　正　(い)　誤
③　(あ)　誤　(い)　正　④　(あ)　誤　(い)　誤

問７．下線⑺に関する問題です。東大寺の正倉院は，右の写真のように，断面が三角形の木材を組み合わせて作られた，（ ★ ）とよばれる建築様式の高床式倉庫です。（★）にあてはまる語を<u>漢字３字</u>で記しなさい。

問８．下線⑻に関する問題です。三鷹さんが和菓子の原料となる米，小麦，小豆などの生産地を調べてみたところ，日本国内ではいずれも北海道での生産が多いことが分かりました。次の(イ)(ロ)(ハ)の問題に答えなさい。

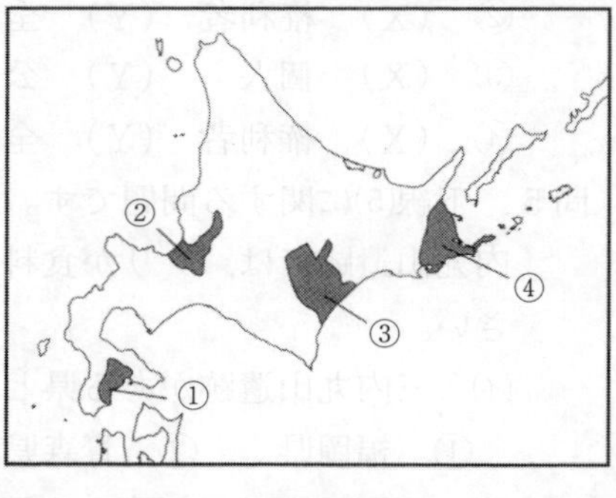

(イ)　国内有数の畑作地帯である十勝平野の位置としてふさわしいものを，右の地図の①～④から１つ選びなさい。

(ロ)　おもに北海道で生産される，砂糖の原材料となる作物の名前を答えなさい。漢字でなくてもかまいません。

(ハ)　2020年７月，北海道白老《しらおい》郡白老町では，「民族共生象徴《しょうちょう》空間」として博物館や公園などを整備したナショナルセンターが，一般に公開されました。右はそのロゴマークです。

民族共生象徴空間のロゴマーク

このセンターの愛称《あいしょう》（ ◆ ）は「（おおぜいで）歌うこと」を意味する（ ☆ ）語がもとになっています。空らんにあてはまる語の組み合わせとして，正しいものを次の①～④から１つ選びなさい。

①　◆―ウポポイ　☆―アイヌ　②　◆―イオマンテ　☆―サハリン
③　◆―カムイ　☆―アイヌ　④　◆―コタン　☆―サハリン

問９．下線⑼に関する問題です。飛鳥時代から平安時代の都と，そこでの出来事について述べた文として正しいものを，次の①～④から１つ選びなさい。

①　**飛鳥の都**：聖徳太子と中臣鎌足が新しい政治をおこなうために，この地で，蘇我蝦夷と蘇我入鹿の親子を滅《ほろ》ぼした。

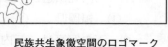

② **近江の都**：白村江の戦いで唐と百済の連合軍に敗れたのち，中大兄皇子はこの地に都を移し，天智天皇として即位《そくい》した。

③ **平 城 京**：聖武天皇がこの地に都を移し，『万葉集』に「あをによし奈良の都はさく花のにほふがごとく今さかりなり」とうたわれた。

④ **平 安 京**：桓武天皇は政治の乱れなどを避《さ》けるため，長岡京に都を移し，さらにこの地に都を移して，天皇中心の政治をめざした。

問10. 下線(10)に関する問題です。鎌倉時代の禅僧は，食事と食事の間にとる小食「点心《てんじん》」とともに，喫茶《きっさ》の風習ももたらしました。日本で臨済宗を開き，お茶の習慣を伝えたことでも知られる僧の名前を，**漢字で**記しなさい。

問11. 下線(11)に関する問題です。宣教師ルイス・フロイスは，ポルトガルの出身でした。現在のポルトガルの国の位置として正しいものを，①～④から１つ選びなさい。

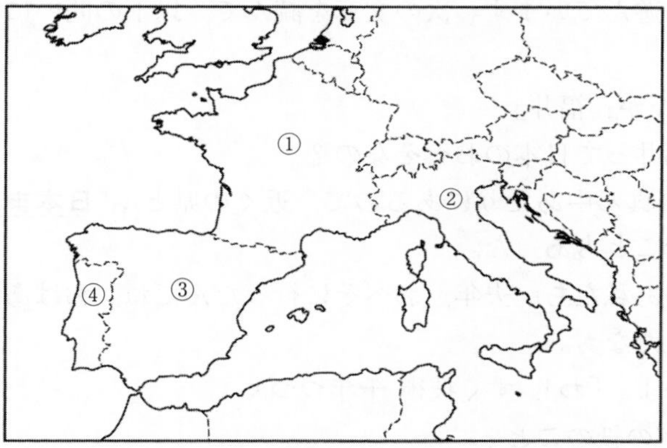

問12. 下線(12)に関する問題です。日本で生産されている陶磁器《とうじき》とその産地の組み合わせとして正しいものを，次の①～④から１つ選びなさい。

① 会津本郷焼―(あ)

② 益子焼―(い)

③ 九谷焼―(う)

④ 萩焼―(え)

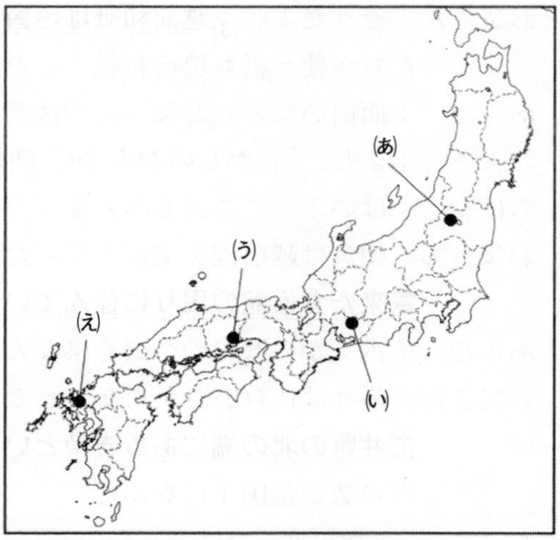

問13. 下線(13)に関する問題です。「和菓子」という言葉が使われるようになったのは，「洋食」や「洋菓子」などの語が生まれ，和と洋が区別されるようになった明治時代以降のことでした。明治時代の出来事について述べた文として**誤っているもの**を，次の①～④から１つ選びなさい。

① お雇い外国人のエドワード・モースが大森貝塚を発見した。

② 井上馨らが鹿鳴館での外交活動によって，不平等条約の改正をめざした。

③ 吉野作造が民本主義を唱えて，デモクラシーの動きが高まった。

④ 前島密が中心となって，全国的な郵便制度が整えられた。

問14. 下線(14)に関する問題です。現代のグローバルな交流について述べた文として，正しいもの

を次の①～④から１つ選びなさい。

① アメリカ大統領が中国との貿易が不公平であると訴《うった》えたことをきっかけに，近年，両国が関税を引き下げあう，米中貿易戦争が起きている。

② 世界の国々が自由に貿易をするためのルールを作ったり，交渉《こうしょう》したりする機関に世界貿易機関(WTO)があり，日本も加盟国となっている。

③ 日本が海外から輸入している品目のうち，輸入品額の割合がもっとも高いのは衣類で，これにつづくのは石油，液化ガスである。

④ 近年結ばれたTPP11(環《かん》太平洋経済連携《れんけい》協定11)では，アメリカ合衆国を中心として，太平洋に面する11の国々が参加している。

Ⅱ ちはやさんと妹のあらたさんは，福井県のおばあちゃんから「福井かるた」を送ってもらいました。二人はお父さんと，かるたで遊んでいます。次の文章を読んで，以下の問いに答えなさい。

お父さん：読むよ。「へその『日本まんなか』福井」

ちはや　：はいっ！　取ったよ。でも福井って日本のおへそなの？

お父さん：そうなんだ。福井県は日本の真ん中あたりにあるので，近くの県と(1)**「日本まんなか共和国知事サミット」**を開いたこともあった。

あらた　：真ん中だからおへそ？　じゃあ私たち，去年，おへそに行ったんだね。おばあちゃん家《ち》までの(2)**鉄道の旅**は楽しかったなぁ。

お父さん：そうだったね。じゃあ次読むよ。「わし すく技術 千年つづく」

あらた　：あった！　“わし”ってお習字の紙のこと？

お父さん：そうだよ。(3)**越前和紙はお習字の紙にも使われるんだ**。奉書紙《ほうしょし》という，身分の高い人たちが使う紙も越前和紙だったんだよ。

あらた　：面白いなぁ。お父さん，次読んで。

お父さん：よし。「むかしのおもかげ 朝倉遺跡」

ちはや　：はい！　ここにもみんなで行ったね。古い建物があったのを覚えているわ。

お父さん：朝倉は越前国を支配していた戦国大名だよ。(4)**その朝倉氏の館《やかた》があったのが一乗谷。家来たちも館の周りに住んでいたんだ。**

あらた　：古くから歴史のつづく県なんだね。

お父さん：福井は仏教がさかんなことでも知られているよ。歴史の教科書にも出てくる(5)**蓮如は，福井県の北の端《はし》にある吉崎という場所に道場を開いている**。福井県は10万人あたりのお寺の数が全国１位なんだ。

ちはや　：“幸福度”だけじゃないんだね！

お父さん：ちはやはよく知ってるね。福井県は，(6)**女性の就業率**，若者の失業の少なさ，子どもの運動能力，全国学力テストの結果などでも順位が高いので，幸福度が全国１位なんだよ。

あらた　：福井県ってすごくない？

お父さん：お父さんの自慢《じまん》の生まれ故郷だ。さあ次を読むよ。「をばまの浦に 初めて象来る」

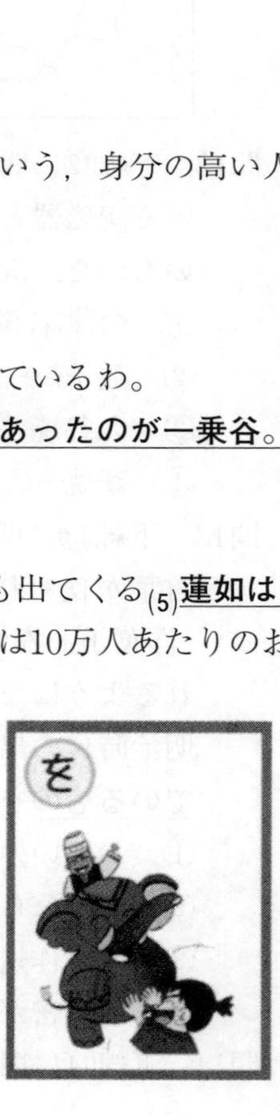

あらた　：はい！　やったあ。象が好きだから，ねらっていたの。でもなぜ象が来たの？

お父さん：(7)**小浜市**は初めてアジア象が上陸した場所なんだ。小浜の人は驚《おどろ》いただろうね。インドネシアから船に乗ってきた象は，室町幕府の将軍に贈《おく》られた。さて，この「すぎた玄白 医学のはじめ」の(8)**杉田玄白が小浜藩の医者だった**のは知っているかい？

ちはや　：へぇー。かるたは勉強になるね。どんどん読んで。

お父さん：「なんでも挑戦《ちょうせん》 由利公正《ゆりきみまさ》」

ちはや　：あったあった。この絵札に書かれているのは，何？

お父さん：(9)**由利公正は，江戸時代の終わりに福井の大名だった松平慶永の家来で，明治になると政府に仕えて，新政府の方針の原案を作った人だよ**。この絵札には，この原案の名前が書かれているね。

ちはや　：福井県ってすごい人が多いね。じゃあ，これは？

お父さん：「まつお芭蕉 敦賀で名句」。松尾芭蕉は福井の人ではないけれど，敦賀を訪れて「名月や 北国日和《ほくこくびより》 定めなき」という句を詠《よ》んだんだ。敦賀は港があることでも有名だよ。

ちはや　：この前，杉原千畝《ちうね》の伝記を読んだとき，敦賀のことが出てきたわ。

お父さん：そう。(10)**杉原千畝は，第二次世界大戦中のリトアニアで「命のビザ」を発行して多くのユダヤ人を助けた**とされる外交官だ。千畝に助けられた人々は，敦賀の港から日本に上陸したんだよ。

あらた　：そうなんだ。この「て」の絵，雷《かみなり》さまかな？

お父さん：それは「て」じゃなくて「で」，電気のことだね。(11)**福井県は発電量も電気の消費量も多いんだよ**。１人あたりの家庭電力消費量は，全国１位にもなっている。じゃあ最後，お手つきなしだよ。「空飛ぶ鯖寿司《さばずし》　列車の蟹《かに》めし」。

ちはや　：はい。取った！　このお寿司，おいしそうだね！

お父さん：日本海に面しているから海の幸が多いんだ。お父さんも大好きだよ。お寿司のお米だっておいしい。コシヒカリは，最初は福井県で育てられ，そのあと新潟でも栽培《さいばい》されたから，「越《こし》」ヒカリ。

あらた　：福井県は(12)**特産品も多い**んだね。「福井かるた」は楽しいなぁ。

問１．下線(1)に関する問題です。右のロゴマークは日本まんなか共和国のものです。「日本まんなか共和国知事サミット」には，福井県も含《ふく》めて４県の知事が参加しました。このうち，次に説明されている県の名前を**漢字で**答えなさい。

日本まんなか共和国

> この県を流れる川では鵜飼《うかい》が行われている。また，古代に関所が置かれたことにちなむ地名があり，そこで天下分け目の戦いが起こったことでも知られている。合掌《がっしょう》造りで有名な世界遺産がある。

駅名	距離（キロ）	最短所要時間
①	527.2	3時間９分
②	552.6	2時間21分
③	631.9	2時間44分
④	732.9	3時間９分

問２．下線(2)に関する問題です。右の表は，東京駅から福井駅（福井県），八戸駅，新大阪駅，岡山駅まで鉄道を利用したときの走行距離《きょり》と最短所要時間を表しています。福井駅に当てはまるものを，右の①～④から１つ選びなさい。ただし，所要時間には，乗り換えにかかる時間は含《ふく》めません。

問３．下線(3)に関する問題です。越前和紙のおもな原料として正しいものを，次の①～④から１つ選びなさい。

① 米　② こうぞ　③ 麦　④ い草

問４．下線(4)に関する問題です。一乗谷のように，大名の城や館を中心に家臣を集めてつくられた，当時の都市のことを何といいますか。__漢字で__答えなさい。

問５．下線(5)に関する問題です。蓮如が吉崎を中心に広めた宗教を信仰《しんこう》した人々は，1488年に越前国のとなりの国の守護を滅《ほろ》ぼし，およそ100年にわたって支配しました。このとなりの国を__漢字で__答えなさい。

問６．下線(6)に関する問題です。右のグラフは，世界経済フォーラムが発表しているジェンダーギャップ指数（GGI）について，2019年度総合１位のアイスランドと，総合121位の日本を比較《ひかく》したものです。この指数は０から１の間の数値で表され，就業率などの経済分野とともに，政治・健康・教育分野における男女格差の度合いを示しています。

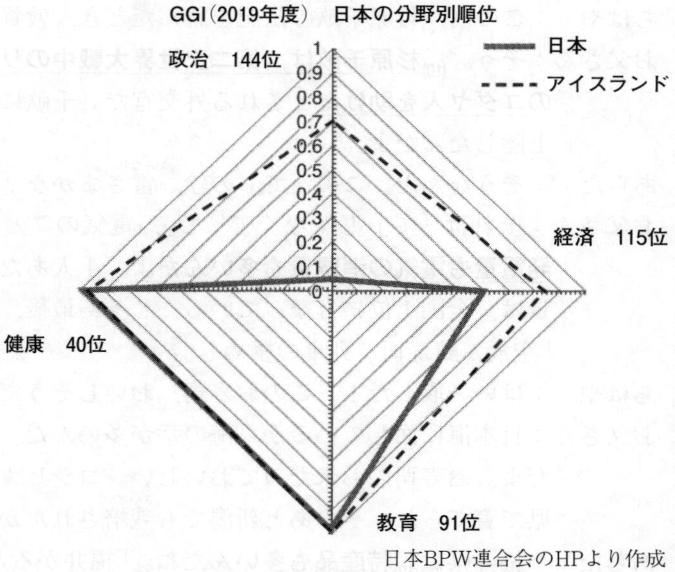

日本BPW連合会のHPより作成

日本の状況《じょうきょう》を説明した文としてふさわしいものを，次の①～④から１つ選びなさい。

① 教育分野の格差が小さいのは，男性と女性の大学での研究者の数がほぼ同じだからである。

② 健康分野の格差が小さいのは，男性と女性の平均寿命《じゅみょう》がほぼ同じだからである。

③ 政治分野の格差が大きいのは，男性に比べて女性の大臣や国会議員が少ないからである。

④ 経済分野の格差が大きいのは，女性が若いうちからたくさん子どもを産むため，仕事に就《つ》きづらいからである。

問７．下線(7)に関する問題です。次の(イ)(ロ)の問いに答えなさい。

(イ) 小浜市ではかつて，アメリカのオバマ大統領と市の名前の発音が同じであったことから，この大統領を応援《おうえん》する会が結成されました。次のページの写真(あ)～(え)の人物を，大統領に就いた順に並べたものとして，正しいものを下の①～④から１つ選びなさい。

(あ)

リビア内戦に介入《かいにゅう》した

(い)

イラク戦争を始めた

(う)

朝鮮戦争に介入した

(え)

キューバ危機に対応した

① (う)→(え)→(い)→(あ)　② (う)→(い)→(あ)→(え)

③ (え)→(い)→(あ)→(う)　④ (え)→(う)→(い)→(あ)

(ロ) ちはやさん，あらたさん，お父さんの三人が，次のページの地形図を見ながら小浜市の町を探検しています。次の会話文は，三人がそれぞれ自分のいる場所から(▼)について，携帯《けいたい》電話で連絡《れんらく》を取りあったものです。(▼)の建物として正しいものを，下の①～④から１つ選びなさい。

お父さん　：今，ちょうど多田《ただ》川の橋を渡り，左手に田んぼが見えるのだけれど，南川の向こうに(▼)があるよ。その方向をずっと延長していくと，後瀬《のちせ》山の麓《ふもと》のお寺が一直線に並んでいるはずだよ。

ちはやさん：私は小浜駅前から(▼)の方角を向いているけれど，そのずっと先には城跡《しろあと》があるみたい。

あらたさん：私は，後瀬山トンネルの脇《わき》の神社の鳥居から(▼)を見ているわ。その先には電波塔《とう》があるはずよ。

電子地形図より作成（2020年10月17日調製）

① 消防署　② 病院　③ 保健所　④ 官公署

問８．下線(8)に関する問題です。杉田玄白は前野良沢らと医学書『ターヘル・アナトミア』を翻訳《ほんやく》し，『解体新書』を出版《しゅっぱん》しました。『ターヘル・アナトミア』が書かれていた言語として，正しいものを次の①～④から１つ選びなさい。

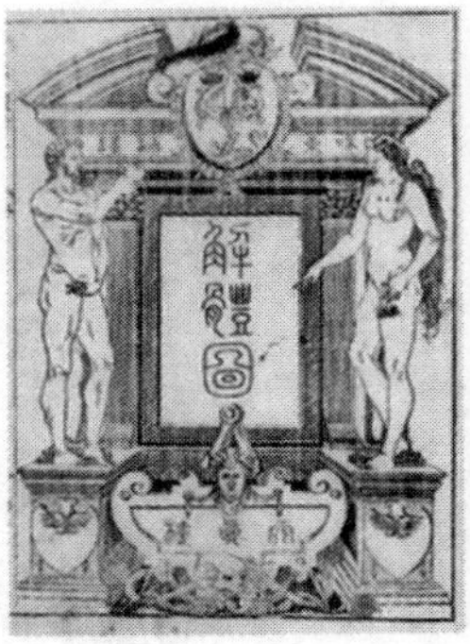

① イタリア語
② 英語
③ オランダ語
④ フランス語

問９．下線(9)に関する問題です。由利公正らが作成した原案にもとづいて，新政府の方針が出された時期はいつですか。右の年表を見て，正しい時期を次の①～④から１つ選びなさい。

A　桜田門外の変が起こる
⇩
B　大政奉還がおこなわれる
⇩
C　廃藩置県がおこなわれる
⇩
D　地租改正がおこなわれる
⇩
E　西南戦争が起こる

①　ＡとＢの間
②　ＢとＣの間
③　ＣとＤの間
④　ＤとＥの間

問10．下線(10)に関する問題です。これと同じ時期に起きた出来事として，ふさわしいものを次の①～④から１つ選びなさい。

①　ニューヨークでの株価の大暴落をきっかけに，世界恐慌が始まった。
②　青島を占領《せんりょう》した日本は，二十一か条の要求を中国に突《つ》きつけた。
③　南満州鉄道の線路の爆破《ばくは》をきっかけに，関東軍が軍事行動を始めた。
④　日本がドイツ，イタリアと軍事同盟を結び，日米関係が悪化した。

問11．下線(11)に関する問題です。次の表は，2020年４月の発電所別発電量を都道府県別に示したものです。空らん（あ）～（え）には，北海道，東京都，大分県，鹿児島県のいずれかが入ります。その組み合わせとして正しいものを，下の①～④から１つ選びなさい。

（単位：1,000,000kWh）

都道府県	水力発電所	火力発電所	原子力発電所	新エネルギー等発電所				合計
				風力	太陽光	地熱	計	
（あ）	35	70	655	26	74	26	126	886
（い）	18	375	0	0	0	0	0	394
（う）	72	927	0	1	53	53	107	1,106
（え）	409	1,838	0	87	105	10	202	2,449
福井県	169	772	2,317	4	3	0	7	3,265

資源エネルギー庁「都道府県別発電実績（2020年４月）」『電力調査統計』より作成

①　（あ）　北海道　（い）　鹿児島県　（う）　東京都　（え）　大分県
②　（あ）　鹿児島県　（い）　東京都　（う）　大分県　（え）　北海道
③　（あ）　北海道　（い）　東京都　（う）　鹿児島県　（え）　大分県
④　（あ）　鹿児島県　（い）　大分県　（う）　北海道　（え）　東京都

問12．下線(12)に関する問題です。鯖江《さばえ》市は，全国の90％以上の生産をほこる製品の産地として有名です。この製品として正しいものを，次の①～④から１つ選びなさい。

①　眼鏡枠《わく》　②　カメラ　③　包丁　④　パソコン

【理　科】〈第１回試験〉（30分）〈満点：60点〉

1　小金井君は東京郊外《こうがい》に住んでいます。自宅《じたく》から自転車で10分も行くと小高い丘陵《きゅうりょう》があり，そこにはクヌギやコナラなどの雑木林が残っています。お父さんに聞くと，昔は家のまわりにも雑木林があったそうですが，今では住宅地が広がり，ほとんど見ることはできません。しかし所々にはまだ空き地があり，(a)タンポポが咲《さ》いています。また家のまわりの畑では，農家のおじさんが野菜を作っていて，時々わけてくれます。小金井君はある日曜日，お父さんと自転車で近くの丘陵に春の自然を探《さが》しに行くことにしました。

途中，①黄色い花をたくさん栽培《さいばい》している畑やサクラ並木を通り，丘陵のふもとに着きました。畑の黄色い花は，種から油を取ることもあるとお父さんが言っていました。ふもとに着くと田んぼがあり，土手にはスミレやタンポポが咲いていました。近くには池があり，そこには(b)黒くて小さな生き物がうようよ泳いでいました。よく見ると細長くてひも状の，ゼリーのようなものに包まれた卵が観察でき，そこから黒い生き物が生まれていました。

丘陵に登りはじめると，落ち葉をかき集めて肥料《ひりょう》をつくっている場所に出ました。そこで小学生が(c)カブトムシの幼虫を掘《ほ》って探していました。小金井君も何匹かつかまえて，土といっしょに持ってきた水そうに入れました。雑木林の木は，芽から葉を出すころで，林はいろいろな緑色があってとてもきれいでした。お父さんは，「実家のある東北ではブナの森があって，そこは新緑も紅葉もとてもきれいなんだよ。そして，ブナは秋になると実ができるけれども，(d)実があまりできない年はクマが里におりてくることが多いんだよ。」と話してくれました。小金井君はこの日，花も含めていろいろな生き物を採集して家に持ち帰りました。帰り道では，農家のおじさんに畑の①黄色い花を何本かもらうこともできました。

問１　図１は，下線部(a)で咲いていたタンポポをスケッチしたものです。
図１のタンポポを説明した文として，もっともふさわしいものを次の(ア)～(オ)の中から一つ選び，記号で答えなさい。

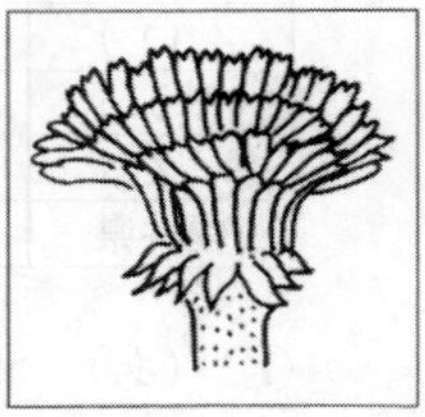
図１

(ア)　これはカントウタンポポで，春にしか咲かない
(イ)　これはカントウタンポポで，春と秋に咲く
(ウ)　これはセイヨウタンポポで，夏にしか咲かない
(エ)　これはセイヨウタンポポで，春から秋，時には冬にかけても咲く
(オ)　この図には葉のスケッチがないから種類はわからない

問２　下線部(b)の生き物は大人になるとどのような姿になりますか。もっともふさわしいものを次の(ア)～(オ)の中から一つ選び，記号で答えなさい。ただし，各図は実際の大きさとは異なります。

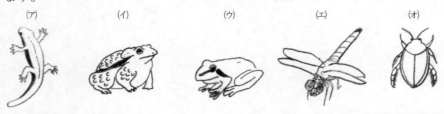

(ア)
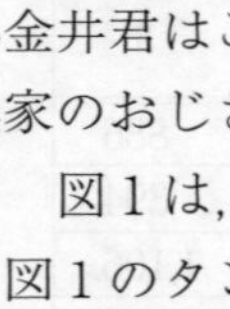
(イ)
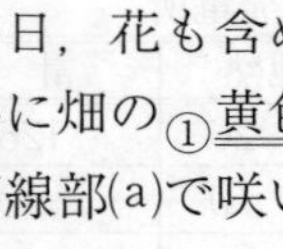
(ウ)
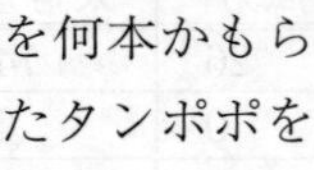
(エ)
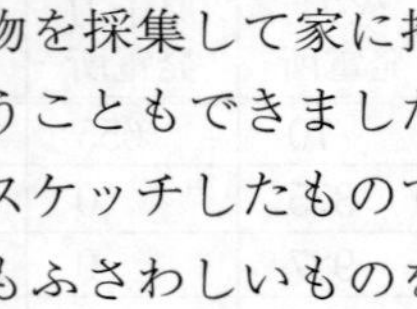
(オ)
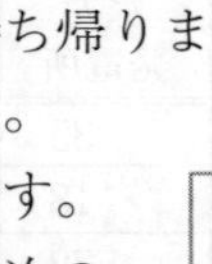

問３　次のページの図２は，５種類の昆虫について１月から12月までの成長段階をまとめたものです。下線部(c)のカブトムシは図２のどれになりますか。もっともふさわしいものを次の(ア)～(オ)の中から一つ選び，記号で答えなさい。

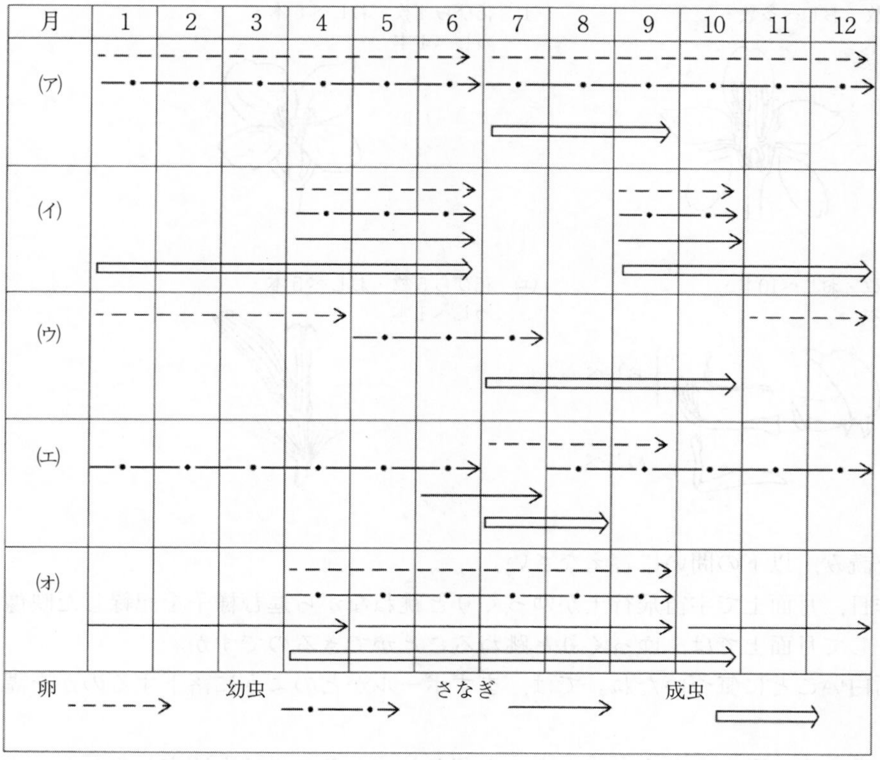

図２

問４　下線部(d)で，ブナの実が少ない年は，どうしてクマが里におりてくることが多いと考えられますか。もっともふさわしいものを次の(ア)～(エ)の中から一つ選び，記号で答えなさい。

(ア)　ブナの実が少ない年は雪が多いと言われているので，冬ごもりをするための穴を探《さが》しに里におりてくるから。

(イ)　ブナの実が少ない年は，台風が多く，大雨が降ると言われている。そこで土砂くずれが少なく，安全に暮《く》らせる里山におりてくるようになったから。

(ウ)　ブナの実が少ないと，冬ごもり前の栄養分が不足するので，栄養分をたくわえるためにドングリなどの実を探しに里におりてくるから。

(エ)　ブナの実が少ない年は，実を食べていたリス，ノウサギなども減少する。そこで肉食のクマはエサがなくなり，里におりてくるから。

問５　小金井君は農家のおじさんに①黄色い花をもらって持ち帰りました。そして家で花のつくりを観察するために，花びらやおしべ，めしべなどを数え，名前も調べました。小金井君が畑で見た①黄色い花はどれですか。もっともふさわしいものを次の(ア)～(エ)の中から選び，記号で答えなさい。またその名前をカタカナで書きなさい。

(ア)　花びら５枚・おしべ多数・
めしべ１本

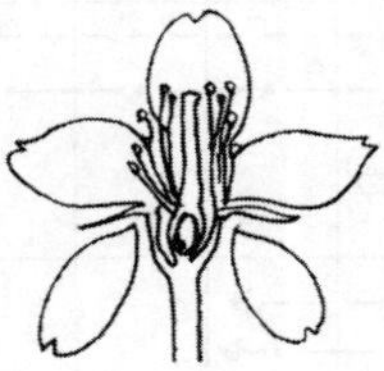

(イ)　花びら４枚・おしべ６本・
めしべ１本

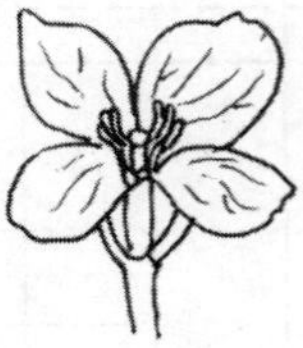

(ウ)　花びら５枚・おしべ10本・
めしべ１本

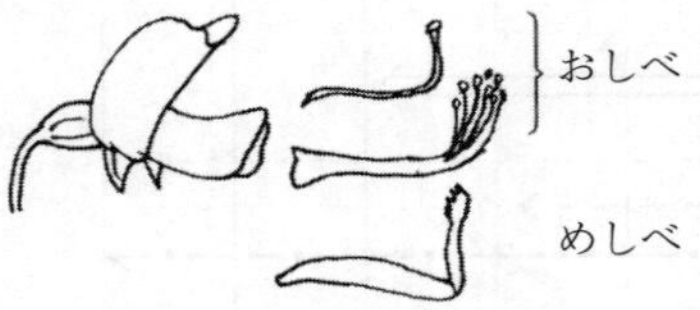

(エ)　花びら５枚・おしべ５本・
めしべ１本

2　次の文章を読み，以下の問いに答えなさい。

Ｋ君：先生，昨日，月面上で宇宙飛行士がゆっくりと跳《は》ねながら進む様子を記録した映像を見ました。どうして月面上では，ゆっくりと跳ねることができるのですか。

先生：それは面白いことに気づいたね。では，まずボールがどのように落下するのかを調べてみよう。

Ｋ君と先生は，高い所からさまざまなものを落として，その様子を観察しました。すると，どんな重さの物体でも落下中は速さが１秒ごとに秒速9.8mずつ速くなっていることが分かりました。

Ｋ君：驚《おどろ》きました。物体が落下するときには，速さが変化しているんですね。

先生：そうだね，落下するときだけでなく，投げ上げられた物体が上昇《じょうしょう》しているときも速さは変化しているよ。①真上に投げ上げられた物体は，１秒ごとに秒速9.8mずつ遅《おそ》くなっているんだよ。

Ｋ君：真上に投げ上げられた物体は，いつ落下してくるのですか。

先生：②真上に投げ上げられた物体の速さは，だんだんと遅くなり，物体の速さが秒速０mになったときが頂点(最高点)だ。そのあと，物体は落下を始める。

Ｋ君：真上に投げ上げられた物体が最高点に達した後，落下するときは，やはり１秒ごとに秒速9.8mずつ速くなりながら落下するんですね。

先生：その通り。では，月面上の場合について考えよう。月面上でも，地球上と同じように速くなりながら落下するが，月面上では１秒ごとに秒速1.6mずつ速くなる。真上に投げ上げられた物体は，１秒ごとに秒速1.6mずつ遅くなる。

Ｋ君：なるほど。同じ速さで投げるのであったら③地球上で投げ上げるよりも，月面上で投げ上げたほうが頂点に達する時間が長いし，地面に帰ってくるまでの時間も長いんですね。

先生：飛び跳ねるときも同じだ。同じ速さで地面から飛び上がったとき，地面に帰ってくるまでの時間は，月面上のほうが長くなるんだ。

Ｋ君：だから，月面上ではゆっくりと跳ねることができるんですね。

先生：さらに付け加えるなら④重い惑星《わくせい》や衛星《えいせい》ほど速さの変化が大きくなるんだよ。

問１　下線部①について，ボールを真上に秒速9.8mで投げ上げたときを考えます。投げ上げてから頂点に達するまでのボールの運動について，時間とボールの速さの関係を表したグラフはどれですか。正しいものを次の(ア)～(カ)の中から一つ選び，記号で答えなさい。

(ア)

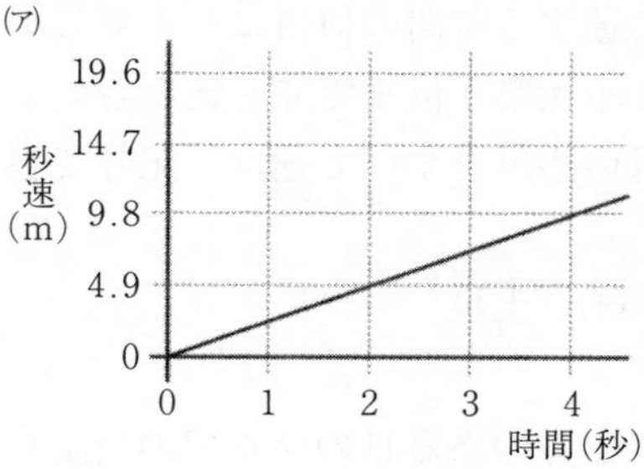

(イ)

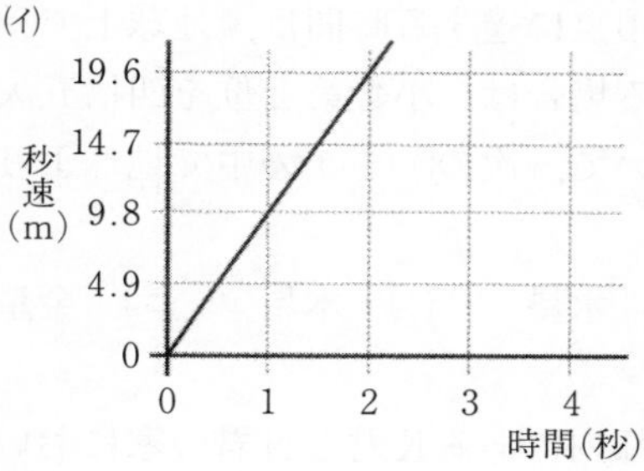

(ウ)

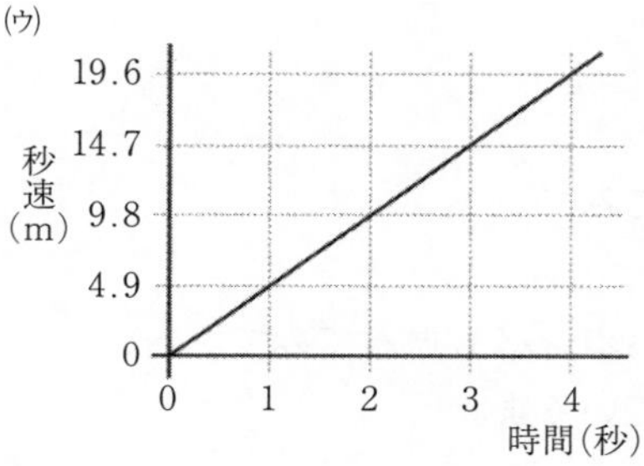

(エ)

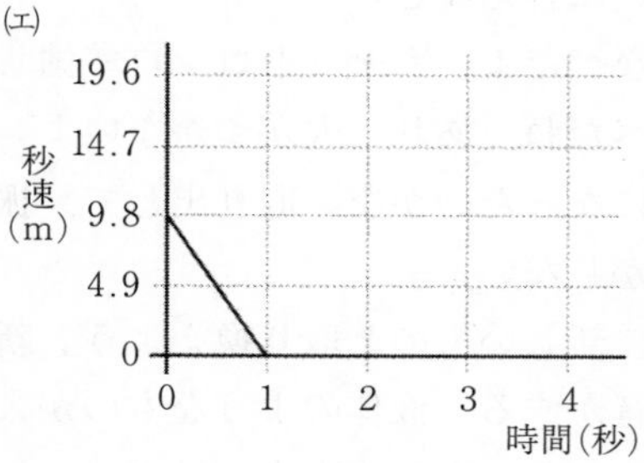

(オ)

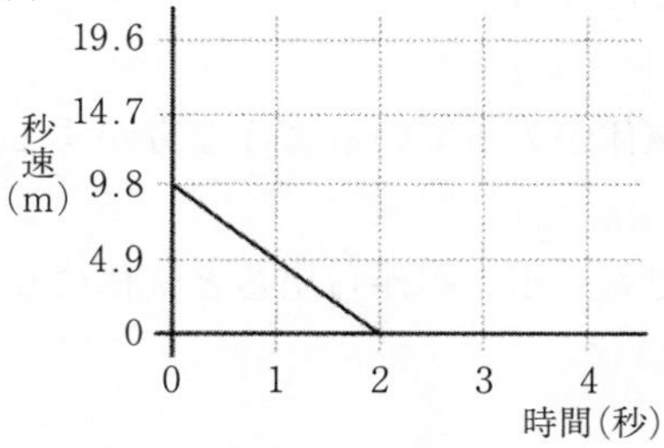

(カ)

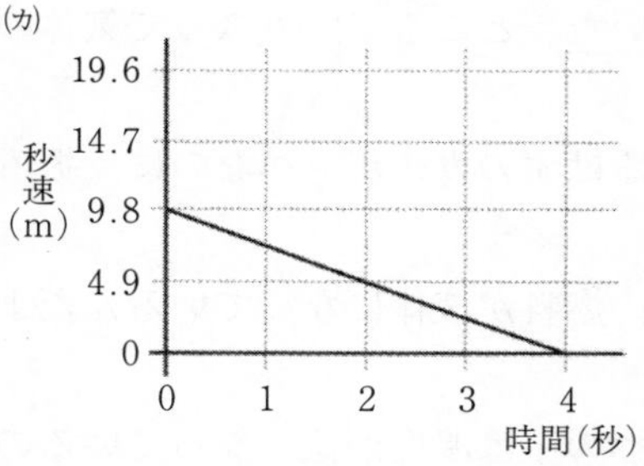

問２　下線部②について，地球上でボールを真上にある速さで投げ上げたところ，投げ上げてから２秒後に頂点に達しました。ボールが手からはなれてから頂点に達するまでの間の１秒ごとのボールの高さを表しているものはどれですか。もっともふさわしいものを次の(ア)～(ウ)の中から一つ選び，記号で答えなさい。

(ア)

(イ)

(ウ)

問３　「問２」のとき，ボールを投げ上げた速さは秒速何mでしょうか。答えが小数になる場合は，小数第２位を四捨五入して小数第１位までで答えなさい。

問４　下線部③について，地球上と月面上で，それぞれ同じ速さで真上に飛び跳ねることを考えます。月面上で頂点に達する時間は，地球上で頂点に達する時間の何倍になるでしょうか。答えが小数になる場合は，小数第２位を四捨五入して小数第１位までで答えなさい。

問５　下線部④について，次の(ア)～(オ)の中で地球よりも重い惑星をすべて選び，記号で答えなさい。

(ア)　火星　　(イ)　水星　　(ウ)　木星　　(エ)　金星　　(オ)　土星

3　次の文章は東京都内にあるＫ君とＮ君の家において，１月のある日の夕食での会話を表しています。以下の問いに答えなさい。

Ｎ：今日の夕ご飯はなべだよ。カセットコンロ準備して。
Ｋ：やっぱり冬はなべだね。あれ，火がつかないよ。
Ｎ：ガスボンベ，空になったのかな。取り出して，振ってみて。
Ｋ：振っても何も音がしないよ。
Ｎ：空になってるね，新しいものと取り換えよう。新しいボンベも振ってみて。
Ｋ：振るとサラサラ音がする。液体のようなものが入っているよ。
Ｎ：じゃあ，使えるね。セットして火をつけて。
Ｋ：今度は$_{\mathrm{A}}$火がついた。ところで，ガスって気体のことだよね。
Ｎ：そうだね。
Ｋ：気体をためているはずのガスボンベなのに，振ると液体が入っているような音がするのは，なんで？
Ｎ：ボンベの中では，燃料が液体になっているんだよ。でも，ボンベから出ると気体になるんだよ。
Ｋ：じゃあ，$_{\mathrm{B}}$ボンベの中は温度が低くなっているの？
Ｎ：いや，温度はこの部屋と同じだけど，$_{\mathrm{C}}$ボンベの中では圧力が高くなっているんだ。
Ｋ：圧力？
Ｎ：ちょっと難しいけど，物を押す力に関係するもので，圧力によっても物質の状態は変わってくるんだよ。
Ｋ：へー，そうなんだ。あっ，なべの中がふっとうしてきちゃったよ。さっそく，食べようよ。僕《ぼく》は，ごまだれかけようかな。
Ｎ：$_{\mathrm{D}}$ポン酢《ず》もあるよ。

問１　下線部Ａについて，室内で気体となったガスボンベの燃料$1000\mathrm{cm}^3$を燃やすためには，空気が最低何m^3必要ですか。なお，この気体になったガスボンベの燃料が燃えるには，その6.5倍の体積の酸素を必要とし，また体積で空気中の20％が酸素であるとして計算をしなさい。

問２　下線部Ｂについて，Ｋ君がこのように考えたのは，どのような事実があるからですか。説明しなさい。

問３　下線部Ｃについて，ボンベ内の圧力が室内の圧力より高いとき，ボンベ内の燃料のふっと

うする温度は，室内での燃料のふっとうする温度に比べてどうなっていますか。次の(ア)〜(ウ)の中から正しいものを一つ選び，記号で答えなさい。

(ア)　高くなる　　(イ)　低くなる　　(ウ)　変化しない

問４　下線部Ｄについて，ポン酢には食用のお酢《す》が入っています。次の(ア)〜(エ)の中からお酢について間違っているものを一つ選び，記号で答えなさい。

(ア)　お酢に貝殻《がら》を入れておくと，貝殻は溶けて二酸化炭素を発生する。

(イ)　青色リトマス紙にお酢をつけると，赤色に変化する。

(ウ)　お酢に水酸化ナトリウム水溶液を加えると，中和が起こる。

(エ)　お酢に鉄を入れておくと，二酸化炭素を発生する。

問５　夕食中にテレビをつけると，天気予報で天気図が映っていました。次の日本付近の天気図(ア)〜(エ)の中からこのとき映っていた天気図としてもっともふさわしいものを一つ選び，記号で答えなさい。

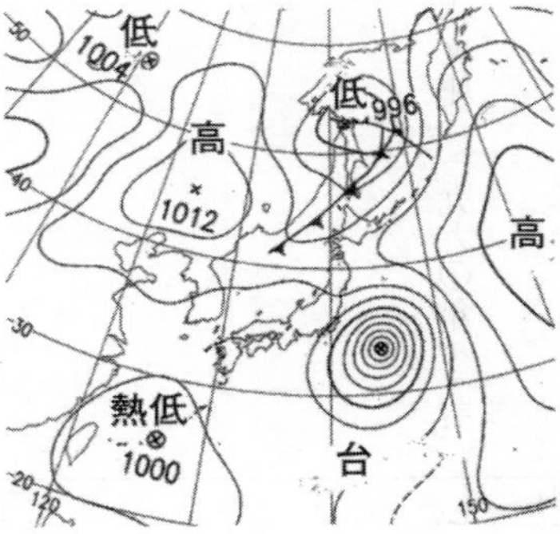

(ア)

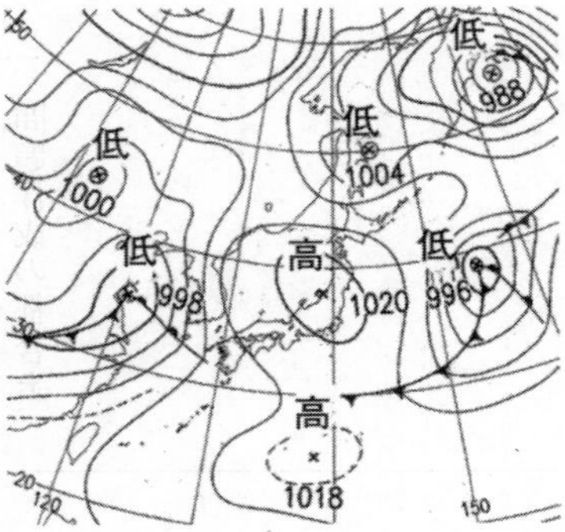

(イ)

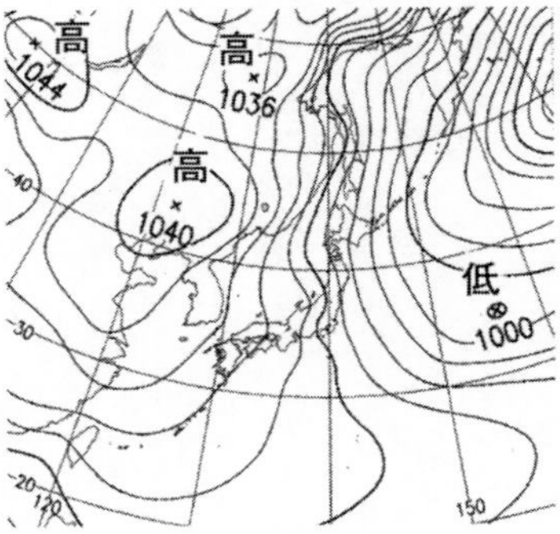

(ウ)

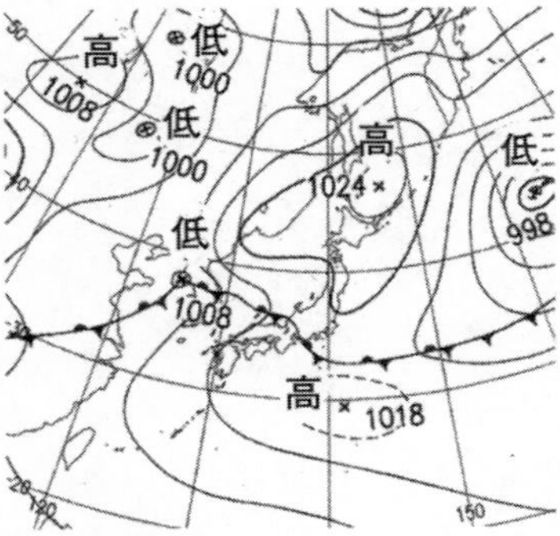

(エ)

問６　食事の後，午後８時頃に換気《かんき》のため窓を開けると，夜空に冬の大三角が見えました。次の(ア)〜(エ)の中で，冬の大三角をつくる星ではないものを一つ選び，記号で答えなさい。

(ア)　シリウス　　(イ)　リゲル

(ウ)　ベテルギウス　　(エ)　プロキオン

(ア) 外界から筆者がはぐれる
(イ) 腸との交渉経験が豊かである
(ウ) 「おあずけ期間」が生まれる
(エ) 下から支え、上から照らしている
(オ) 自己と他者とが同一化していく
(カ) 自身が世界に開かれてつながっていく

【出典】

□一 鷺沢 萠「涼風」『海の鳥・空の魚』（角川文庫、一九九〇年、五三～六一ページ）。

□二 熊谷晋一郎『シリーズケアをひらく リハビリの夜』（医学書院、二〇〇九年、二〇六～二一六ページ）。ただし、問題作成の都合上、一部省略したところがある。

意味で失禁とは、人間を腹痛という [a] から解放するものだと言える。便意に抗《あらが》う経験の多い筆者にとって、自身を苦しめる便意をもたらす腸は、自身とは別の人格を持つもののように感じられている。そのため、筆者にとって失禁は、腸が自身の [b] として安定を取《と》り戻《もど》すきっかけになるとも言えるだろう。

一方、失禁は、筆者を社会のルールから逸脱《いつだつ》させて、筆者が外の世界に受け入れられないことを認識《にんしき》させる経験にもなる。つまり、失禁を通じて、筆者にとっての社会は突如《とつじょ》として [c] となり、筆者は疎外感《そがいかん》を覚えるのだ。このように、筆者と社会とのあいだに隔《へだ》たりが生じることを、筆者は「隙間があく」という言葉で表しているのである。

(ア) 身体の一部　(イ) 人格の混乱
(ウ) 身体的苦痛　(エ) 相対する他者
(オ) 臓器の代表例

問11 ――⑧「失禁には退廃的《たいはいてき》ともいえる恍惚《こうこつ》がある」とありますが、どういうことですか。これに関する次の説明文の [a] ～ [e] に当てはまる言葉として適当なものを後の(ア)～(カ)から選び、それぞれ記号で答えなさい。

人間は成長していく過程で、生理的欲求を我慢《がまん》するようになる。その理由は、生理的欲求を満たしてよい時間や場所に関するルールを身につけるようになるからである。筆者は、これを、[a] と表現するが、一方で、身体が社会規範《きはん》を習得することによって、人間は社会とつながるとも言えるだろう。失禁という事象について考察をめぐらす筆者は、[b] と冷笑しつつ、社会規範からの脱線《だっせん》を、身体の一部を「他者」に喩《たと》えることで表現する。失禁は筆者の社会的なつながりを脅《おびや》かすものであり、筆者は失禁することで敗北感を覚えるのだが、しかし同時に開放感も覚えていることに、ここでは注目しよう。失禁という体験が、筆者に敗北感と開放感という相反する感覚を同時にもたらすのはなぜだろうか。

筆者にとって失禁とは、腸との真剣《しんけん》な交渉《こうしょう》が決裂《けつれつ》し、腸の要望に負けたことを意味するとともに、生理的な不快感や衛生面における忌避《きひ》感によって、道行く人々が筆者に距離《きょり》を取ろうとすること、言い換《か》えれば、それまで関わりを持っていたはずの通行人や街の喧騒《けんそう》といった [c] ことを意味する。こうした疎外感《そがいかん》・孤独感《こどくかん》をもたらす失禁は、筆者に敗北感を味わわせるのだ。

しかし同時に、失禁は、腸との真剣な交渉の終わりを意味する。失禁は、腸との交渉から「解放」することで筆者に疎外感をもたらしながらも、実は、地面や空気といった外なる自然や内臓という内なる自然が、筆者の身体をずっと [d] ことへの気づきをもたらす。

つまり、筆者は、失禁という体験を通じて、「解放」を体験すると同時に、より大きな自然とのつながりに自らが「開放」されていたこと、そしてこれからも「開放」され続けていくことを認識《にんしき》すると言えるだろう。失禁は社会のルールに反するものだが、筆者にとってそれは、[e] ことを感じさせる、うっとりとするような気持ちよさを、その心身に経験させるものなのである。

適応」と意味づけることに対して、筆者は違和感《いわかん》を覚えている。人間は生まれてから外の世界に適応するまで多くの時間を費《つい》やすが、実は、その不自由な状況《じょうきょう》を強《し》いられる期間があることで、(3)(キ) 言葉を用いて外の世界とのかかわり方を模索《もさく》し、様々なつながり方を発見する (ク) 他の種の身体と比較《ひかく》して、人間の身体が劣《おと》っている箇所《かしょ》を補う方法を見つける (ケ) 不自由さに身体を慣らしながら、どんな困難にも耐《た》えられる身体に鍛《きた》え上《あ》げる ことができる。つまり、「協応構造が取り結ばれていないという状態」があるからこそ、人間は(4)(コ) 新たな「協応構造」 (サ) 高尚《こうしょう》な「目標意識」 (シ) 強固な「自己身体」を生み出しうると筆者は考えているのである。

問6 ――⑤「誰《だれ》にも（便器にも）拾われることなく空を切る運動」とありますが、どういうことですか。最も適当なものを次の中から選び、(ア)～(エ)の記号で答えなさい。

(ア) 失禁は、現実の社会に生きる人々にとっては想像しがたい行動であるとともに、現実味に欠けた空想の世界に起こるような行為《こうい》だということ。

(イ) 失禁は、便器に向かって排泄《はいせつ》するつもりが空振《からぶ》りをしてしまった運動であるとともに、社会の中で受け入れられにくい行動であるということ。

(ウ) 失禁は、行為後のあと片づけに多くの時間と労力を空費する行動であるとともに、周囲の人々も多くのエネルギーを費やす行為だということ。

(エ) 失禁は、排泄先を間違《まちが》えたために便器が空っぽになる運動であるとともに、行為者《こういしゃ》による社会規範《きはん》への挑戦《ちょうせん》を意味している行動だということ。

問7 A・B・C に当てはまる語として適当なものを次の中から選び、それぞれ(ア)～(キ)の記号で答えなさい。

(ア) また　(イ) さらに　(ウ) しかし
(エ) すると　(オ) ところで　(カ) それゆえ
(キ) たとえば

問8 文中の□の各文について、意味が通るように並《なら》べ替《か》え、その順番を解答欄《らん》の指示に従って(ア)～(エ)の記号で答えなさい。

問9 ――⑥「その悲喜こもごもは、傍目《はため》からみると理解しにくいものだろう」とありますが、これに関する次の説明文の a ～ c に当てはまる言葉として適当なものを、指定された字数に従って本文より抜《ぬ》き出《だ》し、それぞれ書きなさい。

「悲喜こもごも」に至る過程は、腸がいきなり a（4字）をしてくることから始まる。様々な態度に出る腸と b（4字）を行う筆者の様子は、そばで見ると c（10字）を言っているようにしか見えないのである。

問10 ――⑦「失禁とは、腸との協応構造の回復体験であると同時に、他の多くのモノや人とのあいだに成立していた身体外協応構造にぽっかり隙間《すきま》があく体験でもある」とありますが、どういうことですか。これに関する次の説明文の a ～ c に当てはまる言葉として適当なものを後の(ア)～(オ)から選び、それぞれ記号で答えなさい。

すでに確認《かくにん》したように、人間は便意という生理的欲求を感じたとしても、それをすぐに解消できるとは限らない。その

(イ) 人間は、他の動物に比べて誕生後すぐに活動できないため、異なる種と群れを作って世界と多様な関係を結び、生存の可能性を高めてきたということ。

(ウ) 人間は、生まれてすぐに環境に即《そく》して行動できない分、様々《さまざま》な方法で世界に接することになるため、生きる中で学習する余地がたくさんあるということ。

(エ) 人間は、生まれた環境に適応できない場合にも、他の動物の生き方を参考にしながら、様々な生存方法を学ぶことで人生を充実《じゅうじつ》させてきたということ。

問3 ――③「隙間《すきま》が生じやすい」とありますが、これに関する次の説明文を読み、(1)～(3)について適当なものをそれぞれ選び、記号で答えなさい。

> ここで筆者が述べている「隙間」とは、具体的には(1)〔(ア) 尿意《にょうい》を覚えてトイレを探すことで (イ) ぼうこうがいっぱいになることで (ウ) 身体の一部を他者と感じることで〕、普段《ふだん》の安定した状態に乱れが生じることを指す。一方で、生理的欲求とは(2)〔(エ) 尿意をもよおしていること (オ) 尿意を制御《せいぎょ》しようとすること (カ) 尿意に向き合おうとすること〕である。人間は、生理的欲求によって気づかされる「隙間」を埋《う》めないではいられない。しかし、成長すると社会におけるルールを身につけるので、(3)〔(キ) 「隙間」を埋《う》めること自体が、理想的な目標になっていることに気づくのである (ク) たとえ「隙間」が生じても、生理的欲求に応えられない場合が出てくるのである (ケ) 自身の感覚が研《と》ぎ澄《す》まされることで「隙間」に敏感《びんかん》に反応するようになるのである〕。

問4 次の文は本文中の【あ】～【え】のいずれかに当てはまります。その場所として最も適当なものを選び、【あ】～【え】の記号で答えなさい。

> 自分の生理的欲求に突《つ》き動《うご》かされて行動するだけではなく、行動を保留にしながら自分の生理的欲求と向き合うことも、人間の特性の一つかもしれない。

問5 ――④「このように考えると、世界と身体とのあいだであれ、身体の内部同士であれ、協応構造が取り結ばれていないという状態は、必ずしも未発達とか不適応といった消極的な意味合いにとどまらないことがわかる」とありますが、これに関する次の説明文を読み、(1)～(4)について適当なものをそれぞれ選び、記号で答えなさい。

> 「協応構造が取り結ばれていないという状態」とはどのような状態を指すのだろうか。筆者によると「協応構造」とは、(1)〔(ア) 身体内部における各器官同士の情報伝達とそれに伴《ともな》う動き (イ) 身体の内側から肉体と精神のバランスをとろうとする動き (ウ) 自身の健康に関する情報を管理しつつ統制しようとする動き〕であるとともに、(2)〔(エ) 生き物がより長く生きるために選ぶ、住環境《じゅうかんきょう》のありよう (オ) 生き物が種を繁栄《はんえい》させるために行う、効果的な生殖《せいしょく》方法 (カ) 生き物が生存する環境にふさわしい、安定した運動様式〕を指している。こうした「協応構造」が「取り結ばれていないという状態」は、日常のあらゆるところで見受けられるものだ。それゆえに、こうした状態を「未発達とか不

便意という他者に襲《おそ》われ、交渉しているときの私の身体は、失禁してしまうかもしれないという緊張《きんちょう》のあまり硬直《こうちょく》している。その過剰《かじょう》な身体内協応構造は、介助者《かいじょしゃ》やトイレとの関わり合いを難しくする。その結果、最悪「失禁」という事態に陥《おちい》ることになる。

失禁は、焦燥《しょうそう》や不安が、悲しみや恥辱《ちじょく》へ、ゆるゆると溶《と》けていく過程だ。それは同時に、腹痛という生理的な苦痛からの解放でもある。直前まで硬《かた》くこわばっていた身体も、ゆっくりとほどけていき、ぐにゃりとやわらかい、重ったるいような体へと変容していく。そしてこの緊張から弛緩《しかん》への移行は、屈辱《くつじょく》と同時に一抹《いちまつ》の恍惚を伴《ともな》うものだ。

失禁における恍惚というのは、先ほどまで敵対関係にあった「腸」という他者に屈《くっ》し、身をあずけていく過程であり、いわば「腸」との和解、あるいは、隙間が薄《うす》らいで「腸」との協応構造を回復し、また一つの身体に戻《もど》っていくプロセスだ。

しかし失禁には別の側面もある。それは外界からはぐれる体験でもあるのだ。なぜなら失禁をしたことによって私の身体は、もはやトイレとも、トイレを手伝ってくれる介助者とも、公共施設《しせつ》とも、友人とも関わりあいを持てずに宙に浮《う》く、「穢《けが》れた身体」になってしまったからである。

失禁した状態でそれらのモノや人にうっかり触《ふ》れたら、相手をも穢してしまうことになるから、私は手も足も出せなくなる。つまり⑦失禁とは、腸との協応構造の回復体験であると同時に、他の多くのモノや人とのあいだに成立していた身体外協応構造にぽっかり隙間があく体験でもあると言えるだろう。

失禁した私から見える世界は、その多くが、私とは関わりを持たずに動く映画のようだ。街行く通行人、楽しげな街角、忙《いそが》しい喧騒《けんそう》は、私からは遠く、スクリーンを隔《へだ》てた一枚向こう側に見える。そのかわり、これまではあまりに当たり前すぎて協応構造でつながっていることすら無自覚だった地面や空気や太陽は、くっきりとまぶしくその姿をあらわし、私の体はそちらへと開かれていく。彼《かれ》らは失禁しようがしまいが相変わらず、私を下から支え、息をすることを許し、上から照らす。

活気あふれる人の群れから離《はな》れていく疎外感《そがいかん》や、排泄規範《きはん》から脱線《だっせん》してしまった敗北感と同時に、力強くそこに存在し続ける地面や空気や太陽や内臓へと開かれていく開放感の混合。

⑧失禁には退廃的《たいはいてき》ともいえる恍惚《こうこつ》がある。

問１　――①「特に彼らの生活が不自由そうには見えない」とありますが、どういうことですか。最も適当なものを次の中から選び、(ア)〜(エ)の記号で答えなさい。

(ア)　両生類と爬虫類《はちゅうるい》は、周囲の環境《かんきょう》の変化に柔軟《じゅうなん》に対応できる運動機能を持っているということ。

(イ)　両生類と爬虫類は、極限的な環境下においても自由で機能的な身体を保持できるということ。

(ウ)　両生類や爬虫類は、確立した動きを獲得《かくとく》したが、進化の過程に逆行する部分もあるということ。

(エ)　両生類や爬虫類は、どんな環境下でも生き残るために、単純な身体構造に進化したということ。

問２　――②「選択《せんたく》自由度が高い」とありますが、どういうことですか。最も適当なものを次の中から選び、(ア)〜(エ)の記号で答えなさい。

(ア)　人間は、他の動物に比べて身体構造が確立していないため、多様な動きを身につけることで、生存上必要な力を発達させられる可能性があるということ。

る」という目標を持ってしまうと、焦《あせ》りによって身体が硬《かた》くなり、ふだんだったらできるような運動すらもできなくなってしまい、便座に座《すわ》るまでの運動がしにくくなるということも生じる。

そういう理由で私は、腸の蠕動運動や便意を無視し、「排泄をする」という目標意識をぎりぎりまで持たないでいられるように、別のことに意識を散らしていなくてはならないのだ。

便意というのは、時と場所を選ばずに突然《とつぜん》やってくる。それは、食事をしているときかもしれないし、映画を見ているときかもしれないし、仕事をしているときかもしれない。

はじめ便意は、後ろからフランクに肩《かた》をたたくように、私に「よお」と声をかけてくる。私は、古くから知る地元の不良に声をかけられたときのように内心びくりとして怯《おび》えるのだが、それを奴《やつ》(便意)に悟《さと》られたら猛攻撃《もうこうげき》に転じることを知っているので、気づかないふりをして、そのときやっていることを続ける。

奴はいったん引き下がり私は束《つか》の間《ま》ほっとするのだが、またしばらくしてから、今度は先ほどよりも強い調子で「よお、聞こえてる?」とばかりに絡《から》んでくる。

(ア) そして背中にじっとり汗《あせ》をかきながら、穏《おだ》やかな説得にかかる。

(イ) そうしたら私はいったんやっていることを中断して振《ふ》り返《かえ》り、初めて奴のほうを向く。

(ウ) 「今朝トイレにはちゃんと行ったはずだよ。食事もそんなにとっていないし、何かの間違《まちが》いじゃないの?　もう一度確《かく》認《にん》してみたらどうかな?」

(エ) 絡《から》まれては無視をして引き下がる、というサイクルを何度か繰《く》り返《かえ》しているうちに、便意の頻度《ひんど》と強度は増していき、そのうち無視が通らなくなってくる。

そのような説得で引き下がってくれるときもあるのだが、たいてい交渉《こうしょう》は難航し、喧嘩腰《けんかごし》の言い合いにエスカレートしていく。「これは勝ち目がないな」と判断したら、私は表向き奴との口論を続けながらも、横目でトイレの場所や排泄介助者《かいじょしゃ》の存在を確認しはじめる。ゆらゆらと体を前後左右に揺《ゆ》らすが、まだ奴に対して負けを認めてはいけない。なぜなら、負けはその場での排泄=失禁を意味するからだ。

それはまるで、私と腸との協応構造がほどけて、あいだに隙間《すきま》が生まれ、腸という私とは別の人格が現れたかのようだ。

このように腸は、私を邪魔《じゃま》するように挿入《そうにゅう》的に便意という自己主張をしてくるので、私は協応構造を回復するために彼《かれ》との交渉をすることになる。介助者と使いやすいトイレがそろっており、腸とのあいだにスムーズな協応構造が成り立っているならば、交渉の必要はない。バケツリレーのように腸の運動がそれに引き続く全身の排泄《はいせつ》運動に連結する。しかし協応構造に隙間《すきま》があくと、そこでくるりと百八十度向きを変えて、腸と私のあいだに対面交渉《こうしょう》が始まる。多くの人よりも腸との交渉経験が豊かな私は、「私が焦《あせ》ると調子づく」とか「無視すると引き下がる」とか、腸がさまざまな態度に出ることを知っており、便意というひとまとまりの総称《そうしょう》では語りきれない、細かな感覚の分化をしていくことになる。

⑥その悲喜こもごもは、傍目《はため》からみると理解しにくいものだろう。友人の証言によると、奴《やつ》との交渉をしているときの私は、人から話しかけられてもまともな返事ができず、心ここにあらずの状態で、ときどき訳のわからない独り言をぶつぶつ言っているらしい。

て生じる。それが便意なのだ。

そしてその二つの流れが衝突する場所に空いた隙間において、便意と私とのあいだで対話や交渉《こうしょう》が行われることになる。私の場合は、他の多くの人間と比べても、よりいっそう隙間を埋《う》めにくいため、この便意との関係も複雑に分化しているようだ。その様子について述べることにしよう。

多数派の規範を刷《す》り込《こ》んでいくプロセスのうち、人生のかなり最初のほうに位置づけられるものの一つに「トイレトレーニング」がある。私の場合、トイレトレーニングの刷り込みについても、三十二歳《さい》現在いまだ完了《かんりょう》していない。

「トイレ以外の場所で排泄する」という運動は通常「失禁」と呼ばれ、多くの場合は、⑤誰《だれ》にも（便器にも）拾われることなく空を切る運動と言えるだろう。普通《ふつう》、排泄という規範化された運動は、腸の蠕動運動から始まって、それを便意として感受しながら引き続きトイレまで歩くという運動をし、トイレのドアを開けるという運動、ズボンや下着を脱《ぬ》ぐという運動、便座に腰掛《こしか》けるという運動、そして目標であった排泄運動によっていちおう終結する、一連の運動連結パターンである。

しかし私の場合、特に私の体と協応構造を取り結んでいるアパート以外の場所では、この排泄規範から脱線《だっせん》しないためにいろいろと厳しい条件が必要になる。

[A]トイレのある場所まで移動するのは、私の場合歩きではなく車いすだから、トイレまで至る行程に段差がないという条件が必要だ。ドアを開けるのも通常困難なので、自動ドアである必要がある。はいているものを脱いで便器に腰掛けるという運動については、便意の大きさがある程度以下で、体のコンディションがよくて、手すりの位置や便座の高さなどがちょうどよければ一人でできる可能性もあるけれど、基本的には手伝ってくれる人手＝排泄介助者《かいじょしゃ》の存在が不可欠である。つまり、腸の運動や私の運動を受け止めてくれるような、人やモノとの特殊《とくしゅ》な身体外協応構造がなければ、排泄運動は可能にならないのである。

[B]、身体外協応構造が可能になるような、これら排泄介助者や使いやすいトイレといった条件がすべてそろうという可能性は、非常に低い。特に私の場合は二四時間介助者がついているわけではないので、街の中などで急に便意に襲《おそ》われ、通行人などに声をかけて手伝ってもらうという局面も生じる。

これまでの経験から、「あの、すみません」と言って相手の目をじっと見たときに、その人の姿勢がどのように変わるかをみれば、おおよそこの人は手伝ってくれるか否《いな》かを推測できる。手が前方に出て腰《こし》をかがめ、「どうしました？」という風情《ふぜい》で一歩私のほうに身を乗り出してくる感じの人はうまくいくことが多い。逆に、手が動かなくて視線も合いにくく、距離《きょり》を保たれている感じのときにはうまくいかない。

これは、「融和的《ゆうわてき》なまなざし」があるかないかを見抜《みぬ》くポイントと言《い》い換《か》えることもできるだろう。しかし見抜けたからといって、いつでも手伝ってくれる人を見つけられるわけではない。だからどうしても私の場合、排泄《はいせつ》運動というのは脱線《だっせん》しやすく、多くの人と比べると失禁に至る可能性が相対的に高くなってしまう。

[C]私は、腸の蠕動《ぜんどう》運動や便意というものを感受すると、まずほとんど反射的にそれを押《お》さえ込《こ》もうとする習慣を持ってしまっている。いったん排泄運動に私自身がゴーサインを出してしまうと、後《うし》ろ盾《だて》を得た腸が「待ってました」とばかりに蠕動運動を強め、間に合わずに失禁してしまうことを知っているからだ。それに、「排泄をす

身体外協応構造だけではない。人間は身体内協応構造についても、③隙間《すきま》が生じやすい。たとえば、空腹感や便意といったいわゆる生理的欲求と呼ばれるものは、「このままだと体が維持《いじ》できませんよ」というメッセージだ。それは私の身体内部に生じた恒常性《こうじょうせい》の乱れ、言いかえるなら身体内協応構造の中に生じた隙間を私が感受したときの主観的な体験である。そしてまた生理的欲求は、空いた隙間を修復するための何らかの行動を突《つ》き動《うご》かす内的動因とも言えるものだろう。

便意について考えてみると、トイレトレーニングを始める前の赤《あか》ん坊《ぼう》の場合、排便《はいべん》は「したくなったらいつでもどこでもする」ことになっている。便意という形で立ち現れた身体内協応構造の隙間は、その場ですぐに排泄《はいせつ》行動によって消失するため、便意と向き合う時間は少ない。【　あ　】

やがて成長するに従って排泄のルールを学び、「したくなったらいつでもどこでもする」わけにはいかなくなり、隙間が空いたままの期間が長くなる。そのため、便意という自らの生理的欲求と向き合い、それを明示的に認識《にんしき》する機会、いわば「おあずけ期間」が生まれる。つまり、「トイレ以外の場所では排泄を行いません」という排泄ルールの形で規範《きはん》（身体外協応構造）ができあがるにつれて、身体内協応構造の隙間（生理的欲求）に向き合うことになるのである。【　い　】

身体内協応構造にしろ、身体外協応構造にしろ、そこに空いた隙間は、つながろうとしてもなお残る、つながれなさのことである。この隙間《すきま》は、私と人のあいだにも、私とモノとのあいだにも、私と私の身体とのあいだにもある。

しかし、人間はこのつながれなさを持っているからこそ、その隙間を埋《う》めるように、他の人とつながるための言葉をつむぐのだし、外界にあるモノや自己身体との対話や手探《てさぐ》りを通して、対象のイメージを繊細《せんさい》に分節化していくのである。もしも人間につながれなさがないならば、言葉もイメージも必要なくなってしまうだろう。私の意識に捉《とら》えられる世界や自己の表象というのは、協応構造にできたそんな隙間に産み落とされると言ってもいいかもしれない。

④このように考えると、世界と身体とのあいだであれ、身体の内部同士であれ、協応構造が取り結ばれていないという状態は、必ずしも未発達とか不適応といった消極的な意味合いにとどまらないことがわかる。できるようになっていくことや、より適応していくことだけを「発達」とみなす従来の考え方には、どこか重大な落とし穴があるような気がしてならない。【　う　】

協応構造の隙間について考えるうえで、最初に述べようと思うのは、便意についてである。便意とか食欲とか、いわゆる生理的欲求と呼ばれるものは、私の運動を引き起こす身体内部からの動因として重要なものだ。実際、一人暮らしをはじめたばかりの私を最初に動かしたのは、便意だった。

身体を構成するさまざまなパーツは、各々《おのおの》ばらばらに動いているわけではない。あるパーツの動きを他のパーツが拾って応答し、その応答をさらに別のパーツが拾うといった、動きや情報の流れがある。この流れが、身体内協応構造を形作る。【　え　】

身体内協応構造が順調に流れているときには、私は特にその流れを意識することはない。しかしその流れに、衝突《しょうとつ》やよどみや隙間が生じると、私の意識はそちらのほうへ向く。便意というのも、そういった流れの隙間を私の意識が感受したものだと言える。すなわち、腸の蠕動《ぜんどう》運動は身体内協応構造の流れから来る運動だが、排泄《はいせつ》を保留するために肛門《こうもん》を閉めるという運動は、身体外協応構造（社会規範《きはん》）の流れから来る運動で、その二つが私の下腹部で互《たが》いに衝突することによっ

ある抑《おさ》えがたい感情のありかを、茂夫は確実につかまえていったのです。
そんな中、川崎の工場街で起こったトラック同士のちょっとした接触事故を、[i]で片づけてしまった秋庭の姿に茂夫は信じがたい思いを抱《いだ》きつつも心を動かされます。トラック同士が擦《こす》り合ってでも[j]に間に合わせようとする秋庭の姿に、自分がこれまでこだわってきた考え方がほどけ、工場とそこで働く人たちにあらためて近しさを覚えた茂夫は、工場に帰ったら吉沢を「オヤジ」と呼んでみたいと、初めて思ったのです。

(ア) あいまいさ　(イ) 激しい嫌悪《けんお》　(ウ) 約束の時間
(エ) 心地良《ここちよ》い　(オ) わからない　(カ) 軽い気持ち
(キ) 人生の休暇《きゅうか》　(ク) 片手拝み　(ケ) 居心地《いごこち》よさ
(コ) 強い違和感《いわかん》　(サ) 新たな感情　(シ) よそもの

二

次の文章を読んで、以下の設問に答えなさい。

十八歳《さい》くらいのときだったか、とある専門家に私の運動機能を見立ててもらったことがあった。私は絨毯《じゅうたん》の上に置かれ、指示に従ってもぞもぞと動いた。しばらく観察した後、彼《かれ》は言った。
「君の運動発達は、そうだな、両生類と爬虫類《はちゅうるい》の中間くらいかな」
面白《おもしろ》い冗談《じょうだん》を言う人だなあと思った。じゃあ私は、これから何万年もかけてリハビリをして、進化の過程をたどった末に、ようやく人間になれるということだろうか。そう思ったらなんだか可笑《おか》しくなった。
しかし少したってから、「待てよ」と思った。トカゲもイモリも、すでに確固とした彼らなりの動きを持っていて、外部環境《かんきょう》と強固に協応《きょうおう》構造を保っているではないか。①特に彼らの生活が不自由そうには見えない。
それに比べて私の体は、周囲との協応構造を取り結ぶのに困難をきたしている。私の動きを単体としてみたときには、両生類や爬虫類の動きと似ている部分があるのかもしれないけれど、環境との協応構造があるかないか、確立した運動を持っているかどうかという面で見たら、私よりも彼らのほうが、ずっと適応がよいのである。
しかしこの、環境への適応の悪さ、言《い》い換《か》えると身体外協応構造が確定しにくいという特徴《とくちょう》は、逆に言えば、周囲とどのような関係を取り結べるかの②選択《せんたく》自由度が高いともみなしうる。そして、この協応構造の自由度こそが、人間に特徴的《とくちょうてき》なものの一つだと言われている。
たしかに人間は、他の多くの生き物と違《ちが》って外界に対して不適応な状態で生まれ落ちる。生まれてすぐに寝返《ねがえ》りを打ち、数時間のうちに自立歩行ができるようになる仔馬《こうま》は、世界との協応構造を迅速《じんそく》に取り結べるが、人間はそうはいかないのである。
しかしこの不適応期間があるからこそ人間は、世界との関係の取り結び方や、動きのレパートリーを多様に分化させることができたとも言える。その関係の多様性は、馬とは比べ物にならないほど大きい。無力さや不適応こそが、人間の最大の強みでもあるのだ。
人類の歴史も、個人の発達も、他の動物に比べて多様性と変化速度が大きい背景には、この「自由度の大きさ」という特性があるのだそうだ。

(エ) どうする、秋庭。このまま、まっすぐ進もうか
(オ) じゃあどうする。むこうも相当急いでるぜ、突《つ》っこんできてる。仕方ないよ

問10 ――⑧「茂夫は笑いたくなった」とありますが、これに関する次の説明文を読み、文中の(1)～(4)について適当なものを選び、それぞれ記号で答えなさい。

狭《せま》い道を走行する茂夫たちのトラックの前方に、もう一台のトラックが迫《せま》ってきます。茂夫にとっての「常識」からすれば、このような場合は(1)〔(ア) どちらかが道をゆずって事故を避《さ》ける　(イ) 両者ともに利益を得られるよう考える　(ウ) 相手にとりあえず謝罪をして和解する〕のが適当な判断と言えるでしょう。しかし、前方から近づいてくる相手が(2)〔(エ) 自分たちを挑発《ちょうはつ》してきている　(オ) 自分たちと同じような立場だ　(カ) 自分たちにとってライバルだ〕と瞬時《しゅんじ》に見て取った秋庭は、(3)〔(キ) 顧客《こきゃく》に指定された時間を守ること　(ク) 質の高い商品を相手に届けること　(ケ) 誇《ほこ》りをもって仕事に取り組むこと〕を優先しました。その後、二台のトラックは直進し、どちらも損傷しますが、「悪《わり》ィ」の一言で場が収まるのです。この出来事に「笑いたくなった」茂夫は、(4)〔(コ) これまでに経験したことのなかったようなスリルと快感　(サ) あきらめかけた仕事をなんとかやり遂《と》げたという安心感　(シ) 自分にとっての当たり前がものの見事に覆《くつがえ》される痛快さ〕を覚えたのでしょう。

問11 ――⑨「茂夫は工場に帰ったら吉沢をオヤジと呼んでみたいと思った」とありますが、これに関する次の説明文を読み、文中の［a］～［j］にあてはまる語句として適当なものを選び、(ア)～(シ)の記号で答えなさい。

何もしていないよりはましだという［a］で町工場に勤めることになった茂夫は、当初トラックの運転手という仕事を長く続ける気などまるでありませんでした。それゆえ、知り合って間もない工場長を、他の工員にならって「オヤジ」と呼ぶことには［b］があり、ただ一人「吉沢さん」と呼んでいたのです。

しかし、自分の人生がおかしな方向へいってしまうように感じながらも茂夫はきちんと工場へ出勤しており、だんだんと茂夫は、工場に対して不思議な［c］を感じていきます。

一方で、吉沢が褒《ほ》めてくれた、得意先の工場の失礼な担当者に冷静に対応できたのも、この業界において自分が［d］であるという割り切りがあったからであって、新しく求人を始めるという吉沢の話を聞いた時にも、これで夢も終わりだと感じただけであり、工場にいる時間は［e］だったと思おうとしていました。それでも茂夫は、どこか虚《むな》しさを感じており、自身の中に生まれつつある［f］に気づいていったのでしょう。

その理由を探《さぐ》るべく、工場を「巣」に喩《たと》えてみた茂夫でしたが、同級生であり同僚《どうりょう》の秋庭からは［g］という返事しか戻《もど》ってきませんでした。それでも、秋庭の「(工場の)水に合わねえよな、あんたは」という言葉に対して、口にしそうになった「［h］」という言葉を飲みこんでいます。はっきり言葉にすることはできなかったものの、自分の中に

ている茂夫のプライドが許さないのではないかと危《あや》ぶんでいる。

(イ) どうにかして茂夫には辞《や》めてもらいたいと思っているが、できるだけ穏便《おんびん》に事をすすめようと茂夫の反応をうかがっている。

(ウ) 当人を差し置いて事をすすめれば茂夫の気持ちを傷つけるかもしれないと考えて、まず茂夫の意志を確認《かくにん》しようとしている。

(エ) 茂夫が自分に対して本心を語らないことにいらだっていたため、直接話し合うことで茂夫の決心をくつがえそうとしている。

問7 ——⑤「感謝されてもあと味が悪い」とありますが、どうしてですか。その説明として最も適当なものを選び、(ア)～(エ)の記号で答えなさい。

(ア) 吉沢が自分を解雇《かいこ》するつもりであると知った茂夫は、自分の仕事ぶりに対して吉沢がどれだけ感謝の言葉を口にしても、不快感を覚えるだけであったから。

(イ) すべてを失った自分を救ってくれた吉沢に感謝している茂夫は、自分の仕事ぶりを吉沢が評価するのを聞いて、工場を辞《や》めることに申し訳なさを感じたから。

(ウ) 工場で与《あた》えられた仕事に対して真面目に取り組んでこなかった茂夫は、自分の仕事ぶりを吉沢が誠実だと判断しているのを聞いて、ばつの悪い思いをしたから。

(エ) 取引先で出会った人たちに対して真剣《しんけん》に向き合おうとしていなかった茂夫は、自分の仕事ぶりを吉沢が誉《ほ》めるのを聞いても、素直《すなお》に喜ぶことはできなかったから。

問8 ——⑥「いやさ、工場のこと。巣みたいだよ、なんだか」とありますが、これに関する次の説明文を読み、文中の(1)～(4)について適当なものを選び、それぞれ記号で答えなさい。

茂夫は工場の人々が作る関係に対して、(1)｛(ア) 無関心な態度を取っている　(イ) 自分から距離《きょり》を置いている　(ウ) なれ合う様子を嫌《きら》っている｝ところがありました。工員たちは茂夫のことを、「坊《ぼっ》ちゃん」と呼んでいますが、親しみを込《こ》めつつも、(2)｛(エ) 茂夫の経歴や生きてきた環境《かんきょう》が自分たちと違《ちが》う　(オ) 工場長に目をかけられている茂夫がねたましい　(カ) 将来を期待される茂夫に工場の未来を託《たく》したい｝という思いが、こうした渾名《あだな》につながったと考えられます。

一方で、茂夫は、工場での半年間を、(3)｛(キ) 身体を使って働く充実《じゅうじつ》感を得られた時間　(ク) 努力の成果を感じることができない日々　(ケ) 張《は》り詰《つ》めた生活からの、つかの間の解放｝だったと振《ふ》り返《かえ》っています。工場を去ることが現実になろうとしているこの時になって、茂夫はなぜか喪失《そうしつ》感のようなものを抱いたのでした。

その後に、茂夫は秋庭との会話の中で、「巣」という言葉を口にします。

それは、(4)｛(コ) できるだけ目立たないように隠《かく》れ潜《ひそ》んでいる　(サ) 小さな空間で人々が寄《よ》り添《そ》って暮らしている　(シ) 抜《ぬ》けられない複雑なしがらみに覆《おお》われている｝という漠《ばく》然《ぜん》としたイメージからの連想ではないでしょうか。

問9 文中の C ・ D ・ E にあてはまる会話文として適当なものをそれぞれ選び、(ア)～(オ)の記号で答えなさい。

(ア) 無理だよ、秋庭……

(イ) まずいよ、早くあやまらなきゃ

(ウ) どうしよう……。バックするか

ありますが、「自暴自棄」、「水に合わない」の意味として適当なものをそれぞれ選び、(ア)～(ク)の記号で答えなさい。

① 自暴自棄

(ア) そばにいる人に対して遠慮《えんりょ》せずに、自分勝手な行動をとること。

(イ) 周囲にいる人がすべて自分と敵対する関係となり、孤立《こりつ》すること。

(ウ) もうどうでもいいという気持ちになって、なげやりな態度をとること。

(エ) 何をやってもうまくいかないのは、自分の行いが原因だと考えること。

⑦ 水に合わない

(オ) 属している組織の体質になじめず、うまくいかない様子。

(カ) 納得《なっとく》することができなくて、気持ちがさっぱりしない様子。

(キ) 費《つい》やした労力に比べて、対価となる利益がつり合わない様子。

(ク) それまでの努力や苦労が、いっさい無駄《むだ》になってしまう様子。

問3 ――②「大学を卒業して町工場の納品トラックの運転手になろうとは、自分でも思ってもみなかった」とありますが、どういうことですか。その説明として最も適当なものを選び、(ア)～(エ)の記号で答えなさい。

(ア) 苦労して大学を卒業したにもかかわらず、茂夫は現在の仕事に必要な技術を身につけられなかった、ということ。

(イ) 茂夫にとってこの仕事は、大学に通っていた頃《ころ》の自分が思《おも》い描《えが》いていたものとは大きく異なっている、ということ。

(ウ) 大学卒業後、すぐに就職した会社が自転車操業だったので、茂夫は現在の自分の仕事に満足している、ということ。

(エ) 大学に進学することが目標だった茂夫は、卒業した後に就《つ》く職業について具体的に考えていなかった、ということ。

問4 文中の A ・ B にあてはまる語として適当なものをそれぞれ選び、(ア)～(オ)の記号で答えなさい。

(ア) ぶらぶら　(イ) じりじり　(ウ) おずおず
(エ) ずるずる　(オ) しみじみ

問5 ――③「早くここから脱出《だっしゅつ》しようと茂夫が焦《あせ》りはじめているのも事実だった」とありますが、なぜですか。茂夫がそのように感じる理由として最も適当なものを次の中から選び、(ア)～(エ)の記号で答えなさい。

(ア) 工場での日々が張りつめたものであるうえ、工員たちの奇《き》妙《みょう》な人間関係にいったん取《と》り込《こ》まれてしまったら二度と抜《ぬ》け出《だ》せなくなりそうで、ぼんやりとした不安を感じるから。

(イ) 工場に腰《こし》を落ち着けるつもりはないのだが、このまま工場の生活になじんでしまうと、自分が本来いるべき場所に戻《もど》っていけなくなるような気がして、いらだちを覚えるから。

(ウ) 工場に漂《ただよ》う雰囲気《ふんいき》に毒されて、いつしか自分が作業場の汚《よご》れた様子や工場に満ちている悪臭《あくしゅう》にも嫌悪感《けんおかん》を抱《いだ》かなくなってしまっていることが、なんだか恐《おそ》ろしく思われるから。

(エ) 工場で働く人たちの、親密で、和気あいあいとした関係はうらやましくもあるが、自分は所詮《しょせん》、その仲間に加えてはもらえないのだと思うと、いたたまれない気持ちになるから。

問6 ――④「黙《だま》ってやられたんじゃ、あんたも気分悪いだろうと思って」とありますが、この時の吉沢の言動に関する説明として最も適当なものを選び、(ア)～(エ)の記号で答えなさい。

(ア) 茂夫の意見を聞かないで人事をすすめれば、学歴を鼻にかけ

「あと十分か……。間に合うな」

川崎の工場街の裏通りを走っていた。このあたりのややこしい細い路地も、半年のうちに覚えこんだ。普通《ふつう》のドライバーだったら徐行《じょこう》せざるを得ないような幅《はば》の狭《せま》い道も、五〇キロで走れるようになった。

三時十分前。ギリギリだが約束の三時に納品できるだろう。そう思ったときに秋庭がチッと舌打ちをした。

前方から、茂夫たちが乗っているのと同じような、古い小型トラックが近づいて来ていた。普通の乗用車でもすれ違いは困難な狭い道である。トラック同士のすれ違いはできそうにもないが、両脇《りょうわき》は工場の塀《へい》で、どちらかがひとつ手前の角までバックしなければならない。

「［C］」

茂夫が秋庭の顔を見ながら言った。

「馬鹿野郎《ばかやろう》、そんなことしてるヒマがあるかよ」

「［D］」

そう言ってギアを握《にぎ》った茂夫の手を、上から秋庭の手が押《お》さえた。

「このまま突《つ》っこめ」

「［E］」

「いいから行け」

秋庭の顔は真剣《しんけん》だった。対向車との距離《きょり》はどんどん短くなってきている。無理だ――。茂夫は思わず目をつむりそうになった。その瞬《しゅん》間《かん》、ガリガリとひどい音がした。

――やった。

右のミラーがひしゃげてこちら側を向いていた。左のミラーは塀で擦《こす》ってあちら側を向いている。あの音から察するに、側面もひどく擦っただろう。

あちらのトラックの運転手が、窓から身を乗り出して茂夫たちのほうを振《ふ》り返《かえ》っている。むこうのトラックのミラーも、両方あらぬ方向を向いていた。側面の擦れもかなりひどい。

秋庭があちらのトラックの運転手と同じように窓から身を乗り出した。

「悪《わり》ィ」

あちらのトラックの運転手と秋庭が、同時に片手拝みをして言った。

「走れンでしょ」

「全然大丈夫《だいじょうぶ》。そっちは？」

「大丈夫。じゃ悪いけど急いでっから」

そう言い残してトラックは後方に去った。秋庭も当然のような顔をして窓を閉め、「早く」と茂夫をせかした。茂夫はたった今起きた出来事が信じられない気がした。

「……あれで済んじゃうの？」

「あー？」

「今の、接触《せっしょく》事故だよ」

「何言ってンだよ、こんなボロトラックに接触事故もクソもあるかよ」

突然《とつぜん》、⑧茂夫は笑いたくなった。工場のあの居心地《いごこち》良さの秘密が、ひとつ解《わか》ったような気がした。

三時にギリギリで間に合った。帰り道、居眠《いねむ》りをはじめた秋庭の横でハンドルを握《にぎ》りながら、⑨茂夫は工場に帰ったら吉沢をオヤジと呼んでみたいと思った。

問１ ＝＝ⓐ〜ⓔのカタカナを漢字に改めなさい（楷書《かいしょ》で丁寧《ていねい》に書くこと）。

ⓐ サッチ　ⓑ カンプ　ⓒ キイ

ⓓ マネいた　ⓔ ヒニク

問２ ――①「自暴自棄《じぼうじき》になっていた」、――⑦「水に合わねえ」と

「はあ……」

「いずれ辞《や》める心算ならさ、もう求人はじめたいんだよね。求人難は知ってっだろ、早めにしないとさ。④黙《だま》ってやられたんじゃ、あんたも気分悪いだろうと思って」

「………」

「あんたはよくやってくれてるよ。こないだは鶴見《つるみ》の担当にⓔヒニクられても、イヤな顔ひとつしないで仕事つないでくれたしさ」

いつも無理な納期を指定してきて、ちょっとでも遅れるとネチネチやり出す鶴見の得意先の工場に平気な顔で行けるのは、何も茂夫の人間がデキているせいではなかった。こっちがひ孫請けならあっちは孫請け、所詮《しょせん》この世界の根っからの住人ではない茂夫にとって、同じような零細《れいさい》工場が僅《わず》かな差で力関係を誇示《こじ》したところで痛くも痒《かゆ》くも感じないというだけの話であった。⑤感謝されてもあと味が悪い。

工場長の吉沢と話を終えたあと、茂夫はなぜだか夢も終わりだな、と思った。六郷土手の旋盤工場で過ごした半年間は、茂夫の人生の中では特異な存在といえる。もともと茂夫のような男が旋盤工場の納品トラック運転手というのは、誰《だれ》が見てもおかしなことだった。居心地《いごこち》良いと思えたのは、高校、大学、そして就職した会社においても茂夫が持つことを当然としてきた競争心という緊張《きんちょう》が、いっとき休まされたからだろう。半年間は人生の休暇《きゅうか》、一時の夢と思えば、気持ちも楽だ。

「そうですね」

工場長の吉沢にそう答えたあと、けれどなぜか茂夫の心は虚《むな》しかった。

「巣だな……」

信号待ちの交差点で、ハンドルを握《にぎ》った茂夫の独り言に、隣《となり》の席で脚《あし》を組んでいる秋庭が変な顔をした。

「何が？」

「⑥いやさ、工場のこと。巣みたいだよ、なんだか」

「巣――？　わっかンねえなア」

秋庭は笑いながら続けた。

「昔っからわかンなかったな、俺《おれ》たちにとってあんたは」

信号が青になった。茂夫はアクセルを踏《ふ》んで秋庭の顔をちらりと見た。

「どうして？」

「勉強なんかしてないみたいなのに頭よくってさ。いい高校行って、いい大学行って、いい暮らししてるのかなアなんて思ってたら場末の酒場で酔《よ》いつぶれてやんの、あンときは笑っちったよ」

茂夫は苦笑《くしょう》した。秋庭は中学のころから不良グループの一員で、高校時代に見かけたときは髪《かみ》の毛《け》が茶色かった。工業高校を中退して旋《せん》盤工《ばんこう》になったと聞いた。今では一歳《さい》になる女の子の父親である。

「俺《おれ》にしたって、秋庭はわかンない奴《やつ》だよ」

茂夫のことばに、秋庭は声を立てて笑った。

「俺なんてカンタンな男よ、旋盤工だもん」

秋庭の答《こたえ》に茂夫も一緒《いっしょ》に笑った。

「辞めちゃうの、工場」

「次のが見つかるまではいるよ。でも、まだやりたいと思ってることもあるし……、俺は技術ないから薄給《はっきゅう》だしさ」

「そうだよな、やっぱ、⑦水に合わねえよな、あんたは」

そんなことはない、俺だって工場は――今までにいたところとは別の意味で――心地《ここち》良いよ。そう言おうとしたがやめた。言ってしまえばそのあとの説明が難しいし、秋庭の言ったことも真実《ほんとう》だった。

秋庭が腕時計《うでどけい》に目をやった。

二〇二一年度 中央大学附属中学校

【国　語】〈第一回試験〉（五〇分）〈満点：一〇〇点〉

一　次の文章を読んで、以下の設問に答えなさい。

六郷土手《ろくごうどて》のそばの小さな旋盤《せんばん》工場が、今の茂夫《しげお》の職場である。勤めはじめて半年近くが経《た》とうとしている。

半年前、失業した茂夫が地元の飲み屋でくだを巻いていたところ、偶然《ぐうぜん》に中学の同級生だった秋庭《あきば》という男にでくわした。秋庭の勤めている工場で使っていた運転手兼《けん》使い走りの十八の坊主《ぼうず》が行方《ゆくえ》をくらましてしまい、オヤジ――というのは工場長のことだった――が困っているという。ヒマならばそのあとに来ないかという。

勤め先の編集プロダクションが潰《つぶ》れて①自暴自棄《じぼうじき》になっていたこともあり、ぶらぶらしているよりは運転手でも何でもやっていたほうがいいか、くらいの軽い気持ちで引き受けた。②大学を卒業して町工場の納品トラックの運転手になろうとは、自分でも思ってもみなかった。

以前勤めていた編集プロダクションは神田にあって、業界では中《ちゅう》堅《けん》で通っていた。学生のころから編集の仕事をしたいと思っていた茂夫にとっては、一応希望どおりの職場だったと言える。自転車操業だということは入社して一年ほどで⒜サッチしたが、まさか倒産《とうさん》するとは予想もしなかった。しかも社長と⒝カンブ社員数名はどこへ行ったのか判《わか》らなくなってしまい、残された茂夫たちは事後処理にへとへとになった。秋庭に会ったのはそのころである。

今トラックの運転手として働いている工場は、工場長を含《ふく》めて工員は六人。典型的な孫請《まごう》け、ひ孫請けの零細《れいさい》工場である。最初《はな》から給料に期待などしていなかったが、編集プロダクションにいたころとはもちろん比べものにならない。長く勤める気などどまるでないが、□A□と半年を過ごしてしまった。

半年いても、茂夫はいまだに工場の雰囲気《ふんいき》に慣れることができないでいる。工場長をオヤジと呼ばず吉沢《よしざわ》さん、と苗字《みょうじ》で呼ぶのは茂夫だけだった。知り合って間もない六十すぎの男をオヤジと呼ぶのは茂夫にとっては⒞キイなことだった。坊《ぼっ》ちゃん――。茂夫につけられた工場での渾名《あだな》である。旋盤工《せんばんこう》たちは大抵《たいてい》が地方出身者だった。

工場《ここ》にいると自分の人生がどんどんおかしな方向へ向かっていってしまうように感じながらも、茂夫は毎朝定刻に工場へ出勤する。自分とは全く違《ちが》う世界のような気がするのに、切り子だらけの洗油臭《せんゆくさ》い工場は妙《みょう》に居心地《いごこち》が良いのだった。この居心地良さの原因は何だろうと、茂夫は時おり不思議に思ったりもする。けれど、③早くここから脱《だっ》出《しゅつ》しようと茂夫が焦《あせ》りはじめているのも事実だった。

納品を終えて工場に戻《もど》った茂夫がガラス戸を開けると、待っていたらしい工場長の吉沢が茂夫を手で⒟マネいた。困ったような顔をしている。茂夫はどきりとした。ここのような孫請《まごう》け専門の工場では、一時間の納期遅《おく》れが命取りになる。給料は安くても、そういう意味で納品トラックの運転手はたいへんな仕事なのだ。

「何か……」

茂夫は□B□と吉沢に言った。

「いやあね、言いにくいんだけどさ……。坊ちゃんは、これからどうする心算《つもり》でいるかと思ってさ。」

「え？」

吉沢の言っている意味が判らず、茂夫は怪訝《けげん》そうな顔で聞き返した。

「いやさ、坊ちゃんは大学も出てるし、いつまでもこんな工場《とこ》にいる気はないだろ」

2021年度

中央大学附属中学校　▶解説と解答

算　数　＜第１回試験＞（50分）＜満点：100点＞

解　答

[1] (1) 177　(2) 999999　(3) 23通り　(4) $53cm^2$　(5) ７度　(6) 3.6％　(7) 50分後　[2] (1) 324点　(2) 97点　(3) 63点　[3] (1) $12m^3$　(2) $1680m^3$　(3) 20分　[4] (1) $150.72cm^3$　(2) $65.94cm^3$　[5] (1) 85％　(2) ６時間後　(3) 28時間30分後

解　説

[1] 計算のくふう，場合の数，約数，面積，角度，濃《のう》度《ど》，流水算，旅人算

(1) $\left(\frac{6}{5}\times 97.21-34.84\div\frac{10}{3}\right)\times 1\frac{2}{3}=\left(\frac{6}{5}\times 97.21-34.84\times\frac{3}{10}\right)\times\frac{5}{3}=\frac{6}{5}\times 97.21\times\frac{5}{3}-34.84\times\frac{3}{10}\times\frac{5}{3}=2\times 97.21-34.84\times\frac{1}{2}=194.42-17.42=177$

(2) $A\times C+B\times C=(A+B)\times C$となることから，$(37037\times 84-30030\times 81-7007\times 81)\times 9=\{37037\times 84-(30030\times 81+7007\times 81)\}\times 9=\{37037\times 84-(30030+7007)\times 81\}\times 9=(37037\times 84-37037\times 81)\times 9=37037\times(84-81)\times 9=37037\times 3\times 9=111111\times 9=999999$

(3) 大の目が１のときは，小の目がいくつでも最大公約数は１となるので，右の図１のように６通りある。大の目が２のとき，３のとき，５のときは，小の目がそれぞれ２の倍数，３の倍数，５の倍数でなければ，最大公約数は１となるので，図１のように，それぞれ３通り，４通り，５通りある。また，４＝２×２より，大の目が４のときは，小の目が２の倍数でなければ，最大公約数は１となるので，図１のように３通りある。さらに，６＝２×３より，大の目が６のときは，小の目が２か３の倍数でなければ，最大公約数は１となるので，図１のように２通りある。よって，出た目の最大公約数が１となる場合は，全部で，６＋３＋４＋５＋３＋２＝23(通り)ある。

図１

大が１…(大，小)＝(１，１)，(１，２)，(１，３)，(１，４)，(１，５)，(１，６)
大が２…(大，小)＝(２，１)，(２，３)，(２，５)
大が３…(大，小)＝(３，１)，(３，２)，(３，４)，(３，５)
大が５…(大，小)＝(５，１)，(５，２)，(５，３)，(５，４)，(５，６)
大が４…(大，小)＝(４，１)，(４，３)，(４，５)
大が６…(大，小)＝(６，１)，(６，５)

(4) 右の図２のように，正方形ABCDの辺と平行な直線を２本引くと，同じ印(○，×，△，●)をつけた三角形の面積はそれぞれ等しくなる。また，正方形ABCDの面積は，10×10＝100(cm^2)，長方形PQRSの面積は，２×３＝６(cm^2)だから，○，×，△，●２つ分の面積の和は，100－６＝94(cm^2)となり，○，×，△，●１つ分の面積の和は，94÷２＝47(cm^2)とわかる。

図２

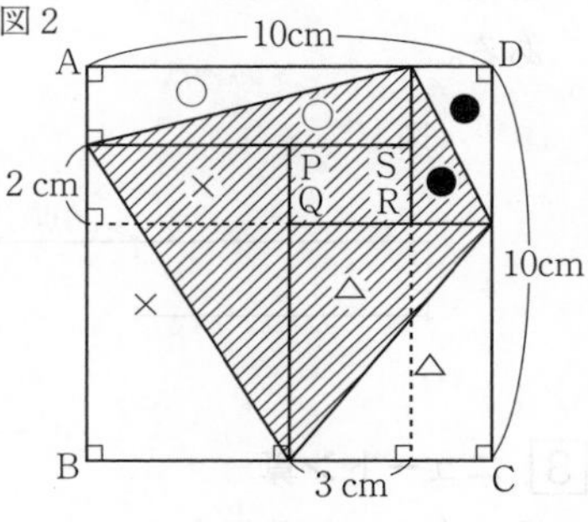

よって，斜線《しゃせん》部分の面積は，○，×，△，●１つ分の面積の和に長方形PQRSの面積を足して，47＋６＝53(cm²)と求められる。

(5)　右の図３で，三角形ABEは，AB＝AEの二等辺三角形なので，角AEBの大きさは，(180－40)÷２＝70(度)である。よって，角DECの大きさは，180－(70＋73)＝37(度)とわかる。また，平行線のさっ角は等しいから，角ADEの大きさは角DECの大きさと等しく，37度となる。したがって，角xの大きさは，37－30＝７(度)と求められる。

図３
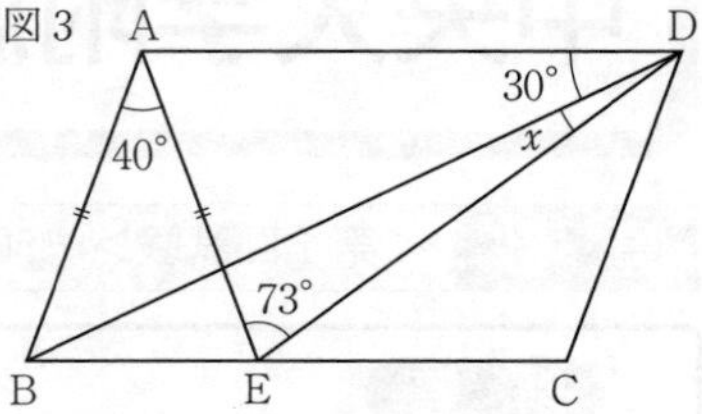

(6)　A，Bから同じ量の食塩水を取り出して入れかえたので，入れかえた後のA，Bの食塩水の重さは，それぞれはじめと同じ500ｇ，200ｇである。また，はじめにA，Bの食塩水にふくまれていた食塩の重さの合計は，500×0.02＋200×0.1＝10＋20＝30(ｇ)で，これは入れかえた後も変わらない。さらに，入れかえた後のBの食塩水の濃度は６％だから，その中にふくまれる食塩の重さは，200×0.06＝12(ｇ)である。よって，入れかえた後のAの食塩水にふくまれる食塩の重さは，30－12＝18(ｇ)だから，濃度は，18÷500×100＝3.6(％)と求められる。

(7)　船ＰがＡ町からＢ町へ進む速さ(下りの速さ)は時速，18＋６＝24(km)で，船ＱがＢ町からＡ町へ進む速さ(上りの速さ)は時速，24－６＝18(km)だから，船Ｐ，Ｑが進む速さの和は時速，24＋18＝42(km)である。船Ｐ，Ｑが出会うのは，船Ｐ，Ｑが合わせて35km進んだときだから，35÷42＝$\frac{5}{6}$(時間後)となり，$\frac{5}{6}$時間は，60×$\frac{5}{6}$＝50(分)なので，50分後とわかる。

2　平均とのべ，和差算，条件の整理

(1)　ＡとＣの合計点は，80×２＝160(点)，ＢとＤの合計点は，82×２＝164(点)だから，Ａ，Ｂ，Ｃ，Ｄの４人の合計点は，160＋164＝324(点)である。

(2)，(3)　２人組をつくり変えたとき，一方の組の合計点は172点で，４人の合計点は324点だから，もう一方の組の合計点は，324－172＝152(点)となる。この組の点数差は26点なので，下の図１より，この組の低い方の点数は，(152－26)÷２＝63(点)，高い方の点数は，63＋26＝89(点)とわかる。ここで，４人の点数のうち，63点と89点以外の点数を○点，■点とすると，○＋■＝172(点)であり，ＡとＣの合計点が160点なので，㋐(63点と○点)，㋑(63点と■点)，㋒(89点と○点)，㋓(89点と■点)のうち，いずれかの合計点が160点となる。それぞれの場合について，○，■の点数を計算すると，下の図２のようになる。図２より，㋒と㋓の場合は，■または○の点数が100点をこえてしまうので，条件に合わない。よって，合計点が160点になるのは㋐か㋑となり，どちらの場合も63点と89点以外の点数は，97点と75点になる。したがって，最高点は97点，最低点は63点である。

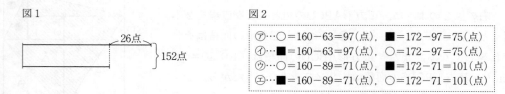

図１
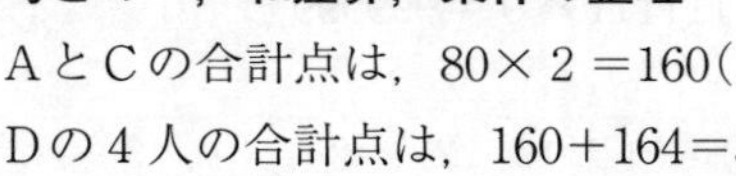

図２

㋐…○＝160－63＝97(点)，■＝172－97＝75(点)
㋑…■＝160－63＝97(点)，○＝172－97＝75(点)
㋒…○＝160－89＝71(点)，■＝172－71＝101(点)
㋓…■＝160－89＝71(点)，○＝172－71＝101(点)

3　ニュートン算

(1)　泉から毎分湧《わ》き出ている水の量を①とする。ポンプ６台を使うと水を全部くみ出すのに70分か

かるので，はじめに泉にたまっていた水の量と，泉から70分間に湧き出る水の量，つまり，[1]×70＝[70]の合計は，ポンプ６台が70分でくみ出す水の量と等しく，６×６×70＝2520(m^3)となる。同様に，ポンプ９台を使うと水を全部くみ出すのに40分かかるので，はじめに泉にたまっていた水の量と，[1]×40＝[40]の合計は，６×９×40＝2160(m^3)となる。よって，右上の図より，[70]－[40]＝[30]が，2520－2160＝360(m^3)にあたるから，[1]にあたる水の量は，360÷30＝12(m^3)とわかる。したがって，泉からは毎分12m^3の水が湧き出ている。

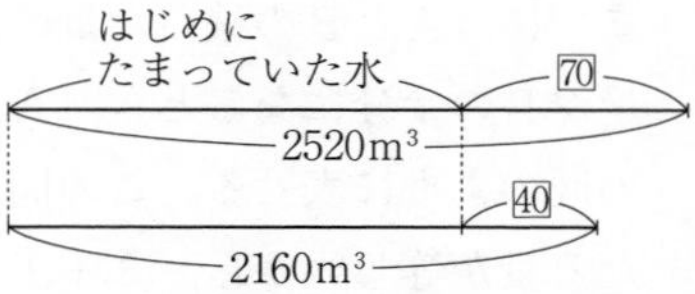

(2)　(1)より，[70]＝12×70＝840(m^3)だから，はじめに泉にたまっていた水の量は，2520－840＝1680(m^3)と求められる。

(3)　ポンプを16台使うと，毎分，６×16＝96(m^3)の水をくみ出すことができ，泉からは毎分12m^3の水が湧き出るから，泉の水は毎分，96－12＝84(m^3)の割合で減っていく。よって，水を全部くみ出すのにかかる時間は，1680÷84＝20(分)と求められる。

4　立体図形―体積

(1)　直線lのまわりに１回転させてできる立体は，右の図１のようになる。この立体のうち，直線mより上の部分は底面の半径が４cm，高さが３cmの円すいで，直線mより下の部分は底面の半径が４cm，高さが３cmの円柱から，底面の半径が４cm，高さが３cmの円すいをくり抜《ぬ》いた立体である。よって，図１の立体の体積は，底面の半径が４cm，高さが３cmの円柱の体積と等しいから，４×４×3.14×３＝150.72(cm^3)と求められる。

図１

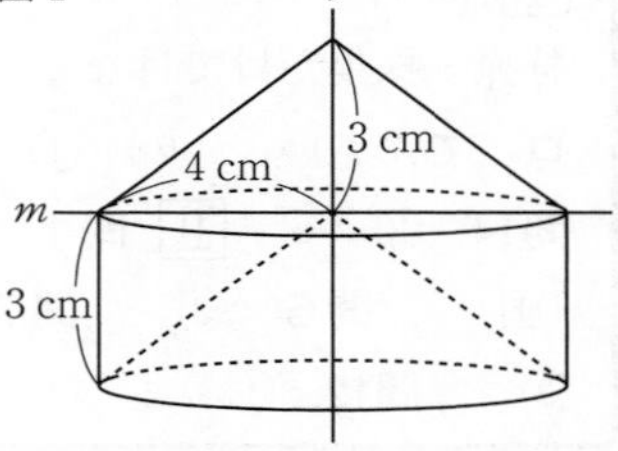

(2)　直線mのまわりに１回転させてできる立体は，右の図２のような立体となる。図２で，図の対称《たいしょう》性より，三角形ABCと三角形ADEは相似比が２：１の相似な三角形だから，DEの長さは，３÷２＝1.5(cm)，ADの長さは，４÷２＝２(cm)となる。よって，図２の立体は，底面の半径が３cm，高さが４cmの円すいから，底面の半径が1.5cm，高さが２cmの円すいを切り取ってできた立体を２つ合わせた形になる。したがって，その体積は，(３×３×3.14×４÷３－1.5×1.5×3.14×２÷３)×２＝(12×3.14－1.5×3.14)×２＝10.5×3.14×２＝21×3.14＝65.94(cm^3)と求められる。

図２

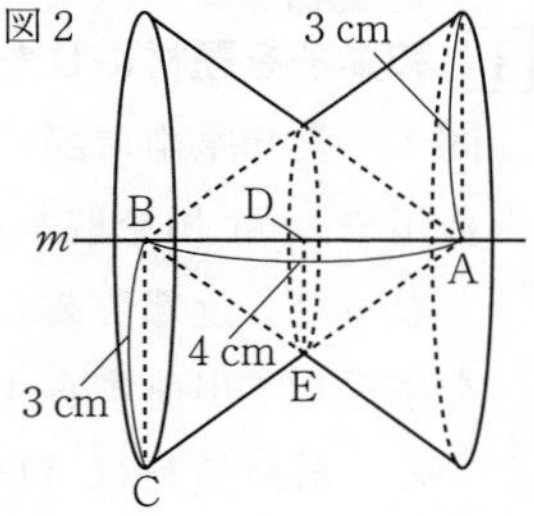

5　グラフ―割合と比，倍数算

(1)　問題文中のグラフより，Ｂの電池残量は36時間後から51時間後までの，51－36＝15(時間)で，25%減っているから，１時間で，25÷15＝$\frac{5}{3}$(%)減る。よって，動画再生を始めてから36時間で，$\frac{5}{3}$×36＝60(%)減ることになるので，はじめのＢの電池残量は，25＋60＝85(%)とわかる。

(2)　はじめ，ＡはＢよりも電池残量が，90－85＝５(%)多い。また，グラフより，Ａの電池残量は１時間で，90÷36＝$\frac{5}{2}$(%)減るので，Ａの方がＢよりも１時間あたり，$\frac{5}{2}-\frac{5}{3}=\frac{5}{6}$(%)多く減る。よって，ＡとＢの電池残量が等しくなるのは，動画再生を始めてから，５÷$\frac{5}{6}$＝６(時間後)となる。

(3)　(2)で，等しくなったときの残量は，90－$\frac{5}{2}$×６＝75(%)である。また，ＡとＢで１時間に減る量の比は，$\frac{5}{2}:\frac{5}{3}$＝３：２なので，ＡとＢの残量が75%になってから，Ａの残量がＢの半分になる

までに，ＡとＢの減った量の比も３：２となる。さらに，Ａの残量がＢの半分になるとき，ＡとＢの残量の比は１：２だから，右の図のように表せる。この図で，[3]－[2]＝[1]と，②－①＝①にあたる量が等しいから，[3]＋①＝[3]＋[1]＝[4]にあたる量が75％となり，[1]にあたる量は，$75\div 4=\frac{75}{4}$(％)とわかる。よって，Ａの残量がＢの半分になるのは，Ａの残量が75％になってから，[3]$=\frac{75}{4}\times 3=\frac{225}{4}$(％)減ったときなので，$\frac{225}{4}\div\frac{5}{2}=\frac{45}{2}=22\frac{1}{2}$(時間後)であり，動画再生を始めてから，$6+22\frac{1}{2}=28\frac{1}{2}$(時間後)となる。これは，$60\times\frac{1}{2}=30$(分)より，28時間30分後である。

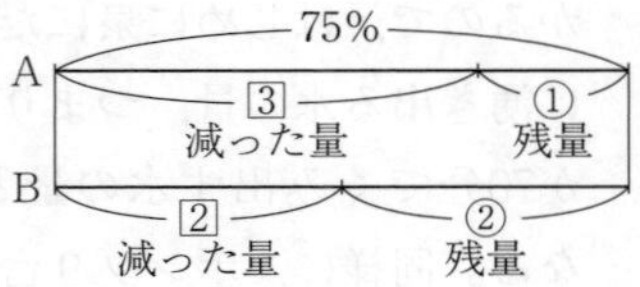

社　会　＜第１回試験＞（30分）＜満点：60点＞

解　答

[Ⅰ] **問１**　渥美(半島)　**問２**　①　**問３**　④　**問４**　③　**問５**　(イ)　②　(ロ)　(例)　狩猟・採集だけではなく，栽培も行っていた。　**問６**　④　**問７**　校倉造　**問８**　(イ)　③　(ロ)　てんさい　(ハ)　①　**問９**　④　**問10**　栄西　**問11**　④　**問12**　①　**問13**　③　**問14**　②　[Ⅱ] **問１**　岐阜(県)　**問２**　①　**問３**　②　**問４**　城下町　**問５**　加賀(国)　**問６**　③　**問７**　(イ)　①　(ロ)　②　**問８**　③　**問９**　②　**問10**　④　**問11**　②　**問12**　①

解　説

[Ⅰ] 和菓子を題材にした問題

問１　愛知県南東部にのびる渥美《あつみ》半島は，知多半島と向かい合うようにして三河湾を囲んでいる。豊川や天竜《てんりゅう》川を取水源とする豊川用水がつくられたことにより，日本を代表する農業地帯の１つとなった。近郊農業でキャベツなどがさかんに生産されているほか，夜に電灯をともし，開花時期をずらして出荷する「電照菊《ぎく》」の産地として知られる。愛知県の菊の生産量は全国第１位となっている。統計資料は『日本国勢図会』2020／21年版および『データでみる県勢』2021年版による(以下同じ)。

問２　茶の生産量は，県中部の牧ノ原などでの生産がさかんな静岡県が全国第１位で，鹿児島県がこれにつぐ。なお，「宇治茶」で知られる京都府が宮崎県につぐ第５位で，「八女《やめ》茶」で知られる福岡県の生産量も多い。

問３　柚子《ゆず》湯に浸《つ》かるのは冬至(12月22日ごろ)の風習なので，④がふさわしくない。

問４　日本国憲法第13条は「個人の尊重」についての条文で，すべての国民が個人として尊重されるとする一方，国民の権利が公共の福祉《ふくし》によって制限されうることを定めている。「公共の福祉」とは，国民全体の幸福や利益のことで，これに反する権利の主張は認められないことがある。また，第24条は「家族生活における個人の尊厳と両性の本質的平等」を定めた条文で，婚姻《こんいん》(結婚)は男性と女性の合意のみにもとづくとしている。

問５　(イ)　三内丸山遺跡は青森県にある縄文時代の遺跡で，今からおよそ5500年前から約1500年に

わたって大規模な集落が広がっていた。大型竪穴《たてあな》住居や大型掘立柱《ほったてばしら》建物の跡が発掘され，最盛期には500人程度の住民が暮らしていたといわれる。　(ロ)　三内丸山遺跡から出土したクリが，自然の野山のクリと比べてDNAにばらつきが少ないのは，集落の人々によって栽培されていたためと考えられる。縄文時代の人々は狩猟《しゅりょう》や採集，漁によって食料を得ていたが，原始的な農耕が行われていた可能性も指摘されている。

問６　(あ)　佐賀県にある大規模な環濠《かんごう》集落の遺跡は吉野ヶ里遺跡で，登呂《とろ》遺跡は静岡県にある。
(い)　中国の古い歴史書『漢書』には，倭《わ》(日本)にあった小国の１つである奴国《なこく》の王が金印を授けられたことなどが記されている。邪馬台国《やまたいこく》の女王であった卑弥呼《ひみこ》の記述は，『三国志』という歴史書の中の「魏書《ぎしょ》」(一般には『魏志』倭人伝とよばれる)に見られる。

問７　東大寺の正倉院は，切り口が三角形の木材を組み合わせて壁とする校倉《あぜくら》造の建物として知られ，中には聖武天皇の遺品などが納められた。

問８　(イ)　十勝平野は北海道の南東部に位置し，大規模な農業を行う日本有数の畑作地帯として知られる。なお，①は函館平野，②は石狩平野，④は根釧《こんせん》台地の位置。　(ロ)　北海道では，工芸作物として砂糖の原材料となるてんさい(甜菜)が栽培されている。てんさいの生産量は，北海道が全国生産量の100％を占《し》める。　(ハ)　北海道の白老町につくられた「民族共生象徴空間」は，アイヌ文化の復興・創造・発展のための拠点《きょてん》となるナショナルセンターで，その愛称「ウポポイ」はアイヌ語で「おおぜいで歌う」といった意味である。

問９　①「聖徳太子」ではなく「中大兄《なかのおおえの》皇子」が正しい。この都は，飛鳥板蓋《いたぶきの》宮である。
②「百済《くだら》」ではなく「新羅《しらぎ》」が正しい。この都は，近江大津宮である。　③「聖武天皇」ではなく「元明天皇」が正しい。　④　平安京についての説明として正しい。

問10　栄西は鎌倉時代初期に活躍《かつやく》した僧で，平安時代末期に宋(中国)に渡って禅《ぜん》宗を学び，帰国後に臨済宗を開いた。また，茶の種を持ち帰り，『喫茶養生記《きっさようじょうき》』を著して茶の薬効を説いた。

問11　ポルトガルは南ヨーロッパの西部にあるイベリア半島の西部に位置し，大西洋に面している。なお，①はフランス，②はイタリア，③はスペインである。

問12　会津本郷焼は(あ)の福島県会津地方でつくられる伝統的工芸品で，安土桃山時代に会津若松城(鶴ケ城)の城主が城の瓦《かわら》を焼かせたことが始まりといわれる。よって，①が正しい。なお，②の「益子《ましこ》焼」は栃木県，③の「九谷焼」は石川県，④の「萩《はぎ》焼」は山口県の伝統的工芸品で，(い)は瀬戸焼の産地である愛知県瀬戸市，(う)は備前焼の産地である岡山県備前市，(え)は有田焼(伊万里《いまり》焼)の産地である佐賀県伊万里市・有田町の位置。

問13　大正時代，吉野作造は天皇制における民主主義を実現する理論として民本主義を唱え，大正デモクラシーの理論的指導者となった。よって，③が誤っている。

問14　①　米中貿易戦争では，両国が互いに輸入品の関税を引き上げ，それぞれの国からの輸入を制限する動きをとった。　②　世界貿易機関(WTO)は，関税などの貿易障壁《しょうへき》をなくし，自由貿易を進めることを目的とする国連の関連機関である。よって，正しい。　③　日本の最大の輸入品は，機械類である。　④　2021年２月時点で，アメリカ合衆国はTPP11(環太平洋経済連携《れんけい》協定11)に加盟していない。

Ⅱ「福井かるた」を題材にした問題

問１　岐阜県を流れる長良《ながら》川では，伝統的な漁法である鵜飼《うかい》が受け継《つ》がれており，観光資源となっ

ている。また，県南西部に位置する関ヶ原は，古代に関所が置かれ，1600年には「天下分け目の戦い」とよばれる関ヶ原の戦いが行われた。県北部には，合掌《がっしょう》造り集落で知られる白川郷があり，富山県五箇《ごか》山とともにユネスコ(国連教育科学文化機関)の世界文化遺産に登録されている。

問２　①は４つの中で最も東京駅からの距離が短いにもかかわらず，最も距離が長い④と同じだけの時間がかかることから，新幹線が通っていない福井駅だと判断できる。なお，②は新大阪駅，④は岡山駅で，東京駅から東海道・山陽新幹線を使って，③は八戸駅で，東京駅から東北新幹線を利用して行くことができる。

問３　和紙のおもな原料は，こうぞやみつまたである。越前《えちぜん》和紙は，これらに加えて麻や雁皮《がんぴ》などを用いてつくられる。

問４　戦国時代，大名は防衛上の拠点として城や館を建て，その周りに家臣を住まわせた。また，そうした人たちを取り引き相手とする商工業者が集まり，都市が形成された。このようにして発達した都市は城下町とよばれ，朝倉氏の一乗谷(福井県)や織田信長の安土(滋賀県)などが知られる。

問５　越前国は現在の福井県東部にあたり，東で石川県西部にあたる加賀国ととなり合っていた。1488年，加賀国では一向宗(浄土《じょうど》真宗)の信者らが守護大名の富樫《とがし》氏を滅《ほろ》ぼし，およそ100年にわたって自治を行った(加賀の一向一揆《いっき》)。

問６　①　教育分野の格差が小さいのは，男女間の識字率や就学率に大きな差がないことによる。　②　健康分野の格差が小さいのは平均寿命《じゅみょう》が長いことによるが，男性よりも女性のほうが平均寿命が長い。　③　政治分野の格差が大きいのは，大臣や国会議員の男女の人数の差が大きいことが影響している。よって，正しい。　④　経済分野の格差が大きいのは，労働力・賃金・管理職の人数などで男女の差が大きいことが影響している。

問７　(イ)　2011年のリビア内戦に介入《かいにゅう》したという(あ)はオバマ(第44代)，2003～11年まで続いたイラク戦争を始めたという(い)はブッシュ(第43代)，1950年に始まった朝鮮戦争に介入したという(う)はトルーマン(第33代)，1962年のキューバ危機に対応したという(え)はケネディ(第35代)である。よって，大統領に就いた順に(う)→(え)→(い)→(あ)となる。　(ロ)　「左手に田んぼ(ıı)がみえる」ことから，お父さんは多田川にかかる橋のうち，すぐ近くにお寺(卍)がある右から２本目の橋を東(右)から西(左)へと渡ったことがわかる。ここから見て「後瀬山の麓《ふもと》のお寺が一直線に並んでいる」場所は南西にあたり，２点間には保健所(⊕)や市役所(◎)，病院(⛨)，郵便局(〶)がある。ちはやさんは，小浜駅前から，地形図の上方の「城内(二)」にある城跡(凸)の方角を見ているのだから，北(上)を向いていることになる。この方角には，市役所(◎)，病院(⛨)，郵便局(〶)，消防署(Y)がある。あらたさんは「後瀬山トンネルの脇《わき》の神社(⛩)」から，多田川と南川にはさまれた場所に立つ電波塔(ő)を見ているので，北東を向いていることになる。それぞれが向いている方向を直線で結ぶと，交点付近にあるのは病院(⛨)だとわかる。

問８　小浜藩(福井県)の藩医であった杉田玄白《げんぱく》は，豊前中津藩(大分県)の藩医であった前野良沢《りょうたく》らとともにオランダ語の医学解剖《かいぼう》書『ターヘル・アナトミア』を翻訳《ほんやく》し，1774年に『解体新書』として刊行した。資料の絵はその扉絵である。

問９　小浜藩の藩士であった由利公正《ゆりきみまさ》は明治新政府の政治方針の原案を作成し，1868年に天皇が神に誓《ちか》うという形で「五か条の御誓文《ごせいもん》」として発表された。Ａは1860年，Ｂは1867年，Ｃは1871年，Ｄは1873年，Ｅは1877年のできごとなので，②となる。

問10　杉原千畝《ちうね》がリトアニアで「命のビザ」を発行し，ナチスドイツの迫害《はくがい》から多くのユダヤ人を救ったのは1940年のことである。この年，日本はドイツ・イタリアと三国軍事同盟を結んだので，④があてはまる。なお，①は1929年，②は1915年，③(満州事変のきっかけとなった柳条湖事件)は1931年のできごと。

問11　４つのうち，原子力発電所があるのは鹿児島県(川内原子力発電所)だけなので，(あ)は鹿児島県である。地熱の発電量が多い(う)には，温泉や火山が多く，これを利用した地熱発電が行われている大分県があてはまる。よって，②が選べる。なお，(い)は東京都で，都内には大規模な発電施設がないため発電量が少なく，電力の多くを千葉県や神奈川県などから得ている。(え)は北海道で，風力や太陽光といった新エネルギーによる発電量が多い。

問12　鯖江《さばえ》市は眼鏡枠《わく》が地場産業として発達しており，福井県の生産量は全国の約90％を占める。

理　科　＜第１回試験＞（30分）＜満点：60点＞

解　答

[1]　**問１**　(エ)　**問２**　(イ)　**問３**　(エ)　**問４**　(ウ)　**問５**　記号…(イ)　名前…アブラナ
[2]　**問１**　(エ)　**問２**　(イ)　**問３**　秒速19.6m　**問４**　6.1倍　**問５**　(ウ)，(オ)　[3]　**問１**　0.0325m³　**問２**　(例)　気体は温度を下げると液体になる。　**問３**　(ア)　**問４**　(エ)　**問５**　(ウ)　**問６**　(イ)

解　説

[1] 身近な生物についての問題

問１　タンポポは小さな花がたくさん集まって１つの大きな花のように見せている。その小さな花の集まりのつけ根には，それらの花を包んで支える総ほうというつくりがある。在来種であるカントウタンポポと外来種であるセイヨウタンポポはこの総ほうのようすで見分けることができ，カントウタンポポは総ほうが上向きに閉じていて，セイヨウタンポポは総ほうがそり返って開いている。よって，図１はセイヨウタンポポとわかる。また，カントウタンポポは春にしか開花しないが，セイヨウタンポポは主に春から秋まで開花する。

問２　春の池にうようよ泳いでいる黒くて小さな生き物とは，カエルの幼生のオタマジャクシと考えられる。よって，(イ)または(ウ)が考えられるが，(イ)のヒキガエルが産む卵のかたまりは細長いひも状で，(ウ)のアマガエルが産む卵はこんもりとしたかたまりになっているので，ここでは(イ)が選べる。

問３　カブトムシは，成長の途中《とちゅう》にさなぎの時期があり，成虫はふつう夏にのみ現れ，幼虫のすがたで冬をこす。これらの条件に見合うのは(エ)である。

問４　クマは，秋になると冬ごもりの準備のためにさまざまなものを大量に食べ，特にドングリ(ブナの仲間の実)をよく食べる。そのため，山中にドングリが少ないと，エサを求めて人里におりてくることがある。

問５　この黄色い花は，春に畑でたくさん栽培《さいばい》していることから，アブラナ(菜の花)と考えられる。葉や花のつぼみなどが食用となるほか，種子からは油がとれる。アブラナの仲間の花は，４枚の花びらと６本のおしべ，１本のめしべからなる。

2 落下する物体の速さについての問題

問１ 真上に投げ上げられた物体の速さは１秒ごとに秒速9.8mずつ遅《おそ》くなるので，ボールを真上に秒速9.8mで投げ上げると，１秒後には秒速，9.8－9.8＝０（m）になり，頂点に達する。したがって，(エ)のグラフが適切である。

問２ 真上に物体を投げ上げると，時間がたつほど速さが遅くなるので，投げ上げてから０秒後から１秒後までの１秒間に進む距離《きょり》の方が，１秒後から２秒後までの１秒間に進む距離よりも長くなる。

問３ 投げ上げてから２秒後の速さが秒速０mだから，１秒後の速さは秒速，０＋9.8＝9.8（m），０秒後の速さは秒速，9.8＋9.8＝19.6（m）とわかる。

問４ たとえば，秒速9.8mで投げ上げた場合について考えると，問１より，地球上では１秒後に頂点に達する。それに対して，月面上では，真上に投げ上げられた物体は１秒ごとに秒速1.6mずつ遅くなるため，9.8÷1.6＝6.125（秒後）に秒速０mになり，頂点に達する。したがって，6.125÷１＝6.125より，約6.1倍と求められる。

問５ 地球の重さを１とすると，火星は約0.11，水星は約0.055，木星は約318，金星は約0.82，土星は約95である。木星や土星は地球に比べてはるかに大きく重い。

3 物質，地球についての問題

問１ 燃料1000cm^3を燃やすために必要な酸素の体積は，1000×6.5＝6500（cm^3）で，空気中にふくまれる酸素は20％なので，必要な空気の体積は，6500÷0.2＝32500（cm^3）である。これは，1m^3＝1000000cm^3より，32500÷1000000＝0.0325（m^3）である。

問２ 物質には固体，液体，気体の３つのすがたがあり，ふつう気体の温度を下げると液体に変化する。K君は，ボンベの中の温度が低いため，燃料が気体ではなく液体になっているのではないかと考えた。

問３ 一般《いっぱん》的に，圧力が高くなるほど，ふっとうする温度が高くなる。これは，気体が液体の外に出にくくなるからだと考えられている。なお，逆の現象として，高い山の頂上などの気圧が低いところでは，水がふっとうする温度が低くなる現象などがあげられる。

問４ お酢《す》に鉄を入れておくと，鉄とうすい塩酸が反応するときのように，水素が発生する。

問５ １月は日本では冬であり，このころは，日本の西の大陸上に大きな高気圧，東の海上に大きな低気圧がある西高東低の気圧配置になりやすい。このとき天気図では日本付近に等圧線が南北に何本もかかり，日本海側の地域では降雪が強まり，太平洋側の地域では乾燥《かんそう》した晴天となりやすい。

問６ 冬の大三角は，おおいぬ座のシリウス，オリオン座のベテルギウス，こいぬ座のプロキオンの３つの１等星を結んでできる。リゲルはオリオン座のもう１つの１等星であるが，冬の大三角をつくる星ではない。

国語 ＜第１回試験＞（50分）＜満点：100点＞

解答

一 **問１** 下記を参照のこと。　**問２** ① (ウ)　⑦ (オ)　**問３** (イ)　**問４** A (エ)

B (ウ)　問５ (イ)　問６ (ウ)　問７ (エ)　問８ (1) (イ)　(2) (エ)　(3) (ケ)　(4) (サ)　問９ C (ウ)　D (オ)　E (ア)　問10 (1) (ア)　(2) (オ)　(3) (キ)　(4) (シ)　問11 a (カ)　b (コ)　c (ケ)　d (シ)　e (キ)　f (サ)　g (オ)　h (エ)　i (ク)　j (ウ)　**二** 問１ (ア)　問２ (ウ)　問３ (1) (イ)　(2) (エ)　(3) (ク)　問４ い　問５ (1) (ア)　(2) (カ)　(3) (キ)　(4) (コ)　問６ (イ)　問７ A (キ)　B (ウ)　C (カ)　問８ (エ)→(イ)→(ア)→(ウ)　問９ a 自己主張　b 対面交渉　c 訳のわからない独り言　問10 a (ウ)　b (ア)　c (エ)　問11 a (ウ)　b (イ)　c (ア)　d (エ)　e (カ)

●漢字の書き取り

一 問１　ⓐ 察知　ⓑ 幹部　ⓒ 奇異　ⓓ 招(いた)　ⓔ 皮肉

解説

一 **出典は鷺沢《さぎさわ》萠《めぐむ》の『海の鳥・空の魚』所収の「涼風」による。**知り合いに誘《さそ》われ町工場で働き始めた茂夫《しげお》が，そこで感じた妙《みょう》な居心地良さについて思い巡《めぐ》らす場面である。

問１　ⓐ 推測して知ること。気づくこと。　ⓑ 組織内で，組織運営の意思決定に参画するなどの権限を持つ人物。　ⓒ 普通《ふつう》と異なるようす。　ⓓ 音読みは「ショウ」で，「招待」などの熟語がある。　ⓔ 遠まわしに意地悪く相手を非難すること。

問２　① 「自暴自棄《じき》」と似た意味の言葉には，「なげやり」などがある。　⑦ 「水に合わない」と似た意味の言葉には，「相性《あいしょう》が悪い」などがある。

問３　勤務先の「編集プロダクション」が潰《つぶ》れ，失業してしまった茂夫が「自暴自棄になっていた」ことをおさえる。「学生のころから編集の仕事をしたい」と思っていた茂夫にとって，「小さな旋盤《せんばん》工場」で「トラックの運転手として」働くことは，自身の理想とはかけ離《はな》れたものだったのだから，(イ)が選べる。

問４　A　トラックの運転手として長く勤める気などなかったのに，つい「半年を過ごしてしまった」という文脈なので，けじめなく続けるようすの「ずるずる」が合う。　B　「困ったような顔」をした吉沢さんから呼ばれ，「どきり」とした茂夫は，おそるおそる「何か……」と言っている。よって，ためらうようすの「おずおず」が良い。

問５　少し前に，「自分とは全く違《ちが》う世界のような気がするのに，切り子だらけの洗油臭《くさ》い工場は妙に居心地が良いのだった」とあることをおさえる。ここにいると「自分の人生がどんどんおかしな方向へ向かっていってしまうよう」な気がしていたものの，居心地の良さからつい「毎朝定刻に工場へ出勤」してしまっていた茂夫は，このまま工場で働き続けることに違和《いわ》感を覚えなくなってしまうであろう自分自身に「焦《あせ》り」を感じたものと想像できるので，(イ)がふさわしい。

問６　吉沢さんは，大学まで出ている茂夫が工場を「いずれ辞《や》める心算《つもり》」でいるならば，長く仕事を続けてくれる人材を確保するために求人をはじめたいが，「黙《だま》って」ことを進めれば気分を害してしまうだろうと思い，まずは茂夫の意志を確認《かくにん》しようとしているのである。人事に関する話は，当人の人生を大きく左右するものでとても切り出しづらいため，吉沢さんは「困ったような顔」をしながら茂夫を呼び出したのだろうと考えられる。

問７　工場という「世界の根っからの住人ではない茂夫にとって」は，得意先からの皮肉など「痛

くも痒《かゆ》くも」なかった。だから，吉沢さんから「イヤな顔ひとつ」せず「よくやってくれてる」と感謝されても，そもそもそうした人たちとはまともに向き合ってなどいなかったのだから，意図せざる評価を受けていたことに茂夫は素直《すなお》に喜ぶことができず，「あと味」の悪さを感じたのである。

問８　⑴　茂夫は「長く勤める気」のない町工場で，自分を「根っからの住人ではない」と考えている。具体的には，みんなが工場長を「オヤジ」と呼ぶのに違和感を覚え，ひとりだけ「吉沢さん」と呼ぶなど，周囲と距離《きょり》を置いているのだから，(イ)が合う。　⑵　吉沢さんが茂夫に対し，「坊《ぼっ》ちゃんは大学も出てるし，いつまでもこんな工場《とこ》にいる気はないだろ」と言ったように，自分たちとは生きている世界が違うとの認識が，どこか距離を感じさせる「坊ちゃん」という呼び名に表れているものと推測できる。よって，(エ)が良い。　⑶　ぼう線⑤の少し後で，茂夫は常に「競争心」を持つことを要求されてきた生活から「いっとき休まされた」点に，工場の居心地の良さを感じているので，(ケ)が選べる。　⑷「競争」もなく，居心地の良い「小さな旋盤工場」で，吉沢さんや旋盤工たちが寄り集まって生活しているようすを，茂夫は「巣」と表現しているので，(サ)が合う。なお，居心地は良くとも，自分とは住む「世界」が全く違うのであって，やがてここから巣立って(出て)行かなくてはならない仮の住まいという意味で，「巣だな……」とつぶやいたとも解釈《かいしゃく》できる。

問９　**C**　狭《せま》くてトラック同士のすれ違いは難しく「どちらかが～バックしなければならない」ような道なので，秋庭《あきば》に「バックするか」と確認する(ウ)が合う。　**D**　秋庭からバックする「ヒマがあるかよ」と言われたことへの返答だから，「じゃあどうする」とある(オ)がよい。　**E**「このまま突《つ》っこめ」と言われてもすれ違うのは難しかったのだから，茂夫は「無理だよ，秋庭……」と答えたものと想像できる。よって，(ア)が選べる。

問10　⑴　すれ違うのが困難な状況《じょうきょう》だから，判断として適切なのは「どちらかが道をゆずって事故を避《さ》ける」ことである。　⑵　納品まであと「十分」という状況の中，狭い道に突っこんできた相手のトラックを見た茂夫は，おそらく向こうも「自分たちと同じ」なのだろうと察したものと考えられる。　⑶　秋庭が突っこめと言ったのは納品まであと「十分」だからである。よって，優先したのは「顧客《こきゃく》に指定された時間を守ること」だとわかる。　⑷「接触《せっしょく》事故」を起こしていながら，「あちらのトラックの運転手と秋庭」は片手拝みで済《す》ませている。そのあっけらかんとした無造作なやり方に茂夫の常識は「覆《くつがえ》され」，思わず笑ってしまったのだから，(シ)が合う。

問11　みんなが工場長を「オヤジ」と呼ぶのを「奇異」に感じた茂夫はひとり，「吉沢さん」と呼んでいた。しかし，問10でみた「接触事故」の一件で，自分が持っていたこれまでの常識から解放された茂夫は，工場の居心地良さの秘密を理解し，吉沢さんを「オヤジ」と呼びたくなった，という心情の移り変わりをおさえる。　**a**　工場に来たときの心情が入る。前の会社が潰れ，何もしないよりはいいという程度の動機だったので，「軽い気持ち」が合う。　**b**　ほかの工員が工場長を「オヤジ」と呼ぶのを「奇異」に感じているので，「強い違和感」である。　**c**　長く勤めるつもりはなかったのに居心地の良さを感じた茂夫は，工場へ「毎朝定刻」に出勤している。　**d**　吉沢さんから「よくやってくれてる」とほめられた場面に，茂夫の思いが描《えが》かれている。自分は「所詮《しょせん》この世界の根っからの住人ではない」と認識しているので，「よそもの」が合う。　**e**　吉沢さんから「これから」のことを聞かれた後，茂夫は「工場で過ごした半年間」を「人生の休《きゅう》暇《か》」と考えることにしている。　**f**　茂夫は工場に長く居るつもりはないと思う一方，居心地の

良さを感じ，辞めるとなると「虚《むな》し」くなるなど，「新たな感情」が生まれつつある。　**g**　茂夫が工場を「巣」にたとえると，秋庭は「わっかンねえなア」と答えている。　**h**　工場の「水に合わねえよな，あんたは」と秋庭に言われた茂夫は，内心では工場での生活を「心地良い」ものと思っている。　**i**　接触事故なのに，双方「片手拝み」で済ませている。　**j**　間に合わせようとしているのは「納品」の時間だから，「約束の時間」が入る。

二　**出典は熊谷晋一郎《くまがやしんいちろう》の『シリーズケアをひらく　リハビリの夜』による。**車いす生活を続けてきた筆者が，身体の内外の協応構造，それに生じる「隙間《すきま》」について，排泄《はいせつ》を例に説明している。

問１　トカゲやイモリは「確固とした彼《かれ》らなりの動き」を持ち，「外部環境《かんきょう》と強固に協応構造を保っている」，つまり，環境の変化に対応できる「運動機能」を備えているため，彼らの生活は不自由に見えないのだと筆者は述べている。よって，(ア)が合う。

問２　前後で，人間はほかの動物に比べ「外界に対して不適応な状態」で生まれるが，それがあるからこそ「周囲とどのような関係を取り結べるかの選択《せんたく》自由度が高い」と述べられている。つまり，生まれ落ちてすぐに環境に適応できる動物とは違い，人間は「不適応期間」が長い分，「世界との関係の取り結び方」を「多様に分化」させるのだから，(ウ)がふさわしい。

問３　(1)　身体の安定した状態を乱すのが「隙間」だから，「身体内協応構造の中に生じた隙間」にあたるのは，ここでは「ぼうこうがいっぱいになること」である。　(2)　「ぼうこうがいっぱい」だという身体からのメッセージを感受し，「尿意《にょうい》をもよおし」た状態がここでの「生理的欲求」にあたる。この「もよおす」は，“引き起こす”という意味。　(3)　「トイレ以外の場所では排泄を行いません」という社会での「排泄ルール」を成長段階で身につけるにしたがって，「生理的欲求に応えられない場合」が生じ，人間は「隙間」と向き合う期間が長くなると述べられている。

問４　もどす文では，「生理的欲求」と「排泄ルール」とのせめぎ合いについて述べられている。**【い】**に入れると，人間は「排泄のルール」を学ぶことで，すぐには生理的欲求に応えられない，いわば「おあずけ期間」と向き合うようになるという話を受ける形になり，文意が通る。

問５　人間は，自分と人，自分とモノ，自分と自身の身体などの間に生じる「つながれなさ」を埋《う》めようと，「他の人とつながるため」の言葉をつむぐのであり，「外界にあるモノや自己身体との対話や手探《てさぐ》り」を通じ，「対象のイメージ」を分節化していく。そのため，筆者は「身体内」と「身体外」のいずれにしろ，協応構造が結ばれていない状態を「未発達とか不適応」ではなく，世界や自己を「表象」する源だと考えている，ということをおさえる。　(1)　少し後で，「身体を構成するさまざまなパーツ」の「動きや情報の流れ」が，「身体内協応構造を形作る」と述べられているので，(ア)が選べる。　(2)　問１でみたように，トカゲやイモリは環境の変化に対応できる「運動機能」を備えている，すなわち「外部環境と強固に協応構造を保っている」のだから，(カ)がよい。　(3)　協応構造が結ばれていないときこそ，それを埋めようと「他の人とつながるための言葉」をつむぎ，「対象のイメージ」を分節化するのだから，(キ)が合う。　(4)　(キ)の内容を受けて，「つまり」と述べられていることをおさえる。言葉で世界とのかかわり方を模索《もさく》し，つながり方を発見するとは，要するに「新たな『協応構造』」を生むということになるので，(コ)が選べる。

問６　失禁が「誰《だれ》にも（便器にも）拾われ」ないとは，社会的には誰にも受容されず，物理的には便器から外れることを言っているので，(イ)が合う。「空を切る」は，行いのあてが外れること，失敗すること。

問7　**A**　筆者は，自宅外での排泄規範《きはん》から脱線《だっせん》しないためには「厳しい条件が必要」だと述べたうえで，車いすでトイレへ至る行程に段差がないことや，介助者の存在が不可欠であることなどをあげているので，具体的な例をあげるときに用いる「たとえば」が入る。　**B**　排泄規範から脱線しないためには条件がいろいろ必要だが，「すべてそろう」可能性は非常に低いという文脈なので，前のことがらを受けて，それに反する内容を述べるときに用いる「しかし」が合う。　**C**　筆者は，多くの人よりも「失禁に至る可能性が相対的に高」いので，「腸《ちょう》の蠕動《ぜんどう》運動や便意」を感受すると「反射的にそれを押さえ込もうとする習慣を持ってしまっ」たというつながりなので，前の内容を原因・理由として，後にその結果をつなげるときに用いる「それゆえ」が入る。

問8　便意が声をかけてくることに対し，最初は気づかないふりをするものの，しばらくするとさらに強い調子で絡《から》んでくると直前に書かれていることをおさえる。この「繰《く》り返し」により，徐々《じょじょ》に便意が強まり，やがて「無視が通らなくなってくる」のだから，(エ)が最初に来る。無視できなくなった筆者は，ようやく「奴《やつ》のほうを向」き，「じっとり汗《あせ》をかきながら，穏《おだ》やかな説得にかか」り，「今朝トイレにはちゃんと行ったはず～何かの間違いじゃないの？」と伝えたものと想像できるので，(イ)→(ア)→(ウ)とつなげると文意が通る。

問9　「便意」に襲《おそ》われたときの筆者のようすが「悲喜こもごも」と表現されている。「悲喜こもごも」は，喜びと悲しみが一度に，または交互《こうご》に訪《おとず》れるさま。　**a**　擬人《ぎじん》化した便意を，筆者は腸の「自己主張」と言っている。　**b**　うまくトイレでの排泄に進めないとき，「腸」と筆者は「対面交渉《こうしょう》」を始めると，少し前に書かれている。　**c**　友人から見れば，腸と交渉する筆者は「訳のわからない独り言」をつぶやいているようだと直後に書かれている。

問10　直前の三つの段落で，失禁の結果，腸は通常の状態に戻《もど》るが，外部と筆者の関係は乱れると説明されていることをおさえる。　**a**　「腹痛」については，本文で「生理的な苦痛」と表現されているので「身体的苦痛」が合う。　**b**　失禁の後，「腸」が安定に向かうことを，「一つの身体に戻っていくプロセス」と表現している。失禁後，腸は「身体の一部」として安定するのである。　**c**　失禁については，本文で「外界からはぐれる体験」と表現されている。つまり，失禁した筆者を疎外《そがい》する社会は「相対する他者」になる。

問11　「退廃《たいはい》的」は，健全な規範から外れたようすを表し，「恍惚《こうこつ》」は，快感に心身をまかせるさまをいう。直前の二つの段落で，筆者は失禁，つまり排泄規範から脱線することで「疎外感」や「敗北感」が生じる一方，「力強くそこに存在し続ける地面や空気や太陽や内臓へと開かれていく開放感」もあると述べている。　**a**　問4でみたように，人間は「排泄のルール」を学ぶことで，「生理的欲求を我慢《がまん》するようになる」が，筆者はこれを「おあずけ期間」と表現している。　**b**　失禁の経験を重ねてきた筆者は，その「社会規範からの脱線」について自嘲《じちょう》気味に語っているので，(イ)が選べる。　**c**　街で失禁すれば，道行く人々は筆者に距離をとる。筆者の側から見れば「外界から筆者がはぐれる」体験だといえる。　**d**　失禁後に気づくのは，「地面」・「空気」などの外なる自然，「内臓」などの内なる自然と，身体との関係である。本文では，身体を自然が「下から支え，息をすることを許し，上から照らす」と説明されているので，「下から支え，上から照らしている」が入る。　**e**　失禁後の恍惚は，外なる自然，内なる自然につながっていく開放(解放)感なので，「自身が世界に開かれてつながっていく」心地良さだといえる。

2021年度　中央大学附属中学校

〔電　話〕（042）381－７６５１
〔所在地〕〒184-8575　東京都小金井市貫井北町３－22－１
〔交　通〕JR中央線－「武蔵小金井駅」北口より徒歩18分

【算　数】〈第２回試験〉（50分）〈満点：100点〉

〈注意〉１．コンパスと定規を使ってはいけません。
　　　　２．円周率は，3.14を用いなさい。

1　次の問いに答えなさい。

(1)　$36\div\frac{2}{9}\times15\div\frac{4}{3}-\left\{6-\left(\frac{5}{6}-\frac{1}{3}\right)\right\}$を計算しなさい。

(2)　次の$\square$にあてはまる数を答えなさい。

$$1\frac{2}{3}\times1\frac{4}{5}-\left(\frac{5}{6}-\square\right)\div0.5=2\frac{5}{6}$$

(3)　１時から２時の間で，長針と短針の間の角度が58°になるのは，１時何分ですか。

(4)　１から2021までの整数の中で，８でも12でも割り切れない整数はいくつありますか。

(5)　仕入れ値が600円の品物にいくらかの利益を見込んで定価をつけました。この品物は，定価で10個，定価の10％引きで25個，定価の20％引きで20個売れましたが，５個売れ残りました。利益が4740円のとき，定価はいくらですか。

(6)　右の図のように，頂角が36°の２つの二等辺三角形を重ねました。角xは何度ですか。

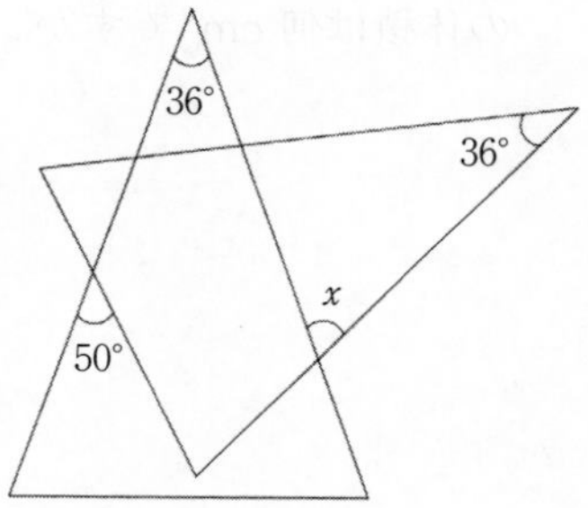

2　時速40kmで走っている上り電車が長さ720mのトンネルに完全に隠《かく》れている時間は54秒でした。また，上り電車が長さ110mの下り電車とすれ違《ちが》うのに10秒かかりました。

(1)　上り電車の長さは何mですか。

(2)　下り電車の速さは時速何kmですか。

3　図のように，１辺10cmの正方形の内側で，縦４cm，横６cmの長方形をすべらないように回転させ，元の位置にもどるまで動かしました。次の問いに答えなさい。ただし，円周率は3.14とします。

(1)　点Pが動いたあとの長さは何cmですか。

(2)　点Pが動いたあとで囲まれた部分の面積は何cm^2ですか。

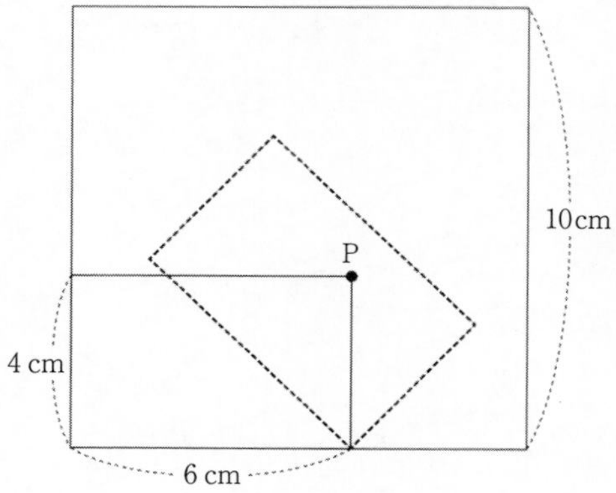

4　次のように，ある規則にしたがって数がならんでいます。

１，２，１，３，２，１，４，３，２，１，５，４，３，２，１，６，……

(1)　10回目の１は，はじめから数えて何番目ですか。

(2)　はじめから数えて100番目の数はいくつですか。

(3)　20回目の20から21回目の20までの和はいくつですか。

5　図のような，１辺が24cmの正方形を点線で折り曲げて三角すいをつくりました。

(1)　三角形AMNの面積は何cm^2ですか。

(2)　三角すいの体積は何cm^3ですか。

(3)　三角形AMNを底面としたときの三角すいの高さは何cmですか。

(4)　AM，AN，MCの真ん中の点をそれぞれP，Q，Rとします。３点P，Q，Rを通る平面で三角すいを切ったとき，点Aをふくむ立体の体積は何cm^3ですか。

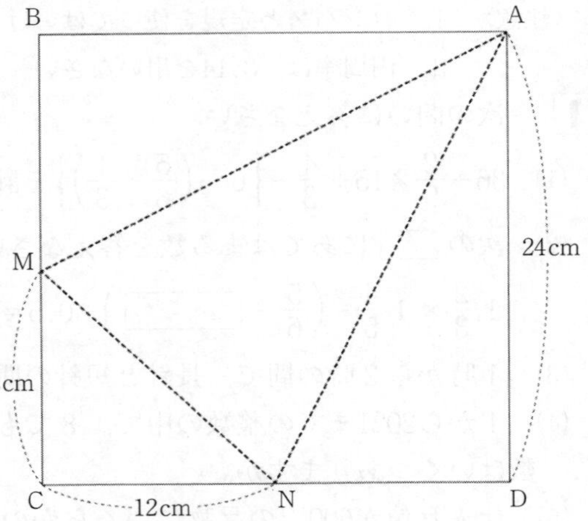

【社　会】〈第２回試験〉（30分）〈満点：60点〉

Ⅰ　次の文章を読み，あとの問いに答えなさい。

ここは中央大学附属中学校・高等学校前の古書店「小金井湧泉堂《ゆうせんどう》」。店主の静《しずか》おじさんは，近くに住む中附中１年生中太君のお母さんの伯父《おじ》さんにあたります。中太君は，お母さんに託《たく》された晩御飯《ばんごはん》を持って湧泉堂へやって来ました。

中太：こんにちは，静おじさん。外出を控《ひか》えていたから，会えてうれしいよ。

静　：久々じゃな。わしもうれしいぞ。楽しみにしていたわい。

中太：晩御飯を持ってきたよ！

静　：おっ，どんなメニューかな？

中太：今日は(1)**そば**とてんぷらだよ。

静　：わしの大好物じゃ。上野恩賜公園《うえのおんしこうえん》の近くで，学生の頃《ころ》，老舗《しにせ》のそば屋さんに通ったことを思い出すのぅ。

中太：上野といえば，寛永寺や(2)**東京国立博物館**，国立西洋美術館が有名だね。

静　：そうじゃなぁ。上野の街は，関東大震災《しんさい》やアジア太平洋戦争の空襲《くうしゅう》で，焼け野原になってしまった。(3)**戦後の占領期《せんりょうき》**には闇市ができて，飴屋《あめや》やアメリカ軍の物資をあつかう店が並んだんじゃ。

中太：アメヤ横丁のことだね。

静　：そうじゃ。食料や衣類，雑貨など，なんでも売られていたから，多くの人々が押し寄せたんじゃ。いまでもその雰囲気《ふんいき》は色濃《いろこ》く残っておるぞ。

中太：上野は昔から北の玄関口《げんかんぐち》として(4)**交通**の拠点《きょてん》だったし，花見の季節の賑《にぎ》わいもすごいね。(5)**高村光雲が作った銅像**は，上野のシンボルとなっていて有名だよ。

静　：その通りじゃ。(6)**江戸幕府を開いた人物が東照大権現《とうしょうだいごんげん》として祀《まつ》られている**，上野東照宮も人気じゃな。中太は中学生になってからもよく勉強しておるのぅ。

中太：(7)**お父さんが仕事でパソコンを使って**いないあいだ，インターネットで色々調べていたんだよ。たとえばこれ！　ちょっとスマホの画面をのぞいてみて。３Ｄだから，まるで本当に博物館の中にいるみたいでしょ！

静　：おっ，この写真は，上野の東京国立博物館(トーハク)の本館の中じゃな。トーハクは，もともと(8)**明治時代**に建てられた博物館だ。スマホでこんなものが見られるとは，時代は進んでおるのぅ。

中太：写真を見るだけでどこだか分かるなんて，静おじさんもすごいよ！

静　：わしはトーハクの「友の会」会員じゃからな。常設展は何度も通って見ておるんじゃ。よし，そのまま本館の２階に進めるかな？　奥《おく》に行くと，源頼朝の像と伝わる彫刻《ちょうこく》もあるぞ。

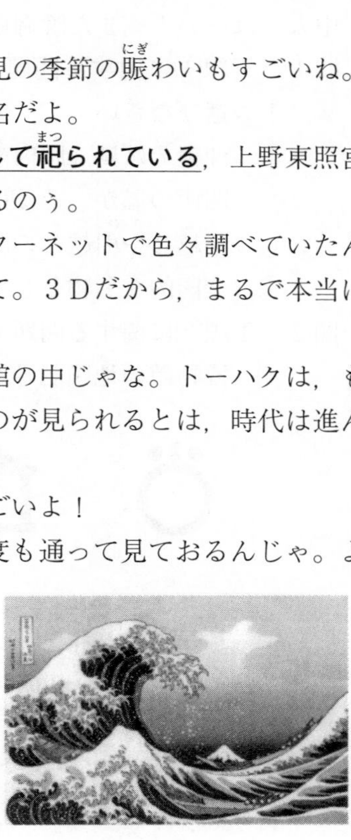

中太：頼朝像がある場所まで覚えているなんて……。

静　：(9)**絵画や絵巻物などの美術品**だって，あふれるほど収められているぞ。なにしろ収蔵品《しゅうぞうひん》は，全部で10万点を超《こ》えるんじゃ。

中太：すごい規模だね。僕は，江戸時代の浮世絵がお気に入りだな。(10)**富士山**をテーマとした葛飾北斎『富嶽三十六景』もあったはずだよね？

静　：それなら海外の美術館にもあるぞ。

中太：えっ？　日本の作品なのにどうして海外にもあるのかな？

静　：江戸時代に日本から輸出された陶磁器を包む紙として，浮世絵が使われていたことは知っておるかな。フランスでその美しさに注目した人たちが現れ，(11)**浮世絵を美術品として買い求める**ことがブームとなったんじゃ。

中太：びっくり。そんなきっかけだったとは！

静　：明治に入ってからも，日本の美術はますます注目されたぞ。多くの外国人が，浮世絵にかぎらず，美術品を自国に持ち帰ったんじゃ。それらがいま，各国の美術館に収められているというわけじゃ。

中太：包み紙だった浮世絵に，そこまでの価値が出るなんて驚《おどろ》きだね。(12)**貿易**と文化がこんなふうにつながるなんて面白い。やっぱり博物館や美術館に足を運んで，実物を見たくなっちゃうなぁ。

静　：そうじゃの。新型コロナウイルスの影響《えいきょう》で，昨年から博物館・美術館への来場者はかなり減ってしまっておるからなぁ。だからこそ，東京国立博物館のようにネットサービスを活用し，(13)**文化財を通じて，教育活動や文化的な交流を続けていくことは重要じゃ**。

中太：あらためて博物館や美術館のありがたみを感じるね。将来，僕が選挙で当選して国会議員になる夢がかなったら，美術品や文化遺産をたくさん保護できるよう，(14)**国会**で活躍《かつやく》するね。

静　：良い心がけじゃ。その調子で中附中でいろんなことを学ぶんじゃぞ。

中太：はーい！　また晩御飯を持ってくるね。

問１．下線(1)に関する問題です。そばに関する説明として，ふさわしいものを次の①～④から１つ選びなさい。

① 沖縄そばは，豚肉や紅生姜《べにしょうが》などの具材を十割《じゅうわり》そばに添《そ》えたものである。

② 関西の温かいそばは，関東のものよりもつゆの色が濃《こ》いことが多い。

③ 年越《としこ》しや引越《ひっこ》しの時にそばを食べる風習は，江戸時代から始まった。

④ 全国的な名物として，長野県の信州そばや三重県の出雲そばなどがある。

問２．下線(2)に関する問題です。次の(イ)(ロ)の問いに答えなさい。

(イ) 博物館の地図記号として，正しいものを次の①～④から１つ選びなさい。

① 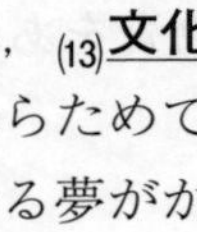

② 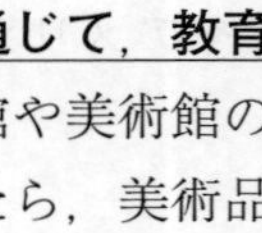

③ 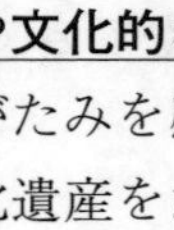

④ 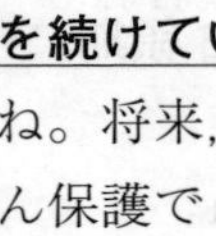

(ロ)　右の写真は，東京国立博物館が収蔵《しゅうぞう》する，飛鳥時代の仏像です。飛鳥時代について述べた文のうち，正しいものを次の①～④から１つ選びなさい。

①　推古天皇が亡《な》くなると，次の皇位をめぐって，弟の大海人皇子と息子の大友皇子が争った。

②　百済の復興を助けるため，中大兄皇子は朝鮮半島に軍を送ったが，唐と高句麗の連合軍に敗れた。

③　大化の改新のなかで新しい政治の方針が示され，はじめて全国的な戸籍をつくることが目指された。

④　蘇我氏を滅ぼして実権を握《にぎ》った物部守屋が，摂政の地位にあった聖徳太子とともに政治をおこなった。

問３．下線(3)に関する問題です。戦後の占領期の出来事について述べた文として，**誤っているもの**を次の①～④から１つ選びなさい。

①　農地改革によって地主の権利が大幅《おおはば》に縮小され，自作農は小作農にあらためられて，農村の民主化が進んだ。

②　労働者に団結する権利や団体交渉をする権利が認められ，働く人々の地位が大きく向上した。

③　教育の機会均等や男女共学の方針が示されるとともに，義務教育の期間が中学校までの９年間に延長された。

④　戦後初の衆議院議員選挙では，女性にはじめて投票の権利が認められ，満20歳以上のすべての男女が選挙権を得ることになった。

問４．下線(4)に関する問題です。次の表は，国内における旅客輸送の割合の変化を示したもので，空らん(あ)～(え)には，鉄道・自動車(自家用車などを含《ふく》む)・航空機・船のいずれかが入ります。この表について述べた文として，正しいものを下の①～④から１つ選びなさい。

日本の旅客輸送の割合の変化(%)

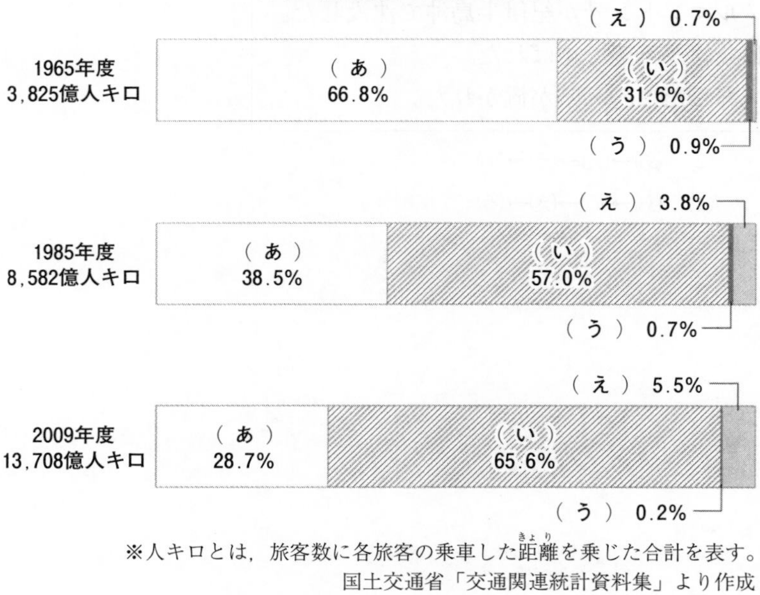

※人キロとは，旅客数に各旅客の乗車した距離《きょり》を乗じた合計を表す。

国土交通省「交通関連統計資料集」より作成

① 鉄道を示すのは(あ)で，1960年代後半に郵便事業と国鉄が民営化された行政改革をきっかけに，割合の低下がつづいている。

② 自動車を示すのは(い)で，高度経済成長のもと自家用車が広まり，戸口《とぐち》から戸口へと移動できる便利さから，割合が増加しつづけている。

③ 航空機を示すのは(う)で，オイルショックによる原油価格の上昇《じょうしょう》によって航空運賃が高くなったことから，割合が低くとどまっている。

④ 船を示すのは(え)で，1970年代のレジャーブームをきっかけに，豪華《ごうか》客船による旅が広まったことから，割合が増加している。

問５．下線(5)に関する問題です。この銅像(右の写真)の人物の名前を**漢字４字で**答えなさい。

問６．下線(6)に関する問題です。この人物は，栃木県の日光東照宮に祀《まつ》られていることでも知られます。この人物が行ったこととして，正しいものを次の①～④から１つ選びなさい。

① 島原・天草で起こった一揆をしずめるため，幕府から大軍を送った。

② 湯島に孔子を祀る聖堂を建てて，儒学を重んじる政治をおこなった。

③ 公事方御定書を定めて，明確な基準で裁判がおこなわれるようにした。

④ 大名や大商人に朱印状を与《あた》えて，海外との貿易を管理した。

問７．下線(7)に関する問題です。中太君のお父さんは，インターネットを利用して，会社がある場所から離《はな》れて自宅で仕事をしています。このような働き方を何と呼びますか。**カタカナで**答えなさい。

問８．下線(8)に関する問題です。明治時代の出来事について述べた次の文(あ)～(え)を，**時代の古いものから並べた順**として正しいものを，下の①～④から１つ選びなさい。

(あ) 板垣退助らが民撰議院設立建白書を政府に提出した。
(い) イギリス船のノルマントン号が紀伊半島沖で沈没《ちんぼつ》した。
(う) 日清戦争の講和条約が下関で結ばれた。
(え) 藩が廃止《はいし》され，あらたに府・県が置かれた。

① (え)→(い)→(う)→(あ)　　② (あ)→(え)→(う)→(い)
③ (え)→(あ)→(い)→(う)　　④ (あ)→(い)→(え)→(う)

問9．下線⑼に関する問題です。右の作品は，東京国立博物館に収められている美術品です。この作品が描《えが》かれた時代の出来事として，ふさわしいものを次の①～④から1つ選びなさい。

① 山名氏と細川氏との対立に，将軍の後《あと》継《つ》ぎをめぐる争いが結びつき，京都で大きな戦いが起こった。

② 元(モンゴル)は高麗を支配したのち，九州北部の博多湾に上陸し，御家人たちがこれを迎《むか》え撃《う》った。

③ 征夷大将軍に任命された坂上田村麻呂は，蝦夷を平定するために，東北地方へと派遣《はけん》された。

④ 関東地方に勢力を広げた平将門は，新皇を名乗って，朝廷に対して反乱を起こした。

問10．下線⑽に関する問題です。富士山が位置している県について述べた文として，正しいものを次の①～④から1つ選びなさい。

① 温暖な気候を利用して，みかん，はっさく，梅，柿などの生産量は，全国有数となっている。

② 野菜や茶などの生産がさかんで，豚や肉用牛を中心とした畜産の生産額は，農業産出額のうち約6割をしめている。

③ カツオ，キハダマグロの漁獲《ぎょかく》量は全国でも有数であり，ウナギの養殖《ようしょく》や，湧《わ》き水を利用したニジマスの養殖などもさかんである。

④ 高冷地を利用した野菜の栽培《さいばい》がさかんで，レタス，セロリ，エリンギなどの生産量は全国有数となっている。

問11．下線⑾に関する問題です。右の油絵『タンギー爺《じい》さん』は，浮世絵から大きな影響を受け，浮世絵のコレクターであったことでも知られる海外の画家が描きました。この画家の名前として，正しいものを次の①～④から1つ選びなさい。

① モネ

② ゴッホ

③ ピカソ

④ バンクシー

問12．下線⑿に関する問題です。次の表は，日本のおもな輸入相手国と貿易額を示したものです。空らん(い)にあてはまる国名を答えなさい。

日本の輸入相手国と貿易額(2019年)

順位	国名	貿易額
1位	(あ)	184,537億円
2位	(い)	86,402億円
3位	(う)	49,576億円

財務省「貿易統計」より作成

問13. 下線⒀に関する問題です。教育，科学，文化の協力と交流を通じて，世界の平和と安全に貢献《こうけん》することを目的とした国際連合の専門機関として，正しいものを次の①～④から１つ選びなさい。

① UNESCO　② WHO　③ UNHCR　④ WFP

問14. 下線⒁に関する問題です。国会について述べた次の文(あ)・(い)の内容について，正・誤の組み合わせとしてふさわしいものを，下の①～④から１つ選びなさい。

(あ) 衆議院の解散による総選挙のあと30日以内に開かれ，内閣総理大臣の指名を行う国会を臨時国会と呼ぶ。
(い) 衆議院で可決され，参議院で否決された法律案は，衆議院で出席議員の過半数以上の賛成で再び可決されれば，成立する。

① (あ) 正 (い) 正　② (あ) 正 (い) 誤
③ (あ) 誤 (い) 正　④ (あ) 誤 (い) 誤

Ⅱ　あきこさん，せいいちくん，みどりさんの３人は「いつか行ってみたい島」をテーマに自由研究をまとめ，発表しました。３人の発表を読んで，以下の問いに答えなさい。

あきこさん

わたしは太鼓《たいこ》芸能集団「鼓童《こどう》」の演奏をテレビで見て，「鼓童」が活動する(1)**佐渡島**に興味を持ちました。「鼓童」は日本各地に残る民俗《みんぞく》芸能を地元の方に教えてもらい，それらを佐渡に持ち帰って作品を作っているそうです。調べているうちに，古くから佐渡では，さまざまな文化が栄えていたことがわかりました。

中世には，承久の乱で敗れた順徳上皇や，能を大成した(2)**世阿弥**などが佐渡に流されました。近世になると，佐渡は(3)**江戸幕府**が直接支配するようになり，(4)**江戸からやってきた奉行たち**は能楽師をよび込《こ》むようになったそうです。このように京都の「貴族文化」や江戸の「武家文化」の影響《えいきょう》からか，いまの佐渡には日本の能舞台の３分の１にあたる，30あまりの舞台《ぶたい》が残っているそうです。さらに佐渡の文化には，北前船に乗った商人や船乗りたちが日本各地から運んできた，人形芝居《しばい》やハイヤ節《ぶし》，花笠踊《おど》りなどの「町人文化」の影響も残っているそうです。

佐渡は，東京から(5)**上越新幹線**とジェットフォイルを使えば３時間半で行くことができます。わたしもぜひいつか家族で訪れてみたいと思っています。

せいいちくん

ぼくは漫画《まんが》『ワンピース』が好きなので，「日本最大の海賊《かいぞく》」である村上海賊が拠点《きょてん》にしていた因島《いんのしま》について調べました。因島は，古くは(6)**後白河上皇の荘園だったことから「院の島」**とよばれることもあったそうです。南北朝時代に入ると，村上氏は海上に関を作って通行料を集めたり，海外と交易をしたりするようになり，瀬戸内海を支配しました。ぼくは船から強引に物資を奪《うば》ったり，財宝を求めて冒険《ぼうけん》したりする人々を海賊だと思っていましたが，調べていくうちに，海賊のイメージが変わりました。

(7)**中国地方と四国地方を結ぶ(☆)海道**ができると，本州にも四国にも車で行き来できるようになりました。現在も因島には，(8)**自衛隊**の艦船《かんせん》のメンテナンスを行う大型ドッグがあり，造船のまちとして栄えています。またこのあたりの漁師さんは，みかんジュースの工場で出た皮

や搾《しぼ》りかすを(9)**養殖《ようしょく》漁業**で使うなど，海とともに生きるためにさまざまな工夫を重ねていることがわかりました。

みどりさん

わたしは自然が好きなので「東洋のガラパゴス」とよばれている奄美《あまみ》大島について調べました。奄美では13世紀頃《ごろ》まで，海や山などの豊かな自然をもとに狩猟《しゅりょう》・採集生活が行われていました。(10)**奄美を代表する料理として有名な（ ◆ ）**は，江戸時代に役人をもてなす料理として作られたものですが，当時はアマミヤマシギなどの野鳥が用いられていたそうです。

しかし近代になると，奄美の自然は急速に開発され，様々な固有種が絶滅《ぜつめつ》に追い込まれました。(11)**平成**に入ると，ゴルフ場の建設に反対する住民が，国の特別天然記念物のアマミノクロウサギなどの動物を原告とする裁判を日本ではじめて起こし，奄美の(12)**自然保護運動**は全国から注目されるようになりました。

その一方で，現在，奄美でとられた土砂が沖縄県に運ばれ，米軍基地建設の埋《う》め立て工事に使われているという記事もインターネットで見つけました。わたしは奄美が世界自然遺産に登録されることが決まったいまこそ，「海の豊かさを守ろう」「陸の豊かさも守ろう」という，国連の(13)**持続可能な開発目標**をふまえて，話し合うことが必要ではないかと感じました。

問１．下線(1)に関する問題です。次の(イ)(ロ)の問いに答えなさい。

(イ)　佐渡島には10円切手のデザインになっている鳥が生息《せいそく》しています。この鳥の名前として正しいものを，次の①～④から１つ選びなさい。

①　タンチョウ
②　コウノトリ
③　トキ
④　ライチョウ

(ロ)　次の図は，佐渡島の３Ｄ地図です（ただし高さは５倍に強調されています）。飛行機に乗って佐渡島の上空から眺《なが》めたとき，どの方向から見ると，この図のように見えますか。下の地図中の矢印の方向①～④から１つ選びなさい。

図

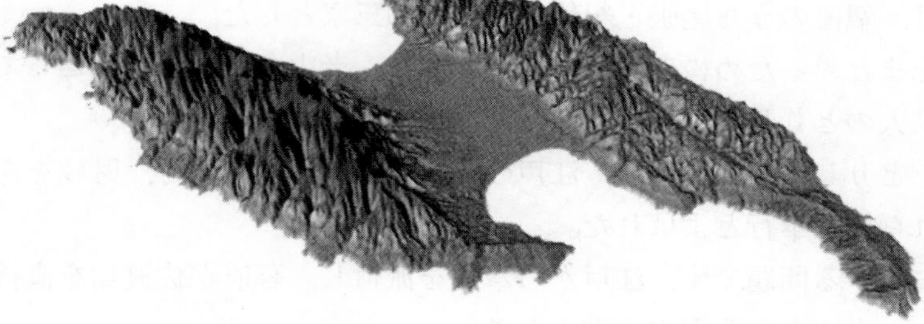

地図

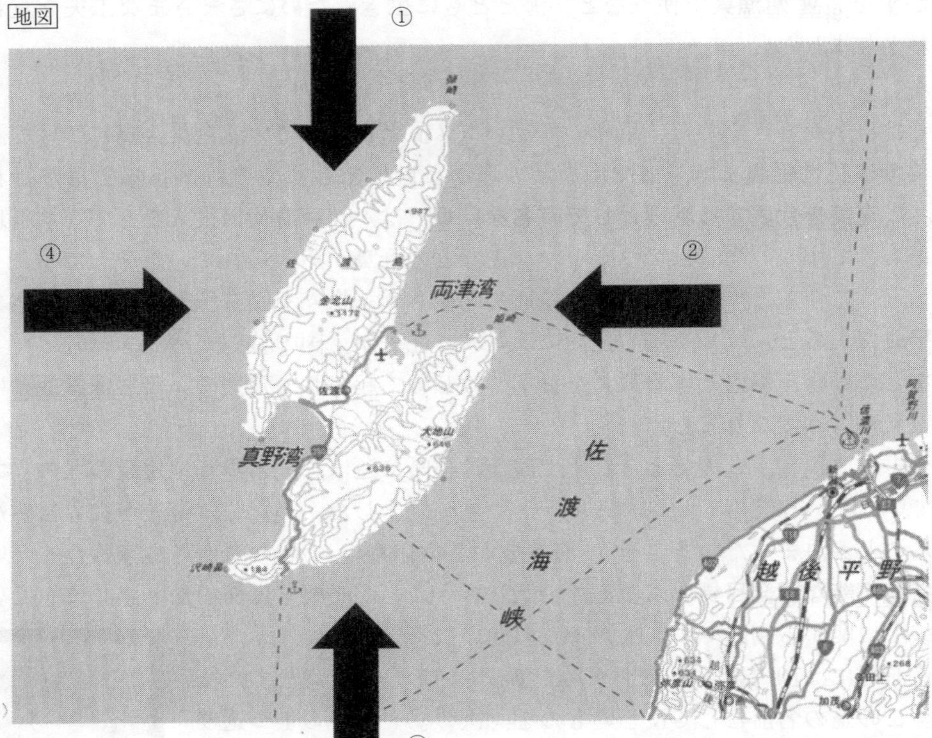

地理院地図 3D / 地理院地図より作成

問２．下線(2)に関する問題です。世阿弥の作品として正しいものを，次の①～④から１つ選びなさい。

①　『風姿花伝』　②　『方丈記』　③　『徒然草』　④　『日本永代蔵』

問３．下線(3)に関する問題です。江戸幕府のしくみについて述べた文のうち，**誤っているもの**を次の①～④から１つ選びなさい。

①　主従関係を確認させるために大名の妻子を江戸に住まわせ，大名には１年ごとに江戸と領地を行き来させるしくみが作られた。

②　大名を徳川氏の一族である親藩，古くからの家臣である譜代大名，新たに従った外様大名に分け，親藩のうち尾張・紀伊・水戸を御三家とした。

③　政治をまとめるために老中を置くとともに，老中を助ける役職として若年寄を置き，旗本・御家人のとりしまりをおこなった。

④　寺社をとりしまる寺社奉行，江戸の行政をになう勘定奉行，財政をあつかう町奉行を置き，これらは三奉行とよばれた。

問４．下線(4)に関する問題です。江戸から奉行を派遣《はけん》し，幕府が佐渡島を直接支配していたのはなぜですか。考えられる理由を書きなさい。

問５．下線(5)に関する問題です。上越新幹線などを整備して地域間の格差をなくそうとする構想《こうそう》が，ある内閣総理大臣が著者となった『日本列島改造論』のなかで示されています。この内閣総理大臣として正しいものを，次の①～④から１つ選びなさい。

①　吉田茂

②　佐藤栄作

③　田中角栄

④　中曽根康弘

問６．下線(6)に関する問題です。後白河上皇が院政を行っていた頃《ころ》の出来事として正しいものを，次の①～④から１つ選びなさい。

①　最澄が比叡山に延暦寺を建て，誰もが成仏することができると説いた。

②　明との民間貿易がはじまり，銅銭や生糸，絹織物などが輸入された。

③　平清盛が武士としてはじめて太政大臣となり，娘を天皇のきさきにした。

④　浄土教の影響のもと，藤原頼通が宇治に平等院鳳凰堂を建てた。

問７．下線(7)に関する問題です。右の写真は，中国地方と四国地方を結ぶ西瀬戸自動車道のものです。文中の(☆)に入る，この道路の愛《あい》称《しょう》を**ひらがな４字で**書きなさい。

問８．下線(8)に関する問題です。自衛隊について述べた文のうち，正しいものを次の①～④から１つ選びなさい。

①　日本国憲法第９条第２項のなかで，「自衛のための戦力」であることが明記されている。

②　陸上自衛隊，海上自衛隊，航空自衛隊，沿岸警備隊の４部隊に，近年，サイバー防衛隊が加わった。

③　弾道《だんどう》ミサイルを防衛するために，昨年イージス・アショアを秋田県と山口県に配備し，運用を開始した。

④　一定の条件のもとで自衛隊が集団的自衛権を行使できることを定めた安全保障関連法が，安倍内閣のときに成立した。

問９．下線(9)に関する問題です。おもに養殖によって生産される魚介類として，**ふさわしくないもの**を次の①～④から１つ選びなさい。

①　クルマエビ　　②　イワシ　　③　タイ　　④　ブリ

問10. 下線⑽に関する問題です。奄美大島を代表する料理として正しいものを，次の①～④から1つ選びなさい。

① 味噌《みそ》かつ

② もつ鍋《なべ》

③ 鶏飯《けいはん》

④ 鶏《とり》南蛮(チキン南蛮)

問11. 下線⑾に関する問題です。平成に入ってから起こった出来事について述べた文として，正しいものを次の①～④から1つ選びなさい。

① 円高が進み，戦後最高値《さいたかね》である1ドル＝75円台を記録した。

② 消費税の税率が2％，4％，8％と段階的に引き上げられた。

③ バブル景気が崩壊《ほうかい》し，完全失業率は20％台まで上昇《じょうしょう》した。

④ 社会保障関連費が増え，一般会計予算は1,000兆円を超《こ》えた。

問12. 下線⑿に関する問題です。自然保護運動によって中止となり，白紙に戻《もど》された計画として，ふさわしくないものを次の①～④から1つ選びなさい。

① 尾瀬沼を利用して，ダムを建設する計画

② 諫早湾を干拓して，水力発電所を建設する計画

③ ブナ林を伐採《ばっさい》して，白神山地に道路を建設する計画

④ サンゴ礁《しょう》を埋《う》め立てて，新石垣空港を建設する計画

問13. 下線⒀に関する問題です。次のロゴマークは，2015年９月に国連の「持続可能な開発サミット」で採択《さいたく》された17の国際的な目標をあらわしたものです。この「持続可能な開発目標」はアルファベットで「◯◯◯ｓ」とよばれます。解答らんにあうように，**アルファベット３字で**書きなさい。

問14. 次の雨温図は佐渡島・因島(周辺地域を含《ふく》む)・奄美大島の雨温図です。雨温図と場所の組み合わせとして正しいものを，下の①～④から１つ選びなさい。

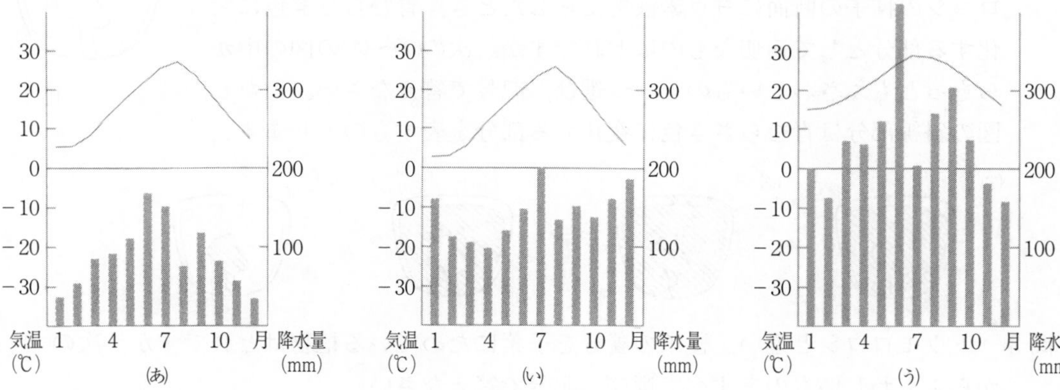

(あ)　(い)　(う)

① (あ) 佐渡島　(い) 因島　(う) 奄美大島
② (あ) 因島　(い) 奄美大島　(う) 佐渡島
③ (あ) 佐渡島　(い) 奄美大島　(う) 因島
④ (あ) 因島　(い) 佐渡島　(う) 奄美大島

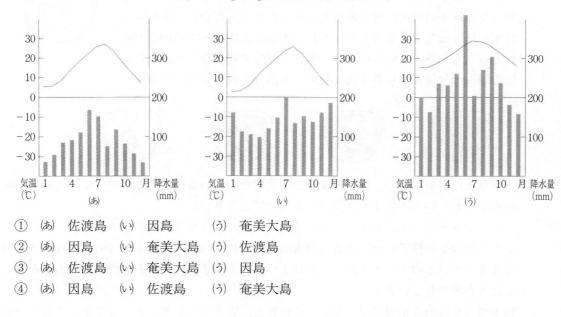

【理　科】〈第２回試験〉（30分）〈満点：60点〉

1　以下の文章を読んで問いに答えなさい。

トウモロコシについて考えましょう。図１はトウモロコシの株１つを表しています。この株を見ると，上の方には「お花《ばな》のある穂《ほ》」が，下の方には「め花《ばな》のある穂」があります。トウモロコシのおしべは玉のような形をしており，お花にできます。また，めしべはひげのような形をしており，め花にできます。このように，おしべとめしべは別々の花にできるため，１つの花の中に花びら，がく，おしべ，めしべがそろっていません。このような花を不完全花とよびます。

このような花であっても，おしべの花粉が，めしべの柱頭にくっつくことで受粉が行なわれ，ひげのようなめしべの数だけ，皆さんが食べている種子が作られます。

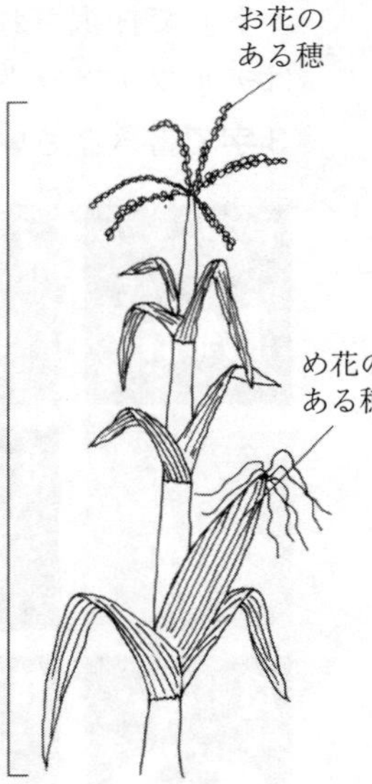

図１

問１　トウモロコシと同じように，不完全花である植物はどれですか。次の(ア)～(エ)の中から一つ選び，記号で答えなさい。

(ア)　アサガオ　　(イ)　イチゴ　　(ウ)　ヘチマ　　(エ)　エンドウ

問２　トウモロコシは種子が成長するための養分をはい乳にためています。図２はトウモロコシの種子の断面図を示したものです。トウモロコシの種子の断面にヨウ素液をたらしたとき，青むらさき色に変化する部分として適切なものはどれですか。次の(ア)～(エ)の図の中からもっともふさわしいものを一つ選び，記号で答えなさい。ただし，図の斜線《しゃせん》部分は青むらさき色に変化する部分を表すものとします。

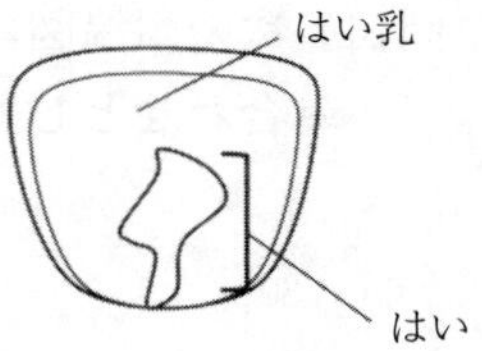

図２

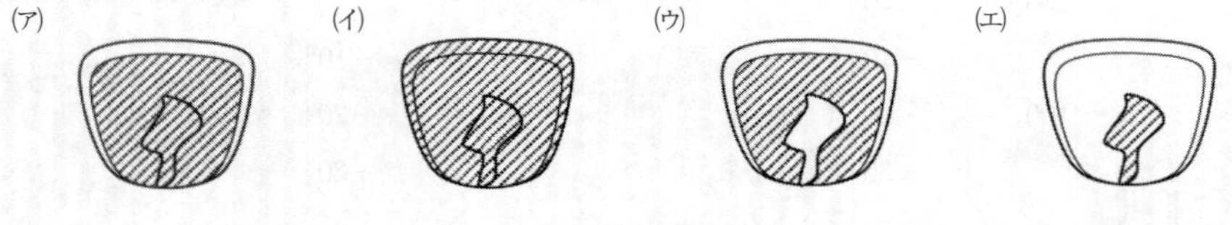

問３　トウモロコシと違い，種子の養分を子葉にためている植物はどれですか。次の(ア)～(エ)の中からふさわしいものをすべて選び，記号で答えなさい。

(ア)　アブラナ　　(イ)　カキ　　(ウ)　イネ　(エ)　ヒマワリ

トウモロコシの種子の色には黄色のものと白色のものがあります。この色の違いは，何によって決まっているのでしょうか。それは１つ１つの種子の中にある２つの情報の組み合わせであることが知られています。

種子の色を決める情報には，Ｙという情報と，Ｗという情報がありますが，この２つの組み合わせを考えると，（ＹとＹ）（ＹとＷ）（ＷとＷ）という組み合わせが考えられます。このうち，Ｙが１つでも入っていると種子が黄色に，Ｙが１つも入っていないと種子が白色になります。つまり，（ＹとＹ）の組み合わせと（ＹとＷ）の組み合わせの種子は黄色に，（ＷとＷ）という組み合わせの種子は白色になるわけです。このような２つの情報の組み合わせを持った種子が成長して，トウモロコシの株１つになったとき，その株のおしべとめしべがそれぞれ持つ２つの情報の組み合わせは，種子のときに持っていた情報と同じものになります。

さて，新しい種子を作るためには，おしべからできる花粉とめしべからできるはいしゅが必要です。花粉を作るとき，おしべが持つ２つの情報の組み合わせがバラバラになり，それぞれの情報を持った花粉ができます。つまり花粉はＹだけの情報，またはＷだけの情報を持つことになるわけです。このことは，はいしゅについても同じで，めしべが持つ２つの情報の組み合わせがバラバラになり，それぞれの情報を持ったはいしゅができるので，はいしゅもＹだけの情報，またはＷだけの情報を持つことになります。

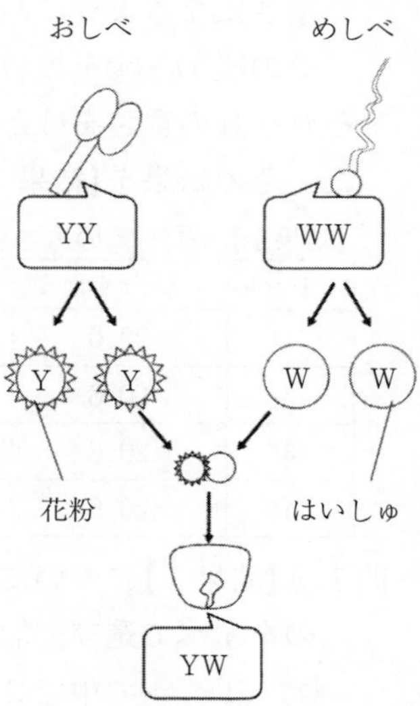

図３

このように，ＹまたはＷだけの情報を持った花粉とはいしゅが組み合わさって新しい種子ができるので，できた種子は再び２つの情報の組み合わせを持つことになります。よって，この新しい種子が黄色になるのか白色になるのかは，この種子を作った花粉とはいしゅの持つ情報で決まることになるのです。図３はおしべが(ＹとＹ)の情報を，めしべが(ＷとＷ)の情報を持っているときの例で，このおしべとめしべからできた花粉とはいしゅによって(ＹとＷ)の情報を持った種子ができたようすを表しています。

問４　(ＹとＷ)の情報を持つ種子から成長したトウモロコシの株のおしべが作る花粉はどのような情報を持った花粉ができますか。次の(ア)～(エ)の中からもっともふさわしいものを一つ選び，記号で答えなさい。

(ア)　Ｙの情報を持っている花粉だけができる。
(イ)　Ｗの情報を持っている花粉だけができる。
(ウ)　Ｙの情報を持っている花粉とＷの情報を持っている花粉の両方ができる。
(エ)　(ＹとＷ)の情報を持っている花粉だけができる。

問５　(ＹとＷ)の情報を持つ種子から成長したトウモロコシの株について，おしべが作る花粉とめしべが作るはいしゅが，新しい種子を作ったとします。このとき，どのような色の種子がどのくらいの比率でできますか。次の(ア)～(エ)の中からもっともふさわしいものを一つ選び，記号で答えなさい。

(ア)　すべて黄色の種子ができる。
(イ)　すべて白色の種子ができる。
(ウ)　黄色と白色が１：１の割合で種子ができる。
(エ)　黄色と白色が３：１の割合で種子ができる。

2　水は空気中に放置すると徐々に蒸発《じょうはつ》します。水の蒸発は，液体の水が周りから熱をうばうことで水蒸気《すいじょうき》とよばれる水の粒《つぶ》になり，広い空間に飛び出すことです。そのため，例えば濡《ぬ》れた服を着ている場合，水の蒸発が早いほど短い時間で多くの熱がうばわれ，より寒く感じられます。蒸発について調べるために，あるさわやかな日に，理科室で以下の実験を行いました。各問いに答えなさい。

【実験１】

同じ素材からできた同じ重さの４枚の乾《かわ》いたハンドタオルを用意した。これらに①～④の番

号をつけ，①は水に，②は４％，③は８％，④は12%の食塩水にそれぞれひたした。そして同じ重さになるようにハンドタオル①～④をよくしぼった。

その後①～④を板の上に広げ，扇風機《せんぷうき》の弱い風を同じようにあて続けながら，１時間おきにそれぞれの重さをはかった。以上の実験を通して，はかりや板に水滴《すいてき》などは付着していなかった。その結果を【結果１】に示した。

【結果１】　①～④の重さ（ｇ）

番号	ひたす前	しぼったとき	１時間後	２時間後	３時間後
①	20.6	72.3	54.3	37.3	22.2
②	20.6	72.3	57.1	42.9	31.1
③	20.6	72.3	58.1	46.0	36.3
④	20.6	72.3	61.3	51.3	42.4

問１　【結果１】について正しく述べているものはどれですか。次の(ア)～(エ)の中からふさわしいものをすべて選び，記号で答えなさい。

(ア)　①～④の中で３時間の間の水の蒸発量がもっとも多いのは②である。

(イ)　①～④の中で３時間の間の水の蒸発量がもっとも少ないのは④である。

(ウ)　②は１時間経過ごとの水分の蒸発量が少しずつ増加している。

(エ)　３時間の間の水の蒸発量について，①は④の1.5倍以上である。

問２　【結果１】のハンドタオル①では，しぼったときに付着していた水は風をあて続けた１時間後に何％が蒸発していましたか。次の(ア)～(ク)の中からもっともふさわしいものを一つ選び，記号で答えなさい。

(ア)　16.4%　(イ)　18.6%　(ウ)　20.8%　(エ)　23.2%

(オ)　26.4%　(カ)　31.6%　(キ)　34.8%　(ク)　38.2%

問３　【実験１】の続きをさらに１時間行うと，４時間後の④の重さは36.5ｇでした。ほかの①～③も同様に行ったとき，３時間後から４時間後までの１時間でもっとも重さの変化が少なくなると予測されるのは①～④のどれですか。

問４　十分に乾燥《かんそう》させたときの④の重さは何ｇですか。次の(ア)～(カ)の中からもっともふさわしいものを一つ選び，記号で答えなさい。

(ア)　18.4ｇ　(イ)　20.6ｇ　(ウ)　23.7ｇ

(エ)　26.8ｇ　(オ)　29.9ｇ　(カ)　33.0ｇ

【実験２】

図１のように温度計の先に吸水性の細長いガーゼの端《はし》を取り付けたものを３つ準備し，それぞれのガーゼの反対側を，(あ)水や食塩水につけない状態，(い)水につけた状態，(う)12％の食塩水につけた状態にした。その後それらの温度計の先に取り付けたガーゼの部分に扇風機で弱い風を同じようにあて続けた。しばらくするとどの場合も温度計の示す温度が変化しなくなったので，そのときの温度をそれぞれ記録した。なお，測定中ビーカー内の水温と室温は同じ温度で一定のままであった。

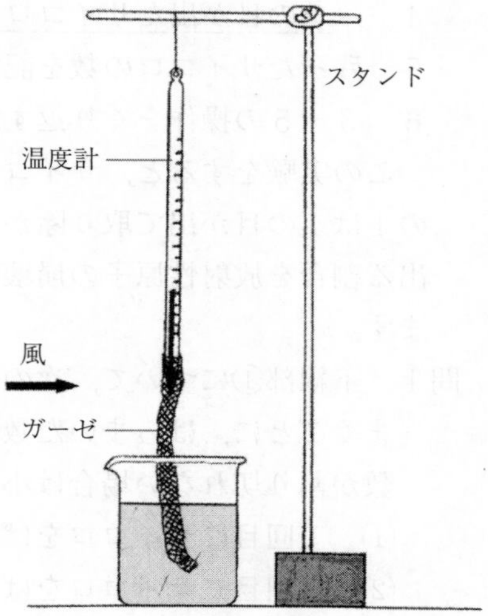

図１

問５　【実験２】で記録した(あ)，(い)，(う)の温度計の示す温度はどうなりますか。温度の高いものから順に(あ)，(い)，(う)を用いて並べなさい。

問６　【実験２】はさわやかな日に行いましたが，さわやかな日と同じ水温と室温で少し湿《しめ》った日に同じ実験を行ってみました。このときしばらく放置して温度変化しなくなったときの(あ)と(い)の温度計の示す温度は，さわやかな日と比べるとそれぞれどうなりますか。次の(ア)～(キ)の中からもっともふさわしいものを一つ選び，記号で答えなさい。

(ア)　(あ)の温度は同じだが(い)の温度は低い。

(イ)　(あ)の温度は同じだが(い)の温度は高い。

(ウ)　(あ)の温度は低いが(い)の温度は同じ。

(エ)　(あ)の温度は高いが(い)の温度は同じ。

(オ)　(あ)も(い)も温度は同じ。

(カ)　(あ)も(い)も温度は低い。

(キ)　(あ)も(い)も温度は高い。

3　わたしたちの身の回りにある物すべては，「原子《げんし》」と呼ばれるとても小さな粒《つぶ》からできています。原子には様々な種類がありますが，中には放っておくと突然《とつぜん》別の原子に変化してしまうものがあります。このような原子を「放射性原子《ほうしゃせいげんし》」といい，突然別の原子に変化することを「崩壊《ほうかい》」といいます。

１個の放射性原子がいつ崩壊するかは，サイコロを振《ふ》って何回目に１の目が出るかということによく似ています。サイコロを振ると１回目に１の目が出ることもあれば，何回振っても出ないこともあります。それと同じように，放射性原子もすぐ崩壊することもあれば，いつまでも崩壊しないこともあります。

しかし，放射性原子がたくさんある場合には，崩壊の様子に規則性が現れるようになります。その規則性は，サイコロを使った次の実験で再現できます。

【実験】

１　サイコロを100個用意する。１個のサイコロが，１個の放射性原子を表すと考える。

２　全部のサイコロをコップに入れる。

3　コップをよく振って，サイコロをいっせいにばらまく。

4　①１の目が出たサイコロは，崩壊したものとみなして取り除く。

5　残ったサイコロの数を記録し，再びコップに入れる。

6　３～５の操作をくり返す。

この実験をすると，サイコロを１回ばらまくごとに，コップの中にあったサイコロの約６分の１は１の目が出て取り除かれます。この実験でサイコロをばらまいた回数を時間，１の目が出る割合を放射性原子の崩壊のしやすさに置き換えると，原子の崩壊の様子を知ることができます。

問１　下線部①について，次の問い(1)～(3)に答えなさい。ただし，ここではサイコロを１回ばらまくごとに，ばらまいた数の６分の１が必ず１の目を出すものとします。また，サイコロの数が割り切れない場合は小数第１位を四捨五入して考えることとします。

(1)　１回目にサイコロをばらまいたあと，サイコロは何個残りますか。

(2)　２回目にサイコロをばらまいたあと，サイコロは何個残りますか。

(3)　残ったサイコロの数が初めて50個以下になるのは，何回目にサイコロをばらまいたときですか。

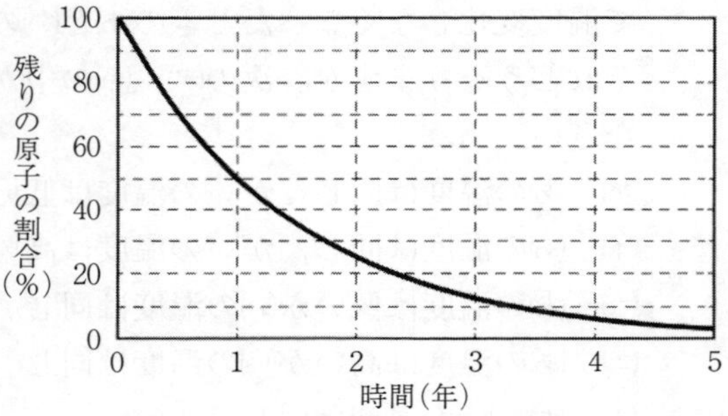

図１

実際に放射性原子がたくさんあると，崩壊せずに元の原子のままでいる放射性原子の数は時間とともに規則的に減っていきます。その減り方は，たとえば図１のグラフのようになります。このグラフは，はじめの１年で元の原子の半分が崩壊し，さらに次の１年で残りの半分が崩壊することを表しています。このように放射性原子は，②ある時間が経つごとに数が半分になるという性質を持っています。この時間のことを「半減《はんげん》期《き》」といいます。よって図１は，半減期が１年の場合を示したことになります。実際には半減期の長さは原子の種類によって決まっていて，半減期が100億年を超えるものもあります。

問２　下線部②について，半減期に関する説明としてもっともふさわしいものはどれですか。次の(ア)～(エ)の中から一つ選び，記号で答えなさい。

(ア)　放射性原子が200個あると，そこから原子の数が半分になるまでにかかる時間は，放射性原子が100個あるときの４倍になる。

(イ)　放射性原子が200個あると，そこから原子の数が半分になるまでにかかる時間は，放射性原子が100個あるときの２倍になる。

(ウ)　放射性原子が200個あると，そこから原子の数が半分になるまでにかかる時間は，放射性原子が100個あるときと同じになる。

(エ)　放射性原子が200個あると，そこから原子の数が半分になるまでにかかる時間は，放射性原子が100個あるときの半分になる。

半減期の長さが放射性原子の種類によって決まっていることを利用すると，岩石に含まれている崩壊前の原子と崩壊後の原子の数を比べることで，③岩石の年齢《れい》(生成されてから現在ま

での時間)を調べることができます。このことは考古学《こうこがく》や地質学《ちしつがく》などで遺跡《いせき》や岩石の年齢を測定するのに役立てられています。

問３　下線部③について，次の文の空らん（ａ）に入る数としてもっとも近いものはどれですか。下の(ア)～(キ)の中から一つ選び，記号で答えなさい。

ある放射性原子Ｕは半減期が45億年で，崩壊によって原子Ｐに変化することがわかっています。いま，ある岩石を調べたところ，その中に原子Ｕと原子Ｐが含まれていました。その数の比は４：１でした。この岩石が生まれたとき，原子Ｐを１つも含んでおらず，岩石中にＵやＰに変化する他の原子もなかったとすれば，この岩石の年齢は（　ａ　）億年と推定できます。

(ア)　5　　(イ)　15　　(ウ)　25　　(エ)　35

(オ)　45　　(カ)　55　　(キ)　65

わかるように、コミュニケーションの本質は、言葉を介して自分の考えを相手に伝えることや、相手の感情や思考を把握《はあく》することにこそある。

(イ)　「クラ」というモノの交換《こうかん》をする制度において、他の島のパートナーからは贈り物として元の部族が大切にしている宝物が届けられる。受け取った側は儀礼《ぎれい》の場でその価値を称揚《しょうよう》し、祭り、大切に保管しなければならない。

(ウ)　サッカーW杯は、優勝トロフィー自体に価値があるわけではないのに、プレーする選手も応援《おうえん》する観戦者も、その争奪戦《そうだつせん》に熱狂《ねっきょう》する。トロフィーの一時的保有者を決めるこの戦いは、玉を蹴《け》って網《あみ》に入れる壮大《そうだい》な儀礼としてのコミュニケーションだと言える。

(エ)　贈与による交換の制度は人と人とをつなげ、商品の交換は関係を切《き》り離《はな》す。「贈り物」は贈り主のことを想起させる一方、「商品」は作り手や売り手を無関係なものとしてしまうからである。この違いは決定的であり、時代を問わず普遍《ふへん》の真理である。

(オ)　故人の遺品が大切な形見となるように、有名人の持ち物は高額オークションの対象となりえる。商店でも、特別におまけをつけたり、サービスで割引したりする。商品と贈与は、そのやりとりの連鎖のなかで、モノの意味や価値を変化させている。

(カ)　近代に入って、同族・血族であることが家族であることを証明する貴重な事実となった。これは、科学の発展と無縁《むえん》ではなく、通常の関わり方を越えて、生命としてのつながりが尊重されるようになっている。

【出典】

一　池井戸　潤『半沢直樹1　オレたちバブル入行組』（講談社文庫、二〇一九年、三七八～三九四ページ）より。

二　松村圭一郎『文化人類学の思考法』（世界思想社、二〇一九年、八五～九〇ページ）より。

のに、途中《とちゅう》で辞《や》めていまのお店を開いたんだよな。

アヤネ　きっと、商売とはいえ、それを通して実現したいことがあるんだと思うわ。おいしいケーキを提供することでお客さんに笑顔《えがお》になってほしいとか。

タカシ　あ、そうか。誕生日用のケーキも、売れればそれでいいわけではなくて、お客さんの喜ぶ顔が励《はげ》みになることだってあるよね。

アヤネ　[e]だって、作ったり売ったりしている人の気持ちが込《こ》められているとなれば[f]ということになるのよ。

タカシ　だから「贈り物」と「商品」って切り離せないんだね。

(ア)　a　商品　b　贈り物　c　贈り物　d　商品
　　e　商品　f　贈り物

(イ)　a　贈り物　b　商品　c　贈り物　d　商品
　　e　商品　f　贈り物

(ウ)　a　商品　b　贈り物　c　商品　d　贈り物
　　e　贈り物　f　商品

(エ)　a　贈り物　b　商品　c　商品　d　贈り物
　　e　贈り物　f　商品

問８　――⑧「世界の現実は、こうして私たちのモノを介《かい》したコミュニケーションがつくりだしている」とありますが、このことに関する次の説明文の[a]～[f]に当てはまるものを後の選択肢《せんたくし》より選び、それぞれ(ア)～(カ)の記号で答えなさい。

　言葉を介して相手と意思の疎通《そつう》をはかることだけがコミュニケーションなのではなく、人とモノをやりとりすることもコミュニケーションであるならば、私たちが日常と呼んでいる世界のほぼすべては、コミュニケーションで埋《う》めつくされていることになります。

　そうすると、かつてマルセル・モースが、特定の社会における人びとのモノのやりとりに注目し、その事態を「全体的社会的事実」と呼んだのもうなずけるのではないでしょうか。贈与《ぞうよ》の形をとったコミュニケーションは、法や[a]、[b]や美などと深く関わっており、世界の現実を規定しているのです。

　ところが、贈与というふるまいが社会を規定するものであるならば、贈与とは、見かけや思いこみに反して、任意的で[c]的なものではなく、義務的で[d]的な側面を持つことになります。なぜなら贈《おく》り物《もの》は、個人の意思とは別に、気前よく与《あた》えられねばならず、喜んで受け取られねばならず、忘れることなくお返しされねばならないからです。

　つまり贈与には、はじめに贈与する義務、次にそれを[e]する義務、最後に[f]する義務という、三つの義務がともなうことになります。贈与をめぐる相互《そうご》の関係性は、世界の現実を規定しつつ、内部の人たちにとっては、そのようにふるまわなければならない、同調圧力として機能する側面もあると言えるでしょう。

(ア)　宗教　(イ)　自発　(ウ)　受領
(エ)　慣例　(オ)　返礼　(カ)　経済

問９　筆者の意見や考えとして適当なものを次の中から**２つ選び**、(ア)～(カ)の記号で答えなさい。

(ア)　コミュニケーションの訳語が「意思疎通」であることからも

(エ)　クラの制度では、相互《そうご》に面識のない者同士が、贈り物によって新たな結びつきを得る。これと同様に、サッカーW杯では、敵と味方に分かれた者同士であっても、試合後のトロフィーの受け渡しによって、同じ人間として国や地域を越えて理解し合える点。

問5　――⑤「不思議なコミュニケーション」とありますが、このことに関する次の説明文の[a]～[e]に当てはまるものを後の選択肢《せんたくし》より選び、それぞれ(ア)～(カ)の記号で答えなさい。ただし、**同じ記号を2度以上用いてはいけない**こととします。

> 私たちの身のまわりにおいてモノのやりとりが行われる際、[a]と[b]を交換《こうかん》するか、だけでなく、それを[c]、[d]で、どのように、いくらで交換するのかが問われます。ありふれたものであっても、そもそも[e]交換するのかに無自覚であっても、このやりとりによって人びとが有機的に結びついていく点を、本文では「不思議」だと述べているのです。

(ア)　かれ　(イ)　なぜ　(ウ)　なに
(エ)　どこ　(オ)　だれ　(カ)　いつ

問6　――⑥「社会秩序《ちつじょ》の再生産をめざす長期的な交換サイクル」とありますが、どういうことですか。次の中から最も適当なものを選び、記号で答えなさい。

(ア)　実用的なモノのやりとりばかりではなく、相手の名誉《めいよ》を第一に考え豪華《ごうか》な品物を贈ることによって、その地位を保っていこうとする仕組み。
(イ)　定期的なモノのやりとりばかりではなく、その時々《ときどき》に必要な品物を贈り合うことを通じて、お互《たが》いの生活を便利にしていこうとする仕組み。
(ウ)　即物的《そくぶつてき》なモノのやりとりばかりではなく、相手の置かれている状況《じょうきょう》を把握《はあく》することを通じて、規律のある関係を築いていこうとする仕組み。
(エ)　一時的なモノのやりとりばかりではなく、末永く相手との関わりを保つために、時間をかけてお互いの親密さを増していこうとする仕組み。

問7　――⑦「贈《おく》り物と商品が切《き》り離《はな》されていない」とありますが、このことについて、タカシとアヤネが相談しています。次の文章の、[a]～[f]には「贈り物」「商品」のいずれかが入ります。その組み合わせとして適当なものを選び、(ア)～(エ)の記号で答えなさい。

> **タカシ**　「贈り物」と「商品」が切り離されていないって、どういうことだろう?
> **アヤネ**　[a]であっても[b]みたいに扱《あつか》われることがあるんじゃない?　たとえば、この間の、タカシくんの誕生日ケーキはどこで買ったの?
> **タカシ**　僕《ぼく》の誕生日のときは、かならず決まったお店で買うよ。親戚《しんせき》の叔父《おじ》さんが洋菓子《ようがし》店を営んでいるんだ。あ、そういえば叔父さん、僕が甥《おい》っ子《こ》だからって、いつも特製の名前入りのプレートをサービスしてくれるな。
> **アヤネ**　それって、[c]であることが、[d]に含《ふく》まれているんじゃない?
> **タカシ**　たしかに、親戚だからってケーキ自体にお金を払わないわけではないし、プレートのサービスは本来、有料なんだ。そういえば叔父さん、元々《もともと》は会社員だった

のことについて、タカシとアヤネが相談しています。次の文章を読み、[a]～[i]に当てはまるものを後の選択肢《せんたくし》より選び、それぞれ(ア)～(ケ)の記号で答えなさい。ただし、**同じ記号を２度以上用いてはいけない**こととします。

タカシ　ニューギニアって、どの辺にあるのかな？

アヤネ　オーストラリアの北側ね。ニューギニア島は、メラネシアのひとつで、いまは、インドネシアの島々《しまじま》とパプアニューギニアの二カ国の領土になっているわ。その中でもトロブリアンド諸島っていうと、ニューギニア島からさらに東にある、珊瑚礁《さんごしょう》でできた島々のことを指すみたい。

タカシ　その島々のリーダーたちがカヌーに乗って、定められた宝物を贈り合っているのか。

アヤネ　宝物は、本文によれば[a]の貝でできた首飾《くびかざ》りと白い貝でできた腕輪《うでわ》ね。前者は時計回りに、後者は逆方向に移動していくんですって。

タカシ　宝物っていうけど、それ自体が大切なものというわけではないみたいだね。

アヤネ　そう。[b]することは許されないし、[c]しつづけることもできない。それよりも、交換《こうかん》を繰《く》り返《かえ》して[d]することに重きが置かれているのよ。

タカシ　ただの貝殻《かいがら》だったものが[e]を持つことによってかけがえのないものになって、手にした人物の[f]や[g]とも結びつけられていくのか。

アヤネ　そもそも宝物だから贈られるのではなくて、贈られることによって宝物になっていくのね。

タカシ　そうか。だからこの交換の制度が、宝物の[h]を共有している人同士の結びつきを強めて、[i]の維持《いじ》に貢献《こうけん》しているんだ。

(ア) 神話　(イ) 秩序《ちつじょ》　(ウ) 伝説
(エ) 保有　(オ) 循環《じゅんかん》　(カ) 名前
(キ) 消費　(ク) 赤色　(ケ) 価値

問４　――④「じつは、私たちも同じようなことをしている」とありますが、筆者は「クラ」の制度とサッカーW杯《ワールドカップ》がどのような点において同じだと述べていますか。最も適当なものを次の中から選び、(ア)～(エ)の記号で答えなさい。

(ア)　クラの制度では、できるだけ長い時間をかけ使いつづけられてきた贈答品《ぞうとうひん》にこそ価値が置かれる。これと同様に、サッカーW杯では、代々大切に保管され、歴史的に受《う》け継がれてきた期間の長い優勝トロフィーが四年ごとの受《う》け渡《わた》しにおいて貴重だとされる点。

(イ)　クラの制度では、贈《おく》られたものが必ずそのまま他に渡され、それを手にした人物の物語も受け継がれていく。これと同様に、サッカーW杯では、優勝トロフィーが四年後には手放され、手にした歴代の名選手や歴史に残る試合の記憶がそこに刻まれていく点。

(ウ)　クラの制度では、組織された遠征隊《えんせいたい》の威風《いふう》や陣容《じんよう》の印象が末代まで語り継がれていく。これと同様に、サッカーW杯では、チームとして最も優《すぐ》れた集団こそ優勝トロフィーを手にすることができ、その試合を見守った観客によって伝説になっていく点。

品交換は関係を切《き》り離《はな》す。「贈り物」は贈り主のことを想起させる（＝人格化）。一方、「商品」は作り手や売り手を無関係なものとして切り離す（＝非人格化／匿名《とくめい》化）。あるいは、⑥社会秩序《ちつじょ》の再生産をめざす長期的な交換サイクルにかかわるか、利潤《りじゅん》を追求する個人の短期的交換サイクルにかかわるかの違い、との指摘もある。

　家族は長期的に維持《いじ》されると考えられているので、親が料理のたびに子どもにお金を払わせたりしない。親は子の世話をし、いずれは子が親孝行するといったように、関係の持続が期待されている。その子が結婚《けっこん》して親になると、また自分の子どもに……と続く。人格化された社会の長期的秩序の再生産とは、そういうことだ。そこでは贈与の関係がふさわしい。一方、商品ならば、できるだけ安く買いたいし、できるだけ高く売りたい。それがどんな相手かは関係ない。有利な取引ができなければ、次も同じ人と売買するとは限らない。それが人間関係とは切り離された非人格的な短期的取引の意味だ。

　ただし売買であっても、お得意様がいたり、行きつけの店ができたりすることもある。同じ商品でも、値段ではなく、お気に入りの店や知人だからという理由で買う人もいる。商売のうえでも、リピーターやファンを増やすといった長期的な関係が大切なのは明らかだ。商品交換が短期的で非人格的な取引だけに終始するわけではない。

　商品交換と贈与交換は分離《ぶんり》された営みではなく、連続線上にある。そのやりとりの連鎖《れんさ》のなかで、モノは意味や価値を変化させる。どこでも売られている商品でも、親族の遺品だと、故人を偲《しの》ばせる大切な形見になる。有名人の持ち物は、ありふれたモノであっても高額オークションの対象となる。モノは、いろんな履歴《りれき》をたどる。このモノの意味／価値の変遷《へんせん》に注目したのが、イゴール・コピトフだ。彼《かれ》は、モノが「交換不可能なかけがえのないもの」と「いつでも交換できる商品」という二つの極のあいだを動く、と指摘した。つまり、贈り物と商品との境界は固定していない。

　⑦贈り物と商品が切り離されていないからこそ、私たちはいろんなモノのやりとりをとおして、その意味や相手との関係を変化させることができる。商店でも、特別におまけをつけたり、サービスで割引したりする。商品交換の場でも、贈り物を渡すかのようなふるまいをすることで、親密で長期的な関係づくりがめざされるのだ。

　私たちが親密だと思っている人間関係は、特定のモノのやりとりをするからこそ、長期的な人格的関係として維持されている。家族は何もしなくてもつながっているのではなく、食卓を一緒《いっしょ》に囲むといった行為をとおして家族になる。別のモノのやりとり、たとえば食事のたびにお金を払わせたりすれば、その関係は別のものに変質するだろう。

　⑧世界の現実は、こうして私たちのモノを介《かい》したコミュニケーションがつくりだしている。

問１　――①「重要なコミュニケーションの一部」とありますが、これに当たるものとして適当なものを次の中から**２つ選び**、(ア)～(オ)の記号で答えなさい。

(ア)　友だちに消しゴムを貸す。
(イ)　ＳＮＳで書き込みをする。
(ウ)　クラスの話し合いで発言する。
(エ)　図書館で本を借りる。
(オ)　礼状の文面を考える。

問２　――②「『モノを買うこと』と、『人にプレゼントを渡《わた》すこと』」とありますが、ⓐ「モノを買うこと」と、ⓑ「人にプレゼントを渡すこと」とは、本文でどのような言葉でまとめられていますか。それぞれ**漢字４字**で抜《ぬ》き出《だ》して答えなさい。

問３　――③「モースが注目してとりあげた事例」とありますが、こ

だ。モースは、『贈与論』（原著初版一九二五年）のなかで、なぜ多くの未開社会にとって贈与がきわめて重要な意味をもつのか、その贈与がいかに法や経済、宗教や美など社会生活の全体と深く関係しているのかを考えた。贈与には、社会のあらゆることが混ざりあっている。モースは、そのことを「全体的社会的事実」と表現した。

③モースが注目してとりあげた事例のひとつが、マリノフスキーがニューギニアの調査から報告した「クラ」という贈与交換の制度だ。トロブリアンド諸島とその近くの島々の首長は、カヌーの遠征隊《えんせいたい》を組織し、海を越《こ》えて贈《おく》り物《もの》を送り届け、食事や祝祭による歓待《かんたい》を受ける。それはときに命がけの危険な航海になる。このクラで贈り物として渡される宝物（ヴァイグア）には、二種類しかない。赤色の貝の円盤状《えんばんじょう》の首飾《くびかざ》り（ソウラヴァ）と白い貝を磨《みが》き上《あ》げた腕輪《うでわ》（ムワリ）の二つ。

首飾りは島々のあいだを時計回りに、腕輪は反時計回りに動くように、厳格な作法に則《のっと》って贈られていく。他の島のパートナーからもらった贈り物は、しばらく手元に置いたあと、決められた方向の別の島のパートナーへと贈られる。保有しつづけることは許されない。首飾りや腕輪は、所有物でも、何かのために使われる消費財でもない。ひたすら贈り物として循環《じゅんかん》しつづける。宝物には名前がつけられ、それを手にした人物の伝説が語《かた》り継《つ》がれ、神話とも関連づけられている。呪術的《じゅじゅつてき》な力もある（病人の腹にこすりつけたりする）。この贈答品の交換が、人びとの価値観や社会的名誉《めいよ》、島々のあいだの秩序《ちつじょ》を支える土台でもある。

こういう話を聞くと、まったく異質な世界の理解不可能な話に思えるかもしれない。でも、④じつは、私たちも同じようなことをしている。たとえば、サッカーW杯《ワールドカップ》の優勝トロフィーがそうだ。あのトロフィーには歴代の名選手が手にし、数々《かずかず》の歴史に残る試合の記憶《きおく》が刻まれている。ただの代替《だいたい》可能なモノではない。プレーする選手も、応援《おうえん》する観戦者も、多くの犠牲《ぎせい》を払ってでも、このなにかに使えるわけではない（事実上、売ることもできない）トロフィーの争奪戦《そうだつせん》に熱狂《ねっきょう》する。手にしたトロフィーは、四年後には手放され、またあらたな一時的保有者を決める戦いが世界中で繰《く》りひろげられる。もしサッカーを知らない異星人がみたら、トロフィーをめぐって玉を蹴《け》って網《あみ》に入れる壮《そう》大《だい》な儀礼《ぎれい》を、クラと同じように好奇心《こうきしん》をもって報告したかもしれない。

私たちは、モノを介して⑤不思議なコミュニケーションをしている。そこには、いったいどんな意味があるのだろうか。

モースは、クラの分析《ぶんせき》で重要な指摘《してき》をしている。それは、人びとがクラ交換だけをしているわけではない、という点だ。複数のモノのやりとりの形式が同時に併存《へいぞん》している。

クラによる贈与交換が行われるとき、実用的な物品を経済的に交換する「ギムワリ」も行われる。そこでは執拗《しつよう》な値切りあいがなされる。それはクラでは許されない。相手に贈《おく》り物《もの》を強要するなど、クラでギムワリのようなふるまいをすると非難の対象になる。ほかにも、クラのパートナーでもある漁村と農村のあいだで農産物と漁獲物《ぎょかくぶつ》とを分《わ》け与《あた》えあう「ワシ」という関係もある。首長に奉仕《ほうし》した集団に食べものを分配する「サガリ」という儀式《ぎしき》もある。

人びとは複数のモノのやりとりの方法を明確に区別しており、そこに違う意味を見いだしている。それは私たちも同じだ。プレゼントを贈ることと、商品を買うこと。家族で食卓《しょくたく》を囲むことと、レストランでお金を払って食事すること。つねに人のあいだでモノがやりとりされているが、私たちはそれを別のものとして区別している。親しい間《あいだ》柄《がら》の親密な贈り物の交換は、商品の交換とは正反対の行為だとすら考えている。

なにが贈与交換《ぞうよこうかん》と商品交換とを区別しているのか。文化人類学では、それらを次のように区別してきた。贈与交換は人と人とをつなげ、商

問11 H・I・J・K には、身体の一部を表す漢字1文字が入ります。次の中からそれぞれ適当なものを選び、(ア)～(カ)の記号で答えなさい。ただし、**同じ記号を2度以上用いてはいけません。**

(ア) 頭　(イ) 耳　(ウ) 口
(エ) 首　(オ) 肩《かた》　(カ) 膝《ひざ》

問12 ――⑨「まったく逆の意味でこの組織を自らの手で動かし、変えてみたい」とありますが、どういうことですか。次の説明文の a ～ c に当てはまるものを後の選択肢《せんたくし》より選び、それぞれ(ア)～(カ)の記号で答えなさい。

産業中央銀行の入社試験を受けた時の半沢には、銀行という組織を自分の手で動かしてみたいという夢があった。それは、取引先の可能性を正しく見抜《みぬ》き、銀行という組織を使って、将来性を持った企業《きぎょう》を a できるような銀行員になりたい、という思いであったに違《ちが》いない。その頃《ころ》の銀行は、社会の基盤《きばん》として人びとの生活を支える存在であり、経済活動に対して大きな影響力を持っていたのである。

半沢が銀行に入ってから十数年が経《た》ち、今や銀行は世の中に存在する様々な企業の一つに過ぎないものとなった。しかし、半沢は今、「逆の意味で」銀行という組織を自分の手で動かしたいという夢を持っている。それは、銀行という組織を内部から b し、その保守的で官僚《かんりょう》的な体質から c させることである。今や、政府による保護がなくなった銀行という組織を守るとともに、社会の中での存在意義を持った銀行を創り上げていくこと。それが、今、半沢の夢見ていることではないだろうか。

(ア) 排除《はいじょ》　(イ) 支援《しえん》　(ウ) 迫害《はくがい》
(エ) 改革　(オ) 脱却《だっきゃく》　(カ) 崩壊《ほうかい》

問13 L ・ M に共通して当てはまる語句を、**本文中から6文字で抜《ぬ》き出《だ》して**答えなさい。

二　次の文章を読んで、以下の設問に答えなさい。

「人とのコミュニケーションは大切だ」とか、「社会ではコミュニケーション能力が問われる」とか、よく耳にする。その言い方からは、自分の考えをことばにして相手に伝えることや場の空気を読むことだけが「コミュニケーション」だと思うかもしれない。でも、それだけではない。人とモノをやりとりすることも、①重要なコミュニケーションの一部だ。

私たちは、つねにいろんなモノを人とやりとりしている。家庭の食《しょく》卓《たく》で親のつくった料理を食べることも、子が親からお小遣《こづか》いをもらうことも、働いて給料を手にすることも、そのお金を払《はら》って店でモノを買ったり、それを人にプレゼントすることも、すべて私たちが日常的にくり返しているモノのやりとりとしてのコミュニケーションだ。

でも、そのいろんなモノのやりとりのなかで、ふつうは②「モノを買うこと」と、「人にプレゼントを渡《わた》すこと」は、まったく違《ちが》う行為《こうい》だと考えられている。親からお小遣いをもらって、店でモノを買うとき、お金が人から人へと同じように動いているのに、二つのお金のやりとりは、まったく違ってみえる。それは、なぜなのだろうか。

経済を研究してきた人類学は、こうした問いに向きあってきた。人からプレゼントをもらい、それへのお返しを渡すという贈与交換《ぞうよこうかん》。経済とは無関係に思えるこの行為も、人と人とのモノを介《かい》したコミュニケーションとみなせば、店でお金を払って商品を買う行為と比較《ひかく》可能になる。この広い視野こそが、文化人類学ならではの思考法だ。

「贈与」を人類学の重要な研究テーマにしたのが、マルセル・モース

(キ)　銀行だけに頼《たよ》りすぎてはいけない
(ク)　銀行は絶対に潰してはいけない

問７　――⑥「一寸《いっすん》のネジにも五分《ごぶ》の魂《たましい》だ」とありますが、この言葉を発した時の父親の心情はどのようなものであったと考えられますか。次の中から**適当なものを２つ**選び、(ア)～(オ)の記号で答えなさい。

(ア)　息子《むすこ》が「へえ」とか「なるほど」としか言わないのを、何だか物足りなく思う気持ち。
(イ)　自分が作ったネジはちっぽけなものだが、それは努力と工夫《くふう》の結晶《けっしょう》であると思う気持ち。
(ウ)　ネジを開発するために費《つい》やした五年という年月を、あっという間だったと思う気持ち。
(エ)　機械のような人間を否定する自分が、機械の部品を作っているのをおかしく思う気持ち。
(オ)　心血を注いで開発したネジは、会社の将来を切り開くものになるはずだと思う気持ち。

問８　――⑦「決して面接では口にしなかった動機」とありますが、どういうことですか。次の説明文の［a］～［d］に当てはまるものを後の選択肢より選び、それぞれ(ア)～(ク)の記号で答えなさい。

　半沢樹脂《じゅし》工業の［a］した時、［b］するために必要な資金の貸し出しを、産業中央銀行は拒絶《きょぜつ》した。その時、産業中央銀行の担当者だった木村直高という銀行員は、半沢の父親や半沢樹脂工業という会社を無慈悲《むじひ》に切り捨てたのである。
　世話になった半沢の父親に対して、［c］ような仕打ちをした木村。――半沢は産業中央銀行の面接を受けた時点でも、木村という行員に強い憎悪《ぞうお》の念を抱《いだ》いていた。半沢が「面接では口にしなかった動機」とは、木村に［d］ためにも産業中央銀行に入りたい、という私《し》憤《ふん》だったのである。

(ア)　事業を清算　　(イ)　業績が悪化
(ウ)　雪辱《せつじょく》を果たす　　(エ)　因果を含《ふく》める
(オ)　事業を継続《けいぞく》　　(カ)　株価が上昇《じょうしょう》
(キ)　一石を投じる　　(ク)　恩を仇《あだ》で返す

問９　［D］・［E］・［F］・［G］に当てはまる登場人物の発言を次の中から選び、それぞれ(ア)～(オ)の記号で答えなさい。ただし、**同じ記号を２度以上用いてはいけない**こととします。

(ア)　なるほどね　　(イ)　むりするなよ
(ウ)　まかせとけって　　(エ)　そいつはいい
(オ)　ありがとう

問10　――⑧「事情を察したらしい副部長が『許してやったらどうだ、半沢』と揶揄《やゆ》する口調でいった」とありますが、この時の副部長の気持ちとして最も適当なものを次の中から選び、(ア)～(エ)の記号で答えなさい。

(ア)　半沢と木村とが一触即発《いっしょくそくはつ》の状態にあるから、おどけた物言いをすることで場をなごませたい。
(イ)　土下座しろという半沢の要求は行き過ぎであるから、何とか半沢をたしなめなければならない。
(ウ)　半沢をいさめるようなことを言いながらも、木村という男をかばってやろうという気はない。
(エ)　立場上、自分がこの場を収めるべきなのだが、部下に対してあまり厳しい言い方はしたくない。

しかし、中小企業に関して言えば、(3)(キ)もはや八方ふさがりだが、優《すぐ》れた製品を開発すれば活路を開くこともできる(ク)今は好況《こうきょう》であるように見えても、将来の見通しは決して明るいものではない(ケ)すでに抜き差《さ》しならない状況《じょうきょう》だが、自分の会社はどうにか生き残れるだろう、と父親は考えている。これからのモノ作りは、苦しくなっていくだろう。(4)(コ)だから、直樹に自分の会社を継がせようとは思わない(サ)それでも、直樹には半沢樹脂工業を継いでもらいたい(シ)しかし、直樹なら会社を建て直してくれるに違《ちが》いない――という、これもまた、父親の本音なのである。

【選択肢】
(ア) 空理空論　(イ) 舌先三寸《さんずん》
(ウ) 半信半疑　(エ) 損得勘定《かんじょう》

問５ ――④「少し淋《さび》しそうな父の表情」とありますが、この時の父親は何を淋しく感じていたのだと考えられますか。次の中から**適当でないものを１つ**選び、(ア)〜(エ)の記号で答えなさい。

(ア) 今後は中小下請《したう》け企業にとって厳しい時代になっていくこと。
(イ) 自分が守り通してきた会社を息子《むすこ》たちには継がせられないこと。
(ウ) これからの取り引きは利害関係だけで動いていくようになること。
(エ) この先の日本においては銀行が潰《つぶ》れるような事態も起こり得ること。

問６ ――⑤「半沢は心にもないことを口にしてみる」とありますが、どういうことですか。次の説明文の a 〜 d に当てはまるものを後の選択肢《せんたくし》より選び、それぞれ(ア)〜(ク)の記号で答えなさい。

半沢が産業中央銀行から内定をもらったのは、日本が後に「バブル景気」と呼ばれる好景気に沸《わ》き立っていた時代である。有名な大学を卒業し、名の通った企業に就職すれば、安定した生活を送ることができるし、定年後も退職金と年金で安心して暮らすことができる。―― a のである。

戦後、日本の政府は、バブルが崩壊《ほうかい》した一九九〇年代まで、銀行などの金融《きんゆう》機関に対して手厚い保護を与《あた》えてきた。銀行が潰れると、国民の生活に大きな被害《ひがい》・影響を及《およ》ぼすことになるから、 b 、と考えられたのである。だから、銀行が破綻《はたん》するなどという事態は、 c 。そして、半沢も、そう考えていた日本人の一人だったのである。

しかし、産業中央銀行の入社試験を受けた時から十数年を経た「今」、もはや d 。業績が悪化すれば、破綻することだってあり得るのだということを、半沢はよく知っている。半沢直樹の物語から離《はな》れて、私たちが生きている現実の世界に目を向ければ、バブルの崩壊後、銀行が大幅《おおはば》な赤字となり、破綻するという事態は現実のものとなっていたのである。

(ア) 日本人には考えられないことだった
(イ) 半沢は、それが現実だと知っていた
(ウ) 半沢の父親には想像もできなかった
(エ) 銀行は特別な組織体ではなくなった
(オ) 多くの日本人が、そう信じていた
(カ) 半沢だけは、そう考えてはいない

オレたちの上の世代までは株を売って家を建てるのが普通《ふつう》だったのにな！　それどころか、不況《ふきょう》のどん底で期待していた給料はもらえず、ポストも減らされリストラの嵐《あらし》ときた。まったくいいとこなしだ」

「そう嘆《なげ》くな、渡真利」

半沢はいった。「そのうちオレが、その負け分を取《と》り戻《もど》してやる」

「ほざけ。いつまでも夢を見てろよ」

渡真利は皮肉っぽくいう。「夢と思っていたものが、いつのまにか惨《みじ》めな現実にすり替《か》わる。そういう気持ち、お前にはわからんだろう」

「そんなことないさ」

半沢は否定した。「［　L　］ってのは、実は途轍《とてつ》もなく難しいことなんだよ。その難しさを知っている者だけが、［　M　］ことができる。そういうことなんじゃないのか」

唖然《あぜん》としたような間があったが、それについての渡真利のコメントはなかった。やがて、電話の向こうから空いている日にちを読み上げる声がして、半沢は、飲み会の予定で埋《う》まったスケジュールの空きを探し始めた。

問１　――ⓐ～ⓔのカタカナを漢字に改めなさい（楷書《かいしょ》で、ていねいに書くこと）。

ⓐ　シタク　　ⓑ　フセぐ　　ⓒ　ムゾウサ

ⓓ　モンドウ　　ⓔ　ドウギ

問２　――①「何の変哲《へんてつ》もない」、②「右から左へ抜《ぬ》ける」とありますが、どういうことですか。次の中から適当なものを選び、それぞれ(ア)～(カ)の記号で答えなさい。

(ア)　人目を引き付ける　　(イ)　誤解の余地がない

(ウ)　何も頭に残らない　　(エ)　見たこともない

(オ)　どこにでもある　　(カ)　使い勝手のよい

問３　［A］・［B］・［C］に当てはまる語の組み合わせとして適当なものを選び、(ア)～(エ)の記号で答えなさい。

(ア)　A＝よほど　　B＝まるで　　C＝ふいに

(イ)　A＝いささか　　B＝ちょうど　　C＝あわや

(ウ)　A＝さぞかし　　B＝すでに　　C＝ふいに

(エ)　A＝きっと　　B＝あたかも　　C＝あわや

問４　――③「オレは、そんなケチなこと思ってないね」とありますが、この時の父親の思いや考えはどのようなものであったと考えられますか。次の説明文の(1)～(4)より適当なものを選び、それぞれ(ア)～(シ)の記号で答えなさい。また、［☆］に当てはまる語として最も適当なものを後の選択肢《せんたくし》より選び、(ア)～(エ)の記号で答えなさい。

直樹が三共電機に入れば、それは(1)｛(ア)　中小企業《きぎょう》の実情や課題を直樹が深く理解すること　(イ)　直樹の科学技術者としての能力を向上させること　(ウ)　三共電機と半沢樹脂《じゅし》工業との関係を強化すること｝につながるだろう。しかし、「オレは、そんなケチなこと思ってないね」と父親は言う。この言葉は、［☆］で三共電機に行ってほしいと考えたわけじゃない、という意味であるだろう。では、父親は直樹の将来について、どう思っているのか。(2)｛(エ)　直樹に自分の会社を継《つ》いでもらおうとは思わない　(オ)　ゆくゆくは直樹に自分の会社を継いでもらいたい　(カ)　直樹には自分で好きなように将来を決めさせたい｝――という考えを、父親は持っていたし、その思いは今も父親の心の中にあるはずである。

み、崩落《ほうらく》する音が聞こえるようだった。

木村の表情が歪んだ。やおら[H]を折り、靴《くつ》を履《は》いたまま銀行の床《ゆか》に正座する。

「申し訳ない。この通りだ」

[I]を床にこすりつけた。許《ゆる》しを請《こ》う木村の声がくぐもって半沢の足元辺りに吹《ふ》きこぼれてくる。刹那《せつな》周囲が凍り付き、物音が消えた。

「おい。行こっか」

副部長に[J]をぽんと叩《たた》かれるまで半沢は、屈服《くっぷく》させた敵のはげ上がった頭頂部を冷ややかに見下ろしていた。そして、全員がぽかんと[K]を開けたまま見守る中、揚々《ようよう》とそのフロアを後にしたのである。

銀行というところは、人事が全てだ。

ある場所でどれだけ評価されたか、その評価を測る物差しは人事である。

だが、その人事は常に公平とは限らない。出世をする者が必ずしも仕事のできる人間ではないことは周知の事実であり、それは東京中央銀行でも例外ではない。

正直なところ、半沢は、銀行という組織にほとほと嫌気《いやけ》がさしていた。古色蒼然《こしょくそうぜん》とした官僚《かんりょう》体質。見かけをとりつくろうばかりで、根本的な改革はまったくといっていいほど進まぬ事なかれ主義。蔓延《まんえん》する保守的な体質に、箸《はし》の上げ下げにまでこだわる幼稚園《ようちえん》さながらの管理体制。なんら特色ある経営方針を打ち出せぬ無能な役員たち。貸《か》し渋《しぶ》りだなんだといわれつつも、世の中に納得《なっとく》できる説明ひとつしようとしない傲慢《ごうまん》な体質——。

もうどうしようもないな、と思う。

だから、オレが変えてやる——そう半沢は思った。

営業第二部の次長職は、そのための発射台として申し分ない。手段はどうあれ、出世しなければこれほどつまらない組織もない。それが銀行だ。

かつて、産業中央銀行の入社試験を受けたときの半沢は、夢を描《えが》いていた。この素晴《すば》らしい組織を自分の手で動かしてみたい、という途《と》方《ほう》もない夢だ。

あれから、十数年。バブルの狂乱《きょうらん》が過ぎ去り、銀行を美化していた様々《さまざま》なメッキは一枚、また一枚と剝《は》がれていった。そして、いまの銀行は無惨《むざん》な鉛《なまり》の城となった。

銀行が特別な存在だったのは、もはや過去の話に過ぎない。いまや銀行は世の中に存在する様々な業態のひとつである。見る影《かげ》もなく凋《ちょう》落《らく》した銀行という組織に、かつての栄光を重ねることは無意味だが、⑨まったく逆の意味でこの組織を自らの手で動かし、変えてみたいという半沢の思いはかえって募《つの》った。

「よく回収したな。五億円」

電話の向こうで渡真利が感嘆《かんたん》の口振《くちぶ》りでいう。「たいしたもんだ。それに、図々《ずうずう》しさにも恐《おそ》れ入《い》るぜ。どうせまた新しい職場でもいいたいことをいうつもりだろう。この銀行で、上司をコケにして出世しているのはお前ぐらいのものだぜ」

半沢は笑った。渡真利は続ける。

「ところで、近藤の奴《やつ》もこっちに戻《もど》ってきたことだし、また一杯《いっぱい》やらないか」

「いいな」

手帳を広げ、スケジュールを覗《のぞ》き込《こ》む。

「それにしても、バブル入行組ってのは、つくづく因果な年代だなあ」

渡真利のため息まじりの言葉が受話器から漏《も》れた。「入行して半ば強制的に入らされた持株会では大損。いまだ損失の穴埋《あなう》めはできない。

この一ヵ月《げつ》ほどの間、浅野の動きは見ていて滑稽《こっけい》なほどだった。いままで散々《さんざん》こきおろしてきた部下を持ち上げる。最初は渋《しぶ》る声もあったが、西大阪スチールの焦《こ》げ付きを見事に回収してからというもの、人事交渉《こうしょう》の障害は消えた。

半沢の栄転が決まったときの浅野は実に複雑な顔をしていた。安堵《あんど》、苛立《いらだ》ち、羨望《せんぼう》――。相反する様々な感情がミックスされ、浅野自身、どう表現していいかわからないように見えた。

「頼《たの》む、私の通帳をもう返してくれないか」

浅野には何度か懇願《こんがん》されたが、そのたびに「なんのことかわかりませんね」と応ずることなく東京に戻《もど》ってきた。

傑作《けっさく》だったのは、昨日、業務統括部《とうかつぶ》に〝クソ銀行員〟の木村を訪ねたときだった。関係部署の挨拶《あいさつ》回りのついでに顔を出したのだ。席にいた木村は、半沢の姿を目にした途端《とたん》、明らかに狼狽《ろうばい》し、席を立とうとしたが、「木村部長代理」という半沢の呼び止めにぎくりとして動きが止まった。

臨店レポートで、散々に半沢をこきおろし、西大阪スチールの損失が融資《ゆうし》課長の実力不足だと断定していた木村だったが、その後、浅野がそれを全面的に否定するという異例の事態になって状況《じょうきょう》が変わった。

半沢から条件を突《つ》きつけられた浅野が選択《せんたく》したのは、唯一刑事《ゆいいつけいじ》告発を逃《のが》れることであった。そのために西大阪スチールに対する五億円の融資が自らの独断であり、意図的に半沢の関与《かんよ》を避《さ》けたことを認めたのだ。その過程で、本部人脈を漁《あさ》って半沢を陥《おとしい》れるために様々《さまざま》な圧力をかけたことも認めた浅野は、間もなく大阪西支店長職を解かれ、本部での出向待ちポストへ転出すると見られている。

その浅野に加担したことが判明した木村に対してもその後しかるべき内部調査が行われるはずで、いま木村は銀行員生活最大のピンチを迎《むか》えているに違いなかった。

「き、君か……」

木村は、落ち着きなく視線を左右に動かし、うろたえていた。半沢と一緒《いっしょ》に回っていた営業第二部の副部長が、新しい部下と古参の次長との間のただならぬ雰囲気《ふんいき》にぽかんとしていた。

「私に何か言うことがあるんじゃないんですか」

返事はなかった。

業務統括部の雑然とした部屋で、木村は学校の先生に叱《しか》られた生徒のようにうつむき、唇《くちびる》を噛《か》む。

「約束を果たしてもらいましょうか。いま」

頬《ほお》が震《ふる》えだし、訴《うった》えるような眼差《まなざ》しがこちらに向いたが、それに対して半沢が返したのは冷ややかな目線である。

「あんたが書いたレポートで、こっちは多大な迷惑《めいわく》を被《こうむ》ったんだ。約束は守ってもらいますよ。土下座して謝《あやま》るんでしたね」

⑧事情を察したらしい副部長が「許《ゆる》してやったらどうだ、半沢」と揶揄《やゆ》する口調でいった。この副部長とは、以前一緒に仕事をしたことがある。半沢の実力も性格も知り抜《ぬ》いている親しい間柄《あいだがら》だ。

「そうはいきません。このまま曖昧《あいまい》にしては、私のプライドが許さない。行内で処分されれば済むという問題ではないので。これは木村部長代理と私の問題です」

「い、いや、済まなかった、半沢次長。申し訳ない」

木村は詫《わ》びた。だが、「土下座は？」という半沢の声に体が凍《こお》り付《つ》く。

騒《さわ》ぎを聞きつけ、辺りにいた行員たちが仕事の手をとめて半沢と木村のやりとりを遠巻きにしている。

うつむいている木村の頬《ほお》がぴくりと動き、ぐっと奥歯《おくば》が噛《か》みしめられるのがわかった。この男なりのプライドにみしみしと罅《ひび》が入り、歪《ゆが》

半沢が入行したとき、木村は、本店融資《ゆうし》部の調査役になっていた。

「人事報知」が届くたび、友人や知り合いの異動を目で追う傍《かたわ》ら、木村の動向にも目を光らせていた。産業中央銀行の行員数、一万七千人。望んだ接点はなかなかなかった。木村が秋葉原《あきはばら》東口支店の支店長になって、よりによって近藤《こんどう》［半沢の同期で、大阪事務所システム部分室調査役］の上司になったのが最大のニアミスで、それは結果的に半沢の怒《いか》りに油をそそぐことになった。それからさらに五年近く待った。そしてついに木村は、業務統括《とうかつ》部部長代理という肩書《かたが》きで、半沢の前に現れたのだった。

「何歳《なんさい》上だろうが、あの野郎《やろう》が出世するようなら産業中央も終わりだな。いいか、〝銀行員である前に人であれ〟だ。これは大切なことだぞ」

「誰《だれ》の言葉、それ」

「オレの言葉に決まってるじゃないか。それとな、どうせ銀行に行くなら偉《えら》くなれよ、直樹。偉くならなきゃ、あれほどつまらん組織もないだろう。偉くなって、うちみたいな会社、いっぱい助けてくれ。頼《たの》むぞ」

「 D 。オレ、頭取になるからさ」

父はまた豪快《ごうかい》に笑った。今度は心底、楽しみにしているという笑いだ。

「 E 。じゃあ、そのネジ、お前にやるよ。記念すべき夢の実現第一号だ。お守りになるかどうかはわからんが、とにかくやるよ」

父はアルコールに弱いくせに酒好きという、憎《にく》めない人種である。こういうときには黙《だま》って従ったほうがいいと知っている半沢は、ネジをジーンズのポケットにしまい込《こ》んだ。

「 F 。もらっとくよ」

そのとき――。

「夢を見続けるってのは難しいもんだ」

しみじみと言った父の言葉は、いまも半沢の心に残っている。「それに比べて夢を諦《あきら》めることのなんと簡単なことか」

「 G 。覚えとくよ」

半沢はビールを一気に喉《のど》に流《なが》し込《こ》んだ。

受話器から流れてきた渡真利《とまり》［半沢の同期で、融資部企画グループ調査役］の声には、明らかに戸惑《とまど》いが滲《にじ》んでいた。

「どういうことだ、半沢」

「どういうことって、なにが」

東京にある東京中央銀行［作品の中では日本のメガバンクの一つで、東京第一銀行と産業中央銀行が合併して誕生したという設定］本店営業部の二階。営業第二部次長の椅子《いす》にゆったりとかけた半沢は、同期入行の男の狼狽《ろうばい》ぶりを楽しんだ。

「なんでお前がそこにいるってきいてるんだ」

「さあな。どうも浅野《あさの》［東京中央銀行大阪西支店長］の野郎が改心して、推挙してくれたらしいな」

「なにをやらかした」

ハナからそんな話を信じるはずのない渡真利はきいた。「オレの出張中にお前に辞令が出たらしいと聞いたから、てっきり出向だと思ったらこれだ。わけがわからん」

「まあいいじゃないか」

辞令は昨日、出た。

本店営業第二部次長。それが半沢の新しい肩書《かたが》きだった。疑いようのない栄転である。その一報を聞いて一番喜んだのが、妻の花《はな》だったのは間違《まちが》いない。

父に話を合わせるために、⑤半沢は心にもないことを口にしてみる。

「まあ、そうなってみれば、お前もわかるだろう」

父は、テーブルの上のネジをひとつ、半沢に放り投げた。慌《あわ》てて受け止め、もう一度見た目から想像できる重さと、指先からじかに伝わる重さとの微妙《びみょう》な違《ちが》いを感じた。素材が単純なプラスチックとは違うのだろうが、ひんやりとした、鉄に一脈通ずる硬質《こうしつ》感を有する不思議な物体に思えた。

「そのネジを開発するために、五年かかった」

「へえ」半沢はまじまじとその不可思議な感触《かんしょく》を指に伝えるネジを見つめる。

「発想を得たのはお前が大学に入る前。そういうネジができないかなと思って、まず始めたのは材料探しだった。試作に試作を重ねて、専用の機械まで自作してようやく出来上がった。お前にとっては何の変《へん》哲《てつ》もないネジかも知れないが、父さんにとってそいつは偉大《いだい》な一歩なんだ」

「なるほど」半沢はひそかに感服していった。

「⑥一寸《いっすん》のネジにも五分《ごぶ》の魂《たましい》だ」

父は悪戯《いたずら》っぽい笑《え》みを浮《う》かべてみせたが、ふいに真剣《しんけん》な顔になる。そして、

「ロボットみたいな銀行員になるなよ、直樹」

といった。

「どういうこと」

「ほら、以前、うちが危なかったときがあっただろう。あのとき、銀行員の顔はみな同じに見えた。助けてくれた金沢相互《かなざわそうご》銀行さん以外はな」

地元の第二地銀である。だまってビールを喉《のど》に流《なが》し込《こ》んだ半沢は、就職活動でついたひとつの嘘《うそ》を思い出した。産業中央《さんぎょうちゅうおう》銀行の面接官に対し、「地銀が見捨てた会社を、都市銀行が救った」といったことだ。本当はまるで逆だったのである。

「それに引《ひ》き換《か》え、産業中央の冷たかったこと。さっさと融資《ゆうし》を引《ひ》き揚《あ》げやがった。あれ、なんていったかな。あのクソ銀行員」

「木村《きむら》よ。木村なんとか」

クソ銀行員だけで、母には通じる。半沢にもだ。

「おう、それだ。お前が産業中央銀行に行くことについては、気にくわないまでも許してやる。だが、あの野郎《やろう》だけは許さない。いつか痛い目に遭《あ》わせてやれ。敵討《かたきう》ちはお前にまかせる」

お父さんったら、と苦笑《くしょう》した母にたしなめられながらも、新しいネジを開発したばかりの父は豪快《ごうかい》に笑った。楽しそうだが、決して目は笑っていない。何年経《た》とうと、どこにいようと、絶対に許さないぞ、そんな決意を秘《ひ》めた目だ。その目を見たらまた、債権者《さいけんしゃ》たちに土下座して手形のジャンプを頼《たの》む父の後ろ姿を思い出した。怒《いか》りが、半沢の胸にも湧《わ》き上《あ》がり、アルコールと共に回り始める。

「まかせなよ、オヤジ。オレがいつかとっちめてやるからさ」

本気で半沢はいった。

「なにいってんの、あちらさんのほうが十も上なんでしょ。目上の人に楯突《たてつ》いたら出世できなくなっちゃうじゃない」

そんな母の言葉など気にしなかった。やるといったらやる。数ある銀行の中でなぜ産業中央銀行を選んだのか。⑦決して面接では口にしなかった動機がそこにあった。

入行《にゅうこう》した半沢がその後、その〝木村なんとか〟について調べるのは簡単だった。

木村直高《なおたか》。それが、当時金沢《かなざわ》支店で半沢の父が経営する会社を担当していた男の名前だった。散々《さんざん》父に世話になっておきながら、業績に不安を感じると、手のひらを返したように裏切ったクソ銀行員だ。

「またって、お前を勧誘するような会社があるのか」

半沢はおどけて顔をしかめてみせる。そのとき台所から、「父さんは、あなたに三共《さんきょう》電機さんに行って欲《ほ》しいと思ってたのよ」と母の声がした。

三共電機は、樹脂成形を主な業務にしている父の会社では一番の得意先だ。心の痛点を突《つ》かれた。得意先の三共電機で修業《しゅぎょう》をして、ゆくゆくは父の経営する会社を継《つ》いでもらいたいというのが父の本音だと知っていたからだ。

だが父は、「そんなことないよ。③オレは、そんなケチなこと思ってないね」と否定した。

「ほんとかしら」

疑わしげな母に、「ああ、ほんとだとも」と、父はやけに真剣《しんけん》な顔でソファに体を投げかける。

「これから国内のモノ作りは苦しくなるからな。うちだって、いつまでもつかわかったもんじゃない。そんな会社を息子《むすこ》に継がせるわけにはいかん。和樹《かずき》にだって継がせるつもりはないね」

和樹というのは、地元の国立大学に通っている半沢の弟だ。

「ほう。そんなに弱気だとは思わなかった」

「弱気とかじゃない。冷静な観察に基《もと》づいた意見といって欲しいね」

父はネクタイを外し、ワイシャツのボタンを緩《ゆる》めると両手を腹の上で組んだ。暑い夕方だったが、父の方針で、当時の半沢家ではクーラーをつけていなかった。クーラーそのものはなかったわけではないが、普段《ふだん》の生活で冷房《れいぼう》を入れるという習慣がなかったのだ。

「なんとなく景気はいいみたいだけど、こと中小零細《れいさい》のモノ作りということに関していうと、もう衰退《すいたい》する兆《きざ》しが見え始めてる。三共電機のひとに聞いた話なんだが、いまに大企業《だいきぎょう》は、国内の下請《したう》けに任せていた部品の製造や加工を、コストの安いアジアの国々《くにぐに》へもっていくようになるっていうんだ。そうすれば、人件費だって日本の何十分の一で済む。そんなことにでもなってみろ。いまある我々《われわれ》中小下請け企業の仕事なんかあっという間になくなっちまう」

「そうならなきゃいいね」

④少し淋《さび》しそうな父の表情を見ながら、半沢はいった。「母さん、ビール」と父がいって、缶《かん》ビールが二本出てきた。コップはなしだ。父はその一本のプルトップをⓒムゾウサに引いた。

「コストってのは恐ろしいぞ、直樹《なおき》。会社の懐《ふところ》をどんどん狭《せま》くして、今までの取引がどうとか、人間関係がどうなんてことは全て水に流す勢いだ。これからの中小零細企業《れいさいきぎょう》ってのは、ⓓモンドウ無用のコスト競争になってくる。かなりの数の会社が淘汰《とうた》されるだろうな。それでなくても、業績は相当悪化してくるはずだ。このことはお前にも関係がある」

半沢は黙《だま》って、父を見つめた。半沢の返事を期待しているわけではないことは、その顔を見ればわかった。

「中小零細企業が傷《いた》んでくるってことは、要するにそこにカネを貸してる銀行もまた痛みを被《こうむ》るってことさ。ただ、お前ら銀行はお上の保護ってやつがあるから、それで潰《つぶ》れるかどうかは別だけどな。だけどもしかしたら、潰れる銀行が出てくるかもしれんぞ」

半沢は笑った。父の心配性《しんぱいしょう》は昔からだが、銀行が潰れるだなんて真顔で言われたら、これはもう、笑うしかなかった。産業中央銀行で内定をもらった夜にも、先輩《せんぱい》に連れられて食事に向かうタクシーの中で「これで君は一生安泰《あんたい》だ」と太鼓判《たいこばん》を押《お》されたばかりだ。銀行に就職するということは、自分だけではなくその家族まで、一生を安泰のうちに暮らせる保証を得たのとⓔドウギだと、その先輩は説いたのである。

「銀行が潰れたらすごいことになるだろうね」

二〇二一年度　中央大学附属中学校

【国　語】〈第二回試験〉（五〇分）〈満点：一〇〇点〉

一　次の文章を読んで、以下の設問に答えなさい。

　机を整理していたら、ゼムクリップの中に埋《う》まったネジを見つけた。三センチほどの長さの、一見①何の変哲《へんてつ》もないネジだ。

「なんだ、ここにあったのか」

　つまみあげる。刹那《せつな》、あの夏の一コマが胸に浮《う》かんだ。一九八七年の八月の終わり。金沢《かなざわ》にある実家でのことである。

「それにしてもお前が銀行ねえ。ふーん」

　そのとき、台所に立って夕飯のⓐシタクをしながら、母は　A　自分の息子《むすこ》が銀行へ行くことが信じられないのか、何度もそう繰《く》り返《かえ》していた。ビーフシチューの匂《にお》いが漂《ただよ》っている。夕焼けがリビングに斜《なな》めに差《さ》し込《こ》み、まだ強い日差しが庭先の夏椿《なつつばき》の実を照りつけていた。

　二十日の夜に始まった就職戦線は、内定の後一週間ほどの拘束《こうそく》期間を経て、ようやく昨日になって自由行動となった。それでこの日、半《はん》沢《ざわ》は遅《おそ》めの帰省をしたのである。

「ほんとうに勤まるのかしらねえ」

　母はシチューの加減を見ながらまたそんなことをいい、サラダにする野菜を冷蔵庫から出す。父の帰宅を知らせるチャイムが鳴ったのは、そんなときだった。

　リビングに入ってきた父は、「よっ」と一言。いつものことながらそっけなく、　B　昨日も一昨日も、一緒《いっしょ》に暮らしているような気安さでいうと、カバンから紙箱を出して中に入っているものをテーブルの上にあけた。

「なんだ、それ」

　転がり出てきたものを見て興味を持った半沢は、父と一緒になって覗《のぞ》き込《こ》む。

「ネジだ」

　父がいった。

「それは見ればわかる。何のネジだよ」

「何のといわれても、まあ、いろいろ。フツーのネジに見えるだろ。ちょっと手にとってみろ」

　言われて、テーブルの上に転がっている十数個のネジから一つをつまみ上げる。

　C　違和感《いわかん》にとらわれ、半沢は父を見た。「軽い」。鉄製だと思ったネジは、意外にも樹脂製《じゅしせい》なのだった。

「だろ。それだけじゃないぞ。このネジはな、樹脂としては今までにない強度を持ってるんだ。鉄製のネジと比べると重さは五分の一。なのに強度はほとんど変わらない」

　ポリアミド系樹脂をガラス繊維《せんい》で強化した複合剤《ざい》で云々《うんぬん》という、専門外の半沢がきいても②右から左へ抜《ぬ》ける説明を加えた父は、どうだ、といわんばかりに胸を張った。

「要するに、これを使えば製品が軽量化でき、ついでに腐食《ふしょく》もⓑフセぐことができるということか」

「まあ、そんなところだ。ついでにいうと、軽いから運送コストも安くつく」

「故《ゆえ》に半沢樹脂工業の戦略商品ってわけだ」

　父は得意げに鼻を鳴らし、「銀行なんかやめて我《わ》が社《しゃ》を手伝わないか」といった。

「やっと就職活動が終わったばかりだってのに、また勧誘《かんゆう》かよ」

2021年度

中央大学附属中学校　▶解説と解答

算　数　＜第２回試験＞（50分）＜満点：100点＞

解　答

1 (1) 1817　(2) $\frac{3}{4}$　(3) 1時16分　(4) 1685個　(5) 840円　(6) 58度　2 (1) 120m　(2) 時速42.8km　3 (1) 31.4cm　(2) 29.64cm^2　4 (1) 55番目　(2) 6　(3) 840　5 (1) 216cm^2　(2) 576cm^3　(3) 8 cm　(4) 288cm^3

解　説

1 四則計算，逆算，時計算，整数の性質，売買損益，角度

(1) $36\div\frac{2}{9}\times15\div\frac{4}{3}-\left\{6-\left(\frac{5}{6}-\frac{1}{3}\right)\right\}=36\times\frac{9}{2}\times15\times\frac{3}{4}-\left\{6-\left(\frac{5}{6}-\frac{2}{6}\right)\right\}=\frac{3645}{2}-\left(6-\frac{3}{6}\right)=\frac{3645}{2}-\left(6-\frac{1}{2}\right)=\frac{3645}{2}-\left(\frac{12}{2}-\frac{1}{2}\right)=\frac{3645}{2}-\frac{11}{2}=\frac{3634}{2}=1817$

(2) $1\frac{2}{3}\times1\frac{4}{5}-\left(\frac{5}{6}-\square\right)\div0.5=2\frac{5}{6}$ より，$\left(\frac{5}{6}-\square\right)\div0.5=1\frac{2}{3}\times1\frac{4}{5}-2\frac{5}{6}=\frac{5}{3}\times\frac{9}{5}-\frac{17}{6}=3-\frac{17}{6}=\frac{18}{6}-\frac{17}{6}=\frac{1}{6}$，$\frac{5}{6}-\square=\frac{1}{6}\times0.5=\frac{1}{6}\times\frac{1}{2}=\frac{1}{12}$　よって，$\square=\frac{5}{6}-\frac{1}{12}=\frac{10}{12}-\frac{1}{12}=\frac{9}{12}=\frac{3}{4}$

(3) 時計の数字と数字の間１つ分の角度は，360÷12＝30(度)なので，１時のとき，右の図１のように，長針は短針の30度後ろの位置にある。よって，１時から２時の間で，長針と短針の間が58度になるのは，１時から長針が短針よりも，30＋58＝88(度)多く進んだときとなる。１分間に長針は，360÷60＝６(度)，短針は，30÷60＝0.5(度)進むから，１分間に長針は短針よりも，６－0.5＝5.5(度)多く進む。したがって，長針と短針の間が58度になるのは，１時から，88÷5.5＝16(分後)なので，１時16分である。なお，２時のときの長針と短針の間の角度は，30×２＝60(度)で，58度より大きいので，１時16分から２時までに，長針と短針の間が再び58度になることはない。

図１

(4) １から2021までの整数の中で，８で割り切れる整数は，2021÷８＝252余り５より，252個，12で割り切れる整数は，2021÷12＝168余り５より，168個ある。また，８と12の最小公倍数は24なので，８でも12でも割り切れる整数は，24で割り切れる整数である。これは，１から2021までの整数の中で，2021÷24＝84余り５より，84個あるから，８または12で割り切れる整数は，252＋168－84＝336(個)ある。よって，１から2021までの整数の中で，８でも12でも割り切れない整数は，2021－336＝1685(個)ある。

(5) 仕入れた個数の合計は，10＋25＋20＋５＝60(個)だから，仕入れ値の合計は，600×60＝36000(円)である。よって，(売り上げの合計)＝(仕入れ値の合計)＋(利益)より，売り上げの合計は，36000＋4740＝40740(円)とわかる。また，定価を$\boxed{1}$とすると，定価の10％引きは，$\boxed{1}$×(１－0.1)＝$\boxed{0.9}$，定価の20％引きは，$\boxed{1}$×(１－0.2)＝$\boxed{0.8}$と表せるので，$\boxed{1}$の値段で10個，$\boxed{0.9}$の値段で25個，$\boxed{0.8}$の値段で20個売れたことになる。したがって，売り上げの合計は，$\boxed{1}$×10＋$\boxed{0.9}$×25＋$\boxed{0.8}$×20＝

[10]＋[22.5]＋[16]＝[48.5]と表せるから，[1]にあたる金額，つまり，定価は，40740÷48.5＝840(円)と求められる。

図２

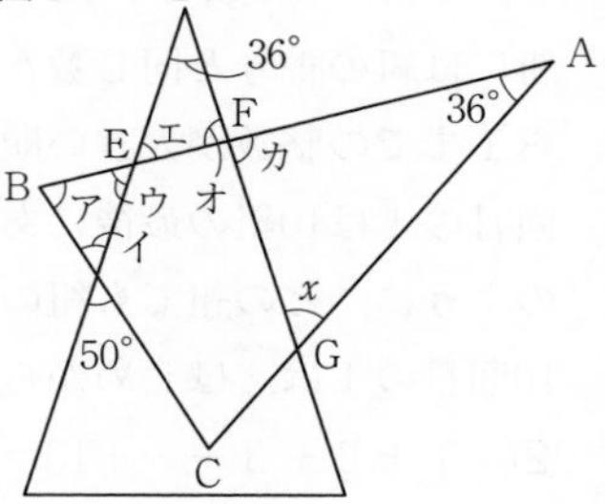

(6)　右の図２で，三角形ABCは，AB＝ACの二等辺三角形だから，角アは，(180－36)÷２＝72(度)である。また，対頂角は等しいから，角イは50度であり，角ウは，180－(72＋50)＝58(度)，角エも58度となる。ここで，三角形AFGと三角形DFEは，角Aと角Dが36度で等しく，対頂角の角カと角オの大きさも等しいから，角xと角エの大きさも等しくなる。よって，角xは58度とわかる。

[2]　通過算

図１

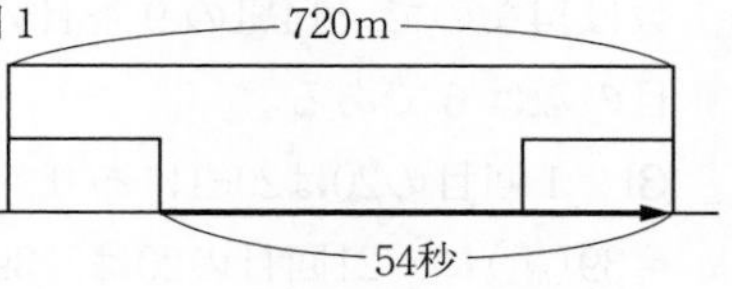

図２

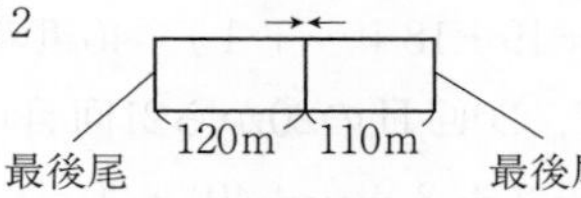

(1)　40kmは，1000×40＝40000(m)，１時間は，60×60＝3600(秒)より，時速40kmは秒速，$40000 \div 3600 = \frac{100}{9}$(m)となる。また，右の図１より，上り電車がトンネルに完全に隠《かく》れている54秒間で進む距離《きょり》は，(トンネルの長さ)－(電車の長さ)である。よって，(トンネルの長さ)－(電車の長さ)は，$\frac{100}{9} \times 54 = 600$(m)だから，上り電車の長さは，720－600＝120(m)と求められる。

(2)　上り電車が下り電車とすれ違《ちが》い始めるとき，右上の図２のようになり，２つの電車の最後尾《さいこうび》は，110＋120＝230(m)離《はな》れている。この後，２つの電車がすれ違い終わるのは，最後尾どうしが出会うときで，図２のときから10秒かかる。よって，２つの電車は10秒間に合わせて230m進むから，１秒間に合わせて，230÷10＝23(m)進む。したがって，下り電車の速さは秒速，$23 - \frac{100}{9} = \frac{107}{9}$(m)と求められる。これを時速に直すと，$\frac{107}{9} \times 3600 \div 1000 = 42.8$(km)となる。

[3]　平面図形―図形の移動，長さ，面積

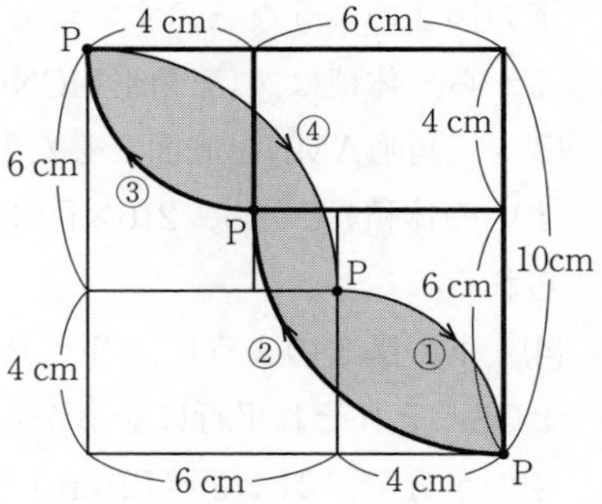

(1)　右の図で，点Ｐは，①，②，③，④の曲線部分の上を動く。①と③の部分は半径４cm，中心角90度のおうぎ形の弧《こ》だから，長さはそれぞれ，$4 \times 2 \times 3.14 \times \frac{1}{4} = 2 \times 3.14$(cm)となる。また，②と④の部分は半径６cm，中心角90度のおうぎ形の弧だから，長さはそれぞれ，$6 \times 2 \times 3.14 \times \frac{1}{4} = 3 \times 3.14$(cm)となる。よって，点Ｐが動いたあとの長さは，２×3.14×２＋３×3.14×２＝(２＋３)×3.14×２＝10×3.14＝31.4(cm)と求められる。

(2)　点Ｐが動いたあとで囲まれた部分は，図のかげをつけた部分である。正方形の中でかげのついていない２つの部分のうち，左下の部分は，正方形から，太線で囲んだ１つの長方形と２つのおうぎ形を除いた図形なので，その面積は，$10 \times 10 - 4 \times 6 - 4 \times 4 \times 3.14 \times \frac{1}{4} - 6 \times 6 \times 3.14 \times \frac{1}{4} =$ 100－24－４×3.14－９×3.14＝76－(４＋９)×3.14＝76－40.82＝35.18(cm^2)となる。また，かげのついていない部分のうち，右上の部分の面積も同じように求められるので，35.18cm^2となる。よって，かげをつけた部分の面積は，10×10－35.18×２＝100－70.36＝29.64(cm^2)とわかる。

[4]　数列

(1)　下の図のように数を区切っていき，順に１組，２組，…とすると，１組には{1}，２組には

{2，1}，３組には{3，2，1}，…のように，各組には組の番号と同じ数から１までの整数が大きい順にならんでいる。

1，	2，1，	3，2，1，	4，3，2，1，	5，4，3，2，1，	6，…
1組	2組	3組	4組	5組	

よって，どの組にも１は１個ずつ最後にあるので，10回目の１は10組の最後にある。また，各組にならぶ数の個数は，１組では１個，２組では２個，…のように，どの組でも組の番号と同じになるから，10回目の１は10組の10番目にある。したがって，10回目の１は，はじめから数えて，１＋２＋３＋…＋10＝(１＋10)×10÷２＝55(番目)にある。

(2)　１＋２＋３＋…＋13＝(１＋13)×13÷２＝91より，13組の最後の数は，はじめから数えて91番目だから，はじめから数えて100番目は，14組の，100－91＝９(番目)となる。また，14組の先頭の数は14なので，14組の９番目の数は，14－９＋１＝６とわかる。よって，はじめから数えて100番目の数は６である。

(3)　１回目の20は20組にあり，その後，各組に１個ずつ20があるので，20回目の20は，20＋20－１＝39(組)に，21回目の20は，39＋１＝40(組)にある。39組にある20から39組の最後の数までの和は(20＋19＋18＋…＋１)，40組の先頭の数から40組にある20までの和は(40＋39＋38＋…＋20)となるので，20回目の20から21回目の20までの和は，(20＋19＋18＋…＋１)＋(40＋39＋38＋…＋20)＝(１＋２＋３＋…＋40)＋20＝(１＋40)×40÷２＋20＝820＋20＝840と求められる。

5　立体図形―面積，体積，長さ，分割

(1)　下の図１で，ABの長さは24cm，BM，NDの長さは，24－12＝12(cm)である。よって，正方形ABCDの面積は，24×24＝576(cm^2)，三角形ABMと三角形ADNの面積はどちらも，12×24÷２＝144(cm^2)，三角形MCNの面積は，12×12÷２＝72(cm^2)だから，三角形AMNの面積は，576－144×２－72＝576－288－72＝216(cm^2)と求められる。

(2)　図１の正方形を点線で折り曲げると，ABとAD，BMとCM，DNとCNがそれぞれ重なるので，下の図２のような三角すいができる。この三角すいは三角形MCNを底面とすると，高さはACになるから，体積は，(三角形MCNの面積)×AC÷３＝72×24÷３＝576(cm^3)となる。

(3)　三角形AMNを底面としたときの高さを□cmとすると，(三角形AMNの面積)×□÷３＝(三角すいの体積)だから，216×□÷３＝576(cm^3)となる。よって，□＝576×３÷216＝８(cm)と求められる。

(4)　下の図３のように，３点Ｐ，Ｑ，Ｒを通る平面がCNと交わる点をＳとすると，PQとRS，PRとQSはそれぞれ平行になるから，ＳはCNの真ん中の点になり，PR，QSの長さはどちらもACの長さの半分で，24÷２＝12(cm)となる。ここで，AC上に点Ｔを，TCの長さがPRやQSと同じ12cmになるようにとると，三角すいを切ったとき，点Ａをふくむ立体は，立体PTQ－RCSと立体Ａ－PTQに分けられる。まず，PR，QSはTCと平行だから，立体PTQ－RCSは底面が三角形RCSで高さが12cmの三角柱となる。RC，CSの長さは，12÷２＝６(cm)なので，三角形RCSの面積は，６×６÷２＝18(cm^2)となり，立体PTQ－RCSの体積は，18×12＝216(cm^3)とわかる。また，立体Ａ－PTQは底面が三角形PTQで高さがATの三角すいで，三角形PTQの面積は三角形RCSと同じ18cm^2，ATの長さは，24－12＝12(cm)だから，立体Ａ－PTQの体積は，18×12÷３＝72(cm^3)となる。よって，点Ａをふくむ立体の体積は，216＋72＝288(cm^3)と求められる。

図１
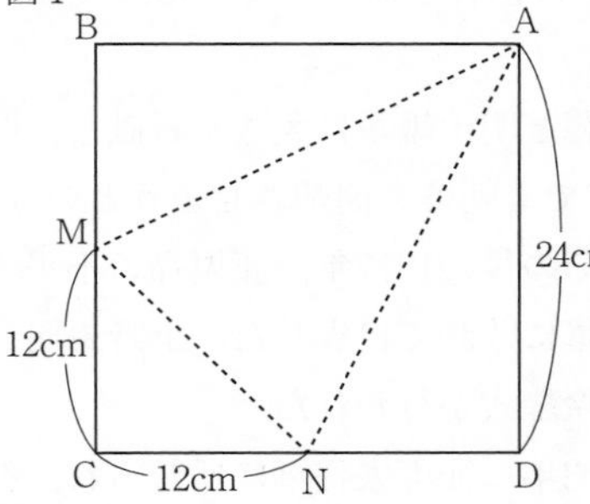

図２
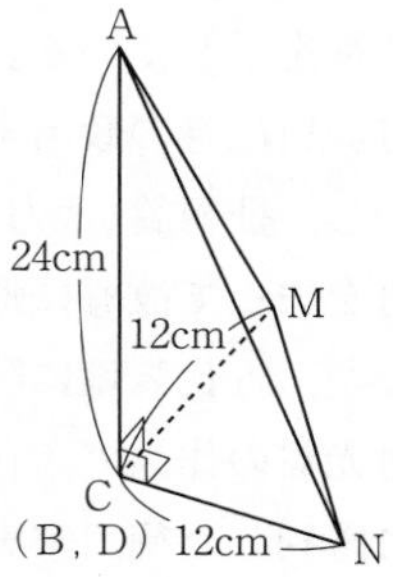

図３
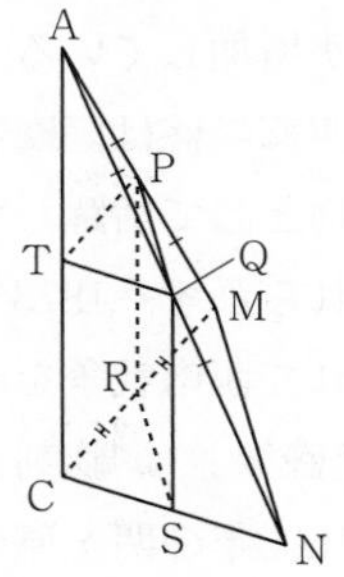

社 会 ＜第２回試験＞（30分）＜満点：60点＞

解 答

Ⅰ **問１** ③ **問２** (イ) ② (ロ) ③ **問３** ① **問４** ② **問５** 西郷隆盛 **問６** ④ **問７** リモートワーク(テレワーク) **問８** ③ **問９** ① **問10** ③ **問11** ② **問12** アメリカ合衆国 **問13** ① **問14** ④ Ⅱ **問１** (イ) ③ (ロ) ④ **問２** ① **問３** ④ **問４** (例) 金や銀が産出する経済的に重要な場所だったから。 **問５** ③ **問６** ③ **問７** しまなみ(海道) **問８** ④ **問９** ② **問10** ③ **問11** ① **問12** ② **問13** SDG(s) **問14** ④

解 説

Ⅰ 東京都上野や日本の美術品を題材にした問題

問１ ① 沖縄そばは一般的に，そば粉ではなく小麦粉を原料とした中華麺《ちゅうかめん》でつくられる。 ② 一般に，薄口《うすくち》しょう油を用いる関西のそばつゆは，関東のものより色が薄い。 ③ 年越《こ》しや引越しのときにそばを食べる風習は，江戸時代から始まったといわれているので，正しい。 ④「出雲《いずも》」は島根県東部の旧国名で，出雲そばは島根県の名物である。

問２ (イ) 博物館の地図記号は，博物館や美術館などの建物の形のイメージを図案化した(🏛)で，美術館や歴史館もこの地図記号で表される。なお，①の(Ö)は官公署，③の(⍋)は裁判所，④の(⊟)は自衛隊を表す地図記号。 (ロ) ① 671年に天智天皇が亡くなると，翌672年，次の皇位をめぐって，天皇の弟の大海人《おおあまの》皇子と子の大友皇子が争いを起こした。この争いは壬申の乱とよばれ，勝った大海人皇子が天武天皇として即《そく》位した。 ② 660年に滅《ほろ》んだ百済《くだら》の復興を助けるため，中大兄《なかのおおえの》皇子(のちの天智天皇)は朝鮮半島に軍を送ったが，663年の白村江《はくすきのえ》の戦いで唐(中国)と新羅《しらぎ》の連合軍に敗れた。 ③ 中大兄皇子と中臣鎌足《なかとみのかまたり》らが645年に蘇我氏を滅ぼして始めた大化の改新について，正しく説明している。 ④「蘇我氏」ではなく「物部氏」,「物部守屋《もりや》」ではなく「蘇我馬子」が正しい。

問３ 戦後の占領期にはGHQ(連合国軍最高司令官総司令部)の指導で民主化政策が進められた。その１つとして行われた農地改革では，政府が一定面積を残して地主の土地を買い上げ，小作農に安く売り渡したことで，多くの自作農が生まれた。よって，①が誤っている。

問４ ① 郵便事業の民営化は2007年，国鉄の民営化は1987年のことである。 ② 自動車の普《ふ》

及《きゅう》について正しく説明している。　③，④　旅客輸送の割合が低下している(う)は船，じょじょに割合が増加している(え)は航空機を示している。

問５　西郷隆盛は薩摩藩(鹿児島県)出身の政治家で，倒幕と明治維新に大きく貢献《こうけん》し，明治政府の中心人物として活躍《かつやく》した。しかし，征韓《せいかん》論(武力を用いてでも朝鮮を開国させようという考え方)が受け入れられず，1873年に政府を去って故郷に帰った。その後の1877年，鹿児島の不平士族におし立てられて西南戦争を起こしたが，近代装備に勝る政府軍に敗れて自害した。上野恩賜《おんし》公園にある「西郷隆盛像」は彫刻《ちょうこく》家・高村光雲の作品で，1898年に除幕式が行われた。

問６　1600年の関ヶ原の戦いに勝利した徳川家康は，1603年に征夷《せいい》大将軍に任じられ，初代将軍として江戸に幕府を開いた。家康は外交政策の１つとして，大名や大商人に朱印状という海外渡航許可証を与え，海外との貿易を管理した。よって，④が正しい。家康は1616年に亡くなると，初め久能山(静岡県)に祀《まつ》られたが，翌17年に日光東照宮に移された。その後，第３代将軍徳川家光によって，現在のような豪華な社殿がつくられた。なお，①は第３代将軍徳川家光，②は第５代将軍徳川綱吉，③は第８代将軍徳川吉宗が行ったこと。

問７　自宅など，会社以外の場所でインターネットなどを利用して仕事をすることをリモート(テレ)ワークという。新型コロナウイルス感染症《しょう》の拡大をきっかけに，こうした働き方が広まった。

問８　(あ)は1874年，(い)は1886年，(う)(下関条約の締結《ていけつ》)は1895年，(え)(廃藩置県)は1871年のできごとなので，時代の古い順に(え)→(あ)→(い)→(う)となる。

問９　資料の絵は，雪舟が描いた水墨画《すいぼくが》「秋冬山水図《しゅうとうさんすいず》」のうちの「秋景」である。雪舟は室町時代に水墨画を大成した絵師で，代表作にはこのほか「四季山水図巻」「天橋立《あまのはしだて》図」などがある。室町時代には，室町幕府の第８代将軍足利義政の後継《あとつ》ぎをめぐる争いに，有力守護大名の山名氏と細川氏の対立がからみ，京都で応仁の乱(1467～77年)が起こった。よって，①が正しい。なお，②は鎌倉時代，③と④は平安時代のできごと。

問10　富士山は静岡県と山梨県にまたがる日本の最高峰《ほう》(標高3776m)である。静岡県の焼津《やいづ》港は遠洋漁業の基地となっており，マグロやカツオの漁獲《ぎょかく》量が多い。また，県西部の浜名湖ではウナギ，県東部の富士宮市では湧《わ》き水によるニジマスの養殖がさかんである。よって，③が正しい。なお，①は和歌山県，②は鹿児島県，④は長野県について述べた文。

問11　ゴッホはオランダの画家で，日本の浮世絵に強い影響を受けて多くの作品を集め，みずからも浮世絵をまねた絵を描いた。「タンギー爺《じい》さん」の背景にも，浮世絵が描かれている。

問12　近年の日本の貿易では，中国が輸入額で第１位を占《し》める状態が続いている。これにつぐ第２位はアメリカ合衆国，第３位はオーストラリアである。なお，輸出額はアメリカ合衆国，中国，韓国の順に多く，東・東南アジアの国が上位に入る。統計資料は『日本国勢図会』2020／21年版による(以下同じ)。

問13　UNESCO(ユネスコ，国連教育科学文化機関)は，教育・科学・文化などの分野での国際協力を通じて世界平和に貢献することを目的とした国際連合の専門機関である。なお，②のWHOは世界保健機関，③のUNHCRは国連難民高等弁務官事務所，④のWFPは世界食糧計画の略称。

問14　(あ)「臨時国会」ではなく「特別国会」が正しい。　(い)「過半数」ではなく「３分の２以上」が正しい。

Ⅱ　日本の島を題材にした問題

問１　(イ)　新潟県の佐渡島には，国の特別天然記念物に指定されているトキが生息しており，トキの保護センターがある。　(ロ)　図では，両津湾が左上，真野湾が右下に見えるので，④の方向から眺《なが》めた形だとわかる。

問２　世阿弥《ぜあみ》は室町時代前半，父の観阿弥とともに能(能楽)を大成した。世阿弥の著書『風姿花《ふうしか》伝《でん》』は能の理論書だが，日本の芸術論書としても広く読み継がれている。なお，②の『方丈記《ほうじょうき》』は鴨長明《かものちょうめい》の随筆，③の『徒然草《つれづれぐさ》』は吉田兼好《けんこう》の随筆で，いずれも鎌倉時代の作品。④の『日本永《えい》代蔵《たいぐら》』は江戸時代前半，井原西鶴《さいかく》によって書かれた浮世草子である。

問３　江戸幕府のしくみでは，町奉行が江戸の行政を，勘定《かんじょう》奉行が財政を担当した。よって，④が誤っている。

問４　佐渡島には金・銀山があったため，江戸幕府は佐渡島を天領(幕府直轄《ちょっかつ》地)として直接支配した。江戸時代，幕府は貨幣《かへい》をつくる権利を独占し，金山のあった佐渡島や伊豆(静岡県)，銀山のあった石見《いわみ》(島根県)や生野《いくの》(兵庫県)などが天領とされた。

問５　③の田中角栄は新潟県出身の政治家で，太平洋ベルトに集中した工業の地方への分散，新幹線や高速道路網《もう》の整備などを中心とする「日本列島改造論」(同名の著書もある)を掲《かか》げ，1972年７月に総理大臣になった。同年には日中共同声明を発表して中国との国交を正常化したが，国土の開発や石油危機(1973年)は地価や物価の上昇を招き，1974年にはみずからの汚職事件を追及されて辞職した。

問６　後白河天皇は1156年の保元の乱で平清盛らを味方につけて勝利し，その後は上皇となって院政を行った。平清盛は初め後白河上皇の信任を得て，1167年には武士として最初の太政《だいじょう》大臣になるなどしたが，のちに対立した。よって，③があてはまる。なお，①は９世紀，②は15世紀，④は11世紀のできごと。

問７　瀬戸内海の島々をつなぎながら，広島県の尾道市と愛媛県の今治市を結ぶ西瀬戸自動車道は，「瀬戸内しまなみ海道」(尾道－今治ルート)ともよばれる。なお，本州四国連絡橋にはこのほか，岡山県と香川県を結ぶ瀬戸大橋(児島－坂出ルート)，兵庫県と徳島県を，淡路《あわじ》島(兵庫県)を経由して結ぶ明石海峡大橋・大鳴門橋(神戸－鳴門ルート)がある。

問８　①　自衛隊は日本国憲法施行(1947年)後の1954年(前身となった警察予備隊の設置は1950年)に創設された組織で，平和主義を規定した日本国憲法第９条にその記述はない。　②　自衛隊は，陸上・海上・航空の３部隊で構成されている。　③　ミサイル迎撃《げいげき》システム「イージス・アショア」は，地元の理解が得られなかったことなどから，2020年に計画が白紙撤回《てっかい》された。　④　2015年，安倍晋三内閣のもとで成立した安全保障関連法について，正しく説明している。

問９　イワシは，おもに沖合漁業で漁獲される近海魚で，養殖には適さないとされている。

問10　①の「味噌《みそ》かつ」は愛知県，②の「もつ鍋《なべ》」は福岡県，③の「鶏飯《けいはん》」は鹿児島県の奄美《あまみ》大島，④の「鶏南蛮《とりなんばん》」は宮崎県の郷土料理として知られる。

問11　①　平成時代には不景気下で円高が進み，2011(平成23)年には戦後最高値の１ドル＝75円台を記録した。　②　消費税は1989年に税率３％で導入され，その後，税率が1997年に５％，2014年に８％へと段階的に引き上げられた。　③　完全失業率は，最大でも5.5％にとどまった。④　近年の一般会計予算は，100兆円程度で推移する状態が続いている。

問12　諫早《いさはや》湾(長崎県)の干拓事業は，農地の拡大を最大の目的として行われた。また，地元の漁業

民を中心とする反対運動があったにもかかわらず，1989年に着工された干拓事業は，2007年に完成した。

問13　2015年，国際連合の総会で採択《さいたく》された「持続可能な開発目標」は，SDGsと略される。SDGsには，2030年までに国際社会が達成するべき17の目標（ゴール）と169の達成基準（ターゲット）が盛りこまれている。

問14　１年を通じて降水量が少ない(あ)は瀬戸内の気候に属する因島《いんのしま》（広島県），冬の降水（雪）量が多い(い)は日本海側の気候に属する佐渡島，１年を通じて温暖で夏の降水量が多い(う)は南西諸島の気候に属する奄美大島に，それぞれあてはまる。

理　科　＜第２回試験＞（30分）＜満点：60点＞

解　答

1　**問１**　(ウ)　**問２**　(ウ)　**問３**　(ア)，(エ)　**問４**　(ウ)　**問５**　(エ)　**2**　**問１**　(イ)，(エ)　**問２**　(キ)　**問３**　①　**問４**　(エ)　**問５**　(あ)，(う)，(い)　**問６**　(イ)　**3**　**問１**　(1)　83個　(2)　69個　(3)　４回目　**問２**　(ウ)　**問３**　(イ)

解　説

1　**トウモロコシについての問題**

問１　ヘチマはスイカやツルレイシ，カボチャなどと同じウリ科の植物で，トウモロコシと同様に，めしべがないお花とおしべがないめ花をつける。

問２　トウモロコシの種子のようなはい乳を持つものは，発芽のための養分（デンプン）をはい乳にたくわえている。よって，ヨウ素液をたらしたとき，はい乳の部分が青むらさき色になる。

問３　カキとイネの種子ははい乳を持つが，アブラナとヒマワリの種子ははい乳がなく，発芽のための養分を子葉にたくわえている。

問４　おしべが持つ（ＹとＷ）の情報の組み合わせがバラバラになり，Ｙだけの情報を持つ花粉と，Ｗだけの情報を持つ花粉の両方が，ほぼ同じ数ずつできる。

問５　はいしゅについても問４と同様に，Ｙだけの情報を持つはいしゅと，Ｗだけの情報を持つはいしゅの両方が，ほぼ同じ数ずつできる。すると，新しい種子は，花粉から受け取った情報とはいしゅから受け取った情報の順に情報の組み合わせを表すと，（ＹとＹ），（ＹとＷ），（ＷとＹ），（ＷとＷ）の４通りとなり，これらはほぼ同じ数ずつできる。このうち，（ＹとＹ），（ＹとＷ），（ＷとＹ）の種子は黄色，（ＷとＷ）の種子は白色となるので，黄色の種子と白色の種子は３：１の割合でできることになる。

2　**水の蒸発の実験についての問題**

問１　(ア)　しぼったときの重さがみな同じなので，３時間の間の水の蒸発量がもっとも多いのは，３時間後の重さがもっとも軽い①である。よって，正しくない。

(イ)　３時間の間の水の蒸発量がもっとも少ないのは，３時間後の重さがもっとも重い④である。したがって，正

表Ａ

	しぼったとき～１時間後	１時間後～２時間後	２時間後～３時間後
①	18.0ｇ	17.0ｇ	15.1ｇ
②	15.2ｇ	14.2ｇ	11.8ｇ
③	14.2ｇ	12.1ｇ	9.7ｇ
④	11.0ｇ	10.0ｇ	8.9ｇ

しい。　(ウ)　１時間経過ごとの水の蒸発量を調べると，上の表Ａのようになる。①〜④のいずれも，１時間経過ごとの水の蒸発量は少しずつ減少しているので，正しくない。　(エ)　３時間の間の水の蒸発量は，①が，72.3－22.2＝50.1(ｇ)，④が，72.3－42.4＝29.9(ｇ)なので，①は④の，50.1÷29.9＝1.67…(倍)となっている。よって，正しい。

問２　①において，しぼったときに付着していた水は，72.3－20.6＝51.7(ｇ)，１時間後までに蒸発した水の重さは，表Ａより18.0ｇなので，蒸発した割合は，18.0÷51.7×100＝34.81…より，約34.8％である。

問３　表Ａを見ると，１時間経過ごとの水の蒸発量は，どの時間帯でも①がもっとも多く，④がもっとも少ない。そして，３時間後から４時間後までの１時間の間に，④では，42.4－36.5＝5.9(ｇ)の水が蒸発したので，ほかでは5.9ｇより多い量の水が蒸発すると考えられる。ところが，①では，３時間後に付着している水が，22.2－20.6＝1.6(ｇ)しかないので，３時間後から４時間後までの１時間に最大でも1.6ｇまでしか水が蒸発しない。したがって，もっとも重さの変化が少ないのは①と考えられる。なお，②と③は３時間後に付着している水が5.9ｇより多くあるので，5.9ｇより多い量の水が蒸発すると考えられる。

問４　④において，しぼったときに付着していた12％の食塩水は，72.3－20.6＝51.7(ｇ)で，これには食塩が，51.7×0.12＝6.204(ｇ)ふくまれる。ハンドタオルを乾《かわ》かしてもこの食塩は蒸発せずに残るので，十分に乾燥《かんそう》させたときの④の重さは，20.6＋6.204＝26.804より，約26.8ｇとなる。

問５　水が蒸発するときにはまわりから熱をうばう。そのため，水や食塩水につけない(あ)は室温を示すが，(い)や(う)では水が蒸発するときに温度計の球部から熱をうばい，室温より低い値を示す。実験１より，水の方が食塩水より蒸発しやすいことがわかるので，水につけた(い)の方が食塩水につけた(う)よりも低い値を示す。よって，温度の高いものから順に(あ)，(う)，(い)となる。

問６　(あ)では，室温が同じなので湿度《しつど》に関係なく同じ値を示す。(い)では，空気が湿《しめ》っているのでさわやかな日より水が蒸発しにくく，熱がうばわれにくいので，高い温度を示す。

3　放射性原子の性質についての問題

問１　(1)　１回目は，100×$\frac{1}{6}$＝16.6…より，17個が１の目となり，これを取り除くので，100－17＝83(個)が残る。　(2)　２回目は，83×$\frac{1}{6}$＝13.8…より，14個を取り除くので，83－14＝69(個)が残る。　(3)　３回目は，69×$\frac{1}{6}$＝11.5より，12個を取り除くので，残りは，69－12＝57(個)となり，４回目は，57×$\frac{1}{6}$＝9.5より，10個を取り除くから，残りは，57－10＝47(個)になる。よって，４回目に初めて50個以下となる。

問２　放射性原子が崩壊《ほうかい》して，数が半分になるときの時間を半減期というので，放射性原子が200個であっても100個であっても，半分になるまでにかかる時間は同じになる。

問３　原子Ｕと原子Ｐの数の比が４：１のとき，崩壊せずに残っている原子Ｕの割合は，４÷(４＋１)×100＝80(％)である。ここで，図１のグラフにおいて，残りの原子の割合が80％になるのは約$\frac{1}{3}$年と読み取れる。これは半減期の約$\frac{1}{3}$にあたるので，この岩石の年齢《ねんれい》は，45×$\frac{1}{3}$＝15(億年)と推定できる。

国　語　＜第２回試験＞（50分）＜満点：100点＞

解　答

□一 問１　下記を参照のこと。　問２　①　(オ)　②　(ウ)　問３　(ア)　問４　(1)　(ウ)
(2)　(オ)　(3)　(ク)　(4)　(コ)　☆　(エ)　問５　(エ)　問６　a　(オ)　b　(ク)　c　(ア)
d　(エ)　問７　(イ), (オ)　問８　a　(イ)　b　(オ)　c　(ク)　d　(ウ)　問９　D　(ウ)
E　(エ)　F　(オ)　G　(ア)　問10　(ウ)　問11　H　(カ)　I　(ア)　J　(オ)　K　(ウ)
問12　a　(イ)　b　(エ)　c　(オ)　問13　夢を見続ける　□二 問１　(ア), (エ)　問２
ⓐ　商品交換　ⓑ　贈与交換　問３　a　(ク)　b　(キ)　c　(エ)　d　(オ)　e　(カ)
f　(ウ)　g　(ア)　h　(ケ)　i　(イ)　問４　(イ)　問５　a　(オ)　b　(ウ)　c　(カ)
d　(エ)　e　(イ)　問６　(エ)　問７　(ア)　問８　a　(カ)　b　(ア)　c　(イ)　d　(エ)
e　(ウ)　f　(オ)　問９　(ウ), (オ)

●漢字の書き取り

□一 問１　ⓐ　支度（仕度）　ⓑ　防（ぐ）　ⓒ　無造作（無雑作）　ⓓ　問答
ⓔ　同義

解　説

□一 **出典は池井戸《いけいど》 潤《じゅん》の『半沢直樹《はんざわなおき》１　オレたちバブル入行組』による。**バブル期に入行した直樹が，十数年前の父と交《か》わした会話を回想し，凋落《ちょうらく》した銀行を変えようと思うようすが描《えが》かれている。

問１　ⓐ　前もって用意すること。　ⓑ　音読みは「ボウ」で，「予防」などの熟語がある。　ⓒ　技巧《ぎこう》などを凝《こ》らさず簡単にするようす。　ⓓ　「問答無用」は，話し合いが役立たないようす。一方的に交渉《こうしょう》を終わらせる場合などに使う。　ⓔ　同じ意味であること。

問２　①　似た意味の言葉には「ありふれた」などがある。　②　似た意味の言葉には「受け流す」などがある。

問３　A　母は「お前が銀行ねえ」，「ほんとうに勤まるのかしら」と繰《く》り返しており，「信じられない」思いが強いとわかるので，かなりの程度であることを表す「よほど」が合う。　B　直後に「ような」とあるので，これと呼応して“まるで～のようだ”という意味を表す「まるで」「あたかも」が入る。　C　ネジをつまみ上げたら「違和《いわ》感にとらわれ」るほど軽かったのだから，思いがけないようすの「ふいに」があてはまる。

問４　「父さんは，あなたに三共電機さんに行って欲しいと思ってたのよ」と話す母に対し，父は「そんなことないよ。オレは，そんなケチなこと思ってないね」と否定している。本音を言えば，経営する会社の「得意先の三共電機で修行《しゅぎょう》をして，ゆくゆくは」事業を継《つ》いでもらいたいが，自分の都合で直樹に就職を押《お》しつける心の狭《せま》いことはしたくないのである。　(1)　「一番の得意先」である三共電機で修行をすれば，父の会社との関係も強まるのだから，(ウ)が合う。　(2)　「父の本音」は，将来直樹に自分の「経営する会社を継いでもらいたい」というものなので，(オ)がよい。　(3)　父は，中小企業《きぎょう》の見通しについて「なんとなく景気はいいみたいだ」が「中小零細《れいさい》のモノ作り」は「もう衰退《すいたい》する兆《きざ》しが見え始めてる」と言っているので，(ク)があてはまる。　(4)　父は「これから国内のモノ作りは苦しくなるから～そんな会社を息子に継がせるわけにはいかん」と，

「冷静な観察に基《もと》づいた意見」を述べているので，(コ)が選べる。　☆　自分の会社との関係を強めるために，三共電機に息子を就職させるのは「損得勘定《かんじょう》」にあたる。

問５　ここでの話題は「我々中小下請《う》け企業の仕事」であり，「銀行」の話はしていないので，(エ)が適当でない。

問６　このとき直樹は「銀行」が潰《つぶ》れるなど思いもしなかったが，いまの銀行は見る影《かげ》もなく凋落している。十数年前を回想する前半，いま直樹が勤務する銀行のようすを描く後半という構成も，「銀行」の凋落を印象づけている。　**a**　銀行の内定をもらった「一九八七年」，直樹は先輩《せんぱい》から「これで君は一生安泰《あんたい》だ」と言われている。大企業に就職すれば一生安定した生活ができると「多くの日本人が，そう信じていた」時代である。　**b**　バブルが崩壊《ほうかい》した一九九〇年代まで，政府は国民の生活に被害《ひがい》が及《およ》ばないよう「金融《きんゆう》機関に対して手厚い保護を与《あた》えてきた」のだから，政府は銀行を「絶対につぶしてはいけない」と考えていたものとわかる。　**c**　父に話を合わせるため，直樹は「銀行が潰れたらすごいことになるだろうね」と，「心にもないことを口にして」いる。直樹のようすからもわかるとおり，銀行の破綻《はたん》など当時の「日本人には考えられないことだった」のである。　**d**　ぼう線⑨の直前に「いまや銀行は世の中に存在する様々な業態のひとつ」だと書かれている。つまり，「銀行は特別な組織体ではなくなった」ということになる。

問７　“小さく弱い者にも意地や考えがあり，軽んじてはならない”という意味の「一寸の虫にも五分の魂《たましい》」をもじった言葉なので，(イ)が合う。また，父は「五年」かけて開発したネジについて，「お前にとっては何の変哲《へんてつ》もないネジかも知れないが，父さんにとってそいつは偉大《いだい》な一歩なんだ」と言っている。つまりこのネジは「会社の将来を切り開く」，「半沢樹脂《じゅし》工業の戦略商品」なのだから，(オ)が選べる。

問８　直樹が就職するにあたり，「数ある銀行の中」であえて「産業中央銀行を選んだ」のは，昔，散々父に世話になっておきながら業績が悪くなった途端《とたん》裏切った，金沢支店で父の経営する会社を担当していた木村という銀行員に仕返しをするためだったことをおさえる。　**a**，**b**　父の会社が「危なかった」とき，「産業中央銀行」からは融資《ゆうし》が引き揚《あ》げられ，何とか「金沢相互《そうご》銀行」に「助けて」もらったというのだから，「産業中央銀行」は，「半沢樹脂工業」の「業績が悪化」したとき，「事業を継続」するために必要な資金の貸し出しを拒絶《きょぜつ》したものとわかる。　**c**　「仕打ち」は“相手へのひどい扱《あつか》い”という意味なので，「恩を仇《あだ》で返す」が合う。　**d**　直樹が銀行を就職先に選んだ動機には，恩を仇で返した木村を「とっちめ」ることがあげられるので，“屈辱《くつじょく》を受けた相手に仕返しをして名誉を取り戻《もど》す”という意味の「雪辱を果たす」が入る。

問９　**D**　父から，銀行に勤めるなら「偉《えら》くなって，うちみたいな会社，いっぱい助けてくれ」と言われた直樹は，「オレ，頭取になるからさ」と返しているので，「まかせとけって」と請け合ったものとわかる。　**E**　直樹が「頭取になる」ことを，父は「楽しみにしている」のだから，「そいつはいい」と言ったものと考えられる。　**F**　「夢の実現第一号」のネジを父から手渡された直樹は，「もらっとくよ」と言っているので，「ありがとう」が入る。　**G**　「夢を見続けるってのは難しい」，「夢を諦《あきら》めることのなんと簡単なことか」と話す父に，直樹は「覚えとくよ」と返しているので，同意の「なるほどね」があてはまる。

問10　直樹が，木村に「土下座《どげざ》して謝《あやま》る」約束を果たすよう要求した場面である。「許してやったらどうだ，半沢」と副部長はとりなしているが，その口調は「揶揄《やゆ》」をふくんでいる。また，副部

長は直樹と「親しい間柄《あいだがら》」であり，直樹の味方なので，(ウ)がよい。

問11　**H**，**I**　土下座は，「膝《ひざ》」を折って「頭」を床《ゆか》につける動作である。　**J**　土下座する木村を見下ろしている直樹に対し，現実に呼び戻そうと副部長がとった行動なので，「肩《かた》」を叩《たた》いたとするのがよい。　**K**　「ぽかんと」は呆然《ぼうぜん》とするようすなので，「口」が入る。

問12　**a**　銀行から父の会社を救ってもらった経験のある直樹は，入行することで父の会社のような将来性のある企業を「助け」たかったものと考えられるので，「支援《しえん》」が入る。　**b**，**c**　いま銀行は「特色ある経営方針を打ち出せぬ無能な役員たち」ばかりで，「古色蒼然《そうぜん》とした官僚《かんりょう》体質」の組織，「根本的な改革」が進まない「事なかれ主義」の組織になっている。この組織を入行時とは「逆の意味」で動かそうというのだから，直樹は内部から「改革」し，官僚的な体質から「脱却」させ，新しい銀行をつくりたいと考えていることがわかる。

問13　二人の「夢」への姿勢を読み取る。「バブル入行組」がこうむった「損失」を「オレが～取り戻してやる」と直樹が言うと，渡真利《とまり》は「夢と思っていたものが～惨《みじ》めな現実にすり替《か》わる。そういう気持ち，お前にはわからんだろう」と皮肉っている。いまも直樹の「心に残っている」のは，入行前に父親が言った「夢を見続けるってのは難しい」，「夢を諦めることのなんと簡単なことか」という言葉である。渡真利は，現実に太刀打ちできない「夢」など見ても惨めだと考えているが，直樹は，難しいと知りつつ「夢を見続ける」気持ちをなくしていないのである。

二　**出典は松村圭一郎《まつむらけいいちろう》の『文化人類学の思考法』による**。筆者は，モノのやりとりによる人とのコミュニケーションについて人類学の視点から説明し，モノを介して人間関係は維持《いじ》されていると指摘《してき》している。

問1　ここでは，「人とモノ」のやりとりを「重要なコミュニケーションの一部」とよんでいるので，(ア)，(エ)があてはまる。

問2　ⓐ，ⓑ　本文の後半で，「贈与交換《ぞうよこうかん》は人と人とをつなげ，商品交換は関係を切り離《はな》す」と述べられていることをおさえる。つまり，人間関係とは切り離された「モノを買うこと」は「商品交換」といえ，贈《おく》り主のことが想起され，関係の持続が期待される「人にプレゼントを渡《わた》すこと」は「贈与交換」になるといえる。

問3　モースが取りあげたのは，マリノフスキーの報告した「クラ」という贈与交換の制度だということをおさえる。　**a**　贈り物の「首飾《かざ》り」は，「赤色」の貝である。　**b**，**c**　宝物に関して許されないのは，「保有」の継続，「消費」財としての使用だと述べられている。　**d**　クラの制度は，腕輪《うでわ》と首飾りを贈り物として「循環《じゅんかん》」させることに重きを置いている。　**e**～**g**　貝殻は「名前」を持ち，手にした人物の「伝説」が語り継がれ，「神話」とも関連づけられることで，宝物になると述べられている。　**h**，**i**　贈答品の交換，つまり宝物を贈り続けることが，人びとの「価値」観や社会的名誉，島々の間の「秩序《ちつじょ》」を支える土台になると述べられている。

問4　クラの宝物と，サッカーW杯の優勝トロフィーの共通点を整理する。宝物は「保有しつづけること」が許されず，「手にした人物の伝説」が語り継がれる。同様に，トロフィーも「四年」ごとに新たな一時保有者を決める試合が行われ，「歴史に残る試合の記憶」が刻まれるのだから，(イ)がふさわしい。

問5　**a**，**b**　「モノのやりとり」にはまず，「だれとなにを交換するか」が問われる。　**c**，**d**　「だれとなにを交換するか」だけが問われるわけではないのだから，「いつ，どこ」でが合う。

e　直後に「交換するのか」とあるので，これと呼応して，理由を問う「なぜ」が入る。「なぜ交換するのか」という目的に「無自覚」であっても，人々は有機的に結びついていくというのである。

問６　この段落では，「贈与交換」と「商品交換」の違《ちが》いについて説明されているが，ぼう線⑥は「贈与交換」の性質を指す。「商品交換」は作り手や売り手を匿名《とくめい》化して切り離し，「短期的」な交換サイクルの中で利潤《りじゅん》を追求する。一方「贈与交換」は贈り主を人格化して想起させ，長期的な交換サイクルの中で社会秩序の再生産をめざすのだから，(エ)がよい。秩序の再生産については次の段落で，代々親が子の世話をして「家族」の関係を長期的に持続させていくことを例に，説明されている。

問７　a，b　例にあげられた「誕生日ケーキ」は洋菓子店で買った「商品」だが，プレートがサービスされ，「贈り物」のように扱われている。　c，d　「誕生日ケーキ」にサービスでプレートがついたという話を受けていることから，「贈り物」が「商品」にふくまれる例だといえる。

e，f　叔父《おじ》さんが店を開いたのは商売を通し「お客さん」に喜んでほしいからではないかと推測している。つまり，「商品」も「気持ちが込められて」いれば「贈り物」になるので，「商品」と「贈り物」は切り離せないことになる。

問８　**a，b**　ぼう線②の少し後に，モースは『贈与論』の中で，「贈与がいかに法や経済，宗教や美など社会生活の全体と深く関係しているのかを考えた」とあるので，aには「経済」，bには「宗教」が入る。　**c，d**　「贈与」が「社会を規定する」ならば，それは「任意的」ではなく「義務的」な側面を持つことになるというのである。つまり，自由な判断に任されているのではなく，しなければならないことになるのだから，cには「自発」，dには「慣例」があてはまる。

e，f　贈与は，「個人の意思とは別に，気前よく与えられねばならず，喜んで受けとられねばならず，忘れることなくお返しされねばならない」と述べられている。つまり贈与には，まず気前よく与える「贈与」の義務があり，次に喜んで受けとらなくてはならない「受領」の義務，最後にお返しする「返礼」の義務がともなうことになる。

問９　(ア)　本文の最後の段落に，人間関係はモノのやりとりによって維持されているとある。

(イ)　贈り物を「保有しつづけることは許されない」のがクラである。　(エ)　本文では「商品交換と贈与交換は分離《ぶんり》された営みではなく，連続線上にある」と説明されている。　(カ)　本文の最後の段落で，「家族は～食卓《しょくたく》を一緒《いっしょ》に囲むといった行為《こうい》をとおして家族になる」と述べられている。

Memo

2025年度用

中学スーパー過去問

■編集人　声の教育社・編集部
■発行所　株式会社 声の教育社
〒162-0814　東京都新宿区新小川町8-15
☎03-5261-5061(代)　FAX03-5261-5062
https://www.koenokyoikusha.co.jp

※本書の内容についての一切の責任は当社にあります。内容・解説・解答・その他は当社ホームページよりお問い合わせ下さい。

ストリーミング配信による入試問題の解説動画

2025年度用web過去問　ラインナップ

■ 男子・女子・共学（全動画）見放題
36,080円（税込）

■ 男子・共学　見放題
29,480円（税込）

■ 女子・共学　見放題
28,490円（税込）

● 中学受験「声教web過去問（過去問プラス・過去問ライブ）」（算数・社会・理科・国語）

3～5年間 **24校**

過去問プラス

麻布中学校	桜蔭中学校	開成中学校	慶應義塾中等部	渋谷教育学園渋谷中学校
女子学院中学校	筑波大学附属駒場中学校	豊島岡女子学園中学校	広尾学園中学校	三田国際学園中学校
早稲田中学校	浅野中学校	慶應義塾普通部	聖光学院中学校	市川中学校
渋谷教育学園幕張中学校	栄東中学校			

過去問ライブ

栄光学園中学校	サレジオ学院中学校	中央大学附属横浜中学校	桐蔭学園中等教育学校	東京都市大学付属中学校
フェリス女学院中学校	法政大学第二中学校			

● 中学受験「オンライン過去問塾」（算数・社会・理科）

3～5年間 **50校以上**

東京	青山学院中等部	東京	国学院大学久我山中学校	東京	明治大学付属明治中学校	千葉	芝浦工業大学柏中学校	埼玉	栄東中学校
	麻布中学校		渋谷教育学園渋谷中学校		早稲田中学校		渋谷教育学園幕張中学校		淑徳与野中学校
	跡見学園中学校		城北中学校		都立中高一貫校 共同作成問題		昭和学院秀英中学校		西武学園文理中学校
	江戸川女子中学校		女子学院中学校		都立大泉高校附属中学校		専修大学松戸中学校		獨協埼玉中学校
	桜蔭中学校		巣鴨中学校		都立白鷗高校附属中学校		東邦大学付属東邦中学校		立教新座中学校
	鷗友学園女子中学校		桐朋中学校		都立両国高校附属中学校		千葉日本大学第一中学校	茨城	江戸川学園取手中学校
	大妻中学校		豊島岡女子学園中学校	神奈川	神奈川大学附属中学校		東海大学付属浦安中等部		土浦日本大学中等教育学校
	海城中学校		日本大学第三中学校		桐光学園中学校		麗澤中学校		茗渓学園中学校
	開成中学校		雙葉中学校		県立相模原・平塚中等教育学校		県立千葉・東葛飾中学校		
	開智日本橋中学校		本郷中学校		市立南高校附属中学校		市立稲毛国際中等教育学校		
	吉祥女子中学校		三輪田学園中学校	千葉	市川中学校	埼玉	浦和明の星女子中学校		
	共立女子中学校		武蔵中学校		国府台女子学院中学部		開智中学校		

web過去問 Q&A

過去問が動画化！
声の教育社の編集者や中高受験のプロ講師など、
過去問を知りつくしたスタッフが動画で解説します。

Q　どこで購入できますか？

A　声の教育社のHPでお買い求めいただけます。

Q　受講にあたり、テキストは必要ですか？

A　基本的には過去問題集がお手元にあることを前提としたコンテンツとなっております。

Q　全問解説ですか？

A　「オンライン過去問塾」シリーズは基本的に全問解説ですが、国語の解説はございません。「声教web過去問」シリーズは合格のカギとなる問題をピックアップして解説するもので、全問解説ではございません。なお、「声教web過去問」と「オンライン過去問塾」のいずれでも取り上げられている学校がありますが、授業は別の講師によるもので、同一のコンテンツではございません。

Q　動画はいつまで視聴できますか？

A　ご購入年度２月末までご視聴いただけます。
複数年視聴するためには年度が変わるたびに購入が必要となります。

よくある解答用紙のご質問

01

実物のサイズにできない

拡大率にしたがってコピーすると，「解答欄」が実物大になります。配点などを含むため，用紙は実物よりも大きくなることがあります。

02

A3用紙に収まらない

拡大率164％以上の解答用紙は実物のサイズ（「出題傾向＆対策」をご覧ください）が大きいために，Ａ３に収まらない場合があります。

03

拡大率が書かれていない

複数ページにわたる解答用紙は，いずれかのページに拡大率を記載しています。どこにも表記がない場合は，正確な拡大率が不明です。

04

１ページに２つある

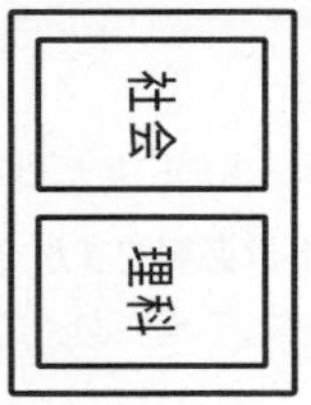

１ページに２つ解答用紙が掲載されている場合は，正確な拡大率が不明です。ほかの試験回の同じ教科をご参考になさってください。

中央大学附属中学校

【別冊】入試問題解答用紙編

解答用紙は本体からていねいに抜きとり、別冊としてご使用ください。

※　実際の解答欄の大きさで練習するには、指定の倍率で拡大コピーしてください。なお、ページの上下に小社作成の見出しや配点を記載しているため、コピー後の用紙サイズが実物の解答用紙と異なる場合があります。

●入試結果表

— は非公表

年度	回	項目		国語	算数	社会	理科	４科合計	合格者
2024	第１回	配点(満点)		100	100	60	60	320	最高点
		合格者平均点	男	—	—	—	—	220.7*	男 254
			女	—	—	—	—	235.4*	女 272
		受験者平均点	男	—	—	—	—	—	最低点
			女	—	—	—	—	—	男 198
		キミの得点							女 217
	第２回	配点(満点)		100	100	60	60	320	最高点
		合格者平均点	男	—	—	—	—	223.7*	男 297
			女	—	—	—	—	243.7*	女 285
		受験者平均点	男	—	—	—	—	—	最低点
			女	—	—	—	—	—	男 210
		キミの得点							女 229
2023	第１回	配点(満点)		100	100	60	60	320	最高点
		合格者平均点	男	67.7	80.4	39.0	43.2	230.3	男 270
			女	74.0	81.4	37.6	45.4	238.4	女 274
		受験者平均点	男	—	—	—	—	—	最低点
			女	—	—	—	—	—	男 210
		キミの得点							女 223
	第２回	配点(満点)		100	100	60	60	320	最高点
		合格者平均点	男	74.2	71.5	39.2	43.2	228.1	男 279
			女	79.9	69.3	39.5	42.9	231.6	女 268
		受験者平均点	男	—	—	—	—	—	最低点
			女	—	—	—	—	—	男 206
		キミの得点							女 220
2022	第１回	配点(満点)		100	100	60	60	320	最高点
		合格者平均点	男	68.7	70.5	45.6	47.9	232.7	男 274
			女	78.3	69.8	44.6	49.1	241.8	女 294
		受験者平均点	男	—	—	—	—	—	最低点
			女	—	—	—	—	—	男 215
		キミの得点							女 224
	第２回	配点(満点)		100	100	60	60	320	最高点
		合格者平均点	男	71.8	70.7	41.3	45.2	229.0	男 258
			女	81.0	69.9	41.5	44.7	237.1	女 257
		受験者平均点	男	—	—	—	—	—	最低点
			女	—	—	—	—	—	男 214
		キミの得点							女 225

〔参考〕満点(合格者最低点)　2021年：第１回 320(男 208・女 227)　第２回 320(男 220・女 229)

※　表中のデータは学校公表のものです。ただし、４科合計は各教科の平均点を合計したものなので、目安としてご覧ください(*は学校公表のもの)。

声の教育社

２０２４年度　中央大学附属中学校

算数解答用紙　第１回

番号		氏名		評点	／100

	解答らん					
1	(1)		(2)		(3)	通り
	(4)	%	(5)	度	(6)	cm^2
	(7)	cm^3				
2	(1)		(2)	個	(3)	
3	(1)	毎分　人	(2)	分	(3)	分後
4	(1)	毎分　m	(2)	毎分　m	(3)	m

（注）この解答用紙は実物を縮小してあります。Ｂ５→Ｂ４(141%)に拡大コピーすると、ほぼ実物大の解答欄になります。

〔算　数〕100点(推定配点)

1, 2　各６点×10＜2の(3)は完答＞　3　(1), (2)　各６点×２　(3)　７点　4　各７点×３

2024年度　　中央大学附属中学校

社会解答用紙　第1回

番号		氏名		評点	／60

Ⅰ

問1	問2	問3	問4	問5
		山脈		

問6

問7	問8		
	(イ)	(ロ)	(ハ)

問9	問10	問11	問12	問13

Ⅱ

問1	問2	問3	問4	問5

問6		問7		問8	問9
(イ)	(ロ)	(イ)	(ロ)		

問10	問11	問12	問13
餅			

（注）この解答用紙は実物を縮小してあります。Ｂ５→Ｂ４（141%）に拡大コピーすると、ほぼ実物大の解答欄になります。

〔社　会〕60点（推定配点）

Ⅰ，Ⅱ　各２点×30

２０２４年度　　中央大学附属中学校

理科解答用紙　第１回

番号		氏名	

評点	／60

1

問1		問2	問3

問4	問5	問6
秒	秒	秒

2

問1			問2
A	B	C	
			cm

問3	問4	問5			
		ア	イ	ウ	エ

3

問1	問2	問3	
		向き	角度
			度

問4	問5

（注）この解答用紙は実物を縮小してあります。Ｂ５→Ｂ４（141%）に拡大コピーすると、ほぼ実物大の解答欄になります。

［理　科］60点（推定配点）

1　問１～問４　各３点×4＜問１は完答＞　問５，問６　各４点×2　2，3　各４点×10＜2の問１，問５，3の問３は完答＞

２０２４年度　中央大学附属中学校

国語解答用紙　第一回

番号　　氏名　　評点　/100

一

問1　ⓐ　ⓑ　す　ⓒ　ⓓ　ⓔ

問2　A　B　C

問3　a　b　c　d

問4　D　E　F　G

問5

問6

問7

問8

問9　H　I　J　K

問10　(1)　(2)　(3)　(4)

問11　(1)　(2)　(3)　(4)

問12　a　b　c　d　e　f

二

問1　A　B　C　D

問2

問3

問4　a　b　c　d

問5　(1)　(2)　(3)

問6

問7　→　→　→

問8

問9　a　b　c　d　e

(1)　(2)　(3)　(4)

(注) この解答用紙は実物を縮小してあります。Ｂ５→Ｂ４(141%)に拡大コピーすると、ほぼ実物大の解答欄になります。

〔国　語〕100点(推定配点)

一　問1～問3　各２点×12　問4～問12　各１点×26　二　各２点×25<問７は完答>

２０２４年度　中央大学附属中学校

算数解答用紙　第２回

番号		氏名		評点	／100

解答らん						
1	(1)		(2)		(3)	
	(4)	時間　分	(5)	g	(6)	度
	(7)	cm^2				
2	(1)	回	(2)	個		
3	(1)	cm^3	(2)	cm^3		
4	(1)	時間　分	(2)	時間　分　秒	(3)	時間　分
5	(1)		(2)	毎分　m	(3)	

（注）この解答用紙は実物を縮小してあります。Ｂ５→Ｂ４（141％）に拡大コピーすると、ほぼ実物大の解答欄になります。

〔算　数〕100点（推定配点）

1，2　各６点×９　3　各５点×２　4，5　各６点×６

２０２４年度　中央大学附属中学校

社会解答用紙　第２回

番号		氏名		評点	／60

Ⅰ

問1	問2	問3		問4
		(イ)	(ロ)	

問5	問6	問7	問8	
			(イ)	(ロ)

問9	問10	問11	問12	問13
	山脈			

Ⅱ

問1	問2	問3	問4	問5

問6	問7	問8
条約		

問9

問10	問11	問12	問13	問14	問15

〔社　会〕60点(推定配点)

Ⅰ, Ⅱ　各２点×30

（注）この解答用紙は実物を縮小してあります。Ｂ５→Ｂ４(141%)に拡大コピーすると、ほぼ実物大の解答欄になります。

２０２４年度　中央大学附属中学校

理科解答用紙　第２回

番号		氏名		評点	／60

1

問１	問２	問３	問４	問５
		cm	cm	

2

問１	問２	問３	問４	問５
		g	mL	倍

3

問１					問２	
a	b	c	d	e	x	y

問３		問４		問５
				色

問６					
（1）			（2）		
i	j	k	i	j	k

（注）この解答用紙は実物を縮小してあります。Ｂ５→Ａ３（163％）に拡大コピーすると、ほぼ実物大の解答欄になります。

［理　科］60点（推定配点）

1，2　各３点×10　3　問１　各１点×５　問２　各３点×２　問３，問４　各４点×２＜各々完答＞　問５　３点　問６　各４点×２＜各々完答＞

２０２４年度　中央大学附属中学校

国語解答用紙　第二回

番号　　氏名　　評点 /100

一

問1　ⓐ　ⓑ　ⓒ　ⓓ　ⓔ

問2

問3　→　→　→

問4

問5

問6

問7

問8　B　語　意味　C　語　意味

問9

問10

問11

問12

問13　a　b　c　d　e　f

二

問1

問2

問3　a　b　c　d

問4　A　B　C

問5

問6

問7

問8

問9

問10　⑧　⑨　⑩

問11　E　F　G　H

問12　a　b　c　d　e　f

（注）この解答用紙は実物を縮小してあります。Ｂ５→Ｂ４（141％）に拡大コピーすると、ほぼ実物大の解答欄になります。

〔国　語〕100点（推定配点）

一　各２点×25＜問３は完答＞　二　問１～問10　各２点×17　問11　各１点×４　問12　各２点×６

２０２３年度　　中央大学附属中学校

算数解答用紙　第１回

番号		氏名		評点	／100

解答らん						
1	(1)		(2)		(3)	
	(4)	人	(5)	通り	(6)	度
2	(1)	円	(2)	円	(3)	円
3	(1)	cm^2	(2)	cm^2	(3)	AE：EM
4	(1)	cm^2	(2)	cm^3	(3)	cm^3
5	(1)	箱	(2)	箱	(3)	人

（注）この解答用紙は実物を縮小してあります。Ｂ５→Ｂ４（141%）に拡大コピーすると、ほぼ実物大の解答欄になります。

〔算　数〕100点（推定配点）

1　各５点×６　2　(1)，(2)　各５点×２　(3)　６点　3～5　各６点×９

２０２３年度　　中央大学附属中学校

社会解答用紙　第１回

番号		氏名		評点	／60

Ｉ

問1	問2	問3	問4	問5	問6	問7

問8	問9	問10	問11

問12

問13	問14

Ⅱ

問1	問2	問3	問4	問5

問6		問7	問8	問9
(イ)	(ロ)			

問10	問11	問12	問13

問14	問15

〔社　会〕60点(推定配点)

Ｉ, Ⅱ　各２点×30

（注）この解答用紙は実物を縮小してあります。Ｂ５→Ｂ４(141%)に拡大コピーすると、ほぼ実物大の解答欄になります。

２０２３年度　　中央大学附属中学校

理科解答用紙　第１回

番号		氏名		評点	／60

1

問1	問2	問3	問4	問5
		mA		

2

問1	問2

問3	問4
	g

問5

3

問1	問2	問3	問4	問5

（注）この解答用紙は実物を縮小してあります。Ｂ５→Ｂ４（141％）に拡大コピーすると、ほぼ実物大の解答欄になります。

〔理　科〕60点（推定配点）

1～3　各４点×15＜2の問３は完答＞

二〇二三年度　中央大学附属中学校

国語解答用紙　第一回

番号		氏名		評点	/100

一

問1	ⓐ	ⓑ	ⓒ	ⓓ	ⓔ

問2　問3　問4

問5	④	⑥

問6

問7　問8　問9

問10	→	→	→

問11	a	b	c	d	e	f

問12

二

問1	a	b	c

問2　問3　問4　問5

問6	a	b	c	d

問7　問8　問9

問10

問11	a	b	c	d	e	f

（注）この解答用紙は実物を縮小してあります。Ｂ５→Ｂ４（141％）に拡大コピーすると、ほぼ実物大の解答欄になります。

〔国　語〕100点(推定配点)

一　問１　各２点×５　問２～問12　各３点×15＜問10は完答，問11はａｂ，ｃｄ，ｅｆでそれぞれ組んで完答＞　二　問１　各２点×３　問２～問11　各３点×13＜問６はａｂ，ｃｄ，問11はａｂ，ｃｄ，ｅｆでそれぞれ組んで完答＞

２０２３年度　中央大学附属中学校

算数解答用紙　第２回

番号		氏名	

評点	／100

解答らん						
1	(1)		(2)		(3)	
	(4)	列車A　秒速　m		列車B　秒速　m	(5)	cm^2
	(6)	度	(7)	cm^2		
2	(1)	g	(2)	%	(3)	g
3	(1)	cm	(2)	cm	(3)	cm^2
4	(1)	分速　m	(2)	分速　m		
	(3)	分後	(4)	分　秒後		

（注）この解答用紙は実物を縮小してあります。Ｂ５→Ｂ４（141%）に拡大コピーすると、ほぼ実物大の解答欄になります。

〔算　数〕100点（推定配点）

1　(1)，(2)　各５点×２　(3)～(7)　各６点×５＜(4)は完答＞　2～4　各６点×10

２０２３年度　　中央大学附属中学校

社会解答用紙　第２回

番号		氏名	

評点	／60

Ⅰ

問1	問2	問3	問4

問5	問6	問7	問8

問9	問10	問11

問12	問13	問14	問15

Ⅱ

問1	問2

問3

問4	問5	問6

問7	問8	問9	問10	問11	問12

問13	問14	問15

（注）この解答用紙は実物を縮小してあります。Ｂ５→Ｂ４(141%)に拡大コピーすると、ほぼ実物大の解答欄になります。

〔社　会〕60点(推定配点)

Ⅰ, Ⅱ　各２点×30

2023年度　中央大学附属中学校

理科解答用紙　第2回	番号		氏名		評点	／60

1

問1	問2	問3	問4
倍			

問5	問6

2

問1	問2（ア）	問2（イ）	問2（ウ）

問3	問4	問5（1）	問5（2）
	銅粉末：酸素 ＝　　：	g	g

3

問1	問2	問3

問4　試験管	問4　理由	問5

（注）この解答用紙は実物を縮小してあります。Ｂ５→Ｂ４（141％）に拡大コピーすると、ほぼ実物大の解答欄になります。

〔理　科〕60点（推定配点）

1～3　各３点×20＜3の問１，問２は完答＞

二〇二三年度　中央大学附属中学校

国語解答用紙　第二回

番号		氏名		評点	/100

一

	ⓐ	ⓑ	ⓒ	ⓓ	ⓔ
問1				て	

問2		

	A	B	C
問3			

問4	

問5	

	(1)	(2)	(3)	(4)
問6				

問7	

問8	

	a	b	c	d	e	f
問9						

	(1)	(2)	(3)	(4)
問10				

問11		

二

	(1)	(2)	(3)
問1			

問2	

問3	

	A	B	C
問4			

問5	

問6	

問7	

	(1)	(2)	(3)	(4)
問8				

	E	F
問9		

	G	H	I	J
問10				

	a	b	c	d	e	f
問11						

（注）この解答用紙は実物を縮小してあります。B5→B4（141%）に拡大コピーすると、ほぼ実物大の解答欄になります。

〔国　語〕100点(推定配点)

一　問1～問7　各2点×14＜問6は(1)(2)，(3)(4)でそれぞれ組んで完答＞　問8～問11　各3点×8＜問9はａｂ，ｃｄ，ｅｆ，問10は(1)(2)，(3)(4)でそれぞれ組んで完答＞　二　各3点×16＜問4，問9，問10は完答，問8は(1)(2)，(3)(4)，問11はａｂ，ｃｄ，ｅｆでそれぞれ組んで完答＞

2022年度　中央大学附属中学校

算数解答用紙　第1回

番号		氏名		評点	／100

解答らん							
1	(1)		(2)		(3)	個	
	(4)	g	(5)	度	(6)	cm^2	
2	(1)	円	(2)	円	(3)	個	
3	(1)	分	(2)	km			
	(3)	分後	(4)	分			
4	(1)	cm^3	(2)	cm			
5	(1)		(2)	個			
	(3)	（　　，　　）（　　，　　）（　　，　　）					

（注）この解答用紙は実物を縮小してあります。Ｂ５→Ｂ４（141%）に拡大コピーすると，ほぼ実物大の解答欄になります。

〔算　数〕100点(推定配点)

1　各５点×６　2，3　各６点×７　4　各５点×２　5　各６点×３＜(3)は完答＞

２０２２年度　　中央大学附属中学校

社会解答用紙　第１回

番号		氏名		評点	／60

Ⅰ

問 1	問 2	問 3		問 4	問 5
		(イ)	(ロ)		

問 6		問 7	問 8
(イ)	(ロ)		

問 9

問 10	問 11	問 12	問 13	
			(イ)	(ロ)

Ⅱ

問 1	問 2		問 3	問 4	問 5
	(イ)	(ロ)			

問 6		問 7	問 8
(イ)	(ロ)		

問 9	問 10	問 11

（注）この解答用紙は実物を縮小してあります。Ｂ５→Ｂ４（141%）に拡大コピーすると、ほぼ実物大の解答欄になります。

〔社　会〕60点（推定配点）

Ⅰ　問１～問８　各２点×10　問９　４点　問10～問13　各２点×５　Ⅱ　各２点×13

２０２２年度　中央大学附属中学校

理科解答用紙　第１回

番号		氏名		評点	／60

1

問1	問2	問3	問4	問5

2

問1	問2（ア）	問2（イ）	問3	問4	問5
			L		

3

問1	問2	問3	問4
	g		

問5

（注）この解答用紙は実物を縮小してあります。Ｂ５→Ｂ４（141%）に拡大コピーすると、ほぼ実物大の解答欄になります。

〔理　科〕60点（推定配点）

1　各４点×５　2　問１，問２　各３点×３　問３　４点　問４　３点　問５　４点　3　各４点×５＜問４は完答＞

二〇二二年度　中央大学附属中学校

国語解答用紙　第一回

番号		氏名		評点	/100

一

問1	ⓐ	ⓑ	ⓒ	ⓓ	ⓔ

問2

問3

問4	A	B	C

問5	(1)	(2)	(3)	(4)

問6

問7	a	b	c	d

問8

問9	(1)	(2)	(3)	(4)

問10	a	b	c	d	e

問11	(1)	(2)	(3)	(4)	a	b

二

問1

問2

問3

問4

問5

問6

問7	F	G	H	I

問8

問9

問10

問11

問12

問13	(1)	(2)	(3)	(4)	(5)	(6)

(注) この解答用紙は実物を縮小してあります。B5→B4(141%)に拡大コピーすると、ほぼ実物大の解答欄になります。

〔国　語〕100点(推定配点)

一　問1～問10　各2点×27＜問4は完答＞　問11　(1)～(4)　各2点×4　a，b　各1点×2　二　各2点×18＜問7は完答＞

２０２２年度　中央大学附属中学校

算数解答用紙　第２回

番号		氏名		評点	／100

解　答　ら　ん

1	(1)		(2)		(3)	分後
	(4)	分　秒	(5)	度	(6)	cm^2
	(7)	cm^3				
2	(1)	番目	(2)		(3)	組
3	(1)	cm	(2)	枚	(3)	枚
4	(1)	毎分　m	(2)	毎分　m		

（注）この解答用紙は実物を縮小してあります。Ｂ５→Ｂ４（141%）に拡大コピーすると、ほぼ実物大の解答欄になります。

〔算　数〕100点（推定配点）

1, 2　各７点×10　3, 4　各６点×５

２０２２年度　　中央大学附属中学校

社会解答用紙　第２回

番号		氏名		評点	／60

I

問　1	問　2	問　3	問　4	問　5	問　6	
					(イ)	(ロ)

問　7	問　8	問　9	問　10

問　11

問　12	問　13	問　14

II

問　1	問　2	問　3	問　4	問　5

問　6	問　7	問　8	問　9	問　10

問　11	問　12	問　13	問　14	問　15

（注）この解答用紙は実物を縮小してあります。Ｂ５→Ｂ４（141%）に拡大コピーすると、ほぼ実物大の解答欄になります。

〔社　会〕60点（推定配点）

I　問１～問５　各２点×５　問６　各１点×２　問７～問10　各２点×４　問11　４点　問12～問14　各２点×３　II　各２点×15

２０２２年度　　中央大学附属中学校

理科解答用紙　第２回

番号		氏名		評点	／60

1

問1	問2	問3

問4	問5
秒	度

2

問1	問2	問3	問4	問5
				炭酸カルシウム　二酸化炭素 ：

問6
g

3

問1	問2	問3
本		

問4		問5			
(a)	(b)	(c)	(d)	(e)	(f)

（注）この解答用紙は実物を縮小してあります。Ｂ５→Ｂ４（141%）に拡大コピーすると、ほぼ実物大の解答欄になります。

〔理　科〕60点(推定配点)

1　各４点×５　2　問１～問４　各３点×４＜問４は完答＞　問５，問６　各４点×２　3　問１　２点　問２，問３　各３点×２＜各々完答＞　問４，問５　各２点×６

二〇二三年度　中央大学附属中学校

国語解答用紙　第二回

番号　　氏名　　評点　/100

一

問1　ⓐ　ⓑ　ⓒ　ⓓ　ⓔ める

問2　①　②　③

問3　A　B　C

問4

問5　a　b　c　d

問6　a　b　c　d

問7

問8

問9

問10　a　b　c

問11　a　b　c　d

問12

二

問1　(1)　(2)

問2　②　③　⑥

問3　a　b　c　d

問4

問5

問6　A　B　C　D　E

問7　(1)　(2)　(3)　(4)

問8

問9　(1)　(2)　(3)　(4)

(注) この解答用紙は実物を縮小してあります。B5→B4(141%)に拡大コピーすると、ほぼ実物大の解答欄になります。

〔国　語〕100点(推定配点)

一, 二　各2点×50＜一の問3, 問12, 二の問1の(2), 問6は完答＞

２０２１年度　中央大学附属中学校

算数解答用紙　第１回

番号		氏名		評点	／100

解　答　ら　ん

1	(1)		(2)		(3)	通り
	(4)	cm^2	(5)	度	(6)	%
	(7)	分後				
2	(1)	点	(2)	点	(3)	点
3	(1)	m^3	(2)	m^3	(3)	分
4	(1)	cm^3	(2)	cm^3		
5	(1)	%	(2)	時間後	(3)	時間　分後

（注）この解答用紙は実物を縮小してあります。Ｂ５→Ｂ４（141%）に拡大コピーすると、ほぼ実物大の解答欄になります。

〔算　数〕100点（推定配点）

1, 2　各６点×10　3～5　各５点×８

２０２１年度　中央大学附属中学校

社会解答用紙　第１回

番号		氏名		評点	／60

Ⅰ

問 1	問 2	問 3	問 4	問 5
半島				(イ)

問 5
(ロ)

問 6	問 7	問 8		
		(イ)	(ロ)	(ハ)

問 9	問 10	問 11	問 12	問 13	問 14

Ⅱ

問 1	問 2	問 3	問 4
県			

問 5	問 6	問 7		問 8	問 9
		(イ)	(ロ)		

問 10	問 11	問 12

（注）この解答用紙は実物を縮小してあります。Ｂ５→Ｂ４(141%)に拡大コピーすると、ほぼ実物大の解答欄になります。

〔社　会〕60点(推定配点)

Ⅰ, Ⅱ　各２点×30

２０２１年度　　中央大学附属中学校

理科解答用紙　第１回

番号		氏名		評点	／60

1

問1	問2	問3	問4

問5	
記号	名前

2

問1	問2	問3	問4	問5
		秒速　　　m		倍

3

問1	問2
m³	

問3	問4	問5	問6

（注）この解答用紙は実物を縮小してあります。Ｂ５→Ｂ４（141%）に拡大コピーすると、ほぼ実物大の解答欄になります。

〔理　科〕60点（推定配点）

1　問１～問４　各４点×４　問５　各２点×２　2　各４点×5＜問５は完答＞　3　問１，問２　各４点×２　問３～問６　各３点×４

二〇二一年度　中央大学附属中学校

国語解答用紙　第一回

番号		氏名		評点	/100

一

問1	ⓐ	ⓑ	ⓒ	ⓓ	ⓔ
				いた	

問2	㋑	㋒

問3

問4	A	B

問5

問6

問7

問8	(1)	(2)	(3)	(4)

問9	C	D	E

問10	(1)	(2)	(3)	(4)

問11	a	b	c	d	e	f	g	h	i	j

二

問1

問2

問3	(1)	(2)	(3)

問4

問5	(1)	(2)	(3)	(4)

問6

問7	A	B	C

問8　→　→　→

問9	a	b	c

問10	a	b	c

問11	a	b	c	d	e

（注）この解答用紙は実物を縮小してあります。B5→B4（141%）に拡大コピーすると、ほぼ実物大の解答欄になります。

〔国　語〕100点(推定配点)

一　問1～問7　各2点×13　問8　各1点×4　問9　2点<完答>　問10　各1点×4　問11　各2点×10　二　問1～問4　各2点×4<問3は完答>　問5　各1点×4　問6，問7　各2点×2<問7は完答>　問8，問9　各3点×4<問8は完答>　問10，問11　各2点×8

２０２１年度　　中央大学附属中学校

算数解答用紙　第２回

番号		氏名		評点	／100

解答らん						
1	(1)		(2)		(3)	1 時　分
	(4)	個	(5)	円	(6)	度
2	(1)	m	(2)	時速　km		
3	(1)	cm	(2)	cm^2		
4	(1)	番目	(2)		(3)	
5	(1)	cm^2	(2)	cm^3		
	(3)	cm	(4)	cm^3		

（注）この解答用紙は実物を縮小してあります。Ｂ５→Ｂ４（141％）に拡大コピーすると、ほぼ実物大の解答欄になります。

〔算　数〕100点（推定配点）

1　各６点×６　2　各５点×２　3～5　各６点×９

２０２１年度　中央大学附属中学校

社会解答用紙　第２回

番号		氏名	

評点 ／60

Ⅰ

問 1	問 2		問 3	問 4	問 5
	(イ)	(ロ)			

問 6	問 7	問 8	問 9	問 10

問 11	問 12	問 13	問 14

Ⅱ

問 1		問 2	問 3
(イ)	(ロ)		

問 4

問 5	問 6	問 7	問 8	問 9	問 10
		海道			

問 11	問 12	問 13	問 14
		s	

〔社　会〕60点(推定配点)

Ⅰ, Ⅱ　各２点×30

２０２１年度　中央大学附属中学校

理科解答用紙　第２回

番号		氏名	

評点 ／60

1

問1	問2	問3	問4	問5

2

問1	問2	問3	問4
問5	問6		

3

問1(1)	問1(2)	問1(3)	問2	問3
個	個	回目		

〔理　科〕60点(推定配点)

1　各４点×５<問３は完答>　2　問１　４点<完答>　問２～問４　各３点×３　問５　４点<完答>　問６　３点　3　各４点×５

二〇二二年度　中央大学附属中学校

国語解答用紙　第一回

番号		氏名		評点	/100

一

問1　ⓐ　ⓑ　ⓒ　ⓓ　ⓔ

問2　①　②

問3

問4　(1)　(2)　(3)　(4)　☆

問5

問6　a　b　c　d

問7

問8　a　b　c　d

問9　D　E　F　G

問10

問11　H　I　J　K

問12　a　b　c

問13

二

問1

問2　ⓐ　ⓑ

問3　a　b　c　d　e　f　g　h　i

問4

問5　a　b　c　d　e

問6

問7

問8　a　b　c　d　e　f

問9

(注) この解答用紙は実物を縮小してあります。B5→B4 (141%)に拡大コピーすると、ほぼ実物大の解答欄になります。

〔国　語〕100点(推定配点)

一　問1～問3　各2点×8　問4　各1点×5　問5　2点　問6　各1点×4　問7　2点<完答>　問8　各1点×4　問9, 問10　各3点×2<問9は完答>　問11　各2点×4　問12, 問13　各3点×2<問12は完答>　二　問1　各3点×2　問2　4点<完答>　問3　各1点×9　問4～問7　各4点×4<問5は完答>　問8　各1点×6　問9　各3点×2

東京都／神奈川県／千葉県／埼玉県／茨城県／栃木県ほか

2025年度用
声の教育社版

中学受験案内

■全校を見開き2ページでワイドに紹介！

■中学～高校までの授業内容をはじめ部活や行事など、6年間の学校生活を凝縮！

■偏差値・併願校から学費・卒業後の進路まで、知っておきたい情報が満載！

Ⅰ 首都圏（東京・神奈川・千葉・埼玉・その他）の私立・国公立中学校の受験情報を掲載。

合格情報
近年の倍率推移・偏差値による合格分布予想グラフ・入試ホット情報ほか

学校情報
授業、施設、特色、ICT機器の活用、併設大学への内部進学状況と併設高校からの主な大学進学実績ほか

入試ガイド
募集人員、試験科目、試験日、願書受付期間、合格発表日、学費ほか

Ⅱ 資　料

(1)私立・国公立中学の合格基準一覧表（四谷大塚、首都圏模試、サピックス）

(2)主要中学早わかりマップ

(3)各校の制服カラー写真

(4)奨学金・特待生制度，帰国生受け入れ校，部活動一覧

Ⅲ 大学進学資料

(1)併設高校の主要大学合格状況一覧

(2)併設・系列大学への内部進学状況と条件

私立・国公立353校掲載

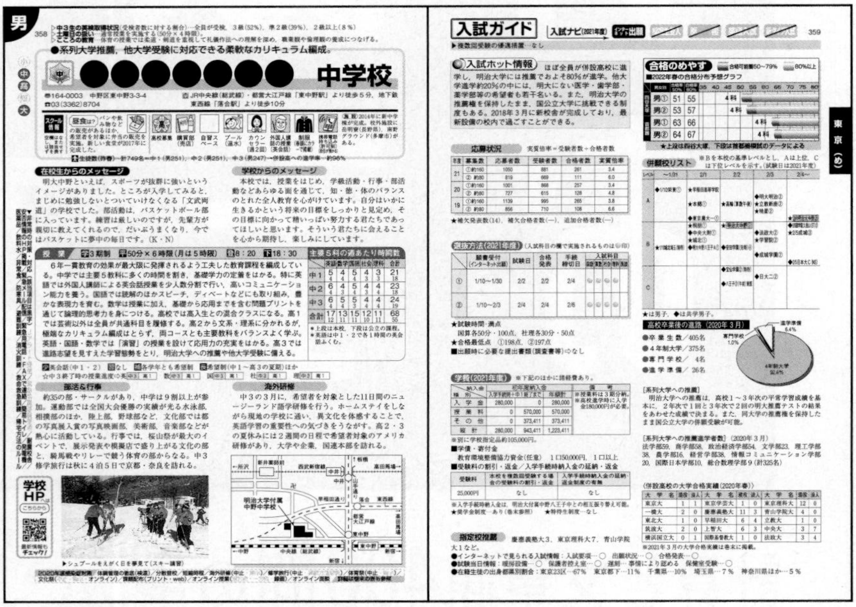

志望校・併願校をこの１冊で選ぶ！決める!!

過去問で君の夢を応援します
声の教育社

〒162-0814　東京都新宿区新小川町8-15
TEL.03-5261-5061　FAX.03-5261-5062
https://www.koenokyoikusha.co.jp

中学後見返し